Daily Soaps und Daily Talks im Alltag von Jugendlichen

Schriftenreihe Medienforschung
der Landesanstalt für Rundfunk
Nordrhein-Westfalen

Band 38

Udo Göttlich/Friedrich Krotz/
Ingrid Paus-Haase (Hrsg.)

Daily Soaps und Daily Talks im Alltag von Jugendlichen

Eine Studie im Auftrag der Landesanstalt
für Rundfunk Nordrhein-Westfalen und
der Landeszentrale für private Rundfunkveranstalter Rheinland Pfalz

›lfr :

Leske + Budrich, Opladen 2001

Gedruckt auf säurefreiem und alterungsbeständigem Papier.

Die Deutsche Bibliothek – CIP-Einheitsaufnahme
Ein Titelsatz ist bei Der Deutschen Bibliothek erhältlich.

ISBN-13:978-3-8100-3043-6   e-ISBN-13:978-3-322-80869-1
DOI: 10.1007/978-3-322-80869-1

© **2001 Leske + Budrich, Opladen**

Satz: Werkstatt für Typografie in der Berthold GmbH, Offenbach
Einbandgestaltung: Disegno, Wuppertal

Vorwort der Herausgeber

Die Landesmedienanstalten sind für die Zulassung und Aufsicht des privaten Rundfunks in Deutschland zuständig. Zu ihren Aufgaben gehört es unter anderem, die Medienentwicklung durch Forschung zu begleiten und Medienkompetenz zu fördern. Die Forschungstätigkeiten erstrecken sich auf die Bereiche des lokalen und landesweiten Rundfunks sowie auf den Jugendschutz. Seit mehr als 10 Jahren vergeben die Landesmedienanstalten kommunikationswissenschaftliche Projekte an unabhängige Einrichtungen der Kommunikationsforschung.

Der jetzt vorgelegte Band 38 der Schriftenreihe Medienforschung der LfR umfasst die Ergebnisse eines Forschungsprojektes, das die Landesanstalt für Rundfunk NRW (LfR) und die Landeszentrale für private Rundfunkveranstalter Rheinland-Pfalz (LPR) gemeinsam in Auftrag gegeben haben. Das Projekt wurde unmittelbar im Anschluss an die Studie „Daily Talks im Alltag von Jugendlichen" durchgeführt, die ebenfalls ein Gemeinschaftsauftrag von LfR und LPR war.

Das Projekt hatte zum Ziel, aktuelle Forschungsarbeiten über den Umgang Jugendlicher mit Talkshows und Serien zusammenzuführen und auf diese Weise einen umfassenden Einblick in die Rolle dieser Programmangebote im Alltag von Jugendlichen zu gewinnen.

Die Ergebnisse belegen, dass Jugendliche höchst unterschiedliche Zugänge zu den täglichen Talkshows und den Daily Soaps entwickeln. Von diesen unterschiedlichen Rezeptionshaltungen hängen wiederum mögliche Einflüsse der Formate auf die Realitätswahrnehmung der Jugendlichen ab. Insbesondere das neuartige Real-Life-Format „Big Brother" war für viele Jugendliche Anlass, ihre Vorstellungen von Authentizität und Inszenierung zu überprüfen.

Nicht allein, aber ganz besonders am Beispiel von „Big Brother" hat sich gezeigt, dass sowohl im Hinblick auf die Verantwortlichkeit der Fernsehveranstalter wie auch auf die Förderung von Medienkompetenz eine kritische Begleitung der Programmentwicklung auch in Zukunft unabdingbar ist. Kritische Begleitung heißt aber auch: differenzierte Betrachtung – und zu einer solchen will der vorliegende Band einen Beitrag leisten.

Dr. Norbert Schneider
Direktor der LfR

Wolfgang Hahn-Cremer
Vorsitzender der
Rundfunkkommission
der LfR

Manfred Helmes
Direktor der LPR

Inhaltsverzeichnis

Teil V: Schlussfolgerungen

Teil I

Einführung

1. Zur Einführung:
Daily Soaps und Daily Talks in der öffentlichen und in der wissenschaftlichen Diskussion
Udo Göttlich, Uwe Hasebrink und Jörg-Uwe Nieland

1.1 Anlässe

Ist Fernsehen ohne Seifenopern und ohne Talkshows vorstellbar? Tägliche Serien und Talkshows, aufgrund der amerikanischen Herkunft dieser Formate oft auch Daily Soaps und Daily Talks genannt, prägen das Programmangebot tagsüber und am frühen Abend maßgeblich. Die Zuschauerzahlen sind in der Regel hoch, und das Verhältnis von Produktionskosten und Werbeeinnahmen ist immerhin so günstig, dass sich zahlreiche Formate dauerhaft im Programm der großen Vollprogramme halten konnten. Der tägliche Senderhythmus verschafft den entsprechenden Formaten eine hohe Präsenz in der Alltagskultur, die relative Alltagsnähe der dort diskutierten Themen bzw. der dort erzählten Geschichten lässt ihnen eine wichtige Funktion im Hinblick auf die Realitätskonstruktionen, auf die Orientierung und Identitätsbildung gerade jugendlicher Zuschauer zukommen.[1]

Diese hervorgehobene Rolle der beiden Genres führt immer wieder auch zu kritischen Diskussionen. Insbesondere die täglichen Talkshows gerieten in den letzten Jahren immer wieder in die Kritik, die sich auf die möglichen Wirkungen dieser Sendungen bezieht.[2] Angesichts der speziellen Realitätsausschnitte, die die Daily Talks anbieten, wird gerade im Hinblick auf Kinder und Jugendliche, deren Identitätsentwicklung noch nicht abgeschlossen ist, problematisiert, dass die regelmäßige Nutzung dieser Sendungen zu verzerrten Vorstellungen von der Realität führen könne.[3]

---

1   Zur Identitätsbildung im Zusammenhang mit Medien siehe etwa Charlton/Neumann (1990), Paus-Haase et al. (1999), Fahr/Zubayr (1999), Fischer (2000).
2   Vgl. aus der jüngeren Zeit das Themenheft Tendenz 3/2000.
3   Bente/Fromm (1997), Paus-Haase et al. (1999), Weiß (1999).

15

Im Vordergrund der – bisher weit weniger heftigen – Diskussion um die Daily Soaps[4] steht der Aspekt der Vermarktung und des Merchandising: Die täglichen Serien stellen ein wesentliches Moment der „Alltagsdramatisierung" sowie den Ausgangspunkt für eine weit verzweigte Maschinerie vielfältiger Werbe- und Marketingmaßnahmen dar, die eng mit den jeweils aktuellen Jugendmoden und Jugendkulturen verbunden sind und damit als Trendverstärker fungieren. Dies ist nicht ohne die Erfolgsgeschichte zu erklären, die die Daily Soaps seit Mitte der neunziger Jahre im deutschen Fernsehen geschrieben haben (vgl. u.a. Göttlich 2000, Göttlich/Nieland 2001) und die sich nun mit dem Format *Big Brother* auf weitere Angebote erstreckt.

In den letzten Jahren sind verschiedene Studien veröffentlicht worden, die sich jeweils einem der beiden Genres und der Rolle, die diese im Alltag von Jugendlichen spielen, gewidmet haben.[5] Dabei konnten, jeweils genrebezogen, wichtige Beiträge zu einer differenzierteren Sicht der betreffenden Formate, ihrer Inhalte und Angebotsformen, sowie des Umgangs von Jugendlichen mit ihnen geleistet werden. Was dabei allerdings nur ganz ansatzweise möglich war, war ein Blick über die Genregrenzen hinweg, war die Behandlung der Frage, wie diese beiden Genres, die offenbar beide für Jugendliche von großer Bedeutung sind, im Alltag der Jugendlichen zusammenspielen, wie sie sich gegenseitig ergänzen oder widersprechen.

Eine medienökologisch orientierte Betrachtungsweise, die jugendliches Medienhandeln im Kontext individueller und sozialer Rahmenbedingungen zu rekonstruieren versucht, muss aber darauf abzielen, auch den Medienumgang in größeren Kontexten zu untersuchen, muss die „Medienmenüs" der Jugendlichen sowie die Rolle, die einzelne Genres innerhalb dieser Menüs spielen, erfassen.[6] Der Kontext der Medienaneignung spielt auch in den Konzepten und Erkenntnissen im Rahmen der Cultural Studies eine wichtige Rolle.[7] Genau dies sind die Ansatzpunkte für das Kooperationsprojekt, dessen Ergebnisse in diesem Band vorgestellt werden sollen. Das Projekt zielt darauf ab, aktuelle Forschungsarbeiten über den Umgang Jugendlicher mit den täglich angebotenen Talkshows und Serien zusammenzuführen und damit einen umfassenderen Einblick in die Rolle dieser Fernsehangebote im Alltag der Jugendlichen zu gewinnen. Damit bietet die vorliegende Studie nicht nur einen grundsätzlich neuen Zugang, da erstmalig die wechselseitige Wahrnehmung dieser beiden täglichen Formate untersucht wird, sondern sie

---

4   Siehe z.B. Gangloff (1999), Gehrs/Tuma (2000).

5   Vgl. besonders das Sonderheft der Zeitschrift „medien praktisch", Texte 3 (2000). Für die Talks vgl. aktuell: Fromm (1999), Semeria (1999); zu den Soaps: die Beiträge in Theunert/Gebel (2000), Schwanebeck/Chippitelli (2001) sowie die Beiträge in der Zeitschrift Televizion 2/2000. Vgl. schließlich für „Big Brother" Mikos et al. (2000) sowie über den Einfluss auf Jugendliche hinausgehend die Beiträge in Balke/Schwering/Stähli (2000) und Weber (Red.) (2000).

6   Vgl. Baacke (1989).

7   Vgl. für die deutsche Diskussion der Cultural Studies u.a. die Beiträge in Hasebrink/Krotz (1996), in der Zeitschrift Montage/AV (1997) und in Hepp/Winter (1997).

stellt sich auch der Herausforderung, fiktionale und non-fiktionale Fernseh-unterhaltung im Zusammenhang zu behandeln.

1.2 Fragestellungen

Das Kooperationsprojekt baut auf zwei Studien auf. Erster Ausgangspunkt ist eine 1999 veröffentlichte Studie über Talkshows im Alltag Jugendlicher, im Rahmen derer umfangreiche (quantitative und qualitative) Daten und Ergeb-nisse zur Bedeutung dieses Genres bei Jugendlichen im Alter von 12 bis 17 Jahren erarbeitet wurden.[8] Zweiter Ausgangspunkt ist ein von der Deutschen Forschungsgemeinschaft im Rahmen des Schwerpunktprogramms „Theatra-lität" gefördertes Projekt über Daily Soaps im deutschen Fernsehen am Rhein-Ruhr-Institut für Sozialforschung und Politikberatung.[9]

Ein wichtiger Befund der ‚Talkshow-Studie' lautete, dass die Daily Soaps von den Jugendlichen noch deutlich häufiger gesehen werden als die Talk-shows. Außerdem zeigten sich klare Zusammenhänge zwischen der Nutzung beider Angebotsformen: Häufige Talkshow-Nutzer sehen sich auch häufiger die Daily Soaps an. Das lässt darauf schließen, dass es die von beiden Genres in spezifischer Weise inszenierten *alltäglichen Themen und Konflikte* sind, die für die Jugendlichen attraktiv sind und die sie für ihre Alltagsorientierung nutzen. Aus dieser Orientierungsfunktion ergibt sich, wie in der ‚Talkshow-Studie' herausgearbeitet wurde, die besondere Bedeutung dieser Angebote für die Realitätskonstruktionen von Jugendlichen und damit auch der Anlass für eine breite gesellschaftliche Auseinandersetzung über die Art dieser An-gebote.

Die Daily Soaps sind insbesondere in medienbiographischer Hinsicht re-levant: Die vier derzeit im Programm befindlichen Soaps sind seit über sechs Jahren fester Bestandteil des Vorabendprogramms und, wie die Zuschauer-forschung zeigt, auch des Medienmenüs von Jugendlichen, die mit diesen Angeboten groß werden. Im Vergleich zu den Daily Talks haben die in ihnen gezeigten Themen und Konflikte bislang in medienpädagogischen Diskussi-onen vergleichsweise wenig Niederschlag gefunden. Als Spielhandlungen gelten sie offenbar als unproblematischer, obwohl sich die Themen und Kon-flikte von Daily Talks und Daily Soaps oftmals deutlich überschneiden.

Neben den Fragen, die sich an die Nutzung und Rezeption der beiden Fernsehgenres knüpfen, verdient der Aspekt der programmbegleitenden bzw.

---

8   Siehe Paus-Haase et al. (1999); die Studie wurde im Auftrag der Landesanstalt für Rundfunk Nordrhein-Westfalen (LfR) und der Landeszentrale für private Rundfunkveranstalter Rheinland-Pfalz (LPR) durch-geführt.

9   Siehe zu den Projektergebnissen die im Literaturverzeichnis angeführten Arbeiten von Göttlich, Gött-lich/Nieland und Nieland. Siehe zum Schwerpunktprogramm „Theatralität" der DFG die Teilergebnisse in Willems/Jurga (1998), Göttlich/Nieland/Schatz (1998) und Fischer-Lichte/Pflug (2000).

-ergänzenden Angebote im Internet zunehmende Aufmerksamkeit. Alle Formate betreiben mit zum Teil erheblichem Aufwand ein Online-Angebot, was die Frage aufwirft, wie die damit eröffneten Möglichkeiten zur Anschlusskommunikation von den Jugendlichen aufgegriffen und genutzt werden. Die Begleitangebote sind zum einen zentraler Bestandteil der Programm- und Vermarktungsstrategien der Anbieter und zum anderen steigt ihre Bedeutung im Fanverhalten von Jugendlichen. Eine deutliche Steigerung erlebt dieser Prozess aktuell durch die Vermarktung sowie die Anschlusskommunikation bei *Big Brother*. Damit ist ein weiterer Beleg für die These des „Kult-Marketing" (vgl. Göttlich/Nieland 1998a) gegeben.

Die aufgeworfenen Fragen dieses Kooperationsprojekts berühren nicht nur die aktuelle medienpolitische und -pädagogische Auseinandersetzung, sie verweisen auch auf die veränderten Anforderungen, denen sich Jugendliche unter den Bedingungen des gesellschaftlichen Wandels und der als Individualisierung beschriebenen Tendenzen stellen: Unzweifelhaft fällt dem Fernsehen – vor allem dann, wenn es den Alltag und Alltäglichkeiten inszeniert – eine Orientierungsrolle zu. Angesichts des Wegbrechens von traditionellen Wertehorizonten und der daraus resultierenden Forderung einer „Politik der Lebensführung" (A. Giddens), der sich jeder Einzelne gegenüber sieht, ergibt sich die Frage, inwiefern die Schilderung von Alltäglichkeiten an die Stelle der traditionellen Instanzen tritt. Dabei muss aber nicht nur geklärt werden, um welche Art von Alltag es sich handelt, der da geschildert wird, sondern auch, welche Rolle der auffälligen Präsentation von Lebensstilmustern und Lifestyle-Symbolen durch die Trend- und Markenpräsentation zukommt.

Es sind Fragen dieser Art, zu deren Beantwortung die Daten der beiden genannten Studien im Hinblick auf das Zusammenspiel der beiden Genres vertiefend ausgewertet und die sich daraus ergebenden Befunde zusammengeführt werden sollen. Da für diese Fragen auch das während der Projektlaufzeit gestartete Real-Life-Format *Big Brother* von großer Bedeutung ist, soll versucht werden, diese neue Angebotsform so weit wie möglich mit einzubeziehen.

1.3 Vorgehen und Struktur dieses Bandes

Das Kooperationsprojekt stellt insofern eine Besonderheit dar, als hier versucht werden soll, zwei unabhängig voneinander durchgeführte Spezialstudien so zusammenzuführen, dass sie gemeinsam zusätzlichen Erkenntnisgewinn ermöglichen.[10] Diesem Versuch sind notwendig insofern Grenzen ge-

---

10 Der Landesanstalt für Rundfunk Nordrhein-Westfalen (LfR) und der Landeszentrale für private Rundfunkveranstalter Rheinland-Pfalz (LPR) ist dafür zu danken, dass sie – neben den Institutionen der beteiligten Wissenschaftlerinnen und Wissenschaftler, dem Hans-Bredow-Institut in Hamburg, dem Institut

setzt, als die Ausgangsstudien ihre jeweils eigene Fragestellung verfolgen, was mit jeweils eigenen theoretischen und methodischen Festlegungen verbunden ist. Diese Einschränkungen konnten zum Teil dadurch abgeschwächt werden, dass einige der Erhebungs- und Analyseschritte im Rahmen der ‚Soap-Studie' sich methodisch an dem in der ‚Talkshow-Studie' erprobten Vorgehen orientierten. Beide Einzelstudien waren bereits je für sich gemäß dem Verfahren der *Triangulation* angelegt (Flick 1995, Paus-Haase 1998, Paus-Haase u.a. 1999). Dieses zielt darauf ab, verschiedene Forschungsperspektiven und Methoden so miteinander zu kombinieren, dass sie sich gegenseitig kontrollieren, ergänzen, unterstützen, relativieren oder auch widerlegen können. Die Triangulation unterschiedlicher Quellen und Perspektiven gewährleistet eine hohe Dichte und Vielfalt und somit eine entsprechende Aussagekraft des Materials.[11] Mit der vergleichenden Zusammenarbeit zwischen den beiden Projekten wurden zusätzliche Betrachtungsperspektiven eingeführt, die im Sinne des Triangulations-Konzepts die Aussagekraft der Befunde und die Vielfalt der Aussagemöglichkeiten weiter erhöhen.

Insgesamt beziehen sich die Beiträge des vorliegenden Bandes damit auf folgende (siehe Tab. 1.1) im Überblick dargestellten empirischen Erhebungsschritte.

Ausgangspunkt für den Versuch der Zusammenführung ist die Studie zu Angebot und Nutzung der Daily Soaps, deren Ergebnisse in Kapitel 2 dieses Bandes ausführlich vorgestellt werden. Hierbei handelt es sich um eine Bündelung der Forschungsergebnisse zu den deutschen Daily Soaps, die insbesondere aus dem Duisburger DFG-Projekt stammen. Das Gewicht liegt auf der Rezeption und Aneignung der Daily Soaps durch Jugendliche, wie sie im Zuge der Gruppendiskussionen und Einzelinterviews sichtbar wurde.[12]

Da die ‚Talkshow-Studie' bereits ausführlich dokumentiert ist, liefert Kapitel 3 lediglich eine kurze Zusammenfassung der Anlage dieser Untersuchung sowie der Ergebnisse im Hinblick auf Besonderheiten des Genres Daily Talk und auf die Art und Weise, wie Jugendliche mit ihnen umgehen.

Die Beiträge des nächsten Teils dieses Bandes gelten dann der Frage, wie die beiden Formate aus der Sicht der Jugendlichen zusammenspielen. Zu-

---

für Kommunikationswissenschaft der Universität Salzburg sowie dem Rhein-Ruhr-Institut für Sozialforschung und Politikberatung an der Universität Duisburg – ein in diesem Sinne innovatives Projektmodell unterstützt haben, welches sich bemüht, durch enge Kooperation bereits vorliegende Daten und Forschungsergebnisse auch für weitergehende Fragestellungen fruchtbar zu machen, ohne dass es aufwändiger zusätzlicher Primärerhebungen bedarf.

11 Im Rahmen des DFG-Projektes zu den Daily Soaps werden zusätzlich zu den hier ausgewerteten Materialien weitere Gruppendiskussionen, Einzelinterviews sowie eine Telefonbefragung, Zuschauerpost, Internetforen und Internetchats und Ergebnisse einer Inhaltsanalyse der Daily Soaps im Triangulationsverfahren miteinander verbunden.

12 Es werden Rezeptionsweisen herausgearbeitet, die nicht zuletzt auch durch die Anlage des Kooperationsprojekts über die Ergebnisse der aktuellen Serien- und Soap-Rezeptionsstudien in Theunert/Gebel (2000) und Götz (2000) hinausweisen.

nächst werden in Kapitel 4 Sekundärauswertungen einer Repräsentativbefragung unter 12- bis 17-Jährigen in Deutschland präsentiert, die im Rahmen der ‚Talkshow-Studie' im Winter 1998/1999 durchgeführt wurde. Kapitel 5 berichtet sodann über Befunde zur Soap-Nutzung, wie sie sich den qualitativen Untersuchungsschritten der ‚Talkshow-Studie' entnehmen lassen. Die Gruppendiskussionen und Einzelinterviews wurden mit einem auf die Zwecke dieser neuen Fragestellung hin modifizierten Kategoriensystem reanalysiert. Entsprechend werden auch in Kapitel 6 Reanalysen der Daten aus der ‚Soap-Studie' präsentiert, die Aufschluss über das wechselseitige Zusammenspiel der Soaps mit den Talks geben.

Tab. 1.1: Übersicht über die empirische Grundlage des Kooperationsprojekts

	Kapitel	Erhebungszeitraum	Datenbasis
„Talkshow-Studie"	3 + 5	Frühjahr und Sommer 1998	15 Gruppendiskussionen mit insgesamt 120 12- bis 17-Jährigen Jugendlichen
			Einzelinterviews mit 53 Jugendlichen aus den Gruppendiskussionen
	3 + 4	Nov./Dez. 1998	Repräsentativbefragung unter 12- bis 17-Jährigen in Deutschland (n=657)
„Daily-Soap-Studie"	2 + 6	Frühjahr 2000	10 Soap-zentrierte Gruppendiskussionen mit insgesamt 82 12- bis 17-Jährigen
			Einzelinterviews mit 12 Jugendlichen aus den Gruppendiskussionen
	6	Sommer 2000	3 Gruppendiskussionen mit Soap- und Talk-Bezug mit insgesamt 23 12- bis 15-Jährigen Mädchen
Online-Angebote der Soaps und Talks	7	Frühjahr und Sommer 2000	Explorative Untersuchung von Online-Angeboten, Beobachtung von Chats und anderen Kommunikationsangeboten

Kapitel 7 berichtet über Ergebnisse einer explorativen Untersuchung, die zur Ergänzung der beiden Hauptstudien durchgeführt wurde. Sie greift die Frage auf, welcher Art die im Internet verfügbaren Begleitangebote zu den Daily Talks und Soaps sind, und was sich aus der Art des Umgangs der dort kommunizierenden Nutzer im Hinblick auf diese Möglichkeiten der Anschlusskommunikation schließen lässt.

Kapitel 8 stellt abschließend die Ergebnisse der verschiedenen Untersuchungsschritte im zusammenfassenden Überblick dar. Es geht im Kern um die Frage, wie die beiden täglichen Genres im Alltag von Jugendlichen zusammenspielen, welche Muster der Nutzung und der Rezeption sich dabei zeigen und welcher Stellenwert diesen Genres entsprechend im Jugendalltag zukommt.

Teil II

Genrespezifische Untersuchungen zu Soaps und Talks

2. Inszenierungs- und Rezeptionsweisen von Daily Soaps[1]

Udo Göttlich und Jörg-Uwe Nieland

Für das bundesdeutsche Fernsehen sind die eigenproduzierten Daily Soaps in den letzten Jahren zu einer festen Größen avanciert. Die tägliche Dosis Seifenoper beschert den Produktionsfirmen, den Sendern und den Vermarktern beträchtliche und verlässliche Werbe- und Merchandisingeinnahmen und gleichzeitig einen Image-Gewinn, vor allem bei den jüngeren Zuschauern. Neben dem konstant hohen und für die deutsche Fernsehgeschichte auch ungewöhnlich lange anhaltenden Zuschauerzuspruch sind es vor allem das ökonomische Potenzial und die spezifische Form des Umgangs, den gerade Jugendliche mit diesem Genre pflegen, worin die große Bedeutung der Soaps besteht.

In den beiden ersten Unterkapiteln werden für den Zweck einer einführenden Überblicksdarstellung aus dem Kontext des Duisburger DFG-Projektes zu den Daily Soaps ausgewählte Daten, Materialien und Untersuchungsergebnisse präsentiert.[2] Bevor es in Teil III um die Beschreibung und Interpretation des Zusammenspiels der Aneignungsformen von Daily Soaps und Daily Talks durch Jugendliche geht, werden im folgenden Kapitel die zentralen Phasen der Soap-Entwicklung in Deutschland nachgezeichnet, aktuelle Daten zur Soap-Nutzung präsentiert und schließlich in zwei weiteren Unterkapiteln die Dimensionen der Soap-Rezeption von Jugendlichen – wie sie in Gruppendiskussionen und Einzelgesprächen deutlich wurden – beschrieben.[3]

---

1   Für die Mitarbeit bei der Datenerhebung, Auswertung und Ergebnispräsentation danken wir den Hilfskräften des Duisburger Daily-Soap-Projektes Ingrid Lovric, Annika Neumann, Ariane Rademacher und Klaus Stinnertz.

2   An dieser Stelle nicht weiter berücksichtigt sind Fragen der Abbildung des Wertewandels in fiktionalen Angeboten und Probleme kultureller Identität, die Genderdebatte, der internationale Vergleich zur Soap-Entwicklung sowie die ökonomischen Veränderungen der Fernsehproduktion.

3   Den Hintergrund für das Kapitel 2 bilden die Teilergebnisse des seit 1996 laufenden Forschungsprojektes „Daily Soaps und Kult-Marketing". Im Rahmen dieses Projektes werden die Produktion, die Inhalte und die Rezeption von Daily Soaps untersucht. Im Laufe der bisherigen Projektarbeit konnten frühere Ein-

Die These lautet, dass Daily Soaps Ausgangspunkt und Experimentierfeld für die Medienentwicklung der Zukunft sind. Dies schließt ein, dass die Durchschlagskraft des im Fernsehgeschäft im Umfeld der Soaps erstmals mit Erfolg erprobte „Kult-Marketing" (Bolz/Bosshart 1995) weiter wachsen und aufgrund der zunehmenden multimedialen Vernetzung zu einer noch stärkeren Verschränkung von Erlebnis-, Konsum- und Orientierungsangeboten führen wird (vgl. Göttlich/Nieland 1998a, 1998d).

Das Forschungsinteresse richtet sich konkret auf das Zusammenspiel von Alltagsdramatisierung und Kult-Marketing (vgl. Göttlich/Nieland 1998c, 2000, 2001). Die Vorgänge um *Big Brother* können als Verlängerung und Intensivierung der bei den Daily Soaps erprobten Erzählweisen und vor allem Vermarktungsstrategien sowie auch der Aneignungsformen von Jugendlichen interpretiert werden. Außerdem gewinnt die soap-typische Form der Alltagsdramatisierung mit den Mitteln der Personalisierung, Privatisierung und Intimisierung (Göttlich/Nieland 1998a) nicht allein für weitere Unterhaltungsangebote an Bedeutung, sondern auch für die Politikvermittlung (Göttlich/Nieland 1997; 1999, Lukaszewski/Nieland 1998).

2.1 Daily Soaps im deutschen Fernsehen: Etablierung, Inhalt und Vermarktung

2.1.1 Genrecharakteristika und -entwicklung

Die medien- und kommunikationswissenschaftliche Beschäftigung mit Unterhaltungsangeboten und speziell mit Fernsehserien hat in der Bundesrepublik nur zögerlich eingesetzt – und zwar erst ab der zweiten Hälfte der 80er Jahre – und dabei beiweitem noch nicht die Intensität und das Ausmaß erreicht, wie die anglo-amerikanischen Genre-Debatten.[4]

Aufgearbeitet wurden zunächst die Charakteristika der US-amerikanischen Fernsehserien sowie deren Prägekraft für die bundesdeutsche Fernseh- und Genreentwicklung. Es folgten Arbeiten zur Serientheorie (vgl. Mikos 1987, Hickethier 1991, Giesenfeld 1994 und Schneider 1995) und seit Anfang der 90er Jahre wurden zahlreiche Studien über US-amerikanische Soaps auch für den deutschsprachigen Raum erstellt: Kreutzner (1992), Schneider (1992), Kleinsteuber (1992), Borchers/Kreutzner/Warth (1994) und Luchting (1995).

---

ordnungen und Interpretationen der Soaps differenziert und neu kontextualisiert werden (vgl. Göttlich/ Nieland 1999a, 1999b, Göttlich 2000a)

4   In England, Amerika und in Australien existiert – gerade unter dem Eindruck der Forschungsrichtung der Cultural Studies – eine umfangreiche Literaturlage. Grundlegende Arbeiten zur Geschichte und Entwicklung haben unter anderem Cantor/Pingree (1983), Allen (1985) und Tulloch (1990) vorgelegt. Gerade in letzter Zeit finden die Daily und Weekly Soaps erneut verstärkte Beachtung u.a. bei Allen (1995), McKinley (1997), Livingstone/Liebes (1998), Moran (1998), O'Donnell (1999).

Frey-Vor (1992 und 1996) hat über verschiedene Aspekte der britischen Serials (vor allem *Coronation Street* und *East Enders*) gearbeitet und dabei auch Vergleiche zur *Lindenstraße* gezogen.[5] Trotz dieser Anstrengungen besteht für die bundesdeutsche Serienforschung weiterhin ein Mangel an begrifflicher Klarheit. Dies beginnt bereits bei der Einordnung der Grundformen seriellen Erzählens.

Mit Blick auf die US-amerikanische Forschungsliteratur sollte die Basisunterscheidung zwischen „Series" und „Serials" für die Kennzeichnung der Differenz von geschlossenen und offenen Erzählungen genutzt werden. Der Begriff *Series* wird für serielle Erzählungen verwendet, die in jeder Einzelfolge in sich abgeschlossene Geschichten bzw. eine geschlossene Erzählung präsentieren. Die Hauptfiguren durchleben innerhalb einer Einzelfolge eine neue Geschichte bzw. ein neues Abenteuer. Kennzeichen solcher auch als Episodenserien bezeichneten Erzählungen sind eine kleine Gruppe von Protagonisten (meist zwei bis vier Personen, teilweise durch Gastrollen von Prominenten ergänzt) sowie wiederkehrende Settings (Wohnungen, Autos, Stadtviertel-/Landschaften etc.). *Serials* sind serielle Erzählungen mit sich über Einzelfolgen erstreckenden, unabgeschlossenen Handlungssträngen und offenen Figurenlinien, die auf eine (potenziell endlose) Fortsetzung zielen. Am Ende einer jeden Folge steht ein Cliffhanger. Darunter versteht man eine dramatische Situation – beispielsweise ein Geständnis, einen Unfall oder ein überraschendes Moment –, die dafür sorgt, dass die Zuschauer an den Fortgang der Geschichte über die Einzelfolge hinaus gebunden werden.[6]

Weitere Unterteilungen bei den *Serials* ergeben sich aus ihrer Platzierung. Der Begriff der Soap Opera dient seit den dreißiger Jahren zur Bezeichnung der (zunächst im Radio) täglich ausgestrahlten Serien, die ursprünglich am (frühen) Nachmittag platziert waren. Dieser Serientyp trägt auch die Bezeichnung der Daytime Soap Opera. Er richtet sich hauptsächlich an ein Hausfrauenpublikum. Ende der siebziger Jahre kam es mit Serials wie *Dallas* und nachfolgend *Dynasty* (*Denver Clan*) zur Ausstrahlung wöchentlicher Soap Operas im Hauptabendprogramm, die den Namen Primetime Soap Operas erhielten. Diese Soaps waren gleichermaßen an ein weibliches wie männn-

---

5 Während die Vielzahl an Studien zur *Lindenstraße* auffällig ist (vgl. u.a. Frey-Vor 1992, 1996, Jurga 1995, Moritz 1996) und Familienserien u.a. von Mikos (1994a; 1994b) umfassend durchleuchtet wurden, liegen derzeit zu den deutschen Soaps mit Ausnahme von Koukouli (1998) und Krützen (1998) noch keine umfassenden Monographien zu allen Soaps vor. Schließlich ist noch auf die inhaltsanalytischen Arbeiten zu Serien und Soaps in den Studien von Schneider (1995, vgl. darin auch Göttlich 1995b), Bruns (1996) und Wünsch/Decker/Krah (1996) zu verweisen.

6 In den USA gibt es auch noch so genannte Minicliffs, die vor den Werbeunterbrechungen platziert sind. Außerdem werden „starke" Cliffhanger in den Freitagsausgaben der Soaps gesetzt, um das Zuschauerinteresse über das Wochenende aufrecht zu erhalten. In der BRD haben sich diese Verfeinerungen auch deshalb nicht durchgesetzt, weil die einzelnen Produktionsblöcke à 5 Folgen aufgrund von zahlreichen Sondersendungen und Feiertagen nicht konstant in einer natürlichen Woche ausgestrahlt werden. Cliffhanger aus den Serien *Dallas* oder *Lindenstraße* sind in die Fernsehgeschichte eingegangen.

25

liches Publikum adressiert und stellten einen neuen Entwicklungsschritt im amerikanischen Fernsehen dar (vgl. Kreutzner 1992 und Borchers/Kreutzner/ Warth 1994).

Daily Soaps gelten als Prototyp der Serials. Medientechnische und -organisatorische Veränderungen führten insbesondere seit der zweiten Hälfte des 19. Jahrhunderts zur massenhaften Produktion und Konsumtion serialisierter Druckerzeugnisse. Als wichtigster Vorläufer der Daily Soaps werden die Domestic Novels (Frauenromane aus dem vorigen Jahrhundert) und die Film Chapter Plays (Fortsetzungsgeschichten in den Kinos, u.a. mit Actionschwerpunkt) genannt. Seit Anfang der 30er-Jahre gibt es in den USA die Radio Soap Operas, die mit großer Popularität als bedeutender Werbeträger Verbreitung fanden. Gesponsert – und zum Teil auch von Subfirmen konzipiert und produziert –, wurden und werden diese Angebote von Herstellern von Waschmittelerzeugnissen und Nahrungsmitteln. Besonders stark war und ist das Engagement der Weltkonzerne Procter & Gamble sowie Unilever. Der Name Soap Opera leitet sich von diesem Hintergrund ab. Im US-amerikanischen Fernsehen gab es zunächst zahlreiche Daytime Serials (den Startpunkt bildete die Serie: *The Guiding Light*, diese Soap läuft ununterbrochen seit 1952), ehe ab Mitte der 70er-Jahre die Entwicklung von Primetime Serials einsetzte.[7]

Im deutschen Fernsehen waren bis zu Beginn der achtziger Jahre vorwiegend amerikanische Kaufprogramme – hauptsächlich Western- und Krimiserien sowie einige Kinder- und Tierserien – präsent; hinzu traten die eigenproduzierten Familienserien und Krimis. Seit Mitte der achtziger Jahre wurden dann mit Serien wie der *Lindenstraße* (Frey-Vor 1992, Jurga 1995) und der *Schwarzwaldklinik* (Rössler 1988) auch in der Bundesrepublik erste Langzeitserien produziert.[8] Bei RTL dominierte zu dem Zeitpunkt weiterhin die Ausstrahlung von US-Daily Soaps wie *California Clan* und *Springfield Story*, vorwiegend im Vormittags- und frühen Nachmittagsprogramm. Außerdem hatte der Privatsender mit *Ein Schloß am Wörthersee* auch eine eigenproduzierte Langzeitserie im Programm.

2.1.2 *Etablierung und Platzierung der deutschen Daily Soaps*

RTL startete 1992 – wie bereits zuvor in den Niederlanden – mit der Adaption der australischen Daily Soap *The Restless Years*. Auch beim Titel der Sendung orientierte sich der Kölner Sender an den (guten) Erfahrungen in den Niederlanden: aus *Goede tijden, slechte tijden* wurde *Gute Zeiten,*

---

7   In Lateinamerika gibt es eine eigenständige Form von ‚Serials': Die Telenovelas erzählen Geschichten, die nach einem Ablauf von zumeist 180 bis 250 Folgen (im Falle von besonders erfolgreichen Produktionen auch 400 bis 600 Folgen) ein dramaturgisches Ende haben.

8   Bewusst wird hier der Begriff Langzeitserie verwendet, da wichtige Kriterien der Soap-Produktion und -Erzählweise bei diesen Serien fehlen.

schlechte Zeiten. Die Entwicklung und Verbreitung der deutschen Seifen-opern hat somit einen anderen Ausgangspunkt als die Medienpresse und po-pulärwissenschaftliche Abhandlungen bislang nachzeichnen. Denn nicht die US-amerikanischen Vorlagen, sondern das Engagement der australischen Produktionsfirma Grundy und die Knappheit an US-Filmmaterial bei RTL, sowie die Erprobung neuer Formen der Zuschaueransprache gaben den Aus-schlag, neue Erzählweisen und die Fließbandproduktion für den deutschen Fernsehmarkt zu entwickeln und sicherzustellen. Nachdem im ersten Sende-jahr die Einschaltquoten nicht das erwünschte Niveau erreichten,[9] entschie-den sich RTL und die Produktionsfirma Grundy/UFA, mit der zweiten Staffel (also ab Folge 231) die Geschichten und die Figuren des australischen Vor-bilds stärker an bundesdeutsche Lebens- und vor allem Alltagssituationen anzupassen. Das erst ab diesem Zeitpunkt steigende Zuschauerinteresse geht somit vor allem auf die Neuausrichtung zurück. Ab November 1994 nahm RTL mit *Unter Uns* eine zweite, diesmal selbst entwickelte Daily Soap ins Programm und Anfang 1995 ging mit *Verbotene Liebe* die dritte Soap der Produktionsfirma Grundy/UFA – diesmal jedoch bei der ARD – auf Sen-dung.

Seit diesem Zeitpunkt kann davon gesprochen werden, dass die eigenpro-duzierten Daily Soaps ihren festen Platz in der deutschen Fernsehlandschaft erobert hatten. Zusätzlich zu *Gute Zeiten, schlechte Zeiten; Unter Uns* und *Verbotene Liebe* wird seit Januar 1995 auch *Marienhof* täglich ausgestrahlt; die Sendung lief zuvor schon gut zwei Jahre zweimal pro Woche (s. Tabelle 2.1.0).[10]

Tab. 2.1.0: Die aktuellen Soaps im deutschen Fernsehen[11]

Soap/Sender	Sendeplatz Mo.-Fr.	Sendestart	Gesendete Folgen bis 02.11.2000
Unter Uns (RTL)	17:30 – 17:55 Uhr	28. Nov. 1994	1465
Gute Zeiten, schlechte Zeiten (RTL)	19:40 – 20:15 Uhr	11. Mai 1992	2099
Verbotene Liebe (ARD)	17:55 – 18:20 Uhr	02. Jan. 1995	1390
Marienhof (ARD)	18:25 – 18:50 Uhr	02. Jan. 1995 (2 x wöchentl. ab 01. Okt. 1992)	1560

---

9   Dies zeigte sich übrigens bereits in der ersten Woche: Nachdem 3,14 Millionen Zuschauer die erste Folge ansahen, fiel die Reichweite bis zur fünften Folge auf 1,23 Millionen. Vgl. Evermann (2000)

10   Erwähnt werden sollten auch die fünf bislang gescheiterten Versuche: Jede Menge Leben (im ZDF, Laufzeit: 95-96), So ist das Leben – Die Wagenfelds (in SAT.1, Laufzeit: 95-96), Alle zusammen – Jeder für sich (auf RTL2, Laufzeit: 96-97), Geliebte Schwestern (in SAT.1, Laufzeit: 97-98) und schließlich Mallorca – Suche nach dem Paradies (auf ProSieben, Laufzeit: 99-00).

11   Ohne Wiederholungen und Re-Runs im WDR bzw. anderen dritten Programmen in der ARD und auf VOX.

Bei den drei von Grundy/UFA-produzierten Soaps waren vor allem in den ersten Jahren australische (zum Teil auch britische) Producer, Autoren und Vermarkter damit befasst, die Grundregeln der Daily-Soap-Produktion in der Art eines *Know-how-Transfers* – der alle Produktionsebenen gleichermaßen umfasst – der deutschen Produktionsfirma zu vermitteln.[12]

Von entscheidender Bedeutung für die vier eigenproduzierten Daily Soaps ist ihre Platzierung im Vorabendprogramm. Die Soaps werden in der reichweiten-intensiven Zeit ausgestrahlt; außerdem handelt es sich um den Timeslot, in dem die ARD und das ZDF ihre Werbung schalten dürfen. Aufgrund des täglichen Ausstrahlungsrhythmus strukturieren die Daily Soaps den Tagesablauf der Zuschauer und bieten gleichzeitig für die Werbekunden ein hochgradig planbares Programmumfeld. Eine deutsche Daily Soap weist eine Netto-Spielzeit von 22-23 Minuten auf. Mit den Werbeunterbrechungen (nur bei den privaten Anbietern), den Werbeblöcken vor und nach der Sendung und weiteren Trailern zur Soap, der Nennung des Sponsors, der Einspielung von Recaps sowie des Vor- und Abspanns ergibt sich eine Brutto-Sendezeit von 30 Minuten.

Abb. 2.1.1a: Platzierung der vier Daily Soaps

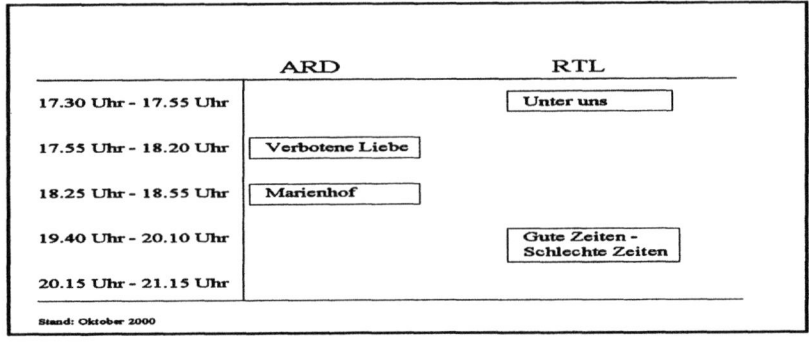

Bei der ARD wird unmittelbar vor den Soaps die Informationsschiene (*Tagesschau um fünf*) und die Boulevard-Schiene (*Brisant*) bedient. Im An-

---

12 Bei bestimmten Problemsituationen schalten sich die Spezialisten aus London bis heute ein, was auch daran liegt, dass das Londoner Mutterhaus die Entwicklung und den Erfolg aller ihrer in den unterschiedlichen europäischen Ländern laufenden und gestarteten Soaps beständig weiter verfolgt. So wurden nach den Niederlanden und Deutschland auch die Soaps in Italien (*Un posto al sole*; Ein Platz an der Sonne), Schweden (*Skilda varldar*; Getrennte Welten), Ungarn (*Baratok közt*; Gute Freunde) und Finnland (*Salatut elämät*; Geheimes Leben) nach dem vergleichbaren Muster des Know-how-Transfers im Verbund mit nationalen Produktionsfirmen und TV-Sendern angestoßen. Verantwortet werden sie somit von Autoren, Redakteuren, Produzenten aus dem jeweiligen Sprachraum (vgl. O'Donnel 1998; Moran 1998).

schluss an *Marienhof* werden Episodenserien ausgestrahlt – diese werden im ARD-Jargon Premium-Serien genannt. Dabei handelt es sich meist um Familienserien, wie *Aus heiterem Himmel* oder deutsche Kriminalserien wie *Der Fahnder* sowie die aktuelle Jugendserie *Powder Park*. Bei der ARD werden die Daily Soaps im Gegensatz zur privaten Konkurrenz hintereinander ausgestrahlt und nicht durch Werbeblöcke unterbrochen. Hier wird Werbung nur zwischen den beiden Soaps gezeigt. Die Premium-Serien dagegen werden von Werbeblöcken unterbrochen.

Nach der letzten von drei Daily Talkshows bei RTL (*Hans Meiser*) folgen zwei Episoden der Sitcom *Hör' mal, wer da hämmert* und im Anschluss *Die Nanny* (ebenfalls eine US-amerikanische Sitcom), was der Absicht dient, ein jüngeres Publikum anzusprechen und dieses an den weiteren Programmablauf zu binden. Nach der ersten Daily Soap *Unter Uns* laufen beim Kölner Privatsender die Regionalfenster, dann das Starmagazin (*exclusiv*), die Nachrichtensendung (*RTL-aktuell*) und schließlich das Boulevard-Magazin *explosiv*. Mit *Gute Zeiten, schlechte Zeiten* endet dann der Vorabend bei RTL, dabei ist zu beachten, dass die Soap in direkter Konkurrenz zum ARD-Informations-Flaggschiff *Tagesschau* platziert ist.

Durch eine Sendepause unterbrochen, wird bei RTL2 im Frühjahr und im Herbst 2000 *Big Brother* ausgestrahlt. Dieses neue Format ist in die folgende Übersicht mit aufgenommen worden, um zu zeigen, wie sich ein Unterhaltungsslalom durch vier Soaps und eine Reality Soap an einem typischen werktäglichen Fernsehabend gestalten könnte.

Abb. 2.1.1b: Programmumfeld der vier Daily Soaps

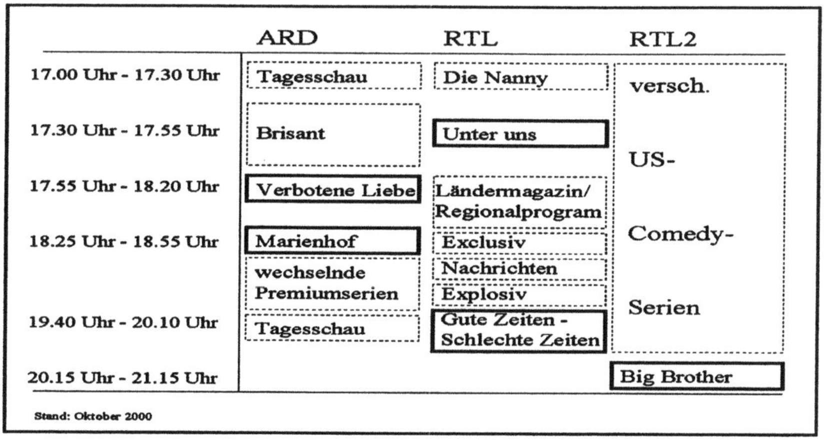

	ARD	RTL	RTL2
17.00 Uhr - 17.30 Uhr	Tagesschau	Die Nanny	versch.
17.30 Uhr - 17.55 Uhr	Brisant	Unter uns	US-
17.55 Uhr - 18.20 Uhr	Verbotene Liebe	Ländermagazin/ Regionalprogram	
18.25 Uhr - 18.55 Uhr	Marienhof	Exclusiv	Comedy-
	wechselnde Premiumserien	Nachrichten / Explosiv	
19.40 Uhr - 20.10 Uhr	Tagesschau	Gute Zeiten - Schlechte Zeiten	Serien
20.15 Uhr - 21.15 Uhr			Big Brother

Stand: Oktober 2000

Die Etablierung der Daily Soaps endet nicht mit den hier genannten Sendungen, vielmehr sind gerade in jüngster Zeit Weiterentwicklungen und Mischformen des Genres zu beobachten. An erster Stelle gilt dies für die ab 2001 angekündigte einstündige Soap mit dem Titel *Licht und Schatten*. Diese soll im Nachmittagsprogramm von RTL eine der inzwischen unter Zuschauerrückgang leidenden Daily Talks ersetzen. Zur Zeit (Januar 2001) läuft dort eine Sendung mit dem Titel *Der Frisör*, die den mit *Big Brother* angestoßenen Trend der Real Life Soaps in das Nachmittagsprogramm einführt.

Eine Ausdifferenzierung erfahren die Daily Soaps zur Zeit auch bezüglich des Zuschnitts auf bestimmte Altersgruppen: Nach *Schloß Einstein* sendet die ARD seit Herbst 2000 mit *fabrixx* am Freitagnachmittag um 16:00 Uhr eine weitere Soap für die Zielgruppe der Kinder und Pre-Teens (vgl. Bansberg 2000). Als Jugendsendungen suchen *SClub7* auf VIVA oder *Deine Band* auf RTL und *Popstars* auf RTL2 eine direkte Verbindung zur Popmusik und ihrer Vermarktung. Nicht nur das Aussehen der Darsteller/Musiker, sondern auch die Gespräche und Konflikte sind Jugend-Soaps (*Beverly Hills 90210, Melrose Place*) entlehnt und zielen direkt auf den Verkauf der Musikprodukte sowie indirekt auf die Vermittlung von Kompetenz für Trends, Moden und Stile sowie auf einen Imagetransfer zwischen Sendung, Sender und Musik.

Außerdem sind Hybridformate, die ihre Wurzeln bei den Daily Soaps haben, auszumachen. Dazu gehören Real Life Soaps, die als Vorläufer die Sendereihe *The Real World* auf MTV aufweisen, oder Doku-Soaps wie *Abnehmen in Essen* (WDR), die auf ein deutsches Vorbild, die *Fußbroichs* (WDR) Bezug nehmen. Schließlich verdienen noch Soaps mit lokalem oder regionalem Bezug wie *Die Anrheiner* beim WDR ebenso Erwähnung wie die inzwischen zahlreich anzutreffenden Internet-Soaps.[13] Mit *Zwischen den Stühlen* bietet RTL auf seiner Homepage seit dem 6. November 2000 eine Internet-Soap an. Dreimal pro Woche werden neue Videosequenzen ins Netz gestellt und die Internet-Nutzer sind aufgerufen, den Geschichtenverlauf zu kommentieren und mit den Protagonisten in Kontakt zu treten.

Neben diesen Verzweigungen sind in den letzten Jahren zahlreiche Kinofilme auszumachen, die Soap-Elemente aufweisen; gleiches gilt inzwischen auch für Theaterstücke.[14] Schließlich ist darauf hinzuweisen, dass die Grenzen zwischen *Series* und *Serial* insofern verwischt werden, als dass die klassischen Episodenserien oftmals mehrere Geschichten in einer Folge erzählen und Erzählstränge auch deutlich über die Folgengrenze hinaus verlängern.[15]

---

13 Diese werden entweder von großen Unternehmen bzw. Marken (Bacardi, Milka) oder in privater Initiative entwickelt und betreut. Sie weisen unterschiedliche „Interaktionsgrade" bzw. „Mit-Gestaltungsmöglichkeiten" auf. Als ein aktuelles Beispiel kann www.90sechzig90.de genannt werden.

14 Dies hat auch den Hintergrund, dass Theaterdramaturgen für Soap-Produktionen schreiben oder Theaterregisseure unter Fernsehproduktionsbedingungen ihr Handwerk erweitern.

15 Dies gilt insbesondere für Kult-Serien wie *Star Trek Next Generation, Baywatch* und *X Files*. Gerade bei Doppelfolgen dieser Serien werden die Soap-typischen Cliffhanger eingebaut.

Dass die Eigenproduktionen von Daily Soaps einen Ausgangspunkt und ein Experimentierfeld des Fernsehens der Zukunft darstellen (Göttlich/Nieland 1998b, 38), lässt sich also nicht nur an dem zur Aufrechterhaltung der laufenden Produktionen notwendigen ökonomischen, produktionstechnischen und logistischen Aufwand verdeutlichen, sondern gerade auch daran, dass das Genre zahlreiche Weiterentwicklungen und Spezifizierungen hervorgebracht hat.

Hinzu kommt die besondere Dramatisierungsweise des Genres, die seine Stellung im Unterhaltungsangebot begründet. Gleichwohl musste die Umsetzung erst erlernt, weiterentwickelt und in die nationalkulturelle Tradition des seriellen Erzählens eingebunden werden.

2.1.3 Neue Produktionsabläufe und Inszenierungsstrategien

Daily Soaps sind nicht nur nach Form und Stoff als eigene Gattung zu definieren, sondern für die bundesdeutsche Fernsehentwicklung als neue Produktionsform überhaupt anzusehen. Denn bei den Soaps wurde die „handwerkliche" Arbeitsteilung durch „Fließbandproduktion" ersetzt. Die einzelnen Zutaten werden separat hergestellt und zum Teil erst kurz vor dem Ausstrahlungstermin montiert; dies gilt beispielsweise für die Musikeinspielungen.[16]

Mit der Etablierung der Daily Soaps wurden Bedingungen geschaffen, die vor allem zu einer Erweiterung des Inszenierungsbegriffs führten. Während der Inszenierungsbegriff in der Theaterwissenschaft die unterschiedlichen Arten der Zeichenverwendung zur Bedeutungsproduktion meint, ist bei den Daily Soaps eine Inszenierungsstrategie zu beobachten, die nicht allein auf die Wahl der Mittel zur Bedeutungserzeugung zielt, sondern auf die Kombination mehrerer, an der Produktion und Distribution beteiligter Ebenen. In Anlehnung an Elam (1980) lassen sich solche Bereiche als ‚theatrale Räume' fassen, in denen im Zuge einer Reihe von Kommunikations- und Aushandlungsprozessen ein Kommunikat bzw. eine spezifische kulturelle Ausdrucksform entsteht. Diese Räume sind eingebettet in einen strategischen Bezugsrahmen, der der Einlösung von Unternehmenszielen gehorcht.

Bei den Soaps führt die industrielle Produktionsweise zu einer Steigerung der Abhängigkeit der einzelnen Ebenen und Räume. Das geschieht nicht nur dadurch, dass die ansonsten auch zeitlich voneinander getrennten (Produktions-)Ebenen enger zusammenkommen. Vielmehr finden sich bei der Produktion von Daily Soaps diese ‚theatralen Räume', zum Beispiel die Bühnen in den Studios, sowie die Redaktion und die Marketingabteilung – anders als bei den meisten Fernseh- oder Filmproduktionen – direkt an einem Ort vereint. Dies

---

16 Letzteres eröffnet (potenziell) die Möglichkeit, auf zahlreiche Trends schneller als bei anderen Fernsehproduktionen reagieren zu können.

führt konkret dazu, dass die beteiligten Personen direkt in die laufende Produktion eingreifen. So haben die Story-Liner die Möglichkeit, während sie bereits an Plots arbeiten, die erst Wochen später produziert werden, via Monitor die laufende Produktion zu verfolgen und kleinere oder größere Änderungen sofort einzufordern und umzusetzen. Berücksichtigt man ferner noch die Ebenen der Programmplanung und die Platzierung der Genres im Programmfluss (und hier speziell die Programmierung der Daily Soaps im Vorabendprogramm), so bilden diese ebenfalls relevante Inszenierungsebenen.

Konkret lässt sich zur Soap-Produktion folgender Ablauf beschreiben: Nach Festlegung der so genannten Storyline (Geschichtenverläufe mit Bezügen zu den einzelnen Figuren) werden die einzelnen Geschichten geschrieben und in einem weiteren Schritt die Dialoge von Dialogautoren hinzugefügt, die oftmals per E-Mail mit der Produktion in Kontakt stehen. Ca. 3 Monate vor Ausstrahlungstermin sind die einzelnen Folgen fertig geschrieben. Alle bisher beschriebenen Arbeitsschritte werden sowohl mit der Produktionsfirma als auch mit dem ausstrahlenden Sender abgestimmt. Die weiteren Produktionsschritte werden in Blockeinheiten geplant. Ein solcher Block besteht aus 5 Folgen und wird jeweils von einem Regisseur betreut. Pro Produktion wiederum gibt es 4-6 Regisseure, die somit mit der Bearbeitung von Blöcken in unterschiedlichen Arbeitsstadien betraut sind. Hinzu kommen jeweils zwei Producer, die eine Soap betreuen. Die Aufbereitung eines fünftägigen Blocks gestaltet sich wie folgt: Nach einer einwöchigen Dispositionsphase durch den für den Block verantwortlichen Regisseur schließt eine einwöchige Drehphase sowie eine weitere Woche zur Nachbearbeitung an. Der in dieser Zeit erarbeitete gesamte Block wird dann von dem ausstrahlenden Sender, ebenfalls innerhalb einer Woche, abgenommen.

Zusätzlich setzt auf dieser Ebene bei den deutschen Soaps die Rolle des Kult-Marketing ein. Der Begriff meint konkret, dass eine Soap dazu genutzt wird, ein anderes, von ihr zunächst als unabhängig zu betrachtendes Ereignis zu inszenieren. Dadurch kommt es zur Schaffung zusätzlicher populärkultureller Ereignisse im Umfeld der deutschen Seifenopern. Letztere wirken oder entstehen jedoch nur durch den audio-visuellen Rahmen, auch wenn sie auf vom Fernsehereignis getrennten Bühnen und zu anderen Zeiten spielen. Die Rückwirkung dieser Ereignisses auf die Soap Opera ist mitbedacht und kalkuliert, wenngleich sie auch nicht in allen Fällen von den Konsumenten identifiziert wird. Vor diesem Hintergrund muss von Inszenierungsstrategien gesprochen werden, die den engeren, auf das Theater bezogenen Bedeutungsumfang des Begriffs erweitern. Es kommt zu einer Durchdringung der strategischen Bezugsrahmen im Fernsehen mit Teilen des Printbereichs und diversen Sport- und Pop-Events, die einen erweiterten symbolischen Raum bilden, dessen Grenzen nicht festgelegt sind und der laufend Veränderungen unterliegt.

RTL verdient mit einer Folge *Gute Zeiten, schlechte Zeiten* zwischen 400.000,- DM und 600.000,- DM. Bei *Unter Uns* fällt der Gewinn deutlich geringer aus und liegt bei durchschnittlich 150.000,- DM pro Folge. Da der Kölner Privatsender rund um die Uhr Werbung schalten darf, verdient er im Umfeld der beiden Daily Soaps ca. ein Achtel seiner Gesamteinnahmen. Die ARD, die nur in der Zeit zwischen 17:00 Uhr und 20:00 Uhr Werbung ausstrahlen kann, fährt im Umfeld der beiden Soaps gut ein Drittel ihrer Werbeeinnahmen ein.

Die Produktionskosten liegen zwischen 6.000,- DM und 9.000,- DM pro Minute. Zwischen den Grundy/UFA-Soaps und der Bavaria-Soap *Marienhof* gibt es laut Branchenauskunft große Unterschiede. So muss *Unter Uns* mit der Hälfte des Produktionsbudgets (pro Minute) von *Marienhof* auskommen. Bei dieser Aufstellung ist zu bedenken, dass die Produktionskosten nicht exakt angegeben werden können, da z.B. die Investitionskosten (Hallenbau, Storyentwicklung), Instandhaltung der Produktionshallen und Erneuerung der Kulissen sowie die Beiträge der verantwortlichen ARD-Landesanstalten (WDR für *Verbotene Liebe* und BR für *Marienhof*) nicht ausgewiesen sind.

Nachdem nun die Hintergründe der Etablierung und Platzierung der deutschen Daily Soaps skizziert wurden, werden im Folgenden die vier aktuell im Programm befindlichen Seifenopern beschrieben.

2.1.4 Beschreibung der vier aktuell eigenproduzierten deutschen Daily Soaps

2.1.4.1 Gute Zeiten, schlechte Zeiten[17]

Gute Zeiten, schlechte Zeiten als *die* erste deutsche Daily Soap begann inhaltlich damit, die Schritte junger Schulabgänger in die berufliche Eigenständigkeit sowie ihre Lösung von Schule und Elternhaus zu schildern. In den ersten Folgen wurde gezeigt, wie eine Reihe von Jugendlichen noch vor dem Abitur die Schule verlässt. Wie der Sendungstitel vermuten lässt, erleben bzw. durchleben die Jugendlichen in den nächsten Jahren gute und schlechte Zeiten. Die Figuren der Soap sind überwiegend Jugendliche und junge Erwachsene. Doch obwohl es nur wenige ältere Charaktere gibt, bilden sie nicht nur den familiären und beruflichen Hintergrund, sondern sind wichtige und aktive Bestandteile der Handlung. So fällt seit der ersten Folge der Rolle der Lehrerin Elisabeth Meinhart eine zentrale Bedeutung zu. Nachdem sie aus gesundheitlichen Gründen ihre Stelle verliert, unternimmt sie einen Selbstmordversuch und wird von der Person gerettet, die sich später als ihr lange verschollener leiblicher Sohn herausstellt. Diese Geschichte mit all ihren

---

17 Vgl. zu den aktuellen sowie zu den nicht mehr im Programm befindlichen deutschen Daily Soaps auch Evermann 2000.

Nebenverzweigungen wurde in 700 Folgen, also über einen Zeitaum von beinahe drei Jahren erzählt. Inzwischen sind mehr als 2000 Folgen der Soap ausgestrahlt worden – ein auf absehbare Zeit einmaliger Rekord für fiktionale Sendungen in der deutschen Fernsehgeschichte.

Behandelt werden alltägliche Probleme auf privater, familiärer und beruflicher Ebene, deren Lösungsmöglichkeiten den meisten Raum ausfüllen. Auf privater Ebene bestimmen Beziehungs- und Liebesgeschichten die Handlungen, die sich in den unterschiedlichsten Konstellationen durch die Serie ziehen. So wechselte Fabian Moreno im Laufe der Zeit nicht nur häufig seine Lebensabschnittsgefährten innerhalb des Bekanntenkreises sondern auch seine sexuelle Orientierung. Nach einer anfänglichen Liebe zu seiner Adoptivschwester Vanessa verliebte er sich in den DJ Philip. Als diese Beziehung zerbrach, folgten weitere heterosexuelle Liebschaften zu Maria, Sonja und zuletzt Silke, die nach einem Unfall verstarb.

In beruflicher Hinsicht haben sich sowohl die Vorgänge um das Lifestyle-Magazin „City Lights" und aktuell eine Werbeagentur, als auch die aktive Mitarbeit und Leitung innerhalb gastronomischer Betriebe, wie dem „Fasan", dem „Daniel's" und „Charly's Laden" herausgebildet. Problematisiert wurden dabei die Arbeitsvorgänge im (Print-)Journalismus, etwa beim Produktionsdruck oder Recherchetätigkeiten. Innerhalb dieser Settings spielt sich nicht nur das Berufsleben, sondern auch ein Teil des Privatlebens der Charaktere ab. Denn unter den jeweiligen Kollegen befinden sich immer einige gute Freunde oder Familienmitglieder.

Die Darstellung des für Serien so typischen Familienlebens wurde abgelöst durch Lebens- und Wohngemeinschaften mit wechselnden Bewohnern. Die familiären Verbindungen der Charaktere stehen jedoch nicht außen vor, vielmehr bieten diese einen Rahmen, in dem einerseits Konflikte entstehen und andererseits Probleme behandelt werden können. Des Weiteren bieten die familiären Verhältnisse Möglichkeiten, neue Figuren in die Soap einzubringen und in die Handlung zu integrieren. Diese Ebenen bilden den Rahmen, in dem sich die gesamte Handlung bewegt. Weiterhin werden auch die Unwägbarkeiten des Lebens bis hin zu Krankheit und Tod behandelt. Aufgrund des Sendeplatzes und des im Vergleich zu den anderen Soaps größeren Budgets sind bei *Gute Zeiten, schlechte Zeiten* immer wieder spektakuläre und aufwändige Szenen (v.a. Unfälle) zu sehen, wie sie sonst eher aus Episodenserien bekannt sind.

Die Soap spielt in Berlin und greift aktuelle Trends auf, die sich gerade in der Hauptstadt abzeichnen. Dies bezieht sich beispielsweise auf Pop-Konzerte, die dort tatsächlich stattfinden. Außerdem gilt *Gute Zeiten, schlechte Zeiten* als Erprobungsfeld für neue Stars und bietet für Prominente gern genutzte Auftrittsmöglichkeiten. Aufgezählt werden können: Berlins Oberbürgermeister Diepgen, (damaliger) SPD-Kanzlerkandidat Schröder, RTL-Chef

Thoma, der US-Soap-Star Lee Graham, die Moderatoren Gottschalk und Bond, Sportler wie Thränhardt oder Sportler der Berliner Vereine Herta BSC und Capitals, schließlich Bands wie *Caught in the Act, Tic Tac Toe* und *Atemlos*. Gerade musikalischen Newcomern bietet *Gute Zeiten, schlechte Zeiten* die Möglichkeit, ihre Karriere voran zu treiben. So startete Andreas Elsholz als erster Soapdarsteller eine Karriere im Musik-Business, deren Erfolg jedoch eher kurz war. Bemerkenswert sind vor allem die Geschichten um die Pop-Gruppe *Just Friends*, die in der Soap und für die Soap gecastet wurde und dann vor dem Hintergrund der Bekanntheit in der fiktionalen Sendung auf dem realen Popmusikmarkt Erfolge feierte, genauso wie der Schauspieler Oliver Petszokat als *Oli P*. Seine Karriere entwickelte sich unter anderem innerhalb der Soap. Auch diese Beispiele belegen die These der wachsenden Bedeutung des Kult-Marketings in modernen (Unterhaltungs-)Öffentlichkeiten und auf den Konsummärkten.

Inzwischen wurde *Gute Zeiten, schlechte Zeiten* mit einigen Fernsehpreisen ausgezeichnet. Auch wenn der Spin-off zur Weekly Soap *Großstadtträume* scheiterte (und zwar nachdem lediglich 12 der über 20 abgedrehten und über 40 entwickelten Folgen gesendet wurden) und auch die Samstagabendshows und Quizsendungen keinen nachhaltigen Zuspruch bei den Zuschauern fanden, hat *Gute Zeiten, schlechte Zeiten* Maßstäbe gesetzt und die Soap-Welle im deutschen Fernsehen ausgelöst, die seit dem Jahreswechsel 1994/95 immer stärker angestiegen ist.

2.1.4.2 Unter Uns

Im Mittelpunkt der Daily Soap steht ein Mehrfamilienhaus in der fiktiven Schillerallee 10 in Köln. Dieses beherbergt verschiedene Wohnparteien, darunter mehrere Familien und Wohngemeinschaften. Im Gegensatz zu anderen Daily Soaps bietet das Wohnhaus die Möglichkeit, neue Figuren in die Serie einzubringen ohne sich immer auf familiäre oder freundschaftliche Verbindungen stützen zu müssen. So zieht beispielsweise die allen Bewohnern unbekannte Familie Kramer von Frankfurt nach Köln und wohnt nun in einer der Wohnungen. Durch den gemeinsamen Wohnort lernen sich alle Figuren mehr oder minder gut kennen und stehen in den unterschiedlichsten Beziehungen zueinander. Die Geschichten haben in der Mehrzahl Bezüge zu der Wohnsituation, das heißt, sie beschäftigen sich mit den familiären und beruflichen Umständen (also vor allem Problemen) der Bewohner. Im Laufe der Jahre zogen verschiedene Familien aus und ein, so auch die Professorenfamilie Albrecht, die Hoffmeisters, die Sandmanns und die Falkenbergs. Zur Zeit gibt es im Haus zwei Wohngemeinschaften, gerade dies bietet für die Autoren der Soap die Gelegenheit, immer wieder Situationen des Zusammenlebens von Jugendlichen zu thematisieren. Angesichts dieser Konstellation drängen sich Vergleiche mit der US-amerikanischen Weekly *Melrose Place* auf, wobei *Unter Uns* der deutlich billiger produzierte „Abklatsch" wäre.

Die Figuren sind meist jüngeren Alters und beschäftigen sich mit den Problemen des Erwachsenwerdens. So spielen Liebe und Freundschaften, Schule und Berufswünsche eine entscheidende Rolle.

Doch auch ältere Charaktere nehmen einen wichtigen Platz in der Serie ein. So zum Beispiel die Hauseigentümerin Margot Weigel, welche als eine Art Hausdrachen fungiert. Immer wieder mischt sie sich in das Leben ihrer Mieter ein, indem sie sie beispielsweise bespitzelt oder ihnen moralische Vorhaltungen macht. Auch ihr Sohn Wolfgang Weigel, der mit seiner Familie zu den Bewohnern der Schillerallee 10 gehört und zudem eine im Haus gelegene Bäckerei betreibt, hat unter seiner Mutter und ihren Eigenarten zu leiden.

Neben den Vorgängen in der Konditorei (insbesondere als Ausbildungsstelle) und in der erst seit kurzem bestehenden Werbeagentur Sommerfeld&Friends, finden sich bei *Unter Uns* zahlreiche Polizeigeschichten. Soaptypisch geht es im Privaten um Liebschaften und Schwangerschaften, Krankheiten und Intrigen. Letzteres wird vor allem durch die Rolle der Laura Böhme repräsentiert, die eine der „langlebigsten" Figuren innerhalb einer deutschen Daily Soap darstellt. Sie gehört zu den sechs Schauspielern, die schon seit dem Sendestart im November 1994 dabei sind. Zu den weiteren Darstellern, die heute noch Bestandteil der Serie sind, zählt auch ein Teil der Familie Weigel.

Bereits der frühe Sendetermin deutet an, dass sich *Unter Uns* besonders an Jugendliche und weniger an junge Erwachsene wendet. Die Geschichten handeln zwar, wie bei *Gute Zeiten, schlechte Zeiten,* von den Problemen des Erwachsenwerdens, zeichnen sich aber durch eine größere Alltagsnähe aus. Das Aufregende und Spektakuläre fehlt bei dieser Produktion fast ganz, was unter anderem an dem vergleichsweise geringen Budget liegt.

Ebenso wie in *Gute Zeiten, schlechte Zeiten* werden auch bei *Unter Uns* Karrieren, vorrangig von Musikgruppen, gefördert. Der Karrierestart der Gruppe *Skycs* vollzog sich innerhalb einer eigenen Geschichte. Eine der Serienfiguren, Gregor Sandmann, fungierte als ihr Manager und Freund, so dass die musikalischen Ereignisse immer wieder in die eigentlichen Handlungsstränge eingebaut werden konnten. So kam Gregor zum Beispiel in Konflikt mit seiner damaligen Freundin Ute Kiefer, die sich wegen seines Engagements für die Band vernachlässigt fühlte. Bemerkenswert ist bei *Unter Uns* auch der Cross-over zu den *SK-Babies*. Das heißt, Schauspieler aus der Polizeiserie, die ebenfalls auf RTL läuft, traten in der Daily Soap auf.

2.1.4.3 Verbotene Liebe

Das Grundkonzept von *Verbotene Liebe* stammt von der australischen Daily Soap *Sons and daughters* und handelte anfangs von der Liebe zwischen einem Zwillingspärchen, das bei der Geburt getrennt wurde. In der ersten Folge stoßen Jan und Julia auf dem Flughafen mit ihren Gepäckwagen zusammen (die ersten Worte waren: „Entschuldigung, ich habe Sie gar nicht gesehen ...") und verlieben sich prompt ineinander. Dabei ahnen sie nicht, dass sie Zwillinge sind; Jan wächst bei seinem Vater Arno Brandner und dessen späterer Ehefrau Iris Brandner in mittelständischen Verhältnissen in Köln auf, während Julia das privilegierte Leben der Düsseldorfer Neureichen genießt, da ihre Mutter Clarissa den adeligen Christoph von Anstetten heiratete.

In den ersten drei Jahren kreisen die Geschichten um Jan und Julia und um die problematische Situation ihrer außergewöhnlichen Beziehung. Mit dem Ausstieg der Schauspieler Andreas Bruckner und Valerie Niehaus kamen die Familien Sander und Prozeski hinzu. Es sollte ein neues Traumpaar aufgebaut werden: Jessica Prozeski und Alexander Prinz von Deinburg-Thalbach. Aber die Hypothek für die Neuen war zu groß – die Zuschauerresonanz ging deutlich zurück. Besonders die nahezu ärmliche und aus der ehemaligen DDR stammende Arbeiterfamilie Prozeski mochten die Zuschauer nicht. Seit 1998 drehen sich die Geschichten wieder stärker um die adelige Familie von Anstetten, die nun mit dem Selbstmord von Christoph von Anstetten ebenfalls zu Ende gehen.

Neue Charaktere, die in die Serie eingeführt werden, stehen in den meisten Fällen in einem familiären Verhältnis zu bereits vorhandenen Figuren. So zum Beispiel erschien plötzlich Isabell Mohr, die Schwester von Carolin Odenthal von Anstetten. Erstere litt unter einem Gehirntumor und konnte durch die finanzielle Unterstützung ihrer Schwester gerettet werden. Seitdem hat Isabell Mohr einen festen Platz in der Serie, durch den wiederum neue Charaktere in die Handlung eingesponnen wurden.

Wie der Sendungstitel vermuten lässt, sind problematische Liebesbeziehungen das Hauptthema. In ihnen begründet sich auch ein deutlicher Unterschied zu den anderen Soap-Produktionen, die ihre Geschichten weniger aus einem Hauptthema beziehen. Bei *Verbotene Liebe* wurden beispielsweise die Liebesbeziehungen einer Prostituierten mit einem Adeligen, einer Schülerin mit ihrem Lehrer, zwischen Männern, den Angehörigen verschiedener Schichten, zwischen Deutschen und Ausländern sowie zwischen jungen und älteren Menschen behandelt und mit den Soap-typischen Mitteln inszeniert. Auch diese Serie diente einigen Schauspielern als Sprungbrett für eine Musikkarriere; aktuell ist hier Christian Wunderlich zu nennen.

2.1.4.4 Marienhof

Der *Marienhof* ist ein Stadtviertel in einem fiktiven Vorort von Köln. Zunächst – also vor allem in der frühen Phase, in der der *Marienhof* zweimal pro Woche ausgestrahlt wurde – drehten sich die Geschichten der Soap um die Gärtnerei von Inge Busch. Diese Figur ist die einzige, die bis heute weiter mitspielt, jedoch hat sie an Wichtigkeit verloren. Thema waren ihre Eheprobleme und Schwierigkeiten mit den beiden Kindern.

Als Treffpunkte fungierten in dieser Daily zunächst das Café Ortrud's, ein Waschsalon sowie ein Zeitschriftenladen; später eine Disco und ein CD-Laden. Im Zuge der Neugestaltung der Soap zog die Lehrerin Sandra Behrens in den *Marienhof* ein. Seitdem wurden die Geschichten jünger und vor allem Schulprobleme traten in den Mittelpunkt. Im Vergleich zu den drei Grundy-Soaps werden immer wieder aktuelle, gesellschaftlich brisante Themen aufgegriffen, wie die Problematik einer Beziehung zwischen einem körperlich-behinderten und seiner ersten Liebe und gegenwärtig das Thema Rechtsradikalismus zeigen. Mit Blick auf die Themenauswahl und -behandlung besteht eine Nähe zu sozialrealistischen Soaps wie z.B. der *Lindenstraße*. Die Aufzählung von Beispielen wie Ausländerhass, Aids und Homosexualität (vor allem zwischen Frauen), Sekten sowie Drogen und Beschaffungskriminalität, gibt diese Ausrichtung jedoch nicht so sehr wieder, da sich diese Themen auch in den anderen drei Soaps wiederfinden. In *Marienhof* schließen sie aber – wie gesagt – an eine sozialrealistische Erzähltradition an.

Auffällig ist hier auch die sich von den anderen drei Soaps abhebende Auswahl der Charaktere. Während beispielsweise körperliche Behinderungen in den anderen Serien ausgeblendet werden, findet sich beim *Marienhof* ein Darsteller mit einer Körperbehinderung, die auch in den Geschichten thematisiert wird. Des Weiteren ist im *Marienhof* der Anteil ausländischer Darsteller und Figuren höher als bei *Gute Zeiten, schlechte Zeiten*, *Verbotene Liebe* und *Unter Uns*.

Im Rahmen der 1.000sten Folge (am 16.07.1998)[18] konnten die Zuschauer per TED über den weiteren Verlauf einer Geschichte entscheiden. Ebenfalls bemerkenswert ist, dass eine Folge auf der Love-Parade gedreht wurde. Zudem werden vor dem Hintergrund der intensiven Betreuung der zahlreichen Fan-Clubs verschiedene Wünsche und Anregungen der Zuschauer in die Geschichten eingebaut. Wie die anderen Daily Soaps, bietet auch der *Marienhof* ein Sprungbrett für die Musikkarriere einiger Darsteller. Als Beispiel ist hier Judith Hildebrandt zu nennen.

---

18 Das Gleiche galt für die 1.500ste Folge.

2.1.5 Dramatisierungsweisen der Daily Soaps

Die dramatische Grundhaltung der Soaps ist – wie auch schon in den klassischen Dramen – eine dialogische. Die Mehrzahl der Handlungen beruht auf der Spannung, der Gegensätzlichkeit und der Divergenz der Rollen. Dabei ist eine Vielperspektivität in das Werk selbst hinein verlegt. Das heißt, es gibt unterschiedliche Sichtweisen und Perspektiven für die Zuschauer, die einander gegenüber gestellt werden. Im Gegensatz zu den klassischen dramatischen Erzählungen weisen die Soaps einen erheblichen Reduktionismus auf. Dieser zeigt sich in der beständigen Wiederkehr der Orte, des Erzählduktus und der Art der dargestellten Konflikte und Themen. Somit ist die Grundlage dafür geschaffen, die Erfordernisse des episodischen Erzählens im Fernsehen überhaupt ökonomisch (finanziell als auch zeitlich) durchzuführen.

Maßgeblich für die Vielperspektivität ist der beständige Austausch bzw. Wechsel von Handlungsorten und Akteuren bei jedem Szenenwechsel. Der Wechsel erfolgt meistens nach einem festen Zeitrhythmus von 90 Sekunden. In jeder ca. 23-minütigen Folge werden dabei 14 bis 20, mit Ausnahmen sogar mehr *Bilder* (Einzelszenen) bespielt. Diese *Bilder* verteilen sich auf drei bis vier Handlungsstränge, mit denen sich die Geschichten, insbesondere die Figurenlinien fortentwickeln. Eine Vielzahl von mosaikhaft aufgebauten und ineinander verschachtelten Handlungssträngen mündet am Schluss einer jeden Folge in dem für dieses Genre typischen Cliffhanger.

Die folgende Abbildung verdeutlicht, wie der A-Strang mit den Nebensträngen in der Folge 962 der Daily Soap *Gute Zeiten, schlechte Zeiten* korrespondiert, während der C-Strang in dieser Folge vollkommen ausgelassen wurde. Zugleich erkennt man, dass die Folge 962 mit dem Strang einsetzt, auf dem der Cliffhanger, also die letzte Szene mit einem Spannungselement in der Folge 961 lag. Die Folge 963 setzt wieder mit dem A-Strang ein.

Abb. 2.1.2a: Erzählstränge und Szenenverlauf

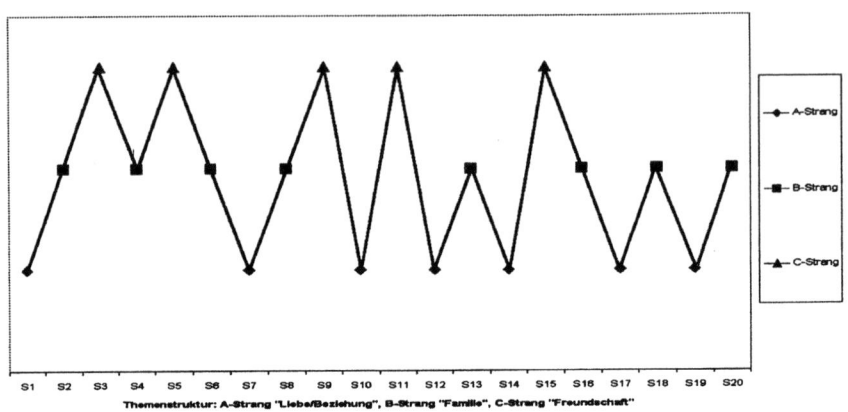

GZSZ - Folge 961: Erzählstränge und Szenenverlauf

Themenstruktur: A-Strang "Liebe/Beziehung", B-Strang "Familie", C-Strang "Freundschaft"

Abb. 2.1.2b: Erzählstränge und Szenenverlauf

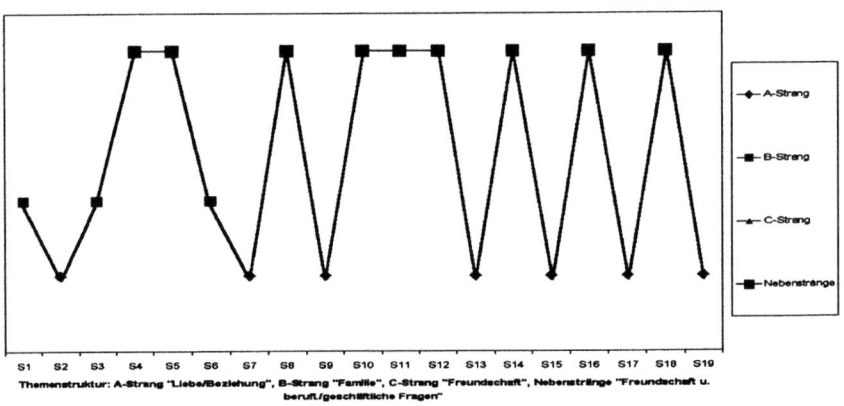

GZSZ - Folge 962: Erzählstränge und Szenenverlauf

Themenstruktur: A-Strang "Liebe/Beziehung", B-Strang "Familie", C-Strang "Freundschaft", Nebenstränge "Freundschaft u. berufl./geschäftliche Fragen"

Soaps erlauben es auf diese Weise *unendliche* Geschichten zu erzählen. Der Produzent der *Lindenstraße* Geißendörfer hat zur Charakterisierung dieser Erzählform den Begriff der „Zopfdramaturgie" verwandt (Geißendörfer 1990). Bei den Daily Soaps erfährt die Zopfdramaturgie insofern eine Steigerung und Veränderung, als dass es unter dem Druck des täglichen Produzierens zu einer mechanischen Verkettung der Handlungsstränge kommt. Diese Verkettung ermöglicht es, dass die Anschlusspunkte konsequenter kalkulierbar werden. Das Mechanische zeigt sich ebenfalls darin, dass weniger das Außergewöhnliche und Besondere inszeniert und dramatisiert wird, sondern vorwiegend das Alltägliche, Äußerliche und Banale als Anlass für die Darstellung genommen wird. Dabei geht es vornehmlich um die Zurschaustellung von individuellen Haltungen, Lebensstilen und Beziehungsformen: etwa in Partnerschaften und Liebesbeziehungen, der Familie, dem Schulalltag oder auch dem Berufsleben. Mit ihrer typischen Narrationsweise leisten die Soaps eine eigenständige Darstellung von Konflikten und Normverstößen im Alltagsleben ihrer Protagonisten, die eng an die Mittel der Personalisierung, Privatisierung und Intimisierung gebunden sind (vgl. Göttlich/Nieland 1997). Stereotype Charaktere und sich ständig wiederholende Rollenklischees bilden die Folie, auf der die Personalisierung von Themen und Konflikten in den Soaps aufbaut. Das Ziel ist es, mit solchen festen Personenrastern eine leichtere Planbarkeit des Handlungs- und Erzählaufbaus zu gewährleisten. Die damit bewirkte Durchschaubarkeit und Übersichtlichkeit bzw. Berechenbarkeit von Verhaltensweisen, Reaktionen aber auch Handlungsmustern ermöglicht schließlich auch für den Zuschauer eine leichtere Orientierung und erlaubt die Ausbildung eines Figuren- und Charakterwissens.

Die mit diesen Mitteln erreichte Form der Alltagsdramatisierung (Göttlich 1995a) ist aber für die deutschen Eigenproduktionen der Seifenopern nicht allein auf die Geschichten begrenzt. Die serielle Erzählung ist bei den aktuellen Produktionen nur noch ein Moment in einem übergeordneten inszenatorischen Gefüge, das von der seriellen Erzählung zwar noch seinen Ausgang nimmt, aber in einen neuen, besonders von Aspekten des Kult-Marketing geprägten Kontext mündet.

2.1.6 Lebensstilpräsentation

Seit den späten achtziger Jahren prägen Lebensstile bzw. Lifestyle-Muster verstärkt die Themenselektion und -präsentation im fiktionalen Fernsehangebot. Diese Muster sind damit nicht mehr nur in der Werbung und in dem Angebot der Musiksender präsent. Das Zusammenspiel von Individualisierung (bzw. Individualisierungsfolgen) und Lifestyle-Präsentation in fiktionalen Medienangeboten ist vor dem Hintergrund der Erprobung sowie Umsetzung neuer Erzähl- und Marketingkonzepte zu sehen (Göttlich/Nieland 1999a). Gleichzeitig verändern sie auch die Konventionen populärkultureller Genres, angefangen von der Werbekommunikation über Serien und Daily Soaps bis hin zu interaktiven Formen im World Wide Web.

Die Inszenierung von Lebensstilen und Lifestyle-Mustern soll Anschluss- und Identifikationsmöglichkeiten für die Rezipienten bilden. Aufgrund ihrer Dramatisierungsweise bieten die deutschen Soaps mit einer Reihe von beständig wechselnden Themen, Konflikten, Konfliktlösungen und Werthaltungen in einer regelmäßigen Abfolge von Erzählbögen eine ideale Folie zur Präsentation von Lebensstilen. Die Tatsache, dass die Soaps unterschiedliche

Lebensstile präsentieren, korrespondiert mit den zahlreichen jugendkulturellen Stilen und Szenen, die auf den sich ausbildenden Erlebnismärkten auftreten. Letztlich binden die Soaps eine große Zuschauergruppe an sich und tragen zum kritiklosen Nebeneinander unterschiedlicher Lebenskonzepte bei.

Aus soziologischer Perspektive ist bemerkenswert, dass die in den Vordergrund tretenden Lebensstilsemantiken und Erlebniswerte zusehends das Darstellungsrepertoire sowie die Stile der medialen Angebote bestimmen und ästhetische wie formale Lebensstilangebote darstellen. Sie bilden dabei auch neue Verbindlichkeiten aus. Wenn ein bestimmter Lebensstil mit Distinktionsgewinnen, sozialer Anerkennung und subjektivem Zufriedenheitserleben verbunden ist, so scheint er einen akzeptierbaren Orientierungsrahmen darzustellen.

Insbesondere das Lebensstilkonzept, welches eine intentionale Interpretation des Lebensstils vorschlägt (vgl. Hitzler 1994), kommt in diesem Zusammenhang zum Tragen. Demnach substituieren Lebensstile im Feld moderner Lebensverhältnisse als kulturelle Distinktionen die verblassenden sozialen Distinktionen. Relativ freie Wahlmöglichkeiten statt Schichten- und Klassenzugehörigkeit bilden soziale Integrationseinheiten. Strittig an diesem Modell ist allerdings nicht nur die Frage nach dem Grad der Freiwilligkeit in der Wahl von Lebensstilen, sondern auch die Beständigkeit und Dauer der Zugehörigkeit zu bestimmten Lebensstilgruppen. Problematisch sind durchaus auch die sozialen Folgen, die im Zusammenhang mit Patchwork-Identitäten stehen. Nicht jeder ist seines Glückes Schmied, und bestehende soziale Ungleichheiten lassen sich durch Stilattitüden nicht überlagern.

2.1.7 Ausgewählte inhaltsanalytische Befunde zu deutschen Daily Soaps

Die nachfolgend präsentierten inhaltsanalytischen Befunde, mit denen eine weitere Übersicht über die Art der Alltagsdramatisierung gegeben werden soll, basieren auf folgendem Material: Es liegen vier Samples mit bis zu drei Untersuchungswochen aus den Jahren 1996, 1997 und 1998 vor. Ziel war es, mindestens zwei aufeinander folgende Blöcke zu untersuchen. Codiert wurde in einem mehrstufigen Verfahren auf der Sendungsebene, der Ebene der Akteure und auf der Ebene der Szenen (vgl. Göttlich 2000; Göttlich/Nieland 2001).[19] Für die nachfolgende Darstellung wurden nur die Daten ausgewählt, die sich auf die vier aktuell im Programm befindlichen Daily Soaps beziehen.[20]

---

19 Wie die Übersicht zum Forschungsstand zu Beginn dieses Kapitels gezeigt hat, existieren derzeit nur wenige inhaltsanalytische Arbeiten zu deutschen Serien und Soaps.

20 Das Kapitel 2.1.7.1 bezieht sich in der Tabelle 2.1.1 und den Abb. 2.1.3 und 2.1.4 auf eine Zusammenfassung der Daten aus dem Sample von Mai/Juni 1996 sowie ein weiteres Sample vom Juni 1997. Die Tabellen 2.1.2 und 2.1.3 beziehen sich auf das Sample Juni 1997. Das Kapitel 2.1.7.2 berücksichtigt Daten aus dem Sample Mai/Juni 1996.

2.1.7.1 Akteursebene

In den deutschen Daily Soaps werden im Vergleich zu US-amerikanischen Daily Soaps mehr Protagonisten eingesetzt.[21] Durchschnittlich sind pro Soap 24 Hauptakteure anzutreffen.[22] Ein Blick auf die Geschlechterverteilung zeigt, dass – für amerikanische Soaps ebenfalls untypisch –, durchschnittlich je zur Hälfte Männer und Frauen vertreten sind.

Tab. 2.1.1: Akteursstruktur in deutschen Daily Soaps

Daily Soap	Männlich	Weiblich
Verbotene Liebe	28 (49,1 %)	29 (50,9 %)
Marienhof	24 (49,0 %)	25 (51,0 %)
Gute Zeiten, schlechte Zeiten	21 (52,5%)	19 (47,5 %)
Unter Uns	23 (50,0 %)	23 (50,0 %)
Gesamt	96 (50,0 %)	96 (50,0 %)

Der oder die Darsteller-/in in einer typisch deutschen Soap spielt eine Person im Alter zwischen 22 und 25 Jahren. Er/Sie ist ledig und deutsch und lebt entweder in einer ausgewogenen Beziehung (mit einem gleichaltrigen Partner) oder allein. Die Figuren wohnen in der Regel in einer Wohngemeinschaft, manche aber auch in einer eigenen Wohnung. Meist verfügen sie über einen großen Familien- und Freundeskreis und gehören zur Mittelschicht. Auffällig ist, dass überwiegend eine Vollzeitbeschäftigung oder eine Ausbildungssituation vorliegt und sportliche Aktivitäten einen breiten Raum einnehmen. Das äußere Erscheinungsbild spielt eine entscheidende Rolle und wird an zahlreichen Stellen direkt oder auch indirekt thematisiert und problematisiert. Die überwiegende Zahl weist zudem einen anpassungsbereiten sowie kommunikativen Charakter auf. Gleichzeitig stehen nur vereinzelt Figuren für ein politisches oder soziales Engagement.

---

21 Hier bezogen auf zwei Blöcke (á 5 Folgen).
22 Diese Zahl sagt noch nichts über die Größe des Casts aus, dieser ist bei *Marienhof* deutlich größer als bei den drei Grundy/UFA-Soaps.

Abb. 2.1.3: Alter der Akteure in den deutschen Daily Soaps

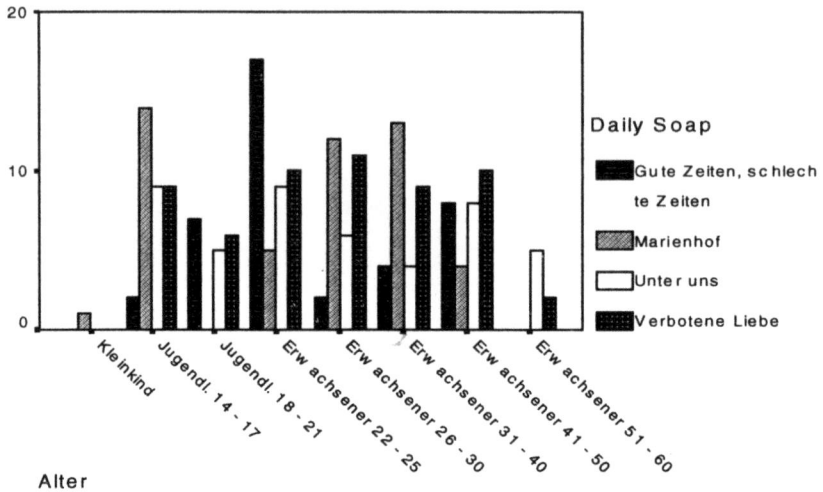

Abb. 2.1.4: Schichtzugehörigkeit der Akteure in den deutschen Daily Soaps

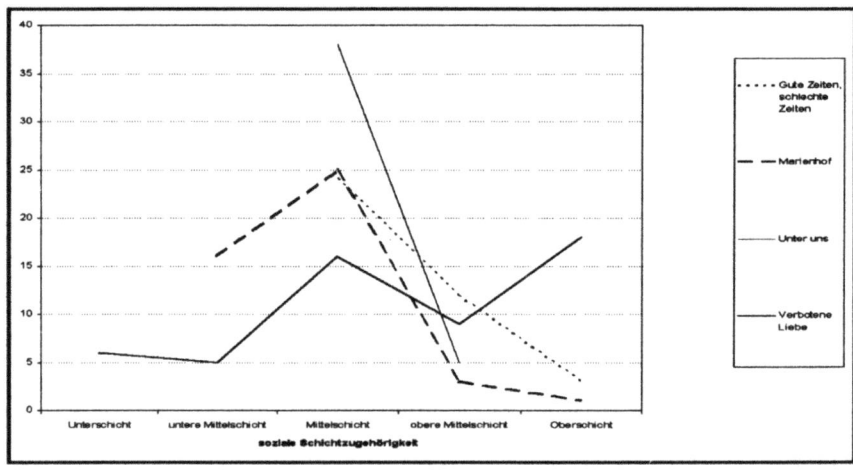

Im Zuge der Lebensstilpräsentation kommt in den deutschen Soaps nun noch eine weitere Ebene hinzu, die bislang im Unterhaltungsangebot in dieser Deutlichkeit nicht im Vordergrund stand. Diese Ebene findet sich vor allem in den Kategorien Konsumverhalten und Marken- und Trendpräsentation.

44

Tab. 2.1.2: Konsumverhalten auf Akteursebene

	Demonstrativer/ latenter Konsum	Reflektierter Konsum	Zurückhalten- der Konsum	n.e.	Total
Verbotene Liebe	12	5	11	2	30
Marienhof	12	2	7	3	24
Gute Zeiten ...	9	1	1	7	18
Unter Uns	15			7	22
Total	48	8	19	19	94

Tatsächlich zeigte sich bei der inhaltsanalytischen Erfassung dieser Kategorien, dass pro Soap einzelne Akteure für demonstrativen und latenten Konsum und unterschiedliche Trends stehen. Bei *Unter Uns* beispielsweise für Skater, bei *Verbotene Liebe* für eine Art Yuppie-Stil.

Tab. 2.1.3: Marken und Trendpräsentation auf Akteursebene

	Figur steht für einen Trend	Figur neutral	n.e	Sonstiges	Total
Verbotene Liebe	6	24			30
Marienhof	8	16		1	24
Gute Zeiten ...	8	6		4	18
Unter Uns	6	14	1	1	22
Total	28	60	1	5	94

Neben Mode (Kleidung, Accessoires) sowie Einrichtungs- und Musikstilen werden Vorlieben für bestimmte Sportarten (Beach-Volleyball, Inline-Skaten) oder Freizeitvergnügen präsentiert. Mit der Betonung dieser Aspekte soll nicht gesagt sein, dass die inhaltliche und die narrative Seite in den Hintergrund getreten sind. Die Soap ist für die Macher jedoch immer stärker als Präsentationsfolie für Lebensstilangebote interessant, die dem jugendlichen Publikum die Identifikation erleichtern sollen. Die gestiegenen Anforderungen an Selbstdarstellung in der modernen Gesellschaft sind sehr wohl Thema, aber kaum in ihrer gesellschaftlichen Dimension.

2.1.7.2 Themen und Konflikte in den deutschen Daily Soaps

Die Dialoge und Unterhaltungen in den Soaps sollen nach Ansicht der Macher immer auch Anschlusspunkte mit dem Geschehen in der Gruppe, der Familie und dem Freundeskreis aufweisen. So ist beispielsweise ein Beziehungsstreit immer auch zugleich Gegenstand in den Unterhaltungen Dritter, die sich ebenfalls über Probleme austauschen. Auf die Art werden die Geschichten vorangetrieben. Da die Soaps kaum aktives Handeln sondern Dialoge und Unterhaltungen mit bis zu drei Personen, seltener jedoch mehr Personen zeigen, ist es zudem unerlässlich, dass die Ereignisse und Probleme von unterschiedlicher Seite gespiegelt werden. So haben über 75 Prozent der Szenen in der dominanten Unterhaltung einen Dialog, in weiteren 3-4 Prozent der Szenen handelt es sich dabei um Telefonate. Bei *Gute Zeiten, schlechte Zeiten* und *Marienhof* treten in 8 Prozent der Szenen drei Personen auf, bei *Unter Uns* und *Verbotene Liebe* in 15 Prozent der Szenen.

Die Analyse der Themen wurde in der vorliegenden Inhaltsanalyse auf Szeneebene durchgeführt und beinhaltet die Inhalte, Gegenstände und Fragen, die von den Akteuren in Dialogen und Unterhaltungen geäußert wurden. Da die Soap Opera ein dialogisches Medium ist, wurde die Analyse so angelegt, dass zum einen diejenigen Themen vercodet wurden, die sich als zwischenmenschliche Themenarten identifizieren ließen. Hierunter gehören alle Inhalte und Objekte, die vorwiegend Beziehungsfragen betreffen, d.h. Aspekte wie Freundschaft, Familie, Ehe, vor allem aber Liebesfragen und Fragen zur romantischen Beziehung sowie weitere Themen, die in den beruflichen, geschäftlichen und schulischen Bereich fallen.

Eine weitere Gruppe beinhaltet die Objekte und Inhalte, die zum anderen als spezifische Themen nichtzwischenmenschlichen Inhaltes identifiziert wurden, das heißt diejenigen Themen, die über die jeweiligen Personenbeziehungen und die sie betreffenden Fragen hinausgehen. Dazu gehört z.B. die Einschätzung des Verhaltens Dritter, häusliche Angelegenheiten sowie beruflich-geschäftliche und schulische Fragen, aber auch Small Talk.[23] In der unten stehenden Tabelle ist die Anzahl der Szenen mit den jeweiligen Themenarten sowie die Anzahl der Szenen, in denen eine Überschneidung beider Themen vorliegt, dargestellt. In den darauf folgenden Tabellen zu den beiden Themenarten sind die Überschneidungen mitgezählt.[24]

Tab. 2.1.4: Dominanter Gegenstand der Unterhaltung/Handlung[25]

	UU	GZSZ	MH	VL
Zwischenmenschliche Themenarten	125	202	90	96
Spez. Themen nichtzwischenmenschlichen Inhalts	148	79	96	93
Davon Szenen mit Überschneidungen der Themen	3		28	48
Anzahl Szenen Total	276	281	214	237

23 Die Unterscheidung dieser Themenarten lehnt sich an einen Untersuchungsteil der umfangreichen Studie von Katzmann (1972) zu amerikanischen Soap Operas an.

24 In *Unter Uns* finden sich 125 Szenen, die zwischenmenschliche Beziehungsfragen behandeln sowie 3 Szenen, in denen eine Überschneidung mit spezifischen Themen nichtzwischenmenschlichen Inhalts vorliegt; insgesamt also 128 Szenen. *Gute Zeiten, schlechte Zeiten* weist gegenüber den anderen Soaps hingegen keine Überschneidungen auf.

25 Die Angaben sind bezogen auf das Sample von Mai/Juni 1996.

Abb.2.1.5: Zwischenmenschliche Themenarten (in Prozent)

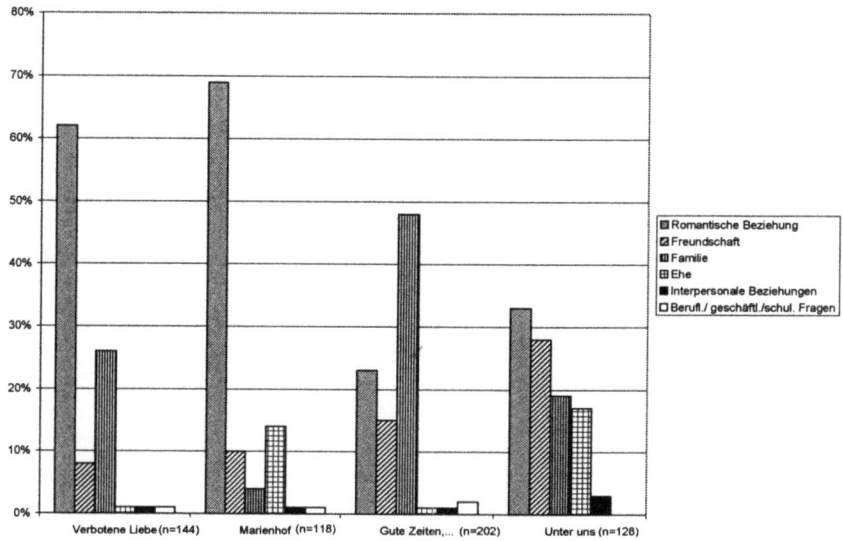

Abb. 2.1.6: Nichtzwischenmenschliche Themenarten

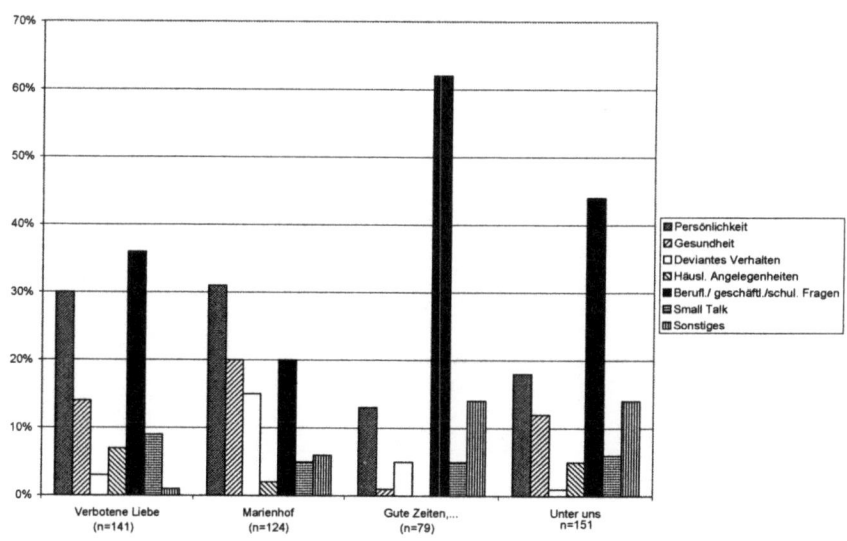

Dass die Themenbereiche eine eindeutig geschlechtsspezifische Zuordnung haben, stützt die Beobachtung, wonach in den Soaps trotz des jugendlichen und auf Lifestyle-Aspekte ausgerichteten Erscheinungsbildes ein traditionelles Rollenbild überwiegt. Folgendes Beispiel aus *Gute Zeiten, schlechte Zeiten* untermauert dies: Dem Themenbereich romantische Liebe widmeten sich 64 Szenen. An diesem Bereich waren insgesamt 36 männliche und 97 weibliche Akteure beteiligt. In 47 Szenen waren jeweils nur zwei Akteure beteiligt, 27 männliche und 62 weibliche. Die Geschlechterverteilung deutet darauf hin, dass es sich bei diesem Thema vorwiegend um Gespräche zwischen Frauen handelt. Bei den nichtzwischenmenschlichen Themenarten ist hingegen die Geschlechterverteilung umgekehrt. In den 79 Szenen, die sich diesem Bereich (in Gesprächen und Dialogen) widmen, sind es 107 männliche und 69 weibliche Akteure, die auftreten. Bei den beruflichen, geschäftlichen und schulischen Fragen, denen sich 49 Szenen widmen, treten 68 männliche und 40 weibliche Akteure in Erscheinung.

An die Zuordnung von Themenbereichen zu den dominanten Formen der Unterhaltung schließt nun die Bestimmung des „Intimitätsgrads" der untersuchten Szenen an. Diese Kategorie weist die Tendenz oder Grundhaltung der jeweiligen Daily Soap aus. Wie zu vermuten ist, liegt der thematische Schwerpunkt bei allen Daily Soaps in der Dimension Freundschaft/Familie. *Verbotene Liebe* und *Marienhof* behandeln jedoch deutlich mehr das Thema Liebe als die beiden RTL-Soaps. *Unter Uns* thematisiert im Vergleich deutlich öfter den schulischen, beruflichen und geschäftlichen Bereich.

Abb. 2.1.7: Intimitätsgrad in den Szenen

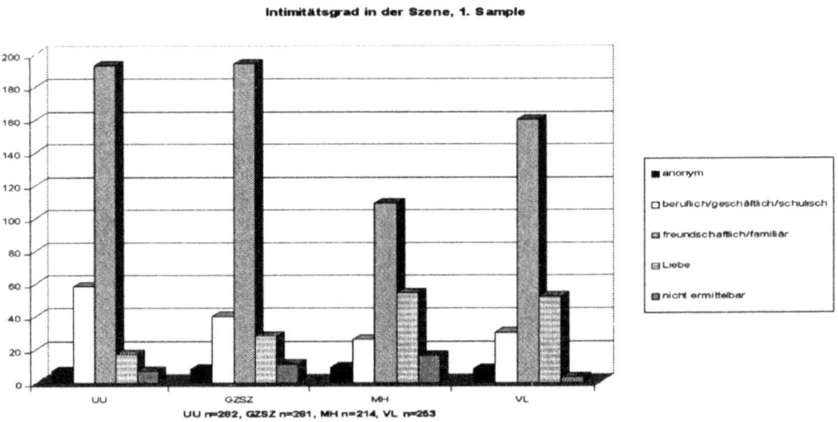

Intimitätsgrad in der Szene, 1. Sample

Legende:
- anonym
- beruflich/geschäftlich/schulisch
- freundschaftlich/familiär
- Liebe
- nicht ermittelbar

UU n=292, GZSZ n=281, MH n=214, VL n=263

Die verhandelten Themen in den Soaps werden erst zu Alltagsdramen, wenn Konflikte und Probleme hinzutreten. Diese Konflikte und Probleme, so lässt sich bereits aus der Kenntnis der Themenfelder erahnen, müssen durch enge Verweisungsstellen zum Alltag gekennzeichnet sein.

Inhaltsanalytisch wurden – wie bereits bei den Themenarten – auch bei den Konflikten zwei Bereiche unterschieden. Neben den Konfliktebenen (Abb. 2.1.8) wurden die einzelnen thematischen Konfliktfelder (Abb. 2.1.9) festgehalten. Die Konfliktebenen erlauben eine Unterscheidung zwischen der Intim- oder Privatsphäre des beruflich-geschäftlichen Bereichs, der rudimentär für den öffentlichen Bereich steht.

Die Abb. 2.1.8 zu den Konfliktebenen macht deutlich, dass die private Konstellation der Konflikte in den Soaps überwiegt, während die beruflichen und geschäftlichen Fragen weitaus seltener auftreten und hier vor allem bei den Soaps *Unter Uns* und *Gute Zeiten, schlechte Zeiten* etwas häufiger vorkommen, was durchaus in einem Beziehungsverhältnis zu den nichtzwischenmenschlichen Themenarten steht. Aber auch diese sind auf einer Ebene der persönlichen Auseinandersetzung angesiedelt, d.h. es wird nicht im öffentlichen Bereich gesellschaftlich-politischer Fragen verhandelt.

Abb. 2.1.8: Konfliktebenen

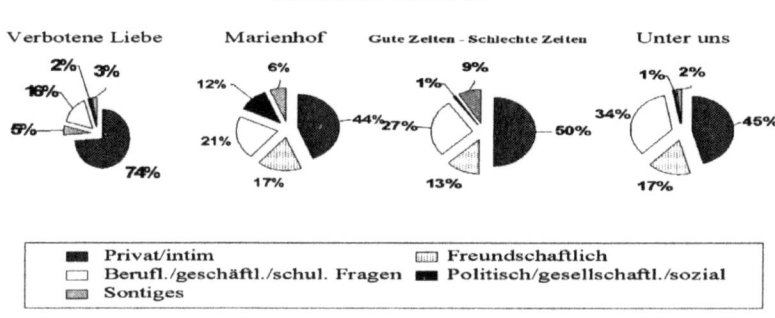

Auch die Konfliktfelder weisen diesen deutlichen Bezug zu den Beziehungs- und Liebesfragen im privaten und intimen Bereich auf, während die RTL-Soaps Spannung zum Teil auch aus Intrigen und Erpressungen mit manchmal kriminellen Hintergründen schöpfen. Dennoch stehen auch in ihnen über zwei Drittel der Konfliktfelder in Verbindung mit interpersonalen Themen.[26]

---

26 Der hohe Anteil an Konfliktfeldern, die dem Bereich Sonstiges angehören, hängt damit zusammen, dass vorwiegend die Themen als Konflikt codiert wurden, in denen es in Gesprächen und Dialogen um direkte Auseinandersetzungen ging. Auseinandersetzungen, deren länger zurückliegender Anlass nicht in den Folgen des Samples auftrat, konnten somit nicht erfasst werden und fallen daher in die Kategorie Sonstiges.

Konfliktfelder

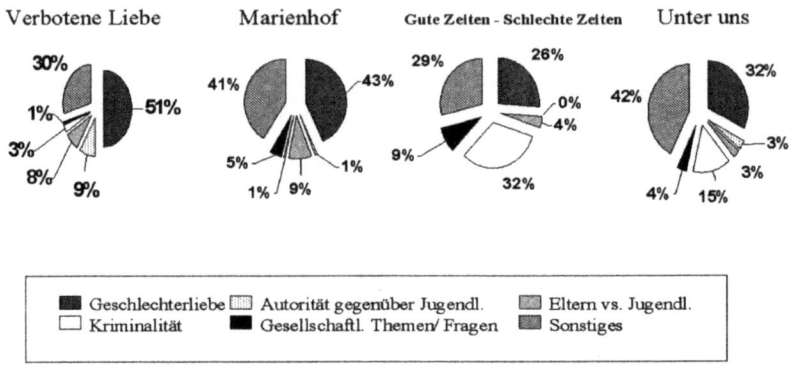

Verbotene Liebe   Marienhof   Gute Zeiten - Schlechte Zeiten   Unter uns

Geschlechterliebe ■ Autorität gegenüber Jugendl. ▨ Eltern vs. Jugendl.
□ Kriminalität   ■ Gesellschaftl. Themen/ Fragen   ▨ Sonstiges

An dem Verhältnis der hier betrachteten Ebenen wird deutlich, wie die Soaps mit den Mitteln der Intimisierung, Personalisierung und Privatisierung eine emotionale Steigerung und Aufbereitung der Themen und Konflikte leisten. Mit ihnen kommt es zu einer Konzentrierung auf Einzelschicksale, zu einer Fokussierung auf emotionale Befindlichkeiten und schließlich zu einer Verwischung der Grenzen zwischen Privatsphäre und Öffentlichkeit. Letzteres geschieht dadurch, dass diese Ebenen überhaupt nicht mehr als relevante Bezugs- und Orientierungsgrößen in den Dialogen und Gesprächen angesprochen werden, sondern die privatistische Lösung als die einzig gangbare in den Vordergrund tritt.

2.1.8 Vermarktung der deutschen Daily Soaps

Die Soaps strukturieren durch ihre tägliche Ausstrahlung aber nicht nur den Tagesablauf, sondern bilden darüber hinaus eine Folie für die Alltagskommunikation vor allem von Jugendlichen. Unterschiedliche Marketing-Strategien setzen an dieser Stelle an und versuchen die Soap Operas für ihre Ziele zu nutzen. Unterhaltung und Werbekommunikation gehen dabei nicht nur eine neue, bislang im Fernsehen kaum erprobte Verbindung ein, sondern die traditionelle Vorstellung von Unterhaltung erfährt dadurch ebenfalls eine einschneidende Veränderung.

Durch die Bezugnahme auf Trends werden Markenidentitäten, Events und in einigen Bereichen auch Kulte geschaffen und verstärkt. Seine Ausprägung findet das Kult-Marketing um die Daily Soaps in:

- sendebegleitenden Maßnahmen,
- einer spezifischen Zielgruppenansprache,
- der Herausgabe von Fanzines,
- der Betreuung von Fangruppen,
- der Entwicklung und Vermarktung von Merchandisingprodukten,
- der Erweiterung einzelner Geschichten und ihrer Verbreitung durch Begleitmedien,
- der Veranstaltung spezieller Events mit den Serienstars,
- eigenen Musikproduktionen und
- der Entwicklung und Betreuung von Internetseiten zu den Soaps.

Im Zusammenspiel von Werbung, Marketing- und Merchandisingstrategien mit den Erzählungen der Daily Soaps setzt das Kult-Marketing auf die Anschlussfähigkeit von Lifestyle-Inszenierungen und Symbolwelten für die Ansprache der Rezipienten bzw. Konsumenten. Die Marketing- und Merchandising-Kampagnen greifen dabei nicht von ungefähr Trends der Jugendkultur auf und nutzen diese zu einer Dramatisierung des Serienalltags.

Da die meisten jugendlichen Zielgruppen zunehmend *resistenter* gegen Werbebotschaften der klassischen Art werden, aber zusehends empfänglicher für Strategien mit szenebasierten Symbolen und Zeichen, gründet das spezifische Dramatisierungskonzept der deutschen Dailies in weiten Teilen gerade auf der Präsentation und Verarbeitung aktueller Trends und Moden, die den deutschen Soap Operas im Vergleich zu den amerikanischen Produkten generell ein jugendliches Image verleihen. Dazu gehört die Zurschaustellung spezifischer Formen des Konsums, des Lifestyle-Settings, von Körperlichkeit und von Pop-Musik geprägter Alltagsästhetik. Dieses jugendliche Image korrespondiert mit der Kernzielgruppe der Jugendlichen und jungen Erwachsenen von 14 bis 29 Jahren, hat aber auch für ältere Zuschauer einen nicht zu unterschätzenden Anziehungswert. Dass zusammen mit den oben geschilderten spezifischen Herausforderungen auf der Produktionsebene dem Marketing eine eigenständige Rolle bei der Durchsetzung und Etablierung der deutschen Daily Soaps zukommt, hängt somit wesentlich mit der veränderten Stellung des fiktionalen Programmangebots vor allem beim jugendlichen Publikum zusammen. Hier sind es besonders die Geschichten über den Alltag, die in den letzten Jahren einen zentralen Platz in den Medienbiographien eingenommen haben und somit zu einem Orientierungspunkt für Jugendliche geworden sind. Das ist das Einfallstor für die Konventionen der Alltagsdramatisierung in den Alltag. Der Einbruch des Dramas in den Alltag erfolgt über die Möglichkeiten des Nacherlebens und der Teilhabe an den in den Soaps präsentierten Lebensstilen. Gleichzeitig beziehen die Soaps Teile ihres Publikums durch Fanmagazine, Internet-Angebote und die Betreuung von Fangruppen unmittelbarer in die Produktion, Story-Entwicklung und Vermarktung mit ein. Zusätzlich ist an die Merchandisingprodukte zu denken, wobei der Mode, den CDs und generell der Musik ein herausragender Stellenwert zukommt.

Die Entwicklung eines Sender- und Programmimages, das die Schaffung von Senderbindung zum Ziel hat, kann sich nicht mehr nur auf die Zuschauerschaft für eine bestimmte Sendung konzentrieren, sondern sie hat für den Aufbau und die Organisation des Audience flows (s. Kap. 2.2.1) zu sorgen. Über diese Strategie wird versucht, den Absatzmarkt zu erweitern und zusätzliche Stufen der Wertschöpfungskette zu nutzen. Generell gilt, dass die Marktsituation, die neuen technologischen Möglichkeiten sowie die gewandelten Nutzungs- und Rezeptionsweisen zu einer Modifikation und Überformung einzelner Genres verführen. Dabei verändern insbesondere die Marketingerfordernisse nicht nur die Inhalte der Programmformen, sondern deren Stellung und Rolle in der öffentlichen Kommunikation. Anders gesprochen heißt das: Der ursprüngliche Bildungsauftrag öffentlich-rechtlicher Prägung wandelt sich zu der Bereitstellung von Lebenshilfe-Angeboten. Dabei steht die Präsentation bestimmter Jugendbilder bzw. von Jugendlichkeit im Vordergrund.

Die Verbreitung neuer Kommunikationstechnologien führt darüber hinaus zur Ausbildung neuer Aneignungsformen im Umgang mit Medienangeboten. Ein Grund für die veränderten Aneignungsformen ist nach einer Reihe von Untersuchungen[27] zudem darin zu sehen, dass heutige Jugendkulturen von ihren Herkunftsmilieus weitgehend abgekoppelt sind, da diese ihre Bindungskraft z.B. aus Gründen der Veränderung von Arbeits- und Familienstrukturen größtenteils eingebüßt haben. Das führt dazu, dass an die Stelle ehemals milieubezogener Kulturen heute sogenannte Freizeitszenen als wähl- und abwählbare Formationen treten. Diese Deutungen machen plausibel, warum jugendliche Zielgruppen empfänglicher für Strategien mit szenebasierten Symbolen sind, die in Reaktion auf den Aufmerksamkeitsschwund von Jugendlichen für Werbebotschaften der ‚klassischen Art‘ entwickelt werden. Wenn die Deutungen zutreffen, dass Jugendzeit verstärkt Medienzeit ist (vgl. Vogelgesang 1997) und sich Jugendszenen vermehrt als Medienszenen ansprechen bzw. konstituieren lassen, dann ergibt sich ein weiterer Anker für die Wirksamkeit der neuen Strategien.

---

27   Vgl. bspw. Janke/Niehues 1995, SPoKK 1997, Jugendwerk der Deutschen Shell 1997.

2.2 Befunde zur Daily-Soap-Nutzung auf Basis der GfK-Nutzungsdaten

Im Folgenden werden zentrale Befunde zur Daily-Soap-Nutzung referiert. Die Basis bilden die GfK-Daten.[28] Beschränkt wird die Darstellung auf die aktuell im Jahr 2000 im Programm befindlichen Dailies *Gute Zeiten, schlechte Zeiten, Unter Uns, Verbotene Liebe* und *Marienhof.* Die nachfolgende Darstellung wird vor allem im Hinblick auf das Nutzungsverhalten der Jugendlichen erfolgen und zwar zunächst in den durch die GfK-Zahlen vorgegebenen Altersgruppen und in einem weiteren Schritt in Form einer Sonderauswertung für die 12- bis 17-Jährigen (Kap. 2.2.5.4). Die vorgelegten Daten erlauben einen Langzeitvergleich seit dem Ausstrahlungsbeginn der vier Daily Soaps und dokumentieren die Erfolgsgeschichte des deutschen Sendeformats, wenngleich seit dem Frühjahr 2000 ein deutlicher und anhaltender Abschwung zu beobachten ist.

2.2.1 Sendungstreue und Audience flow am Vorabend

Eingebunden ist die Soap-Erfolgsgeschichte in die veränderten Anforderungen an die Programmstrategien der einzelnen Fernsehanbieter (vgl. u.a. Nieland 1996). Um ihre Attraktivität für die Werbekunden und Gebührenzahler zu erhalten bzw. zu erhöhen, können grundsätzlich zwei Wege beschritten werden. Zum einen über besondere Programm-Highlights, welche sicherstellen, dass eine große Zahl von Zuschauern angesprochen wird. Beispiele wären Sportereignisse, Samstag-Abendshows oder Blockbuster-Filme (Klassiker, aber auch noch aktuelle Kinofilme). Das Problem einer solchen Strategie ist allerdings die Finanzierung, denn in den letzten Jahren sind sowohl die Übertragungsrechte für Sportveranstaltungen, als auch die Kaufpreise für Top-Kino-Filme sowie schließlich auch die Gagen von „Starmoderatoren" in astronomische Höhen geschossen. In der Folge kann nur noch eine kleine Zahl von Sendern diese Summen aufbringen und die Kunden müssen höhere Gebühren, aber vor allem häufigere Werbeunterbrechungen sowie neue (Sonder-)Werbeformen insbesondere bei der Übertragung von Sportveranstaltungen in Kauf nehmen. Eine zweite Strategie ist der Zuschnitt des Programm-

---

28 Genauer gesagt: Die von der Gesellschaft für Konsumforschung (GfK) im Auftrag der Arbeitsgemeinschaft Fernsehforschung (AGF) – zu der sich die Mehrzahl der öffentlich-rechtlichen und privaten Fernsehanbieter zusammengeschlossen haben – erhobenen Daten. Diese Daten gelten in der Fernsehbranche als „Währung", dass heißt auf Grundlage dieser Zahlen werden die Positionierungen auf dem Fernsehmarkt errechnet und vor allem die Tausenderkontaktpreise für die einzelnen Werbeblöcke ermittelt.
Das Datenmaterial wurde dem Duisburger Projektteil freundlicherweise von der Abteilung Medienforschung und Kommunikation der Produktionsfirma Grundy/UFA zur Verfügung gestellt. Wir danken daher ausdrücklich Rainer Hassenewert und Simone Wack für die Unterstützung.
Die im Folgenden präsentierte grafische Aufbereitung des Datenmaterials besorgte Ingrid Lovric.

angebots auf bestimmte Interessen, die zielgenau bedient werden sollen und für die daher Kompetenzen bis hin zu Kooperationen aufgebaut werden. In diesem Sinne agieren die Spartensender derzeit vor allem auf den Gebieten Musik, Sport aber auch Information.

Vor dem Hintergrund dieser medienökonomischen und programmstrategischen Parameter werden für bestimmte Zeitstrecken auch für die Vollprogramme kostengünstig zu produzierende und mit hohen Imagewerten bei den (kaufkräftigen) Jugendlichen und jungen Erwachsenen verbundenen Sendungen interessant. Neben den Daily Talks und aktuell sicherlich auch *Big Brother* gilt dies vor allem für die Daily Soaps.

Im Vergleich zu anderen Sendeformaten haben Daily Soaps den Vorteil, eine höhere Quote in Bezug auf die Sendungstreue des Publikums zu erreichen. In der Regel neigen die Zuschauer zu starren Programmschemen mit einer ausgeprägten Inhaltsorientierung, welche sich an den Reichweiten, der Vorhersehbarkeit des Programminhalts, der Streuung innerhalb eines Genres, am dramatischen Höhepunkt am Ende jeder Folge als auch der Tageszeit orientiert. Hier tritt die Wirksamkeit eines sogenannten „Jeopardy-Effekts" auf, also des Zusammenhangs zwischen der Reichweite und der Bewertung einer Sendung (vgl. Weber 2000).

Die Sendungstreue beim deutschen Publikum liegt bei durchschnittlich 30 Prozent, diese ist im internationalen Vergleich relativ niedrig und auf die oben genannten Kriterien zurückzuführen. Bemerkenswert ist bei Gameshows und bei fiktionalen Sendungen der Durchschnittswert, der bei 36 Prozent liegt. In der folgenden Tabelle wurde die Sendungstreue im Zeitraum von einer Woche (Januar 1999 und Januar 2000) am Beispiel von *Gute Zeiten, schlechte Zeiten* ermittelt.

Tab. 2.2.1a: Sendungstreue bei Gute Zeiten, schlechte Zeiten (1999)

25.01.1999 – 29.01.1999					
GZSZ	Mo	Di	Mi	Do	Fr
Mo	100%				
Di	60%	100%			
Mi	54%	52%	100%		
Do	55%	56%	56%	100%	
Fr	51%	51%	53%	54%	100%

Tab. 2.2.1b: Sendungstreue bei Gute Zeiten, schlechte Zeiten (2000)

24.01.2000 – 28.01.2000					
GZSZ	Mo	Di	Mi	Do	Fr
Mo	100%				
Di	61%	100%			
Mi	59%	62%	100%		
Do	59%	62%	60%	100%	
Fr	52%	53%	51%	53%	100%

Die Werte in den Tabellen 2.2.1a und 2.2.1b für die Sendungstreue liegen in der Regel über 50%, d.h. betrachtet man die Daily Soaps im Einzelnen, so übersteigen sie den Durchschnittswert von 36% bei den anderen Sendungsformaten. Die anderen drei Daily Soaps erzielen ähnlich hohe Werte wie *Gute Zeiten, schlechte Zeiten*.

In Kapitel 2.1.2 wurde betont, wie maßgeblich die Platzierung der vier Daily Soaps im Vorabendprogramm für ihre Etablierung und ihren Erfolg ist. Ein Indikator für den Erfolg ist der sogenannte Audience flow. Der Audience flow gibt an, wie viele Zuschauer einer Sendung A auch die Sendung B bei einem Sender verfolgen. In einigen Studien wird anstelle von Audience flow von Vererbungseffekten gesprochen. Dabei können Vererbungseffekte unterschiedliche Gründe haben, zu nennen ist in erster Linie die Trägheit oder Bequemlichkeit der Zuschauer. Diese äußert sich in diesem Fall darin, dass man auch die nachfolgende Sendung bei demselben Anbieter verfolgt, weil man sowohl zum Umschalten als auch zum Gerätabschalten zu „bequem" ist oder weil auf den Konkurrenzsendern keine Sendungen laufen, die das Interesse wecken. Unterschieden werden kann zwischen einem „Lead-in-Effekt" und einem „Lead-out-Effekt", und daher ist eine Betrachtung des gesamten Programmumfeldes (vgl. Kap. 2.1.2, insbesondere Abb. 2.1.1b) für die Prognostizierung des Audience flow von entscheidender Bedeutung (vgl. hierzu aktuell Weber 2000, 26)

Durchschnittlich liegt der Audience flow zwischen zwei aufeinander folgenden Sendungen eines Anbieters zwischen 10 und 20 Prozent. Selten nur liegt er höher, etwa bei den Sendungen nach der *Tagesschau*. Zwischen zwei aufeinander folgenden Sendungen auf unterschiedlichen Kanälen liegt er meist unter 10 Prozent und er bewegt sich über mehrere Stunden und Sendungen hinweg in der Regel unter 5 Prozent.

Bei den Daily Soaps können zu diesem Aspekt weitaus höhere Werte festgestellt werden als bei anderen Sendeformaten. Bei den ARD-Soaps *Verbotene Liebe* und *Marienhof* liegt der Audience flow bei 60 bis 65 Prozent. Dieser Wert ist in der deutschen Fernsehgeschichte somit bislang einmalig. Von den *Marienhof*-Zuschauern sahen 44 Prozent zuvor *Verbotene Liebe*. Und ebenfalls über 40 Prozent verfolgen durchschnittlich diese zweite ARD-Soap auch am nächsten Tag wieder. Da die beiden Soaps bei RTL nicht unmittelbar hintereinander laufen, muss der Audience flow geringer sein. Dennoch bewegt sich dieser zwischen *Unter Uns* und *Gute Zeiten, schlechte Zeiten* bei 20 Prozent, wobei durchschnittlich 16 Prozent der *Gute Zeiten, schlechte Zeiten*-Zuschauer auch *Unter Uns* geschaut haben. Deutlich über 35 Prozent der Zuschauer von *Gute Zeiten, schlechte Zeiten* schauen am Folgetag *Unter Uns*.

Interessant sind in diesem Zusammenhang auch die Übergabeeffekte zwischen RTL und ARD. *Verbotene Liebe* übernimmt 14 Prozent der *Unter Uns*-Zuschauerschaft. Umgekehrt schauen 20 Prozent der *Verbotene-Liebe*-Zuschauer am Folgetag *Unter Uns,* und *Gute Zeiten, schlechte Zeiten* übernimmt 13 Prozent der Zuschauer von *Marienhof.*

Die enorm hohen Reichweiten der deutschen Daily Soaps erklären sich also auch aus den großen Vererbungseffekten zwischen den Dailies, beziehungsweise den Dailies und dem Programmumfeld vor- und nachher sowie schließlich auch durch die Übergabeeffekte zwischen der ARD und RTL.

Abb. 2.2.1: Audience flow am Vorabend (ARD und RTL)

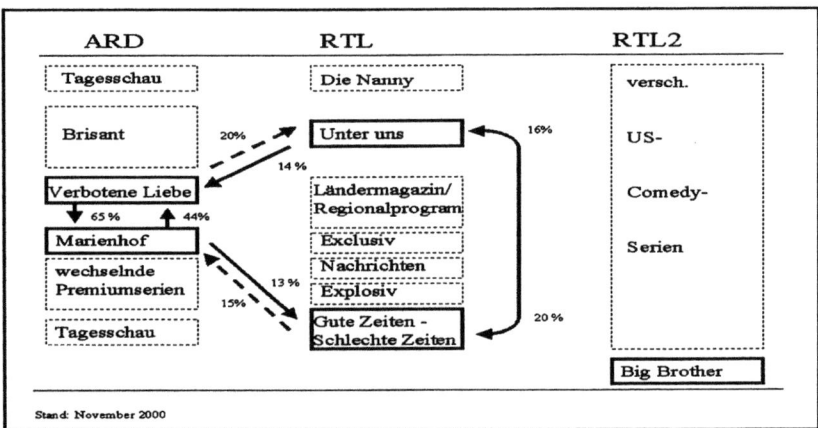

Die augenblickliche Diskussion um das neue Format *Big Brother* führt auch zur Frage, wie viele der Zuschauer von *Gute Zeiten, schlechte Zeiten* um 20:15 Uhr zu RTL2 wechseln.[29]

Neben dem Audience flow weisen in erster Linie die Reichweiten und die Marktanteile für die Gesamtzuschauerschaft die Position der Fernsehanbieter bzw. einzelner Sendungen aus. Daher werden diese Zahlen im Folgenden erläutert.

2.2.2 Zuschauer gesamt

2.2.1.1 Reichweitenentwicklung

Die Reichweiten der Daily Soaps stiegen seit Ausstrahlungsbeginn stetig an, wobei es deutliche Schwankungen zwischen den einzelnen Quartalen gibt.

---

29   Leider lagen uns hierzu jedoch keine Angaben vor.

Alle untersuchten Soaps erzielen die größte Reichweite in den jeweils ersten Quartalen des Jahres, die niedrigsten Werte sind meist in den dritten Quartalen zu verzeichnen – dem so genannten Sommerloch. Die Schwankungen zwischen den einzelnen Quartalswerten sind bei *Gute Zeiten, schlechte Zeiten* am stärksten. Den Höhepunkt bezüglich der Reichweite erzielte *Gute Zeiten, schlechte Zeiten* in den Quartalen IV/98 und I/99 mit knapp 6 Millionen Zuschauern. Die Höchstquote wurde mit 6,73 Mio. bei der Folge 1.500 erzielt.[30]

Alle vier Soaps erreichen die hohen Werte aus dem Jahr 1998/99 in der Folgezeit nicht mehr, vielmehr gehen die Reichweiten seit Anfang 2000 spürbar zurück. Die aktuellen Werte liegen zwar nicht auf dem Niveau des ‚Allzeit-Tiefs‘, aber erstmalig unter dem Tiefpunkt des Vorjahres. Insbesondere für *Gute Zeiten, schlechte Zeiten* lässt sich auf einen Zusammenhang mit der Ausstrahlung und dem Erfolg von *Big Brother* auf RTL2 schließen (siehe 2.2.1).

Bemerkenswert ist an dieser Entwicklung außerdem, dass der deutliche und stetige Reichweitenrückgang in eine Phase fällt, wo seit längerem nur mehr vier Dailies (und nicht fünf wie beispielsweise im zweiten Halbjahr 1999 oder sechs wie im ersten Halbjahr 1999) ausgestrahlt werden. Offenbar findet keine Konzentration auf die vier „klassischen" deutschen Daily Soaps statt, sondern es ist eher eine leichte Abkehr vom Genre angesichts neuer Formate (*Big Brother* und Spielshows) zu konstatieren.

In den Top Ten der jeweils reichweitenstärksten Sendungen eines Tages ist *Gute Zeiten, schlechte Zeiten* seit 1994 *immer* vertreten – oftmals auf den ersten fünf Plätzen. Für die anderen deutschen Soaps trifft das nicht zu, was auch auf den Ausstrahlungstermin zurückzuführen ist. Denn zwischen 19:00 Uhr und 21:00 Uhr schauen grundsätzlich die meisten Menschen fern, die Soaps in der ARD laufen aber im Vorabendprogramm.

---

30 Übrigens handelt es sich dabei um jene Folge, in welcher der damalige SPD-Kanzlerkandidat Gerhard Schröder seinen Gastauftritt hatte.

Abb. 2.2.2: Reichweiten für Zuschauer gesamt

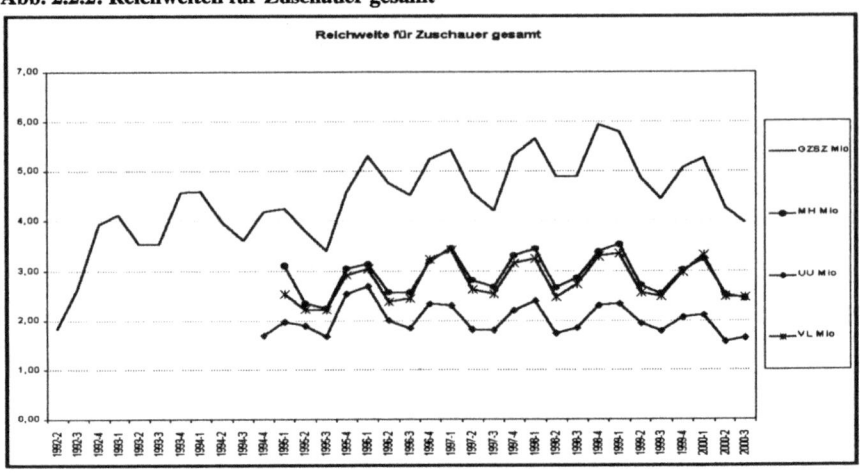

2.2.2.2 Überblick über die Entwicklung der Soap-Marktanteile

Trotz des im vorherigen Kapitel beschriebenen aktuellen Rückgangs der Reichweiten der vier Daily Soaps muss festgehalten werden, dass im Vergleich zu anderen Genres die Soaps weiterhin enorm hohe Marktanteile vorweisen können – und dies seit ihrem Ausstrahlungsbeginn. Bemerkenswert ist, dass die Soaps in der Regel über dem Gesamtmarktanteil der Sender (ARD, RTL) und vor allem fast immer über dem Senderanteil bei den 14- bis 19-Jährigen liegen.

Gute Zeiten, schlechte Zeiten hat nach dem ersten Ausstrahlungsjahr den Marktanteil von über 15%, bezogen auf „Zuschauer gesamt" halten können. Den Höhepunkt erreichte die RTL-Soap mit über 21% Marktanteil Ende 1998. *Unter Uns* schaffte innerhalb von eineinhalb Jahren den Sprung von 12,9% auf 18,9% Marktanteil. Dieser Wert wurde in der Folgezeit nur einmal überboten (19,1% im zweiten Quartal 1997). Seit dem dritten Quartal 1999 verzeichnet *Unter Uns* über zwei Quartale einen deutlichen Rückgang (um knapp 4%), ab Frühjahr 2000 ist wiederum ein leichter Anstieg zu beobachten.

Die beiden ARD-Soaps liegen seit Ausstrahlungsbeginn bei einem Marktanteil von über 15%. *Marienhof* weist im Vergleich zu den anderen Soaps die größten Schwankungen auf und zwar zwischen 15,2% und 19,1%. *Verbotene Liebe* liegt seit dem zweiten Quartal 2000 beim Marktanteil vor *Gute Zeiten, schlechte Zeiten*.

Die Soap-Marktanteile liegen, so das Zwischenfazit dieses Kapitels, deutlich über den Durchschnittswerten von ARD und RTL. Hier zeigt sich noch einmal die herausragende Bedeutung des Genres für die Positionierung der beiden Sender auf dem deutschen Fernsehmarkt. Für alle Soaps gilt, dass sie über Jahre hinweg Nutzungsdaten aufweisen, die überwiegend unabhängig von neuen (Programm-)Trends verlaufen. So genannte Konkurrenzprogrammierungen anderer Sender mit eigenen Daily Soaps, Sitcoms, Gameshows oder Boulevardmagazinen haben der ARD und RTL bzw. ihren Soaps kaum etwas anhaben können. Mit *Big Brother,* so die bereits häufig geäußerte Vermutung, könnte sich dies ändern; für eine abschließende Bewertung ist es allerdings zu früh.

Abb. 2.2.3: Marktanteile für Zuschauer gesamt

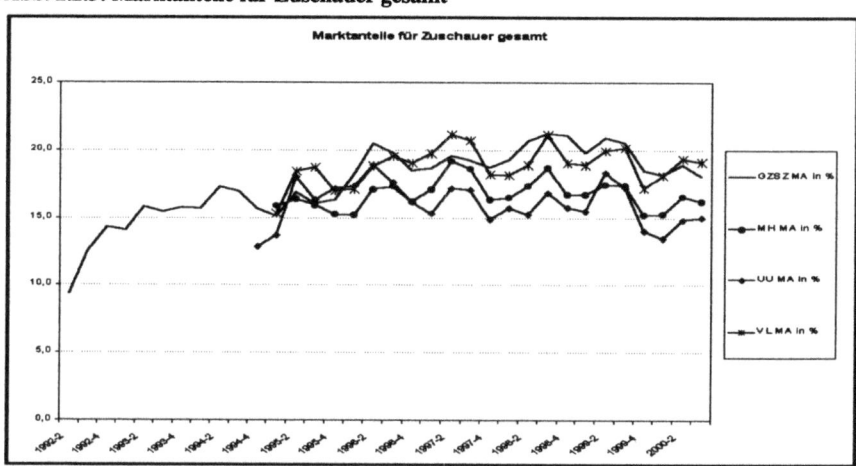

2.2.3 Zuschauer nach Altersgruppen

2.2.3.1 Reichweitenentwicklung nach Altersgruppen

Da zu vermuten ist, dass sich der Zuschauerzuspruch zu den Daily Soaps nicht auf alle Altersgruppen gleich verteilt – und auch noch Unterschiede zwischen den einzelnen Soaps bestehen – wird im nächsten Untersuchungsschritt nach den Reichweiten der vier Soaps in den von der GfK festgelegten Altersgruppen gefragt. Die folgenden Abbildungen zeigen die Reichweiten in den Altersgruppen der 3- bis 13-Jährigen, der 14- bis 49-Jährigen und der über 50-Jährigen.

Grundsätzlich ist festzuhalten, dass seit Ende 1999 bei allen vier Soaps große Verluste in der Gruppe der 3- bis 13-Jährigen zu verzeichnen sind. Weiterhin erzielt *Gute Zeiten, schlechte Zeiten* aber absolut und anteilig bei den Kindern (also den Zuschauern zwischen 3 und 13 Jahren) den höchsten Wert. Dagegen sind die niedrigen Werte bei den 3- bis 13-Jährigen von *Unter*

Uns und *Verbotene Liebe* besonders auffällig – dies allerdings nicht erst in den letzten Monaten.

Während die beiden RTL-Soaps mehr Zuschauer zwischen 14 und 49 Jahren erreichen – und damit besonders attraktiv für die Werbewirtschaft sind, werden die beiden ARD-Soaps stark von den über 50-jährigen Zuschauern verfolgt. *Gute Zeiten, schlechte Zeiten* konnte in einigen Quartalen gut doppelt so viele Zuschauer in der Zielgruppe der 14- bis 49-Jährigen erreichen, wie im Segment der über 50-Jährigen. Es bleibt aber auch auffällig, dass die RTL-Soap die größten Schwankungen aufweist und in allen Altersgruppen seit Anfang 2000 Zuschauer verliert. Dagegen sind die Einbußen im Jahr 2000 bei *Verbotene Liebe* und *Marienhof* auch im Vergleich zu den Rückgängen in den letzten Jahren nicht so gravierend.

Abb. 2.2.4a: Zuschauer in Millionen nach Altersgruppen für *Gute Zeiten, schlechte Zeiten*

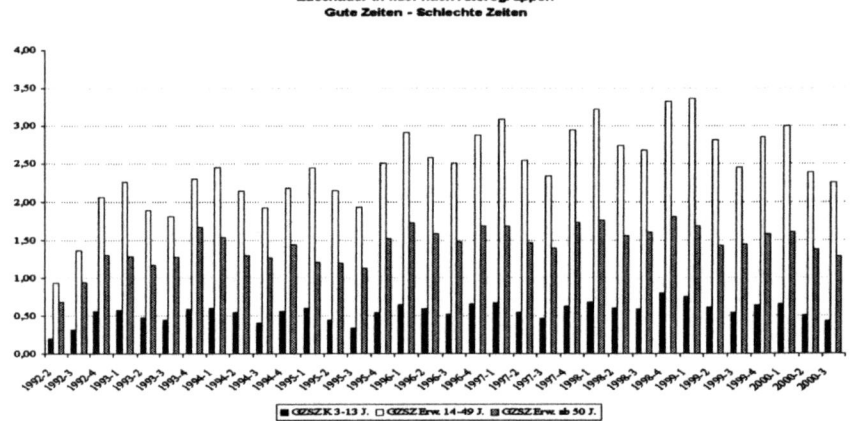

Abb. 2.2.4b: Zuschauer in Millionen nach Altersgruppen für *Unter Uns*

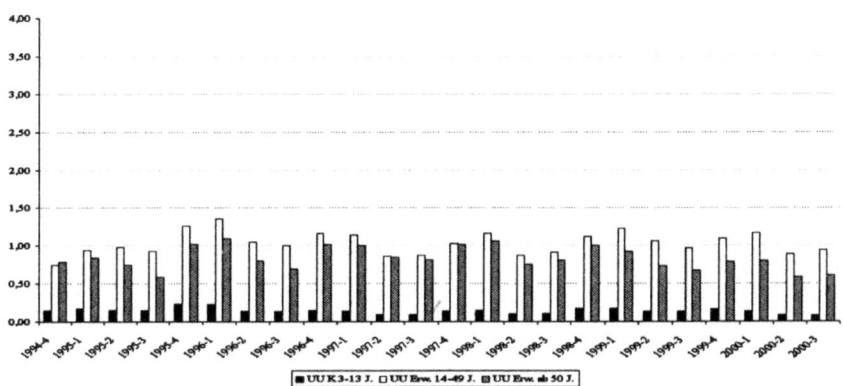

Abb. 2.2.4c: Zuschauer in Millionen nach Altersgruppen für *Verbotene Liebe*

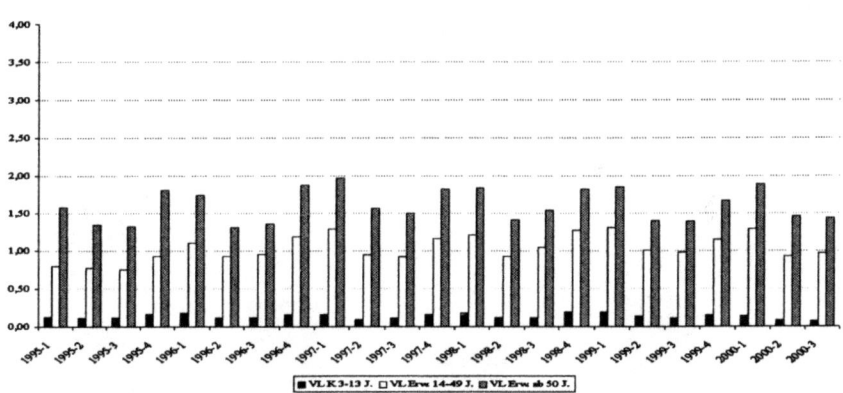

Abb. 2.2.4d: Zuschauer in Millionen nach Altersgruppen für *Marienhof*

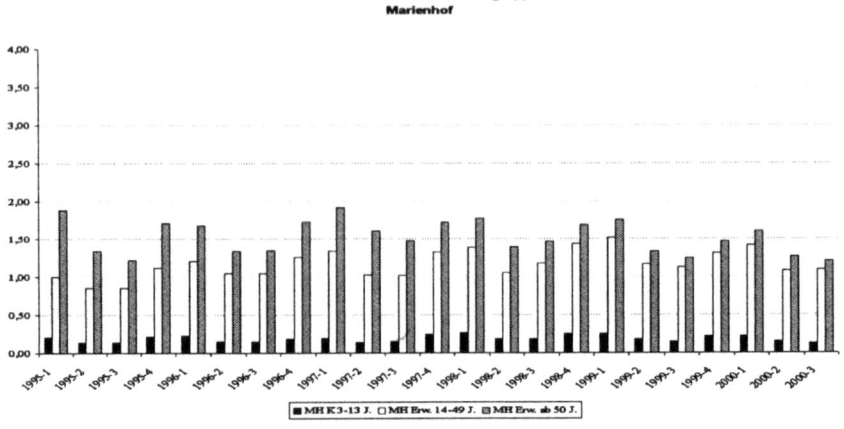

2.2.3.2 Vergleich der Zusammensetzung der Soap-Publika

Im nächsten Schritt werden exemplarisch die Zusammensetzungen der Daily-Soap-Publika der vierten Quartale aus den Jahren 1998 und 1999 verglichen.

Abb. 2.2.5a: Zusammensetzung der Daily-Soap-Publika (4. Quartal 1998)

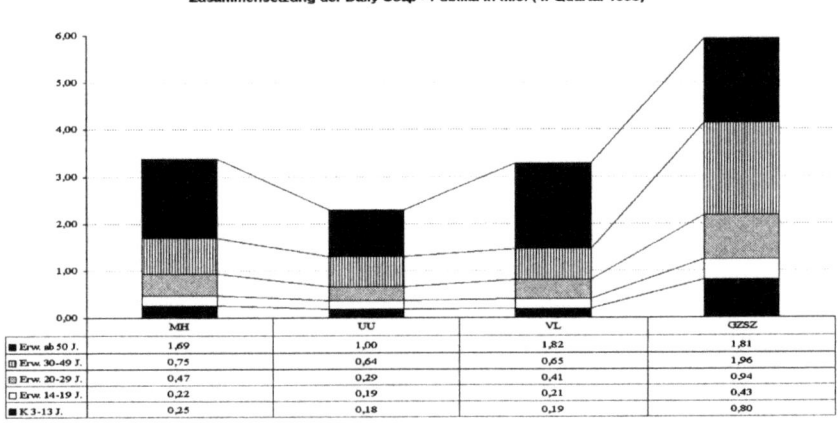

Abb. 2.2.5b: Zusammensetzung der Daily Soap-Publika (4. Quartal 1999)

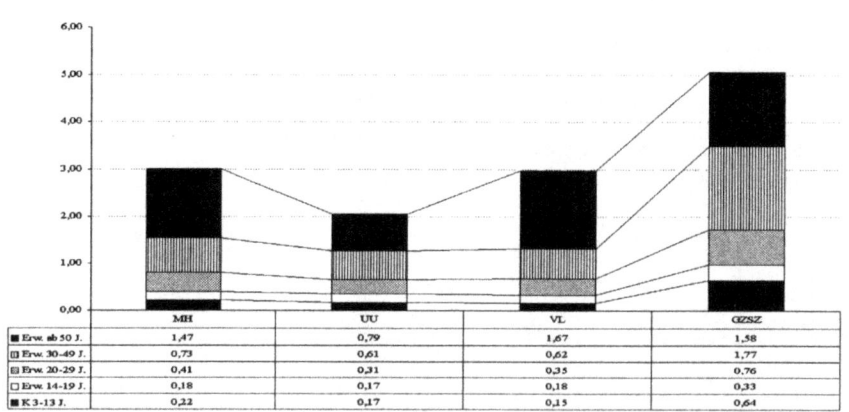

Zusammensetzung der Daily Soap - Publika in Mio. (4. Quartal 1999)

	MH	UU	VL	GZSZ
■ Erw. ab 50 J.	1,47	0,79	1,67	1,58
▨ Erw. 30-49 J.	0,73	0,61	0,62	1,77
▨ Erw. 20-29 J.	0,41	0,31	0,35	0,76
□ Erw. 14-19 J.	0,18	0,17	0,18	0,33
■ K 3-13 J.	0,22	0,17	0,15	0,64

Der Vergleich der beiden Quartale zeigt, dass alle vier Soaps in allen fünf Altersgruppen von 1998 auf 1999 an Zuschauerreichweite verlieren. *Gute Zeiten, schlechte Zeiten* büßt am meisten und *Verbotene Liebe* am wenigsten ein. Deutlich sind die Verluste von *Marienhof* und *Unter Uns* bei den über 50-Jährigen sowie bei *Gute Zeiten, schlechte Zeiten* bei den 20- bis 29-Jährigen. Die Verteilung auf die einzelnen Altersgruppen verändert sich jedoch nicht dramatisch.

2.2.4 Daily-Soap-Nutzung von Frauen

Im Anschluss an die Aufschlüsselung der Soap-Nutzung nach Altersgruppen bietet es sich an, das Nutzungsverhalten der Hauptzielgruppe, also der jungen Frauen, zu betrachten. Auch in der Gruppe der weiblichen Zuschauer erzielen die Soaps in der ARD mit deutlichem Vorsprung die höchsten Reichweitenwerte bei den über 50-Jährigen. Die Reichweite in dieser Altersgruppe liegt in allen Quartalen über der Summe der Reichweiten der 14- bis 29-Jährigen und 30- bis 49-Jährigen. Zusätzlich fällt auf, dass beim öffentlich-rechtlichen Anbieter fast doppelt so viele weibliche Zuschauer die Soaps verfolgen wie bei *Unter Uns,* und auch *Gute Zeiten, schlechte Zeiten* kann sich in dieser Untergruppe nur selten vor *Verbotene Liebe* und *Marienhof* platzieren. Bei *Gute Zeiten, schlechte Zeiten* wechseln die jeweils höchsten Reichweiten bei den 30- bis 49-Jährigen und den über 50-Jährigen in den letzten Jahren, wobei auffällt, dass im Jahr 2000 die 30- bis 49-Jährigen zahlreicher die RTL-Soaps verfolgen. Bezogen auf die Reichweite erzielt *Gute Zeiten, schlechte Zeiten* bei den jüngeren Frauen (14 bis 29 Jahre) seit Ausstrahlungsbeginn die höchsten Werte. Weitere Informationen zur Reichweitenentwicklung sind der Tabelle 2.2.1a zu entnehmen.

Tab. 2.2.2a: Reichweite Frauen nach Altersgruppen

Quartal in Mio.	GZSZ 14-29 J.	GZSZ 30-49 J.	GZSZ ab 50 J.	MH 14-29 J.	MH 30-49 J.	MH ab 50 J.	UU 14-29 J.	UU 30-49 J.	UU ab 50 J.	VL 14-29 J.	VL 30-49 J.	VL ab 50 J.
1992-2	0,24	0,33	0,41									
1992-3	0,38	0,46	0,56									
1992-4	0,49	0,72	0,75									
1993-1	0,58	0,76	0,77									
1993-2	0,55	0,62	0,73									
1993-3	0,52	0,63	0,81									
1993-4	0,63	0,79	1,03									
1994-1	0,68	0,84	0,97									
1994-2	0,64	0,77	0,85									
1994-3	0,58	0,69	0,82									
1994-4	0,61	0,81	0,92				0,24	0,26	0,54			
1995-1	0,77	0,80	0,77	0,32	0,36	1,29	0,31	0,31	0,63	0,24	0,27	1,08
1995-2	0,68	0,78	0,77	0,31	0,32	0,96	0,34	0,36	0,55	0,29	0,27	0,96
1995-3	0,59	0,66	0,74	0,31	0,32	0,91	0,30	0,34	0,45	0,28	0,27	0,99
1995-4	0,74	0,84	0,98	0,37	0,42	1,19	0,38	0,46	0,71	0,31	0,34	1,25
1996-1	0,81	1,04	1,10	0,42	0,43	1,19	0,43	0,48	0,76	0,40	0,37	1,21
1996-2	0,70	1,01	1,06	0,39	0,37	0,99	0,34	0,40	0,60	0,37	0,30	0,96
1996-3	0,67	0,98	0,99	0,38	0,36	0,97	0,31	0,38	0,53	0,35	0,30	0,97
1996-4	0,72	1,11	1,12	0,45	0,42	1,22	0,33	0,46	0,73	0,43	0,37	1,30
1997-1	0,81	1,14	1,10	0,46	0,45	1,35	0,33	0,45	0,72	0,47	0,40	1,35
1997-2	0,73	0,96	1,00	0,39	0,35	1,20	0,28	0,33	0,62	0,35	0,30	1,14
1997-3	0,64	0,88	0,97	0,41	0,33	1,10	0,27	0,34	0,60	0,34	0,29	1,09
1997-4	0,79	1,08	1,19	0,46	0,47	1,21	0,31	0,40	0,74	0,39	0,40	1,25
1998-1	0,84	1,18	1,19	0,47	0,49	1,27	0,37	0,43	0,78	0,41	0,41	1,28
1998-2	0,75	1,02	1,05	0,39	0,37	1,01	0,31	0,33	0,58	0,33	0,30	1,02
1998-3	0,70	1,01	1,09	0,43	0,37	1,04	0,31	0,34	0,61	0,36	0,33	1,07
1998-4	0,86	1,22	1,21	0,49	0,47	1,14	0,35	0,43	0,73	0,44	0,41	1,20
1999-1	0,88	1,27	1,10	0,49	0,56	1,20	0,40	0,49	0,66	0,44	0,46	1,23
1999-2	0,82	1,06	0,96	0,42	0,42	0,96	0,40	0,42	0,53	0,38	0,34	0,96
1999-3	0,70	0,96	0,98	0,43	0,36	0,89	0,37	0,35	0,48	0,37	0,30	0,96
1999-4	0,75	1,10	1,02	0,42	0,49	1,02	0,39	0,43	0,53	0,38	0,39	1,10
2000-1	0,76	1,22	1,06	0,41	0,56	1,13	0,38	0,49	0,54	0,41	0,46	1,26
2000-2	0,62	1,00	0,94	0,34	0,43	0,90	0,28	0,39	0,41	0,31	0,33	1,00
2000-3	0,62	0,90	0,88	0,33	0,43	0,84	0,28	0,42	0,42	0,32	0,35	0,97

Tab. 2.2.2b: Marktanteile Frauen nach Altersgruppen

Quartal	GZSZ			MH			UU			VL		
MA in %	14-29 J.	30-49 J.	ab 50 J.	14-29 J.	30-49 J.	ab 50 J.	14-29 J.	30-49 J.	ab 50 J.	14-29 J.	30-49 J.	ab 50 J.
1992-2	16,5	13,4	6,4									
1992-3	23,1	16,5	8,3									
1992-4	23,9	19,1	9,0									
1993-1	25,6	18,7	8,3									
1993-2	30,7	21,1	9,9									
1993-3	31,6	20,3	10,5									
1993-4	31,8	19,8	10,9									
1994-1	31,1	20,6	10,2									
1994-2	36,3	25,0	11,2									
1994-3	37,9	24,5	11,5									
1994-4	33,3	22,5	10,6				27,2	18,7	12,7			
1995-1	36,5	20,0	8,6	23,5	14,7	20,3	30,5	17,6	13,5	21,4	13,6	19,9
1995-2	38,9	24,6	10,6	27,0	17,1	20,1	36,2	26,1	16,4	28,8	17,6	23,8
1995-3	37,3	22,6	10,7	28,0	17,4	19,8	33,5	25,6	13,7	28,8	17,9	25,3
1995-4	36,6	22,0	11,1	25,4	16,5	18,5	35,5	25,7	14,7	25,5	16,0	22,3
1996-1	37,5	24,9	12,1	26,2	16,1	17,9	34,8	25,1	15,4	28,2	16,8	21,0
1996-2	40,2	30,3	14,3	30,5	18,6	20,1	36,0	28,1	18,1	32,2	18,5	23,2
1996-3	40,1	30,0	13,4	30,0	18,0	20,5	33,7	26,5	16,9	31,2	18,4	24,5
1996-4	37,2	27,8	12,3	30,2	16,5	19,2	31,2	25,6	15,8	32,9	17,2	23,7
1997-1	40,3	27,4	11,8	30,9	17,6	20,4	30,6	23,4	14,6	35,5	18,5	23,8
1997-2	44,3	29,2	13,0	31,5	18,3	24,6	31,6	23,5	17,9	33,2	18,3	27,5
1997-3	43,7	28,5	13,2	34,3	17,4	23,2	30,3	23,8	17,7	33,0	17,9	27,0
1997-4	42,5	26,7	13,0	31,5	17,7	18,4	29,5	20,5	15,3	31,1	17,9	21,9
1998-1	44,4	27,6	12,5	31,7	17,8	18,3	33,1	21,2	15,3	30,9	17,3	21,3
1998-2	46,5	30,2	13,8	34,2	18,1	20,2	34,6	21,4	16,1	32,7	17,4	23,7
1998-3	46,0	31,0	14,6	37,0	18,2	20,9	35,5	22,7	17,2	35,6	19,0	25,2
1998-4	46,7	30,6	13,6	35,4	18,1	17,7	34,3	22,6	15,3	36,2	18,4	21,3
1999-1	46,0	28,9	11,9	34,8	19,1	17,9	36,6	23,3	13,5	34,6	18,8	21,2
1999-2	51,1	31,3	12,7	35,5	19,4	19,5	43,4	26,1	15,5	35,4	18,4	23,1
1999-3	47,6	31,5	14,0	36,6	18,8	19,3	40,0	23,4	14,5	35,2	17,6	23,9
1999-4	43,1	28,2	11,7	31,0	18,4	16,0	35,9	21,7	11,3	30,5	17,1	19,8
2000-1	43,2	28,2	11,3	30,0	19,2	16,2	33,8	22,3	10,6	31,8	18,2	20,9
2000-2	42,9	30,7	12,8	31,2	20,5	18,4	32,0	26,2	11,9	31,1	18,5	23,9
2000-3	43,4	28,8	12,1	29,2	21,2	17,2	32,4	27,0	11,8	30,5	19,6	23,0

Im nächsten Schritt werden die Marktanteile der Daily Soap-Nutzung von Frauen aufgeführt. Bei den 14- bis 29-jährigen weiblichen Zuschauern liegt *Gute Zeiten, schlechte Zeiten* seit Anfang 1997 bei einem Marktanteil von über 40%, der Spitzenwert wurde im zweiten Quartal 1999 mit 51,1% erreicht. Seit dem zweiten Quartal 1996 erzielen die anderen Soaps konstant Marktanteile von über 30%, wobei in der Gruppe der 14- bis 29-Jährigen *Unter Uns* vor den beiden ARD-Soaps liegt. In der Altersgruppe der 30- bis 49-jährigen Frauen liegt *Gute Zeiten, schlechte Zeiten* mit einem Marktanteil um 30% ebenfalls vor den anderen Soaps, wobei im Jahr 1995 *Unter Uns* den ersten Platz in der Gunst dieser Altersgruppe einnahm. Seit dem dritten Quartal 1999 verzeichnen *Unter Uns, Marienhof* und *Verbotene Liebe* steigenden Zuspruch, während *Gute Zeiten, schlechte Zeiten* Schwierigkeiten hat, seine Zuschauerschaft auf dem bisherigen Niveau zu halten.

Bei den weiblichen Zuschauern über 50 Jahren dreht sich erwartungsgemäß das Bild um, nun belegt *Gute Zeiten, schlechte Zeiten* den letzten Platz. Inzwischen ist *Unter Uns* auf einen niedrigen Wert von knapp über 10% gefallen. Besonders auffällig ist, dass *Verbotene Liebe* konstant über 20% liegt.

2.2.5 Daily-Soap-Nutzung von Kindern und Jugendlichen

2.2.5.1 Reichweitenentwicklung Soap-Nutzung von Kindern und Jugendlichen

Die folgenden vier Abbildungen zeigen die Reichweiten der Daily Soaps bei Kindern und Jugendlichen nach der GfK-Einteilung, also in den Altersgruppen von 3 bis 13 Jahren sowie 14 bis 19 Jahren.

Es wird deutlich, dass *Gute Zeiten, schlechte Zeiten* größere Reichweiten bei den 3- bis 13-Jährigen hat, *Unter Uns* und *Verbotene Liebe* dagegen bei den 14- bis 19-Jährigen erfolgreicher sind. Bei *Marienhof* kann keine der beiden Gruppen durchgängig höhere Werte als die andere erzielen.

Abb. 2.2.7a: **Reichweite in Mio. von Kindern 3-13 Jahre und Jugendlichen 14-19 Jahre für** *Gute Zeiten, schlechte Zeiten*

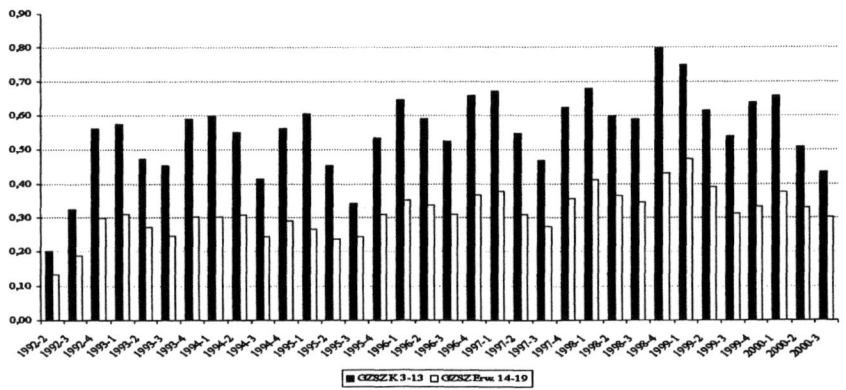

Abb. 2.2.7b: Reichweite in Mio. von Kindern 3-13 Jahre und Jugendlichen 14-19 Jahre für *Unter Uns*

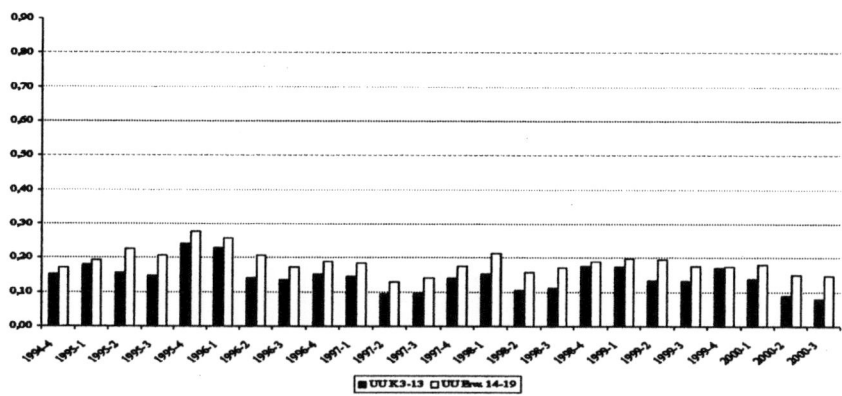

Abb. 2.2.7c: Reichweite in Mio. von Kindern 3-13 Jahre und Jugendlichen 14-19 Jahre für *Verbotene Liebe*

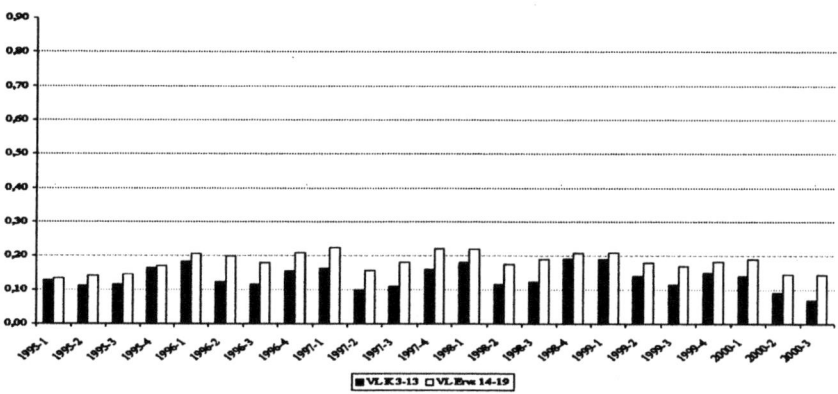

Abb. 2.2.7d: **Reichweite in Mio. von Kindern 3-13 Jahre und Jugendlichen 14-19 Jahre für *Marienhof***

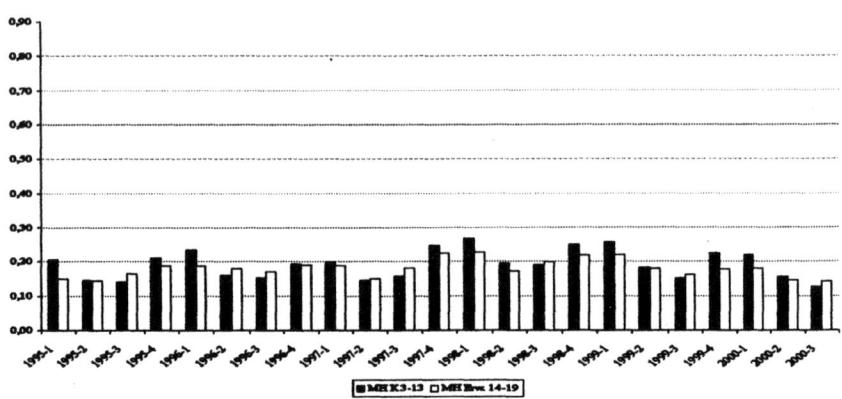

2.2.5.2 Soap-Marktanteile bei Kindern von 3 bis 13 Jahren

Die Marktanteile bei den Kindern und Jugendlichen variieren zwischen *Gute Zeiten, schlechte Zeiten* und den anderen drei Daily Soaps deutlich. So erlangt *Gute Zeiten, schlechte Zeiten* bei den 3- bis 13-jährigen Kindern einen um 15 bis 20 Prozentpunkte höheren Marktanteil. Hier ist anzunehmen, dass die RTL-Soap aufgrund ihrer Platzierung im Familienkreis angeschaut wird.

Auffällig ist der spürbare Rückgang bei *Verbotene Liebe* seit dem zweiten Quartal 1999 in dieser Altersgruppe auf ein neues ,Allzeittief' im dritten Quartal 2000.

Abb. 2.2.8: Marktanteile in Prozent bei Kindern 3-13 Jahre

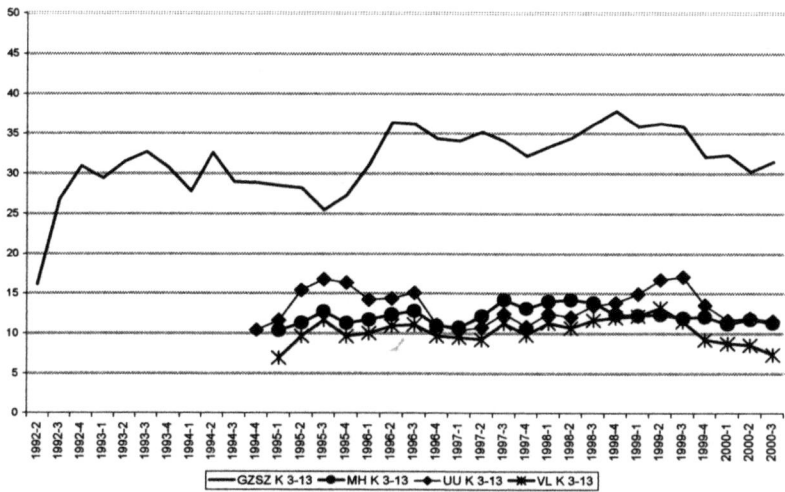

2.2.5.3 Soap-Marktanteile bei Jugendlichen von 14 bis 19 Jahren

Im Jahre 1995 belegt *Unter Uns* den ersten Platz bei den Jugendlichen von 14 bis 19 Jahren, ansonsten ist in dieser Altersgruppe *Gute Zeiten, schlechte Zeiten* mit einem Marktanteil von konstant über 30% deutlich vor den Mitbewerbern.

Abb. 2.2.9: Marktanteile in Prozent bei Jugendlichen 14-19 Jahre

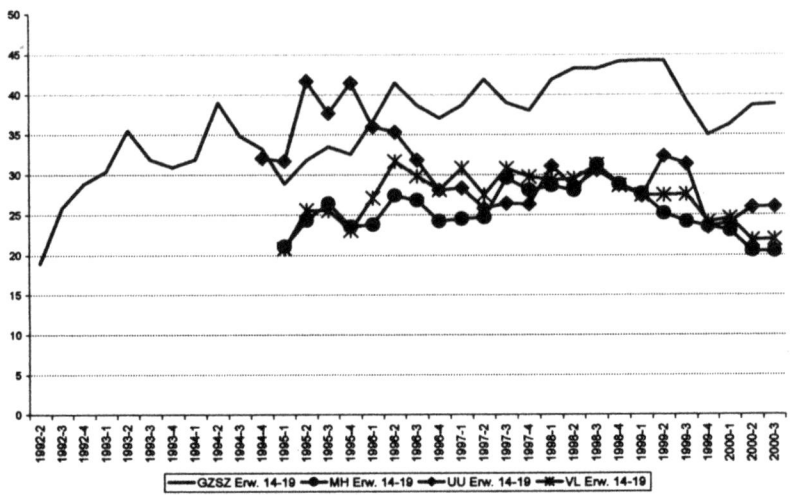

2.2.5.4 Soap-Nutzung bei Jugendlichen von 12 bis 17 Jahren

Um die Vergleichbarkeit mit der Talkstudie und ihrer in Bezug auf die Nutzungsdaten im Unterkapitel 3.2 präsentierten Aktualisierung darzustellen, werden im Folgenden die Ergebnisse einer Sonderuntersuchung für die 12- bis 17-jährigen Jugendlichen dargelegt.

Grundsätzlich ist festzuhalten, dass die Nutzungsdaten der Daily Soaps in diesem Zuschauersegment deutlich vor anderen Formaten – auch und gerade der Daily Talks – liegen.

Der in diesem Unterkapitel bereits mehrfach angesprochene Rückgang der Nutzungsdaten bei den Soaps findet allerdings auch bei den Jugendlichen (12 bis 17 Jahre) statt. Diese Veränderungen dokumentieren die beiden folgenden Abbildungen.

Abb. 2.2.10: Reichweitenentwicklung bei Jugendlichen von 12 bis 17 Jahren
(1. Quartal 1999 bis 3. Quartal 2000)

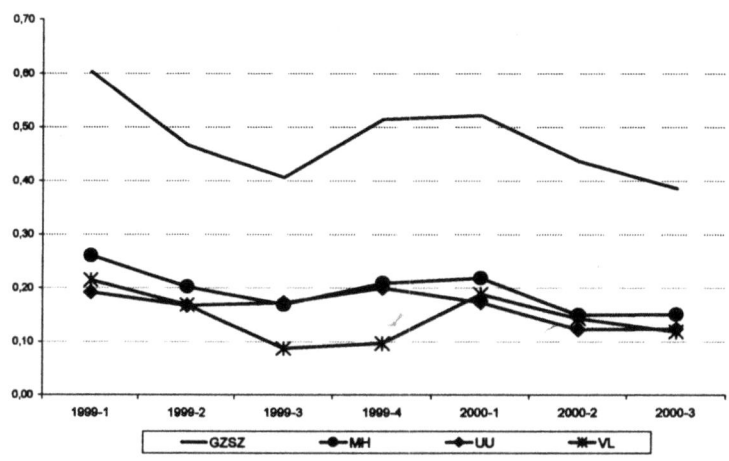

Abb. 2.2.11: Soap-Marktanteile bei Jugendlichen von 12 bis 17 Jahren
(1. Quartal 1999 bis 3. Quartal 2000)

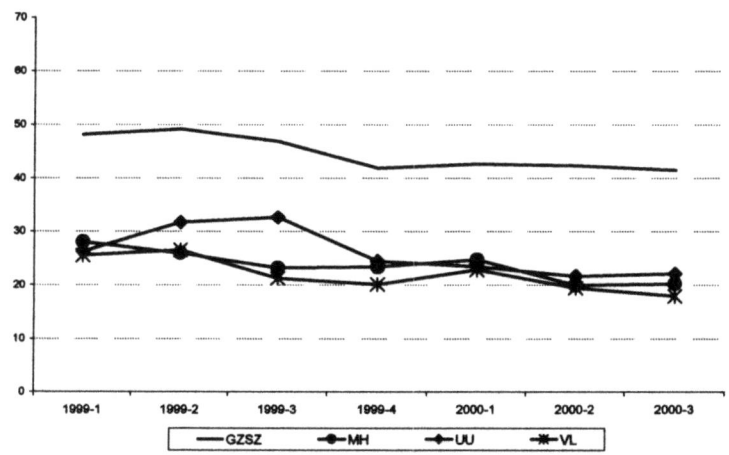

Besonders auffällig ist der Rückgang bei *Gute Zeiten, schlechte Zeiten*, denn die Reichweite fällt von 600.000 im ersten Quartal 1998 auf 390.000 im dritten Quartal 1999; im gleichen Zeitraum verringert sich der Marktanteil um knapp zehn Prozentpunkte. Ebenfalls deutlich fallen die Werte bei *Verbotene Liebe*: der Marktanteil liegt im dritten Quartal 1999 nur noch bei 17%, nach 26,5% im zweiten Quartal 1998. *Unter Uns* verliert in einem Jahr –

71

nämlich zwischen dem dritten Quartal 1998 und dem dritten Quartal 1999 –
10,5 Prozentpunkte Marktanteil, obwohl zu beiden Messzeitpunkten die
Reichweite mit 0,17 Millionen ausgewiesen wird.

2.2.6 Zwischenfazit

Die präsentierten Zuschauerzahlen zu den deutschen eigenproduzierten Daily
Soaps seit ihrem Ausstrahlungsbeginn dokumentieren den enormen Zuspruch
des Genres. Pro Tag schauen deutlich über 10 Millionen Zuschauer Daily
Soaps. Erweitert man den Blick auf die Phasen, in denen neben der ARD und
RTL auch andere Sender eigenproduzierte Dailies ausstrahlten (zeitweise gab
es sechs Daily Soaps auf vier Sendern am Vorabend), zählt auch noch die
US-amerikanischen und lateinamerikanischen Kaufproduktionen sowie
schließlich die Wiederholungen und Re-Runs hinzu, dann steigt die Zahl der
täglichen Soap-Seher auf über 15 Millionen. Als besonders bemerkenswert
stellte sich der hohe Wert beim Audience flow und hier speziell zwischen den
beiden Soaps in der ARD heraus.

In einigen Altersgruppen erzielen die Soaps konstant hohe Werte – auch
dies ist in der deutschen Fernsehgeschichte einmalig. Als ein Beispiel dazu
kann auf eine Aufstellung zu den 50 meistgesehenen Sendungen der 10- bis
15-jährigen Mädchen im ersten Halbjahr 2000 verwiesen werden. 46 mal ist
Gute Zeiten, schlechte Zeiten auf dieser Liste vertreten (van Eimeren 2000,
49). Bei den Frauen zwischen 14 und 29 Jahren beispielsweise liegen alle
Soaps bei einem Marktanteil von über 30%, *Gute Zeiten, schlechte Zeiten* gar
über 40%.

Wie bereits bei der Betrachtung der Reichweitenentwicklung deutlich
wurde, kann *Gute Zeiten, schlechte Zeiten* mit deutlichem Abstand besonders
in der Altersgruppe der 14- bis 49-Jährigen auf konstant hohe Werte blicken
(seit Ende 1995 über 25%). *Unter Uns* hält sich seit Anfang 1995 über 20%,
wohingegen die beiden ARD-Soaps Schwierigkeiten haben, die 20-Prozent-
Marke zu überspringen. Der Blick auf die Entwicklung der Marktanteile in
der Altersgruppe der über 50-Jährigen zeigt, dass sich *Verbotene Liebe* eindeutig vor den anderen Soaps platzieren kann. Der Marktanteil liegt um die
20% und somit gut 10 Prozentpunkte vor den beiden RTL-Soaps.

Seit Anfang 2000 ist ein Einbruch zu verzeichnen, der Höhenflug, der
über Jahre zu beobachten war, ist für *Unter Uns, Verbotene Liebe* und *Marienhof* gestoppt und bei *Gute Zeiten, schlechte Zeiten* scheint er sich in einigen Altersgruppen sogar umzukehren.

Als Hauptzielgruppe der Daily Soaps wurden die Jugendlichen ausge-
macht und zwar hier vor allem die jungen Frauen. Insofern ist der Zuschauerrückgang im Jahr 2000 weniger auf die beiden Sportgroßereignisse (Fußball
EM und Olympiade in Sydney) zurückzuführen.

Die Rückgänge sind allerdings nicht so dramatisch wie bei den Daily Talks. Einzelne Altersgruppen schauen offenbar sporadischer und die Periode, in der sie als „heavy user" auftreten, verkürzt sich. Auch wenden sich zahlreiche Soap-Nutzer dem neuen Format *Big Brother* zu. Die Verluste bei den 3- bis 13-Jährigen könnten mit der aggressiven (und erfolgreichen) Vermarktung der Pokemons zu tun haben.

Für die weitere Einschätzung dieser Prozesse sind qualitative Auswertungen nötig, also gezielte Nachfragen zum Nutzungsverhalten, der Bewertung des Genres sowie der Anschlusskommunikation. Dieser Schritt folgt in Kapitel 2.4, nachdem in Kapitel 2.3 das methodische Vorgehen erläutert wird.

2.3 Materialbasis, Zugang und methodisches Vorgehen

2.3.1 Materialbasis

Bei den am Rhein-Ruhr-Institut erhobenen und verwendeten Materialien handelt es sich um eine Auswahl an Gruppendiskussionen und Einzelinterviews, die aus dem DFG-Projekt „Daily Soaps und Kult-Marketing" stammen. Für die in Kapitel 6 präsentierten Untersuchungsergebnisse zur Frage der Talk-Rezeption auf Basis der Rezeptionsuntersuchung zu den Daily Soaps erfolgte neben einer Reanalyse dieser Materialien eine weitere Primärerhebung von drei Gruppendiskussionen.

2.3.1.1 Gruppendiskussionen

Im Folgenden werden für die Darstellung der Rezeptionsweise von Daily Soaps die Ergebnisse von zehn Gruppendiskussionen herangezogen, die im Frühjahr des Jahres 2000 geführt wurden. Die hier getroffene Auswahl setzt sich aus folgenden Standorten zusammen: Sieben Gruppendiskussionen wurden in einer Großstadt im Westen Nordrhein-Westfalens (Standort S/T-A) durchgeführt. Diese werden ergänzt um zwei Gruppendiskussionen aus einer Kleinstadt im ländlichen Raum Nordrhein-Westfalens (Standort S/T-B) und eine Gruppe aus einer Großstadt in Süddeutschland (Standort S/T-C).

Die Gruppenzusammenstellung erfolgte nach Vorgesprächen mit der Schulleitung und den Klassenlehrern. Als Kriterium für die Gruppenbildung wurde die Anzahl (7-10 Jugendliche), die Jahrgangsstufe bzw. das Alter sowie das Geschlecht (homogene oder gemischte Gruppen) vorgegeben. Die Teilnahme fand auf freiwilliger Basis statt, nachdem das Einverständnis der Schulaufsichtsbehörden, der Schulleitungen und der Erziehungsberechtigten eingeholt wurde.

Dieses Vorgehen stellt sicher, dass der Prozess der Gruppenbildung nicht durch Annahmen der Forschungsseite über Nutzungspräferenzen sowie Zuwendungsmotive und mögliche Einstellungen Jugendlicher aus bestimmten sozialen Lagen beeinflusst wurde.

In den zusammengestellten Gruppen wurde ein Fragebogen verteilt, der neben Fragen nach dem Alter, dem Beruf des Vaters bzw. der Mutter als Indikator der sozialen Stellung dazu diente, das Mediennutzungsverhalten und hier insbesondere die Daily-Soap-Nutzung zu ermitteln.

Übersicht der Gruppenzusammensetzung an den jeweiligen Erhebungsstandorten

Standort S/T- A (Großstadt im Westen von Nordrhein-Westfalen)
- 13/14-jährige Jungen/Mädchen (Gymnasium)
- 14/15-jährige Mädchen (Gymnasium)
- 15/16-jährige Mädchen (Gymnasium)
- 14/16-jährige Jungen/Mädchen (Gymnasium)
- 13/16-jährige Mädchen (Hauptschule)
- 15/17-jährige Mädchen (Hauptschule)
- 15/17-jährige Jungen (Hauptschule)

Geschlecht:	Fallzahl
Männlich	20
Weiblich	36
Altersgruppe:	Fallzahl
12/13 Jahre	5
14/15 Jahre	37
16/17 Jahre	14
Schulform/-abschluss:	Fallzahl
Hauptschule	28
Real-/Sekundarschule	
Gymnasium	28

Standort S/T-B (Ländliches Einzugsgebiet in Nordrhein-Westfalen)
- 13/14-jährige Mädchen (Gymnasium)
- 14-jährige Jungen/Mädchen (Gymnasium)

Geschlecht:	Fallzahl
Männlich	4
Weiblich	12
Altersgruppe:	Fallzahl
12/13 Jahre	7
14/15 Jahre	9
16/17 Jahre	
Schulform/-abschluss:	Fallzahl
Hauptschule	
Real-/Sekundarschule	
Gymnasium	16

Standort S/T-C (Großstadt im Süden Deutschlands)
- 13/14-jährige Jungen/Mädchen (Realschule)

Geschlecht:	Fallzahl
Männlich	9
Weiblich	1
Altersgruppe:	Fallzahl
12/13 Jahre	5
14/15 Jahre	5
16/17 Jahre	
Schulform/-abschluss:	Fallzahl
Hauptschule	
Real-/Sekundarschule	10
Gymnasium	

Gesamtübersicht über die Teilnehmerinnen und Teilnehmer an den
Gruppendiskussionen, die in die Rezeptionsanalyse zu den Daily Soaps
aufgenommen wurden:

Geschlecht:	Fallzahl
Männlich	33
Weiblich	49
Altersgruppe:	Fallzahl
12/13 Jahre	17
14/15 Jahre	51
16/17 Jahre	14
Schulform/-abschluss:	Fallzahl
Hauptschule	28
Real-/Sekundarschule	10
Gymnasium/Gesamtschule	44
Gesamt	82

2.3.1.2 Einzelinterviews

Im Rahmen von zwölf Einzelinterviews wurden Aspekte der Medienbiographie und des Mediennutzungsverhaltens ausgewählter, an den Gruppendiskussionen beteiligter Schüler vertieft und die Motive der Daily-Soap-Rezeption ausführlich behandelt. Die Schüler und Schülerinnen setzen sich wie folgt zusammen:

Geschlecht:	Fallzahl
Männlich	3
Weiblich	9
Altersgruppe:	Fallzahl
12 Jahre	
13 Jahre	7
14/15 Jahre	2
16/17 Jahre	3
Schulform/-abschluss:	Fallzahl
Hauptschule	4
Real-/Sekundarschule	
Gymnasium/Gesamtschule	8
Gesamt	12

2.3.2   Untersuchungsschritte

2.3.2.1 Zur Durchführung der Gruppendiskussionen

Die Gruppendiskussionen fanden in den meisten Fällen in den Schulgebäuden statt und dauerten durchschnittlich 65 Minuten. Geführt wurden die Diskussionen jeweils von einem männlichen und einem weiblichen Diskussionsleiter.[31] Die Lehrer bzw. Klassenleiter waren bei den Diskussionen nicht anwesend. Zu Beginn der Diskussionen stellten die Interviewer sich und das Forschungsprojekt der Schülergruppe vor. Im Gegensatz zur Daily-Talk-Ausgangsstudie wurden Fragebögen unmittelbar vor oder in einigen Fällen auch nach den Gesprächen verteilt. Die Interviewer konnten so vor Ort Rückfragen beantworten und sicherstellen, dass die Bögen von den Diskussionsteilnehmern ausgefüllt wurden.

Für die Diskussion wurde in der Mehrzahl ein Stuhlkreis als Sitzordnung gebildet, der gewährleistete, eine dem Unterricht vergleichbare Sitzordnung zu umgehen. Die Jugendlichen erhielten jeweils eine Nummer, die im Fall einer Äußerung protokolliert wurde. Dadurch konnten die transkribierten Wortmeldungen identifiziert werden.

Zu Beginn der Diskussion wurde den Gruppen eine Zusammenstellung von drei unterschiedlichen Themenblöcken, die aus acht Folgen der Daily Soap *Gute Zeiten, schlechte Zeiten* von Anfang März 2000 und vom Sommer 1997 montiert wurden, als Impuls vorgespielt. Der Zusammenschnitt der Sequenzen hebt die genrespezifische Verschachtelung und Abfolge unterschiedlicher Erzählstränge zugunsten einer thematischen Verdichtung auf. Dieser Impuls wurde in zwei Pre-Tests getestet und konnte ohne Abwandlung für die weiteren Gruppendiskussionen übernommen werden. Die Videosequenzen beinhalteten ein Drogenthema, eine Liebesgeschichte sowie die Darstellung einer homosexuellen Beziehung.

a) *Drogenproblematik*: Die Auseinandersetzung mit der Drogenproblematik bezieht sich sowohl auf die gesundheitlichen, rechtlichen wie auch zwischenmenschlichen Auswirkungen des Ecstasy-Missbrauchs, als auch auf die Bedingungen und Stellungnahmen zum Gebrauch von legalen Aufputschmitteln (Energy-Drinks). Es geht darum, dass eine Frau ihre Freundin, von der aufgrund eines Tablettenfundes angenommen wird, dass sie mit Ecstasy dealte, bei der Polizei angezeigt hatte. In einem zu diesem Vorfall parallelen Geschichtenverlauf wurde über die Folgen des Ecstasy-Konsums gesprochen und auch in weiteren Szenen die Abgrenzung zur legalen Nutzung von Energy-Drinks thematisiert.

b) *Liebes- und Beziehungsproblem*: Die Auswahl dieses Themas orientierte sich an einer zu dem Zeitpunkt des Zusammenschnitts im Vordergrund stehenden Liebesgeschichte zwischen den Figuren Kai und Marie aus *Gute Zeiten, schlechte Zeiten*. Deren Beziehungsgeschichte nimmt auch in den darüber hinausgehenden Folgen dieses Jahres einen zentralen Stellenwert ein. Es geht konkret darum, dass Marie sich in Kai verliebt, er sich anfangs aber nicht in sie. Zum Ende der Sequenz verliebt er sich dann doch. Festzuhalten ist auch, dass es sich bei den beiden um die jüngsten Akteure in der Soap

---

31 Vgl. zum Vorgehen in den qualitativen Untersuchungsschritten auch Paus-Haase et al. (1999), S. 42 ff.

handelt. Dieser Aspekt war für die Schüler in den Gruppendiskussionen, die sich in der gleichen Altersgruppe bewegen, besonders interessant und spannend, zumal in dieser Geschichte – sowie allgemein in dieser Soap – auch Schulthemen wie Prüfungsangst oder die Vorbereitung auf Abiturklausuren den Hintergrund des Verlaufs bilden.

c) *Homosexuelle Beziehung*: Hierbei handelt es sich um eine aus dem Sommer 1997 stammende Geschichte zu einem Outing und einem Kuss zwischen zwei männlichen Hauptfiguren. Im Anschluss an die Kuss-Szene wird noch ein Dialog gezeigt, in dem sich zwei Freundinnen über das Outing ihrer Freunde unterhalten. Während die eine, die zuvor mit einem der beiden jungen Männer in einer Beziehung zusammen war, es befremdlich findet, akzeptiert die andere die Situation und die Entwicklung der beiden Freunde.

Die Dauer der Einspielung lag bei gut fünf Minuten. Die Anlage der Diskussion war so gestaltet, dass die Schüler zuerst spontane Eindrücke zu den Ausschnitten wiedergeben sollten. Im Anschluss daran ergab sich bei den meisten Diskussionen eine thematische und inhaltliche Auseinandersetzung. Die Realitätskonstruktion der Soaps wurde oftmals spontan bewertet. Die Aufgabe der Gesprächsleitung bestand vor allem darin, aufgeworfene Punkte durch Nachfragen zu verstärken und Beziehungen zwischen den genannten Aspekten zu vertiefen. Neben den Arten der Soap-Rezeption war von besonderem Interesse, wie die Soaps bewertet und eingeschätzt werden, welche Art der Anschlusskommunikation zu dem Genre besteht und inwiefern Vergleiche zwischen den einzelnen Soaps angestellt werden.

2.3.2.2 Zur Durchführung der Einzelinterviews

Die Einzelinterviews wurden mit Schülern geführt, die sich im Kontext ihrer Teilnahme an den Gruppendiskussionen auf Nachfrage freiwillig dazu gemeldet hatten. Die Interviews dauerten im Durchschnitt 50 Minuten und wurden anhand eines Leitfadens geführt. Begonnen wurde mit der „Inselfrage": „Stell dir vor, du würdest auf einer einsamen Insel landen. Was würdest du mitnehmen, wenn du könntest?" Im Weiteren wurden Fragen zur Medienbiographie, zu den Mediennutzungsgewohnheiten und zur Einschätzung des Fernsehens gestellt. Schließlich ging es um eine Bewertung einzelner Genres, vornehmlich der Daily Soaps, der Daily Talks und zum Teil auch des neuen Formats *Big Brother*. Neben Fragen zur Lieblingssoap wurden die bereits in unterschiedlicher Breite in den Gruppendiskussionen verhandelten Aspekte der Themen und Geschichten, der Darsteller und Rollen sowie der Soapspezifischen Dramatisierungsweise erfragt. Zudem ging es um das Setting der Soaps, die Rolle der Moden, um das Marketing und um Aspekte des Fanverhaltens.

2.3.3 Auswertung der Gruppendiskussionen und Einzelinterviews

2.3.3.1 Auswertungslogiken

Die Analyse der Gruppendiskussionen und der Einzelinterviews erfolgte in zwei Schritten, die sich an das Vorgehen der Daily-Talk-Studie von Paus-Haase et al. (1999, 143) anlehnen. Es handelt sich um eine fokussierende und eine kontextuelle Analyse.

Für die fokussierende Analyse wurden die Transkripte der Gruppendiskussionen mit dem Textanalyseprogramm winMAX vercodet. Bei der Entwicklung der Kategorien für die Vercodung konnte im Fall der Einzelinterviews auch der Leitfaden herangezogen werden.

Während die fokussierende Analyse eine Analyse der inhaltlich-thematischen Struktur der Diskussionen und Interviews leistet, verfolgt die kontextuelle Analyse den inhaltlichen Zusammenhang bezogen auf die Art der Gruppenzusammensetzung und die Dominanz einzelner Diskussionspartner bzw. die Art und den Stil der Diskussions- und Interviewführung. Dazu gehört auch eine Einschätzung der sprachlichen Fähigkeiten und des Ausdrucks der Gruppen und der Interviewpartner.

2.3.3.2 Codierung des Materials

Aus der konzeptuellen Offenheit der Gruppendiskussionen und dem unterschiedlichen Charakter der Gruppenzusammensetzungen ergibt sich für die fokussierende Analyse die Aufgabe, die thematische und inhaltliche Dichte der Gespräche über eine Codierung der Diskussionsbeiträge zu erschließen. Erstens, um die einzelnen Diskussionen mit Blick auf die alters-, geschlechts- und schultypbezogenen Unterschiede vergleichbar zu machen und zweitens, um eine Übersicht über die Breite und Tiefe der Diskussionen zu ermöglichen. Gerade da die Diskussionen mit Blick auf die Wahrnehmung und Stellung der beiden Genres Daily Soaps und Daily Talks ausgewertet werden sollen, ist zu klären, welche inhaltlichen Aspekte bei der Behandlung der jeweiligen Genres von den Schülern überwiegend aufgegriffen und welche so gut wie überhaupt nicht thematisiert werden. Ferner muss geklärt werden, über welche Aspekte die verschiedenen Genres in der Wahrnehmung und der Anschlusskommunikation aufeinander bezogen sind.

Die Codierung der Gruppendiskussionen erstreckt sich für die Soaps auf Dimensionen, die auf die Inhalte und die Dramatisierungsweise der Soaps bezogen sind, also Themen, bzw. wahrgenommene Themen mit Unterthemen, sodann auf die Rolle der Charaktere, Darsteller und Drehorte. Schließlich geht es um die alltagsweltlichen Bezüge und die Anschlusskommunikation sowie die Nutzungsgewohnheiten und Ausprägungen des Fantums.

Für die Codierung der Aussagen zu den Daily Talks, die ebenfalls in den zehn Gruppendiskussionen zur Wahrnehmung der Daily Soaps bei Jugendlichen – jedoch ohne Video-Impuls – mitbehandelt wurden, wurde diese Unterteilung für die Codierung der Aussagen übernommen. An die Stelle der Charaktere und Darsteller treten allerdings die Moderatoren und Gäste. Schließlich gibt es eine dritte, auf den Vergleich beider Genres in der Wahrnehmung bezogene Codierung.

Für die Einzelinterviews wurden die Auswertungsschritte weitestgehend beibehalten, jedoch stärker dem Leitfaden der Interviewführung folgend ausgerichtet. So beginnt diese Codierung mit der im Zusammenhang mit der „Inselfrage" erfragten Medienbiographie und der Mediennutzung. Die anschließende Unterteilung beinhaltet ebenfalls die in der Codierung der Gruppendiskussionen behandelten Aspekte. Zusätzlich wurden die Rolle von *Big Brother* und weitere Aspekte des Genrevergleichs behandelt.

Die jeweiligen Codebäume für die Gruppendiskussionen und die Einzelinterviews sind im Anhang I beigefügt. In dem nachfolgenden Unterkapitel wird es ausschließlich um die Aufarbeitung des Materials zur Rezeption der Daily Soaps gehen. Die Konzentration liegt dabei auf den Modi der Aneignung, wie sie sich aus den von den Jugendlichen getroffenen Bewertungen bestimmen und interpretieren lassen. Die für die Wahrnehmung der Daily Talks relevanten Aspekte aus den vorliegenden Materialien werden im sechsten Kapitel gesondert behandelt.

2.4 Jugendbezogene Rezeptionsmodi der Daily Soaps

2.4.1 Zentrale Dimensionen der Rezeption von Daily Soaps

Die Ausgangsstudie „Talkshows im Alltag von Jugendlichen" hat vier Grundmuster von (Daily-Talk-)Rezeptionsweisen unterschieden, „die sich jeweils innerhalb von zwei gegensätzlichen Polen bewegen und graduell unterschiedlich ausprägen" (Paus-Haase et al. 1999, 145). Es handelt sich um Rezeptionsweisen zwischen folgenden Polen:

„1) naive Rezeption versus reflektierte Rezeption,
2) involvierende Rezeption versus distanzierende Rezeption,
3) Suche nach Unterhaltung versus Suche nach Orientierung und
4) positive Bewertung der Shows versus negative Bewertung der Shows."
(ebd.)

Da es sich bei Daily Soaps um fiktionale Unterhaltungsangebote mit der Besonderheit narrativer Offenheit und Endlosigkeit handelt, ist es für die Analyse der Rezeption dieses Genres durch Jugendliche in einem ersten Schritt nötig, die genrespezifischen Ebenen bzw. Bezugspunkte der Rezeption herauszuarbeiten. Auch und gerade das empirische Material legt diesen Zugang zur Klassifizierung der Rezeptions- und Aneignungsweise nahe. Offenbar besteht ein Unterschied zwischen *erstens* der Bewertung und der Aneignung des Genres, *zweitens* den Themen sowie *drittens* den Rollen bzw. Charakteren und den Darstellern, aber auch *viertens* den Trends, Moden und Musikstilen und schließlich *fünftens* den einzelnen Geschichten und konkreten Handlungen einzelner Akteure. Während die Aneignungsweisen der vier zuerst genannten Ebenen sich zumeist als von einer konkreten Folge unabhängig zeigten, also *situationsunabhängig* erfolgten, beinhaltet die fünfte Ebene vorwiegend Stellungnahmen zu einer konkreten Folge oder Geschichte, die hier als *situationsabhängig* bezeichnet wird.

Die im vorliegenden Fall als *situationsunabhängig* benannte Rezeptionsweise ist besonders am Beispiel des von John Fiske (1997) so genannten „character readings" zu erkennen. Die Art und Weise, in der die Rollen bzw. Charaktere mit den bei den Rezipienten bestehenden Vorstellungen zur Person der jeweiligen Darsteller im Zusammenhang stehen, macht auf eine nicht unwesentliche Grenzverwischung bzw. Ineinanderblendung der Realitäts- und Fiktionsebene aufmerksam, die gerade im Fall fiktionaler Angebote verfolgt werden kann und in der Rezeption als deren Besonderheit angesehen werden muss.[32] So identifizieren sich die Fans mit der Rolle emotional, das heißt, sie können sich in den Charakter auch unabhängig von Situationen oder Geschichten, die er gerade bestehen muss, hineinversetzen und beziehen dazu auch den Eindruck mit ein, den die Person des Darstellers auf sie macht.

Eine weitere Soap-typische Lesart ist die sendungs-, oder mit Blick auf die Rezeptionshaltung, *situationsunabhängige* Bewertung der Themen. Auch diese erstreckt sich zumeist über einzelne Folgengrenzen hinaus, da sich der „Leser/Zuschauer" aus dem endlosen Strom der Soapgeschichten seine eigene Episode „herausschneidet".

Vergleicht man diese Unterteilung mit den Ergebnissen der Talk-Studie, so lässt sich festhalten, dass für die Rezeption dieses Genres im Wesentlichen zwei Ebenen relevant werden, nämlich *erstens* die Ebene des Genres, des Moderators und der Gäste als sendungs- bzw. mit Blick auf die Rezeptionshaltung *situationsunabhängige* sowie *zweitens* die Ebene der Themen, der Gäste und des Moderators als *situationsabhängige*, d.h. die auf eine bestimmte Sendung und die dort auftretenden Ereignisse bezogene Einschätzung.

Bereits die Tatsache, dass für die Soap-Rezeption fünf Ebenen benannt wurden und für die Daily Talks in der Ausgangsstudie lediglich zwei, lässt vermuten, dass die dichotome Setzung und die unterschiedliche graduelle Ausprägung zwischen den Rezeptionsdimensionen bei den Soap Operas

---

32   Vgl. Göttlich/Neumann (2000).

durch eine Verschränkung der Zuwendungsmotive, ausgehend von der rezeptions- und fiktionsorientierten Wahrnehmung, aufgehoben ist.

In den Diskussionen zeigte sich dann auch als Bestätigung dieser Annahme, dass von den einleitenden Impulsen ausgehend zumeist direkt auf die Ebene des Genres und die Ebene der generellen, situationsunabhängigen Themen- und Figurenbewertungen umgeschaltet wurde.

Im Rahmen des Auswertungsprozesses haben sich aus den Gruppendiskussionen und den Einzelinterviews folgende zentralen Interpretationsdimensionen herauskristallisiert, die die Lesarten und den Umgang von Jugendlichen mit Daily Soaps beschreiben. Die Dimensionen lassen sich folgendermaßen bezeichnen:

1) realitätsorientierte Rezeption und fiktionsorientierte Rezeption

sowie darin eingeschlossen bzw. diesem Modus vorausliegend die

2) habituelle Rezeption versus sporadische Rezeption,
3) und episodische Rezeption versus offene bzw. partielle Rezeption.

Abb. 2.4.1: Dimensionen der Daily-Soap-Nutzung bei Jugendlichen

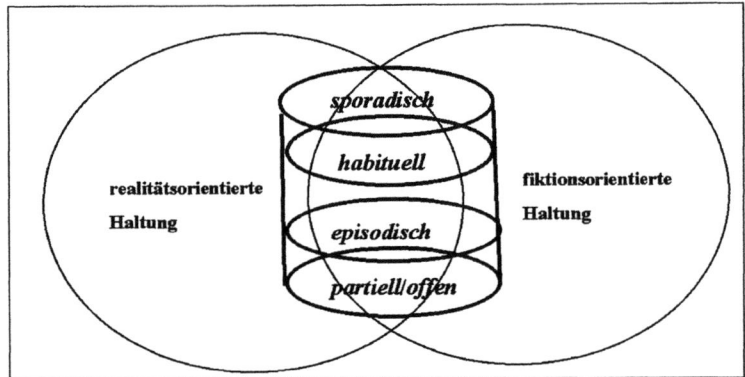

Die mit diesen Rezeptionsdimensionen getroffene Unterscheidung steht jedoch keineswegs in Opposition zu den für die Daily Talks gefundenen Rezeptionshaltungen. Es handelt sich um eine Spezifizierung für fiktionale Sendeformen mit ihren Konstruktionen von Alltag und Alltäglichkeit sowie den aktuellen Lifestyle-Präsentationen in den deutschen Daily Soaps – also den spezifischen Genrecharakteristika, wie sie oben in Kapitel 2.1 beschrieben sind. So lassen sich die für die Talk-Rezeption ausgewiesenen Muster einer involvierten oder distanzierten Rezeption bzw. einer naiven oder reflektierten Haltung durchaus im Modus einer realitäts- oder fiktionsorientierten Rezeptionshaltung finden. Diese stellt aber aufgrund der Ebenenverschränkung eine eigene Aneignungsweise dar. Diese Besonderheit erlaubt es nicht, die z.B. für fiktionale Programme festgestellten Lesarten der realitätsorientierten Haltung mit einer reflektierten Rezeption in eins zu setzten. Mitbedacht werden muss vielmehr der qualitative Aspekt der Fiktion, der den Unterschied in der Rezeption der beiden hier analysierten Genres mitbegründet.

Es ist die Verschränkung mit der realitäts- und fiktionsorientierten Wahrnehmung, der im Folgenden das Hauptaugenmerk zu gelten hat, weil sich hier die Bewertungen, die Identifikationen und die Zuwendungsmotive realisieren. Unterscheiden lassen sich dabei alterstypische, schultypische, geschlechtstypische als auch sozialraumabhängige Rezeptionsweisen. Diese Verschränkung gilt auch für die episodische und die offene oder partielle Rezeption, die sich ebenfalls im Modus der realitäts- oder fiktionsorientierten Rezeptionsweise realisiert.

Zu 1) Die Rezeption, hier verstanden als unterschiedliche Ausprägung der Identifikation und Distanzierung, ist bei fiktionalen Texten von einer beständigen Bewegung geprägt, die sich als Doppelbeziehung vor dem Hintergrund der Realitätskonstruktionen beschreiben lässt. Diese Doppelbeziehung ist ganz wesentlich für das Vergnügen, das sich mit der Rezeption einstellt, wobei sich dieses Vergnügen auf ganz unterschiedliche Arten äußern kann. Diese Dimensionen, obwohl begrifflich gegensätzlich, lassen sich nicht dichotom fassen. Vielmehr weisen die Rezeptionsweisen eine Verschränkung auf, wobei es nicht darum geht, graduelle Unterschiede in der Ausprägung der realitäts- und fiktionsorientierten Zuwendung herauszuarbeiten. Die von uns benannten Dimensionen der Realitäts- und der Fiktionsorientierung gehen auf die u.a. von Ien Ang in ihren Rezeptionsuntersuchungen zum Genre der Soap Opera festgestellten Rezeptionsformen des *„empirischen Realismus"* und des *„emotionalen Realismus"* zurück, auf die wir an zahlreichen Stellen in unserem Material gestoßen sind (Ang 1985, 36-47).

Die Lesart des empirischen Realismus entspricht in unserem Modell der Realitätsorientierung. D.h., dass der Text vom Rezipienten auf der denotativen Ebene gelesen wird und Handlungen oder Dialoge sowie Situationen als realistisch bzw. unrealistisch eingeschätzt werden. Zwischen der fiktionalen Welt und dem eigenen Erfahrungsraum werden wörtlich zu verstehende Ähnlichkeiten oder Unähnlichkeiten markiert, die die Bewertung und auch den Grad der Involviertheit und Distanziertheit ausmachen und dabei nicht zuletzt auch von der episodischen oder offenen Lesart getragen werden.

Die Lesart des emotionalen Realismus entspricht in unserem Modell der Fiktionsorientierung. D.h., dass der Text vom Rezipienten auf der konnotativen Ebene gelesen wird, womit die Fiktion als wirklich anerkannt oder auch abgelehnt wird. Auch hier werden Entsprechungen zwischen der Serienwelt und dem eigenen Erfahrungsraum festgehalten, allerdings auf einer Gefühlsebene, die sich als Gefühlsstruktur der Soap Opera beschreiben lässt. Auf der konnotativen Ebene erlebt der Zuschauer vor dem Hintergrund assoziativer und emotionaler sowie emphatischer Beziehungsmuster den Serientext sowie die Darsteller in ihren Rollen, und er kann sich in den Geschichten wieder erkennen oder diese entsprechend ablehnen bzw. uninteressant finden. Ausschlaggebend ist auch in diesem Fall der Grad der Involviertheit und der Distanzierung sowie die Realisierung einer episodischen oder offenen Lesart.

Beide Rezeptionsweisen sind bei den von uns untersuchten Altersgruppen, Schultypen und je nach Geschlecht unterschiedlich miteinander verschränkt und die Art ihrer Ausprägung erlaubt einen interessanten Einblick in die Wirklichkeitskonstruktionen der Schüler und den Aspekt der Orientierung. Zu deren weiterer Unterscheidung müssen nicht nur die Rezeptionsweisen der Talk-Studie mit herangezogen werden, sondern zuerst die weiteren zwei von uns als typisch für die Soap-Opera-Rezeption herausgearbeiteten Muster der habitualisierten und sporadischen sowie der episodischen und der offenen oder partiellen Rezeptionsweise in den Blick genommen, in deren Horizont sich auch Aspekte der in der Talk-Studie gefundenen Rezeptionsweisen realisieren.

Zu 2) Mit habitualisierter Rezeption lässt sich eine Rezeptionsweise bezeichnen, die auf eine gewohnheitsmäßige Nutzung der Soap Operas zurückgeht, was jedoch nicht bedeutet, dass eine tägliche Nutzung stattfinden muss, sondern dass eine grundsätzliche Habitualisierung im Umgang mit den Soaps vorliegt. Das setzt voraus, dass die Charaktere und Geschichten in ihrem Verlauf und Zusammenhang bekannt sind, wobei auch die Genrekenntnisse umfassend ausgebildet sind. Diese Rezeptionsweise lässt sich im Wesentlichen für die am längsten laufende und am häufigsten genutzte Soap *Gute Zeiten, schlechte Zeiten* vorweisen. Eine sporadische Rezeption steht hingegen in deutlicher Abhängigkeit von der Häufigkeit der Nutzung einer Soap Opera, wobei sich für die deutschsprachigen Soaps gezeigt hat, dass diese Rezeptionsweise vorwiegend für *Verbotene Liebe*, *Marienhof* und *Unter Uns* gilt. Dabei fließen durchaus Einschätzungen aus der habitualisierten Nutzung von *Gute Zeiten, schlechte Zeiten* mit ein.

Zu 3) Zu den Besonderheiten der Soap-Rezeption gehört eine Lesart, die aus den potenziell endlosen und unabgeschlossenen sowie in mehreren Strängen erzählten Geschichten, die sich über die unabgeschlossenen Einzelfolgen hinaus erstrecken, eine Schließung vornimmt. Diese als episodisch bezeichnete Rezeptionsweise ist eine der Voraussetzungen dafür, Zusammenhänge und Entwicklungsverläufe zu verfolgen und nachher auch bezeichnen zu können. Diese Schließungen, die der Rezipient leistet, sind keineswegs immer im Text auch so angelegt, sondern entstammen unterschiedlichen Rezeptionsmotiven. Dieser episodischen Rezeptionsweise gegenüber steht eine offene oder partielle Lesart, die nicht nur kaum Schließungen erzeugt, sondern sich oftmals gerade in der Schwierigkeit des Rezipienten offenbart, in den Geschichtenverlauf einer Sendung, die er länger nicht verfolgt hat, wieder hineinzukommen. Auffällig ist, das diese Rezipienten auch deutliche Schwierigkeiten haben, Themen zu erinnern und zu bewerten.

Die alters-, geschlechts- und schultypbezogenen aber auch sozialraumabhängigen Unterschiede in der Rezeption bildeten den Ausgangspunkt für die Typenbildung, die in der fokussierten und kontextuellen Analyse am Material durchgeführt wurde (vgl. zur Übersicht über die ermittelten Typen jeweils das Zwischenfazit Kap. 2.4.2.3.11 und 2.4.3.3.13). Eine der Fragen dazu war, inwiefern sich die Aneignung mit Blick auf die angesprochenen Dimensionen des Geschlechts, des Alters usw. in der Realisierung des denotativen und konnotativen Gehalts unterscheidet, bzw. inwieweit dieser in den Diskussionen und Interviews mit Bezug auf Themen und Geschichten aktualisiert wird. Oder anders gesprochen: Auch wenn zahlreiche Geschichten und Geschichtenkonstellationen von den meisten Gruppen auf der denotativen Ebene vorwiegend als unrealistisch eingeschätzt werden, so werden auf der konnotativen Ebene doch eine Fülle an Parallelen zum eigenen Erleben hergestellt. Dies muss als Ausdruck dafür gesehen werden, dass der typische Realismus der Soaps als emotionaler Realismus bei der Wirklichkeitskonstruktion Bedeutung erlangt, was für die Frage der Orientierung weitreichende Konsequenzen hat. Interessant ist nun die damit zusammenhängende Frage, ob sich aus diesen Unterschieden im Verhalten zu und der Lesart von fiktionalen Angeboten nicht auch die sich davon unterscheidende Bedeutung der Talks erklärt. Diese werden deutlich realitätsorientierter rezipiert und ihnen wird von den meisten jugendlichen Rezipienten eine andere Rolle im alltäglichen Medienmenü zugesprochen als den Daily Soaps.

Bevor die Ergebnisse der fokussierten und kontextuellen Analyseteile zur Rezeptionsweise der Daily Soaps vorgestellt und diskutiert werden, soll vorab noch eine generelle Beobachtung zur Soap-Rezeption diskutiert werden. Bemerkenswert ist, dass es in allen Gruppendiskussionen unabhängig von der Schulform und dem Geschlecht einen beinahe gleichlautenden Tenor bei der Einschätzung der Soaps gab, der darin mündete, dass die Schüler diese nicht allzu ernst zu nehmen scheinen, überwiegend über die Wiederholungen klagen und daraus resultierend die Soaps vorwiegend beiläufig schauen. Zugleich ist eine die Soaps grundsätzlich ablehnende oder abweisende Haltung nur selten anzutreffen, woraus sich eine bestimmte Art der Distanzierung ergibt, die mit der weitreichenden Habitualisierung der Soaps zusammenhängen dürfte. Diese Aneignungsweise ergibt sich nicht zuletzt aus der permanenten Verfügbarkeit des Angebots, d.h. man geht diesem Angebot nicht aus dem Weg, wenn man darauf trifft, man ärgert sich aber auch nicht zu sehr, wenn die Soaps, wie oftmals beklagt, langweilen: Die Jugendlichen – vor allem die Mädchen – versuchen, bei den Geschichten auf dem Laufenden zu bleiben, während sie dem Genre gegenüber bereits eine grundsätzliche, habitualisierte Einstellung haben. Im Wesentlichen trifft diese Aneignungs- und Nutzungsweise für die Soap *Gute Zeiten, schlechte Zeiten* zu. Für die anderen, weitaus weniger häufig, also offener gesehenen Soaps wie *Verbotene Liebe*, *Marienhof* und *Unter Uns* gilt das weitaus seltener. Hier wurde von den Jugendlichen auch auf das zeitliche Problem hingewiesen, dieses Angebot zu verfolgen, da sie oftmals noch mit anderen Freizeitaktivitäten befasst sind – woraus die weitere Schwierigkeit erwächst, nach einer längeren Pause wieder in die Geschichten hineinzukommen. Dennoch wird auch dieses Angebot in unregelmäßigen Abständen mit Blick auf die Geschichtenverläufe verfolgt, wobei hervorgehoben wird, dass es gerade nach einer längeren Unterbrechung schwer ist, die Geschichten und Handlungsverläufe wieder nachzuvollziehen. Auf Distanzierung oder bewusste Vermeidungen trifft man vorwiegend nur bei männlichen Jugendlichen.

Im Folgenden werden nicht nur Belege für die Soap-spezifischen Aneignungsweisen aus den fokussierten und kontextuellen Analyseteilen der zehn Gruppendiskussionen und der Einzelinterviews vorgestellt und diskutiert, sondern es müssen auch Belege für die daraus resultierenden Unterschiede in der Wahrnehmung und der Aneignung der Soaps und der Talks und die damit verbundenen Wirklichkeitskonstruktionen erbracht werden, die im sechsten Kapitel mit zusätzlichen Ergebnissen der Einzelinterviews und von weiteren drei Gruppendiskussionen, die jeweils Impulse zu den Soaps und Talks enthielten, ausgeführt werden.

Zunächst aber sollen die Ergebnisse der Fragebogenerhebung, die in den jeweiligen Gruppen durchgeführt wurde, vorgestellt werden, um die typischen Nutzungsmuster der Soaps durch die Jugendlichen auch vor dem Hintergrund soziodemographischer Unterschiede einschätzen zu können.

2.4.2 Gruppendiskussionen

2.4.2.1 Ergebnisse der Fragebogenanalyse

Die folgende Auswertung stützt sich auf die im Zuge der zehn Gruppeninterviews erhobenen Fragebögen. Insgesamt sind 49 Schülerinnen (Hauptschule = 17, Realschule = 1, Gymnasium = 31) und 33 Schüler (Hauptschule = 11, Realschule = 9, Gymnasium = 13) befragt worden. Im Folgenden wurden die Daten der zehn Realschüler mit denen der Gruppe der Hauptschüler zusammengefasst. Daraus resultiert die Anzahl von 38 befragten Haupt- und Realschülern (männlich = 20 und weiblich = 18) und von 44 Gymnasiasten (männlich = 13 und weiblich = 31). Insgesamt sind 19 Jugendliche ausländischer Herkunft bzw. Abstammung, zehn männliche und 9 weibliche, wobei die Staatsangehörigkeit nicht abgefragt wurde.

Tab. 2.4.2: Alter, Geschlecht und Schultyp der Schüler aus den Gruppendiskussionen

Schulform	Alter	männlich	weiblich	gesamt
Haupt- und Realschule	13	4	2	6
	14	5	6	11
	15	6	7	13
	16	3	2	5
	17	2	1	3
	gesamt	20	18	38
Gymnasium	13	3	8	11
	14	6	11	17
	15	4	6	10
	16		6	6
	gesamt	13	31	44

Aus datenschutzrechtlichen Gründen war es uns nicht möglich, den ursprünglich im Fragebogen enthaltenen Aspekt des aktuellen beruflichen Status oder der Arbeitslosigkeit mit abzufragen,[33] so dass die soziodemographische Zuordnung der Ergebnisse im Wesentlichen alters-, geschlechts- und schultypabhängig erfolgt und leider nicht mit Bezug auf den sozialen Hintergrund, orientiert am Beruf der Eltern, vorgenommen werden kann.

Der Fragebogen beinhaltet neben Angaben zum Alter und zum (erlernten, aber eben nicht zwingend auch gegenwärtig ausgeübten) Beruf des Vaters bzw. der Mutter die Dimensionen und Aspekte der Freizeitgestaltung, der Medien im Haushalt sowie im eigenen Zimmer, der vorwiegend genutzten Sendungen sowie Angaben zu den genutzten Daily Soaps und Daily Talks und der Nutzungsweise. Die nachfolgende Auswertung ist mit Blick auf die Rezeption der Daily Soaps vorgenommen worden, und geht der Frage nach, ob sich bei den Teilnehmern an den Gruppendiskussionen bereits auf dieser Erhebungsebene typische Aneignungsweisen bei den unterschiedlichen Altersgruppen und Geschlechtern vor dem Hintergrund des Schultyps erkennen lassen.

2.4.2.1.1 Freizeitgestaltung

Auffällig – aber nicht überraschend – bei der Frage nach den Formen der Freizeitgestaltung war, dass das Fernsehen den erwartet vorderen Platz einnimmt und nur von der Freizeitgestaltung im Freundeskreis übertroffen wird. Die anderen Betätigungsfelder weisen eine breite Streuung auf, wobei Sport treiben und ins Kino gehen auf den nächsten Plätzen folgen. Insgesamt halten sich die häuslichen und die außerhäuslichen Arten der Freizeitgestaltung die Waage. Die Arten der Freizeitgestaltung von Gymnasiasten und Hauptschülern unterscheiden sich bei den Teilnehmern an den Gruppendiskussionen bis

---

33 In den meisten Schulen hatten die Schulleiter ausdrücklich darum gebeten, diese Frage nicht mit zu erheben. In anderen Fällen waren einige Schüler nicht in der Lage, Auskunft über den beruflichen Status ihres Vaters oder ihrer Mutter zu geben.

auf die Tätigkeit des Sporttreibens nicht wesentlich. In Abhängigkeit vom Geschlecht ist z.B. das Bücherlesen bei männlichen Hauptschülern Nebensache während sie häufiger als die gleichaltrigen männlichen Gymnasiasten Computerspiele spielen. Es ist festzuhalten, dass die Mädchen häufiger lesen als die Jungen und in der Regel Gymnasiastinnen häufiger zum Buch greifen als Haupt- und Realschülerinnen. Das Internet weist bei den hier befragten Schülern eine noch nicht so hohe Verbreitung auf.

Tab. 2.4.3: Freizeitgestaltung (N=82), Mehrfachnennung möglich

	Häufig	Manchmal	Selten	Nie	k.A.
Faulenzen	12	47	18	1	4
Bücher lesen	15	26	27	10	4
Fernsehen	40	34	4		4
Computerspiele	19	23	21	15	4
Internet	17	13	27	21	4
Shoppen	27	28	20	3	4
Mit Freunden weggehen	52	22	4	4	
Sport treiben	38	26	13	1	4
Konzert/ Sportveranstaltungen	7	27	30	14	4
Ins Café gehen	9	15	38	16	4
Ins Kino gehen	6	49	23		4
In die Disco gehen	4	23	22	29	4

2.4.2.1.2 Medien im Haushalt und im eigenen Zimmer

Betrachtet man die in Haushalten oder aber im eigenen Zimmer zur Verfügung stehenden Medien, dann ist auch hier das Fernsehen dominant, dicht gefolgt von den anderen Geräten der Konsumelektronik. Beim Fernsehen sind in den Haushalten mittlerweile Zweitgeräte – vor allem im Zimmer der Jugendlichen – weit verbreitet und auch der Videorecorder hat mittlerweile eine hohe Verbreitung in den Haushalten erfahren. Die Printmedien scheinen demgegenüber weniger Relevanz zu haben bzw. sind einfach verfügbar, ohne dass ihnen von den Jugendlichen eine besondere Stellung im Medienensemble zugerechnet wird. Weit verbreitet, und damit Kindern und Jugendlichen gut zugänglich, ist mittlerweile der PC, wobei die Verbreitung bzw. Verfügbarkeit des Internets noch seltener genannt wurde. Die Verfügbarkeit der einzelnen Medien ist in den Haushalten der Schüler des Gymnasiums und der Hauptschule nahezu gleich verteilt. Den Angaben nach verfügen die Hauptschülerinnen aber häufiger über einen Fernseher und einen Videorecorder auf dem eigenen Zimmer. Einschränkend ist festzuhalten, dass die Aussagekraft der nachfolgenden Tabelle begrenzt ist, da offensichtlich einige der Befragten die Fragestellung nicht richtig verstanden haben.[34] Vor diesem

---

34 So erklärt sich z.B. der hohe Wert von neun Haushalten, in denen kein Fernseher vorhanden ist oder auch die geringe Verbreitung des Radios in den Haushalten. Dies zeigt sich zusätzlich in den teilweise höheren

Hintergrund gibt die Tabelle lediglich eine Tendenz über die Verfügbarkeit der zentralen Medien wieder.

Tab. 2.4.4: Medien im Haushalt und im eigenen Zimmer (n=82)

	im Haushalt *vorhanden/* nicht vorhanden/k.A.	im eigenen Zimmer *vorhanden/* nicht vorhanden/k.A.
Fernseher	*70/*9/3	*45/*34/3
Videorecorder	*68/*11/3	*21/*58/3
Radio	*64/*15/3	*66/*13/3
HiFi-Anlage	*60/*19/3	*60/*19/3
Walk-/Discman	*54/*25/3	*66/*13/3
Computer	*52/*27/3	*30/*49/3
Computer mit Modem	*37/*42/3	*19/*60/3
Tageszeitung (Abo)	*59/*20/3	*7/*72/3
Fachzeitschrift(en) (Abo)	*37/*42/3	*17/*62/3
Telefon	*71/*8/3	*15/*64/3
Handy	*52/*27/3	*34/*45/3

2.4.2.1.3 Nutzung der Daily Soaps

Zieht man nun die von den Teilnehmern an den Gruppendiskussionen gemachten Angaben zur Soap-Nutzung heran, dann erkennt man, dass sich auch in dieser Gruppe die Rolle des Favoriten *Gute Zeiten, schlechte Zeiten* bestätigt, wogegen die anderen drei Soaps, und darunter nun besonders die Soaps in der ARD, deutlich weniger genutzt werden als diejenigen auf RTL. Das war auch schon in der Erhebung von Paus-Haase et al. (1999, 298) so, und deckt sich mit den in Kapitel 2.2 angeführten Nutzungsdaten. Die meisten Jugendlichen geben darüber hinaus an, die Daily Soaps nicht regelmäßig zu sehen. Nur in den seltensten Fällen werden Wiederholungen angeschaut.

Tab. 2.4.5: Nutzung der Daily Soaps (n=82)[35]

	Ja	Nein	k.A.
Verbotene Liebe	21	53	8
Marienhof	17	57	8
Unter Uns	35	42	5
Gute Zeiten, schlechte Zeiten	49	28	5

Am weitesten ist die Nutzung von *Gute Zeiten, schlechte Zeiten* bei den Hauptschülerinnen verbreitet. Was die Herausbildung der Nutzungsgewohnheiten von Soaps angeht, so beginnen die meisten Jugendlichen im Alter zwischen zehn und zwölf Jahren Daily Soaps zu sehen, woraus folgt, dass in

---

Werten von ‚im eigenen Zimmer vorhandenen Medien' gegenüber den Werten in der Spalte zu den ‚im Haushalt vorhandenen Medien'.

35 Nach der Nutzungshäufigkeit im Wochenverlauf wurde ebenfalls gefragt. Diese wurde von den Schülern jedoch nur selten vollständig angegeben.

unserem Sample die Kenntnis von bzw. der Umgang mit diesem Genre bei drei bis vier Jahren liegt. Bei den Mädchen liegt zugleich eine häufigere Nutzung vor. Diese geschieht am häufigsten allein, erst in zweiter Linie werden die Dailies mit Geschwistern oder der Mutter gesehen.

Tab. 2.4.6: Arten der Daily-Soap-Nutzung (n=82), Mehrfachnennungen möglich

	Ja	Nein	k.A.
Mit Freunden	15	64	3
Mit Geschwistern	28	51	3
Mit der Mutter	23	56	3
Mit dem Vater	4	75	3
Mit anderen	6	73	3
Allein	39	40	3

Was in der Fragebogenerhebung zu den Nutzungsgewohnheiten der Soaps darüber hinaus deutlich wird ist, dass sich auch in diesem Material der Trend der zurückgehenden Zuschauerzahlen in dieser Altersgruppe abbildet. Dieser Rückgang zeigt sich in der vorliegenden Erhebung vor allem im Vergleich zur Nutzung bzw. Zuwendung zu den unterschiedlichen Unterhaltungsangeboten des Fernsehens. Hier dominieren die Fernsehserien und die Musiksendungen vor den Daily Soaps und den anderen Unterhaltungsangeboten. Allerdings ist in Rechnung zu stellen, dass die Daily Soaps im Vergleich zu den Episodenserien ein tägliches Format und daher für die Jugendlichen ständig verfügbar sind. Die häufigere Nennung der Fernsehserien kann an dieser Stelle auch mit der selbstverständlich gewordenen Soap-Nutzung zusammenhängen, während die Serien als nicht habitualisiertes Genre bewusster aufgesucht werden.

Tab. 2.4.7: Nutzung von Unterhaltungsangeboten im Fernsehen (n=82)

	Häufig	Manchmal	Selten	Nie	k.A.
Musiksendungen	38	24	11	3	6
Sportsendungen	16	37	16	7	6
Daily Soaps	17	22	20	15	8
Daily Talks	12	17	28	17	8
Fernsehserien	39	24	12	1	6
Fernsehshows	11	34	24	6	7

Die Fragebogenerhebung zeigt vor dem Hintergrund der alters-, geschlechts- und schultypbezogenen Variablen keine grundsätzlichen Unterschiede in der Soap-Nutzung, wohl aber in den Arten der Fernseh- und Mediennutzung. Bei allen Schulformen ist *Gute Zeiten, schlechte Zeiten* die von allen Schülern am meisten gesehene oder bekannteste Soap. Da die anderen Soaps seltener genutzt werden, bildet *Gute Zeiten, schlechte Zeiten* die zentrale Bezugsgröße für die Einschätzung dieses Programmangebots in diesem Erhebungsschritt.

2.4.2.2 Fokussierte Analyse der Gruppendiskussionen

Ziel dieses Untersuchungsschrittes ist es, anhand von Gruppendiskussionen die Besonderheiten der Daily-Soap-Rezeption und die damit verbundenen Wirklichkeitskonstruktionen der Jugendlichen herauszuarbeiten. Der fokussierende Zugriff erlaubt dazu einen Vergleich der in den jeweiligen Gruppendiskussionen angesprochenen Themen, Fragen und Probleme sowie Inhalte zu den Soaps, um zum einen die alters-, geschlechts- und schultypabhängigen Gemeinsamkeiten und Unterschiede benennen zu können und zum anderen die Struktur und Form der inhaltlich-thematischen Behandlung dieses Genres zu verfolgen. Schließlich geht es um die Arten der Anschlusskommunikation sowie um die Aspekte bei der wechselseitigen Wahrnehmung von Daily Soaps und Daily Talks, die im fünften und sechsten Kapitel ausführlich behandelt werden.

Die Analyse ist entlang eines Codierschemas durchgeführt worden, dessen Struktur und Aufbau im Anhang I beigefügt ist. Zur Charakteristik der win-MAX-Analyse, also der qualitativen Analyse von Texten gehört es, dass sich der Codebaum im Zuge der Codierung von Äußerungen erweitert und verzweigt. Der zu Beginn der Analyse bestehende Grundaufbau erfährt somit eine entsprechende Untergliederung, anhand der nicht nur der Grad der Materialdurchdringung sondern zugleich die thematische Dichte der Diskussion quantitativ erfasst werden kann. Im vorliegenden Fall der Soap-Analyse unterteilte sich der Codebaum in folgende Hauptabschnitte:

1.1 Themen
1.2 Charaktere
1.3 Darsteller
1.4 Drehort
1.5 Bezug zur Lebenswelt
1.6 Nutzungsgewohnheiten
1.7 Nutzungsmotive
1.8 Fantum
1.9 Marketing

Von dieser Untergliederung ausgehend haben wir für die folgende inhaltliche Darstellung der Ergebnisse der fokussierten Analyse eine Auswahl getroffen. Diese beinhaltet die Dimension der Themen, der Charaktere und Darsteller sowie die Nutzungsgewohnheiten.

2.4.2.2.1 Themen in den Soaps

Die fokussierte Analyse bestätigt zunächst den Trend bezüglich der am häufigsten genutzten Daily Soap. In den Diskussionen werden bezogen auf die Häufigkeit der namentlichen Nennung die meisten Bezüge zu *Gute Zeiten, schlechte Zeiten* hergestellt, während die anderen Soaps weitaus weniger genannt werden. Dieses Ergebnis ist nicht allein von dem die Diskussion einleitenden Video-Impuls abhängig, sondern durchaus Resultat der in der jugendlichen Zielgruppe vorliegenden Soap-Präferenz. Viele der Aussagen zur Beliebtheit und zur Rolle und Stellung des Genres beziehen sich somit überwiegend auf *Gute Zeiten, schlechte Zeiten,* und das gilt alters-, geschlechts- sowie schultypunabhängig.

Tab. 2.4.8: Häufigkeit der Nennung der einzelnen Daily Soaps in den Gruppendiskussionen

Sendung	gesamt
Gute Zeiten, schlechte Zeiten	104
Marienhof	33
Verbotene Liebe	29
Unter Uns	28

Einen wesentlichen Aufschluss über die Rolle und Stellung der Soaps geben die Themenwahrnehmungen. In der fokussierten Analyse der Themen wurde unterschieden zwischen einer einfachen Erwähnung eines Themas und dessen Bewertungen. Den Häufigkeiten der Nennungen nach überwiegen die einfachen bzw. bloßen Nennungen. Aber die Bewertungen bilden durchaus nicht die Ausnahme, sondern diese sind bei den, der Häufigkeit der einfachen Nennung nach zu schließen relevanten Themen verstärkt anzutreffen. Die Bewertungen, die auf die relevante oder irrelevante Bewertung sowie eine positive oder negative Einschätzung zielen, wurden häufiger erst auf Nachfrage vorgenommen. Die positive sowie negative Einschätzung bezieht sich oftmals auf die Art der Inszenierung des Themas in der Soap-Erzählung, wobei die negativen Einschätzungen auf die für die Jugendlichen zu häufigen Wiederholungen eines Topos verweisen. Die wenigsten Themennennungen gibt es in der Gruppe der männlichen Hauptschüler, für die die Soaps generell ein unattraktives, um nicht zu sagen langweiliges Angebot darstellen. Das Spannungs- und Unterhaltungsschema der männlichen Jugendlichen setzt sich auch in der Bewertung und Wahrnehmung der Soaps fort. Auch in den gemischten Gruppen sind die männlichen Jugendlichen an den Soaps generell weniger interessiert und sind deshalb bei der negativen Kritik häufiger vertreten. Die folgende Wortmeldung aus einer Diskussion gibt ein Beispiel dafür:

TEXT: *Gruppendiskussion.1 (85/90) CODEWORT: 1. Daily Soaps.1.1.*
           Themen.1.1.1. Wahrgenommene Themen.1.1.1.1.
           Liebe/Freundschaft

3: Teilweise triefen die echt. Irgendwie so, so, so zu extrem irgendwo von der Situation her. Irgendwie so Zufälle, die halt irgendwo dann im wirklichen Leben eigentlich nicht passieren. Wenn irgendjemand mit jemandem zusammenkommen will, dass das dann auf irgendwelchen Umwegen dann doch passiert und so.

Positive Bewertungen der wahrgenommenen Themen finden sich äußerst selten und am auffälligsten nur bei dem Thema Liebe/Freundschaft.

TEXT: *Gruppendiskussion.4 (254/255) CODEWORT: 1. Daily Soaps.1.1.*
           Themen.1.1.1. Wahrgenommene Themen.1.1.1.1.
           Liebe/Freundschaft.Bewertung positiv

F: Wie findet Ihr, dass die Beziehungen so häufig wechseln?
8: Das find' ich auch gut!

Ansonsten dominiert bei den insgesamt wenigen Nennungen zu den Bewertungen oftmals die negative Einschätzung von Themen:

TEXT: *Gruppendiskussion.2 (126/133) CODEWORT: 1. Daily Soaps.1.1.*
           Themen.1.1.1. Wahrgenommene Themen.1.1.1.1.
           Liebe/Freundschaft.Bewertung negativ

Ich mein', zumal es ja auch so ist, dass eigentlich in so ziemlich jeder Soap mindestens ein Pärchen irgend so was Homosexuelles ist. (Lachen) Ich mein', besonders stark ist es jetzt manchmal beim Marienhof. Also, da gibt es einmal ein schwules Pärchen, und dann gibt es ein Pärchen, also da ist das eine von denen lesbisch, und die andere ist jetzt bisexuell. Ich mein', dat is irgendwie ziemlich übertrieben, finde ich.

Tab. 2.4.9: Häufigkeit der Themenwahrnehmung in Daily Soaps und deren Bewertung

	Liebe/ Freundschaft	Drogen	Tod	Sexualität	Schwanger- schaft
Wahrgenommen	35	16	13	10	9
Bewertung positiv	12	1	1	4	
Bewertung negativ	19	16	8	7	4
Bedeutung relevant	4	6	2	4	2
Bedeutung irrelevant	3	4	1	4	

	Krank- heiten	Beruf	Krimina- lität	Geld	Sekten	Schule	Über- sinnliches
Wahrgenommen	8	6	5	5	4	4	2
Bewertung positiv	1		1		7	2	
Bewertung negativ	5	6	2	5	7	2	7
Bedeutung relevant	1	1	2		1	1	
Bedeutung irrelevant			1	2	1		1

Bezogen auf die Bewertungen nach Schultyp oder Alter weist die fokussie-rende Analyse der Themen ansonsten keine weiteren wesentlichen Unter-schiede auf, bis auf den Punkt, dass die Themen Sexualität und Drogen vor-wiegend von Hauptschülerinnen erwähnt wurden. Letzteres ist erklärbar über den Impuls, der wie erwähnt, mit einem Drogenthema einsetzte. Im Laufe der Gespräche wollten vor allem die Hauptschüler ihr Wissen in Drogendingen preisgeben, um sich in der Gruppe und vor den Gesprächsleitern zu profilie-ren. Das Thema Sexualität wird mit eindeutigen Äußerungen kommentiert:

TEXT: Gruppendiskussion.4 (550/551) CODEWORT: 1. Daily Soaps.1.1.
Themen.1.1.1. Wahrgenommene Themen.1.1.1.2. Sexualität

Die steigen alle ins Bett, und dann sind die wieder auseinander oder sowas.

Von der allgemeinen Themennennung ausgehend ergibt sich ein erstes deut-liches Bild von der Art der Wahrnehmung und Realitätskonstruktion sowie dem Rang und der Stellung des Angebots im Alltag, da mit diesem Coding das Genre von der allgemeinen Themenseite her erfasst wird. Insbesondere in der Gruppe der weiblichen Gymnasiastinnen überwiegt hier die negative Einschätzung des Genres, die wesentlich von einer am empirischen Realis-mus orientierten Lesart getragen ist. Das weist auf zweierlei hin: a) die Rolle der Soaps erschließt sich vielleicht doch eher über die Darsteller und Cha-raktere und b) dass die Themen nur in einem damit vermittelten Umfeld, also als Geschichten Geltung erlangen, ansonsten aber als wenig alltagsrelevant wirken.

Von der Gruppe der weiblichen Hauptschülerinnen wurde eine allgemeine Themeneinschätzung überhaupt nicht vorgenommen, und die sprachlichen Äußerungen zu den speziellen Themen bestanden gegenüber der Gruppe der Gymnasiastinnen vorwiegend aus unvollständigen Sätzen, während die

Gymnasiastinnen längere Ausführungen machten. Zum Vergleich erfolgt eine Gegenüberstellung dieser Äußerungstypen, zuerst folgen zwei Diskussionsbeiträge aus einer Gruppe von Gymnasiastinnen, der dritte Wortbeitrag stammt aus einer Diskussion mit Hauptschülerinnen:

TEXT: *Gruppendiskussion.2 (394/398) CODEWORT: 1. Daily Soaps.1.1. Themen.1.1.2. Themen allgemein.Bewertung negativ*

Ich finde, dass die meisten Themen eigentlich viel zu lange da sind. Die ziehen sich wirklich über Monate lang hinweg, und dann irgendwann interessiert einen das überhaupt nicht mehr. So was (...) (in ihrer letzten Sendung).

TEXT: *Gruppendiskussion.2 (399/404) CODEWORT: 1. Daily Soaps.1.1. Themen.1.1.2. Themen allgemein.Bewertung negativ*

Nee, ich sag' mal so, das ist auch irgendwie so, dass viele Themen, äh, werden so (,) behandelt, und eben keiner interessiert sich mehr dafür, und andere Themen, die so viel alltäglicher sind so, dass die irgendwann mal 'ne Party haben und betrinken sich da oder so: so was kommt gar nicht vor.

TEXT: *Gruppendiskussion.4 (612/613) CODEWORT: 1. Daily Soaps.1.1. Themen.1.1.1. Wahrgenommene Themen.1.1.1.1. Liebe/Freundschaft*

Das ist meistens immer so: Am Anfang ist immer alles cool und irgendwie (...) alles (...) so, weißte!?

Diese, mit Blick auf die Themen wenig ausführliche Auseinandersetzung mit dem Genre durch die Hauptschülerinnen findet sich auch im Fall der Nennung erwünschter Themen. Hier ist die Gruppe der Hauptschülerinnen nur mit zwei Nennungen vertreten. Die männlichen Hauptschüler machen hingegen ihren Interessen folgend Vorschläge, mehr Action einzubinden:

TEXT: *Gruppendiskussion.7 (133/135) CODEWORT: 1. Daily Soaps.1.1. Themen.1.1.3. Erwünschte Themen*

Und ich meine, da könnte man vielleicht so irgendwat anderes machen, wie zum Beispiel, äh, dass, was weiß ich, äh, irgend solche Action-Szenen

Die weiblichen Gymnasiastinnen zeigen sich hingegen mehr an realen Alltagsschilderungen interessiert, was nochmals die Art der Themenbehandlung orientiert am Modus des empirischen Realismus bestätigt:

TEXT: Gruppendiskussion.2 (426/429) CODEWORT: 1. Daily Soaps.1.1.
Themen.1.1.3. Erwünschte Themen

Einfach irgendwie 'ne ganz normale Beziehung; nicht eine, wo, äh, ständig einer
den anderen betrügt, oder wo der eine irgendwie auf einmal sterben muss oder so;
äh, einfach was ganz Normales.

Wenn nun die Themen in der fokussierenden Analyse bis auf den Aspekt
ihrer Bewertung entlang einer spezifischen Realitätsorientierung keine weiteren auffälligen Unterschiede für die mit den Faktoren Geschlecht und Schultyp zusammenhängenden Fragen aufzeigen, so müssen offensichtlich diejenigen Bereiche einer genaueren Betrachtung unterzogen werden, die mit den
formatspezifischen Besonderheiten enger verknüpft sind, also die Ebene der
Darsteller und der Charaktere.

2.4.2.2.2 Darsteller und Charaktere in den Soaps

Eine erste zentrale Frage mit Bezug auf die Rolle und Stellung von Darstellern und Charakteren in der Wahrnehmung durch die Jugendlichen ergibt sich
mit der von John Fiske als „character reading" beschriebenen Besonderheit
im Umgang mit fiktionalen Angeboten (Fiske 1987). Er verweist dazu auf
den für die Rezeption nicht unwesentlichen Punkt, dass Rezipienten unter
bestimmten Umständen die Tendenz haben, das Fiktive als real zu sehen, was
sich insbesondere an der Wahrnehmung von Rollen und Darstellern zeigt.
Wenn, wie bisher gesehen, die positive oder negative Bewertung der Themen
durch die Jugendlichen überwiegend vor dem Hintergrund eines empirischen
Realismus erfolgt, so ist das im Fall des character reading nicht zwangsläufig
genauso. Gegenüber einer am empirischen Realismus orientierten Bewertung
der Themen erschließt das character reading, so die These, die Dimension des
emotionalen Realismus und öffnet damit auch den Blick auf die eingangs
erwähnte Verschränkung beider Rezeptionsdimensionen.

Kommen wir daher zuerst zur Art des character reading entlang der im
Coding vorgenommenen Unterscheidung realistisch/unrealistisch. Im Mittelpunkt stehen dazu die Äußerungen und Einschätzungen von Mädchen an
Gymnasien und Mädchen an Hauptschulen. Bezogen auf die Anzahl der Codings finden Mädchen beider Schultypen die Konstellation zwischen den
Charakteren unrealistisch. Für die Unterscheidung der Realitäts- bzw. Fiktionsorientierung ist die Frage entscheidend, an welchen Aspekten sich diese
Einschätzung jeweils festmacht und ob sich hier auffällige Unterschiede finden, die dann nicht nur auf Unterschiede in der Aneignung und Anschlusskommunikation verweisen, sondern gerade auch auf Unterschiede in der
Wirklichkeitskonstruktion zwischen den Jugendlichen verschiedener Altersstufen. Dafür, dass der Schultyp eine entscheidende Rolle bei der unterschiedlichen Bewertung und Einschätzung der Soaps spielt, gab es bislang

keine ausreichenden Belege und die Unterschiede, auf die man im vorliegenden Fall trifft, sind ebenfalls, auch wenn sie schultypbezogen unterschieden werden können, eher gruppenspezifisch zu erklären, d.h. ergeben sich aus der ohnehin erwartbaren Varianz zwischen Gruppen. Mit Blick auf die Frage des character reading stellt die Mädchengruppe eines Gymnasiums die Form der Personengruppen in den Soaps in den Vordergrund und kommt zu dem Ergebnis, dass es sich um eine unrealistische Darstellung handelt:

TEXT: *Gruppendiskussion.3 (198/208) CODEWORT: 1. Daily Soaps.1.2. Charaktere.1.2.2. Bewertung.b) unrealistisch*

1: Ja, ich weiß nicht, jetzt hier?! Ich weiß nicht, die sind ja auch alle miteinander befreundet. Jeder hat was mit jedem da zu tun. Alle kennen sich. Ich weiß nicht, ich... Ich mein', es gibt (äh) also denk' ich auch mal, Freundeskreis, aber die – das sind 20 Leute, und alle kennen sich gut. Und das ist irgendwie – finde ich das auch schon 'n bisschen komisch, sozusagen. (Äh) Ich find', das is' nich' so – also mir ist das noch nicht so begegnet: Die kennen sich, und über den kommt man zu denen und dahin! Das ist alles so Wirrwarr, durcheinander. Manchmal blickt man da auch gar nicht mehr durch, wer jetzt mit wem, oder so!

Eine vergleichbare Bewertung vor dem Hintergrund lebensweltlicher Erfahrung findet sich auch im Fall von Marie aus der Soap *Gute Zeiten, schlechte Zeiten,* die für die Mädchen wegen ihrer Beziehung zu Kai und ihrer wichtigen Stellung in den Geschichten jener Sendewochen, in denen die Gruppendiskussionen geführt wurden, eine besondere Bewertung und auch oftmalige Erwähnung erfährt:

TEXT: *Gruppendiskussion.3 (449/454) CODEWORT: 1. Daily Soaps.1.2. Charaktere.1.2.2. Bewertung.b) unrealistisch*

5: Genau, zum Beispiel, ich mein', von der Marie ist jetzt die Mutter gestorben und so, und ich mein', nach zwei Wochen in der Serie war die wieder – ich weiß nicht – topfit und hat an Jungs gedacht und so. Also, ich weiß nicht, wie ich mich persönlich fühlen würde, wenn meine Mutter sterben würde! Ich mein', das ist doch so 'ne Tragödie!

In einer Mädchengruppe in einer Hauptschule ist dieser Realitätsbezug noch stärker ausgeprägt und wird vor dem Hintergrund der Frage bestritten, womit die jeweiligen Akteure ihren Lebensunterhalt verdienen:

TEXT: *Gruppendiskussion.6 (54/69) CODEWORT: 1. Daily Soaps.1.2. Charaktere.1.2.2. Bewertung.b) unrealistisch*

8: Nee, weil ich mein' jetzt so, die meisten, so wie, ähm, wie heißt der jetzt, der Onkel von der Cora – wie hieß der noch mal jetzt? Der...
7: Der Clemens.
8: Ja, der Clemens. Den siehste arbeiten, den Nico, der kriegt seine Gelder für sein, äh, für seine Forschung, aber: Mit wat bezahlen die denn die Wohnung? Die

meisten siehste gar nich' arbeiten! Weil ja sonst siehste den Clemens in City
Lights, den, äh, anderen, die anderen auch zum Teil; Phillip jetzt auch. (Zustimmung)
X: (Husten) (...) sieht man auch nur rumrennen.
8: Ja. So wie Flo: wo siehste die denn arbeiten? Und die hat die Wohnung
5: Ja, die Wohnung gehört aber auch denen!
6: Ja, die hat ja jetzt 'n Laden, nachdem der Dings gestorben is'; weil vorher hatse
auch nich' so viel gearbeitet.

Als wichtige Bezugsgröße stellt sich auch im nachfolgenden Beispiel die
Arbeitswelt als Maßstab für die Bewertung des Realitätsgehalts dar.

TEXT: *Gruppendiskussion.6 (242/248) CODEWORT: 1. Daily Soaps.1.2.*
        Charaktere.1.2.2. Bewertung.b) unrealistisch

6: Im Fasan arbeiten tausende von Leute, und denn zeigen die nur zwei Kellner o-
der so.
(Stimmengewirr)
7: Ja richtig. Das sind auch immer fast meistens die meisten die gleichen Gästen.
6: Ja, klar!
7: Die müssen auch mal andere Gäste zeigen.

Auch die Beziehungskonstellationen erfahren vor dem Hintergrund eigener
lebensweltlicher Erfahrungen ihre Bewertung und werden ebenfalls oftmals
als unrealistisch verworfen, wovon jedoch nicht die Möglichkeit zur emotionalen Beteiligung betroffen ist, da diese gerade von den als unrealistisch bezeichneten Situationen und Lösungen angestoßen wird. D.h. aber auch, dass
die Bewertungen vor dem Hintergrund eines empirischen Realismus immer
zugleich auch die emotionale Beteiligung mit einschließen. Andernfalls würden die Geschichten aufgrund ihrer Banalität sicher nicht so ernsthaft bewertet. Die Bewertungen verweisen auch auf die zum Teil unerfüllten Erwartungen, die dann dazu führen können, dass das Interesse an dem Angebot er-
lischt.

TEXT: *Gruppendiskussion.6 (70/76) CODEWORT: 1. Daily Soaps.1.2.*
        Charaktere.1.2.2. Bewertung.b) unrealistisch

5: Nee, ich find' dat nich' mehr schön, weil jeder is' da mit jedem mal zusammen
mal. Der eine (,) da schläft jemand mit 'ner Frau mal eben, mal kurz. Die betrügen
sich alle gegenseitig. Ich find' dat nich' mehr schön! (Zwischenruf: Is' doch cool!)
Jeder mal mit jedem! (Stimmengewirr) (...) Als wär dat im echten Leben auch so:
jeder mal mit jedem, ey!

Die Erwartungshaltung an die Soaps, die Personenkonstellationen und die
darin involvierten Charaktere scheint wie schon im Fall der Themen den
Äußerungen nach zu urteilen sehr stark an einem empirischen Realismus
orientiert zu sein. Da dieser nicht erfüllt wird, werden die Charaktere bzw.

die Soap-Erzählungen entweder als übertrieben, langweilig oder ebenfalls als unrealistisch angesehen und bewertet. Die Antworten bzw. Diskussionsbeiträge der Mädchen am Gymnasium gehen indessen auch noch weiter und beziehen die Konstruiertheit bzw. die Inszeniertheit mit ein und achten eher auf die innere Logik, ohne dass die Forderung eines Realismus hier bereits hineinspielt, wiewohl die Erwartung nach realistischen Alltagsschilderungen auch bei ihnen vorherrscht.

Für das character reading hat daher die Bezugnahme auf die Darsteller und die Frage danach, wie diese außerhalb ihrer Rolle wirken, eine entscheidende Bedeutung. Auch in dieser Frage bildet die Bewertungsebene Fiktion und Realität bzw. die Möglichkeit, Übertragungen auf die Wirklichkeit vornehmen zu können, den entscheidenden Rezeptionshintergrund und wirkt zugleich als Ausgangspunkt des Vergnügens an den Soaps, wie das nachfolgende Beispiel zeigt:

TEXT: *Gruppendiskussion.3 (180/187) CODEWORT: 1. Daily Soaps.1.3. Darsteller.1.3.1. Beschreibung*

Oh, das kann ich mir ja gar nich' vorstellen, dass der jetzt privat zum Beispiel so'n Lieber ist und irgendwie – in der Rolle so'n Fiesling spielt, ja. Also, das find' ich dann irgendwie auch schon ziemlich interessant so, mal zu sehen, wie die Schauspieler das irgendwie machen so: einfach vor der Kamera ganz anders sind als im wirklichen Leben so wirklich, versuchen, das zu spielen.

Die Schauspieler und nicht die Rollen oder gespielten Charaktere sind vor diesem Hintergrund auch für die Glaubwürdigkeit der Szenen relevant, zumal dann, wenn die Jugendlichen die schauspielerischen Schwächen der Soapdarsteller sehr wohl in Rechnung stellen und die Soaps deshalb auch kritisieren:

TEXT: *Gruppendiskussion.3 (471/488) CODEWORT: 1. Daily Soaps.1.3. Darsteller.1.3.1. Beschreibung*

F: Würdet Ihr sagen, dass es Themen und Geschichten gibt, die unterschiedlich glaubwürdig mit unterschiedlichen Schauspielern wirken? Wie wichtig sind eigentlich die Schauspieler und welchen Stellenwert hat die Spielglaubwürdigkeit? Zwischenruf: Nicht so sehr!
3: Bitte? Doch ich find' schon, dass sie – also, dass das wichtig ist. Weil wenn man da jetzt so 'n Punker hinsetzt und sagt, der hört immer nur Klassik und ist so richtig (äh) so strebermäßig, dann nimmt einem das ja auch keiner ab. Und ich glaub', dann wird das eher ins Lächerliche gezogen, anstatt dass die Jugendlichen (äh) sich wirklich dafür interessieren. Und wenn man dann wirklich jemand hinsetzt, der wirklich so ganz brav gekleidet ist, und mit diesem typischen Seitenscheitel, dann wird einem das einfach schneller abgenommen. Auch wenn das dann auch manchmal 'n bisschen zu übertrieben ist; aber doch, ich glaub' schon, dass das wichtig ist!

Die folgende Passage aus der Diskussion mit Hauptschülerinnen gibt den Blick darauf frei, dass sich die unterschiedlichen Schauspielertypen für die Mädchen als entscheidend erweisen, eine Soap weiter zu verfolgen oder aber diese als unattraktiv zu empfinden. Die fiktionsorientierte Lesart wird in diesem Fall über die Bindung an die Schauspieler angesprochen und ausgelöst:

TEXT: Gruppendiskussion.4 (202/219) CODEWORT: 1. Daily Soaps.1.3.
Darsteller.1.3.1. Beschreibung

> 2: Die nehmen immer so gut aussehende Schauspieler, .. die gut aussehen. Hier zum Beispiel ... weiß nicht (lacht).
> 1: Der Neue (...) (lacht), der von der (...)
> 2: (...) der ist (...) irgendwie gut.
> (Stimmengewirr) X: (...) find' nicht, dass der (...) gut aussieht (Zwischenruf: Wer?), der Kai.
> X: Der ist aber auch (...)
> 8: Ich mein' ja nich' Kai! Der sieht doch überhaupt nich' gut aus!
> (Stimmengewirr): Nee (...) Nico sieht nicht schlecht aus (...)
> 8: Nicht schlecht sieht – aber gut aus... Der sieht nicht... (schnalzt missbilligend mit der Zunge). Der sieht schlecht aus!
> (Gleichzeitig im Hintergrund): Der war im (...) auch in der Werbung und überall, in allem (...), seine...
> 8: Seine Haare!
> X: ...seine Person.
> Xa: Voll geil! (Lacht)

Den Kommentaren der Mädchen ist in diesem letzten Beispiel nicht nur zu entnehmen, wie das character reading vorgenommen wird, sondern auch, dass es über den konkreten Auftrittsort der Schauspieler hinaus vorgenommen wird, so dass das Auftreten des Darstellers in der Werbung auch auf die Wahrnehmung in der Soap zurückwirkt.

2.4.2.2.3 Nutzungsgewohnheiten

Die fokussierte Analyse stützt das Muster der habitualisierten und dabei fast beiläufigen bis gelangweilten Rezeption, was allerdings bezogen auf den emotionalen Realismus nicht gleichbedeutend mit Teilnahmslosigkeit ist. Von den Gymnasiastinnen wird vorwiegend die in den nachfolgenden Passagen ausgedrückte Rezeptionshaltung geäußert, während von den Hauptschülerinnen vorwiegend Äußerungen vorliegen, die sich auf den gemeinsamen Konsum mit Familienangehörigen beziehen.

TEXT: Gruppendiskussion.1 (438/438) CODEWORT: 1. Daily Soaps.1.6.
Nutzungsgewohnheiten

> 7: Ich weiß nicht, meistens guckt man das für sich alleine.

TEXT: *Gruppendiskussion.1 (478/479) CODEWORT: 1. Daily Soaps.1.6.*
Nutzungsgewohnheiten

F: Aber Ihr guckt das regelmäßig?
3: Ja, es läuft halt abends nichts anderes.

TEXT: *Gruppendiskussion.3 (1430/1442) CODEWORT: 1. Daily*
Soaps.1.6. Nutzungsgewohnheiten

4: Ich zum Beispiel gucke das echt nur, wenn ich jetzt (ähm) müde bin abends, und
dann – ich bin geschafft und so, leg' mich ins Bett, dann schalte ich durch im Fernsehen, und dann ist da nix, dann überhaupt nicht – einfach nur jetzt, dass ich irgend
'ne Tonkulisse im Hintergrund hab' so, wenn ich zum Beispiel gerade was lese
oder so – dann mache ich diese – wie heißt das da: Daily Soap? – an (Zwischenruf), und dann – ich mach' mir auch hinterher keine Gedanken dadrüber, was da
passiert ist oder so. Ich denk' immer nur so: Hhm, ja, toll! oder so, oder denke
vielleicht mal: Oh mein Gott, das sah ja jetzt schon wieder richtig lächerlich aus!
Und ich erwarte so hinterher – ich erwarte auch nichts von den Soaps oder so.

Die bislang anhand der fokussierten Analyse diskutierten Aspekte sind abgesehen von den Fällen, anhand derer das character reading thematisiert wurde,
vorwiegend Beispielfälle für die einleitend zu diesem Unterkapitel genannten
Rezeptionsmodi der habitualisierten Rezeption sowie der Realitätsorientierung, die am empirischen Realismus ausgerichtet ist.

Dem Charaker der fokussierenden Analyse entsprechend konnten somit
die Häufungen und das Typische der Rezeption entlang einer Beschreibung
der inhaltlich-thematischen Dichte herausgeschält werden. Aus den vorliegenden Materialien ergab sich, dass die Jugendlichen das Genre und die
Themen offensichtlich in einen Bezug zum eigenen, täglichen Erfahrungsraum bringen und vor diesen Hintergrund auch zu einer Bewertung und Einschätzung der Soaps gelangen. Der kontextuellen Analyse ist es vorbehalten,
die Besonderheiten dieser Aneignungsweise aus dem Diskussionsverlauf
heraus zu rekonstruieren und auf die qualitativen Unterschiede und Nuancen
in der Genreinterpretation hinzuarbeiten, also den inhaltlichen Zusammenhang zu rekonstruieren.

2.4.2.3 Kontextuelle Analyse der Gruppendiskussionen

Die kontextuelle Analyse stellt so gesehen eine interpretative Zugangsweise
dar, die eine nochmalige Durchdringung des Materials zur Erarbeitung der
Rezeptionsmodi erlaubt. Dabei ist zu berücksichtigen, dass es sich um Dis-
kussionen handelt, von denen vier gemischte Gruppen und sechs homogene
Gruppen umfassten. Von Letzteren waren fünf Mädchengruppen, zwei an
Hauptschulen, drei an Gymnasien. Die Jungengruppe stammt von einer
Hauptschule. Interessant für die nachfolgend zu diskutierende Fragestellung

ist der altersbedingte Entwicklungspunkt, an dem sich die für die Rezeption entscheidenden Modi der fiktionsorientierten und der realitätsorientierten Lesarten als deutlich voneinander unterscheidbar entwickeln. Die dieser Annahme zugrunde liegende These ist, dass die Umgangsweise mit fiktionalen und dokumentarischen bzw. realistischen Erzählformen erlernt werden muss und dass der Grad des In-Beziehung-Setzens zum eigenen, alltäglich erlebten Erfahrungsraum Einblick in die typischen Orientierungsmuster gibt.

Was die Nutzungs- und Aneignungsweise der Soaps betrifft, so machen die Diskussionen diesbezüglich auch auf einen geschlechtsbedingten Unterschied aufmerksam. Nicht nur bezogen auf die männliche Gruppe sondern auch zu der gemischten Gruppe zeigt sich ein deutlich unterschiedlicher Zugang und Umgang mit den Soaps. In der reinen Jungengruppe einer Hauptschule dominiert eine auf das Spannungs- und Actionschema konzentrierte Lesart, die überwiegend mit einer Ablehnung der Daily Soaps einhergeht. Auch in den gemischten Gruppen zeigen die jugendlichen männlichen Teilnehmer das geringste Interesse an den Soaps, wobei sie sich jedoch auch der schultypischen Zusammensetzung entsprechend auf eine ernsthafte Diskussion zu dem Genre mit ihren Klassenkameradinnen einlassen, aber im Vergleich zu diesen eine deutlicher realitätsorientierte Lesart vornehmen, während die Mädchen auch eine emotionalisierte Orientierung äußern.

Im Folgenden werden zunächst die Gruppendiskussionen vor dem Hintergrund der Fragestellung der Realitätskonstruktion beschrieben und die Besonderheiten der Rezeption diskutiert, die zu deren Typisierung beigetragen haben. Die gefundenen Typen der einzelnen Gruppendiskussionen korrespondieren dabei auffällig mit dem Geschlecht bzw. ihrer geschlechtsabhängigen Zusammensetzung und der sozialräumlichen Herkunft der Diskussionsteilnehmer. Das Alter der Teilnehmer spielt hingegen keine entscheidende Rolle, nicht zuletzt auch deshalb, da alle Diskussionsteilnehmer – wie bereits gesagt – die Soaps seit beinahe drei bzw. vier Jahren aktiv verfolgt haben bzw. kennen.

2.4.2.3.1 Daily Soaps als Forum der Alltagskommunikation zwischen Mädchen und Jungen I

Die Gruppe bestand aus sieben Teilnehmern, davon drei Mädchen und vier Jungen.[36] Der Diskussionsverlauf ist nicht nur dahingehend ausgeglichen, dass alle Teilnehmer zu Wort kommen, sondern auch dass Jungen und Mädchen mit gleichem Interesse diskutieren. Zugleich gestaltete sich die Diskussion als sehr lebhaft, was auch daran lag, dass alle Jugendlichen die Daily Soaps kannten und ihre Meinung dazu gut vertreten konnten. Vom Interviewer mussten daher nicht viele Nachfragen ausgehen.

---

36   Standort A, gemischte Gruppe eines Gymnasiums, 8. Klasse (13-14 Jahre), Gruppendiskussion.

Spontan wird zu Beginn des Interviews mit einer Bewertung des denotativen Gehalts der Themen und Geschichten Stellung zum Realitätsbezug der Daily Soaps genommen: „Ich meine, so was wie bei *Gute Zeiten, schlechte Zeiten* passiert vielleicht ein-, zweimal im Leben, da passiert das so jeden Tag, jede Woche, ist Standard da. Ich weiß nicht, ob das immer so realistisch ist." Zusammen mit dieser eindeutigen realitätsorientierten Einschätzung zeigte sich bei den Schülern und Schülerinnen aber auch die Fähigkeit, die Ebene des emotionalen Realismus mit in den Blick zu nehmen: „Ja, aber deswegen guckt man das ja."

Im Anschluss ergab sich eine lebhafte Diskussion zu einzelnen Geschichtenverläufen und über die häufig wechselnden Charaktereigenschaften der Figuren aus der Daily Soap *Gute Zeiten, schlechte Zeiten*. Auffällig ist, dass „*GZSZ*" von den Diskussionsteilnehmern habitualisiert und nicht nur sporadisch rezipiert wird, da alle Jugendlichen Beiträge zur Diskussion liefern, wodurch sich der Eindruck erhärtet, dass sie die Soap zumindest in ihrem Fortgang verfolgen, auch wenn sie nicht täglich schauen. Es stellt sich im weiteren Verlauf heraus, dass die anderen Soaps im Gegensatz zur habitualisierten Rezeptionsweise von *GZSZ* nur sehr sporadisch oder gar nicht geschaut werden. Kritisiert wird an diesen Soaps vor allem, dass die Schauspieler zu alt seien und die Themen langweilig sind. Letztere Einschätzung ergibt sich auch daraus, dass die Geschichten zu sehr in die Länge gezogen würden und die Themen zu lang gestreckt seien.

Die Jugendlichen bevorzugen einen Themenmix, den sie bei *GZSZ* finden: „Ja, da ist immer so eine Mischung aus ein paar Themen in einer Sendung." Es findet sich eher eine episodische Lesart als eine offene, da die Jugendlichen nicht nur auf die Verschachtelung der Geschichten verweisen, sondern diese Genreeigenschaft auch positiv bewerten. Auch Aussagen wie: „Aber bei den Soaps ist es ja immer so, die einzelnen Ausschnitte aus verschiedenen Szenen und da kann man mal irgendwo anders hinzappen kurz, wenn einen jetzt mal ein Handlungsteil überhaupt nicht interessiert", deuten auf eine episodische Lesart hin. Auch die Endlosigkeit der Geschichten wird angesprochen.

Bei der anschließenden Diskussion zum Fantum lässt sich eine eindeutige Distanzierung gegenüber solchen Fans erkennen, die die Fanartikel kaufen oder Zuschauerbriefe schreiben. Gespräche im Freundeskreis oder in der Schule sind selten, meist werden die Soaps auch allein angesehen. Die männlichen Diskussionsteilnehmer sind, trotz dass sie die Serie nicht oder eher selten gucken, mit Ernst bei der Sache und diskutieren mit den Mädchen ohne ihre Meinung als allein gültig zu behaupten. Ihre Lesart ist insofern noch stärker realitätsorientiert, da im Vergleich zu den Mädchen das emotionale Interesse am Fortgang der Geschichten und an den Soaps nicht angesprochen wird bzw. als emotional erkennbare Bewertung ausbleibt. Das gilt auch im Fall einer negativen Stellungnahme oder Abgrenzung. Die Art der Diskussionsführung erlaubt den Schluss, dass die Soaps als Forum der Alltagskommunikation wirken, auch wenn es dazu einer Diskussionssituation bedarf.

2.4.2.3.2 Daily Soaps als Forum der Alltagskommunikation zwischen Mädchen und Jungen II

Die Diskussionsgruppe besteht aus 10 Personen, davon 5 Mädchen und 5 Jungen, im Alter von 14-16 Jahren.[37] Die Diskussion verläuft sehr angeregt, Nachfragen des Interviewers sind äußerst selten notwendig. Jeder der Teilnehmer beteiligt sich wie bei der ersten Gruppe an der Diskussion. Wie bereits das vorangehende Beispiel zeigte, ist für die Diskussion mit älteren Schülern typisch, dass die gesellschaftliche Bewertung und Akzeptanz des Genres als „generalisierter Anderer" einfließt, was den Spielraum eröffnet, von der persönlichen Bewertung anscheinend unabhängige Aussagen treffen zu können.

Das Soap-Genre wird auch in dieser Diskussion sowohl vor dem Hintergrund der Realitäts- als auch der Fiktionsorientierung betrachtet. Fiktion als Genreeigenschaft wird wahrgenommen: „Ich denke, Leute, die einfach ihr Leben halt leben – is' ja auch nich' so aufregend, manche Sachen im Leben, und wir erleben ja auch nich' tagtäglich Abenteuer – dass die versuchen, halt eben irgendwie, ähm, also, dass versucht wird, dass (,) unser Leben aufregender durch Serien zu machen und gleichzeitig auch die Profite damit höher zu treiben".

Die in den Soaps präsentierten konkreten Themen werden als der Wirklichkeit entlehnt bewertet: „Alles, was überhaupt in der Welt passieren könnte, wird da reingebracht", die Darstellung der Themen wird jedoch vor dem Hintergrund des empirischen Realismus kritisiert. „Ich finde, das verspiegelt die Tatsachen total". Auch hier zeigt sich das Muster der zweistufigen Bewertung bzw. Herangehensweise, d.h. potenziell werden die Themen als alltagstauglich bewertet, aber die Umsetzung, Darstellung und Inszenierung nach den Mustern der Genrekonvention wird dann als zu dramatisiert, gekünstelt oder einfach schlecht gemacht bewertet.

In der Diskussion, ob die Fiktion positiv oder negativ zu bewerten sei, wird einerseits eine fiktionsorientierte Haltung des emotionalen Realismus zum Ausdruck gebracht. „Vielleicht möchte man auch, ähm, dann aus seiner Alltagswelt irgendwie raus, und deswegen guckt man sich das an". Andererseits wird eben genau dies als „das Gefährliche" angesehen, denn so würden die Zuschauer „total den Bezug zur Realität" verlieren. Den Soaps wird hier eine Eskapismusfunktion zugeschrieben. Vergleichbar mit der vorherigen

---

37 Standort A, gemischte Gruppe eines Gymnasiums, 9. Klasse (14-16 Jahre), Gruppendiskussion.

Diskussion spielt in diese Einschätzung auch die gesellschaftliche Bewertung und Akzeptanz des Genres mit hinein.

Bezüglich der Darsteller wird eine episodische Rezeptionsweise angenommen. „Ja, man hat jetzt so seine Favoriten in dieser Soap, und dann will man versuchen, den nachzumachen irgendwie". Obwohl die schauspielerischen Leistungen eher negativ bewertet werden, stellen sie ein Motiv dar, die Soaps zu nutzen. „Ich denke aber mal, im Prinzip ist es scheißegal, wie die spielen, sondern .. es kommt den Leuten nur drauf an, wie die aussehen".

Die favorisierte Nutzung von *GZSZ* wird zum einen dem späteren Sendeplatz zugeschrieben, zum anderen kommt dem Berühmtheitsgrad der Soap eine relevante Bedeutung zu. Eine habitualisierte Rezeption wird zurückgewiesen. „Ich guck' doch nich' alle fünf Minuten auf den Wecker, um zu gucken: ‚Oh, mein Gott, in fünf Minuten geht's los!' und um fünf muss ich mit meinen Hausaufgaben fertig sein." Trotzdem kann man davon ausgehen, dass die Jugendlichen bei den Geschichten auf dem Laufenden sind.

In der Diskussion um die Nutzungsmotive treten verschiedene Meinungen auf: Neben Langeweile und die durch die Narrativität erzeugte Spannung, wird auch das Interesse an bestimmten Themen und Darstellern erwähnt. Hier wird jedoch nicht genauer darauf eingegangen, um welche Geschichten oder Darsteller es sich handelt.

Das Gespräch wird unruhiger, als einem der Mädchen eine habitualisierte Rezeption zugeschrieben, bzw. sie als Fan definiert wird. „Ich bin kein spezieller Fan! Ich guck' mir das ab und zu mal an – na und?" Alle ihre Äußerungen, vor die sie argumentativ als Schutz oftmals die generalisierte gesellschaftliche Bewertungsposition stellt, lassen aber darauf schließen, dass sie zumindest noch vor kurzem zu den Fans der Soaps gezählt werden konnte: „Ich denke, dass die Leute früher glücklicher gewohnt haben, als es noch keine Soaps gab, denke ich, dass die, äh, weil die sich noch keine Sorgen machen brauchten auf den nächsten Tag: dass die sich keine Sorgen machen brauchten, ob ihr Star jetzt die Serie verlässt oder nich'. Sie brauchten sich keine Sorgen machen, und sie brauchten sich auch nich' im Alltag so damit ‚rumschlagen."

Die Liebesthemen werden vorwiegend situationsunabhängig bewertet und als episodisch gelesen. Ihnen wird eine besonders große Bedeutung für die Soaps zugeschrieben, da hier am ehesten die Möglichkeiten zur Identifikation bestehen. „Doch, da kommt ja dann alles drin vor: Mal wird einer abgelehnt, dann voll die große Liebe".

Die Soaps werden als „richtungsgebend" bezeichnet, aber „Das ist genau auf die Altersgruppe zugeschnitten". Doch „Je mehr man darüber nachdenkt, desto weiter kommst du weg, wahrscheinlich": Die Entwicklung des Genres wird bezüglich der realistischen Themen als „ausgeschöpft" bezeichnet, daher „kommt auch viel Phantasie dazu".

Die beiden bislang besprochenen Gruppendiskussionen heben sich wegen der Vielzahl der von den Schülern angesprochenen Punkte und Ebenen deutlich von den nachfolgenden Diskussionen ab, in denen an manchen Punkten auch stärker nachgefragt werden musste. Aufgrund der Gruppenkonstellation realisiert sich in diesen beiden Diskussionen auf eigenständige Weise die Eigenschaft der Daily Soaps als Forum der Alltagskommunikation und der Alltagsdramatisierung. Letztere wird von den Schülern distanziert und kritisch vor dem Hintergrund einer realitätsorientierten Lesart bewertet. Die nachfolgenden Gruppendiskussionen geben den Blick auf weitere zentrale Rezeptionsaspekte preis, die sich u.a. deutlicher im Modus eines emotionalen Realismus, also einer Fiktionsorientierung einstellen.

2.4.2.3.3 *Der wahrscheinlich unwahrscheinliche Alltag der Soaps*

An dieser Diskussion nahmen fünf Mädchen im Alter zwischen 14 und 15 Jahren teil.[38] Die Diskussion verläuft größtenteils eigenständig. Nachfragen der Interviewer müssen nur dann erfolgen, wenn ein neuer Diskussionspunkt intensiver verfolgt werden soll. Allen Diskussionsteilnehmerinnen sind die Soaps bekannt und alle nutzen sie habitualisiert.

Bezüglich der Themen liegt eine realitätsbezogene Rezeptionsweise vor, die, wie schon in den beiden vorangegangenen Diskussionen einen zweistufigen Charakter trägt. Zunächst werden die Themen danach eingeschätzt, ob ihr Auftreten im Alltag wahrscheinlich oder unwahrscheinlich ist. Mit Bezug auf diese Dimension gibt es eine erste Überraschung, da konträr zu den beiden bisher analysierten Diskussionen bereits die Auswahl der Themen als „repräsentativ" für das wirkliche Leben angesehen wird. Die vom empirischen Realismus getragene Lesart wird dann aber auf die konkrete Umsetzung angewandt und dabei erscheinen den Mädchen die Geschichten bzw. deren Darstellung als unrealistisch. Das Schwanken zwischen beiden Bewertungsdimensionen erlaubt es, von einem Abwägen zwischen dem Wahrscheinlichen und dem Unwahrscheinlichen des Soap-Alltags zu sprechen: „Die Themen sind (...) gut (...) werden vielleicht zu übertrieben dargestellt, das kommt dann nicht gerade so gut rüber". Der Realitätsbezug der Themen spielt offensichtlich eine große Rolle, er wird sogar erwünscht: „Äh, einfach was ganz Normales". Bei dieser Einschätzung spielt aber auch die konnotative Ebene mit hinein. Die Fiktionalität der Soaps wird als ein entscheidendes Kriterium für den Erfolg thematisiert: „Ich glaub', wenn die das so machen würden, würde sich das keiner mehr angucken".

Die Soaps werden habitualisiert genutzt, wobei in diesem Fall eine regelmäßige Nutzung stattfindet. Sie gehören zum festen Bestandteil des Alltags. „Die meisten gucken das .. täglich. Wenn sie gerade nichts Besseres zu tun

---

38 Standort A, Mädchengruppe eines Gymnasiums, 8. Klasse (14-15 Jahre), Gruppendiskussion.

haben". In Bezug auf das Thema Fantum wird eine eingeschränkte Definition angenommen. „Da wird man irgendwie so automatisch so 'ne Art Fan davon. Also, man will immer wissen, wie das weitergeht oder...". Dennoch findet eine Abgrenzung von den „Fans" statt, die beispielsweise Fanbriefe schreiben oder Fanartikel nutzen. Diese immer wieder auch in den anderen Gruppendiskussionen auftauchende Abgrenzung verweist darauf, dass die Jugendlichen sich in den Diskussionen beweisen wollen, dass jeder einzelne von ihnen einen distanzierten Umgang mit dem Genre hat.

Kritisiert wird das Genre situationsübergreifend bezüglich seiner bisherigen Entwicklung, die sich insbesondere durch die häufige Wiederholung von Themen auszeichnet, was dazu führt, dass die Daily Soaps an Reiz verloren haben. „Aber irgendwann fing das dann so an langweilig zu werden, weil sich alles wiederholt hat, und ich kannte das, und (,) deswegen".

Die Betrachtung der Charaktere wird situationsunabhängig vollzogen. „Ich finde vor allen Dingen, bei den Soaps sind ja immer diese extremen Vorbilder", was in der Dimension des character reading auf eine realitätsorientierte Lesart verweist. Dies wird aber negativ bewertet, weil für Jugendliche keine Möglichkeit bestehe, sich mit den Charakteren der Soaps zu identifizieren.

2.4.2.3.4 Zum Stellenwert der Soaps als Unterhaltungsangebot

Die Gruppe bestand aus sechs Mädchen.[39] Das Interview war im Verhältnis zu den anderen von uns geführten Interviews deutlich länger, da die Wortbeiträge ausführlicher sind, was in diesem Fall deutlich schultypabhängig ist. In den Gruppendiskussionen mit gleichaltrigen Hauptschülerinnen musste vergleichsweise häufiger nachgefragt werden und die Wortbeiträge waren nicht nur kürzer, sondern es wurde auch deutlich mehr durcheinander gesprochen.

Die Fiktionalität des Genres wird eindeutig erkannt, was an Aussagen, wie: „(...) – das ist ja nur so 'ne Traumwelt, weil das ist ja keine Realität." deutlich wird. Eine Fiktionsorientierung wird allerdings abgelehnt, da man sich nicht zu viel in die Geschichten hineinversetzen sollte. In der Tendenz herrscht also auf der denotativen Ebene eine realitätsorientierte Rezeptionsweise vor, weil unrealistische Handlungsstränge mehrfach kritisiert werden. Allerdings wird auch gesagt, dass die Soaps davon leben und die Fiktion, bzw. der emotionale Realismus wird auch als ein Grund für die Unterhaltung, die das Genre bietet, gesehen: „Aber ich mein', für mich, ich weiß, das ist reell unrealistisch, und dann guck' ich mir das an, und manchmal lach' ich mich kaputt, wie die – wie die auf so was kommen, und warum die das machen!" In dieser Wortmeldung zeigt sich zum einen eine ironische Haltung mit dem Ziel der Distanzierung, gleichzeitig wird eine emotionale Beteiligung und das dadurch erfahrene Vergnügen nicht abgestritten. Im Vergleich

---

39 Standort A, Mädchengruppe eines Gymnasiums, 10. Klasse (15-16 Jahre), Gruppendiskussion.

zu dem vorangehenden Interview, in dem sich ebenfalls eine zweistufige Herangehensweise an den Realitätsaspekt findet, tritt hier das Vergnügen und nicht die Realitätsfrage in den Vordergrund. Die Jugendlichen reflektieren sehr deutlich im weiteren Gesprächsverlauf die Genreeigenschaften, wie zum Beispiel die Zielgruppenorientierung der Themen und Charaktere.

Auffällig bei diesem Interview ist erneut, dass sie die gesellschaftlich vorherrschende Meinung, Soaps seien ein minderwertiges Unterhaltungsprogramm wiedergeben, was bei jüngeren Schülern nicht der Fall ist. Zum Beispiel: „(...) – also, wenn ich davor sitze, habe ich immer das Gefühl, ich vertue meine Zeit mit irgend 'nem Scheiß." Dennoch wird das Angebot verfolgt, was deutlich auf den Aspekt des Begleitmediums und den Unterhaltungsaspekt verweist. Nach Aussagen der Diskussionsteilnehmerinnen ist die Nutzung eher sporadisch, da sie die Serie nicht regelmäßig verfolgen, allerdings sind Charaktere und Geschichten hinreichend bekannt, was aus einer zurückliegenden Habitualisierung herrührt. Dennoch lassen sich Hinweise auf eine episodische Lesart finden, da bestimmte Themen als besonders spannend empfunden werden, die dann auch gezielt weiter verfolgt werden. Als Nutzungsmotiv werden sowohl Spannung genannt, weil man wissen will, wie es weiter geht, als auch Entspannung, weil man dabei nicht nachdenken muss. Die Soaps werden aus einer situations- und themenspezifischen Haltung heraus kritisiert, wozu nicht das ganze Genre oder Figuren kritisiert werden, sondern bestimmte Geschichten und bestimmte Themen. Bei jüngeren Zuschauern wird eine eher fiktionsorientierte Rezeptionsweise vermutet und angenommen, dass eine Identifizierung mit den Charakteren vorliegt. Auch Fanverhalten wird vom Alter abhängig gemacht. Das Genre wird ganz klar geschlechtsspezifisch gesehen, Jungen würden sich mehr für Sport- und Science-Fiction-Serien interessieren.

2.4.2.3.5 Der wahrscheinliche Alltag in den Soaps aus der Perspektive des emotionalen Realismus I

An der Diskussion nahmen neun Mädchen teil.[40] Die Diskussion verlief zu Beginn etwas schleppend, so dass die Interviewer den Verlauf durch beständige Nachfragen anregen mussten. Gegenüber den gleichaltrigen Gymnasiastinnen fällt es den Teilnehmerinnen deutlich schwerer über die Soaps, das Genre und die Geschichten zu diskutieren. Eindrücke werden ausgetauscht, die offenbaren, dass die Nutzung habitualisiert ist, die Soaps aber auch hier generell zu den Begleitsendungen gehören. Das Motiv ist, dass den Jugendlichen ansonsten etwas fehlen würde, wenn die Daily Soaps nicht gesendet würden: „Wär' doch langweilig; wüsste man nich', wat man gucken sollte. Is' ja manchmal schon kacke, wenn die ausfallen, ey!"

---

40 Standort A, Mädchengruppe einer Hauptschule, 8. Klasse (13-16 Jahre), Gruppendiskussion.

In längeren Passagen wird lediglich über Aussehen und Verhalten der Darsteller gesprochen, was einen deutlichen Unterschied zu den Mädchengruppen und den gemischten Gruppen am Gymnasium markiert. Die Thematisierung dieser Aspekte ist für die Rezeption aber ebenfalls zentral. Sie markiert eine in den anderen Diskussionen nicht deutlich werdende Zugangsebene für die emotionale Anteilnahme an den Darstellern und ihren Rollen.

Auch bei den Hauptschülerinnen ist die Rezeptionsweise ansonsten mit Bezug auf den denotativen Gehalt realitätsorientiert. Vergleichbar mit den vorangehenden Interviews zeigt sich auch bei ihnen eine zweistufige Herangehensweise an den spezifischen Realismus der Soaps. So werden schließlich Geschichtsverläufe und Situationen auf der denotativen Ebene als unrealistisch charakterisiert, aber die Bewertungsebene ist eine andere als in den bisherigen Gruppen, da sie sich an der Glaubwürdigkeit der Liebesdarstellung orientiert: „Die machen auch manchmal unrealistische Sachen, so. Zum Beispiel der Kai gerade, dass der... erst mag der die Marie nicht und einen Tag später hat der sich so voll in die verliebt". Ähnliche Aussagen finden sich auch in der weiteren Diskussion: „Die konnten sich ja am Anfang nie richtig leiden irgendwie" und „Wenn die jetzt vielleicht irgendwann zusammenkommen, wird das ja auch spannend." Die Orientierung an den Liebesgeschichten macht auch der folgende Auszug aus der Diskussion deutlich:

„Vielleicht will die Marie ja nichts mehr von dem...“
„Doch, die kriegt den!“
„Doch, die kommen zusammen...“
„Meinste?“
„Dat spür' ich- (zurücknehmend) Nein!“

Die Identifikation der Mädchen findet deutlich häufiger als bei den Gymnasiastinnen mit den männlichen Schauspielern und Rollen statt: „Wir unterhalten uns (...) über die Schauspieler, weil die gut aussehen." Da *Verbotene Liebe* und *Marienhof* oftmals ältere männliche Schauspieler haben, liegt in diesem spezifischen Zuwendungsmodus eine weitere Erklärung dafür, dass diese Soaps von den Mädchen seltener angeschaut werden. Diese Lesart korrespondiert mit dem spezifischen emotionalen Realismus, den die Hauptschülerinnen gegenüber den Soaps zeigen.

Es findet sich eine eher eingeschränkte episodische Lesart, indem die Jugendlichen zwar einige der immer wiederkehrenden Themen besonders verfolgen und diese dabei als spannend empfinden. Liebesgeschichten und Konflikte werden besonders bevorzugt. Überwiegend bleiben die Nennungen und Bewertungen jedoch auf einen kleinen Ausschnitt begrenzt, was darauf hindeutet, dass trotz einer habitualisierten Rezeption die Genreeigenschaften eher offen rezipiert werden und thematische Schließungen ausbleiben. Ein Grund hierfür dürfte sein, dass von den eigenen lebensweltlichen Erfahrungen ausgehend keine tieferen Bezüge hergestellt werden können.

2.4.2.3.6 Der wahrscheinliche Alltag in den Soaps aus der Perspektive des emotionalen Realismus II

Acht Mädchen im Alter von 15-17 Jahren nahmen an der Diskussion teil.[41] Die Diskussion verläuft sehr angeregt, die meisten Diskussionsbeiträge beziehen sich jedoch auf spezielle Themen innerhalb der Soaps und es wird kein übergreifender Zusammenhang wie bei den Gymnasiastinnen hergestellt. Daher müssen häufiger Nachfragen erfolgen, um die Diskussion voran zu treiben. Alle Teilnehmerinnen kennen sich mit dem Genre aus, auch wenn nicht jede zugibt, Soaps regelmäßig zu rezipieren.

Das Interview beginnt mit einer spontanen Diskussion über spezielle Geschichten der Soap *Gute Zeiten, schlechte Zeiten*. Einerseits ist die Rezeption in Bezug auf einen empirischen Realismus als realitätsorientiert einzuordnen, da die Mädchen die fiktive Darstellung der Themen sehr negativ bewerten. „Ja, das Ganze, das is' doch total unrealistisch". Auf der anderen Seite jedoch sind sie auf der Ebene eines emotionalen Realismus involviert, zum Beispiel: „Genau so wie Sonja. Das is' auch so 'n Fall in der Serie, die hat 'n Rad ab! Und wie die sich da ans Grab gestellt hat: ‚Flo hat 'n umgebracht!', da hätt' ich einen an der Klatsche kriegen können." Der Unterschied zu den gleichaltrigen Gymnasiastinnen liegt in dieser Gruppe somit nicht auf der Ebene des empirischen Realismus, sondern auf der Stufe der emotionalen Bezugnahme auf die Schauspieler. Die fiktionsorientierte Lesart weist die von Fiske im Zusammenhang des character reading ausgewiesene Tendenz auf, die darin mündet, das Fiktionale als real zu erleben (vgl. Fiske 1987, 151ff.).

Demgegenüber ist der Hintergrund für die Ablehnung bzw. Kritik des Realismus bei diesen Mädchen stärker von den Alltagserfahrungen durchdrungen als bei den Gymnasiastinnen: „Nee, ich find' dat nich' mehr schön, weil jeder is' da mit jedem mal zusammen mal. Der eine (,) da schläft jemand mit 'ner Frau mal eben, mal kurz. Die betrügen sich alle gegenseitig. Ich find' dat nich' mehr schön! (Zwischenruf: ‚Is' doch cool!') Jeder mal mit jedem! (Stimmengewirr) (...) Als wär dat im echten Leben auch so: jeder mal mit jedem, ey!"

Auch die Mode spielt für die Mädchen eine Rolle. Es ist wichtig für sie, dass die Darsteller gut gekleidet sind, da sie dann „besser rüberkommen". Die Vorliebe für Daily Soaps ist für sie auch klar vom Alter abhängig. Früher hätten sie die meisten Soaps und Serien habitualisiert rezipiert und sich auch als Fan bezeichnet, heute sei das nicht mehr der Fall. Eine habitualisierte Rezeption findet nur noch bei *Gute Zeiten, schlechte Zeiten* statt, die anderen Soaps werden selten oder überhaupt nicht mehr verfolgt.

---

41 Standort A, Mädchengruppe einer Hauptschule, 9. Klasse (15-17 Jahre), Gruppendiskussion.

2.4.2.3.7 Die orientierende Rolle der Daily Soaps I

An der Diskussion nahmen acht Mädchen teil.[42] Da alle Mädchen Soaps sehen, wobei *Gute Zeiten, schlechte Zeiten* eindeutig bevorzugt wurde, konnten sich alle Mädchen in die Diskussion einbringen. Wortführerinnen waren zwei Mädchen, beide 13 Jahre alt, die beide *GZSZ* mit großem Interesse schauen.

Die Daily Soap *Gute Zeiten schlechte Zeiten* wird habitualisiert rezipiert und es liegt eine episodische Lesart der meisten Geschichten und Themen vor. Im Unterschied zu den anderen Mädchengruppen an Gymnasien zeigt diese Gruppe bei ihrem zweistufigen Bewertungszugang eine größere Orientierungsbereitschaft, die daran erkennbar wird, dass die Mädchen deutlich die Brüche im empirischen Realismus beklagen: „Da lernt man auch einiges draus. Äh, es is' zwar geschauspielert, und, ähm, nich' ganz realistisch manchmal, aber wenn man zum Beispiel irgendwie, ja, da macht man sich solche Gedanken über irgendwas, und manchmal erfährt man da draus auch, also wie die dat (,) da drauf reagieren, (...) auch wenn's dann nur geschauspielert is' eigentlich aber gibt."

Der Aspekt der Orientierung zeigt sich auch mit Bezug auf den emotionalen Realismus, wenn z.B. hervorgehoben wird, dass die Spannung einen entscheidenden Anlass darstellt, das Angebot zu verfolgen: „F: Was ist denn das Spannende an der Geschichte?" X: „Ja, wie die so den Alltag erleben. Also, (,) da passiert immer irgendwas Spannendes (...)(Gefühl); im eigenen Leben ist es zwar überhaupt nicht so spannend, neh, was da alles so passiert." Dieser Lesart folgend, werden auch die Darsteller bzw. Rollen der Soaps situationsübergreifend positiv bewertet. Dieser Aspekt dürfte deutlich altersabhängig sein. Die meisten der Mädchen sind erst vor kurzem 13 Jahre alt geworden und sind bei der Rezeption und Aneignung gerade in der Übergangsphase zu dem Rezeptionsmuster, dass die anderen Schülerinnen in der Gruppe der 13- bis 14-Jährigen zeigen. Die Rezeptionsweise dieser Gruppe ist noch stärker mit derjenigen vergleichbar, die in Kapitel 6 bei den Gruppen der Zwölfjährigen zur Sprache kommt.

Auch in Bezug auf die Beurteilung der Liebesgeschichten zeigt sich nicht nur eine starke Orientierungsbereitschaft sondern der enge Zusammenhang mit der Fiktionsorientierung: „Und bei den Liebesgeschichten, dann is' man selber verliebt, und man weiß nich', was man machen soll, dann wenn man sich die halt dann anguckt, dann äh, kriegt man vielleicht, das, ähm, ähm, weiß nich', so 'n Beispiel, was man vielleicht machen kann, und dann wie die das dann halt so zeigen." Auch viele einzelne konkrete Geschichten erscheinen ihnen nicht unrealistisch. Wichtig ist hier der Bezug zur eigenen Lebenswelt, der über eine emotionale Anteilnahme hergestellt wird.

---

42 Standort B, Mädchengruppe eines Gymnasiums, 7. Klasse (13-14 Jahre), Gruppendiskussion.

2.4.2.3.8 Die orientierende Rolle der Daily Soaps II

Die Diskussionsgruppe bestand aus vier Jungen und vier Mädchen.[43] Die Diskussion verlief recht lebhaft, da alle Teilnehmer Daily Soaps kannten und sich auch durch eine gute Genrekenntnis an der Diskussion beteiligen konnten. Von den Interviewern mussten daher nur Nachfragen gestellt werden, um die Diskussion detaillierter auf bestimmte, von den Schülern bereits angesprochene Aspekte hin zu lenken.

Die Gruppe zeichnet sich dadurch aus, dass sie eine gute Kenntnis der Genreeigenschaften besitzt und diese auch aus einem Vergleich zu anderen Sendung her bezieht: „Weil, das is' ja auch so typisch für die Soaps, dass am Ende irgendwie, ähm, dass dann irgendwas ‚Spannendes' kommt, dass man halt am nächsten Tag weiterguckt. Also, das is' ziemlich raffiniert gemacht, also, das is' ja überall bei denen so." Kritisiert werden jedoch wie auch in den vorangegangenen Interviews die Wiederholungen der Themen. Die Soaps, besonders *Gute Zeiten, schlechte Zeiten,* werden gewohnheitsmäßig genutzt, die Geschichten und Charaktere sind allen Diskussionsteilnehmern geläufig, was auf eine habitualisierte Rezeption schließen lässt.

Der Umgang zeichnet sich durch eine fiktionsorientierte, am emotionalen Realismus orientierte Aneignung aus. Auf der konnotativen Ebene wird somit die Möglichkeit zum „sich in die Geschichten hineinversetzen" beschrieben, das auf ein stärkeres Involvement deutet. Die meisten Geschichten werden zudem auf der denotativen Ebene als übertrieben oder unrealistisch bezeichnet (lange Diskussionsverläufe beziehen sich darauf). Dementsprechend umschreibt ein Mädchen ihre Rezeption folgendermaßen: „Ja, das wird zwar übertrieben dargestellt, aber ich glaube, manche Themen, die können auch dabei helfen, so den Alltag zu überwinden. Die werden zwar total übertrieben dargestellt, aber (...) was weiß ich, wenn man jetz' Probleme in der Schule hat, vielleicht spricht das genau auf einen, so der es guckt jetzt zu, und vielleicht hilft das auch einem." Und an anderer Stelle führt das gleiche Mädchen aus: „Also, ich guck' das ja auch, und ich weiß noch, wie das davor war: Also, der konnte die absolut nich' abhaben, und jetz' liebt er se auf einmal. Das is' irgendwie (...) so schnell kann sich kein Mensch verändern, finde ich. Am Anfang wollte der die total loswerden, und jetz' sind sie zusammen! Das hat vielleicht zwei Wochen gedauert oder so; das geht irgendwie gar nich'! Also, theoretisch nicht. Na, praktisch auch nich' – na egal!"

Die Rezeptionsweise ist als episodisch zu charakterisieren, da Handlungsstränge bewusst verfolgt werden, zum Beispiel: „Und dann hat man verschiedene Serien, neh? Dann is' der eine mal spannend, und der andere nich', und dann guckt man weiter, weil man dies wissen möchte; dann wird's in der anderen wieder spannend, dann muss man bei der weitergucken und so."

---

43 Standort B, gemischte Gruppe eines Gymnasiums, 8. Klasse (14 Jahre), Gruppendiskussion.

Bewertungen der Charaktere werden situationsunabhängig vorgenommen, zum Beispiel: „Ja, aber, der Kai, der is' auch in allem, was der macht, eigentlich ziemlich extrem. Also, immer was der anfängt, das macht der total intensiv dann, und ähm, also, solche Leute kenn' ich eigentlich in Wirklichkeit gar nich'."

Ein wichtiger Aspekt für den „Erfolg" von *GZSZ* ist auch der Sendezeitpunkt:

> „Ja, *Gute Zeiten, Schlechte Zeiten* is' auch die perfekte Sendezeit: So zwanzig vor acht is' fast jeder zu Hause, und dann isst man meistens um die Zeit, dann macht man den Fernseher an, kommt das dann halt."

Das bereits in der fokussierten Analyse festgestellte Verhalten in der Anschlusskommunikation findet sich auch in dieser Gruppe bestätigt. Im jüngeren Alter findet mehr Anschlusskommunikation zu den Soaps statt, und sie werden auch gesehen „damit man mitreden kann". Beispiel:

> „Nee, irgendwie, also, es wird auch viel darüber geredet, und dann will man auch mal mitreden können; also, war früher so, jetz' nich' mehr so, aber das is' auch irgendwie auch'n bisschen Guckzwang, würd' ich sagen."

Im Gegensatz dazu steht die aktuelle Aneignungsweise:

> „Nee, ich brauch' das nich'. Ich hab' meinen eigenen Alltag."
> „Jetz' wird auch nich' mehr geguckt. Ich mach auch alle Termine, wenn da irgendwas läuft. Guck' ich auch nicht unbedingt; bleib' ich nich' zu Hause dafür."

Trotzdem sind sie, was die Geschichtsverläufe angeht, informiert. Eine Anschlusskommunikation findet im Freundeskreis statt, selten jedoch in der Familie, wobei die Mädchen sich tendenziell öfter über die Soaps unterhalten.

Manchmal wird die Soaprezeption auch mit einer ironischen Haltung gerechtfertigt:

> „Aber ich glaub', für mich hat sich da nich' viel geändert. Ich glaub', ich werd' die auch weiter gucken. Aber meistens guck' ich das auch nur zur Belustigung. Also (Gelächter) ja, ich find' das auch witzig. Jetzt bei *Verbotene Liebe,* diesen Christian, der hat voll die schwule Stimme (lacht)! Und dann (...) ich find' das irgendwie voll lustig. Also, ich guck' das nich', weil mich das, äh, es interessiert mich schon – ich weiß jetz' nich', wie ich das ausdrücken soll, aber – ich glaub' auch, dass ich das manchmal nur gucke, um was zu lachen zu haben, und habe Langeweile."

In der Analyse war es zunächst erstaunlich, dass gerade die Jugendlichen am Gymnasium den Daily Soaps eine orientierende Rolle zusprechen. Deutet man diesen Befund vor dem Hintergrund des sozialökologischen Erklärungsansatzes, so wird er jedoch plausibel (vgl. Baacke 1989). Diese beiden Gruppendiskussionen wurden im ländlichen Raum im Westen Nordrhein-Westfalens geführt. Den Annahmen des sozialökologischen Erklärungsansatzes nach treten für Jugendliche im ländlichen Raum Medien und Medienangebote an die Stelle von Angeboten, die für die städtische Jugend durch öffentliche und kommerzielle Versammlungsplätze eingenommen werden.

2.4.2.3.9 Die Unwahrscheinlichkeit des Alltags in den Soaps I

An der Diskussion nahmen elf Jungen teil.[44] Die Jungen stehen den Daily Soaps überwiegend ablehnend gegenüber, sie präferieren Action- und Horrorfilme, daher ist die Diskussion über die Soaps im Vergleich zu den anderen Gruppen verhältnismäßig kurz.

Die Rezeption der Soaps erfolgt höchstens sporadisch, da alle Diskussionsteilnehmer sagen, sie würden diese Serien nicht schauen und stehen auch dem Genre Daily Soap ablehnend gegenüber. „Ja, vielleicht ab und zu mal, wenn einmal im Jahr, und nicht (...) jeden Tach, ey!" Sie beurteilen die Themen und Handlungen realitätsorientiert auf der Ebene eines empirischen Realismus, indem sie kritisieren, dass die Handlungen so im wahren Leben nicht stattfinden würden. Zum Beispiel: „Das is' der Knackpunkt! Weil, in jeder Daily Soaps gibt's reiche Leute – also, die meisten sind reich, haben super Wohnungen, schöne Autos, sind Rechtsanwälte, haben Kneipen oder haben Geschäfte – aber das kann doch nich' wahr sein." Demgegenüber schreiben sie bestimmten Themen, zum Beispiel den Drogen-Geschichten dennoch eine Aufklärungsfunktion für Jugendliche zu.

Auffällig ist, dass der fehlende Realitätsbezug bei den Soaps kritisiert wird, bei Actionserien jedoch nicht. Hier lassen sich die Jungen auf die Fiktion ein, da sie sich auf der Ebene eines emotionalen Realismus mit den Personen und Handlungen eher identifizieren können. Diese Serien erzeugen bei den männlichen Diskussionsteilnehmern Spannung, wohingegen sie die Handlungen der Daily Soaps als langweilig empfinden: „Nee, gar nich'. Ich guck nur Actionfilme oder so, und diese Filme gar nich'. Interessiert mich nicht."

> „Ich guck' sowas nicht, weil ich finde, dass der Spannungseffekt fehlt. Also, der Film is' immer nur um Liebe, Sex und sowas. Das is' doch langweilig! Deshalb guck' ich mir so was nich' an."

Von dieser Einschätzung und Position ausgehend wird auch deutlich, dass eine involvierte Rezeption nicht stattfindet und dass auch die Schauspieler als Bezugsgrößen keine Rolle spielen bzw. Bedeutung erlangen.

2.4.2.3.10 Die Unwahrscheinlichkeit des Alltags in den Soaps II

An der Diskussion nahmen neun Jungen und ein Mädchen (13 Jahre alt) teil.[45] Die Diskussion gestaltete sich zu Beginn schleppend, zumal auch kaum

---

44 Standort A, Jungengruppe einer Hauptschule, 9. Klasse (15-17 Jahre), Gruppendiskussion.
45 Standort C, gemischte Gruppe einer Realschule, 7. Klasse (13-14 Jahre), Gruppendiskussion.

spontane Äußerungen zu den gezeigten Impulsen gemacht wurden. Erst auf Nachfragen der Interviewer kam die Diskussion in Gang. Aber auch dann war sie weniger von ausformulierten Wortbeiträgen, sondern mehr von Zwischenrufen geprägt. Soaps werden von den Teilnehmern ohnehin nur sehr selten gesehen.

Der Anfang der Diskussion ist geprägt von situationsabhängigen Bewertungen der einzelnen Geschichten und konkreten Handlungen einzelner Akteure, im vorliegenden Fall unter direkter Bezugnahme auf die Impulse. Zum Beispiel: „Ja, ich fand die eine dumm da, die ins Auto dann gekommen ist, ins Polizeiauto: ‚Ja, ich fand unmöglich, dass die Freundin mich verraten hat.' Das fand ich blöd, also (...)". Gleichlautend ist auch die Bewertung zu den anderen Impulsen, womit sich offenbart, dass stärker noch als bei den Mädchen der empirische Realismus, also die Realitätsorientierung bei den Jungen überwiegt.

Die Rezeptionsweise in dieser Gruppe ist wegen des großen Anteils an Jungen mit der zuvor geschilderten Diskussion in der Jungengruppe an der Hauptschule vergleichbar. Die Soaps werden selten und sporadisch verfolgt und das Interesse an diesem Genre ist gering. Nach Aussagen der Diskussionsteilnehmer werden sie nur von einer bestimmten Altersgruppe gesehen, aus der sie schon herausgewachsen sind: „Nein, das is' aber echt so. Das fängt so mit 8 an, und das hört dann so mit 12 auf oder so." Auffällig ist auch, dass es besonders bei einem Jungen nicht hoch angesehen wird, wenn er die Soaps schaut: „*Gute Zeiten schlechte Zeiten;* ab und zu (...) hat das was." Mädchen: „Geoutet!" Die weitere Frage, ob die Soaps gesehen werden, wird daher auch erwartungsgemäß beantwortet: „Ab und zu, wenn's nichts Besseres gibt." Trotzdem ist eine Kenntnis des Genres und einzelner Charaktere vorhanden, wobei sogar der häufige Wechsel der Schauspieler kritisiert wird.

2.4.2.3.11 Zwischenfazit

Die kontextuelle Auswertung macht eine Bandbreite von Aneignungsweisen der Soaps vor dem Hintergrund der Realitäts- und Fiktionsorientierung deutlich, die in den vorliegenden Diskussionen zum einen mit geschlechts- und schultypbezogenen Dimensionen zusammenhängt, und zum anderen in zwei weiteren Diskussionen mit sozialräumlichen Aspekten verbunden sind. Die im Durchgang durch das Material gefundenen Rezeptionsweisen lassen Rückschlüsse auf die Rolle und Stellung der Soaps in der Alltagskommunikation von Jugendlichen, vor allem bei Mädchen und jungen Frauen zu, die nachfolgend anhand der Einzelinterviews noch einmal vertieft werden sollen, um von diesen Dimensionen ausgehend, die Rolle der Talks im sechsten Kapitel vergleichend gegenüberstellen zu können. Dass Soaps sich als Forum der Alltagskommunikation für Jugendliche erwiesen haben, war insbesondere in zwei der gemischten Gruppen an Gymnasien augenfällig (Kap. 2.4.2.3.1 und 2.4.2.3.2), zeigte sich aber auch deutlich in einer der Mädchengruppen an Gymnasien (2.4.2.3.3). Dabei ging es vorwiegend um eine Auseinandersetzung mit dem Realitätsgehalt der Geschichten und Themen und den Mitteln ihrer Inszenierung. Während die Umsetzung der Themen in realitätsorientierter Hinsicht als negativ bewertet wird, wird die Umsetzung in fiktionsorientierter Hinsicht als positiv bewertet (s. Abb. 2.4.2). Diese Auseinandersetzung bestimmte auch die anderen Diskussionen, wobei sich der Schwerpunkt der Auseinandersetzung zum einen auf die emotionalen Aspekte der Geschichten (Kap. 2.4.2.3.7 und 2.4.2.3.8), aber zum anderen auch auf die emotionale Bindung an Schauspieler verlagert bzw. in der Bewertung daran orientiert ist (Kap. 2.4.2.3.5 und 2.4.2.3.6). In der Gruppendiskussion in Kap. 2.4.2.3.7 wird sogar die Umsetzung der Themen in realitätsorientierter Hinsicht als positiv bewertet. Die unterhaltende Rolle der Soaps steht nur in einer der Diskussionen im Vordergrund (2.4.2.3.4) Bei männlichen Jugendlichen übernehmen die Soaps diese Rolle jedoch nicht und sie werden zumeist abgelehnt (Kap. 2.4.2.3.9). Das gilt auch in der gemischten Gruppe mit dem hohen Anteil männlicher Jugendlicher (Kap. 2.4.2.3.10).

Die diskutierten Rezeptionsweisen haben verdeutlicht, in welchem Maße die fiktions- und realitätsorientierte Aneignung bzw. Zuwendung für die Bewertung der Soaps maßgeblich ist, und dass diesen Dimensionen auch eine orientierende Funktion, durchaus im Rahmen einer emotionalen Anteilnahme bzw. einer Unterhaltungsorientierung zufällt. Schließlich fällt dem lebensweltlichen Hintergrund der Jugendlichen und ihrer bisherigen Alltagserfahrung eine entscheidende Rolle bei der Entwicklung der denotativen und konnotativen Lesarten zu, die zudem unabhängig von dem Grad der emotionalen Anteilnahme ausfällt. Bei den Hauptschülerinnen war diese zum Beispiel deutlicher auf die Darsteller und Charaktere bezogen, während die emotionale Teilnahme bei den Gymnasiastinnen stärker von der Bindung an die Geschichtenverläufe abhängig ist.

Abb. 2.4.2: Vorkommen der verschiedenen Rezeptionsweisen in den Gruppendiskussionen

Umgangsweise mit Soaps / Ausprägung der Umgangsweise	habitualisierte Rezeption			episodische Rezeption			sporadische Rezeption			offene Rezeption			fiktions-orientierte Themen			fiktions-orientierte Charaktere			realitäts-orientierte Themen			realitäts-orientierte Charaktere		
	0	1	2	0	1	2	0	1	2	0	1	2	0	1	2	0	1	2	0	1	2	0	1	2
Gruppendiskussion.1 Standort A 13/14J. gem. Gruppe, Gymn		x			x			x		x				P		x					N		x	
Gruppendiskussion.2 Standort A 14/15J. Mädchen, Gymn.		x				x	x			x				P		x				N				N
Gruppendiskussion.3 Standort A 15/16J. Mädchen, Gymn.	x				x						x			P		x					N		x	
Gruppendiskussion.4 Standort A 13-16J. Mädchen, Haupts.		x			x		x				x		x					P			N		x	
Gruppendiskussion.5 Standort A 14-16J. gem. Gruppe, Gymn.		x			x			x			x			P			N				N		x	
Gruppendiskussion.6 Standort A 15-17J. Mädchen, Haupts.		x			x		x			x				P				P			N		x	
Gruppendiskussion.7 Standort A 15-17J. Jungen, Haupts.		x		x					x			x		N			N			N				N
Gruppendiskussion.8 Standort B 13/14J. Mädchen, Gymn.			x		x		x			x					P		P			P			x	
Gruppendiskussion.9 Standort B 14J. gem. Gruppe, Gymn.			x		x		x			x					P		P			N			x	
Gruppendiskussion.10 Standort C 13/14J. gem. Gruppe, Reals.	x			x				x			x			N			N			N			x	

0 = tritt kaum oder gar nicht auf; 1 = tritt auf; 2 = tritt stark auf
P = wird positiv bewertet; N = wird negativ bewertet

117

2.4.3 Einzelinterviews

2.4.3.1 Fragebögen zu den Einzelinterviews

Die Jugendlichen wurden vor Beginn des Interviews gebeten, einen Fragebogen mit näheren Angaben zum familiären Umfeld auszufüllen. Neben Angaben zum Beruf der Eltern wurde danach gefragt, ob die Jugendlichen Geschwister haben und ob sie mit beiden Eltern oder nur einem Elternteil zusammenleben. Von den zwölf Jugendlichen hatten alle bis auf zwei Geschwister. Acht der Jugendlichen lebten mit beiden Eltern zusammen, während vier weitere ohne leiblichen Vater bei ihrer Mutter lebten. Weitere Angaben wurden nicht erhoben. Fragen zum Medienumgang und zur Mediennutzung wurden in den Interviews selbst vertieft. Für die nachfolgenden Analysen ist zentral, dass es die Aussagen der sieben Jugendlichen im Alter von 13 Jahren erlauben, die altersabhängige Dimension der Soap-Rezeption zu vertiefen, da die meisten Schüler erst vor kurzem Geburtstag hatten. Das bietet die Möglichkeit, dem einleitend genannten Entwicklungs- bzw. Umschlagspunkt in der Herausbildung der fiktions- und realitätsorientierten Lesart nochmals detaillierter nachzugehen.

Tab. 2.4.10: **Alter, Geschlecht und Schulform der befragten Schüler in den Einzelinterviews**

Schulform	Alter	männlich	weiblich	gesamt
Hauptschule	13			
	14			
	15		1	1
	16		2	2
	17	1		1
	gesamt			4
Gymnasium	13	1	6	7
	14	1		1
	15			
	16			
	gesamt			8

2.4.3.2 Fokussierte Analyse der Einzelinterviews

Bei der insgesamt kleinen Anzahl von zwölf Einzelinterviews ist eine fokussierende, an Häufungen und inhaltlich-thematischer Dichte und Struktur orientierte Analyse vor die Schwierigkeit gestellt, dass die quantitative Besetzung der einzelnen Kategorien, anders als im Fall der Gruppeninterviews nur gering ausfällt. Mit Blick auf den Bekanntheitsgrad der Soaps ist aber auch in den Einzelinterviews *Gute Zeiten, schlechte Zeiten* der Favorit.

Tab. 2.4.11: Häufigkeit der Nennung von Daily Soaps in den Einzelinterviews

Sendung	gesamt
Gute Zeiten, schlechte Zeiten	83
Marienhof	20
Verbotene Liebe	13
Unter Uns	13

Im Vergleich zu den Gruppendiskussionen erweist sich auch in den Einzel-interviews das Thema Liebe/Freundschaft als dominant, während die anderen Themennennungen nur vereinzelt von jeweils unterschiedlichen Gesprächs-teilnehmern benannt werden. Die nächste Dimension, der eine größere Auf-merksamkeit zukommt, ist die Ebene der Darsteller und der Charaktere. Auf beiden Ebenen werden sowohl positive als auch negative Bewertungen vor-genommen, wobei die Charaktere auch mit Blick auf den empirischen und emotionalen Realismus Einschätzungen erfahren. Als Beispiel für eine reali-tätsorientierte Einschätzung lässt sich die Aussage des 13-jährigen Tim[46] heranziehen:

TEXT: *Einzelinterviews_Jungen.Einzelinterview1Winmax.txt (726/728)*
          CODEWORT: 3. Daily Soaps.3.2. Charaktere.3.2.2. Bewertung.a)
          realistisch

A: Och nö, eigentlich nicht so. Also, das ist ja immer das ganz normale Durch-schnitts-, ähm der ganz normale Durchschnittsmensch soll da ja auch dargestellt werden und das gelingt ihnen ja auch recht gut.

Überwiegend werden die Charaktere auch situationsunabhängig als unrealis-tisch eingeschätzt, wie die Äußerung der 13-jährigen Maren zeigt:

TEXT: *Einzelinterviews_Mädchen.Einzelinterview7Winmax.txt (449/456)*
          CODEWORT: 3. Daily Soaps.3.2. Charaktere.3.2.2. Bewertung.b)
          unrealistisch

F: Du meinst, die sind zu wenig in ihren Wohnungen?!
A: Ja, nich' nur. Ich mein', was soll man da auch so richtig erleben?! Aber ich mein', sowas würd' im richtigen Leben niemals, also, nicht oft zumindest, vor-kommen.
F: Mhm. Was die Geschichten (...)?
A: Ja, dass die immer unterwegs sind, und was die da erleben; dass die dann auch immer eigentlich jeden zweiten Tag oder so in Probleme reinkommen und sowas.

Die Rezeption findet meist im Familienkreis statt. Die Anschlusskommuni-kation beschränkt sich allerdings oft auf eine Bewertung des aktuell Gesehe-nen. In den seltensten Fällen geben die Soap-Themen wie in den nachfolgen-den Beispielen den Anstoß für eine Diskussion im Anschluss an die Sendung.

---

46   Alle Namen wurden geändert.

TEXT: *Einzelinterviews_Mädchen.Einzelinterview10Winmax.txt (366/375)*
   CODEWORT: 3. Daily Soaps.3.5. Bezug zur Lebenswelt.3.5.1.
   Anschlusskommunikation.3.5.1.1. Familie

F: Wenn jetzt da so ein Problem auftaucht, wo Du sagst: Hach, das berührt mich unmittelbar, und jetzt ist Deine Mutter mit dabei, sprichst Du dann mit der darüber?

A: Nöö, eigentlich nich'. Wir gucken uns das dann an.

F: Ihr unterhaltet Euch dann über andere Dinge da, die da passieren!?

A: Ja. Dann sagt meine Mutter ja schon mal, ja, das findet sie gut, aber das wiederum findet sie nich' so gut. Aber eigentlich so (...) intensiv sprechen eigentlich nich' so dadrüber.

TEXT: *Einzelinterviews_Mädchen.Einzelinterview3Winmax.txt (645/654)*
   CODEWORT: 3. Daily Soaps.3.5. Bezug zur Lebenswelt.3.5.1.
   Anschlusskommunikation.3.5.1.1. Familie

F: Das heißt, wenn Du die Soaps guckst, guckst Du mit der Schwester auch zusammen?

A: Ja, alle zusammen. Mein Bruder, ich, meine Schwester, meine Mutter, der Hund ist auch immer dabei.

F: Aber dann spricht Deine Mutter ja auch Deine Schwester an?

A: Nee, immer mich.

F: Immer Dich?

A: Ja. Meine Schwester, wir haben so eine Rundcouch, die sitzt immer direkt so vor dem Fernseher und ich lieg dann so mit meiner Mutter auf der Couch und dann immer: Boah, Daniela und so.

Die Themen und Charaktere werden vor dem Hintergrund der eigenen Lebenserfahrung bewertet, die Kommunikation darüber bezieht sich aber konkret auf die Handlung, indem eine Bestätigung oder Distanzierung erfolgt. Es werden keine vergleichbaren Situationen aus der eigenen Lebenswelt artikuliert. Dennoch lässt sich bezüglich der Mode bei den Mädchen eine Orientierungsfunktion erkennen. Von den Moden und Frisuren der Darsteller(-innen) werden Anregungen geholt. Die Anschlusskommunikation findet dazu im Rahmen der Peers statt und nicht mit den Eltern oder den Erwachsenen.

TEXT: *Einzelinterviews_Mädchen.Einzelinterview3Winmax.txt (374/379)*
   CODEWORT: 3. Daily Soaps.3.5. Bezug zur Lebenswelt.3.5.1.
   Anschlusskommunikation.3.5.1.2. Peer-Group.Marketing

A: Ja, doch. Zum Beispiel bei meiner Freundin Miriam hab ich auch gesagt, guck mal die hat die Haare cool, müssen wir mal bei mir versuchen, ob dat auch bei mir klappt und so. (,) Oder wir sagen auch wenn Cora irgendwie schöne Sachen anhat gerade. Dat sieht gut aus und so. Und manchmal sagen wir auch: Boah, dat würde ich mich nie trauen anzuziehen oder so da reden wir schon drüber.

Wie schon aus den Gruppendiskussionen ersichtlich, erfolgt zwischen dem zwölften und dreizehnten Lebensjahr vor allem bei den Mädchen der Wandel zu einer habitualisierten Umgangs- und Aneignungsweise, die auf der Differenzierung der Realitäts- und Fiktionsorientierung beruht. Das heißt, dass die Genrekenntnis eine klare Bewertung der Szenen- und Geschichtenverläufe erlaubt, die sich in einer spezifischen Distanzierung ausdrückt, die im unten stehenden Beispielfall noch nicht entwickelt ist, zumal die Bedeutung des Austauschs mit den Peers deutlich betont wird, die die älteren Mädchen abstreiten bzw. der sie keine so große Rolle mehr beimessen.

TEXT: Einzelinterviews_Mädchen.Einzelinterview8Winmax.txt (209/222)
CODEWORT: 3. Daily Soaps.3.5. Bezug zur Lebenswelt.3.5.1.
Anschlusskommunikation.3.5.1.2. Peer-Group.Themen/Handlung

F: Sprecht Ihr darüber?
A: Ja!
F: Hier in der Schule?
A: Doch! Dann geht's immer: Boah, haste gesehen, was die gestern gemacht haben? und so.
F: Und dann überlegt Ihr, wie es weitergehen könnte?!
A: (zustimmend) Mhm.
F: Das wird dann im Nachhinein geprüft, wer Recht hatte?
A: Ja.
F: (nachdenklich) Hmh.
A: Also, da, äh, einige – dann is' auch lustig, wer (,) wenn einige dann 'ne andere Meinung haben, dann versucht man auch immer, die anderen zu überzeugen.

Es zeigt sich, dass die jüngeren Schülerinnen in die Handlungen involviert sind und dass sich Realität und Fiktion noch stärker ineinander blenden, wobei das Unterhaltungsmotiv im Vordergrund steht. Zugleich wird eine direkte Übertragbarkeit zur Problemlösung abgelehnt:

TEXT: Einzelinterviews_Mädchen.Einzelinterview12Winmax.txt (343/347)
CODEWORT: 3. Daily Soaps.3.5. Bezug zur Lebenswelt.3.5.4.
Orientierung/Vorbild.ablehnend

A: Mhm. Also, ich glaub', also, die Probleme, die die da haben, die hab' ich eigentlich net, (,) und dann find' ich doch sicher eher meinen eigenen Weg. Also, net dass ich jetz' sagen würd', Die haben dat so gelöst, ich muß dat jetz' auch so lösen!

Detailliert wurden im Zusammenhang mit den einleitenden Fragen zur Medienbiographie die Nutzungsgewohnheiten besprochen, zu denen es ausführliche Darstellungen gibt:

TEXT: *Einzelinterviews_Jungen.Einzelinterview1Winmax.txt (222/225)*
CODEWORT: 3. Daily Soaps.3.6. Nutzungsgewohnheiten (G:100)

F: Wenn Du Dir nochmals Deinen Tagesablauf bezüglich der Mediennutzung ins Gedächtnis rufst, würdest Du eher sagen, dass Du die Soaps beiläufig erlebst oder schaust Du Dir das eher konzentriert an?
A: Nö, also dann würde ich sagen beiläufig.

Die nachfolgenden zwei Passagen verdeutlichen, dass in der habitualisierten Nutzung die Soaps eher beiläufig aufgenommen werden, was unter anderem auch mit der ständigen Verfügbarkeit des Genres zusammenhängt. Das Mädchen Maren macht sich im ersten Beispiel über die Soaps keine näheren Gedanken und die unregelmäßige aber habitualisierte Nutzung stellt keinen Hinderungsgrund für die Verfolgung der interessanten Themen dar. Der Gewöhnungsaspekt kommt in den folgenden Beispielen besonders zum Ausdruck:

TEXT: *Einzelinterviews_Mädchen.Einzelinterview7Winmax.txt (494/501)*
CODEWORT: 3. Daily Soaps.3.6. Nutzungsgewohnheiten

Also, so denk' ich eigentlich nie richtig über Soaps nach. Ich mach' das eigentlich auch meistens nur aus Zeitvertreib oder sowas, und dann kommen eben auch ab und zu gute Themen, die mich dann auch interessieren, und dann guck' ich das auch dann mal zu. Aber es gibt auch Zeiten, wo ich dann „Gute Zeiten" eigentlich gar nich' gucke und dann irgendwie was guck', was im Moment spannender is'.

TEXT: *Einzelinterviews_Mädchen.Einzelinterview9Winmax.txt (203/211)*
CODEWORT: 3. Daily Soaps.3.6. Nutzungsgewohnheiten

Mhm, nja, ich hab' halt mit „Gute Zeiten" angefangen; und wenn man das halt jetz' gewöhnt is' und man guckt sich mal 'ne andere an, dann meint man (,) dann findet man das irgendwie nich' so interessant, wenn man halt jetz' bloß eine gewöhnt is'. Ich mein', es kann vielleicht sein, wenn ich jetz' nich' mehr „Gute Zeiten" gucken würde und irgend 'ne andere, dass ich das .. irgendwann die anderen besser finde. Aber wahrscheinlich, weil ich jetz' nur „Gute Zeiten" gewöhnt bin!

Die Bestätigung der orientierenden Bedeutung wird meistens für dritte angenommen, für die eigene Person aber bestritten. Im Fall der sozialräumlichen Herkunft sind es aber auch in diesem Fall die Jugendlichen aus dem ländlichen Raum im Westen Nordrhein-Westfalens, die die orientierende Rolle der Soaps in mehreren Äußerungen bestätigen. Dieser Aspekt wird nachfolgend im Zusammenhang mit den kontextuellen Analysen vertieft.

2.4.3.3 Kontextuelle Analyse der Einzelinterviews

Während die fokussierte Analyse auch in diesem Fall der Erschließung der inhaltlich-thematischen Struktur und Dichte der Soap-Rezeption galt, erlaubt die kontextuelle Analyse eine qualitative Bewertung und Darstellung der einzelnen Rezeptionsweisen vor dem Hintergrund der jeweiligen Lebens- und Alltagssituation sowie der Mediennutzungsgewohnheiten. Vertieft werden mit diesem Zugang die geschlechts-, alters- und schultypabhängigen Umgangsweisen. Mit diesen Interviews liegt somit weiteres Material zur näheren Bestimmung und Analyse des Prozesses zur Ausbildung der Realitäts- und Fiktionsorientierung vor. Wie bereits bei der kontextuellen Analyse der Gruppendiskussionen interessiert nachfolgend die Modellbildung entlang der unterschiedlichen Lesarten.

In die vorliegende Auswertung sind sechs Interviews aus dem Standort S/T-A und sechs Interviews aus dem Standort S/T-B einbezogen worden. Die Teilnehmer aus Standort S/T-A verteilen sich auf verschiedene Schultypen, Alters- und Geschlechtsgruppen und stehen jeweils für eine eigenständige Aneignungsweise, angefangen bei der Vielseherin von Soaps und dem Vielseher von Action- und Horrorfilmen bis zu den beiden männlichen Jugendlichen, die auf der Grundlage einer umfassenden Mediensozialisation eine differenzierte Auseinandersetzung mit dem Medium und den Medienangeboten zeigen.

2.4.3.3.1 Zwischen Fiktionalität und Realität. Die kritische Reflektion des Alltags in den Soaps I

• Tim, 13 Jahre, Gymnasium, 8. Klasse, Standort S/T-A.
Der 13-jährige Junge hat eine vielfältige Mediennutzung, angefangen beim eigenen Fernseher über Internet und Handy sowie der Nutzung von Printmedien wie z.B. der Tageszeitung. Diese Medien werden sowohl zur Information, Bildung als auch zur Unterhaltung genutzt. Da man das Fernsehen zu diesen Zwecken nutzen kann, wird es positiv bewertet. Einige Serien, wie z.B. *Star Trek* werden regelmäßig gesehen. Die weiteren TV-Angebote werden durch die Verwendung einer Fernsehzeitschrift gezielt ausgewählt. Die Daily Soaps werden kritisch reflektiert: „Das soll immer schön dramatisch sein, damit die Leute sich das ansehen, möglichst dann zum Heulen kommen". Dabei werden die Geschichten als „durchaus realistisch" bezeichnet, auch auf der Ebene eines empirischen Realismus. Sie sollen den Alltag repräsentieren, was im Grunde genommen gelingt, allerdings wird kritisiert, dass die Geschichten zu dicht sind. Beispiel: „(...) Das passiert ganz vielen Leuten, also die können schon passieren im wirklichen Leben klar, aber dann vielleicht eine Geschichte daraus passiert dann einer Person und nicht, weiß ich nicht, zwanzig oder so." Diese Tendenz wird bereits der Fiktionalität der Serie zugeschrieben: „Nee, das untermauert noch mal, dass man daran denken soll, ähm es ist nicht das wirkliche Leben, sondern das ist nur eine Fiktion." Insofern tritt die Fiktionalität in Widerspruch zu der Erwartung: „Ja, die

sind wie gesagt sehr dicht gedrängt und dann kann man sich schlecht auf ein Thema konzentrieren, weil ja sowieso schon das nächste und das nächste kommt". Die Fiktionalität wird dennoch als Notwendigkeit betrachtet: „Da würden sich die Leute 'n bisschen veräppelt vorkommen, wenn 'se den Fernseher anschalten, dann sehen 'se da einen ganz normalen Tagesablauf und sonst ähm nichts (...) es ist nicht das wirkliche Leben, sondern das ist eine Fiktion".

Die gleiche realitätsorientierte Einstellung findet sich auch in Bezug auf die Charaktere. Vor diesem Bewertungshintergrund wird auch die Darstellungsweise der Schauspieler als übertrieben beschrieben.

Bezüge zu eigenen Erfahrungen werden abgelehnt. Es wird jedoch nicht ausgeschlossen, dass sich dies einmal ändert: „Das könnte mal was mit meinem Leben zu tun haben, weiß ich nicht, ja wenn ich mal zwischen 18 und 30 bin, aber jetzt bin ich noch 13 und das kann noch dauern". Eine mögliche Orientierung an und Identifikation mit den Charakteren liegt in diesem Fall nicht vor. Es handelt sich um eine realitätsorientierte Lesart, die auf einer bereits entwickelten begrifflichen Unterscheidung von Fiktion und Realität aufbaut.

2.4.3.3.2 Zwischen Fiktionalität und Realität. Die kritische Reflektion des Alltags in den Soaps II

• Christian, 14 Jahre, Gymnasium, 8.Klasse, Standort S/T-A.

Christian nutzt das Fernsehen häufig, wobei es jedoch lediglich als eine „nette Ergänzung" betrachtet wird. Zugleich ist Christian gegenüber seinen Mediennutzungsgewohnheiten auch selbstkritisch: „dass man wirklich von zu viel Fernsehen... dass man ein bisschen verblödet". Von den Daily Soaps favorisiert er *Gute Zeiten, schlechte Zeiten*. Diese Soap verfolgt er seit ungefähr sechs Monaten aber nur noch selten, vorwiegend allein. Bis dahin wurde die Serie täglich verfolgt.

An den Daily Soaps kritisiert Christian zum einen die Themen, ohne auf inhaltliche Beispiele näher einzugehen. Zum anderen empfindet er die Darstellungsweise als unrealistisch. Dazu werden die Soaps an der Realität gemessen: „(...) Da ist die Rede von einer Schule, trotzdem ist zufällig eine der Hauptdarstellerinnen die einzige Lehrerin an der Schule und weiß ich nicht wie viele Fächer unterrichtet und so. Also das hat irgendwann, weil dann irgendwann so logische Fehler drin sind, obwohl das ja Reality sein soll. Weiß ich nicht irgendwie, finde ich das ziemlich dämlich."

Diese Struktur wird an anderer Stelle mit der Gefühlsstruktur der Soaps erklärt: „Ja, weil das eben Sachen sind, die so in echt nicht passieren. Vielleicht gibt's bestimmt Leute, die in Träumen in so einer romantischen Szene mit irgendwem zusammenkommen oder so. Und dann wird auch im Grunde so, die Zielgruppe ist eigentlich festgelegt, wenn diese Geschichten geschrieben werden." Christians Soap-Rezeption ist auf eine episodische Nutzung ausgerichtet, es werden gezielt die persönlich als interessant empfundenen Szenen rezipiert, ansonsten wird auf ein anderes TV-Programm umgeschaltet, um die Zeit zu überbrücken: „dass wenn da gerade eine Szene kam, dann habe ich umgeschaltet und dann immer geguckt, wenn das zu Ende war dann wieder zurück". Die Rolle der verschiedenen Charaktere und damit auch ein Bereich der genreeigenen Narrativität wird wahrgenommen und eher positiv bewertet: „Ich finde, das gehört einfach dazu". „Einerseits natürlich so die Storylines, die sich da so durchgezogen haben, fand ich schon interessant, hab da auch manchmal richtig mitgefiebert". Die einzelnen Rollen werden situationsunabhängig bewertet: „Nee, es ging. Also es kam immer darauf an, welche Rolle gerade gespielt wird. Ich hab auch nicht daran gedacht, oh Gott, das ist eine Geschichte, wo das und das passieren könnte, die guck ich und die andere nicht." Gegenüber dieser, auf einer breiten Habitualisierung des Genres fußenden Rezeption wird dann die Kritik an der aktuellen Soap-Entwicklung verständlich. Christians Ansicht nach haben die Darsteller ihr schauspielerisches Potenzial verloren, was ein Grund ist, die Soaps nicht mehr weiter zu verfolgen. Der Bezug zu eigenen Erfahrungen sowie eine mögliche Identifikation wird abgelehnt. Auch eine Orientierung an Handlungen der Charaktere wird abgewiesen.

2.4.3.3.3 Soaps als emotionales Unterhaltungsangebot

• Daniela, 16 Jahre, Hauptschule, 9. Klasse, Standort S/T-A.
Danielas Fernsehkonsum zeichnet sich durch eine tägliche Nutzung von Unterhaltungsformaten aus, wobei sie bis zu vier Stunden fern sieht. Viele Sendungen werden mit der Mutter angeschaut: „Wenn ich nach Hause komme, setze ich mich mit meiner Mutter hin und dann gucken wir Fernsehen. Bis ich dann schlafen gehe". Die Rezeption der Daily Soaps zeichnet sich zunächst dadurch aus, dass diese positiv bewertet werden. Die Rezeptionsweise ist deutlich habitualisiert: „GZSZ gucke ich immer. Marienhof, UU und dann so die ganzen Folgen die dann anfangen um halb sechs so." Im Gegensatz zu den anderen Jugendlichen in unserem Untersuchungssample zeichnet sich damit auch eine extensive Nutzung des gesamten Soap-Spektrums ab, wobei sie alle Soaps untereinander als ziemlich ähnlich auffasst, aber dennoch GZSZ bevorzugt und die anderen Soaps dann nutzt, wenn sie sich langweilt. Die Themen werden fiktionsorientiert rezipiert, das heißt bezüglich eines emotionalen Realismus, zum Beispiel: „Ja, das ist immer rührend. Zum Beispiel jetzt was mit Andy und Flo war, wie die so geheult hat, war ja eigentlich ganz traurig. Oder das, wo die eine gestorben ist, die Chrissie, fand ich auch traurig." An dieser Äußerung wird ersichtlich, dass die einzelnen Cha-

raktere eine große Rolle spielen. Auch das Aussehen der Darsteller spielt eine Rolle für das Nutzungsverhalten. Generell offenbart sich damit eine wenig distanzierte oder kritische Haltung gegenüber den Soaps, da vieles, was bei den anderen Jugendlichen negativ betrachtet als positiv bewertet wird, so auch die Drehorte und Kulissen. Das Fiktive wird oftmals durchaus als real gesehen und bewertet bzw. beschrieben.

Die Anschlusskommunikation zu den Soaps besteht in erster Linie innerhalb der Familie, durch die gemeinsame Rezeption mit der Mutter, die die präsentierten Formate extrem auf das eigene Leben und auf das ihrer Tochter bezieht. Eine Orientierung an dargestellten Verhaltensweisen wird für den bisherigen Lebensweg jedoch abgelehnt, allerdings wird nicht ausgeschlossen, dass es zu Orientierungen kommen könnte. In dieser Haltung ist Danielas Soap-Rezeption mit derjenigen von Christian vergleichbar. Vor dem Hintergrund eigener Erfahrungen und Wertvorstellungen bringt sie folgende Kritik an dem momentanen Geschichtenverlauf um die beiden Protagonisten Andy und Flo an: „Ja, dat die, die ist mit dem Andy verheiratet, hat was mit Leon, das ist nicht normal. Also, das gehört sich nicht, deshalb." Den Soaps kommt in dieser Lesart durchaus eine Funktion zur Überprüfung eigener Wertvorstellungen und im emotionalen Erlebnisrahmen zur Orientierung zu.

2.4.3.3.4 Ohne Action keine Soaps

• Dirk, 17 Jahre, Hauptschule, 9. Klasse, Standort S/T-A.
Das Fernsehen nimmt einen festen Platz im Tagesablauf von Dirk ein. Dabei bevorzugt er eher Spielfilme als Serien, vor allem Action- und Horrorfilme. Wenn im Fernsehen keine entsprechenden Filme laufen, dann greift er auf Videos zurück. Das Fernsehen wird so zum beständigen Begleitmedium: „Der ist immer nur an" und „Also, es war wirklich beschissen ohne Fernsehen". Die Daily Soaps werden vor dem Hintergrund des eigenen, auf Actionangebote ausgerichteten Erlebnisrahmens vor allem kritisch bewertet, besonders die Charaktere. Die Themen werden auf der denotativen Ebene als unrealistisch eingestuft: „Und ja, das wirkt irgendwie unrealistisch, ist irgendwie richtig boah, die haben aber Schweinegeld und die kriegen alles und so." Eine Fiktionsorientierung auf der konnotativen Ebene liegt bei den Soaps nicht vor. Anders ist das bei Action- oder Horrorfilmen: „(...) zum Beispiel ‚Blade' ist voll unrealistisch so was gibt's gar nicht, aber ist eben ein Horrorfilm. Hat man eben ein bisschen Angst und so Action und so guckt man." Dennoch sind die Soaps aus einer sporadischen Nutzung heraus bekannt: „Wenn es interessant ist, dann guck ich schon". Aber sie spielen außer zur Abgrenzung bzw. Heraushebung der eigenen Vorlieben keine orientierende Rolle.

2.4.3.3.5 Die Prüfung der Soaps an der Realität der eigenen Alltagswelt I

• Sabine, 15 Jahre, Hauptschule, 9. Klasse, Standort S/T-A.

Für Sabine nimmt das Fernsehen keine zentrale Stellung im alltäglichen Leben ein, aber es wird als positive Einrichtung bewertet, da es zur Unterhaltung beiträgt. Die Nutzungsdauer ist unterschiedlich und erfolgt meistens zur Abendzeit. Einerseits wird eine Wirkung auf das eigene Leben abgestritten, auf der anderen Seite aber dennoch eine mögliche Orientierung angenommen.

Von ihr wurden die Soaps bis zum Alter von 14 Jahren stark habitualisiert genutzt und auch der Tagesablauf danach ausgerichtet. Diese Habitualisierung bildet den Hintergrund für die gegenwärtige Nutzungsweise, bei der die Soaps zwar nicht mehr täglich angeschaut, aber dennoch in ihrem Verlauf immer noch beobachtet werden. Dabei hat die Lesart insbesondere mit Blick auf die Entwicklung der Rollen und Charaktere episodischen Charakter: „Ja, der is' süß! Und so, und dann guckt man sich den halt an...". Und weiter führt sie aus: „Ja, und, ähm, das is' schon dieses Psychische, dass man, äh, immer sehen will, was am nächsten Tag passiert".

Demgegenüber werden die Themen der Soaps unterschiedlich bewertet. Homosexualität wird beispielsweise als relevant und gut dargestellt beschrieben. Liebesthemen hingegen als unrealistisch und als zu oft wiederholt. Die Bewertungen bewegen sich zwischen der Realitäts- und Fiktionsorientierung. Auf der einen Seite werden konkrete Handlungen als unrealistisch empfunden, auf der anderen Seite ist sie auf der konnotativen Ebene in die Handlungen involviert. Bezüge zu eigenen Erfahrungen, sowie die Orientierung an den Soaps werden wegen der unrealistischen Darstellungsweise aber abgelehnt.

2.4.3.3.6 Die Prüfung der Soaps an der Realität der eigenen Alltagswelt II

• Katharina, 16 Jahre, Hauptschule, 9. Klasse, Standort S/T-A.

Katharina nutzt das Medium Fernsehen deutlich unregelmäßiger als Sabine: „Ich hab' jetz' schon seit drei Tagen nich' einmal's Fernsehen angehabt!" Der Fernsehkonsum hat sich deutlich gewandelt, während sie früher noch häufiger gemeinsam mit Freundinnen Programme angeschaut hat, spielt das Fernsehen für sie kaum mehr eine Rolle. Dennoch wird das Medium insgesamt als positiv bewertet, weil man daraus etwas lernen kann. Aber das gilt nicht für Daily Soaps. So wird von ihr die übertriebene Darstellungsweise und die nicht vorhandene Realitätsnähe der Soaps auf der denotativen Ebene kritisch beurteilt: „Zum Beispiel kommt da auch manchmal ja was vor, was überhaupt nich' irgendwie wahr is' oder so, was irgendwo gar nich' gehen kann." Als sie noch jünger war, war das mit den Soaps noch anders, da sie dem Genre zu dieser Zeit durchaus eine Orientierungsfunktion zusprach. Interessante

Themen sind für sie Krankheiten und „wie sich die Leute dann darum kümmern" und Liebe, wobei das Thema Liebe in den Daily Soaps als „lächerlich gemacht" dargestellt wird. Wie im Fall von Sabine zeigt sich auch bei Katharina, dass die Schauspieler bzw. die Charaktere den eigentlichen Zugang zu den Soaps darstellen. Das heißt, das dem character reading bei den Hauptschülerinnen eine entscheidende Bedeutung beigemessen werden muss, was sich bereits bei den Gruppendiskussionen zeigte.

2.4.3.3.7 Die tägliche Dosis Orientierungsmittel I

Dieses und die nachfolgenden fünf Interviews mit den 13-jährigen Schülerinnen sind aus zwei Gründen von besonderem Interesse. Zum einen geht es um die Bestimmung des Umschlagspunktes bzw. des Entwicklungsniveaus der realitäts- und der fiktionsorientierten Lesarten, zum zweiten um die Bestimmung des Unterschiedes zwischen den Jugendlichen aus unterschiedlicher sozialräumlicher Herkunft.

• Tina, 13 Jahre, Gymnasium, 7. Klasse, Standort S/T-B.
Tina misst dem Fernsehen und dem Radio eine große Rolle in ihrem Tagesablauf bei, während Zeitschriften und Zeitungen kaum genutzt werden. Ihre Fernsehgewohnheit beschreibt sie selbst mit den Worten: „Mhm, bis viertel nach acht guck' ich normal immer. Dann guck' ich, ob nich' noch 'ne Sendung bis neun Uhr oder so geht". Einige Serien, wie *Buffy* oder *Eine himmlische Familie* werden regelmäßig genutzt. Letzteres hat auch eine Bedeutung für das eigene Leben. „Da kann man mal sehen, wie man im Familienleben gut auskommt". Die Fernsehnutzung findet vor allem dann statt, wenn Alternativen fehlen. „Und, ähm, abends sowieso, weil ich sonst eh nicht weiß, was ich machen soll". Die Nutzung von *GZSZ* erfolgt habitualisiert, die anderen Soaps werden nicht kontinuierlich verfolgt. Als Nutzungsmotive werden zum einen Zeitvertreib und Spannung, aber auch situationsunabhängig das Interesse an speziellen Themen und Geschichten genannt. Einige Themen der Soaps sind relevant für das eigene Leben, z.B. Liebesthemen oder das Thema Aids. Andere Themen hingegen werden als unrealistisch bewertet. Aber das Thema Sekten wird als positiv beschrieben. Auch die Genreeigenschaften, wie Narrativität und Fiktionalität der Soaps werden positiv bewertet. „Wie die das schildern, das macht – das macht dann das interessant dann".

Tina misst den Soaps eine deutliche Vorbildfunktion zu. So fällt mehrfach die Aussage, dass man in ihnen sehen und erfahren kann, wie man sich zu verhalten hat, zum Beispiel: „Ja, ich guck' immer, ähm, wie die mit dem Liebes-, also, wie die dann an die Jungens rankommen und sowas, dass ich vielleicht auch mal so versuche." Für diese Haltung ist sowohl eine denotativ als auch konnotativ ausgerichtete Lesart zentral, wobei die Orientierungsleistung eng an die Gefühlsstruktur der Soaps gekoppelt ist: „Ähm, ja, also, zum Beispiel Liebesdrama: Da sitzt der eine, der in die verknallt is', hier bei dem besten Freund oder so was – das is' auch sehr immer spannend, so zu sehen, wie die jetz' zusammen kommen oder so." Die Orientierung geht aber auch über die Liebes- und Beziehungsthemen hinaus. Sie bietet durchaus auch eine Hilfe für den Umgang mit eigenen Problemen, da man „die Leute, die wirklich Probleme haben, besser verstehen kann". Eine Identifikation mit den Charakteren liegt prinzipiell vor: „Ich mein', da sind welche, die sind eben auch so'n bisschen wie ich." Die Aneignung der Soaps trägt insgesamt einen episodischen Charakter, da zum Beispiel Schließungen vorgenommen werden: „Ja, genau! Dass die das ausdauern, das is' auch immer lustig. Also, spannend! Dann redet man dann in der Schule mal drüber: ‚Was meinst du, was da passiert?' und sowas".

Aber die Probleme werden nicht durch das bloße Anschauen von Soaps gelöst, „ich kann ja schlecht da mit 'ner Soap mitspielen, da eben zeigen, was für Probleme da sind".

2.4.3.3.8 Die tägliche Dosis Orientierungsmittel II

• Julia, 13 Jahre, Gymnasium, 7. Klasse, Standort S/T-B.

Im Gegensatz zu Tina ist Julia im Umgang mit dem Fernseher weitaus selektiver: „Also, meistens guck' ich in der Fernsehzeitung noch, was passiert und so." Zugleich ruft die häufige Nutzung des Fernsehens zum Zeitvertreib und aus Langeweile ein schlechtes Gewissen hervor, weil man die Zeit eigentlich besser nutzen könnte. Das Fernsehen habe auch wenige Sendungen zu bieten, die man auf das eigene Leben beziehen kann. Andererseits werden dem Fernsehen auch positive Eigenschaften zugeschrieben, denn man kann sich informieren und es unterhält. Julia gehört zu den wenigen Mädchen ihres Alters, die das Internet nutzen: „Also, meistens nach den Hausaufgaben, geh' ich schnell ins Internet, also gucke, ob ich Mails bekommen hab'".

Bei den Daily Soaps werden Themen, die Beziehungen oder Freundschaften betreffen, mit Interesse verfolgt. Andere Themen, wie z.B. die Berufe der einzelnen Charaktere werden als irrelevant bezeichnet. „Mich nervt das, äh, mit Joe, was der immer mit seinen Geschäften macht. Also, (lachend) das interessiert mich überhaupt nich'!" Die Themen werden allgemein positiv bewertet, denn sie werden „deutlich erzählt, dass man auch alles versteht". Die Lesart ist episodisch, bestimmte Handlungsstränge sind durch eine starke Involviertheit geprägt: „Ja, ich fand das gut. Weil ich hab immer mitgefiebert, weil ich fand das von Anfang an, dass die gut zusammen passen, und wollt' ich unbedingt, dass die zusammen kommen! Aber das konnte man sich auch denken."

Anschlusskommunikation zu den Soaps besteht sowohl innerhalb der Familie als auch im Freundeskreis. Hier wird meist über die Verhaltensweisen der einzelnen Charaktere gesprochen. Dabei werden auch Bezüge zu eigenen Erfahrungen hergestellt und mit Freunden diskutiert.

Auch wenn Julia einen deutlich anderen Umgang mit dem Medium Fernsehen aufweist als Tina, so zeigt sich auch in ihrer Soap-Umgangsweise eine starke emotionale Beteiligung, die wesentlich über die Charaktere und Darsteller erfolgt. Eine Orientierung an den Verhaltensweisen der Charaktere wird insofern angenommen, als dass man daraus etwas lernen kann. „Das is' nich' immer richtig, und dann kann man sich auch für sich selber denken, wie's besser wär'", „Aber so richtige Vorbilder hol' ich mir nich' so aus den Sendungen". Aber in ihrem Freundeskreis ist diese Orientierung durchaus gegeben. Freunde, die ihr Verhalten oft und völlig an dem Verhalten der Charaktere orientieren, sind ihr gut bekannt.

Die Bewertung der Soaps durch Rückgriffe auf Muster des empirischen Realismus ist noch schwach ausgeprägt, da generell eine fiktionsorientierte Zugangsweise vorherrscht: „Ja, ich find' das immer so cool, was die alles für Einrichtungen haben und so, woher die auch das ganze Geld nehmen! Also, wenn man sich das mal überlegt, dann is' das ziemlich unrealistisch." Allerdings wird dies nicht negativ bewertet, sondern als besonders interessant dargestellt.

2.4.3.3.9 Die tägliche Dosis Orientierungsmittel III

• Astrid, 13 Jahre, Gymnasium, 7. Klasse, Standort S/T-B.

Die Mediennutzungsgewohnheiten von Astrid sind denen ihrer zuvor behandelten Schulfreundinnen ähnlich. Soaps gehören zum täglichen Medienmenü und am meisten wird *Gute Zeiten, schlechte Zeiten* genutzt, da die Sendung abends von den Mädchen leichter gesehen werden kann. Als Nutzungsmotive werden Entspannung, Gewohnheit und Spannung genannt. Ansonsten ist Astrid ein wenig mehr actionorientiert, was sich daran zeigt, dass sie die Serie *Medicopter 117* mit großem Interesse verfolgt.

Wie bei den anderen Schülerinnen ihres Alters mit diesem sozialräumlichen Hintergrund werden die Liebes- und Beziehungsthemen am positivsten bewertet, auch wenn hervorgehoben wird, dass sich die Themen generell zu oft wiederholen. Die Darstellung der Charaktere wird einerseits kritisch betrachtet: „Am Ende fand ich's nich' mehr glaubwürdig". Andererseits gibt es auch positive Aspekte: „Mhm, die spielen das schon so, dass das irgendwie aus Situationen entsteht, dass man das irgendwie nachvollziehen kann". Sowohl eine Realitätsorientierung auf der denotativen Ebene, als auch eine Fiktionsorientierung bezüglich der konnotativen Ebene findet sich hier.

Die Fiktionalität der Geschichten wird stärker positiv bewertet, da es sonst „langweilig" wäre. Das Bewusstsein über die Fiktionalität tritt jedoch beim Betrachten der Geschichtenverläufe in den Hintergrund. „Man denkt da nich' mehr dran, dass das wirklich nich'.. dass das erfunden is'". Das Fiktive wird als real gesehen und die Übertreibungen in den Soaps werden positiv bewertet: „Sonst wär's vielleicht auch langweilig". Die dargestellten Situationen werden aufgrund der Gefühlsstruktur emotional miterlebt: „Und teilweise versetzt man sich auch so richtig in die Situationen rein". Aber die Soaps sind nur in dem Moment relevant, in dem man sie guckt. Andererseits wird jedoch bemerkt, dass man aus den Soaps etwas lernen kann: „Wenn sich jemand gezofft hat und wenn die sich halt irgendwie wieder zusammenraufen und dann nich' sich ewig aus'm Weg gehen". Für eine emotionale Beteiligung spricht die Feststellung, dass die Soaps die eigene Laune beeinflussen. Sieht man etwas Lustiges, „hat man 'ne ganz andere Laune wieder".

2.4.3.3.10 Die tägliche Dosis Orientierungsmittel IV

• Britta, 13 Jahre, Gymnasium, 8. Klasse, Standort S/T-B.
Der Fernsehkonsum von Britta ist im Vergleich zu den anderen Mädchen deutlich durch die Eltern reglementiert. Die Fernsehnutzung erfolgt nicht regelmäßig. „Ja, ich gucke ab und zu schon mal, aber so oft eigentlich auch nich'". Favorisiert werden im Wesentlichen aber Serien, darunter *GZSZ*, *Marienhof* und *Baywatch*. Nachmittags wird das Fernsehen nur genutzt, wenn das Wetter schlecht ist. Dies ist aber auch nur mit der Erlaubnis der Mutter möglich.

Wie bei den anderen Mädchen ihres Alters wird auch von Britta den Liebes- und Beziehungsthemen die größte Bedeutung beigemessen, wobei sie den Liebesthemen einen deutlichen Bezug zur Realität zuschreibt. Dennoch werden sie teilweise als langweilig bewertet, da „immer nur dieselben Paare Probleme haben", die episodische Rezeptionsweise erlaubt das Verfolgen einiger für sie interessanter Handlungsverläufe.

Im Vergleich der beiden Soaps fällt die Aussage, dass man *GZSZ* leichter verfolgen kann, denn bei *Marienhof* ist es immer ein „Hin und Her". Außerdem werden die Darsteller bei *GZSZ* besser bewertet: „Ich hab' das nur im Gefühl, dass die irgendwie aus *Gute Zeiten, schlechte Zeiten* besser sind". Die Nutzung beider Soaps ist habitualisiert. Eine Identifikation findet dann statt, wenn man sich gerade selbst in einer solchen Lebensphase befindet. Der eigene Erfahrungshintergrund hat somit bei der Aneignung eine gewisse kontrollierende Funktion. An dieser Stelle übernehmen die Daily Soaps für Britta dann auch ihre Vorbildfunktion, wenn dort z.B. gezeigt wird, wie man jemanden auf sich aufmerksam macht: „Da kann man sich auch einiges merken". Die Orientierung bezieht sich in erster Linie auf die Liebesthemen, aber auch auf die Möglichkeit eigene Probleme zu lösen.

2.4.3.3.11 Die tägliche Dosis Orientierungsmittel V

• Bettina, 13 Jahre, Gymnasium, 8. Klasse, Standort S/T-B.
In der Medienbewertung misst Bettina dem Fernsehen eine positive Rolle bei. Überwiegend abends guckt sie regelmäßig fern, wobei sie Serien, bei den Soaps *Gute Zeiten, schlechte Zeiten,* aber auch die Nachrichten schaut. Den Daily Soaps misst sie eine Orientierungsfunktion bei, wenn der Bezug zur eigenen Erfahrung besteht: „Frage: Kann man da was lernen? Bettina: Ja, bei manchen Sachen (...) die einen selbst betreffen". Auch in diesem Fall hat der eigene Erfahrungshintergrund bei der Aneignung eine kontrollierende Funktion. Vor diesem Bewertungshintergrund schätzt sie *Gute Zeiten, schlechte Zeiten* als realistisch ein. Als entscheidendes Kriterium wird auch genannt, dass man in die Geschichten schnell „wieder rein kommt", wenn man einige Folgen verpasst hat, was bei *GZSZ* eher der Fall ist als bei *Marienhof.* Auch hier werden Liebes- und Beziehungsprobleme als wichtiges Thema wahrgenommen. Sie nutzt auch die Fanmagazine zu *GZSZ,* weil sie mehr über die Darsteller erfahren will, allerdings nicht regelmäßig. Deswegen bezeichnet sie sich selbst auch als Fan. Eine Identifikation mit den Charakteren erfolgt durch eine emotionale Beteiligung, indem sie sich in ihre Rollen hineinversetzt. Das Interview selbst war insgesamt kürzer und die Dialogführung schwieriger als bei den anderen Mädchen.

2.4.3.3.12 Die undenkbare Orientierung

• Ina, 13 Jahre, Gymnasium, 8. Klasse, Standort S/T-B.
Das Mädchen Ina stellt im Vergleich zu den anderen Mädchen aus dem Standort S/T-B eine deutliche Ausnahme dar. Mit der Daily Soap *Gute Zeiten, schlechte Zeiten* hat sie nichts zu schaffen und schaut am liebsten *Verbotene Liebe* und *Marienhof.* Aber ihre wirkliche Vorliebe gilt Sportsendungen und dem Fußball.

Als Grund, warum sie *Verbotene Liebe* und *Marienhof* vorzieht, gibt sie an: „Ja, ich hab' det mal angefangen und so, und (...) ja, dann is' halt zwischendurch is' dat mal so langweilig, aber wenn man dat ja angefangen hat, dann hört man ja nit auf oder so".

Als Nutzungsmotiv wird Spannung angegeben, aber ein Bezug zur eigenen Lebenswelt wie bei den anderen Mädchen wird nicht hergestellt, auch nicht über die Charaktere und Darsteller: „(...) also mit den Leuten da, also, könnt' ich mich auch vielleicht auch so'n bisschen nur identifizieren; aber nit so, dat ich jetz' sagen würd', wenn die jetz' da rausgeht, dann fang, muss ich, guck' ich dat nit mehr, weil die nimmer dabei is', oder fang ich an zu heulen, weil die stirbt, oder irgendwie sowat!" Auch sie nimmt als bestimmendes Thema der Soaps die Liebesgeschichten wahr, misst ihnen aber offensichtlich keine größere Bedeutung bei: „Joah, die sind ja – dadraus besteht dat ja hauptsächlich!" Die Soaps haben keinen sehr hohen Stellenwert im Leben, was sich an der Aussage zeigt, dass sie den Soaps nicht nachtrauern würde, wenn sie nicht mehr liefen.

2.4.3.3.13 Zwischenfazit

Die deutlichsten Unterschiede der hier anhand der Einzelinterviews herausgearbeiteten Rezeptions- und Aneigungsweisen ergeben sich mit Blick auf die sozialräumliche Herkunft der Mädchen. Die Orientierung an den Soaps wird von fünf der sechs Mädchen aus dem Standort S/T-B thematisiert und wie die Beispiele zeigen, hat diese auch für die Alltagsorientierung einen großen Stellenwert. Anders als bei den Jugendlichen aus dem städtischen Umfeld gibt es auch eine größere Rolle der Soaps in der Anschlusskommunikation. Allerdings kann im Zusammenhang der festgestellten Orientierungsleistung der Soaps das Alter nicht unberücksichtigt bleiben. Die meisten der 13-jährigen Mädchen hatten erst vor kurzem Geburtstag. Die Beispiele aus ihrer Rezeption erlauben es, exemplarisch den Entwicklungspunkt aufzusuchen, an dem sich die realitäts- und fiktionsorientierte Haltung als relevante Unterscheidungsgröße herauszubilden beginnt. Im sechsten Kapitel wird dieser Aspekt mit Blick auf die Wahrnehmung der Daily Talks und von *Big Brother* noch einmal vertieft werden.

Was die Ausbildung der realitäts- und fiktionsorientierten Lesartenmodelle anbelangt, so machen alle Interviews mit den Mädchen altersunabhängig auf die Rolle und Bedeutung der Charaktere und Darsteller aufmerksam. Das character reading nimmt im Rahmen der realitäts- und fiktionsorientierten Haltung eine entscheidende Mittlerposition ein. Für die Realitätsorientierung am wichtigsten sind dabei die Liebes- und Beziehungsthemen in den Soaps. Diese werden u.a. aus der Perspektive der emotionalen Beteiligung erlebt und vor dem Hintergrund lebensweltlicher Erfahrungen durchaus auch realitätsorientiert gewertet und auf ihre Wahrscheinlichkeit geprüft.

2.4.4 Zur Modellbildung der Rezeptionshaltungen

Zum Abschluss dieses Kapitels sollen die zentralen Ergebnisse aus den bisherigen Untersuchungsteilen zur Daily-Soap-Aneignung noch einmal mit Blick auf die Herausbildung der Rezeptionsweisen zusammengefasst werden. Dazu soll zunächst anhand einer weiteren Abbildung auf die in der Untersuchung angetroffenen Kombinationen der Rezeptionsdimensionen verwiesen werden. Im Unterschied zur Abb. 2.4.1, die der Darstellung der einzelnen Dimensionen galt, ist die folgende Abbildung auf den Prozess der Rezeption gerichtet. Die Abbildung zeigt eine schematische Darstellung der Rezeptionsweisen, wie sie sich aus der Perspektive der Jugendlichen ergeben haben.

Abb. 2.4.3: Rezeptionsweisen im Prozess der Rezeption

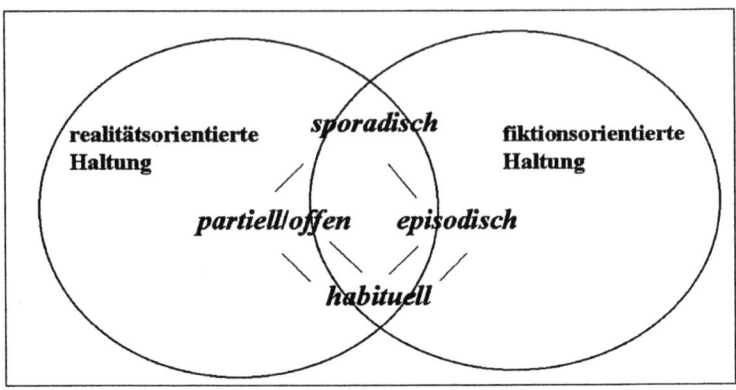

Die Verbindungslinien zwischen den jeweiligen Dimensionen beziehen sich auf die in der Untersuchung am häufigsten anzutreffenden Rezeptionsweisen, und zwar bezogen auf die Ergebnisse der Gruppendiskussionen und der Einzelinterviews. Im Fall der habituellen und episodischen Lesart verdeutlichen die parallelen Linien, dass in der Rezeption das Gewicht auf einer fiktionsorientierten Haltung liegt, wiewohl es eine Schnittmenge mit der realitätsorientierten Perspektive gibt. Bei den Einzelinterviews ist diese Rezeptionsweise am deutlichsten bei den Mädchen eines Gymnasiums anzutreffen, die aus dem ländlichen Raum stammen (Kap. 2.4.3.3.7 bis 2.4.3.3.11) Im Fall der sporadischen und partiellen Lesart ist die realitätsorientierte Haltung dominant. Das gilt sowohl bei den gemischten Gruppen (vgl. u.a. Kap. 2.4.2.3.1 und 2.4.2.3.2) als auch bei den Einzelinterviews (vor allem Kap. 2.4.3.3.1 und 2.4.3.3.2).

In dieser schematischen Darstellung fällt auf, dass es keine Kombination gibt, die sich ausschließlich in der Dimension der Fiktionsorientierung bewegt. Das verdeutlicht noch einmal, dass in der Rezeption fiktionaler Angebote die Ebenen ineinander verschränkt sind und eine realitätsorientierte Haltung, aus der sich unter anderem die Kritik an der unwahrscheinlichen Wirklichkeit der Soaps speist, mit Blick auf die Lesart, die die Darsteller und ihre Rollen erfahren, dennoch fiktionsorientiert sein kann. Daraus ergibt sich eine für die Überprüfung des Entwicklungs- bzw. Umschlagspunktes in der Ausbildung der fiktions- und realitätsorientierten Rezeptionsweise spannende These, die 'besagt, dass im Vergleich mit den Rezeptionsdimensionen der Daily Talks eine Funktionsgleichheit der Genres ausgeschlossen werden kann. Oder anders gesprochen, da die Talks über keine fiktionale Ebene verfügen, ist die Bewertung und die Lesart des Genres in einer anderen Weise auf der Ebene der Realitätsorientierung zu verorten, was auch die Notwendigkeit der Nutzung und Thematisierung weiterer Rezeptionsdimensionen erfordert, die für dieses Genre daher mit einer dichotomen Ausrichtung zu veranschlagen sind. Die Anlage der beiden in dieser Studie genutzten genretypischen Rezeptionsmodelle schließt sich nicht gegenseitig aus, sondern ist jeweils als genrespezifische Realisierung zu werten, die eine Rekonstruktion aus der Perspektive der Rezeption darstellt.

Die in dieser Rezeptionsanalyse festgestellten Dimensionen stellen auch eine Erweiterung der Ergebnisse aus zwei aktuellen Rezeptionsstudien zu Serien und Daily Soaps von Theunert/Gebel (2000) und Götz (2000) dar. Sowohl in der von Theunert/Gebel herausgegebenen Studie zu Serien und Soaps[47] als auch in der Studie von Götz zu Daily Soaps findet die von uns festgestellte Tatsache der Ausbildung von Genrekompetenz in Hinblick auf die Unterscheidung von Fiktionalität und Realitätsdarstellung keine weitergehende Berücksichtigung. Trotz der sich überlappenden Gegenstandsbereiche handelt es sich um Studien mit deutlich unterschiedlicher Konzeption und methodischer Anlage der Untersuchung. Für die Vergleichbarkeit und Übertragbarkeit der Ergebnisse hat das nicht geringe Konsequenzen, was nicht nur an einer unterschiedlichen Typenbildung, sondern auch an der den Bewertungen zur Rolle und Funktion der Genres vorausgehenden forschungsleitenden Fragen und Wertmaßstäben liegt.

Die vorliegende Studie stellt dadurch eine Erweiterung der Perspektive dar, da sie die Rezeption von fiktionalen und non-fiktionalen Genres behandelt, und auf diese Art zu einer Überprüfung der anhand von verschiedenen Genres gefundenen Typen von Rezeptions- und Aneignungsweisen gelangt.

---

47 Diese Studie bezieht neben Serien und täglichen Serien auch Comedies und Reihen wie *Tatort* mit ein.

3. Talkshows im Alltag von Jugendlichen: Zusammenfassung der ‚Talkshow-Studie'[1]

Ingrid Paus-Haase und Uwe Hasebrink

3.1 Zum Gegenstand der Studie

Gegenstand der Studie sind die täglich angebotenen Talkshows in Deutschland. Es geht damit um eine Untergruppe derjenigen Fernsehangebote, die in einer 1997 veröffentlichten Vorläuferstudie unter dem Obertitel „Affektfernsehen" zusammengefasst wurden (Bente/Fromm 1997). Als gemeinsame Merkmale der dem Affektfernsehen zugerechneten Sendungen wurden dort aufgeführt:

* Personalisierung,
* Authentizität des Dargestellten,
* Intimisierung und
* Emotionalisierung.

Diese Aspekte spielen gerade bei jungen Menschen, die sich noch in der Identitätsentwicklung befinden, eine zentrale Rolle. So stellt sich die Frage nach dem Einfluss dieser Angebote. Entsprechend lautete die Forschungsfrage der Untersuchung, inwieweit „sich bei Jugendlichen (im Alter von 12 bis 17 Jahren), die tägliche Talkshows mehr als nur gelegentlich ansehen, die Wahrnehmung und die Einschätzung der Wirklichkeit sowie das Menschenbild verändert und ob sich möglicherweise bestimmte Nutzungsmuster ausprägen". Die Studie ist damit im Kontext einer öffentlichen Debatte um Daily Talks zu sehen, die in den Jahren 1998 und 1999 große Teile des fernsehbezogenen Diskurses mitgeprägt hat. Sie bekam ihre Brisanz durch eine Wirkungsvermutung, der zufolge das durch Emotionalisierung, durch die Veröffentlichung des Intimen, durch den Wettbewerb um immer neue Sensationen

---

1 Paus-Haase/ Hasebrink/ Mattusch/ Keuneke/ Krotz (1999).

und Abstrusitäten geprägte Talkshow-Angebot infolge seiner flächendecken-
den Präsenz, seines täglichen Ausstrahlungsrhythmus und der diesem Genre
eigenen inszenierten Authentizität des Dargestellten mit besonders hoher
Wahrscheinlichkeit Auswirkungen auf die Realitätswahrnehmung von Jugendlichen haben kann. Befürchtet wurde, dass Auswirkungen dieser Art insbesondere bei Heranwachsenden zu beobachten seien, die häufig Daily Talks
sehen, die also ihre Informationen z.B. über zwischenmenschliche Beziehungen zu einem großen Teil aus diesen Sendungen beziehen.

3.2 Design der Untersuchung:
Jugendliche kamen selbst zu Wort

Um der Komplexität der Zusammenhänge von Talkshownutzung und Alltagswirklichkeit gerecht werden zu können und die Art des Umgangs der
Jugendlichen mit Talkshows so differenziert wie möglich zu erfassen, erschien es wichtig, die Jugendlichen selbst zu Wort kommen zu lassen. Trotz
der bereits lang anhaltenden Diskussion um die Talkshows lagen kaum
Stimmen von Jugendlichen vor, aus denen gelernt werden könnte, wie ihre
Perspektive auf diese Sendungen aussieht. Um diese Zielsetzungen zu erreichen, wurde folgendes mehrstufige Untersuchungsdesign entwickelt, das als
Triangulation angelegt (Denzin 1989, Flick 1995, Paus-Haase 1998), pro-
dukt- und rezeptionsbezogene, quantitative und qualitative Untersuchungsschritte umfasste und damit zu einer gegenseitigen Validierung von Theorien,
Methoden und Forscherperspektiven beitragen konnte:

• eine exemplarische Formatanalyse ausgewählter Talkshows im Hinblick
  auf ihre Dramaturgie, auf die Art der Zuschaueransprache und der The-
  menbearbeitung;
• als Basisinformation über die Reichweite der Talkshows in der fraglichen
  Altersgruppe eine Sekundäranalyse von GfK-Messungen in den Jahren
  1997 und 1998;
• einen umfassenden qualitativen Untersuchungsteil bestehend aus 1) Gruppendiskussionen mit insgesamt 120 Jugendlichen, 2) darauf aufbauend
  Einzelinterviews mit 53 ausgewählten Jugendlichen – einerseits ‚Fans‘ der
  Talkshows, andererseits ‚gelegentliche‘ Nutzer –, 3) daran wiederum an-
  knüpfend 28 vertiefenden Einzelfallanalysen mit denjenigen Befragten,
  die sich als Talkshow-‚Fans‘ bezeichnen lassen und anhand derer verschiedene Typen des Umgangs mit diesen Formaten ermittelt wurden und
• eine für die Gruppe der 12- bis 17-Jährigen in der Bundesrepublik
  Deutschland repräsentative Befragung bei 657 Jugendlichen über ihren
  Umgang mit den Talkshows, über ihre Nutzungsmotive und Wahrneh-

mungen der Themen und Moderator(inn)en sowie über verschiedene Aspekte der Realitätswahrnehmung.[2]

Der Schwerpunkt der Zusammenfassung liegt auf der Ebene der Rezeption, wobei insbesondere die unterschiedlichen Rezeptionsweisen junger Talkshownutzer, ihre spezifischen Medienhandlungsweisen als zentrales Ergebnis der qualitativen Studien, im Mittelpunkt der Betrachtung stehen. Zuvor soll jedoch auf Basis der Ergebnisse der Produktanalyse der Frage nachgegangen werden, welche Merkmale dieses Genre für seine jugendlichen Rezipienten attraktiv macht. Einige aktualisierte Ergebnisse der GfK-Datenanalyse und der repräsentativen Studie geben Auskunft über die Nutzungshäufigkeiten und den Favoritenstatus unterschiedlicher Talkshows; sie lassen erkennen, welche Themen angeboten werden und welche davon die Jugendlichen präferieren.

3.3 Produktanalyse: Daily Talks bieten unterschiedliche ‚Lesarten‘ an

Die Produktanalyse der Daily Talks zeigt, dass dieses Genre geprägt wird durch ein Wechselspiel zwischen Authentizität und Inszenierung.[3] Dieses Wechselspiel entsteht zum einen aus einem gestalteten Handlungsraum und festgelegten Abläufen, zum anderen wird es durch das Auftreten von nicht-professionellen Personen geprägt, die im Gegensatz zur sonst üblicherweise vertretenen Prominenz eine große Nähe zur Alltagsrealität erkennen lassen. In den Daily Talks treten Menschen auf, die dort mehr oder weniger ‚Alltagsprobleme‘ verhandeln. Die Gäste sind keine Medienstars, die in der Lage sind, in unterschiedliche Rollen zu schlüpfen und sich selbst zu inszenieren, das heißt dem Publikum etwas „vorspielen" zu können. In den täglichen Talkshows wird im Medienraum „Fernsehen" ein Feld erschlossen, das nicht nur für bestimmte Personengruppen reserviert ist, sondern potenziell für Jede und Jeden zugänglich ist. Um so mehr erscheint das Moment der Inszenierung zentral. Ihm obliegt es, den Anschein von Authentizität, stimmiger Alltagsnähe, zu erzeugen, einen starken Bezug zur vertrauten Alltagsrealität herzustellen. Um diesen Effekt zu erzielen, sind Inszenierungsweisen nötig,

---

2   Aufgrund der weiterhin dynamischen Entwicklung auf der Angebotsseite ist der Zeitpunkt der Untersuchungsschritte für die Interpretation relevant: Die qualitativen Untersuchungsschritte wurden im Frühjahr/Frühsommer 1998 durchgeführt, zu einem Zeitpunkt, da *Andreas Türck* gerade erst startete und *Birte Karalus* noch nicht auf Sendung war. Die Formatanalysen sowie die Repräsentativbefragung (Feldzeit: 30.11. bis 19.12.1998) beziehen sich auf die Phase nach dem Start von *Birte Karalus*, berücksichtigen aber noch nicht die erst 1999 gestarteten Formate *Nicole* und *Sabrina*.

3   Siehe zum Folgenden auch: Hasebrink/ Paus-Haase/ Mattusch (2000).

die ihrerseits schon durch die Rahmeninszenierung der Sendung und deren Darstellungsmittel den Charakter des Realitätsnahen relativieren können.

Im Hinblick auf ihre Gestaltungsmittel lassen sich Talkshows auf der einen Seite als informationsorientierte, nicht-szenisch aufbereitete Sendungen klassifizieren; auf der anderen Seite weisen große Teile der Sendungen deutliche Showmerkmale auf, die dem Bereich Unterhaltungssendungen zuzuordnen sind. Daily Talks operieren also mit einem Set von Gestaltungsmitteln und Umsetzungsformen, die zwischen Authentizität und Inszenierung oszillieren. Während sich z.B. Nachrichtensendungen durch Studiogestaltung (Farbgebung, Raumaufteilung, Bildeinblendungen etc.), Sprecher und Sprache sowie Bewegungsabläufe relativ deutlich von Unterhaltungsshows abgrenzen lassen, sind Talkshows durch einen Mix unterschiedlicher Elemente zu beschreiben; sie bedienen sich dabei einer Anleihe aus unterhaltenden und informierenden Genres. So operieren Daily Talks etwa mit einem visuellen Szenario, das sich durch einen gestalteten Studioraum (Zuschauerraum und Gästebühne, durchgestylte Farbgebung, in der die Farben des Sendungslogos im Studiodesign wieder aufgegriffen werden) auszeichnet und häufig auch mit kameratechnischen Mitteln eigene ästhetische Ebenen erschließt. Darüber hinaus finden in diesen Sendungen sehr sorgfältig vorbereitete, „inszenierte" Gespräche statt; schließlich sind weder die Gesprächspartner einer Runde noch deren Themen zufällig oder gar beliebig. Sie werden vielmehr – je nach Sendungskonzept – nach ihrer jeweiligen Attraktivität für das verhandelte Thema ausgewählt.

Auch die Gespräche selbst erweisen sich in ausgeprägter Weise durch Gästeauswahl, Themenstellung und Sendungsablauf sowie wiederkehrende Handlungsrituale als vorstrukturiert. Dieser die Daily Talks charakterisierende Inszenierungscharakter lässt nicht nur auf eine deutliche Unterhaltungsorientierung, von der ja auch andere Informationssendungen durchdrungen sind, schließen. Es kommt hinzu, dass das Ereignis ‚Gespräch' gemessen an dem, was sonst die Bildschirme dominiert, eher unspektakulär ist. Durch den Einsatz von Kameraschwenks, Kamerafahrten, Schulter- und Galgenkamera lässt sich auch bei spärlich bewegten Ereignissen, wie Gespräche dies in der Regel sind, Dynamik erzeugen.

Die Daily Talks bieten in diesen Inszenierungsweisen ihren jugendlichen Rezipienten unterschiedliche ‚Lesarten' an; so können sie einerseits als „echte" Gespräche wahrgenommen werden, andererseits erlauben die täglichen Talkshows auch die Sichtweise, dass es sich bei ihnen um „gespielte" Darstellungen handelt. In diesem Kontext verwundert es nicht, dass einige Talkshows, allen voran *Arabella* und *Andreas Türck*, aber auch *Bärbel Schäfer* und *Sonja* für Jugendliche attraktive Angebote darstellen; sie erzielen unter den Jugendlichen deutlich höhere Marktanteile als die anderen Talk-Formate. Es ist zu beobachten, dass sich diese Formate sowohl in ihrer Gestaltung, ihren Themen, in der Auswahl der Gesprächsgäste als auch ihrem Moderatorenprofil an typischen Jugendprogrammen orientieren. Die Ausrichtung auf Jugendliche als Talkshow-Konsumenten ist seit 1999 verstärkt zu beobachten. So wurde auf das für Jugendliche gänzlich unattraktive Format *Ilona Christen* verzichtet; auch die Neustarts der eher jung anmutenden und zum Teil explizit an die Ästhetik von Musikvideo-Kanälen angelehnten Formate *Nicole*, *Ricky!*, *Sabrina* und *Oliver-Geissen-Show*, die allerdings mittlerweile zum Teil bereits wieder aus dem Programm genommen wurden, können die These einer zunehmenden Jugendorientierung der Daily Talks untermauern.

3.4 Nutzungsdaten: Daily Talks – Attraktive Angebote vor allem für Mädchen

Auch wenn Jugendliche im Publikum der Talkshows in der Minderheit sind, so stellen doch zumindest einige dieser Shows offensichtlich attraktive Angebote für Jugendliche dar. Dies zeigen folgende ausgewählte Ergebnisse: Fast allen Jugendlichen sind Talkshows bekannt, und knapp drei Viertel (73,5%) sehen sich zumindest gelegentlich die eine oder andere an – das heißt andererseits, dass ein gutes Viertel angibt, niemals Talkshows zu sehen. Auf der Grundlage der Repräsentativbefragung lässt sich insgesamt schätzen, dass 12- bis 17-Jährige pro Woche Kontakt mit durchschnittlich etwa 4,5 Talkshow-Ausgaben haben – dabei sind auch die Kontakte berücksichtigt, die beim Parallelsehen zweier Shows zustande kommen.

Abb. 3.1: Reichweiten der Talkshows bei 12- bis 17-Jährigen im zeitlichen Verlauf

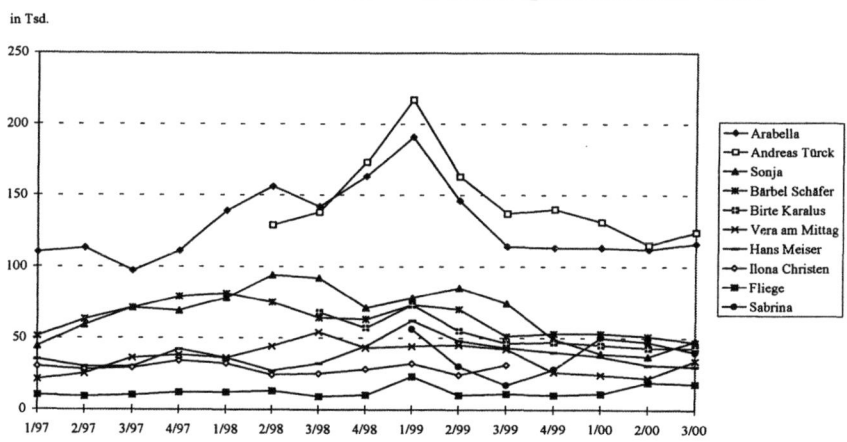

141

Allerdings zeigt eine Auswertung der Reichweitenentwicklung über die Jahre hinweg, dass die Reichweiten der Talkshows Ende 1998 bzw. Anfang 1999 einen auffallenden Höhepunkt erreicht hatten, den sie seitdem bei weitem nicht mehr erreichen (siehe Abb. 3.1). Mit dem dritten bzw. vierten Quartal 1999 sinkt die Reichweite so gut wie aller Formate mit einem Schlag recht deutlich, bleibt seitdem aber wieder einigermaßen stabil. Dies mag dafür sprechen, dass die breite Debatte um die Talkshows, die 1998 für Furore sorgte, diesen Sendungen kurzfristig eine ganz besondere Aufmerksamkeit verschafft hat; seit damals scheint sich die Lage insofern ‚normalisiert' zu haben, als sich nun weniger Jugendliche als zuvor diesen Sendungen zuwenden.

Die beiden ProSieben-Formate *Arabella* und *Andreas Türck* stehen in der Gunst der Jugendlichen von Beginn an klar an der Spitze; laut GfK erreichten sie im vierten Quartal 1998 durchschnittlich knapp 30 Prozent Marktanteil, im dritten Quartal 2000 noch um die 22 Prozent. In der Repräsentativ-Befragung vom Jahresende 1998 gab jeweils rund ein Viertel der Jugendlichen an, diese beiden Sendungen mindestens „mehrmals pro Woche" zu sehen.

Tabelle 3.1: **Lieblings-Talkshows der 12- bis 17-Jährigen**
(in Prozent der Talkshow-Nutzer, nur eine Nennung war möglich)

	Gesamt	12-13 J.	14-15 J.	16-17 J.	Jungen	Mädchen
Zahl der Befragten	n=483	n=136	n=165	n=182	n=222	n=261
Arabella	34,8	27,9	39,4	35,7	31,5	37,5
Andreas Türck	19,9	18,4	21,8	19,2	21,2	18,8
Bärbel Schäfer	7,2	6,6	10,3	4,9	5,4	8,8
Sonja	5,4	5,9	4,8	5,5	4,1	6,5
Hans Meiser	3,7	3,7	3,6	3,8	4,5	3,1
Fliege	1,7	2,2	1,2	1,6	2,3	1,1
Jörg Pilawa	1,4	2,2	0,6	1,6	0,5	2,3
Mensch, Ohrner!	1,4	2,2	0,6	1,6	2,7	0,4
Ilona Christen	1,2	2,9	0,0	1,1	0,9	1,5
Vera am Mittag	0,8	1,5	1,2	0,0	1,8	0,0
Birte Karalus	0,6	1,5	0,0	0,5	0,5	0,8
Keine Lieblingsshow	21,7	25,0	16,4	24,2	24,8	19,2

Liegen diese beiden Formate im Hinblick auf die Nutzungshäufigkeit meist gleichauf, so erweist sich *Arabella* bei der Frage nach der Lieblings-Talkshow als eindeutiger Favorit: 35 Prozent aller Jugendlichen, die zumindest ab und zu Talkshows nutzen, bezeichnen *Arabella* als ihre Lieblingsshow (siehe Tabelle 3.1). Nach diesen beiden Spitzenreitern folgen mit deutlichem Abstand die Formate *Bärbel Schäfer* und *Sonja*. Bei den dann folgenden Formaten *Vera am Mittag* und *Birte Karalus* ist zu beobachten, dass diese zwar noch recht oft genutzt werden, aber auf die direkte Frage nach der

Lieblingssendung so gut wie nie genannt werden. *Ilona Christen, Fliege* und *Mensch, Ohrner!*[4] stoßen bei den Jugendlichen auf fast keinerlei Interesse.

Durch alle Untersuchungsschritte hindurch lässt sich beobachten, dass Talkshows für Mädchen eine größere Bedeutung haben als für Jungen. Unter den Mädchen gibt es weniger Nicht-Nutzer (21%) als unter den Jungen (32%), und im Schnitt haben Mädchen Kontakt mit 5,4 Talkshows pro Woche, Jungen nur mit 3,5.

Die hohen Werte für *Arabella* und *Andreas Türck* kommen insbesondere durch die Mädchen zustande (siehe Tabelle 3.2): Jeweils rund ein Drittel der 12- bis 17-jährigen Mädchen sieht mindestens mehrmals pro Woche diese Sendungen – dieser Anteil liegt doppelt so hoch wie bei den Jungen. Auch bei *Birte Karalus, Sonja* und *Bärbel Schäfer* ist die Nutzungshäufigkeit der Mädchen deutlich höher. Ein umgekehrtes Verhältnis ist bei keiner Show zu beobachten, so dass insgesamt festgehalten werden kann, dass Mädchen weitaus häufiger Talkshows nutzen als Jungen.

Tabelle 3.2: Nutzungshäufigkeit der Talkshows bei 12- bis 17-Jährigen (Prozentanteil der Befragten, die angaben, die betreffende Show „mehrmals pro Woche" oder „(fast) täglich" zu sehen; die übrigen Antwortkategorien lauteten „mehrmals pro Monat", „seltener", „nie" sowie „Show unbekannt")

	Gesamt	12-13 J.	14-15 J.	16-17 J.	Jungen	Mädchen
Zahl der Befragten	N=657	n=212	n=221	n=224	n=327	n=330
Arabella	25,7	20,2	29,4	27,3	17,1	34,2
Andreas Türck	23,8	17,9	25,3	27,6	15,6	31,8
Sonja	8,8	8,0	11,3	7,1	6,1	11,5
Bärbel Schäfer	8,4	8,9	9,5	6,7	6,4	10,3
Birte Karalus	4,9	5,2	5,4	4,0	3,1	6,7
Vera am Mittag	4,2	4,7	4,5	3,6	4,3	4,2
Hans Meiser	3,8	3,8	4,5	3,1	3,0	4,5
Jörg Pilawa	3,8	4,7	3,7	3,1	2,7	4,8
Ilona Christen	3,2	3,8	2,8	3,1	2,7	3,6
Fliege	2,1	2,8	2,5	1,3	2,1	2,1
Mensch, Ohrner!	1,7	1,9	1,0	2,2	1,5	1,8

Im Kontext der Gesamtfernsehnutzung wird dennoch deutlich, dass die Jugendlichen keinesfalls Daily Talks insgesamt als ihre Lieblingssendungen favorisieren. Vielmehr sind es bei den Mädchen die Daily Soaps, bei den Jungen Zeichentrick, Action- und Science-Fiction-Serien sowie Sport. Dabei ist die Nutzung der Talkshows offensichtlich Bestandteil eines generellen Interesses an Fernsehangeboten, in denen es in erster Linie um die alltagsnahe Behandlung von Beziehungsthemen geht: Häufige Talkshownutzer mögen auch besonders gern Daily Soaps, Beziehungsshows und Boulevardmagazine. Der Spitzenreiter unter den beliebtesten Sendungen ist die Daily Soap

---

4   Zum Zeitpunkt der Erhebungen im Laufe des Jahres 1998 noch auf Sendung.

Gute Zeiten, schlechte Zeiten, die von mehr als einem Viertel der Befragten als Lieblingssendung angegeben wurde.

Wirft man einen Blick auf die Themen, die Jugendliche in Daily Talks favorisieren, wird bereits auf der Basis der GfK-Daten-Auswertungen deutlich, dass junge Leute die Talkshows themenorientiert nutzen: Dabei stehen die meist als potenzielle „Quotenbringer" diskutierten Themen ‚Sexualität' oder ‚Kriminalität' gerade nicht im Vordergrund, Letzteres geht sogar mit Zuschauerverlusten einher. Attraktiv für die Jugendlichen sind eher die „jugendgerecht" und kaum anstößig anmutenden Themen ‚Schule', ‚Jugendspezifisches', ‚Körper/Schönheit/Mode' sowie zusätzlich der Bereich der ‚Ungewöhnlichen Lebensstile'.

Auch in der Repräsentativbefragung zeigt sich, dass das größte Interesse der jugendlichen Rezipienten zwei Themenbereichen gilt, die im tatsächlichen Angebot vergleichsweise selten vorkommen: den Jugend- und Musikthemen. Erst nach dem ebenfalls selten vorkommenden Thema ‚Beruf/Karriere' folgen die Themen, die einen Großteil der Talkshows prägen: ‚Partnerschaft', ‚Körper/Schönheit/Mode' sowie ‚Sexualität'. Themen aus Religion, Gesellschaft, Politik und Kultur interessieren am wenigsten. Der Bereich ‚Körper/Schönheit/Mode' ist für Mädchen von ungleich größerem Interesse als für die Jungen. Auch bei den meisten anderen Kategorien zeigen Mädchen ein stärkeres Interesse, Ausnahmen sind ‚Gesellschaft/Politik' sowie die Kategorie ‚Männerthemen'. Bei vielen der Themen lassen sich auch starke entwicklungsbezogene Unterschiede zwischen den Altersgruppen feststellen. So sinkt das Interesse an ‚Eltern/Kind-Beziehungen' und ‚Familie', während Themen wie ‚Ungewöhnliche Lebensstile', ‚Beruf/Karriere', ‚Sexualität', ‚Gesellschaft/Politik' mit zunehmendem Alter auf größeres Interesse stoßen.

Von den Talkshow-Nutzern meinen 30 Prozent, es gebe Themen, die nicht in einer Talkshow behandelt werden sollten. Als Beispiele werden in jeweils rund einem Viertel der Fälle Verletzungen der Privatsphäre sowie der Bereich Sexualität/Pornographie genannt. Interessant ist dabei, dass gerade die häufigeren Talkshow-Nutzer eher der Meinung sind, dass nicht alles möglich sein sollte; dies widerspricht einem denkbaren Gewöhnungseffekt dahingehend, dass häufige Nutzer gegenüber dem Angebot abstumpfen bzw. gerade immer extremere Darstellungen wünschen. Die Erklärung für diesen Befund könnte in der Beobachtung aus der qualitativen Untersuchung liegen, wonach gerade diejenigen, die in den Talkshows Orientierung suchen und diese daher auch besonders häufig nutzen, extreme Themen und Darstellungen ablehnen, weil sie ihrem Wunsch nach einer ernsthaften und sachorientierten Auseinandersetzung widersprechen.

Unentschieden sind die befragten Jugendlichen hinsichtlich der beiden Fragen, ob es in den Talkshows viel zu häufig um Sex gehe bzw. ob Talkshows tagsüber keine Sex-Themen behandeln sollten. Mehr Zustimmung findet das Statement, dass in den Shows häufig über Themen gesprochen wird, die für Kinder nicht geeignet sind. Wirft man einen Blick auf die Wunschthemen der Jugendlichen, zeigt sich,[5] dass die jungen Rezipienten vor allem Jugendthemen favorisieren; im Mittelpunkt steht der Wunsch nach lebensweltlichen Bezügen. Heranwachsende möchten ihre Alltagsanliegen in Daily Talks verhandelt wissen. Im Vordergrund steht dabei das Thema ‚Schule' sowie der Aspekt ‚Gewalt an Schulen'.

3.5 Methode und Materialbasis der qualitativen Studien

Den qualitativen Studien liegen Gruppendiskussionen und Einzelinterviews zugrunde. Das Ziel der Gruppendiskussionen bestand einerseits darin, durch die für eine qualitative Befragung relativ hohe Fallzahl (n=120) einen Überblick über die Umgangsweisen der Jugendlichen mit Talkshows zu gewinnen; andererseits sollte – in Abgrenzung zu den Einzelinterviews – der Relevanz von Peer-Group-Kontakten für die Nutzung und Bewertung von Daily Talks nachgegangen werden. In diesem Sinne wurden insgesamt 15 Gruppen zusammengestellt, acht davon hinsichtlich des Alters, des Geschlechts und des Bildungsstands homogen; bei sieben mischen sich diese Faktoren auf unterschiedliche Weise. Um bei der Analyse der Diskussionen möglichst viele Aspekte differenzieren und dennoch den sich organisch entwickelnden Gruppendiskussionen gerecht werden zu können, erschien es sinnvoll, sowohl eine fokussierende als auch eine kontextuelle Auswertung des Materials zu leisten. Bei der fokussierenden Analyse galt die Aufmerksamkeit bestimmten Aspekten der Diskussionen, die vor dem Hintergrund der Forschungsfrage relevant erschienen: Wie schätzen die Jugendlichen das Geschehen in den Daily Talks ein, wie nehmen sie die Themenauswahl wahr, welche Konstruktionen errichten sie in Bezug auf die Moderatoren, welches Bild machen sie sich von den Gästen? etc. Den inneren Zusammenhängen der Gruppendiskussionen hingegen widmeten sich die kontextuellen Analysen, bei denen jeweils *ein* Gespräch den Untersuchungsgegenstand darstellt. Auf dieser Analyseebene ging es – im Gegensatz zu der ersten – nicht um das Allgemeine, sondern um das Besondere: Es sollte exemplarisch herausgearbeitet werden, wie der Umgang Jugendlicher mit Talkshows von individuellen (Gruppen-)Merkmalen beeinflusst wird.

Dazu bot sich im ersten Schritt der Analyse der Gruppendiskussionen die computergestützte qualitative Analysemethode ‚winMAX' an.[6] Die Einzelinterviews (n=53), es wurde zwischen Talkshow-Fans und gelegentlichen

---

5   Diese Aussagen beziehen sich auf die Einzelinterviews im Rahmen der qualitativen Erhebung. In diesem Kontext waren die Probanden nach ihren Wünschen an Talkshows gefragt worden.
6   Siehe dazu Kap. 5.3.

Nutzern unterschieden, wurden nach der Transkription ebenfalls mit Hilfe von winMAX ausgewertet. Sie dienten dazu, stärker individuell geprägte Sichtweisen von jugendlichen Rezipienten auf Talkshows kennen zu lernen. Die lebensweltlich orientierten Interviews mit Talkshow-Fans (n=28) hingegen dienten als Material zur Bildung von Fallstudien, die auf Basis einer hermeneutischen Interpretation erstellt, zur Bildung der Medienhandlungstypen herangezogen wurden.

Als Interviewstandorte wurden eine Großstadt im Norden Deutschlands, ein ländliches Einzugsgebiet in Niedersachsen, eine Stadt im Westen Nordrhein-Westfalens sowie eine Großstadt in Sachsen-Anhalt gewählt.[7] Auf Basis der Einzelfallanalysen wurde eine Typologie von Medienumgangsweisen Jugendlicher mit Daily Talks erarbeitet. Bei der vorliegenden Typenbildung handelt es sich um empirisch erfasste Typen, mithin ‚Realtypen', die sich aus der breit angelegten Materialinterpretation der 28 Einzelfallbeispiele herausgebildet haben.[8] Als erster Schritt der vorliegenden Typenbildung erfolgte die Auswertung der Fallbeispiele, die die Zusammenhänge zwischen der lebensweltlichen Situation, der Rezeption von Daily Talks und den Fremd- und Selbstkonstruktionen der Jugendlichen beleuchten. Die entsprechenden Probanden waren zur Erstellung der Fallbeispiele im Anschluss an die Einzelinterviews zusätzlich zu folgenden Bereichen befragt worden: familiale Situation (Wohnsituation, Beziehungen zu Eltern/evtl. zu Geschwistern); außerfamiliäre Beziehungen (Freunde, Peers, evtl. Partner); Verhältnis zur Schule; Freizeitgestaltung sowie typischer Tagesablauf. Für die Einzelfallanalyse wurde eine Matrix entwickelt, die den individuellen Daten eine Struktur verleiht und sie so vergleichbar gestaltet.[9]

3.6 Ausgewählte Ergebnisse der qualitativen Studien: Die Medienhandlungstypen

Der kurze Einblick in ausgewählte Ergebnisse der repräsentativen Erhebung zeigt bereits, dass tägliche Talkshows für die Altersgruppe der 12- bis 17-Jährigen an Bedeutung gewonnen haben, wenn auch keinesfalls die Daily Talks die Lieblingssendungen dieser Altersgruppe darstellen. Insbesondere

---

7 Siehe dazu ausführlicher: Paus-Haase/ Hasebrink/ Mattusch/ Keuneke/ Krotz, S. 138f.
8 Sie unterscheidet sich damit von Webers Methode des idealtypischen Verstehens, die gemeinhin als „Königsweg des typologischen Verstehens" (Gerhardt 1995, S. 436) gilt. Dabei erfolgt Typenbildung „durch Nachvollziehen und Verstehen jeweils verschiedener, individueller, komplexer und realer Zusammenhänge" (Fachschaftsrat Soziologie der Universität Mainz 1984, S. 72); sie stützt sich auf Kriterien der Sinnadäquanz der jeweiligen Erklärungen (Gerhardt 1995, S. 436). Dabei geht es im Unterschied zu der in der Talkshow-Studie vorliegenden Typenbildung um das Prinzip typologischen Verstehens, eine empirische Analyse liegt ihr nicht zugrunde.
9 Siehe Paus-Haase/ Hasebrink/ Mattusch/ Keuneke/ Krotz, S. 257.

die qualitativen Studien erlaubten es, der Komplexität der Talkshownutzung weiter nachzuspüren und Zusammenhänge zur Lebenswelt der Heranwachsenden aufzudecken. Danach gewinnen für Jugendliche in der Präpubertät bzw. der Pubertät die vielfältigen Orientierungsangebote der Daily Talks – im Vordergrund stehen dabei die Formate *Arabella*, *Bärbel Schäfer*, *Sonja* und *Andreas Türck* – eine zentrale Bedeutung. Junge Menschen sind in dieser wichtigen Lebensphase in besonderer Weise herausgefordert, ihre Identitätsgenese als Junge bzw. als Mädchen in der Ausbalancierung innerer wie äußerer Anforderungen im Rahmen ihrer Entwicklungsaufgaben zu betreiben; sie ziehen dazu in differenzierter Weise Talkshowangebote heran.

Aus dem empirischen Material der qualitativen Studien haben sich zentrale Interpretationsdimensionen herauskristallisiert, die die Medienhandlungsweisen von Jugendlichen mit Daily Talks im Einzelnen beschreiben.[10] Danach sind die Rezeptionsweisen der Befragten mit Talkshows den folgenden vier Grundmustern zuzuordnen, die sich jeweils innerhalb von zwei gegensätzlichen Polen bewegen und graduell unterschiedlich ausprägen. Diese Dimensionen sind durch folgende Pole gekennzeichnet:

naive Rezeption	versus	reflektierte Rezeption
involvierende Rezeption	versus	distanzierende Rezeption
Suche nach Unterhaltung	versus	Suche nach Orientierung
positive Bewertung der Shows	versus	negative Bewertung der Shows

Unter ,*naiver Rezeption*' wurde hierbei eine Wahrnehmung von Talkshows verstanden, die an der inszenierten Oberfläche verbleibt. Jugendliche mit diesem Rezeptionsmuster verstehen das Geschehen in den Talkshows weitgehend oder ganz als Abbildung von Realität.

Diejenigen Befragten hingegen, die Daily Talks ,*reflektiert*' rezipieren, zeigen sich fähig, Inszenierungsmuster zu hinterfragen und zu durchschauen. Beispielsweise sind sie sich der rein finanziellen Interessen einiger Gäste bewusst oder erkennen und beschreiben die Versuche der Produzenten und Moderatoren, durch den Einsatz bestimmter Kunstgriffe Publikum anzuziehen.

Von ,*involvierender Rezeption*' wurde dann gesprochen, wenn die Befragten emotionale Beteiligung an den in Talkshows gezeigten Interaktionen erkennen lassen in dem Sinne, dass sie sich mit den Talkgästen identifizieren, sich parasozial mit ihnen auseinandersetzen oder zumindest die angebotenen Themen aufgreifen und weiter diskutieren. ,*Distanzierende Rezeption*' dagegen ist gekennzeichnet von einer ironischen bis aggressiven Abstandnahme. Die häufigste Form besteht darin, dass die Befragten Talkshows mit dem

---

10   Die Ergebnisse der qualitativen Studien lassen sich in wesentlichen Punkten durch die repräsentative Untersuchung stützen; siehe dazu Paus-Haase/ Hasebrink/ Mattusch/ Keuneke/ Krotz, S. 285 ff.

Motiv nutzen, sich über die Gäste lustig zu machen, bzw. es ablehnen, sie ernst zu nehmen.

Auch dies hat entscheidende Konsequenzen für den Umgang mit Daily Talks: Sich *,involvierende'* Befragte treten in einen inneren Dialog mit den angebotenen Inhalten (Personen, Themen), so dass ihre eigenen Selbst- und Weltkonzepte zum Thema werden, während *,distanziert'* rezipierende Jugendliche einer solchen Auseinandersetzung weitgehend ausweichen.

Die *,Suche nach Unterhaltung'* ließ sich dann konstatieren, wenn sich die Befragten Talkshows ihrer eigenen Aussage zufolge ansehen, um sich zu amüsieren und/oder voyeuristische Bedürfnisse zu befriedigen. Sind sie jedoch geneigt, die in den Talks vorgeführten Meinungen und Lebensstile zu überprüfen und auf sich zu beziehen, sähen sie gern ihre eigenen Probleme verhandelt oder begreifen sie Talkshows generell als Problemlöser und Ratgeber, kann von einer *,Suche nach Orientierung'* gesprochen werden.

Diese Unterscheidung gab deutlich darüber Auskunft, welche Einflüsse Daily Talks auf die Selbst- und Realitätskonstrukte der Jugendlichen gewinnen: Eine bewusste *,Suche nach Orientierung'* verweist auf eine starke innere Bereitschaft der betreffenden Jugendlichen, ihre Perspektiven an den Talkshowinhalten auszurichten, welche bei den Angehörigen der anderen Gruppe in diesem Maße nicht gegeben ist.

Bei der Frage, ob die Jugendlichen Talkshows als solche *,positiv'* oder *,negativ'* bewerten, lag der Blick vorwiegend auf den Formaten, die z.Zt. der Untersuchung tatsächlich von der entsprechenden Zielgruppe rezipiert wurden. Es handelte sich dabei um *Arabella, Andreas Türck,*[11] *Sonja* sowie *Bärbel Schäfer*. Talkshows wie *Fliege, Hans Meiser* und *Ilona Christen* werden von den Jugendlichen – bis auf wenige Ausnahmen – durchweg abgelehnt und kaum genutzt.

Es liegt auf der Hand – und dies bestätigte sich durch Selbstaussagen –, dass Befragte, die Talkshows *,positiv'* einschätzen, das entsprechende Format extensiver und intensiver nutzen als diejenigen Jugendlichen, die eine *,negative'* Haltung dazu einnehmen. Dementsprechend fällt die Wahrscheinlichkeit unterschiedlich hoch aus, dass Talkshows Einfluss auf die Selbst- und Weltkonzepte der Befragten gewinnen. Schaut man sich die unterschiedlichen Rezeptionsweisen der Jugendlichen an, so wird deutlich, dass sie sich vor allem den Polen Unterhaltung und Orientierung zuordnen lassen.

Bei den 28 untersuchten Jugendlichen ließen sich zwei Dimensionen von Medienhandlungsweisen nachweisen. Danach nutzen junge Leute das Genre

---

11 Der Talkshow *Pilawa* kam in diesem Kontext eine eher marginale Stellung zu. Da die Jugendlichen zu deren Sendezeit noch die Schule besuchen, haben sie sich nur sehr vereinzelt auf diese Show bezogen. Die Daily Talk *Andreas Türck* hingegen war zum Zeitpunkt der Gruppendiskussionen erst neu installiert worden; nur wenige Jugendliche hatten die ersten Sendungen gesehen und nahmen darauf während der Gespräche Bezug.

Daily Talks sowohl zur Unterhaltung als auch zur Information und Orientierung. Anhand der für die Codierung des Fallbeispiel-Materials entwickelten Matrix kristallisierten sich im Rahmen dieser beiden Nutzungsdimensionen aus den Einzelfallbeispielen insgesamt sechs Typen von Umgangsweisen Jugendlicher heraus, die jeweils in unterschiedlicher Kombination Daily Talks entweder zur Unterhaltung und/oder zur Information/Orientierung nutzen bzw. Ambivalenzen in ihren Medienhandlungsweisen erkennen lassen. Jeder Typ zeichnet sich durch einen spezifischen Hintergrund der betreffenden Probanden aus; des Weiteren bildet er eine typische Art von Umgangsweisen mit den ausgewählten Daily Talks sowie eine charakteristische Verarbeitungsweise aus. Einige Typen sind vorwiegend oder ausschließlich einer der beiden Geschlechtskategorien bzw. einer bestimmten Altersgruppe zuzuordnen und verweisen auf die Auseinandersetzung mit Selbstbildkonstruktionen; andere finden sich in spezifischen Umweltkonstellationen der Jugendlichen wieder und lassen sich in der Selbstverortung bzw. Auseinandersetzung mit anderen im Alltag beobachten.

Es wird offenkundig, dass Jugendliche keinesfalls stereotyp mit Talkshows umgehen, sondern sie – jeweils nach ihren spezifischen Bedürfnissen und Interessen – einsetzen, um ihren Alltag zu gestalten. Jugendlichen steht, beeinflusst durch ihr Geschlecht, ihr Alter, ihre formale Bildung sowie spezifische soziale Kontexte, ein breites Spektrum unterschiedlicher Handlungsweisen offen.

3.6.1 Daily Talks zwischen Lustigmachen und Wunsch nach Selbstverortung

Typ 1: Suche nach Amüsement – ‚oppositional reading': Lustig machen

Diese Rezeptionsweise findet sich ausschließlich bei Jungen mit formal höherer Bildung und herausragender Begabung, die relativ erwachsen auftreten und sowohl aufgrund ihrer Reflexionsfähigkeit als auch aufgrund ihres ausgeprägten Männlichkeitskonzepts naive bzw. involvierende Rezeption ablehnen. Sie weichen auf eine ausgeprägt distanzierende Rezeptionsweise (‚Lustig machen') aus. Dabei rationalisieren sie ihr eigenes Verhalten, indem sie es reflektieren und gewissermaßen von ‚außen betrachten'. Im Hinblick auf eine mögliche Beeinflussbarkeit durch Daily Talks erscheint daher diese Rezeptionsweise als relativ unverdächtig.

Typ 2: Daily Talks zwischen Entspannung und Orientierung – Suche nach Unterhaltung mit Niveau, aber auch nach Selbstverortung

Diese Rezeptionsweise findet sich bei Jungen und Mädchen gleichermaßen; sie sind zwischen 12 und 15 Jahre alt. Dementsprechend kompetent fällt ihr Umgang mit Medien aus. Gemeinsam ist allen Jugendlichen, dass sie Talkshows zur Unterhaltung nutzen, bereits während der Rezeption gemeinsam mit Eltern, Freunden oder Geschwistern die jeweiligen Präsentationsweisen insbesondere der Gäste genießen, sich jedoch nicht ausschließlich auf diesen Aspekt konzentrieren. Sie erwarten im Gegensatz zu den Jungen der eben vorgestellten Rezeptionsweise (Typ 1) von Daily Talks sehr wohl auch Orientierung, Anleitung sowie konkrete Ratschläge zu ihren handlungsleitenden Themen.

Ein weiterer Unterschied zu diesen Jungen (Typ 1) ist, dass sie sich nicht scheuen, Involvement und Emotionalität zu zeigen; sie interessieren sich für die Schicksale von Gästen und nehmen an ihnen teil, tun dies jedoch gezielt und orientiert an ihren speziellen Belangen.

Alle Jungen und Mädchen des Typs 2 gehen mit Daily Talks reflektiert um; sie ziehen sie, je nach Interesse und Bedürfnis, mal mehr zu Unterhaltung und Zeitvertreib heran, mal mehr zur Orientierung. Sie alle verlangen jedoch aufgrund ihres Alters auch nach einer Orientierung bei anstehenden Entwicklungsaufgaben. Auch dieses Muster schließt eine mögliche Beeinflussung von Jugendlichen in ihrer Wahrnehmung und Bewertung der Wirklichkeit durch Daily Talks weitgehend aus.

Den Angehörigen des Medienhandlungstyps 2, Jungen wie Mädchen, die bis auf eine Ausnahme das Gymnasium besuchen, gelingt es aufgrund einer zumindest auf den ersten Blick stabil erscheinenden Verankerung in ihren Familien bzw. ihren Peer-Groups, in der Schule sowie in persönlichen Freundschaften, ihre Entwicklungsaufgaben reflektiert anzugehen und zu meistern. So organisiert z.B. die 13-jährige Annette aus einer Stadt mittlerer Größe im Westen Deutschlands Videotreffen, auf denen sie mit ihren Freundinnen Beispiele aus Talkshows, etwa zum Thema „Pille für Mädchen schon mit 13?", diskutiert. Annette beklagt sich, dass sie Themen dieser Art im Sexualkundeunterricht in der Schule nicht behandeln könnten, da das Lehrerkollegium zu alt sei. Zu jugendschützerischer Sorge gibt diese Umgangsart keinen Anlass. Die Mädchen und Jungen dieses Medienhandlungstyps sind in der Lage, Talkshows kompetent für ihre Anliegen zu nutzen.

3.6.2 Die ausschließliche Suche nach Information und Orientierung

Typ 3: Suche nach Orientierung und Selbstverortung – die naive Rezeption problembelasteter Mädchen

Charakteristikum dieses Medienhandlungstyps ist, dass er ausschließlich ausgesprochen naiv rezipierende Mädchen zwischen 15 und 17 Jahren vereinigt, deren lebensweltlicher Hintergrund sie vor familiäre Schwierigkeiten stellt. Außerdem fühlen sie sich auch von ihrer Umwelt nicht anerkannt. Der Bildungshintergrund der Probandinnen steht dagegen hinter diesen vielfältigen Herausforderungen deutlich zurück. Die meisten von ihnen kommen aus einer Großstadt in Sachsen-Anhalt und haben mit den Strukturveränderungen nach der Wende zu kämpfen: Sie leben zumeist in familiär problematischen Verhältnissen, ihre Eltern sind häufig beide arbeitslos; einige von ihnen leben nur mit einem Elternteil zusammen, ihre Freizeitmöglichkeiten sind stark eingeschränkt. Viele Kinos haben nach der Wende geschlossen, andere Freizeitangebote wie z.B. Mal- oder Bastelclubs bestehen nicht mehr.

Die große Unsicherheit, die ihre lebensweltliche Situation kennzeichnet, stellt für die Mädchen in der Vorpubertät bzw. der Pubertät, in der es darum geht, ein stabiles Selbstwertgefühl aufzubauen, sich in der Auseinandersetzung in ihrer Familie, in der Schule, in Peer-Groups einzubringen, eine zusätzliche Belastung dar, der sie in den meisten Fällen nicht gewachsen sind. Insbesondere Daily Talks bieten ihnen vor diesem Hintergrund ein Forum, in denen Menschen ihre Nöte und Ängste – unabhängig von Bildung und Herkunft – artikulieren können, das ihnen als Garant für gleichberechtigte, demokratische Verhältnisse zwischen den Menschen gilt.

Abgesehen von der Bedeutung, die Talkshows für die Mädchen allgemein als Chance des Sich-Einbringens und Mitteilen-Könnens bedeutet, nutzen sie diese Angebote für sich selbst als Ratgeber in konkreten – zumeist familiären – Problemsituationen und als Orientierungshilfe in persönlich schwierigen Situationen (Drogen, Kriminalität, Sexualität, erste Liebe, Schönheit und Körperlichkeit). Im Hinblick auf die Forschungsfrage ist bei dieser Rezeptionsweise Anlass zur Sorge wegen der Beeinflussung bzw. Veränderung der Wahrnehmung und Bewertung von Wirklichkeit durch Talkshows gegeben.

Typ 4: Die naiv-idealisierende Rezeption jüngerer, problembelasteter Mädchen: Daily Talks als Gegenentwurf zur Alltagswelt, als Märchen in einer unüberschaubaren Realität

Insbesondere diese Mädchen rezipieren Daily Talks in ausgesprochen naiv-idealisierender Weise; sie erscheinen damit von allen in dieser Studie vorgestellten Jugendlichen am ehesten von Talkshowinhalten beeinflussbar, da sie sich in ihren Wirklichkeitskonstruktionen und Bewertungen in besonders ausgeprägter Weise an den Topics, Gästen und vor allem an den Moderatorinnen von Daily Talks ausrichten.

Die Mädchen dieses Typs sind – mit einer Ausnahme – zwölf Jahre alt und stammen aus einer Großstadt Sachsen-Anhalts; sie sind damit in ähnlicher Weise wie die eben vorgestellten Mädchen des Typs 3 mit Problemen in ihrer Umwelt, speziell in ihren Familien, belastet. Hinzu kommt, dass sie aufgrund ihres geringen Alters – sie begegnen Daily Talks mit zusätzlicher Naivität – und den Problemen der beginnenden Pubertät vor der Bewältigung von Entwicklungsaufgaben stehen, bei denen sie eine liebevoll begleitende Hilfe von Eltern in besonderer Weise nötig hätten. Dies gilt auch für die 12-jährige Julia, ein erklärter Talkshow-Fan. An einigen Tagen, erzählt Julia, baue sie sich ein ‚Paradiesbett‘ mit sämtlichen Kuscheltieren und ihrem Meerschweinchen; von da aus schaue sie dann die Talkshow *Sonja*. Dabei idealisiert Julia die Talkshow-Moderatorin in extremer Weise; sie erscheint ihr nicht nur als ehrlich, sondern geradezu als die ‚gute Fee‘ und ‚weise Frau‘. So kann sich Julia Sonja nicht nur als ältere Schwester vorstellen, sie phantasiert den Gedanken weiter, dass die Moderatorin eine gute Mutter für sie sein könnte. Das zentrale Thema in der Daily Talk ist für Julia das Topic ‚Familie‘. Ihre Konstruktionen zu Talkshows kreisen vehement und in vielfältigen Variationen um diesen Themenbereich.

Julia lebt in belasteten, unübersichtlichen familiären Verhältnissen. Die Trennung ihrer Eltern, für die sie sich selbst die Schuld gibt, überfordert sie ebenso wie die neue häusliche Situation. Beide Elternteile leben mit neuen Partnern zusammen, Stiefgeschwister sind hinzugekommen. Vor allem zur Mutter unterhält Julia ein gespanntes Verhältnis. Julia nutzt Talkshows wie *Sonja* und mit Abstrichen *Arabella* als Flucht aus ihrer Realität, als ‚Gegenwelt‘ zu ihrem stark problembelasteten Alltag. Daily Talks erscheinen ihr als heile Welt, als Ort, an dem auch Kinder – anders als sie es in ihrem Alltag erfährt – zu Wort kommen, ihre Wünsche und Probleme äußern können. Julia erzählt im Interview, Sonja habe in einer Sendung ein Kind aus dem Publikum, das sich gemeldet hatte, zu Wort kommen lassen. Auch Arabella erfährt Lob: „Ja, die nimmt auch Kinder dran und nimmt auch Kinder in die Show rein". Julia schätzt es sehr, „dass Kinder dort ihre Probleme loswerden können: Probleme in der Schule, Probleme zu Hause".

3.6.3 Ambivalenzen im Umgang mit Daily Talks

Typ 5: Zwischen Amüsement und Orientierung: Gegensätze im Umgang mit Daily Talks

Die Jugendlichen, die sich unter dieser Rezeptionsweise zusammenfassen lassen, zeichnen sich durch hohe Ambivalenzen im Umgang mit Daily Talks aus; es handelt sich um ältere Jungen (15 bis 17 Jahre), die zwischen einer naiven und reflektierten sowie einer involvierenden und distanzierenden Rezeption schwanken. Bei ihnen steht zu vermuten, dass sie sich in der Wirklichkeitskonstruktion von Talkshows beeinflussen lassen.

Auf der einen Seite wollen sich die Jungen – geschlechtstypisch – mit Daily Talks amüsieren, auf der anderen suchen sie gezielt nach Orientierung. Die Jungen vermissen in der wichtigen Entwicklungsphase, der Pubertät, Stabilität und Orientierung.

Diese jungen Leute sind jedoch nicht in dem Maße wie die Jugendlichen mit den Rezeptionsweisen des Typs 2 in der Lage, mit ihren jeweiligen Bedürfnissen, ob nun Unterhaltung oder Lebenshilfe und Orientierung, umzugehen. Ihre von Widersprüchen geprägte Rezeptionsweise ist vielmehr Ausdruck unbewältigter innerer Spannungen, die mit ihren lebensweltlichen Bedingungen zusammenhängen.

Als Beispiel kann der 17-jährige deutschrussische Lehrling Klaus angeführt werden. Aufgrund seiner Schulbildung – er hat die Hauptschule besucht – bzw. infolge eines kulturell anders geführten Mediendiskurses, so lässt sich vermuten, ist Klaus nicht ausreichend dazu in der Lage, seine widersprüchliche Umgangsweise mit Daily Talks entsprechend reflexiv zu durchdringen. Er verspürt den ausgeprägten Wunsch nach Anleitung, möchte sich über deutsche Jugendkultur und vor allem den Umgang mit dem anderen Geschlecht informieren. Um nicht von der Fülle heterogener Eindrücke, die in der neuen Lebenswelt auf ihn eindringen, erdrückt zu werden, findet sich bei Klaus eine deutliche Ablehnung von allem, was ‚anders' erscheint. Er favorisiert Talkshows nach seinen Angaben, um sich zu unterhalten, kommt jedoch während der Interviews immer wieder auf die Themen zu sprechen, die ihn in seinem Alltag beschäftigen.

Typ 6: Zwischen Involvement und Distanzierung: ‚Männliche' versus ‚weibliche' Umgangsweisen mit Daily Talks

Bei diesem Typ handelt es sich um Jungen und Mädchen verschiedener Altersstufen, die zwischen einer ‚weiblichen' und ‚männlichen' Rezeption von Talkshows schwanken. Alle Angehörige dieses Medienhandlungstyps oszillieren auch in ihrer Selbstrepräsentation zwischen eher ‚männlichen' und ‚weiblichen' Verhaltensweisen und Attitüden; vor allem die Jungen stoßen darin in ihren Peer-Groups auf Unverständnis (wo es gilt ‚cool' zu sein, es als ‚unmännlich' gilt, Daily Talks auch zur Orientierung zu nutzen).

Diese jungen Leute suchen in ihrer von hoher Ambivalenz geprägten Geschlechtsselbstkonstruktion nach entsprechenden Vorbildern bzw. Topics in Daily Talks, die es ihnen erlauben, sich einmal eher als ‚männlich', einmal eher als ‚weiblich' wahrzunehmen. Wie den Jugendlichen des Typs 5 bieten sich ihnen die Wirklichkeitskonstruktionen von Daily Talks als Orientierungsangebot an; sie erscheinen darin Einflüssen von Talkshows gegenüber – anders als die Jugendlichen der Typen 1 und 2 – offener; ihre ansatzweise reflektierten und distanzierenden Rezeptionsweisen allerdings lassen einen kompetenteren Umgang vermuten, als die Mädchen der Medienhandlungstypen 3 und 4 ihn an den Tag legen können.

3.7 Schlussfolgerungen

Daily Talks stellen für junge Menschen im Alter von 12 bis 17 Jahren ein wichtiges Genre in ihren vielfältigen Prozessen der Selbst- und Fremdkonstruktionen im Rahmen ihrer jeweiligen Alltagsgestaltung dar.

Der Umgang von jungen Menschen mit Daily Talks – im Wesentlichen geprägt von den Faktoren Geschlecht und Bildungsstand, weniger stark vom Alter – lässt sich nach zwei Dimensionen von Nutzungsweisen differenzieren. Heranwachsende nutzen Talkshows zum einen, um sich zu unterhalten und zu amüsieren, zum anderen verlangen sie nach Orientierung. Die qualitativen Studien lassen deutlich erkennen, dass junge Menschen Daily Talks insbesondere vor dem spezifischen Hintergrund ihrer lebensweltlichen Bedingungen nutzen. Vor allem jungen Menschen, die Talkshows uneingeschränkt positiv bewerten und naiv nutzen und sie vor allem als Forum für Problemlösungen und Orientierungshilfe verstehen – im Vordergrund stehen dabei jüngere Mädchen in lebensweltlich problematischen Verhältnissen – rezipieren die Wirklichkeitskonstruktionen der Daily Talks als ‚Abbild von Realität'. Aufgrund ihres problematischen Alltags stilisieren sie Daily Talks gewissermaßen zum ‚Retter in der Not'.

Teil III

Untersuchungen zum Zusammenspiel
zwischen Soaps und Talks

4. Der repräsentative Überblick: Merkmale der Talk- und Soap-Nutzung bei 12- bis 17-jährigen Jugendlichen in Deutschland

Uwe Hasebrink

4.1 Fragestellung

In den vorangegangenen Kapiteln stand eine auf jeweils eines der beiden Genres konzentrierte Perspektive im Vordergrund. Vorgestellt wurden wesentliche Ergebnisse einer Studie zur Talkshow-Rezeption von Jugendlichen und einer Studie zur Soap-Rezeption. Vor dem Hintergrund des übergreifenden Ziels des Kooperationsprojekts, nämlich die Grenzen üblicher genrespezifischer Untersuchungen zu überschreiten, um so das Zusammenspiel unterschiedlicher Medienangebote im Alltag von Rezipienten in den Blick nehmen zu können, soll es in diesem und in den folgenden Kapiteln um den Versuch gehen, auf der Basis der Einzelstudien systematisch den Bezügen nachzuforschen, die sich zu dem jeweils anderen Genre herstellen lassen. Im Vordergrund steht die Frage, wie die Jugendlichen bzw. bestimmte Gruppen von Jugendlichen die Angebote dieser beiden Genres miteinander kombinieren, inwiefern sie ihnen gleiche und inwiefern unterschiedliche Funktionen zuweisen. Damit verbindet sich die für die wissenschaftliche wie die öffentliche Diskussion relevante Frage, ob sich Medienangebote unterschiedlicher Art durch den Gebrauch, den Jugendliche von ihnen machen, in ihrem Einflusspotenzial gegenseitig eher steigern, komplementär ergänzen, ausgleichen oder gar aufheben.

Die Grundlage für den Vergleich zwischen den beiden Genres Daily Soap und Daily Talk soll eine Reanalyse einer Repräsentativ-Befragung unter 12- bis 17-Jährigen liefern, die im Rahmen der ‚Talkshow-Studie' durchgeführt wurde. Im Zusammenspiel der Forschungsmethoden bietet ein Zugang dieser Art einen guten ersten Überblick über die Verbreitung und Häufigkeit einfacher Merkmale der Nutzung der beiden Genres sowie über die Zusammenhänge zwischen ihnen. Zugleich bietet die repräsentative Anlage der Untersuchung Anhaltspunkte für die Verbreitung bestimmter Nutzungs- und Rezeptionsformen in verschiedenen Bevölkerungsgruppen.

In der damaligen Befragung, die Ende 1998 stattfand, ging es um die Mediennutzung der Jugendlichen, um die Nutzung und Wahrnehmung der Talkshows sowie um Aspekte des eigenen Selbstkonzepts, um Wertvorstellungen und Realitätswahrnehmungen (siehe den in Paus-Haase u.a. 1999 dokumentierten Fragebogen). In dem Fragebogen waren zwar nur zwei Fragen enthalten, die sich direkt auf die Soaps beziehen: Die Häufigkeit der Nutzung der Soaps sowie die Frage nach bis zu drei Lieblingssendungen, bei der potenziell Soaps genannt werden konnten. Gleichwohl können diese genutzt werden, um die für die Talkshows vorgenommenen Auswertungen, etwa im Hinblick auf die Identifizierung verschiedener Nutzertypen und auf die bei diesen zu beobachtende Realitätswahrnehmung, auch mit der Nutzung von Daily Soaps in Beziehung zu setzen. Im Vordergrund steht dabei die Frage nach dem Verhältnis zwischen den beiden Genres: Wie werden sie in den Medienmenüs verschiedener Nutzergruppen miteinander kombiniert? Und in welchen Alltagskonstellationen erweist sich womöglich nur eine der beiden Angebotsformen des Fernsehens als attraktiv? Spielen Talks und Soaps damit quasi „Hand in Hand" bzw. ergänzen sie sich, wenn es um ihren Beitrag zur Gestaltung jugendlichen Alltags geht, oder handelt es sich eher um voneinander abgetrennte Angebotskategorien, die von den Jugendlichen in keinen systematischen Zusammenhang gesetzt werden?

4.2 Datenerhebung und Stichprobe

Mit der Erhebung der Daten wurde das Institut GFM-GETAS/WBA in Hamburg (heutiger Name: IPSOS) beauftragt. Als Grundgesamtheit definiert wurden Kinder und Jugendliche in der Bundesrepublik Deutschland im Alter von 12 bis 17 Jahren. Die Stichprobenauswahl erfolgte per Quotenauswahl nach Alter, Geschlecht und Bundesland. Angestrebt war eine Stichprobengröße von n=600, um in jeder Zelle aus Geschlecht und Altersgruppe (12/13-, 14/15- und 16/17-Jährige) auf 100 Fälle zurückgreifen zu können. Die realisierte Stichprobengröße beträgt n=657 Fälle; pro Geschlecht und Altersgruppe liegen zwischen 103 und 118 Fälle vor. Die Verteilung auf die Bundesländer entspricht weitgehend der Sollstruktur, die Abweichung zwischen Soll- und Ist-Wert beträgt maximal 1,4 Prozentpunkte.

Die Erhebung wurde in Form mündlicher Interviews anhand eines strukturierten Fragebogens mit fünf offenen Fragen durchgeführt. Die Interviewdauer war aufgrund des relativ umfangreichen Instruments sehr lang, im Mittel

72 Minuten. An der Durchführung waren bundesweit insgesamt 258 Interviewerinnen und Interviewer beteiligt, die im Durchschnitt 2,5 Interviews führten. Der Befragungszeitraum lag zwischen dem 30.11. und dem 19.12.1998.

4.3 Daily Soaps und Daily Talks im Kontext der sonstigen Fernsehnutzung

Die Talkshows und die täglichen Soaps stehen im Kontext des Gesamtfernsehangebots. Um die spezifische Rolle dieser Sendungen herauszuarbeiten, bedarf es daher auch der Beantwortung der Frage, in welchen Nutzungsmustern sie auftreten und welche Angebote die Jugendlichen sonst nutzen.

4.3.1 Fernsehdauer

Insgesamt sahen die Befragten pro Tag im Durchschnitt 129 Minuten fern. Weit mehr als die Hälfte (63%) der befragten 12- bis 17-Jährigen gab an, täglich fernzusehen. Die tägliche Zuwendung ist besonders bei der mittleren Altersgruppe der 14-/15-Jährigen (67%) sowie generell bei Jungen (67%) zu beobachten. Wie aus anderen Untersuchungen bekannt, hängt die Häufigkeit der Nutzung aller abgefragten Angebotsgenres positiv mit der Sehdauer zusammen; dies gilt auch für die beiden hier interessierenden Genres. Dabei zeigt sich für die Nutzungshäufigkeit der Talkshows ein im Vergleich mit den anderen Genres recht hoher Zusammenhang mit der Sehdauer (r=.36): Jugendliche, die häufiger Talkshows nutzen, sehen also auch insgesamt deutlich länger fern. Stärker ist der Zusammenhang mit der Sehdauer nur bei Spielfilmen (r=.40). Demgegenüber ergibt sich für die Soaps nur ein deutlich schwächerer Zusammenhang (r=.19). Daraus könnte gefolgert werden, dass die Soaps ein selbstverständlicherer Bestandteil jugendlicher Fernsehmenüs sind, Viel- und Wenigseher nutzen diese Angebote ähnlich häufig; demgegenüber ist eine häufigere Talkshow-Nutzung Bestandteil eines zeitlich umfangreicheren Fernsehmenüs, sie ist häufiger bei Vielsehern zu beobachten.

4.3.2 Genrepräferenzen

In den Genrepräferenzen der Jugendlichen (siehe Tabelle 4.1) kommt zum Ausdruck, dass die täglichen Soaps zu den am häufigsten genutzten Genres zählen, während die Daily Talks weit abgeschlagen im Mittelfeld der abgefragten Genres liegen. Auf die Spitzenreiter Spielfilme und Daily Soaps folgen Zeichentrickfilme und Nachrichten. Auch Musiksendungen, Sitcoms/Comedy und Boulevardmagazine liegen in der durchschnittlichen Nutzungshäufigkeit noch vor den Talkshows. Politikmagazine und insbesondere Erotikmagazine (z.B. *Wa(h)re Liebe, Liebe Sünde*) spielen im Fernsehmenü der Jugendlichen kaum eine Rolle. Bei diesen Genrepräferenzen kommen zum Teil gravierende Unterschiede zwischen Mädchen und Jungen zum Ausdruck. Bei den Mädchen stehen allein mit weitem Abstand Daily Soaps im Vordergrund, bei den Jungen teilen sich Spielfilme, Nachrichten, Sitcoms und Sport die vorderen Plätze. Für die Talkshows zeigt sich, dass Mädchen diese deutlich häufiger nutzen, das gilt auch für die so genannten Beziehungsshows (z.B. *Nur die Liebe zählt, Bzzz – Singles am Drücker oder Herzblatt*).

Tabelle 4.1: **Durchschnittliche Nutzungshäufigkeit der Fernsehgenres**
(1=„fast täglich", 2=„mehrmals pro Woche", 3=„mehrmals pro Monat", 4=„seltener", 5=„nie")

	Gesamt	12-13 J.	14-15 J.	16-17 J.	Jungen	Mädchen
Zahl der Befragten	n=657	n=212	n=221	n=224	n=327	n=330
Spielfilme	2,38	2,50	2,29	2,36	2,31	2,46
Daily Soaps	2,47	2,43	2,32	2,67	3,09	1,86
Zeichentrickfilme	2,81	2,54	2,92	2,97	2,53	3,09
Nachrichten	2,89	3,39	2,73	2,58	2,71	3,07
Musiksendungen	2,98	3,00	3,03	2,74	3,05	2,92
Sitcoms	3,00	3,02	3,05	2,93	2,76	3,24
Boulevard-Magazine	3,06	3,39	2,84	2,97	3,11	3,01
Daily Talkshows	3,36	3,63	3,23	3,24	3,68	3,05
Sportsendungen	3,46	3,51	3,43	3,44	2,73	4,18
Doku/Reportagen	3,49	3,51	3,46	3,49	3,45	3,53
Andere Serien	3,60	3,55	3,63	3,63	3,81	3,40
Spielshows	3,61	3,41	3,58	3,83	3,60	3,61
Beziehungsshows	3,84	3,90	3,77	3,86	4,11	3,58
Politische Magazine	4,08	4,46	4,04	3,76	3,94	4,22
Erotikmagazine	4,33	4,71	4,28	4,01	4,23	4,43

Damit liegt ein klarer Unterschied zwischen den beiden Genres vor: Die Soaps werden von den 12- bis 17-Jährigen deutlich häufiger genutzt als die Talks. Gemeinsamkeiten zwischen ihnen zeigen sich im Hinblick auf die Tatsache, dass beide Genres bei Mädchen auf größere Resonanz stoßen. Die Unterschiede zwischen den verschiedenen Altersgruppen fallen gering aus. Bei den Talkshows zeigt sich ein spürbar geringeres Interesse bei der jüngsten Teilgruppe, die Ergebnisse für die Serien deuten auf ein leicht nachlassendes Interesse bei den älteren Jugendlichen hin.

Abbildung 4.1 veranschaulicht die Befunde für die Geschlechts- und Altersgruppen. Neben den überdeutlichen und statistisch signifikanten Unterschieden zwischen Mädchen und Jungen ist der einzige signifikante Einzelunterschied zwischen den Altersgruppen der Rückgang der Soap-Nutzung von den 14/15-jährigen zu den 16/17-jährigen Mädchen. Über beide Geschlechter hinweg zeigt sich außerdem ein signifikanter Unterschied dahingehend, dass die jüngste Gruppe seltener Talkshows nutzt als die beiden anderen.

Abbildung 4.1: Entwicklung der Häufigkeit der Talk- und Soap-Nutzung über die drei Altersgruppen (Mittelwerte)

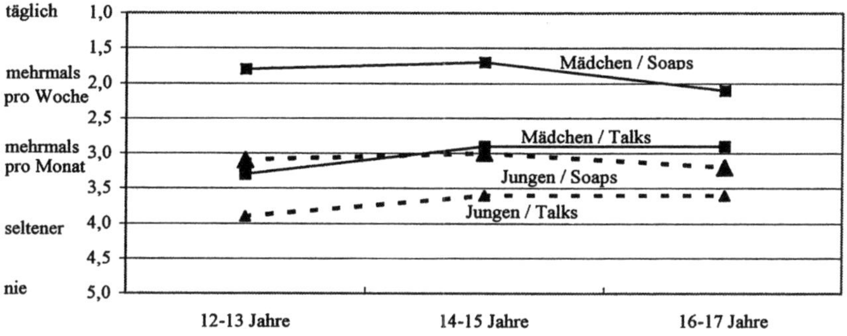

4.3.3 Lieblingssendungen

Die Antworten auf die offene Frage nach bis zu drei Lieblingssendungen führen die ausgeprägten Programmpräferenzen in dieser Altersgruppe noch einmal deutlich vor Augen (siehe Tabelle 4.2). Der Spitzenreiter unter den beliebtesten Sendungen ist die Daily Soap *Gute Zeiten, schlechte Zeiten*, die von mehr als einem Viertel der Befragten als Lieblingssendung angegeben wurde. Daneben zählen auch die Daily Soaps *Verbotene Liebe, Marienhof* und *Unter Uns* zu den Favoriten der befragten Altersgruppen, wenngleich sich deutlich zeigt, dass diese Sendungen in erster Linie von den Mädchen präferiert werden, während bei den Jungen die *Simpsons* sowie der Fußball an der Spitze stehen.

Die Aufstellung zeigt darüber hinaus abermals, dass die Talkshows bei den Jugendlichen durchaus nicht im Vordergrund stehen. Bei immerhin drei Nennungsmöglichkeiten nannten insgesamt nur gut vier Prozent der Jugendlichen *Arabella*, daneben erreichen nur *Andreas Türck* und *Bärbel Schäfer* zumindest die 1-Prozent-Grenze.

Insgesamt zeichnen sich geschlechtsspezifische Sendungspräferenzen ab: Mädchen favorisieren neben dem Angebot an Daily Soaps die Talkshows *Arabella* und *Andreas Türck*, die Jugendsendung *Bravo TV*, die Krimiserie *Kommissar Rex* sowie *Wetten, dass...?*. Hingegen überwiegen bei Jungen besonders Situationskömodien wie *Eine schrecklich nette Familie*, Sendungen, die sich um Fußball drehen (u.a. *ran*), Sendungen wie *Akte X, Star Trek* und *Welt der Wunder*.

161

Tabelle 4.2: Lieblingssendungen der Jugendlichen
(offene Frage, bis zu drei Nennungen; in Prozent der Befragten)

	Gesamt	12-13 J.	14-15 J.	16-17 J.	Jungen	Mädchen
Zahl der Befragten	n=647	n=207	n=218	n=222	n=323	n=324
Gute Zeiten, schlechte Zeiten	28,5	31,6	31,2	22,8	12,8	43,9
Simpsons	18,4	18,9	18,1	18,3	28,1	8,8
Verbotene Liebe	14,0	13,7	13,1	15,2	4,6	23,3
Marienhof	11,9	13,7	10,4	11,6	3,4	20,3
Eine schrecklich nette Familie	8,7	9,9	6,8	9,4	13,5	3,9
Unter Uns	8,4	9,4	11,3	4,5	2,4	14,2
Fußballsendungen	8,2	6,6	8,1	9,8	15,0	1,5
Akte X	7,6	5,2	8,6	8,9	10,1	5,2
Alle unter einem Dach	5,6	6,1	6,3	4,5	6,7	4,5
Musiksendungen (VIVA)	5,5	4,2	5,9	6,3	4,9	6,1
Bravo TV	5,0	8,0	4,1	3,1	3,1	7,0
Arabella	4,4	3,3	3,6	6,3	0,9	7,9
Alarm für Cobra 11	4,4	5,2	5,0	3,1	7,6	1,2
Star Trek	3,8	2,4	3,2	5,8	7,3	,3
Bill Cosby	3,5	4,7	3,2	2,7	4,3	2,7
Wetten, dass ...?	3,3	4,2	2,3	3,6	2,8	3,9
Wochenshow	3,2	2,4	5,0	2,2	4,0	2,4
Kommissar Rex	2,9	4,7	2,3	1,8	1,5	4,2
Welt der Wunder	2,7	2,4	2,7	3,1	5,2	0,3
Baywatch	2,7	4,7	2,3	1,3	3,1	2,4
Alf	2,7	3,8	1,8	2,7	4,0	1,5
Andreas Türck	2,1	0,5	2,7	3,1	0,6	3,6
Emergency Room	2,1	0,9	1,8	3,6	2,1	2,1
Musiksendungen	2,1	1,9	2,7	1,8	2,8	1,5
SK-Babies	1,8	0,9	3,2	1,3	1,8	1,8
Lindenstraße	1,7	1,9	1,4	1,8	0,3	3,0
Bärbel Schäfer	1,2	0,9	1,8	0,9	0,6	1,8

4.3.4 Zusammenhänge zwischen verschiedenen Genres

Bei der Untersuchung der Zusammenhänge zwischen der Nutzungshäufigkeit der verschiedenen Genres zeigt sich zum einen der bekannte Effekt, dass Vielseher fast alle Angebote häufiger sehen, so dass sich beinah überall signifikant positive Korrelationen ergeben. Signifikant negative Zusammenhänge sind lediglich für Nachrichten zu beobachten: Häufigere Nachrichtennutzung geht mit seltener Nutzung von Serien (nicht Daily Soaps) sowie von Beziehungsshows einher; mit den Daily Talks und Daily Soaps zeigt die Nachrichtenhäufigkeit keine signifikanten Zusammenhänge. Dagegen ist zwischen den beiden hier interessierenden Genres ein besonders starker und für dieses Projekt relevanter Zusammenhang zu beobachten (r=.42): Die Jugendlichen, die besonders häufig Talkshows ansehen, wenden sich auch besonders häufig den täglichen Serien zu.

Dieser Zusammenhang wurde mit Hilfe einer Faktoranalyse[1] über die Nutzungshäufigkeiten der 15 vorgegebenen Genres näher untersucht. Es ergaben sich vier gut interpretierbare Faktoren (siehe Tabelle 4.3). Talkshows und Daily Soaps finden sich zusammen mit Beziehungsshows und anderen (wöchentlichen) Serien in dem ersten Faktor, der entsprechend als ‚Beziehungsorientierte Angebote' bezeichnet werden kann. Es zeigt sich damit, dass häufige Talkshow- und Soap-Nutzer generell an Medieninhalten interessiert sind, die sich in relativ alltagsnaher Weise mit zwischenmenschlichen Beziehungen auseinandersetzen.

Neben diesem ersten Faktor lassen sich die Dimensionen ‚Information', ‚Humor' und ‚Sport/Spiel' identifizieren. Spielfilme und Musiksendungen – zwei recht unspezifisch formulierte Kategorien – sind in dieser Lösung keinem der Faktoren eindeutig zugeordnet.

Tabelle 4.3: **Dimensionen der genrebezogenen Fernsehnutzung, Ergebnis einer Faktoranalyse über die Nutzungshäufigkeiten der 15 Genres (aufgeführt sind Faktorladungen > .50 bzw. < -.50)**

	Beziehungs-orientierung	Information	Humor	Sport/Spiel
Beziehungsshows	.75			
Daily Soaps	.73			
Daily Talkshows	.65			
Andere Serien	.63			
Politische Magazine		.74		
Boulevard-Magazine		.66		
Nachrichten		.65		
Erotikmagazine		.56		
Sitcoms			.81	
Zeichentrickfilme			.79	
Sportsendungen				.63
Spielshows				.60
Doku/Reportagen				.58
Spielfilme				
Musiksendungen				

Mädchen sind, wie sich bereits aus den vorangegangenen Auswertungen ergeben hat, weitaus stärker als Jungen an beziehungsorientierten Angeboten interessiert (siehe Tabelle 4.4). Demgegenüber zeigt sich hinsichtlich des Alters kein signifikanter Effekt – lediglich der bereits oben sowie auch in den qualitativen Untersuchungsschritten erkennbare Trend, dass es in der hier befragten Altersgruppe gerade die mittlere Teilgruppe der 14-/15-Jährigen

---

1   Hauptkomponentenanalyse mit Varimax-Rotation, Varianzaufklärung 52,6 Prozent.

ist, die sich für diese Inhalte besonders interessieren – mehr als die jüngeren und die älteren. Im Hinblick auf die Informations-Dimension zeigt sich ein starker Alterseffekt – je älter die Jugendlichen, desto häufiger sehen sie die in dieser Dimension zusammengefassten Nachrichten und sonstigen Informationssendungen – und nur ein schwacher, wenn auch noch signifikanter Geschlechtereffekt dahingehend, dass Jungen diese Angebote häufiger sehen.

Tabelle 4.4: **Genrepräferenzen nach Alter und Geschlecht (gemittelte Faktorwerte[2])**

	Beziehungs-orientierung	Information	Humor	Sport/Spiel
Alter:		...		
12-13 Jahre (n=212)	0,02	-0,59	0,14	0,08
14-15 Jahre (n=221)	0,07	0,14	-0,09	0,03
16-17 Jahre (n=224)	-0,10	0,42	-0,04	-0,13
Geschlecht:	...	.	...	...
Jungen (n=327)	-0,43	0,10	0,31	0,29
Mädchen (n=330)	0,42	-0,10	-0,30	-0,31

***) p < .001, *) p< .05

Zusammenfassend lässt sich also zur Einbettung von Daily Soaps und Daily Talks in die Fernsehnutzung der Jugendlichen Folgendes sagen: Daily Soaps stehen bei den Mädchen, Zeichentrick, Action- und Science-Fiction-Serien sowie Sport bei den Jungen im Vordergrund der Fernsehnutzung, während Daily Talks in dieser Hinsicht eine untergeordnete Rolle spielen. Dabei ist die Nutzung von Soaps und Talks offensichtlich Bestandteil eines generellen Interesses an Fernsehangeboten, in denen es in erster Linie um die alltagsnahe Behandlung von Beziehungsthemen geht: Häufige Talkshownutzer mögen auch besonders gern Daily Soaps, Beziehungsshows und Boulevard-Magazine.

4.4 Zur Rezeptionssituation bei der Nutzung von Talks und Soaps

Wie in der ‚Talkshow-Studie' gezeigt wurde, sind Jugendliche, wenn sie sich Talkshows ansehen, überwiegend allein: 44 Prozent der jugendlichen Talkshow-Nutzer geben an, dass sie sich die Shows oft allein ansehen, während lediglich 5 Prozent sagen, dass dies nie vorkommt. Jeweils eine kleinere Gruppe der Befragten nutzt die Talkshows oft gemeinsam mit der Mutter, mit Geschwistern oder mit Freunden. Gemeinsame Rezeptionssituationen mit Vätern sind dagegen sehr selten.

---

2 Die ausgewiesenen Werte wurden gegenüber den Rohwerten so umgepolt, dass positive Werte für eine häufigere Nutzung der entsprechenden Angebote stehen, negative für eine seltenere.

In aller Regel werden Talkshows also allein rezipiert. Dies geht mit zurück auf die Tatsache, dass die Zahl der Kinder und Jugendlichen, die über einen eigenen Fernseher verfügen, weiter zunimmt. 52 Prozent der Befragten verfügten zum Zeitpunkt der Befragung über ein eigenes Gerät; die Verfügbarkeit ist eng an das Alter gebunden, der Anteil steigt von 36 Prozent unter den 12- bis 13-Jährigen auf 61 Prozent bei den 16- bis 17-Jährigen. Insgesamt nutzen die Jugendlichen, die im eigenen Zimmer fernsehen können, deutlich häufiger Talkshows (5,1 Kontakte pro Woche) als die anderen Jugendlichen, die nur das gemeinsame Gerät nutzen können (3,8 Kontakte). Ein direkter Vergleich mit den Soaps ist nur auf der Basis der oben dargestellten Häufigkeitsabfragen (siehe Tabelle 4.1) möglich; die Ergebnisse bestätigen, dass ein Fernseher im eigenen Zimmer mit signifikant häufigerer Talk-Nutzung einher geht (Mittelwert 3,6 gegenüber 3,1 bei der anderen Gruppe). Ein solcher Unterschied zeigt sich dagegen für die Daily Soaps nicht (Mittelwerte 2,6 bzw. 2,4; Unterschied nicht signifikant). Dies führt zu der These, dass sich die Genres darin unterscheiden, inwiefern sie als in der Familie, d.h. insbesondere von den Eltern, akzeptierte Angebote gelten – die Soaps wären demnach ein Angebot, welches sich ohne Probleme in den familiären Alltag integrieren lässt, während dies für die Talks eher problematisch ist, weshalb es eher eines eigenen Fernsehers bedarf, um diese Sendungen ungestört zu verfolgen.

Diese These wird gestützt durch den Befund, dass ein explizit auf die Fernsehnutzung gerichtetes Erziehungsverhalten der Eltern[3] mit seltenerer Talkshow-Nutzung einhergeht (r=-.21), während ein solcher klarer Zusammenhang mit der Häufigkeit der Soap-Nutzung nicht zu beobachten ist (r=-.07). Bezieht man die entsprechenden Zusammenhänge für weitere Angebotsgenres ein, ergeben die Ergebnisse ein plausibles Bild: Fernsehbezogenes Erziehungsverhalten der Eltern geht insbesondere mit einer geringeren Sehdauer (r=-.22) sowie mit einer selteneren Nutzung von Erotikmagazinen und Talkshows (jeweils r=-.21) einher. Weitere Genres, die ebenfalls signifikant negative Korrelationen aufweisen, sind Beziehungsshows (-.16), Spielfilme (-.14), und Boulevard-Magazine (-.13). Zu den wenigen Genres, die keinen in diesem Sinne negativen Zusammenhang mit dem Erziehungsverhalten aufweisen, also angesichts des von den Eltern offenbar erwünschten Trends zum Wenigerfernsehen aus dem Rahmen fallen, gehören Dokumentationen/Reportagen, Nachrichten und Sportsendungen.

Die kritische Diskussion über die Talkshows kommt demnach also in den Familien an; diejenigen Eltern, die in der Wahrnehmung der Jugendlichen

---

3 Wortlaut des im Fragebogen vorgegebenen Statements: „Meine Eltern achten darauf, was ich mir im Fernsehen anschaue." Die Befragten sollten angeben, wie gut es auf sie und ihre Eltern zutrifft. Die berichtete Auswertung der Zusammenhänge zwischen Erziehungsverhalten und Fernsehnutzung berücksichtigt den möglichen Einfluss des Alters, indem diese Variable als Kontrollvariable einbezogen wird.

auf die Fernsehnutzung ihrer Kinder achten, scheinen darauf hinzuwirken, dass diese weniger Talkshows sehen. Eine solche kritische Haltung ist gegenüber den Soaps nicht zu beobachten, sie werden häufiger in einen familiären Rezeptionskontext eingebettet, während die Talkshows eher allein im eigenen Zimmer genutzt werden.

4.5 Zur Soap-Nutzung verschiedener Talkshow-Nutzertypen

Der folgende Auswertungsschritt gilt der Frage, wie verschiedene Nutzertypen, die in der ‚Talkshow-Studie‘ ermittelt wurden, die Daily Soaps in ihr Medien-Menü einfügen. Diese Nutzertypen waren auf der Grundlage der Häufigkeit der Talkshow-Nutzung, der mit dieser Nutzung verbundenen Zuwendungsmotive sowie der Wahrnehmungen der Gäste, der Moderatorinnen und Moderatoren und des Saalpublikums definiert worden. Danach ließen sich die Jugendlichen sechs Typen zuordnen:

1. „Talkshow-Fans“ (n=86; 13% der Jugendlichen): Hier finden sich die häufigen Talkshow-Nutzer, sowohl die jüngeren als auch die älteren Formate sehen sie überdurchschnittlich oft. Dies geht einher mit einem breiten Motivationsspektrum, während sich im Hinblick auf die Wahrnehmung der Gäste, der Zuschauer insgesamt sowie der mit den Sendungen verbundenen Zielsetzungen keine deutlichen Abweichungen vom Mittelwert zeigen. Hier sind Mädchen und 16/17-Jährige leicht überrepräsentiert.
2. „Orientierungsuchende“ (n=103; 16% der Jugendlichen): Die diesem Typ angehörenden Jugendlichen schreiben den Talkshows generell eine Informations- und Orientierungsfunktion zu, und zwar sowohl für sich selbst als auch für die Gäste und die Fernsehzuschauer. Für ihre eigene Nutzung spielt auch das Motiv Amüsement eine Rolle, welches sie eher bei den „jungen“ Shows erfüllt finden, die sie überdurchschnittlich häufig nutzen. Dieser Gruppe gehören überdurchschnittlich viele Mädchen an.
3. „Unterhaltungsskeptiker“ (n=80; 12% der Jugendlichen): Dieser Typ zeichnet sich durch die strikte Ablehnung aller Äußerungen aus, die den Talkshows eine Unterhaltungsfunktion, sich selbst oder den Zuschauern ein Unterhaltungsmotiv oder den Gästen den Wunsch, einfach mal im Fernsehen zu sein, zuschreiben. Die einzige positive Charakterisierung besteht in dem eigenen Motiv, diese Sendungen als Kommunikationsanlass zu nutzen. Hier sind vor allem die beiden jüngeren Altersgruppen häufig vertreten.
4. „Zaungäste“ (n=83; 13% der Jugendlichen): Diesem Typ gehören Jugendliche an, die eher selten Talkshows nutzen und sich dadurch aus-

zeichnen, dass sie im Hinblick auf Dritte, also auf Gäste, Zuschauer und Produzenten, das gesamte Motivspektrum, also sowohl eine Orientierungs- als auch eine Unterhaltungsfunktion unterstellen, während sie selbst keine ausgeprägte Motivation zeigen. Hier zeigen sich hinsichtlich der Alters- und Geschlechtsgruppen keine Auffälligkeiten.

5. „Kritiker" (n=118; 18% der Jugendlichen): Auch dieser Typ ist durch seltene Talkshow-Nutzung gekennzeichnet. Diese verbindet sich aber mit der entschiedenen Haltung, dass den Talkshows jede Informations- und Orientierungsfunktion abzuschreiben ist. Die Jugendlichen dieses Typs schreiben den Gästen sowie den Zuschauern themenunabhängige, unterhaltungsorientierte Motive zu, aber kein Interesse an einer ernsthaften Auseinandersetzung mit Themen und Problemen. In dieser Gruppe sind Jungen und insbesondere 16/17-Jährige überrepräsentiert.

6. „Nicht-Nutzer" (n=174; 27% der Jugendlichen): Diese Gruppe versammelt diejenigen Jugendlichen, die keine der Talkshows nutzen.

Diese Nutzerypen stehen für jeweils unterschiedliche Umgangsweisen mit den Daily Talks und verweisen – soweit dies auf der Basis einer quantifizierenden Befragung möglich ist – auf die in Kapitel 3 vorgestellten Medienhandlungstypen, die durch diese Ergebnisse ihrerseits eine Validierung erfahren: Jugendliche zeigen in Abhängigkeit von ihren Lebensumständen und individuellen Entwicklungsaufgaben ganz unterschiedliche Zugänge zu den Daily Talks, die zwischen den Extrempolen einer gezielten Orientierungssuche einerseits und der kritischen Ablehnung bzw. der Beschränkung auf reines Amüsement andererseits liegen. Tabelle 4.5 gibt einen Überblick über die Häufigkeit der Talk- und Soap-Nutzung bei diesen Typen.

Tabelle 4.5: Häufigkeit der Talk- und Soap-Nutzung bei verschiedenen Talkshow-Nutzertypen (Mittelwerte; 1=„fast täglich", 2=„mehrmals pro Woche", 3=„mehrmals pro Monat", 4=„seltener", 5=„nie") sowie Anteil der Befragten, die mindestens eine Talkshow bzw. mindestens eine Soap zu ihren drei Lieblingssendungen zählen (in Prozent)

	Fans	Orientie-rungs-suchende	Unter-haltungs-skeptiker	Zaun-gäste	Kritiker	Nicht-nutzer
Befragte	*n=86*	*n=103*	*N=80*	*n=83*	*n=118*	*n=174*
in % der Stichprobe	*13%*	*16%*	*12%*	*13%*	*18%*	*27%*
Häufigkeit Talk-Nutzung	1,8	2,6	3,0	3,1	3,3	5,0
Häufigkeit Soap-Nutzung	2,0	1,9	2,2	2,3	2,5	3,3
Talk Lieblingssendung	27,9	22,4	11,3	12,0	4,2	0,0
Soap Lieblingssendung	50,0	51,5	46,3	45,8	37,3	27,6

Die Ergebnisse bekräftigen die beiden Grundbefunde dieser Sekundärauswertung: a) Die Häufigkeit der Talk- und Soap-Nutzung hängt eng zusammen – in der Regel sehen die Gruppen, die häufiger Talks sehen, auch häufiger Soaps; b) Soaps werden häufiger genutzt als Talks – mit Ausnahme der Talkshow-Fans nutzen alle anderen Gruppen häufiger Soaps als Talks. Offensichtlich ist, dass Soaps eher als „Lieblingssendungen" empfunden werden – selbst unter den als „Talkshow-Fans" bezeichneten Jugendlichen geben weitaus mehr eine Soap als Lieblingssendung an.

Letzte Anhaltspunkte für das Zusammenspiel der Genres, die sich auf der Basis der Repräsentativbefragung ermitteln lassen, ergeben sich aus einem Auswertungsschritt, mit dem die Befragten nach der Häufigkeit ihrer Talkshow- und ihrer Soap-Nutzung folgenden Gruppen zugewiesen werden:

- Jugendliche, die sowohl Talks als auch Soaps höchstens einmal pro Monat sehen (-Talk -Soap);
- mäßige Nutzer beider Genres (=Talk =Soap);
- Jugendliche, die häufiger Talks (mindestens mehrmals pro Monat) als Soaps nutzen (+Talk –Soap);
- Jugendliche, die häufiger Soaps (mindestens mehrmals pro Monat) als Talks sehen (-Talk +Soap) sowie
- die häufigen Nutzer (mindestens mehrmals pro Woche) sowohl von Soaps als auch von Talks (+Talk +Soap).

Tabelle 4.6 zeigt die Größe der entstehenden Gruppen; aufgrund der bekannten Zusammenhänge zwischen beiden Genres ist die Gruppe derjenigen, die häufiger Talks als Soaps sehen, sehr klein. Die Werte für die Häufigkeiten der Talk- und Soap-Nutzung führen vor Augen, wie drastisch die durch diese Gruppenbildung akzentuierten Unterschiede im Umgang mit Talks und Soaps innerhalb dieser Altersgruppe ausgeprägt sein können. Die Angaben zur Zusammensetzung aus den Alters- und Geschlechtsgruppen resümieren die diesbezüglichen Aussagen in diesem Kapitel: Unter denjenigen, die sowohl Soaps als auch Talks selten nutzen, sind weit überwiegend Jungen zu finden, während umgekehrt Mädchen in der Gruppe der Vielnutzer beider Genres überrepräsentiert sind. Die jüngeren Jugendlichen sind am ehesten in der Gruppe zu finden, die vor allem Soaps präferiert, sowie unter denjenigen, die beide Genres nur selten nutzen. In der Kombination kulminiert die Attraktivität der beiden Genres bei den 14/15-Jährigen, die am ehesten die häufige Nutzung beider Genres miteinander kombinieren. Die älteste Teilgruppe zeigt entweder ein ausgewogenes Verhältnis der beiden Genres, oder sie gehören der – allerdings äußerst kleinen – Gruppe derer an, die eine häufige Talkshow-Nutzung mit seltener Soap-Nutzung verbinden.

Tabelle 4.6: Unterscheidung von Nutzertypen nach der Häufigkeit ihrer Talk- und Soap-Nutzung (Mittelwerte; 1=„fast täglich", 2=„mehrmals pro Woche", 3=„mehrmals pro Monat", 4=„seltener", 5=„nie") sowie deren Zusammensetzung nach Geschlechts- und Altersgruppen (in Prozent)

Anzahl Befragte	- Talk - Soap (n=159)	= Talk = Soap (n=93)	+ Talk - Soap (n=30)	- Talk + Soap (n=209)	+ Talk + Soap (n=164)
Häufigkeit Talk-Nutzung	4,6	3,1	2,0	4,2	1,5
Häufigkeit Soap-Nutzung	4,5	2,8	4,6	1,4	1,2
Jungen	78,0	54,8	66,7	40,7	28,0
Mädchen	22,0	45,2	33,3	59,3	72,0
12/13 Jahre	35,2	22,6	20,0	41,1	26,2
14/15 Jahre	28,9	29,0	23,3	33,0	43,3
16/17 Jahre	35,8	48,4	56,7	25,8	30,5

4.6 Fazit

Ziel der Auswertungen auf der Basis der Repräsentativ-Befragung aus der ‚Talkshow-Studie' war es, die verfügbaren Informationen zur Soap-Nutzung so auf die Talk-bezogenen Befunde zu beziehen, dass Anhaltspunkte für das Zusammenspiel der beiden Genres erkennbar werden. Durch die Art der Basisdaten lagen differenzierte Informationen nur im Hinblick auf die Talkshow-Nutzung vor, die entsprechenden Auswertungen sind daher notwendig „einseitig". Gleichwohl lassen sich einige sehr klare Befunde festhalten.

Zum einen besteht eine große Nähe zwischen den beiden hier untersuchten Genres. Diese äußert sich insbesondere in der Tatsache, dass Jugendliche, die häufig Talkshows sehen, auch häufig Soaps nutzen. Entsprechend finden sich analoge Unterschiede insbesondere zwischen Jungen und Mädchen: Beide Genres sind in erster Linie Mädchengenres. Trotz der über die untersuchten sechs Altersjahrgänge hinweg recht stabilen Nutzungshäufigkeiten für beide Genres setzt die Attraktivität der Soaps offenbar etwas früher ein als die der Talks, verliert dann aber bei den älteren Jugendlichen spürbar an Boden.

Zum anderen stellen sich die Soaps sehr eindeutig als das häufiger genutzte Genre heraus. Insbesondere werden Soaps weitaus häufiger als Lieblingssendung bezeichnet: Selbst in der Gruppe der so genannten ‚Talkshow-Fans' geben mehr Jugendliche eine Soap als Lieblingssendung an als eine Talkshow.

Sichtbar wurde außerdem, dass die Talks in der Wahrnehmung der Jugendlichen das problematischere Genre darstellen, an dem sich eher die Geister scheiden als an den Soaps. Dies schlägt sich in dem elterlichen Erziehungsverhalten nieder, aber auch in extremeren Formen der Kritik und Ablehnung. Die Hintergründe dieser Unterschiede sowie insbesondere deren Konsequenzen für die Art der Rezeption und der Einbindung dieser Angebote in den jugendlichen Alltag können auf der Basis dieser Repräsentativ-Befragung nicht näher untersucht werden. Dazu dienen die in den beiden folgenden Kapiteln dargestellten qualitativen Untersuchungsschritte.

5. Soaps und Talks auf der Basis der Talkshow-Interviews

Ingrid Paus-Haase und Ulrike Wagner

5.1 Fragestellung

Daily Talks und Daily Soaps gehören zum Medienmenü von Jugendlichen, wobei Daily Soaps deutlich häufiger genutzt werden als Daily Talks (s. Paus-Haase/ Hasebrink/ Mattusch/ Keuneke/ Krotz 1999). Beide Angebotsformen inszenieren Themen und Konflikte aus dem Alltag, ein Grund, weshalb Daily Talks und Daily Soaps in der Identitätsgenese Heranwachsender einen wichtigen Stellenwert gewinnen können.

Junge Menschen dieses Alters sind herausgefordert, ihre Identität auszubilden, sich als Junge bzw. als Mädchen wahrzunehmen, sich in der Familie, in Peer-Groups, Freundschaften, in der Schule oder der Lehre zu positionieren und zu verorten. Dazu bietet sich Heranwachsenden insbesondere das Fernsehen als nach wie vor wichtiges Leitmedium an; es wird insbesondere in den täglichen Serien und Talkshows zum verlässlichen Begleiter, verspricht die Möglichkeit zur Unterhaltung, Information, Anteilnahme, Orientierung und zum Erlebnis. Vor allem darin scheint das Fernsehen geeignet, das junge Publikum an sich zu binden und mit seinen impliziten Interpretationsmustern und Handlungsangeboten in seinen Geschichten und Protagonisten für junge Menschen die Funktion eines ‚Stellvertreters‘ im Jugendalltag zu erfüllen.

Schließlich bieten die Themen und Geschichten in Daily Talks und Daily Soaps, präsentiert von unterschiedlichen Personen, Realitätsausschnitte als eine bunte Palette von Sichtweisen und Lebenskonstrukten. Vor allem die als attraktiv besetzten Moderatoren und Moderatorinnen und die jugendlichen Schauspieler und Schauspielerinnen der Daily Soaps sind dazu in spezieller Weise geeignet. Sie erscheinen täglich auf dem Bildschirm und führen durch einen Themen- und oft auch Personendschungel bzw. meistern ihr Alltagsleben in Beruf und Familie, in Liebesbeziehungen und in der Gruppe Gleichaltriger; sie erweisen sich als mehr oder weniger kompetent in der Kommunikation mit anderen, gar in der Bewältigung bzw. der Lösung von Problemen.

Talkshow-Moderatoren und -Moderatorinnen können wie die favorisierten Protagonisten von Daily Soaps zu virtuellen Partnern im Jugendalltag avancieren, denn Heranwachsende verlangen nach Modellen und Handlungsmustern, die sie – virtuell – an die Hand nehmen und ihnen einen Weg weisen durch die Schwierigkeiten ihres Identitätsaufbaus, in der Auseinandersetzung mit Alltagsproblemen, dem Kennenlernen eigener Stärken und Schwächen, auch in der Sozialauseinandersetzung, der Balance des Ichs und Selbst mit den anderen.

Medienangebote wie Daily Talks und Daily Soaps stellen damit ein kulturelles Angebot dar, das sich neben anderen Strategien und Möglichkeiten der Alltagsbewältigung – wie Musik, Jugendspiele, sportliche Aktivitäten etc. – Jugendlichen zur Alltagsgestaltung und -bewältigung darbietet (Willis 1990, Paus-Haase 1998). Die Art der spezifischen Umgangsweisen mit ihnen ist als subjektive jugendkulturelle Praxis zu werten. Diese wird jeweils vom Geschlecht, dem Alter, der formalen Bildung und insbesondere von den lebensweltlichen Hintergründen der Jugendlichen gemäß ihrem kognitiven, emotionalen und sozialen Entwicklungsstand mitbestimmt, in der Auseinandersetzung mit Familienangehörigen und insbesondere mit Gleichaltrigen.

Der Begriff der ‚thematischen Voreingenommenheit‘ (Charlton/Neumann 1990) verweist auf diese komplexe Auseinandersetzung mit dem Medienangebot, das Medienhandeln. Er schärft den Blick für die Mitbestimmtheit der Rezeptionshandlung durch die individuelle Bedürfnisstruktur der jungen Rezipienten, ihren spezifischen psychodynamischen Zugang zu den jeweiligen Medienprodukten.

Diese komplexen Nutzungsweisen junger Menschen im Zusammenhang beider Genres sowie ihre spezifischen Sichtweisen auf Daily Soaps und Daily Talks stehen im Zentrum der vorliegenden Sekundärauswertung der ‚Talkshow-Studie‘ (Paus-Haase/Hasebrink/Mattusch/Keuneke/Krotz 1999). Über die Untersuchung der Gemeinsamkeiten und Unterschiede in der Nutzung beider Genres hinaus geht es weiterhin um die Frage nach der Stellung dieser Angebote im kommunikativen Handeln der Jugendlichen, also um die Rolle, die sie diesen Genres im Alltag beimessen.

5.2 Materialbasis

Die Sekundäranalyse basiert auf dem Datenmaterial der ‚Talkshow-Studie‘. Herangezogen werden aus dem qualitativen Untersuchungsteil die 15 Gruppendiskussionen (acht waren im Hinblick auf Alter, formale Bildung und

172

Geschlecht homogen zusammengesetzt, bei sieben mischten sich diese Faktoren in unterschiedlicher Weise) sowie die 53 Einzelinterviews mit Talkshow-Fans und gelegentlichen Talkshow-Nutzern.[1]

Im Zentrum der Gruppendiskussionen stand die Frage nach den Sichtweisen der Jugendlichen auf Daily Talks insbesondere im Kontext von Peer-Group-Kontakten vor ihrem jeweiligen lebensweltlichen Hintergrund. Im ersten Untersuchungsschritt der Sekundärauswertung dieses Materials gilt der Blick den ungelenkten Aussagen der Probanden über ihren Umgang und ihre Perspektiven auf Daily Soaps. Im Kontext der Gruppendiskussionen waren die befragten Jugendlichen hin und wieder von sich aus auf dieses Genre zu sprechen gekommen, um darin Ähnlichkeiten bzw. Unterschiede in ihren Sicht- und ihren Nutzungsweisen zu beschreiben sowie den Authentizitätsgrad beider Genres im Hinblick auf die jeweilige Alltagsrelevanz bzw. -nähe zu vergleichen.

In den Einzelinterviews wurden Talkshow-Fans sowie gelegentliche Nutzer gezielt nach ihrem Umgang mit Daily Soaps gefragt. Im Fokus des Forschungsinteresses stand abermals die Perspektive der Heranwachsenden auf die Wirklichkeitskonstruktionen der verschiedenen Daily Soap-Angebote.

5.3 Methodische Herangehensweise

Das Diskussions- bzw. Interviewmaterial der qualitativen Untersuchung der ,Talkshow-Studie' wird in zwei unterschiedlichen Schritten einer Sekundäranalyse unterzogen. Zunächst werden – analog zu den Vorgehensweisen in der ,Talkshow-Studie' – sämtliche Transkripte der Gruppendiskussionen (n=15) und Einzelinterviews (n= 53) in einer fokussierten Analyse mittels winMAX[2] analysiert, um unterschiedliche Perspektiven und Aspekte im Blick auf das Genre Daily Talks sowie im Vergleich beider Genres miteinander isolieren zu können.

---

1   Zu den einzelnen Interviewstandorten siehe Paus-Haase/ Hasebrink/ Mattusch/ Keuneke/ Krotz, S. 138f.
2   Siehe dazu Kapitel 5.4.1.

Tab. 5.1: Übersicht über die Teilnehmerinnen und Teilnehmer an den Gruppendiskussionen

Geschlecht:	Fallzahl	Altersgruppe:	Fallzahl
Männlich	59	12/13 Jahre	32
Weiblich	61	14/15 Jahre	49
Staatsangehörigkeit:	Fallzahl	16/17 Jahre	39
Deutsch	97	Schulform/-abschluss:	Fallzahl
Deutsch/Aussiedler	16	Hauptschule	31
Türkisch	4	Real-/Sekundarschule	43
Ehem. Jugoslawisch	3	Gymnasium	46

Tab. 5.2: Übersicht über die Teilnehmerinnen und Teilnehmer an den Einzelinterviews

Jungen	Fallzahl	Mädchen	Fallzahl
12/13-jährig, Hauptschule	5	12/13-jährig, Sekundarschule	5
12/13-jährig, Gymnasium	8	12/13-jährig, Gymnasium	1
14/15-jährig, Sekundarschule	2	14/15-jährig, Hauptschule	1
14/15-jährig, Realschule	1	14/15-jährig, Sekundarschule	4
14/15-jährig, Gymnasium	4	14/15-jährig, Realschule	2
16/17-jährig, Hauptschule	1	14/15-jährig, Gymnasium	7
16/17-jährig, Realschule	5	16/17-jährig, Hauptschule	1
16/17-jährig, Gymnasium	2	16/17-jährig, Sekundarschule	2
Gesamt	28	16/17-jährig, Gymnasium	2
		Gesamt	25

Auf dieser Auswertungsebene wird das Material nach Dimensionen und Kategorien zerteilt, um einzelne Diskussionssequenzen mit jeweils demselben Thema einer vergleichenden Betrachtung unterziehen zu können. Es handelt sich im Kern dabei um ein quantifizierendes Vorgehen, bei dem die Komplexität der qualitativ erhobenen Daten zugunsten einer besseren Übersicht relativiert wird.

In einem zweiten Untersuchungsschritt geht es darum, das Material der Gruppendiskussionen und ausgewählter Einzelinterviews – wiederum analog zur Talkshow-Studie – mittels eines hermeneutischen Verfahrens kontextuell zu analysieren. Dabei rücken die lebensweltlichen Verankerungen der Jugendlichen in den Fokus der Aufmerksamkeit. Jeweils unterschieden nach Talkshow-Fans sowie gelegentlichen Nutzern wird dem Zusammenhang der Daily-Talk- und der Daily-Soap-Nutzung der befragten Jugendlichen in ihren spezifischen Alltagskontexten nachgegangen.

Im Zentrum der Betrachtung stehen also die inneren Zusammenhänge der Diskussionen und Interviews, bei denen jeweils *ein* Gespräch den Untersuchungsgegenstand darstellt. Gefragt wird dabei nicht mehr nach Häufigkeiten der Medienhandlungsweisen, vielmehr gilt die Aufmerksamkeit dem Zusammenspiel verschiedener Faktoren: Wie entwickeln die Jugendlichen interaktionistisch ihre Gedankengänge, welche Umgangsweisen mit Daily

Talks bzw. Daily Soaps und beider im Vergleich scheinen dabei auf, wie hängen diese mit inneren oder mit äußeren Faktoren zusammen? Auf dieser Analyseebene geht es – im Gegensatz zur ersten – nicht um das Allgemeine, sondern um das Besondere: Es soll exemplarisch herausgearbeitet werden, wie der Umgang Jugendlicher mit Talkshows und Daily Soaps von individuellen (Gruppen-)Merkmalen beeinflusst wird.

Beide Untersuchungsschritte, die fokussierende sowie die kontextuelle Analyse, bedingen und ergänzen sich gegenseitig: Während die eine einen Überblick über die typischen Medienhandlungsweisen von Jugendlichen und deren Hintergründe bietet, zeigt die andere spezifische Einflussfaktoren auf und erhellt die inneren Zusammenhänge einiger der zuvor dargestellten Umgangsweisen mit Daily Talks und Daily Soaps. Auf diese Weise wird das Material in zwei Richtungen durchdrungen, so dass ein möglichst ausdifferenziertes Gesamtbild entsteht, das gleichzeitig Breite und Tiefe aufweist.

5.4 Codierung und Auswertung

5.4.1 Analysesystem winMAX

Um die Fülle des Materials bewältigen zu können, wurde im ersten Schritt, der fokussierenden Analyse, auf eine computergestützte Auswertungsmethode zurückgegriffen, wie sie im Bereich der qualitativen Forschung durch das Programm ‚winMAX‘ geboten wird (Kuckartz 1999). winMAX gewährleistet eine gute Handhabbarkeit der Texte; es hält die Möglichkeit zur Exploration, Interpretation, Kategorisierung, Klassifikation sowie zur Typisierung bereit. Die transkribierten Texte werden dazu in Sinnabschnitte (Codings) unterteilt, markiert, mit Codeworten versehen und anschließend per Computerbefehl zusammengestellt. Die eher umständliche und langwierige ‚Schneid- und Klebemethode‘ entfällt.

Zudem können die Codings – für den in qualitativen Studien üblichen Fall, dass sich Perspektiven verschieben und alternative oder zusätzliche Ansatzpunkte gewählt werden – immer neu zusammengefasst werden. Dabei lassen sie sich in winMAX sowohl nach Texten als auch nach Codeworten geordnet organisieren. Der eigentliche Auswertungsprozess ist dem Codieren allerdings nachgeordnet; es gilt, die zusammengestellten Codings zu sichten und in einem diskursiv-hermeneutischen Verfahren zu interpretieren.

Die Schlag- bzw. Codeworte wurden z.T. deduktiv auf Basis der theoretischen Prämissen formuliert bzw. auf der Folie des Codewortbaumes der ‚Talkshow-Studie‘ im Laufe des Codierungsprozesses vom Material selbst abgeleitet. Auf diese Weise entstand ein hoch ausdifferenziertes Kategoriensystem (‚Codewortbaum‘),[3] das einen umfassenden Blick auf die von den Jugendlichen eingebrachten Perspektiven bietet.

5.4.2 Das Kategoriensystem (Codewortbaum)

In einem ersten Schritt wurde das gesamte Material im Hinblick auf seine Relevanz in Bezug auf das Forschungsinteresse geprüft. Mit Hilfe der Such-funktion von winMAX konnten die wichtigen Textstellen identifiziert und anschließend auf unterschiedliche Aspekte hinsichtlich der Ausgangsfrage-stellung durchgesehen werden. Auf Basis dieses Materials ließ sich ein Kate-goriensystem entwickeln – in winMAX Codewortbaum genannt –, das durch theoretische Prämissen zur Rezeption von Daily Soaps angereichert wurde.[4] Ziel war es, für die Forschungsfrage relevante Dimensionen zu formulieren und mit entsprechenden Kategorien zu versehen. Dieses Kategoriensystem wurde an alle Interviews (Gruppen- und Einzelinterviews) angelegt und im Laufe des Codierungsprozesses modifiziert bzw. erweitert. Nach einer ersten Durchsicht der Codings wurde das Kategoriensystem auf diejenigen Dimen-sionen reduziert, die sich aufgrund der Quantität und Qualität der Codings als relevant erwiesen hatten.

Das Kategoriensystem wird in winMAX automatisch alphabetisch organi-siert, so dass eine sinnbezogene Strukturierung entfällt. Im Folgenden werden die verschiedenen Dimensionen mit ihren jeweiligen Kategorien vorgestellt und – falls es nötig erscheint – operationalisiert.[5]

Bewertung der Schauspieler
Unterschieden wurde in dieser Dimension nach positiven und negativen Be-wertungen.

Bewertung der Themen
Die Dimension ‚Bewertung der Themen‘ unterteilt sich in ‚Wahrgenommene Themen‘ und ‚Zugeschriebene Bedeutung‘. Unter der Kategorie ‚Wahrge-nommene Themen‘ werden alle Daily-Soap-Themen erfasst, die die Jugend-lichen ungelenkt erwähnen. Unter der Kategorie ‚Zugeschriebene Bedeutung‘ werden Aussagen der Befragten codiert, in denen sie explizit als ‚relevant‘ oder ‚irrelevant‘ einstufen. Diese Codings stellen jeweils Doppelcodierungen zur vorhergehenden Kategorie dar.

Bewertung des Genres
Diese Dimension umfasst diejenigen Aussagen, die sich nicht auf eine ein-zelne Daily Soap beziehen, sondern das Genre allgemein betreffen.

---

3   Siehe dazu Kapitel 5.4.2.
4   Als Basis für dieses Kategoriensystem diente der Codewortbaum zur ‚Talkshow-Studie‘.
5   Der gesamte Codewortbaum befindet sich im Anhang I.

Bewertung des Soap-Publikums
Die Nutzungsmotive, die die Jugendlichen dem Publikum von Daily Soaps unterstellen, z.B. Gewohnheit, Erwerb von Gesprächsstoff, Wunsch nach Unterhaltung, werden im Rahmen dieser Dimension erfasst.

Bezug zur Lebenswelt
Die Dimension ‚Bezug zur Lebenswelt' unterteilt sich in ‚Bezug auf eigene Erfahrungen' und ‚Bezug auf die Erfahrung anderer'. In den entsprechenden Diskussions- bzw. Einzelinterviewsequenzen werden Stellungnahmen subsumiert, in denen sich die Jugendlichen zur Frage äußern, inwiefern sie Daily Soaps auf ihr eigenes Leben bzw. das anderer beziehen können. Die Äußerungen der Befragten lassen sich in ‚ablehnend' bzw. ‚bestätigend' unterteilen. Unter diesen Punkten werden Aussagen der Befragten zusammengefasst, mit denen sie eine Kongruenz der in den Daily Soaps dargestellten Themen bzw. getroffenen Aussagen mit ihrer eigenen Erfahrungswelt bestätigen oder negieren.

Zugeschriebene Funktion
Hier werden alle Einschätzungen der Jugendlichen zu den Funktionen von Daily Soaps erfasst:

*   Agenda-Setter/Wertevermittler:
    Gemeint ist die Frage, ob Daily Soaps Werte, Normen und Lebensstile transportieren bzw. Themen auf die ‚gesellschaftliche Tagesordnung' setzen:
*   Angebot zur Aufklärung/Warnung
*   Angebot zur Lebenshilfe
*   Angebot zur Problemlösung
*   Einschaltquoten

Fokussierte Daily Soap
In dieser Dimension werden – unterschieden nach ‚positiv', ‚negativ', ‚Erwähnung' – alle Äußerungen zu den einzelnen Formaten zusammengefasst.

Nutzungsmotive
Unter Nutzungsmotiven der Jugendlichen werden die Attitüden codiert, mit denen die Jugendlichen Daily Soaps rezipieren: Entspannung/Ablenkung, Erwerb von Gesprächsstoff, Gewohnheit, Interesse am Thema, etc.

Sehgewohnheiten/Sehsituationen
Die Dimension ‚Sehgewohnheiten/Sehsituationen' umfasst so unterschiedliche Kategorien wie z.B. ‚Häufigkeit der Nutzung', ‚Einordnung in den Tagesablauf', ‚gemeinsame Rezeption' (z.B. mit der Mutter).

Soaps im Unterricht
Alle Aussagen, die sich mit dem Thema ‚Daily Soaps im Unterricht' beschäftigen, werden hier subsumiert.

Sprechen über Soaps (Peers)
In diesem Zusammenhang werden Aussagen der Jugendlichen codiert, in denen der Peer-Group-Zusammenhang ersichtlich ist.

Umgang mit Daily Soaps
In dieser Dimension werden die Identifikationsprozesse bzw. die innere Beteiligung der Jugendlichen explizit (Grad von Involvement). Im Einzelnen geht es um folgende Kategorien:

- auch so handeln wollen
- distanzieren
- hineinversetzen
- innerer Dialog
- nicht so handeln wollen
- solidarisieren
- Wunsch an ihrer Stelle zu sein/genauso zu sein
- Wunsch in Interaktion zu treten.

Umgangsweisen mit Medien
Codiert werden hier die Umgangsweisen der Jugendlichen zu Fernsehen, Radio und Lesen.

Wirklichkeitskonstruktionen
In der Dimension ‚Wirklichkeitskonstruktionen‘ werden die Einschätzungen der Heranwachsenden zusammengefasst, ob Daily Soaps realitätsnah oder -fern sind. Diese Einschätzungen dürften maßgeblichen Einfluss darauf nehmen, wie Daily Soaps rezipiert werden, ob sie als Orientierungspunkt für das eigene Selbst- und Wirklichkeitskonzept herangezogen werden oder zum Amüsement dienen. Diese Dimension ist somit in enger Korrelation zur Dimension ‚Bezug zur Lebenswelt‘ zu betrachten.

5.4.3 Vorgehen bei der Codierung

Erschien eine Textstelle im Sinne des Forschungsinteresses relevant, wurde sie markiert und mit einem oder mehreren passenden Codewörtern versehen. Die Mehrfachcodierungen haben den Sinn, in einer Dimension jeweils alle relevanten Codings zu erfassen, um sie im Zusammenhang interpretieren zu können.

Die Codings, die ähnliche Umgangsweisen der Jugendlichen mit Talkshows erkennen ließen, wurden gesammelt und gleichzeitig von denjenigen differenziert, die mehr oder minder konträr dazu stehen. Zielfrage war: Welche Merkmale sind der jeweiligen Umgangsweise eigen, und wie lassen sie sich unter einem Oberbegriff zusammenfassen?

Anzumerken ist, dass eine Reihe aus theoretischen Erwägungen eingesetzte Kategorien nicht codiert wurden. Bei der Auswertung werden auch

178

diese Kategorien z.T. hinzugezogen, um die Konstruktionen der Befragten zu Daily Soaps differenziert darzustellen: Vor diesem Hintergrund erscheint es nicht nur interessant, welche Wahrnehmungen/Konstrukte/Erwartungen die Probanden mit dem Genre verbinden, sondern welche (möglichen) auch nicht.

5.5 Ergebnisse der Sekundäranalyse

5.5.1 Ergebnisse der Gruppendiskussionen

Fokussierte Analyse
In den Gruppendiskussionen wurde – im Gegensatz zu den Einzelinterviews – nicht direkt nach dem Umgang mit Daily Soaps gefragt, alle Äußerungen zu diesem Genre erfolgten ungelenkt; sie wurden von den Diskutanten selbst eingebracht. Bei Durchsicht des Gesamtmaterials zeigte sich, dass das Thema lediglich von drei Gruppen aufgegriffen und diskutiert wurde.

Deutsch-russische Jungen (Gruppe von 15- bis 17-jährigen Jugendlichen, in Bezug auf Bildung heterogen, Standort B), ostdeutsche Mädchen (Sekundarschülerinnen im Alter zwischen 12 und 13 Jahren, Standort D) sowie eine Gruppe von 14- bis 15-jährigen Realschülern und Gymnasiasten aus einer Stadt im Westen Nordrhein-Westfalens (Standort C) kamen von sich aus auf Soaps zu sprechen und zogen Vergleiche in Bezug auf Wirklichkeitsdarstellungen, Probleme, Bezüge zur Alltagswelt und zum Authentizitätsgehalt.

Die Analyse der ungelenkten Aussagen zeigt, dass sich unterschiedliche Bewertungen in Bezug auf die Faktoren Geschlecht, Alter und Herkunft identifizieren lassen. Der Faktor formale Bildung lässt sich in einer Gruppe von männlichen Realschülern und Gymnasiasten nachweisen; sie zeigen mehr Hintergrundwissen im Hinblick auf die Wirklichkeitswahrnehmung der Realitätskonstrukte in Daily Soaps, stellen die Bedeutung von Inszenierungsweisen in den Mittelpunkt ihrer Überlegungen und weisen darauf hin, dass Daily Soaps „übertrieben", „eher realitätsfremd" sind und somit als stark dramatisierte Alltagsrealität gewertet werden müssen. Einen Zusammenhang zu ihrem eigenen Leben negieren sie zumeist, schließen jedoch nicht ganz aus, dass Soaps „etwas mit dem Alltag zu tun haben". Auffällig ist auch, dass sich diese Gruppe der Realschüler und Gymnasiasten als einzige zu formalen Gestaltungsmerkmalen wie z.B. dem Vorspann sowie zu Einschaltquoten und Werbung von Daily Soaps und Daily Talks äußert. Damit wird abermals deutlich, dass Hintergrundwissen zu Produktions- und Inszenierungweisen einen zentralen Faktor für die Rezeption auch des Genres Daily Soaps darstellt. Als entscheidender Faktor für die Wahrnehmung der Daily Soaps erweist sich jedoch das Geschlecht der Diskutanten.

Mädchen

Die Mädchen beziehen sich während der Diskussion immer wieder auf die Soaps. Sie bezeichnen dabei Daily Soaps eher als ein Angebot für die ältere Altersgruppe, für Jugendliche, sie bevorzugen Daily Talks, da diese ihnen einen stärkeren Lebensweltbezug bieten. Soaps wird Lebenswelt-Bezug nicht abgesprochen, sie werden jedoch im Vergleich mit den Talks nicht in dem Ausmaß zur Alltagsorientierung herangezogen. Als Identifikations- und Projektionsfiguren ziehen sie eher die Protagonisten des Formats *Unter Uns* als die Akteure von *Gute Zeiten, schlechte Zeiten* oder *Verbotene Liebe* heran, sie beziehen sich dabei meist auf das Alter der Darsteller.

> *Unter Uns* ist ja auch so was, da sind sie nur manchmal etwas jünger als bei *Gute Zeiten, schlechte Zeiten*.

> Wenn ich zu Hause bin, und ich hab halt die Serie geguckt, stelle ich mir vor, oh ich bin (...) und ich sag dann meine Meinung und so.

> Achtzehn, neunzehn bin ich ja noch nicht, da fehlen mir ja noch viele, viele Jahre. Und aus Talkshows (stockt), da geht's eben manchmal um 12-, 13-, 14-Jährige, und da guck ich dann schon mal, und da kann ich eben mehr für (mich) rausziehen als jetzt aus (...) *Gute Zeiten, schlechte Zeiten*.

Generell bevorzugen die Mädchen dieser Diskussionsgruppe Talkshows; werden jedoch Themen diskutiert, wie z.B. „Steuererklärung", die nichts mit ihrer Lebenswelt zu tun haben, dann entscheiden sie sich für die Rezeption von Soaps – vor allem mit dem Verweis auf die beiden Formate *Gute Zeiten, schlechte Zeiten* und *Verbotene Liebe*.

> Diskutantin 1: Aber ich finde, die Talkshows sind irgendwie wichtiger, also wichtiger als diese Serien, weil (stockt). Ich will nicht sagen, dass die Serien nichts für uns sind, aber die Talkshows finde ich besser, weil die Talkshows, die sagen auch was über uns mit aus.
> Interviewerin: Was gefällt Euch denn jetzt am besten, was würdet ihr anschauen, 'ne Talkshow mit Sonja oder *Gute Zeiten, schlechte Zeiten*? Wie ist das so bei euch?
> Diskutantin 2: Eher 'ne Talkshow.
> Diskutantin 3: Ja.
> Interviewerin. Talkshow. Nicht *Gute Zeiten, schlechte Zeiten*?
> Diskutantin 2: Kommt manchmal aufs Thema drauf an.
> Interviewerin: Ja, mhm.
> Diskutantin 2: Also, wenn jetzt 'n Thema is, zum Beispiel, wo nur Fuffzigjährige in der Reihe sitzen, dann interessiert mich das Thema kaum, wenn's jetzt da zum Beispiel um, äh Steuererklärung geht, sag ich jetzt mal.
> Interviewerin: Klar, kann ich verstehen.
> Diskutantin 2: Dann guck ich *Gute Zeiten, schlechte Zeiten*. Das ist, das ist keine Frage. Aber wenn's jetzt wirklich um 'n Thema geht, ähm, ‚Was dürfen Kinder mit

zwölf Jahren und was haben sie für Pflichten?', dann, dann lass ich auf alle Fälle *Gute Zeiten, schlechte Zeiten* weg und guck mir das an.
Interviewerin: Ja. Jetzt muss ich nochmal nachfragen, nach den *Gute Zeiten, schlechte Zeiten*. Was begeistert Dich daran, was gefällt Dir daran?
Diskutantin 2: Das äh, naja, das sind zwar nicht welche in unserem Alter. So 19 bis 25 geht's da so in der Stufung, oder auch manchmal noch Daniel (...) viel älter (Stockt). Aber, da kann man nun wirklich, da kann man jetzt zum Beispiel bei manchen Leuten wirklich gucken, wie das (stockt), wie das im richtigen Leben ist.

Bei der Durchsicht aller entsprechenden Codings zeigte sich, dass sich die Mädchen vor allem auf den Wirklichkeitsgehalt beider Genres beziehen und sie klar gegen Fantasy-Angebote wie z.B. *Superman* abgrenzen.

> Die sind jetzt nicht so wie in der Fantasyserie wie *Superman*.

Im speziellen Vergleich zwischen Daily Talks und Daily Soaps weisen sie den Talkshows einen höheren Wirklichkeitsgehalt zu als den Soaps.

> Da reden 'se wirklich jetzt so, ähm (...) also (stockt) und schreiben sich nicht Briefchen ,Willst du mit mir gehen', zwei Minuten später kommt dann 'n Brief zurück: ,Ja, ich möchte mit dir gehen'. ,Gut, dann sind wir jetzt richtig zusammen'. Nein!

Dementsprechend nutzen sie Daily Talks stärker zur Orientierung für den eigenen Alltag:

> Diskutantin 4: Das soll ja vielleicht 'ne Lehre sein.
> Interviewerin: Ahja. Könnt Ihr was für Euch daraus ziehen, bei *Gute Zeiten, schlechte Zeiten* oder Talkshows? Oder wo eher?
> Diskutantin 2: Ja, aus Talkshows, wenn da die richtigen Themen sind. (...) Und da kann ich eben mehr rausziehen als jetzt aus *Gute Zeiten, schlechte Zeiten*.

Jungen
Die Analyse der Codings zeigt weiter, dass sich die Jungen der beiden Diskussionsgruppen – wie bereits die ,Talkshow-Studie' deutlich gemacht hat – stärker als Mädchen auf den Unterhaltungs- und Spannungseffekt beziehen. Dieses Moment stellen sie im Vergleich zu den Daily Soaps als ein Unterscheidungskriterium heraus:

> Bei 'ner Talkshow weißt du ja nie, was passiert und so. Und wer da hinkommt. Und wenn du *Gute Zeiten, schlechte Zeiten* guckst? Und bei denen kennst du ja, wer da alles mitspielt.

Die Jungen sind zwar einerseits davon überzeugt, dass Daily Soaps und Daily Talks in ihrer Wirklichkeitsdarstellung hohe Ähnlichkeiten aufweisen:

> Also, manche Talkshows, ja, die passen so auf so Seifenopern.

Dennoch differenzieren sie in Bezug auf die Problemdarstellung in beiden Formaten:

Diskutant: Ja, zum Beispiel *Gute Zeiten, schlechte Zeiten* ... da ist es immer so, z.B. da sind so Freunde sind immer für dich da und Bla, das ist immer so gut und da keine Probleme und wenn du ... Doch , Probleme sind da immer! ...
Interviewerin: Das finde ich jetzt sehr wichtig, Du sagst da sind wohl Probleme in *Gute Zeiten, schlechte Zeiten* (stockt).
Diskutant (dazwischen): Ja, aber ohne Probleme würde die Serie keine gute (unverständlich).
Interviewerin: Aber es sind dann doch nicht so richtige Probleme?
Diskutant: Ja das ist so irgendwie, das voll komisch. Also alles spielt da, eh.
Interviewerin: In Talkshows?
Diskutant: Das ist ja auch 'ne Serie. Ich meine jetzt hier diese Serien da.
Interviewerin: Ja, ich hab's verstanden. Talkshow ist nicht gespielt?
Diskutant: Nicht so.

Zusammenfassend lässt sich festhalten, dass Mädchen wie auch die Jungen der drei Diskussionsgruppen im Vergleich von Daily Talks und Daily Soaps eher dem Genre Daily Talks einen höheren Authentizitätsfaktor beimessen als dem Genre Daily Soaps. Dies gilt selbst dann, wenn beide Genres eher kritisch beurteilt werden. Es gilt in den Einzelinterviews, diesem Zusammenhang verstärkt nachzugehen und eventuelle Differenzierungen und Nuancen herauszuarbeiten.

Kontextuelle Analyse
Analog zur Talkshow-Studie wurden im zweiten Schritt der Gruppendiskussions-Analyse kontextuelle Analysen durchgeführt. Als Material dienten alle drei Gruppendiskussionen, in denen die Probanden – ungelenkt – zum Thema Daily Soaps Stellung genommen haben.[6] Die Jugendlichen zogen Vergleiche in Bezug auf Wirklichkeitsdarstellungen, Probleme, Bezüge zur Alltagswelt und zum Authentizitätsgehalt.

Bei den kontextuellen Analysen wird jeweils ein Gespräch im Zusammenhang untersucht. Die Aufmerksamkeit gilt dabei folgenden Punkten:

* Zusammensetzung und Profil der Diskussionsgruppe
* Verlauf der Diskussion
* Rolle der Daily Soaps im Vergleich zu den Daily Talks.

---

6   Siehe zur Gruppenzusammenstellung im Einzelnen: Paus-Haase/Hasebrink/Mattusch/Keuneke/Krotz (1999).

Soaps sind „das richtige Leben" – aber für Ältere
(Diskussion der 12/13-jährigen Mädchen vom Standort D)

Zur Diskussionsgruppe: Zusammensetzung und Profil

Die Gruppe bestand aus sechs Mädchen aus einer Großstadt Sachsen-Anhalts; sie besuchten gemeinsam eine Schulklasse einer Sekundarschule der Stadt. Die Mädchen waren einander vertraut; einige von ihnen sogar eng befreundet. Zwei Mädchen, Johanna und Nicole, kam während der Diskussion die Rolle der Wortführerinnen zu. Johanna erwies sich als lebhaft, zuweilen sehr ungeduldig, gar vorlaut. Sie schien sehr darum bemüht, im Kreise ihrer Mitschülerinnen mit ihrer Meinung durchzudringen und sich durchzusetzen. Nicole als die reifere von beiden, erschien geradezu mütterlich im Umgang mit ihren Klassenkameradinnen. Hin und wieder mischte sich die mit Nicole eng befreundete Cornelia ins Gespräch ein. Bei ihr handelt es sich um ein zurückhaltendes, aber doch bereits selbstbewusstes Mädchen. Zwei weitere Mädchen, Ramona und Sabrina, nahmen an der Diskussion selten von sich aus teil; sie antworteten zumeist auf Nachfragen bzw. auf die Ermunterung durch die Interviewerin und den Interviewer. Julia, ein eher in sich zurückgezogen wirkendes Mädchen zeigte ein ambivalentes Verhalten; sie wirkte zuweilen abwesend, griff dann jedoch sehr sprunghaft und gelegentlich vehement in die Diskussion ein.

Zum Verlauf der Diskussion

Insgesamt verlief die Diskussion sehr engagiert und harmonisch; die Mädchen ließen keinen Zweifel daran, dass sie sich über die Einladung zu einer Gruppendiskussion zum Thema Talkshows gefreut hatten. Auffällig war, dass sie, wo immer es nur möglich schien, die Gelegenheit nutzten, auf ihre Lebenssituation zu sprechen zu kommen, um auf ihre Probleme in ihrer Familie, in der Schule sowie ihre Freizeitsituation betreffend aufmerksam zu machen.

So zogen sie auch des Öfteren während der Gruppendiskussion den Vergleich zu den Daily Talks und stellen einen Bezug der Diskussionsleiterin zu Talkshow-Moderatorinnen her.

In der Diskussion der Mädchen kreisten die meisten Beiträge um die Themen ,Liebe und Partnerschaft' sowie ,Schönheit', ,Schule' und besonders belastende Lebenskontexte. Die Mädchen verwoben eigene Erfahrungen und Erlebnisse in ihrer unmittelbaren Umgebung mit Themen aus den Daily Talks; sie stellten einen direkten, zu großen Teilen stark empathisch motivierten Zusammenhang zu ihrem Alltag her.

Zur Rolle der Daily Soaps im Vergleich zu den Daily Talks

Bereits ganz zu Beginn der Diskussion kommt Nicole auf Daily Soaps zu sprechen. Sie beschreibt ihre Rezeptionshaltung im Hinblick auf Daily Talks, die sie mit ihrer Freundin Cornelia (beide Mädchen kennen einander noch nicht lange, verstehen sich jedoch als enge Freundinnen) hin und wieder gemeinsam ansieht oder über die sie der Freundin berichtet, wenn diese die entsprechende Sendung nicht gesehen hat.

> Nicole: Also, wir kennen uns ja nicht besonders lange, aber schon mal haben wir mal zusammen geguckt. Das haben wir.
> Interviewerin: Ja?
> Cornelia: (unverständlich) Was da kam und so, und wenn die andere das nicht gesehen hat.
> Nicole: Wenn jetzt wohl *Sonja* (stockt). Wenn sie zum Beispiel *Sonja* guckt, ich *Sonja* zuhause.
> Nicole: Und dann treffen wir uns vorher – oder auch *Gute Zeiten schlechte Zeiten*, ist ja auch ne Jugendserie –
> Interviewerin: Ja.
> Nicole: – da reden wir dann früh eben drüber.

Insbesondere zwischen Nicole und der gleichaltrigen Johanna entspinnt sich, moderiert von der Interviewerin, das Gespräch über Daily Soaps im Vergleich zu den Daily Talks. Im Zentrum steht die Bedeutung, die beide Genres für die eigene Lebenswelt gewinnen können. Der Fokus liegt dabei auf der Aussagekraft beider Genres für die Altersgruppe der 12- bis 13-jährigen Mädchen. Nicole versteht *Gute Zeiten, schlechte Zeiten* als eine ‚Jugendserie‘ und stellt sie in den Kontext von Daily Talks, die sie als ein zentral wichtiges Angebot für Jugendliche empfindet, dem eine unmittelbare Relevanz für den eigenen Alltag zukommt. Diese Bedeutung misst Nicole zumindest der Daily Soap *Gute Zeiten, schlechte Zeiten* bei.

Im Verlauf der Diskussion steht der Aspekt der Wirklichkeitsnähe im Mittelpunkt der Diskussionsbeiträge. Auf die Frage zugespitzt, welches Angebot am ehesten Bedeutung für das eigene Leben gewinnt, sind sich die Mädchen weitgehend darin einig, dass für ihre Altersstufe die Daily Talks den Vorzug genießen. Sie wechseln lediglich dann von den Daily Talks auf die Daily Soaps, wenn es sich dort um ein für sie noch alltagsfernes Thema handelt.

> Nicole: Wenn jetzt ein Thema is, zum Beispielt, wo nur Fuffzigjährige in der Reihe sitzen, dann interessiert mich das Thema kaum, wenn's jetzt da zum Beispiel um (äh) Steuererklärung geht, sag ich mal.

Gute Zeiten, schlechte Zeiten bietet den Mädchen immerhin einen Einblick in „das richtige Leben“, allerdings in eines von älteren Jugendlichen.

> Nicole: Das äh sind zwar nicht welche in unserem Alter. So 19 bis 25 geht's da so in der Stufung oder auch manchmal noch Daniel ...viel älter (stockt). Aber da kann man nun wirklich, da kann man jetzt zum Beispiel bei manchen Leuten wirklich gucken, wie das (stockt). Die spielen, wie das im richtigen Leben ist.

Wenig später kommt die Rede erneut auf die Soaps. Abermals ist es Nicole, die das Wort ergreift und deutlich macht, dass sie eher aus Talkshows lernen könne als aus Daily Soaps.

> Nicole: Und aus Talkshows. Da geht es eben manchmal um 12-, 13-, 14-Jährige und da guck ich das dann schon mal. Und da kann ich eben mehr (für) rausziehen als jetzt (...) *Gute Zeiten, schlechte Zeiten.*

Johanna greift den Ball auf und bestätigt die Klassenkameradin.

> Johanna: Ja, genau, so ungefähr.
> Interviewerin: Wie man das machen kann im Leben?
> Johanna: Wie man, wie man sich irgendwie besser fühlt, also, oder wie man, wie man sich verändern kann.
> Johanna: Zum Beispiel, ja (...) wenn man jetzt ein schlechtes Verhältnis hat mit seinen Eltern, und man schnauzt die halt dann so voll an, und in, und in den Talkshows ist dann so ruhig. Ja was sag ich halt zu meinen Eltern. Daraus kann man ja auch lernen, wie man sich ändern könnte. In welchen Situationen und wie man (es) machen kann.

Daily Talks bieten den jungen Mädchen eher unmittelbar für sie verwertbare Orientierungshilfen und Handlungsanweisungen an als Daily Soaps. Diese werden eher als Geschichten wahrgenommen, die zwar das Leben spiegeln, sich aber auf die Älteren beziehen. Den Talkshows wird hingegen zugestanden, dass sie sogar direkt Menschen helfen können. Dazu nehmen Sabrina und Ramona Stellung.

> Sabrina: Also, ich find das toll, dass die Talkshows helfen, für andere Menschen da sein zu können.

Nicole bestätigt wenig später diesen Gedanken und generalisiert ihn auch für andere Fernsehzuschauer, auch Erwachsene. Sie schildert dabei einen Fall aus ihrer unmittelbaren Umgebung:

> Nicole: Also, äh, ne Talkshow kann auch helfen zu begreifen. Wenn jetzt einer(,) jetzt nicht dabei sitzt, aber vor'm Fernsehen. Er hat Streit mit seiner Familie weil er ausgezogen und ist zum Beispiel die Familie oder dass die noch in 'ner anderen Wohnung wohnt, dass die Mutter keenen Job kriegt und so was. Dann guckt er sich 'ne Talkshow an, sieht das, wie die (,) wie die jetzt zum Beispiel darüber reden können. Wie er helfen könnte, weil er mehr Geld hat (,) oder sie (,) und dann weil die (stockt). Also, ich hab' schon mal erlebt bei 'ner anderen Freundin von mir in H., die hab ich da kennen gelernt, bei meiner Tante, die war 18, die haben wir von nebenan gekannt, und die ist zwei Tage später ausgezogen. Die haben sich so was von gestritten. Und danach hab 'ich mir gedacht ‚Komm wir gucken uns mal die Talkshow da an‘. Da hat 'se begriffen.

Fazit

Die kontextuelle Analyse lässt eine Verknüpfung der Medienhandlungsweisen, Sichtweisen und Beurteilungen der Daily Talks mit dem lebensweltlichen Hintergrund offenkundig werden. Die Mädchen schreiben ihren favorisierten Talkshows – im Zentrum kreisen die Vorlieben der Mädchen dabei immer wieder um die Talkshow *Sonja*, insbesondere die Rolle der Moderatorin selbst – geradezu einen märchenhaften Charakter zu, um sich ein Gegengewicht zu ihrem von Konflikten geprägten Alltag zu schaffen. Den Daily Talks wird deshalb stärker als den Daily Soaps Realitätsnähe bzw. gar die Fähigkeit der Realitätsabbildung beigemessen; dies gilt insbesondere in Bezug auf ihre eigene Lebenswelt. Die Mädchen nutzen Daily Talks als zentrale Orientierungshilfen für den eigenen Alltag; Daily Soaps hingegen werden als Spiegel von Wirklichkeit eingeschätzt, der insbesondere das Leben älterer Jugendlicher deutlich macht; für die Mädchen dieses Alters dienen sie somit vor allem als ein Alternativangebot zu den Daily Talks, wenn in ihren favorisierten Talkshows *Sonja* und *Arabella* Themen verhandelt werden, die sie nicht auf ihre Lebenswelt beziehen können.

„Da sind so Freunde immer für dich da und Bla, Bla..."
(Diskussion deutsch-russischer Jungen im Alter von 16 und 17 Jahren am Standort B)

Zusammensetzung und Profil

Die Gruppe setzte sich aus sieben Diskutanten zusammen, die sich regelmäßig, einige sogar täglich, in einem Jugendtreff einer ländlichen Gemeinde im Westen Deutschlands treffen (Standort B). Sie alle sind deutsch-russischer Herkunft und als Aussiedler mit ihren Eltern aus Kasachstan ausgewandert. Die Jugendlichen leben noch bei ihren Eltern; sie besuchen zumeist die Hauptschule, einer von ihnen, Jakob, jedoch das Gymnasium, ein anderer, Klaus, ist bereits als Lehrling tätig. Die Jugendlichen stehen unter einem hohen sozialen Druck; sie fühlen sich nicht in die Gemeinde, geschweige denn in Gruppen anderer Jugendlicher integriert. Sie pflegen einen engen Kontakt zueinander, empfinden sich als eine „Clique" und ziehen sich auf ihre überlieferten, zum Teil auch stark männlich tradierten kulturell bestimmten Sichtweisen zurück.

Zum Verlauf der Diskussion

Die Diskussion, die zuweilen latent aggressiven Charakter annimmt – die Jungengruppe zeigt sich zunächst darüber irritiert, dass die Diskussion nicht von dem Interviewer dominiert wird, sondern dass auch die Interviewerin eingreift und Fragen stellt – kreist in zentralen Punkten nicht um Daily Talks als Unterhaltungsangebot, wie in anderen Jungengruppen, sondern wird bestimmt durch eine eher sachorientierte Sichtweise auf Daily Talks. Die Jungen geben vor allem ihren Erwartungen an dieses Genre Ausdruck und formulieren ihre Kritik an der Ausrichtung in Bezug auf die Themen, wobei, ihrem kulturellen Hintergrund gemäß, sie deutlich männlichkeitsorientiert auftreten und sich äußern. Dabei stehen vor allem die Themen ‚Dicke‘ und ‚Schwule‘ im Zentrum der Kritik. Themen dieser Art lehnen die meisten von ihnen vehement ab; sie machen deutlich, dass sie in Schwulen gesellschaftliche Außenseiter sehen, die zurecht ausgegrenzt werden. Eine Ausnahme bildet lediglich Jakob, der das Gymnasium besucht. Insgesamt verlangen die Jungen nach Informationen und damit im weiteren Sinne nach einer Orientierungshilfe in den Daily Talks. Als Wortführer erwiesen sich insbesondere Anton, Dimitrij, Andreas und Jakob.

> Anton: Mit Schwule (ist auch) so. Ah, das ist ja heutzutage ganz normal, sowas. Hä, was soll das denn für'n Scheiss sein? Ganz normal. Hab noch keinen gesehen, will auch keine sehen.

Im weiteren Verlauf der Diskussion steigert er sich in Verunglimpfungen hinein:

> Anton: Schwule! Die können in zwanzig Jahren Sex mit Tieren oder was?
> Jakob: Interessiert mich doch gar nicht. Ob der schwul ist oder nicht. Na und ich seh mir die Scheiße an, was weiß ich. Das interessiert mich doch gar nicht. Ob der schwul ist oder nicht. Mit dem hab ich ja nichts am Hut. Warum soll er nicht schwul sein?
> Anton: Ja, dann sollen die den Scheiß' nicht zeigen.

Zur Rolle der Daily Soaps im Vergleich zu den Daily Talks
Einen zentralen Anteil während der Gruppendiskussion nimmt das Thema ‚Aussiedler‘ ein. Die Jungen wünschen sich eine informationsorientierte, sachbezogene Auseinandersetzung zu diesem Themenbereich auch in Talkshows, die sie für ihren Alltag fruchtbar machen können. Dabei stellen sie sich als Moderator einer solchen Talkshow Hans Meiser vor, der ihren Vorstellungen von Männlichkeit und Souveränität entspricht. Die Jungen verlangen zwar auch nach witzigen Angeboten, im Zentrum ihrer Wünsche stehen jedoch Orientierungshilfen. Zur Unterhaltung favorisieren sie denn auch eher andere Angebote auf Viva oder Stefan Raab. In diesem Kontext kommen sie ganz zum Schluss der Diskussion auch auf Daily Soaps zu sprechen. Dimitrij und Andreas beschreiben dabei die Unterschiede der beiden Genres.

> Dimitrij: Bei 'ner Talkshow weißt Du ja nie, was passiert und so. Und wer dahin kommt.
> Anatol: Wenn du *Gute Zeiten, schlechte Zeiten* guckst (stockt)
> Andreas: Und bei denen kennst du ja, wer da alles mitspielt.

Die Jungen würden einhellig eine Talkshow den Soaps vorziehen. Diese spiegeln jugendkulturelle Muster und Lebensweisen wider und sind damit von der Lebenswelt der jungen Aussiedler zu weit entfernt. So erstaunt es wenig, dass sie den Soaps „keine richtigen Probleme" zugestehen. Eine Verhandlung ihrer Themen, allem voran das Thema ‚Aussiedler‘, wäre ihnen wichtig. Derartige Themen finden sie jedoch in den Soaps nicht vor. Freundschaft spielt für die jungen Männer in ihrem Alltag eine zentrale Rolle; sie sind auf Freundschaft angewiesen, um in der Diaspora zurecht zu kommen und ihre Identität zu bewahren.

Andreas: Ja, *Gute Zeiten, schlechte Zeiten* (stockt) Da ist es immer so, da, (,) zum Beispiel da sind so Freunde sind immer für dich da und Bla, das ist immer so gut und da keine Probleme und wenn du...
Jemand dazwischen: Ja, Probleme sind da immer!
Andreas: Ja, Probleme sind da immer, aber die.. (viele durcheinander)
Interviewerin: Das finde ich jetzt sehr wichtig, Du sagst da sind wohl Probleme in *Gute Zeiten, schlechte Zeiten* (stockt)
Dimitrij (dazwischen): Ja, ohne Probleme würde die Serie keine gute (unverständlich)
Interviewerin: Aber es sind dann doch nicht so richtige Probleme? (Habe ich das) verstanden?
Gustav: Ja, das ist irgendwie (,) so voll komisch. Also alles spielt da.
Interviewerin: Ja, ich hab's verstanden. Talkshows ist nicht gespielt?
Nicht so
Meine Mutter denkt immer, das ist Wirklichkeit.
Jakob: *Gute Zeiten, schlechte Zeiten* das ist für mich so (,) schlecht. Das ist alles Geschmackssache. Das ist Geschmackssache. *Verbotene Liebe* das ist ja total Scheiße.

Andreas bringt das Gespräch nochmals auf das Thema ‚Lernen durch Talkshows‘. Er vertritt die Meinung, man könne, zum Beispiel beim Abnehmen, von einer Daily Talk lernen. In diesem Kontext kommt er auf seinen Wunsch zu sprechen, dass andere, er fokussiert dabei die Mitbürger in der Gemeinde, durch eine Talkshow etwas über das Leben von Aussiedlern erfahren könnten. So billigt er einer Talkshow zu, wenn diese nach ihren Vorstellungen moderiert würde, das heißt von einem Moderator, der ähnliche Erfahrungen gemacht hat, wie sie selbst, dass diese Mitbürgern helfen könnte, sie als Aussiedler besser zu verstehen und zu akzeptieren.

Die Interviewerin fragt nach: Da kann man in 'ner Talkshow lernen?
Andreas: Ja, vielleicht.
Interviewerin: Bei 'ner Talkshow, die es gibt oder auch bei der, die Du dir wünschst zum Thema ‚Aussiedler‘. Wäre es da auch so? Könnte man da was rausziehen, dann?
Gustav: Kommt drauf an.
Andreas: Ja, zum Beispiel für die Leute
Dimitrij: Ich glaube, da kann man gar nichts rausziehen, nur zuhören.

Andreas: Die so drauf sind (,) oder so, (,) so (,) also die meisten, wenn die uns sehen auf der Straße, denkt der ,Was sind das für welche'? Oder zum Beispiel in Deutschland, wenn jetzt (unverständlich) besser verstehen können.

Fazit

In der speziellen Lebenssituation als jugendliche Aussiedler thematisieren die Jungen Talkshows als ein Angebot, dem eine informationsorientierte Funktion zukommt. Sie kritisieren dabei bestehende Angebote und Themenausrichtungen vehement: Dicke oder auch vor allem Schwule stehen dabei im Mittelpunkt der Kritik. Sie wünschen sich das Genre als Forum für ihre Probleme, dargeboten von einem männlichen Moderator wie Hans Meiser, dem sie Souveränität zubilligen. Soaps wird keine Relevanz für ihren Alltag beigemessen; sie erscheinen ihnen zu weit entfernt, beschäftigen sich nicht mit ,richtigen Problemen'. Der Aspekt der Authentizität erscheint ihnen besonders wichtig. Als Unterhaltungsangebot kommen weder Soaps noch Talks für sie in Frage. Wenn die Jungen Unterhaltung suchen, dann schalten sie Stefan Raab ein. Besonders bevorzugt ist bei ihnen der Moderator Mola Adebisi, möglicherweise wegen seines offensichtlichen Andersseins als farbiger Moderator.

„Als ob es nur Leute mit Problemen gäb"
(Diskussion von 14- bis 15-jährigen Jungen am Standort C)

Zusammensetzung und Profil

Die Gruppe bestand aus zwei Teilgruppen: Vier der Jungen (Simon, Sebastian, Kevin, Stefan) besuchten die Realschule und kannten sich untereinander, ebenso waren die vier Gymnasiasten (Jupp, Jimmy, Carlo, Christian) locker oder enger miteinander befreundet. Die Situation – zwei Fraktionen, die zudem einem unterschiedlichen Bildungsfeld entstammen, stehen sich gegenüber – führte zu spürbarer Unsicherheit bei den Jungen, die sie durch stark expressives Verhalten oder Coolness zu überspielen versuchten.

Zum Verlauf der Diskussion

Gerade zu Beginn der Diskussion hatten der Interviewer und die Interviewerin mitunter Mühe, das Gespräch in konstruktiven Bahnen zu halten; besonders Kevin wirkte durch sein überdrehtes Gelächter und seine Scherze störend. Auch andere Probanden kehrten in dieser Situation traditionell ,männliche' Eigenschaften heraus (aggressiven Humor, Gefühlnegierung etc.). Dies gilt vor allem für Sebastian, den Wortführer auf Seiten der Realschüler, und für Jupp, einen der Exponenten bei den Gymnasiasten. Sebastian tat sich dabei am ehesten als ,Mann von der Straße' hervor, während Jupp – wie auch sein ruhigerer und beherrschterer Mitschüler Christian – durchdachte und abgeklärt-ironische bis herablassende Analysen der Daily Talks lieferte. Der übergewichtige Stefan, der zur Erheiterung seiner Mitschüler auch noch *Fliege*-Fan war, hatte in der Gruppe gewissermaßen die Rolle des Prügelknaben; indem seine Mitschüler sich über ihn lustig machten, konnten sie sich in ihrer eigenen Haltung bestätigen. Stefan trug dies mit stoischer Gelassenheit. Simon, Carlo und Jimmy blieben eher im Hintergrund und reagierten auch auf Ansprachen zurückhaltend.

Jungentypisch kreiste die Diskussion vor allem um den Unterhaltungsaspekt von Daily Talks. Die meisten Diskutanten lassen dabei erkennen, dass sie in der Lage sind, die Inszenierungsweisen einer Talkshow zu durchschauen; sie sprechen ausführlich über die Motive und Honorare für eine Talkshowteilnahme. In der Themenauswahl und -behandlung sind sich die Jungen nicht einig; einige favorisieren Action, wenn sich die Gäste zanken oder gar schlagen (Simon: „Ich find's geil"), andere werten solche Auftritte negativ (Stefan: „Das ist uncool"). Mehr Einigkeit besteht jedoch darin, dass in den Talkshows immer dieselben Akteure auftreten und dass auch zu unterschiedlichen Themen, die die Jungen kaum auf ihre Lebenswelt beziehen können:

Simon: So ein Schwachsinn, wie die bringen, würd mir überhaupt nicht einfallen.

Die Themen scheinen den Jungen zumeist auf ein breites Publikumsinteresse zugeschnitten und richten sich ihrer Einschätzung nach vor allem an Hausfrauen:

Christian: Die die ganze Zeit zu Hause sitzen und dann nur Hausfrau (,) äh, im Haushalt rummachen, und (,) dass die dann hauptsächlich mit ihren Nachbarn, Nachbarinnen und so...

Bis auf Stefan, der sich sehr für die Sendung *Fliege* interessiert (seine Mutter ist Ärztin), weil dort Gesundheitsthemen verhandelt werden, sind sich die Jungen zumeist darin einig, dass man Daily Talks als Unterhaltung sehen muss:

Jupp: Ja, Talkshows sind ja an sich so ganz witzig, aber man darf das nicht ernst nehmen, was da gelabert wird.

Lediglich das Thema ‚Drogen' bildet für die Jungen eine Ausnahme. Das würden sie gern in einer Daily Talk verhandelt wissen:

Christian: (...) Nur, ich würd's nie machen, aber ich würd trotzdem gern mal wissen, wie so was schmeckt. Nur, wenn ich das probieren würde, dann hätt' ich jetzt wahrscheinlich Angst, dass mir das so gut gefällt, dass ich das jetzt noch mal nehm', und dann ist man ja schon eigentlich im Konsum drin. Möchte trotzdem gern mal wissen, wie das schmeckt, und was da (stockt). Damit so viele drauf abfahren und (,) Jahre (,) Jahrzehnte danach süchtig sind.

Zur Rolle der Daily Soaps im Vergleich zu den Daily Talks

Das Thema Daily Soaps greifen die Jungen erst unmittelbar zum Schluss der Diskussion auf. In der Beurteilung von Daily Soaps sind sich die Jungen keinesfalls einig; es werden deutliche Polaritäten offenbar:

> Kevin: Jetzt sag' nichts gegen *Gute Zeiten, schlechte Zeiten*.
> Jimmy: Das ist scheiße.

Auf der einen Seite werden Daily Soaps als ein inszeniertes Produkt wahrgenommen und und in diesem Kontext mit Daily Talks verglichen. Das Gespräch kreist um die Rolle des Publikums, das die Jungen als „gekaufte Klatscher" verstehen:

> Christian: Die sind dann da hingegangen und haben (,) und haben dann gesagt: ,Ja, willste das nicht so und so machen' (stockt). Und es war jetzt nicht so, dass die nebeneinander gesessen haben. Der eine saß da, der andere hier, und (stockt). Ich denk mal, die haben da schon'n Hunderter dafür gekriegt, dass die das gemacht haben.
> Interviewerin: Ja, okay. Also.
> Sebastian (unterbricht): Also..
> Interviewerin: Ja?
> Sebastian: Also, manche Talkshows, ja, die passen so auf (,) so Seifenopern, ja. (...)
> Sebastian: Auf jeden Fall: Das passt manchmal so richtig in das *Gute Zeiten, schlechte Zeiten*-Image oder so.

Auf der anderen Seite wird der Realitätsgehalt der Daily Soaps angesprochen und kritisiert. Daily Soaps erscheinen als zu problembeladen und damit wenig authentisch:

> Sebastian: Auf jeden Fall, also... das sind nur (stockt). Als ob es nur Leute mit Problemen gäb!

Fazit

Die Diskussion der 14 bis 15 Jahre alten Realschüler und Gymnasiasten lässt deutliche Distanz zum Genre Daily Talk erkennen; sie stufen es als ein Unterhaltungsangebot ein, dass sich in der Themenausrichtung an ein Massenpublikum richtet, wobei die Jungen Hausfrauen als erste Zielgruppe ausmachen. Daily Talks gelten den Jungen als inszenierte Angebote, die zuweilen „peinlich" sind und die zumeist von Menschen besucht werden, die Geld verdienen möchten. Daily Talks seien deshalb zwar witzig, aber nicht ernst zu nehmen. Das Genre Daily Soaps schafft dagegen deutliche Polaritäten; einige Jungen lehnen es ab, andere wollen Daily Soaps nicht verunglimpft wissen. Die Kritiker unter den Jungen stellen dabei den Authentizitätsgehalt der Soaps in Frage; sie nehmen das Genre als übertrieben und zu stark problembeladen wahr.

5.5.2 Ergebnisse der Einzelinterviews

Fokussierte Analyse
In den Einzelinterviews (n=53) wurde – im Gegensatz zu den Gruppendis-kussionen – direkt nach den Daily Soaps gefragt. Bei der Auswertung der Einzelinterviews wurden sowohl die ungelenkten Aussagen als auch die Antworten zu den Fragen nach dem Genre Daily Soap in die Analyse mitein-bezogen.

Bewertung des Genres und der Schauspieler
Vor allem junge Menschen mit viel Hintergrundwissen sind kritisch, was die Bewertung des Genres betrifft. Es sind hauptsächlich die Jungen, die Kritik an den Daily Soaps üben und es in der Folge ablehnen bzw. angeben, es nur gelegentlich zu nutzen. Kritik geübt wird vor allem in den Bereichen der Themenauswahl, der Darstellung dieser Themen und in diesem Zusammen-hang an den Schauspielern. Die Jugendlichen, die sich zum Auftreten der Schauspieler äußern, kritisieren einerseits die niedrige Qualität der Darstel-lung und auch das Können der Akteure.

Auswahl der Daily Soaps
Der Favorit der Jugendlichen unter den Daily Soaps, die zum Erhebungszeit-punkt ausgestrahlt wurden, ist eindeutig *Gute Zeiten, schlechte Zeiten*.[7] Die-ses Format wird auch in Bezug auf eigene Erfahrungen und die Realitätsnähe der dargestellten Geschichten am häufigsten herangezogen.

Bei den Mädchen ist die Bewertung der einzelnen Formate deutlicher zu erkennen als bei den Jungen: Bei den männlichen Jugendlichen überwiegen die Aussagen, die keine Bewertung erkennen lassen sowie die negativen Aussagen. In der Altersgruppe der jüngeren Jungen werden mehr Aussagen zur Auswahl der Soap-Formate getroffen als bei der Gruppe der älteren Jun-gen. Die Mädchen zeigen sich engagierter in der Bewertung und tätigen mehr positive Aussagen über die einzelnen Formate. An zweiter Stelle bei den Mädchen stehen die Nennungen, die keine Bewertung erkennen lassen. Dies lässt insgesamt auf ein höheres Involvement der weiblichen Befragten schlie-ßen, das sich noch detaillierter bei der Dimension der wahrgenommenen Themen erkennen lässt. Es sind im Besonderen die Mädchen, die mehrere Formate „gut finden", die sie dann auch regelmäßig nutzen.

---

7   In der Codierung wurde zwischen ‚Erwähnung', ‚finde ich gut' und ‚finde ich schlecht' unterschieden. Unter ‚Erwähnung' wurden die Aussagen codiert, aus denen sich keine Bewertung erkennen ließ.

Tab. 5.3: Häufigkeit der genannten Formate

Format[8]	Erwähnung	„finde ich gut"	„finde ich schlecht"
Gute Zeiten, schlechte Zeiten	11	13	7
Verbotene Liebe	8	6	4
Unter Uns	5	3	-
Marienhof	4	3	1
Geliebte Schwestern	2	2	-
Lindenstraße	3	-	1
Gesamt	33	27	13

Sehgewohnheiten und Rezeptionssituationen[9]
Über die Hälfte der männlichen Jugendlichen gibt an, gelegentlich bzw. nie Soap-Formate zu sehen. Es sind hier eher die Jüngeren, die dieses Genre regelmäßig nutzen.

> Interviewer: Bei den Sendungen die da im Fernsehen laufen, welche möchtest Du auf gar keinen Fall verpassen, also, wofür würdest Du Dich (,) immer –
> Chris: (unterbricht) *Gute Zeiten, schlechte Zeiten.*
> Interviewer: Ja?
> Chris: Ja.
> Interviewer: Was fasziniert die da so dran an *Gute Zeiten, schlechte Zeiten,* was ist da so toll?
> Chris: Ich weiß nicht, ich find das wirklich geil.

Bei den Mädchen verhält es sich umgekehrt: Der Anteil derer, die angeben, diese Formate regelmäßig zu nutzen, liegt über der Hälfte der insgesamt befragten weiblichen Jugendlichen. Einzelne Mädchen wie Jungen verweisen darauf, dass sie früher regelmäßig geguckt hätten und ihnen das jetzt entweder zu langweilig geworden sei bzw. sie inzwischen andere Tätigkeiten haben, die sie der Rezeption von Soaps vorziehen würden.

Die Rezeption von Daily Soaps wird als völlig in den Tagesablauf eingeplant geschildert: z.B. nach dem Essen, bei den Schulaufgaben. Sie scheinen teilweise einen fixen Platz in der Tagesgestaltung einzunehmen, diese Einordnung wird in den seltensten Fällen überdacht. Ein Teil der Befragten gibt an, Daily Soaps zusammen mit Familienangehörigen – hauptsächlich mit der Mutter bzw. der Schwester – zu sehen. Innerhalb der Peer-Group finden dann Gespräche über das Gesehene statt, nicht jedoch innerhalb der Familie.

Wahrgenommene Themen
Der Themenkomplex ‚Liebe/Partnerschaft/Beziehung‘[10] steht in den Aussagen der Jugendlichen – sowohl bei den Mädchen als auch bei den Jungen –

---

8   Die Nennungen zu den einzelnen Formaten wurden nur einmal erfasst (n=73 in 53 Einzelinterviews).
9   Sehgewohnheiten und Rezeptionssituationen wurden im Gegensatz zur ‚Talkshow-Studie‘ zusammengefasst.

im Vordergrund. Die Mädchen nehmen insgesamt ausführlicher und detaillierter zu den von ihnen wahrgenommenen Themen Stellung: Das Verhältnis der Aussagen gegenüber denen der Jungen beträgt 2:1.

Am zweithäufigsten wird von den Jungen der Bereich ‚Probleme allgemein‘[11] und ‚Freundschaft‘ genannt. Bei den Mädchen steht ‚Freundschaft‘ eindeutig an zweiter Stelle. ‚Krankheit‘ (AIDS bzw. Krebs) wird ausschließlich von Mädchen angegeben, ebenso das Thema ‚Gewalt‘.

Themen aus dem Bereich ‚Liebe/Partnerschaft/Beziehung‘ bilden gerade für Mädchen einen wichtigen Anknüpfungspunkt für den Bezug auf eigene Erfahrungen und werden teilweise auch sehr detailliert erinnert. Mädchen weisen ingesamt ein höheres Involvement auf als dies bei Jungen festzustellen ist. Sie bewerten die von ihnen genannten Themen auch positiver als die Jungen.

Tab. 5.4: Häufigkeit der ‚Wahrgenommenen Themen‘

Wahrgenommene Themen[12]	weiblich	männlich
Liebe/Partnerschaft/Beziehung	13	6
Freundschaft	7	3
Probleme allgemein	3	4
Familiäre Fragen	3	2
Sexualität	3	1
Schule	2	1
Beruf	3	
Finanzielle Fragen		2
Stars	1	
Soziale Probleme	1	
Gewalt	3	
Krankheit	2	
Probleme mit der Polizei	1	1
Gesamt	42	20

Es zeigt sich jedoch auch, dass die jüngeren Jungen den Themen ‚Liebe‘ und ‚Beziehungen‘ noch eher positiv gegenüberstehen als die älteren, die dieses Genre zumeist rigide ablehnen.

Interviewer: Also, wenn Du hier mal so beschreiben solltest, so *Gute Zeiten, schlechte Zeiten*, was geht da so ab?
Chris: Ja, also so Liebesgeschichten, und, äh, Probleme.
Interviewer: Das findest Du interessant.
Chris: Ja.

---

10 Bei dieser Dimension wurden ebenfalls in Abwandlung des Codewortbaums der ‚Talkshow-Studie‘ die Dimensionen ‚Liebe/Partnerschaft‘ und ‚Mann-Frau-Beziehungen‘ zu einer Dimension ‚Liebe/Partnerschaft/Beziehungen‘ zusammengefasst.
11 Hier wurde codiert, wenn kein ein anderes Themenfeld benannt wurde.
12 Bei der Dimension ‚Wahrgenommene Themen‘ wurden die Einzelthemen einmal pro Interview erfasst. Wurde von einem Probanden z.B. das Thema ‚Freundschaft‘ mehrfach genannt, so wurde dies nur einmal codiert (n=62 in 53 Einzelinterviews).

Je mehr die Jugendlichen Bezüge zur ihrer eigenen Lebenssituation herstellen können, desto eher werden Themen erinnert und desto mehr wird diesen Themen dann auch Realitätsgehalt zugesprochen.

Nutzungsmotive
Ein wesentliches Moment dieses Genres ist der Aspekt der Gewohnheit, der von den Jugendlichen als Nutzungsmotiv genannt wird. Es sind Sendungen die „so nebenbei" gesehen werden, bei denen ein aktives Moment der Rezeption eher im Hintergrund steht. Es sind die „Fixpunkte des Tages", die zum Tagesablauf gehören und bereits so internalisiert sind, dass sie nicht mehr hinterfragt werden. Im Besonderen ist auffällig, dass sich eher die Mädchen Daily Soaps aus Interesse am Thema/an den Themen ansehen.

Ein weiterer Aspekt ist die ‚Spannung‘, die durch den format-spezifischen Fortsetzungscharakter erzeugt wird:

Sarah: Irgendwie is das dann halt auch spannend immer zu wissen, was dann immer passiert und so, weil man das halt von Anfang an gesehen hat.

Auf den Moment des Amüsements gehen insbesondere die Jungen und Mädchen ein, die über Hintergrundwissen verfügen und auch in der Bewertung des Genres allgemein und der Schauspieler die Darstellung der Geschichten hinterfragen.

Mädchen mit eher niedriger formaler Bildung, die dieses Genre regelmäßig nutzen, verweisen zusätzlich auf den Bezug zur eigenen Lebenswelt: Daily Soaps böten damit unter anderem ein Angebot zur Lebenshilfe und Orientierung.

Cornelia: Und bei *Gute Zeiten, schlechte Zeiten* da kann man auch draus was lernen, wenn man sich vielleicht jetzt zum Beispiel verliebt und das ist (,) das geht in die Brüche und so was.
Interviewerin: Ja. Da weiß man dann, was man machen könnte?
Cornelia: Mmh.

Bezug zur Lebenswelt und Wirklichkeitskonstruktionen
Die Frage nach der Nähe bzw. Ferne zur Realität bietet ein sehr differenziertes Bild, das sehr feine Abstufungen in der Beurteilung erkennen lässt. Dafür erscheint es notwendig, im Rahmen der kontextuellen Analyse in die Tiefe zu gehen und die Wahrnehmungsweisen der Jugendlichen als Hintergrundfolie für eine hermeneutische Interpretation anzulegen. Die Ergebnisse der Grundauswertung zeichnen ein Bild, in dem sich folgende Abstufungen und Differenzierungen im Hinblick auf die Konstruktion von Realität erkennen lassen:[13]

---

13 Zu diesem Zusammenhang haben sich lediglich 44 der 53 Jugendlichen geäußert.

a) „Das hat nix mit dem Leben zu tun"
Quer durch alle Altersstufen finden sich bei etwa einem Viertel der männlichen Jugendlichen diese oder ähnliche Aussagen. Sie lehnen das Genre völlig ab und begründen in der Folge, dass Daily Soaps nichts mit ihrem oder dem Leben im Allgemeinen zu tun hat. Bei den älteren Jungen steht der Aspekt des Amüsements im Vordergrund, das „Lustigmachen" über die Schauspieler und die Geschichten.

b) „Es ist schon recht weit von der Realität entfernt"
Einige Jugendliche (sechs Befragte) bewerten das Genre allgemein als billig gedreht und dementsprechend stufen sie diese Geschichten abseits der Realität ein. Diese Gruppe, in der Jungen wie Mädchen gleichermaßen vertreten sind, treffen nur sehr wenige Aussagen zu ihrer Lebenswelt bzw. setzen es überhaupt nicht mit ihrem Leben in Verbindung. Im Unterschied zur ersten Gruppe sind sie jedoch nicht so rigide in der Ablehnung eines Wirklichkeitsbezugs.

c) „Geschichten sind voll übertrieben"
Mädchen wie Jungen empfinden die dargestellten Geschichten als übertrieben, die Darstellung des Alltags wird als „überzogen" geschildert. Besondere Beachtung gilt hier dem Moment der Dramatisierung von Alltagsrealität. Diese Dramatisierung wird wiederum in Abstufungen wahrgenommen, die Beschreibungen reichen von „ist zu doll gespielt" bis zu „zum Teil übertrieben." Das Verhältnis zwischen Jungen und Mädchen ist hier ausgewogen. Insgesamt sind die Aussagen von zwölf Probanden dieser Gruppe zuzurechnen. Vor allem die Darstellung des Themenbereiches ‚Liebe/Partnerschaft/Beziehung' wird als eher realitätsnah rezipiert und weitere Themen wie ‚Freundschaft' und ‚Probleme allgemein' werden als eher übertrieben empfunden. Mädchen stellen eher als Jungen einen Bezug zu ihrem eigenen Leben her, erkennen gleichzeitig aber auch die Inszenierungsmuster des Genres und beziehen sich teilweise auf die Qualität der Schauspieler.

Interviewer: Glaubst Du, die Geschichten passieren wirklich?
Sarah: Mhm, mhm. Aber so viel auf einmal kann nicht passieren.

d) „In mancher Hinsicht ist das schon Realität"
Diese Jugendlichen geben an, dass diese Geschichten sehr wohl passieren könnten, aber mit ihrem eigenen Leben nichts zu tun haben. Sie gehen jedoch nicht auf den Dramatisierungsaspekt ein. Sechs der Befragten ließen sich im ersten Schritt der Auswertung dieser Gruppe zuordnen. Mädchen wie Jungen verneinen hier gleichermaßen einen Bezug zu ihrer Lebenswelt, wenn Erfahrungen bestätigt werden, dann nur hinsichtlich der Dimension ‚Liebe/Partnerschaft/Beziehungen'. Auffällig ist, dass die männ-

lichen Jugendlichen dieser Gruppe der Befragten (zwischen 13 und 15 Jahre) auf die Frage nach persönlichen Erfahrungen ablehnend reagieren. Vor allem das Leben in einer Wohngemeinschaft wird als unrealistisch kritisiert; einige wenige Mädchen zeigen die Fähigkeit, sich in diese Lebenslagen zu versetzen und dann den Realitätsgehalt der Geschichten anzuerkennen. Der Bezug zu persönlichen Erfahrungen wird jedoch kaum hergestellt.

Elena: Wenn man, da jetzt so alt ist wie die und, von mir aus, wie bei *Gute Zeiten*, jetzt in'ner WG wohnt oder so, dass man sich da dann wohl wiederfindet, aber was so vom Leben her ist, oder, aber bei mir selber ist es jetzt nicht so, dass ich mich da irgendwo wiederfinde.

e) „Geschichten, die einem wirklich passieren können"
Diese Gruppe der Jugendlichen (12 Befragte) stellt einen direkten Bezug zwischen der Realität und den dargestellten Geschichten her. Sie sehen einen unmittelbaren Zusammenhang mit ihren eigenen Erfahrungen, dies bestätigen sie vor allem zu den Themen Liebeskummer, Beziehungen, Freundschaft und Berufsleben. Insgesamt fast ein Viertel der Befragten ist dieser Gruppe zuzurechnen, wobei das Verhältnis von Mädchen zu Jungen in etwa 3:1 darstellt. Einige der Mädchen geben an, sich in die Geschichten hineinversetzen zu können; sie sehen Daily Soaps auch als Angebot zur Problemlösung. Die Identifikation mit dem Dargestellten führt im Weiteren zum inneren Dialog mit den Schauspielern.

Interviewerin: Aber ich mein, (die) Geschichten, die da beschrieben werden. Gibt es da irgendwie 'ne Geschichtenlösung?
Rita: Ja, da gibt's auch Lösung.
Interviewerin: Und die können Dir weiterhelfen, manchmal?
Rita: Nicht immer.
Interviewerin: Nicht immer, aber manchmal doch?
Rita: Ja, manchmal doch.
Interviewerin: In welcher Weise?
Rita: Da haben sich vielleicht zwei Freunde gestritten oder so, dann gibt vielleicht doch der eine nach, wenn irgendwas ist und (,) da sieht man sich dann doch in der Rolle, dass man nachgeben muss (,) müsste, wenn man dann sieht, danach vertragen sie sich wieder, dann müsste man eigentlich sagen ‚Das musst du auch machen'.

Zusammenfassend lassen sich hinsichtlich des Faktors formale Bildung einige Tendenzen erkennen, denen in der kontextuellen Analyse weiter nachgegangen werden soll: Bei den Mädchen, die Daily Soaps direkt mit dem eigenen Leben in Verbindung setzen, ist auffällig, dass sie eine eher niedrige formale Bildung aufweisen. Es sind eher die Jungen mit formal höherer Bildung, die den Daily Soaps Realitätsgehalt absprechen bzw. den Dramatisierungseffekt dieses Genres herausstreichen. Besonders bei den Mädchen scheint es interessant, ihre Wahrnehmungsweisen genauer zu beleuchten, da sie – wie schon in der Dimension der wahrgenommenen Themen beschrieben – häufig in der Lage sind, die Geschichten der Daily Soaps detaillierter zu beschreiben, aber sich auch sehr differenziert im Wissen um das spezifische Format äußern; dies zieht sich jedoch durch alle Bildungsschichten.

Elemente der Realitätskonstruktion bilden in erster Linie die Themen: Hier steht die Dimension ‚Liebe/Partnerschaft/Beziehung' im Mittelpunkt der Auseinandersetzung – sowohl für Mädchen als auch für die jüngeren Jungen. Weiterhin ist auffällig, dass gerade das Thema „Schwangerschaft" beim Realitätsbezug des Öfteren genannt wird. Der zeitliche Bezug spielt ebenfalls eine Rolle, dass „wirklich Weihnachten an Weihnachten und nicht erst an Ostern" ist (Antonia, 17 Jahre). An diesen Punkten wird im Besonderen deutlich, wie sehr das Fernsehen offensichtlich wichtiger Begleiter auf dem Weg der Identitätsbildung ist, dieses Medium wird jedoch in der ganzen Bandbreite der Rezeption genutzt – sowohl als Orientierungshilfe als auch als reines Unterhaltungsmedium. Die Fortsetzung – zentrales Merkmal des Genres – wird teilweise von den Jugendlichen selbst als Indiz zur Erklärung hinsichtlich der Wirklichkeitskonstruktion herangezogen.

Kontextuelle Analyse

Um tiefer in die Medienhandlungsweisen der Jugendlichen einzudringen als es die fokussierte Analyse erlaubt, bieten sich die kontextuellen Analysen in besonderer Weise an.[14] Sie dienen dazu, noch einmal verstärkt die Zusammenhänge zwischen Wirklichkeitskonstruktionen und eigenen Erfahrungen der Jugendlichen in den Blick zu nehmen und anschließend vergleichend auf ihre Nutzung von Daily Talks und Daily Soaps eingehen zu können.

Methodische Herangehensweise

Die kontextuelle Analyse vollzieht sich in drei Schritten. Zunächst werden im ersten Schritt, einer Materialsynopse, alle Einzelinterviews (n=53) in einer hermeneutisch-diskursiven Weise analysiert. Der Schwerpunkt liegt dabei auf den Aussagen der Jugendlichen zum Thema Daily Soaps. Dazu wird zu allen Probanden der Einzelinterviews, die sich zu Daily Soaps geäußert hatten,[15] eine Übersichtsmatrix erstellt. Diese enthält neben den Faktoren Alter, Geschlecht, formale Bildung, Befragungsstandort und Talkshownutzung (unterschieden nach Fans und gelegentlichen Nutzern) bereits – schlagwortartig zusammengefasst – die zentralen Aussagen der Jugendlichen in Bezug auf

---

14 Siehe dazu auch Kapitel 5.3.
15 In diesem Zusammenhang ist noch einmal auf die Genese des Materials zur Sekundäranalyse hinzuweisen. Sie fußt auf den Interviewaussagen der Jugendlichen zum Thema Talkshows; diese standen während des gesamten Interviews im Zentrum. Zu neun Probanden lassen sich keine dezidierten bzw. verwendbaren Äußerungen zum Thema Daily Soaps finden. Dies hängt zum einen damit zusammen, dass die Jugendlichen gleich erklärt haben, keine Daily Soaps zu rezipieren. In vier Fällen stehen keine aussagekräftigen Daten zur Verfügung.

ihre Wahrnehmung der Themen in Daily Soaps sowie ihre Wirklichkeits-wahrnehmung dieses Genres. Des Weiteren wurden Aussagen zur Dimension ‚Einstellung zu Medien‘ und ‚Nutzungsmotive‘ hinzugezogen; bereits bei der ersten Durchsicht des Interviewmaterials stellte sich heraus, dass die Jugend-lichen an dieser Stelle ungelenkt auf Daily Soaps zu sprechen kamen. Zur besseren Übersicht und intersubjektiven Nachvollziehbarkeit orientiert sich diese Matrix an den Dimensionen des Codewortbaums der fokussierten winMAX-Analyse und die dort vorgenommene Kategorisierung in Bezug auf die unterschiedlichen Grade der Einschätzung des Wirklichkeitsgehalts der Daily Soaps.[16]

Die Materialsynopse dient insofern zur Aufbereitung und Strukturierung des Gesamtmaterials der Einzelinterviews als sie bereits sämtliche Daten der Daily-Soap-Nutzer unter den gelegentlichen Talkshownutzern und ihren Fans übersichtlich zusammenfasst. Sie stellt damit eine Voraussetzung für den zweiten Analyseschritt dar, die Erstellung von Einzelfalldarstellungen. Diese wiederum sind Grundlage einer vorsichtigen Typisierung in Bezug auf die Umgangsweisen und insbesondere die Realitätseinschätzungen der Daily Soaps. Wie die ‚Talkshow-Studie‘ gezeigt hat, spielt die Einschätzung des Realitätsgehaltes der medialen Angebote eine zentrale Rolle für die Bedeu-tung, die die jungen Menschen ihnen in ihrem Alltag zuschreiben.

Diese Möglichkeit des mehrstufigen Verfahrens der Kategorisierung und Codierung der Daten orientiert sich im weitesten Sinne an dem Vorgehen von Glaser (1978) und Strauss (1987). Es handelt sich dabei um ein elaboriertes, aufeinander aufbauendes Verfahren (‚Thematisches Codieren‘), das im Hin-blick auf eine lebensweltlich orientierte Forschung sinnvoll erscheint. Der persönliche Hintergrund und das Verhalten der untersuchten Personen wer-den zueinander in Bezug gesetzt. Zudem erweist sich das ‚Thematische Co-dieren‘ in den Studien als besonders geeignet, in denen es sich um weitge-hend unerforschte Phänomene menschlichen Handelns dreht. Dieses Vorge-hen trägt der Tatsache Rechnung, dass das Ziel der Untersuchung im weites-ten Sinne mit ‚Theoriebildung‘ zu umschreiben ist; es ging nicht darum, die Verteilung bereits bekannter Phänomene zu überprüfen, sondern noch unbe-kannte Strukturen und Zusammenhänge zu eruieren. In diesem Sinne werden in der vorliegenden Analyse sukzessive die Probanden herausgefiltert, die zur Analyse des Phänomens ‚Daily-Soap-Nutzung und Wirklichkeitswahrneh-mung‘ aussagekräftig beitragen konnten. Ausgewählt werden also diejenigen Jugendlichen, die Daily Soaps regelmäßig nutzen bzw. die sich selbst als

---

16 Im Einzelnen umfasst die Materialsynopse folgende Dimensionen: Angaben zu den Probanden (Ge-schlecht, Alter, Schulform, Standort), Talkshow-Nutzung (Fans bzw. gelegentliche Nutzer), Wahrge-nommene Themen, Lebenswelt-Bezug, Wirklichkeitskonstruktionen, Zuordnung der Wirklichkeitswahr-nehmung im Rahmen der fokussierten Analyse A-E sowie Einstellungen zu Medien und Nutzungsmoti-ve. Diese Materialsynopse befindet sich im Anhang II.

‚Soap-Fans' bezeichneten und mit ihren Perspektiven für die Analyse des Gegenstands besonders aufschlussreich erschienen (Flick 1995). Zu diesen Jugendlichen werden Einzelfalldarstellungen erstellt.

Dazu wird erneut eine Matrix verfasst, die den individuellen Daten eine Struktur verleiht und sie vergleichbar gestaltet. Sie orientiert sich zur besseren Vergleichbarkeit an derjenigen der ‚Talkshow-Studie' (Paus-Haase/ Hasebrink/ Mattusch/ Keuneke/ Krotz 1999, S. 257). Die Matrix dient weiterhin dazu, den folgenden Auswertungsschritt, eine vorsichtige Typisierung, die sich bereits auf der Basis der Materialsynopse herauskristallisierte, zu überprüfen, auszudifferenzieren und gegebenenfalls zu bestätigen. Die Matrix enthält Angaben zur Person und zu ihren lebensweltlichen Hintergründen[17] sowie zu den Umgangsweisen der Jugendlichen mit Medien/Talkshows und Soaps. In diesem Zusammenhang werden auch die Dimensionen, die sich aus dem empirischen Material der ‚Talkshow-Studie' herauskristallisiert haben, herangezogen, um im Besonderen den Wirklichkeitskonstruktionen der Jugendlichen nachgehen zu können:

- Naive Rezeption versus reflektierte Rezeption
- Involvierende Rezeption versus distanzierende Rezeption
- Suche nach Unterhaltung versus Suche nach Orientierung[18].

Anhand der drei Grundmuster von Rezeptionsweisen lassen sich die unterschiedlichen Ausprägungsgrade von Realitätswahrnehmung und Lebensweltbezug noch deutlicher herausarbeiten, um anschließend im letzten Schritt der kontextuellen Analysen eine vorsichtige Typisierung des Materials vorzunehmen. Diese wiederum dient einer besseren Vergleichbarkeit der Umgangsweisen von Jugendlichen mit Daily Talks und Daily Soaps und insbesondere der Einschätzung des Wirklichkeitsgehaltes beider Genres.

Folgende Matrix zur Erstellung der Einzelfalldarstellungen wird auf alle Fälle gleichermaßen angewandt: [19]

---

17 Dazu wurden für die Talkshow-Fans unter den Daily-Soap-Nutzern die Fallbeispiele aus der ‚Talkshow-Studie' herangezogen. Dort wurden lediglich zu den Fans ausführliche Fallstudien geschrieben, um tiefer in ihre Sicht- und Lebensweisen eindringen und den Zusammenhang zur Talkshownutzung im Alltag herstellen zu können. Für diejenigen Probanden, die Talkshows nur gelegentlich, jedoch die Daily-Soaps regelmäßig nutzen bzw. sich gar als Soap-Fans zu erkennen gaben, wurden Daten aus der ersten Erhebungsphase der ‚Talkshow-Studie' zur Rekrutierung der Probanden für die Gruppen- und Einzelinterviews herangezogen. In dem dazu konstruierten Fragebogen wurden bereits Daten zur Lebenssituation der Jugendlichen mit erfasst.

18 Die vierte Dimension der Rezeptionsweisen der ‚Talkshow-Studie' – positive versus negative Bewertung der Talkshows – wird in diesem Kontext nicht mit aufgenommen, da die ausgewählten Jugendlichen, die Daily Soaps rezipieren, diese nahezu ausnahmslos positiv, jedoch keinesfalls negativ bewerten.

19 Die 23 Einzelfalldarstellungen befinden sich in Anhang III.

1. Zur Person und zu ihren lebensweltlichen Hintergründen: Name, Alter, Schulform und Wohnort.
2. Einstellung zu Medien/Stellung der Daily Soaps im Alltag: (Medien allgemein, mit besonderem Schwerpunkt ‚Fernsehen', favorisierte Daily Soaps; Lieblingsschauspieler, Begründung der Probanden für die Lieblingssoap; favorisierte Themen)
3. Umgangsweisen mit Talkshows (Zusammenfassende Darstellung der Interviews in Bezug auf die Umgangsweisen der Probanden mit Daily Talks)
4. Umgangsweisen mit Daily Soaps
   Naive oder reflektierende Rezeption (Werden Inszenierungsmuster durchschaut/sieht der Proband Soaps als Abbild von Wirklichkeit oder nicht?)
   Involvierende oder distanzierende Rezeption (Nimmt der Proband am Soap-Geschehen Anteil oder rückt er davon ab? Nutzungsmotive, Bezüge zu eigenen Alltagserfahrungen; Identifikation/Parasoziale Interaktion)
   Suche nach Orientierung/Suche nach Unterhaltung (Welche Nutzungsmotive verfolgt der Proband – holt er sich Anregungen und Tipps für seinen Alltag, oder betrachtet er das Soapgeschehen als reines Unterhaltungsangebot?)
5. Motto: Die Zusammenhänge zwischen dem Umgang mit Daily Soaps, der Wirklichkeitswahrnehmung und eigenen Erfahrungen werden möglichst prägnant für einen Jugendlichen zusammengefasst; im Zentrum steht dabei das Verhältnis, das der Proband zwischen dem Geschehen in den Daily Soaps und der (Alltags-)Wirklichkeit herstellt.

Aus allen Einzelinterviews wurden nach der Materialsynopse die Interviews der Jugendlichen ausgewählt, die Daily Soaps regelmäßig nutzen bzw. die sich als Fan des Genres oder eines speziellen Formats bezeichnen und sich aussagekräftig in Bezug auf Realitätskonstruktionen in den Daily Soaps äußern. Als Materialbasis für die Einzelfalldarstellungen kamen danach 23 Interviews in die Auswahl (15 Mädchen, 8 Jungen).[20] Der nächste Auswertungsschritt bestand nun darin, nach Typen von Jugendlichen zu schauen, die sich jeweils durch ein spezifisches Medienhandeln in Bezug auf ihren Umgang mit Daily Soaps und ihre Wirklichkeitswahrnehmung der Realitätskonstruktionen in Daily Soaps auszeichnen. Zu diesem Zweck wurden die thematischen Strukturen der einzelnen Jugendlichen miteinander abgeglichen, genauer gesagt die (Teil-)Dimensionen der Matrix. Nach ihrer Ähnlichkeit

---

20 Unter den Einzelfalldarstellungen befinden sich 10 Talkshow-Fans, zu acht von ihnen liegen aus der ‚Talkshow-Studie' ausführliche Fallbeispiele vor. Dieses Material wurde zur vorliegenden Analyse mitherangezogen. Die in der ‚Talkshow-Studie' bereits mit Fallbeispielen vorgestellten Jugendlichen werden in den Einzelfalldarstellungen dieser Studie unter den seinerzeit gewählten Codenamen geführt, um die Nachvollziehbarkeit zu erleichtern.

wurden die einzelnen Fälle zu Gruppen, sog. ‚Wahrnehmungstypen', zusammengestellt und in ihren Gemeinsamkeiten beschrieben. Dabei wurde geprüft, ob bestimmte Persönlichkeitsmerkmale und/oder soziale Faktoren in der jeweiligen Gruppe mit tendenzieller Häufung auftreten, um tiefer in den Zusammenhang der Wahrnehmung von Daily Soaps und Alltagswirklichkeit eindringen und somit eine Vergleichsbasis zum Umgang mit Daily Talks herstellen zu können.

‚Typische Wahrnehmungsweisen'
Der letzte Auswertungsschritt bestand darin, auf der Basis aller Einzelfalldarstellungen eine vorsichtige Typisierung der Wahrnehmungsweisen Jugendlicher in Bezug auf Daily Soaps vorzunehmen. Zu diesem Zweck wurden die Einzelfalldarstellungen der Jungen und Mädchen in Bezug auf ihre Umgangsweisen – naive versus reflektierende Rezeption, involvierende versus distanzierende Rezeption sowie Orientierung suchend versus Unterhaltung suchend – miteinander abgeglichen. Der Schwerpunkt dieses Auswertungsschrittes lag darauf, Jugendliche in Bezug auf ihre unterschiedlichen Realitätswahrnehmungen zu gruppieren. Die einzelnen Fälle von Jugendlichen ließen sich nach ihrer Ähnlichkeit zu Gruppen ordnen, die jeweils dieselbe bzw. sehr ähnliche Sichtweise auf Daily Soaps und ihren Realitätsgehalt erkennen lassen. Dabei wurde anschließend geprüft, ob bestimmte soziodemographische Faktoren – Alter, Geschlecht, formale Bildung, Standort – der jungen Leute mit tendenzieller Häufung auftreten. Ein weiterer Blick galt der Talkshow-Nutzung der Jugendlichen, ob sie als Talkshow-Fans oder gelegentliche Nutzer einzustufen sind. Dabei wurden die Umgangsweisen der Jugendlichen mit den Daily Talks und den Daily Soaps miteinander verglichen, um Gemeinsamkeiten und Unterschiede herausarbeiten zu können.

Diese Typisierung hat sich während des Auswertungsprozesses durch die Analyse des Materials herausgebildet. Bei den 23 Jugendlichen lassen sich vier verschiedene Wahrnehmungsweisen in Bezug auf ihre Wirklichkeitskonstruktionen unterscheiden. Auffällig ist, dass sich diese Typen vorwiegend einer bestimmten Altersgruppe zuordnen lassen und auf spezifische Auseinandersetzungen in ihrer Selbstbildkonstruktion verweisen.

202

1) *„Geschichten, die mit dem Leben zu tun haben."* Der Blick gilt zentralen Themen menschlichen Seins. Reflektierte Perspektiven formal höher gebildeter Mädchen und Jungen auf Daily Soaps.
(Elena, Einzelfalldarstellung 1; Iris, Einzelfalldarstellung 2; Jana, Einzelfalldarstellung 3; Janine, Einzelfalldarstellung 4; Sarah, Einzelfalldarstellung 5; Veronika, Einzelfalldarstellung 6; Jan-Henrik, Einzelfalldarstellung 7; Heiko, Einzelfalldarstellung 8; Alois, Einzelfalldarstellung 9; Jo, Einzelfalldarstellung 10)
Die sechs Mädchen und vier Jungen kreisen in ihrer Identitätsgenese mit Empathie um die Themen Tod, Liebe, Freundschaft, Beziehungen. Quasi als mythisch verdichtete Lebensthemen beziehen sie diese Geschichten nicht unmittelbar auf eigenes Erleben. Sie verstehen Daily Soaps zwar – kritisch – als „inszeniert", z.T. „übertrieben", machen jedoch deutlich, dass prinzipiell Geschichten dieser Art zum Alltag gehören. Die Jugendlichen mit dieser Perspektive auf Daily Soaps besuchen das Gymnasium bzw. die Realschule, genießen also eine formal höhere Bildung. Ein Junge ist zwar Hauptschüler, geht jedoch aufgrund seiner großen Kenntnisse zu Produktions- und Inszenierungsweisen zu Talks und Soaps reflektiert mit diesen Genres um, er lebt in einer norddeutschen Medienstadt (Standort A). Den Angehörigen dieser Perspektive auf Soaps ist gemeinsam, dass sie die Genres Daily Soaps und Daily Talks sowohl als Unterhaltungsangebot nutzen, sie bei bestimmten Themen aber auch zur Orientierung heranziehen.[21]
Die Mädchen sind zwischen 14 und 15 Jahre alt, sie stammen – wie die Jungen – von westlichen Standorten; sie sind zwar Fans von Daily Soaps, aber nur gelegentliche Nutzerinnen von Daily Talks; auffällig ist jedoch, dass sie sich in Bezug auf ihre Talkshowrezeption durchweg auf die Moderatorinnen Arabella und Bärbel Schäfer beziehen. Diese Frauen dienen ihnen in ihrer Identitätsgenese als Vorbilder. Lediglich Sarah ist Daily Talk-Fan, und zieht dieses Genre insgesamt, wenn auch in kompetenter Weise, noch zusätzlich zur Orientierung hinzu.
Die Jungen hingegen sind eher jünger, drei von ihnen zwischen 12 und 13 Jahren (Jan-Henrik, Alois und Jo); einer von ihnen (Heiko) ist zwar bereits 16 Jahre alt, erweist sich jedoch in seinen Medienumgangsweisen als untypisch, so konsumiert er unter anderem Cartoons wie z.B. *Sailor Moon*. Zwei Jungen (Jan-Henrik, Heiko) sind nicht nur Soap-Fans, sondern auch begeisterte Talkshow-Nutzer.
Iris z.B. ist 15 Jahre alt und ein erklärter Fan von *Gute Zeiten, schlechte Zeiten*. Sie bezieht zwar die Themen dieser Soap nicht unmittelbar auf ihr eigenes Leben, sie ist jedoch davon überzeugt, „dass da auch Sachen drin

---

21   Nur Janine äußert sich zu diesem Punkt nicht.

sind, die da (,) die da sehr wahrscheinlich so passieren können." Insbesondere in Bezug auf die Themen ‚Beziehungen‘ und ‚Tod‘ stellt sie Bezüge zur Realität her: „Ich denk, dass kann dir ja eigentlich auch passieren, dass mal so 'ne Freundin stirbt (...) oder dass (,) einer fremd geht." Iris verfügt über ein hohes Maß an Medienkompetenz; sie durchschaut die Inszenierungsweisen der Daily Soaps, kritisiert dieses Genre auch und lehnt vehement den Bezug zu eigenen Erfahrungen ab. Sie empfindet jedoch diese fiktiven Geschichten als Erzählungen über das Leben, denen sie einen tiefen Wahrheitsgehalt beimisst und die sie mit Involvement rezipiert. Auch die 15-jährige Sarah hält Daily Soaps eher für „übertrieben", beschäftigt sich jedoch intensiv mit Themen wie Krankheit (AIDS und Krebs) und Gewalt. Sie zieht allerdings ebenfalls die Daily Talks zur Orientierung in ihrem Alltag heran, identifiziert sich mit Talkgästen und zieht sich aus ihren Erzählungen etwas für ihr Leben heraus. Sarah hat als Kind selbst einmal Misshandlung erlebt und ist bereits einmal mit Drogen in Kontakt gekommen.

Der 12-jährige Jan-Henrik beschäftigt sich wie Iris, Veronika, Jana, Janine und Elena mit den Themen Mann-Frau-Beziehungen, Freundschaft, Partnerschaft. Für ihn repräsentieren die Soap-Geschichten Erzählungen, die „aus dem Leben gegriffen" sind und die nicht „von soweit hergeholt wurde(n), so wie wenn Ufos kommen, *Akte X* oder sowas." Im Gegensatz zu den älteren Mädchen schließt Jan-Henrik ebensowenig wie die anderen Jungen einen Bezug zur eigenen Lebenswelt nicht völlig aus, dies gilt für Jan-Henrik vor allem bei den Themen Schulstress und Liebeskummer. Wie auch Jo und Alois nutzt er Daily Soaps reflektierend und kompetent, jedoch mit Involvement; dies gilt auch in Bezug auf seinen Umgang mit Daily Talks. Anders als Alois und Jo ist Jan-Henrik jedoch Talkshow-Fan; so interessiert er sich neben seinen Special-Interest-Themen Musik und Jugendbands in seiner Lieblings-Talkshow *Bärbel Schäfer* für Themen wie erste Liebe. Auch Heiko ordnet Soaps ein als Geschichten „die wirklich einem passieren können." Auch er stellt einen allgemeinen Bezug zur Lebenswelt her, und bezieht sich auf die Themen ‚Liebe‘ und ‚Partnerschaft‘. Heikos Umgang mit Daily Soaps ist von Reflexion geprägt; er unterscheidet klar zwischen der Machart und den dargestellten Geschichten. Als Teilnehmer des Fachs ‚Darstellendes Spiel‘ in der Schule gelingt es ihm, die Inszenierungsweisen von Soaps und Talks zu erkennen. Anders als Jan-Henrik, Alois und Jo schwankt Heiko jedoch zwischen der Suche nach Orientierung und der Suche nach Unterhaltung. Die anderen drei Jungen sind wie Elena, Iris, Jana und Veronika in der Lage, beide Genres als Unterhaltungsangebot zu klassifizieren, das ihnen auch für bestimmte Themen Orientierung bietet.

2) Daily Soaps als Abbild von Realität, aber *„noch nicht von unserem Le-ben".* Naive problembezogene Wirklichkeitswahrnehmung jüngerer Mäd-chen.
(Cornelia, Einzelfalldarstellung 11; Julia, Einzelfalldarstellung 12; Rita, Einzelfalldarstellung 13)

Diese Mädchen verstehen Daily Soaps weitgehend als ein Abbild von Realität, betrachten jedoch die Geschichten als Erzählungen über das Le-ben Älterer, aus denen man auch lernen kann. Sie interessieren sich in ausgeprägter Weise für die Figuren und Handlungszusammenhänge der Daily Soaps und sind einhellig davon überzeugt, dass auch ihnen Ähnli-ches widerfahren könnte, wenn sie einige Jahre älter wären. Bei diesen Mädchen handelt es sich ausschließlich um 12-jährige Sekundarschülerin-nen vom Standort D; sie sind alle Talkshow-Fans und betrachten das An-gebot dieses Genres als für ihren Alltag aussagekräftiger und wichtiger als die Soaps, da sie darin unmittelbar Orientierungshilfen finden können. Dabei spielt insbesondere die enge parasoziale Beziehung zur Talkshow-moderatorin Sonja eine zentrale Rolle.

Cornelia z.B. zieht Daily Soaps zur Orientierung in ihrem Leben heran. Besonders gern sieht sie Geschichten zu den Themen ‚Freundschaft' und ‚erste Liebe'. Sie äußert sich sehr klar, dass diese Geschichten passieren können, sieht jedoch noch keine Verbindung zu ihren eigenen Erfahrun-gen. Wie auch Rita und Julia nutzt sie Daily Soaps und Daily Talks in ausgesprochen naiver Weise. In Bezug auf beide Genres lassen die Mäd-chen ein hohes Involvement erkennen. Alle drei Mädchen beziehen sich im Wesentlichen auf Probleme; direkte Hilfen für ihren Alltag erwarten sie jedoch von den Daily Soaps noch nicht. Dazu ziehen sie die Talkshow *Sonja* heran, die für sie als ein Forum des „Guten" dient. Die Moderatorin wird für sie geradezu zu einer „guten Fee."

3) *„Wie im richtigen Leben"*. Daily Soaps als Angebot zur Problemlösung. *(Anna, Einzelfalldarstellung 14; Antonia, Einzelfalldarstellung 15; Barbara, Einzelfalldarstellung 16; Susi, Einzelfalldarstellung 17; Brigitte, Einzelfalldarstellung 18; Susanna, Einzelfalldarstellung 19; Jürgen, Einzelfalldarstellung 20)*

Diese Jugendlichen, sechs Mädchen und ein Junge, verstehen Daily Soaps als Geschichten des täglichen Lebens, die auch ihnen in ähnlicher Weise widerfahren könnten. Daily Soaps gelten ihnen dabei als Beispiele für Problemlösungen. Das gilt sowohl allgemein für Alltagskonflikte als auch im besonderen für Themen, die sie aktuell berühren, wie z.B. Freundschaft, Liebe/Partnerschaft, Schwangerschaft, Berufsprobleme und Gewalt. Die Mädchen Anna, Antonia, Barbara, Susi und Brigitte sind bis auf Susanna alle zwischen 15 und 17 Jahre alt, stammen vom Standort D und besuchen alle die Sekundarschule bzw. haben diese bereits abgeschlossen; Susanna ist Hauptschülerin am Standort B. Jürgen, 14 Jahre alt und Sekundarschüler, wohnt ebenfalls am Standort D. Diese Jugendlichen sind sowohl Talkshow-Fans als auch gelegentliche Nutzer von Talkshows.

Gemeinsam ist diesen Jugendlichen, dass sie Daily Soaps quasi als Abbild von Realität empfinden und die Daily Soaps in naiver und ausgesprochen involvierender Weise rezipieren, wie z.B. Antonia: „Und da sind irgendwie Jugendliche (unverständlich) die haben dieselben Probleme wie wir oder so." Dabei lassen sich verschiedene Zugänge unterscheiden: Antonia stellt wie Anna, Barbara, Susanna und Jürgen einen unmittelbaren Bezug zum Alltag her: „(...) zum Beispiel *Gute Zeiten* weil da ist wirklich Weihnachten an Weihnachten und nicht erst an Ostern." Brigitte hingegen betont, sogar mehr Probleme zu haben als die Protagonisten der Soaps: „In den Serien, also *Gute Zeiten, schlechte Zeiten*, zum Beispiel, da wird alles so (stockt) äh, wird da gezeigt, wie schön es doch ist und in Wirklichkeit hat man viel mehr Stress. Also, wie die die Wohnung ausrichten und so oder wie die das alles machen mit der Miete und so, also da hätte ich mehr Probleme als die, (unverständlich)."

Susi hebt vor allem den Unterhaltungsaspekt hervor: Da sie über einen sehr weitgefassten Unterhaltungsbegriff verfügt, zählt sie das Genre Daily Soaps im Wesentlichen auch zu Unterhaltungsangeboten; das hindert sie jedoch keinesfalls daran, wie die anderen auch, Soaps als Orientierungsfolie für ihren Alltag heranzuziehen. Dies gilt insbesondere dann, wenn Themen verhandelt werden, die sie auf ihre eigenen Erfahrungen beziehen kann. In dem Kontext äußert sie jedoch auch Kritik an der Wirklichkeitsdarstellung in den Soaps; diese erscheint ihr zuweilen als „zu extrem".

Während die Mädchen sich auf unterschiedliche Themen aus den Soaps beziehen, stellt Jürgen ausschließlich zum Thema ‚Freundschaft' einen Bezug her und beschreibt eine Episode aus *Gute Zeiten, schlechte Zeiten*, in der ein Mädchen einen Jungen „ausnutzen" will: „(...) das könnt bei uns auch so passieren. Ich denk mal, das ist bei uns genauso." Jürgen leidet unter seiner defensiven Art und wünscht sich, mutiger zu sein; von Freunden ist er bereits häufiger enttäuscht worden. Er äußert den Wunsch nach Freundschaften, wie sie seiner Meinung nach bei Mädchen üblich sind. Nicht nur die Daily Soaps dienen ihm als Folie für seinen Alltag; Jürgen bezieht sich auch auf Talkshow-Themen, die seine Problembereiche berühren. Anders als die Mädchen, die eindeutig, ob Fans oder gelegentliche Talkshow-Nutzerinnen, dieses Genre naiv rezipieren, schwankt Jürgen im Umgang mit Talkshows zwischen einer involvierenden und distanzierenden Rezeption. So versetzt er sich zwar häufig, wie er am Beispiel einer Sendung mit Schwulen beschreibt, in die Situation von Talkgästen. „Rumheulen" aber lehnt er kategorisch ab. Wie Brigitte und Anna versteht Susi, wie die beiden ebenfalls Talkshow-Fan, das Angebot in Daily Talks – ausgesprochen involvierend – als eine Orientierungshilfe in persönlich schwierigen Situationen; sie bezieht sich dabei im Besonderen auf die Themen ‚Drogen', ‚Vergewaltigung' und ‚Machoverhalten von Männern'.

4) *„Soaps sind geil".* Hergeholte Geschichten, die Jungen zum Amüsement
dienen.

*(Jörg, Einzelfalldarstellung 21; Chris, Einzelfalldarstellung 22; Paul,
Einzelfalldarstellung 23)*
Diese Jungen verstehen Daily Soaps als realitätsferne, übertrieben inszenierte Geschichten, die ihnen zur Entspannung nach Schule und Hausaufgaben ausschließlich zum Amüsement dienen. Zwei der Jungen verfügen
über eine formal höhere Bildung (Gymnasium), einer besucht zwar die
Hauptschule, hat jedoch auf der Basis eines ausgeprägten Inszenierungs-
wissens zu Daily Soaps und Daily Talks einen reflektierenden Blick auf
die Wirklichkeitskonstruktionen dieser Genres. Alle drei sind gelegentliche Talkshow-Nutzer aus den Standorten A und B. Chris z.B. hält Daily
Soaps für unrealistisch, es sind für ihn „einfach geile" Geschichten, die er
ausschließlich zur Unterhaltung nutzt. Er bildet sich ein präzises Urteil ü-
ber dieses Genre, das er als „ziemlich unrealistisch" einschätzt. Wie Chris
und Paul durchblickt auch Jörg den Inszenierungscharakter der Daily Soaps, die er für völlig unrealistisch hält; er nutzt dieses Genre daher wie sie
zum Amüsement: „Also, das ist ja sehr gestellt alles, das ist ja klar, und
das guckt man einfach, weil das so lustig, das ist irgendwie eine Belustigung. Und das sind so viele Folgen, und dann sieht man diese Folge und
dann sieht man: ‚Ach, da ist wieder das und das passiert.' Und das sehe
ich einfach nur als Belustigung. Finde ich ganz lustig." Für alle drei Jungen stellen auch die Daily Talks ein Angebot dar, über das sie sich lustig
machen können und das ihnen zur Unterhaltung und zum Amüsement
dient. Lediglich Jörg zeigt beim Thema ‚Jugendliche und Gewalt' Involvement.

5.6 Vergleich der beiden Genres Daily Soaps und Daily Talks

5.6.1 Fokussierte Analyse

Im Vergleich zwischen den beiden Genres Daily Soaps und Daily Talks lassen sich sowohl Unterschiede als auch Gemeinsamkeiten feststellen. Bereits
bei der ersten Durchsicht des Materials zur Vorbereitung der Sekundäranalyse zeigte sich, dass bei der fokussierten Analyse nicht länger mit dem Codewortbaum der ‚Talkshow-Studie' gearbeitet werden konnte.[22] Dies aus zwei

---

22 Basis der Analyse bildet der Codewortbaum zu den Einzelinterviews der ‚Talkshow-Studie'. In den
     Gruppendiskussionen zur Sekundäranalyse äußerten sich die Jugendlichen ausschließlich ungelenkt. Le-
     diglich die Dimension ‚Wirklichkeitskonstruktionen', die im Codewortbaum zu den Einzelinterviews
     nicht aufscheint, da die Probanden in den Einzelinterviews Fragen in Form von Rollenspielen, in denen
     sie eigene Konstruktionen zu den Moderatoren, Abläufen und Inhalten entwickeln konnten, wurde in die-
     sem Punkt durch den entsprechenden Abschnitt aus dem Codewortbaum der Gruppendiskussionen er-
     gänzt.

Gründen: Zum einen lag auf der Hand, dass das Genre Daily Soap grundsätzlich anders strukturiert ist (keine Bewertung der Moderatoren, keine Bewertung der Talkshow-Gäste etc.) Diese Faktoren wurden von vornherein aus dem Codewortbaum ausgeschlossen. Das zur Sekundäranalyse ausgewählte Interviewmaterial, die Aussagen der Jugendlichen, legte eine genre-spezifische Angleichung nahe: Dies bezieht sich auf die Kategorie 'Wahrgenommene Themen', hier wurden die Einzelthemen 'Liebe', 'Partnerschaft' und 'Beziehungen', die im Codewortbaum der 'Talkshow-Studie' einzeln aufgeführt waren, zusammengefasst. Die Jugendlichen bezogen sich auf sie immer im Zusammenhang. Die Kategorie 'Zugeschriebene Funktion' wurde dahin gehend geändert, dass zum einen der Begriff 'Forum' durch 'Angebot' ersetzt wurde und zudem die Faktoren 'Forum für Demokratie, Konfrontation, Meinungsäußerung und Selbstdarstellung' als nicht genre-spezifisch ganz ausgesondert wurden.

Die zentrale Erweiterung des Codewortbaumes fand in der Dimension 'Wirklichkeitskonstruktionen' statt. Diese Dimension umfasste im Codewortbaum der 'Talkshow-Studie' die Kategorien 'Abbild der Realität', 'Bühne/Spiel' sowie 'Verzerrung der Realität'. Anstelle der Kategorie 'Bühne/Spiel' wurde die das Genre als fiktives Angebot beschreibende Kategorie 'Sichtweise Geschichte/Film' eingefügt; auf Basis der Aussagen der Jugendlichen wurde diese Dimension weiterhin um 'Abseits der Realität', 'teilweise Realität', 'Verzerrung der Realität' und 'Vergleich mit Talks' ausdifferenziert.

In der Sekundäranalyse zeigt sich, dass die Jugendlichen insbesondere zu folgenden Dimensionen Stellung bezogen haben:

- Wahrgenommene Themen
- Nutzungsmotive
- Bezug zur eigenen Lebenswelt und Wirklichkeitsgehalt.

Sie werden im Kontext der Ergebnisse der 'Talkshow-Studie' diskutiert.

Wahrgenommene Themen
Im Hinblick auf diese Dimension lassen sich ausgeprägte Parallelen beider Studien feststellen. Wie in der 'Talkshow-Studie' dominiert auch bei der Rezeption von Daily Soaps das Thema 'Liebe/Partnerschaft/Beziehung' die Interessen der Jugendlichen. Im Gegensatz allerdings zu den Ergebnissen dort wird der Aspekt 'Körper und Schönheit', der in den Einzelinterviews der 'Talkshow-Studie' am häufigsten als Anknüpfungspunkt für das eigene Erleben genannt wurde, im Hinblick auf Daily Soaps von den Jugendlichen überhaupt nicht erwähnt. Der im Hinblick auf die Rezeption von Talkshows hochbesetzte Bereich 'Familiäre Fragen' erscheint in der Sekundäranalyse weniger bedeutsam.

Ähnlich wie in der ‚Talkshow-Studie' zeigt sich auch bei der Analyse der Daily Soaps das höhere Involvement der Mädchen: Sie nehmen nicht nur das Thema ‚Liebe/Partnerschaft/Beziehung' doppelt so häufig wahr wie die Jungen, sondern beschreiben es auch viel detaillierter und setzen es in Bezug zur eigenen Lebenswelt. Dies gilt in besonderer Weise für die Mädchen vom Standort D (Großstadt in Sachsen-Anhalt). Sie stellen einen unmittelbaren Zusammenhang zwischen diesem Themenkomplex und ihrer Lebenswelt her. Stärker als in den Gruppendiskussionen wird deutlich, dass bereits die jüngeren Mädchen in den Einzelinterviews auch im Hinblick auf die Daily Soaps auf die Dimension ‚Liebe/Partnerschaft/Beziehung' zu sprechen kommen und Verbindungslinien zwischen ihrer eigenen Lebenswelt und den Daily Soaps ziehen. Sie stellen jedoch zumeist heraus, dass es noch keine eigenen Erfahrungen zu diesem Themenkomplex gibt.

Auch die Daily Soaps zeigen sich wie die Daily Talks als ‚weibliches' Genre; auffällig ist jedoch, dass sich die Gruppe der jüngeren Jungen (12-13 Jahre) ebenfalls in besonderer Weise für diesen Themenkomplex interessiert. Dieser Zusammenhang ließ sich in der ‚Talkshow-Studie' nicht finden, hier fokussierte sich das Interesse der Jungen insgesamt – wesentlich stärker als bei den Mädchen – auf das Thema ‚Sexualität', das erstaunlicherweise im Kontext der Rezeption von Daily Soaps nur äußerst selten thematisiert wurde. Dabei ist erneut darauf hinzuweisen, dass in der Frage nach dem Umgang mit Daily Soaps nicht eigens nach dem Faktor Sexualität gefragt worden war; dies gilt jedoch auch für alle anderen Themen.

Nutzungsmotive
Betrachtet man diese Dimension, zeigen sich deutliche Unterschiede zur ‚Talkshow-Studie'. Nahezu ausschließlich die Mädchen des Standorts D betonen, dass sie aus den Geschichten etwas für ihr Leben lernen können. Sie rezipieren Daily Soaps deshalb vor allem aus „Interesse am Thema". Diese Gruppe geht darin völlig kongruent mit ihren Nutzungsmotiven im Hinblick auf Daily Talks. Abgesehen von den Mädchen vom Standort D zeigen sich große Abweichungen zwischen den Motiven für die Rezeption von Daily Soaps und Daily Talks. Im Vordergrund stehen bei der Rezeption von Daily Soaps die Aspekte ‚Gewohnheit' und ‚Spannung', diese Nutzungsmotive ziehen sich über die verschiedenen Altersgruppen sowie über Geschlecht und formale Bildung hinweg.

Bezug zur eigenen Lebenswelt und Wirklichkeitskonstruktionen
Nach Durchsicht der Codings wurde offenkundig, dass die beiden Dimensionen ‚Bezug zur eigenen Lebenswelt' und ‚Wirklichkeitskonstruktionen' eng zusammengehören und im Kontext betrachtet werden müssen. In fast allen Fällen, in denen sich Jugendliche zu Wirklichkeitskonstruktionen der Daily Soaps äußern, geschieht dies vor dem Hintergrund ihrer eigenen Erfahrung.

Wie in der ‚Talkshow-Studie' spielen in Bezug auf die Wahrnehmung des Realitätsgehaltes auch bei den Daily Soaps die Faktoren Geschlecht und formale Bildung eine entscheidende Rolle. Die Mädchen rezipieren deutlich überproportional Daily Soaps als ein Genre, das „mit dem Leben zu tun hat." Immerhin sechs Jungen, hauptsächlich Gymnasiasten, lehnen diesen Zusammenhang gänzlich ab. Vor allem Mädchen mit Hauptschul- und Sekundarschulbildung halten Daily Soaps für ein Abbild der Realität. Es zeigt sich die Tendenz, dass das Hintergrundwissen zu einer eher reflektierenden Rezeption von Daily Soaps führt, dies ist jedoch unabhängig von den Faktoren Geschlecht, Alter und formaler Bildung zu sehen. Dies bestätigt ein Ergebnis der ‚Talkshow-Studie'. Das Alter scheint vor allem bei den Jungen in der Ablehnung bzw. Bestätigung eigener Erfahrungen im Bezug auf Daily Soaps eine Rolle zu spielen.

Wenn die Jugendlichen Daily Talks und Daily Soaps hinsichtlich des Realitätsgehaltes vergleichen, wird in der Regel den Talkshows mehr Realitätsgehalt zugesprochen. Es wird jedoch vereinzelt auch darauf hingewiesen, dass den Talkshows die Vertiefung fehlt und dass die in den Soaps dargestellten Probleme mehr mit der eigenen Erfahrungswelt in Verbindung stehen.

5.6.2 Kontextuelle Analyse

Vergleicht man die Rezeption von Daily Talks und Daily Soaps im Kontext miteinander, so lassen sich verschiedene Funktionen der Genres beschreiben:

• Funktionsgleichheit
• Komplementarität.

So nutzen die formal niedriger gebildeten Sekundarschülerinnen vom Standort D sowie eine Hauptschülerin vom Standort B und ein Sekundarschüler (ebenfalls Standort D) Daily Talks und Daily Soaps in gleicher Weise als Abbild von Realität zur Orientierung. Sie stellen einen unmittelbaren Bezug zu ihrer eigenen Lebenswelt her. Dieser Wahrnehmungszugang lässt sich durch die Dimensionen der ‚Talkshow-Studie' – naive versus reflektierte, involvierende versus distanzierende Rezeption sowie Suche nach Unterhaltung versus Suche nach Orientierung – ausreichend erfassen (Wahrnehmungsweise 2 und 3).[23] Dies trifft auch für die Jungen zu, die beide Genres ausschließlich zur Unterhaltung und zum Amüsement nutzen (Wahrnehmungsweise 4).[24]

---

23 Es handelt sich dabei um die Einzelfalldarstellungen 11-13 und 14-20.
24 Siehe dazu die Einzelfalldarstellungen 21-23.

Die größte Gruppe der Soap-Rezipienten nutzt die beiden Genres in komplementärer Weise. Das bedeutet, dass sie zwar sowohl Daily Talks als auch Daily Soaps rezipieren, dies jedoch aus unterschiedlichen Motiven, mithin in unterschiedlicher Weise tun. Diese Jugendlichen nutzen Soaps und Talks nicht wie die zuvor beschriebenen ‚funktionsgleich‘, das heißt im Wesentlichen entweder zur Unterhaltung oder zur Orientierung bzw. naiv-involviert ausschließlich zur Orientierung. Sie betrachten keinesfalls Soaps und Talks gleichermaßen als ‚Abbild von Realität‘ oder als pure Unterhaltung. Diese Jugendlichen rezipieren Daily Soaps und Daily Talks vielmehr in kompetenter, sprich reflektierender Weise, sie durchschauen die Produktions- und Inszenierungsweisen beider Genres. Sie nutzen beide Angebote sowohl zur Orientierung als auch zur Unterhaltung, wären aber sowohl als „involvierend“ als auch „distanzierend“ zu bezeichnen. Es liegt auf der Hand, dass damit dieses Gegensatzpaar der ‚Talkshow-Studie‘ dynamisch zu verstehen ist. Die komplementäre Nutzungsfunktion lässt sich mit den Rezeptions-Dimensionen aus der ‚Talkshow-Studie‘[25] also nur unzureichend erfassen (Wahrnehmungsweise 1).[26] Die Jugendlichen wählen, jeweils vor dem Hintergrund ihrer Entwicklungsaufgaben in individueller Weise ganz unterschiedliche Zugänge zu den Daily Soaps. Es handelt sich dabei vor allem um Jungen und Mädchen mit formal höherer Bildung, die sich selbst als regelmäßige Soap-Nutzer bezeichnen.

Die Jugendlichen wechseln bewusst zwischen einer eher involvierenden und einer eher distanzierenden Rezeptionsweise. Im Bewusstsein um die Eigenheiten dieses Genres (episodisch, narrativ und fiktiv) verstehen sie dieses Angebot als Erzählungen, die im weiteren Sinne etwas mit dem Leben zu tun haben und damit über einen tieferen Realitätsgehalt verfügen.

Den Jungen und Mädchen gelingt es, den unterschiedlichen Handlungssträngen zu folgen und, je nach persönlichem Interesse bzw. persönlicher Betroffenheit, einzelne Episoden mit hoher Empathie zu verfolgen, andere eher als dahinfließende Geschichten vorbeiziehen zu lassen.

---

25 Dabei handelt es sich um die Einzelfalldarstellungen 1-10.
26 Siehe dazu Kap. 2.4.1.

6. Soaps und Talks auf Basis der Soap-Interviews
Udo Göttlich und Jörg-Uwe Nieland

6.1 Fragestellung

Im folgenden Kapitel wird ebenfalls der Frage nachgegangen, welche Nutzungsweisen und Aneignungsformen sich bei Jugendlichen aus dem wechselseitigen Zusammenspiel von Daily Soaps und Daily Talks zeigen. Dies geschieht aber aus der Perspektive bzw. auf der Basis der Gruppendiskussionen und der Einzelinterviews, die in Kapitel 2.4 vorgestellt und bezogen auf die Soap-Rezeption ausgewertet wurden. Im Vergleich zu Kapitel 5 wird damit sozusagen ein gegenläufiger Zugriff verfolgt, indem die bereits dort aufgeworfenen Forschungsfragen nun aus der Perspektive derjenigen bearbeitet werden, die aus ihrer Erfahrung mit den Soaps auch über den Umgang mit den Talks berichten.

Zu vermuten ist, dass sich neben deutlichen Unterschieden bei der Wahrnehmung und Aneignung beider Genres gleichzeitig auch Vermittlungsstellen in Form von aufeinander aufbauenden und verweisenden Nutzungsmustern und -motiven bestimmen lassen. Ähnlich wie im vorhergehenden Kapitel handelt es sich um Aspekte der Funktionsgleichheit und der Komplementarität, die nun mit Blick auf die Besonderheiten, die sich aus der fiktions- und realitätsorientierten Rezeptionsweise mit den weiteren darin eingeschlossenen Aneignungsformen ergeben, vertiefend geklärt werden müssen.

Diese Dimensionen stellen einen ersten Lösungsansatz zu der am Ende des letzten Kapitels ausgewiesenen Problematik dar, dass die Rezeption bei bestimmten Jugendlichen sowohl involviert als auch distanziert erfolgt, womit jedoch die allein aus der Perspektive der Daily-Talk-Rezeption gewonnenen Rezeptionsdimensionen für die Erklärung der wechselseitigen Rezeption der Genres inhaltlich zu kurz greifen. Die bisherigen Ausführungen zur Rezeption der Daily Soaps durch Jugendliche in Kapitel 2.4 zeigte, dass sich die Wahrnehmung und Aneignung zwischen einer fiktions- und einer realitätsorientierten Rezeptionsweise bewegt. Nun wird zu klären sein, welcher Einfluss dieser Orientierung auch im Fall der wechselseitigen Rezeption von Daily Soaps und Daily Talks zukommt und inwiefern sich hierüber die vor allem als komplementär beschreibbaren Aneignungsweisen der beiden Genres ergeben.

Ein erster entscheidender Unterschied im Grad der Ausbildung der fiktions- bzw. realitätsorientierten Rezeptionsweise ist mit dem Alter gegeben. Insbesondere die jüngeren Mädchen zwischen dem zwölften und dem dreizehnten Lebensjahr tendieren dabei noch zu einer Ineinanderblendung beider Ebenen, d.h. die für die empirische und emotionale Lesart maßgeblichen Strukturen haben sich noch nicht ausgebildet. Gründe für diese noch undifferenzierte Position liegen darin, dass die emotionale Beteiligung bzw. Involviertheit überwiegend noch den Zugang zum Genre bestimmt, über den auch vergleichbare Unterhaltungsangebote erschlossen werden. Mit der Herausbildung von Erfahrungswissen über den eigenen Alltag wird die emotionale Anteilnahme mit der Fiktionsorientierung erfüllt, während für die Einschätzung des Realitätsgehalts die denotative Ebene relevant wird. Das ist aber nur ein verkürzter und einleitender Abriss zu der im vorliegenden Kapitel interessierenden Herausbildung der Rezeptionsweisen.

Als zweiter Aspekt hat sich der sozialräumliche Hintergrund als entscheidend für die Ausbildung der Wahrnehmung und hier vor allem der Einschätzung der orientierenden Rolle der Soaps erwiesen. Als dritter Faktor schließlich ist das Geschlecht entscheidend. Die hier einleitend geschilderten Aspekte des Umgangs mit den Soaps finden sich überwiegend bei Mädchen. Diese drei Aspekte sind nun auch für die Zusammenschau mit der Talk-Rezeption zu überprüfen.

6.2 Materialbasis und methodisches Vorgehen

Zur Interpretation der Zusammenhänge und Unterschiede zwischen der Daily-Soap-Nutzung und der Daily-Talk-Nutzung werden zum einen jene zehn Gruppendiskussionen, die bereits im Kapitel 2.4 vorgestellt und diskutiert wurden, und zum zweiten weitere drei Gruppendiskussionen herangezogen. Dieses zuletzt genannte Material wird in Kapitel 6.4.1 beschrieben. Schließlich werden auch die zwölf Einzelinterviews aus Kapitel 2.4 für eine weitere fokussierende und eine kontextuelle Analyse berücksichtigt. Das methodische Vorgehen für die bereits ausgewerteten Materialien muss an dieser Stelle nicht noch einmal gesondert ausgewiesen werden, da es schon in Kapitel 2.3 erläutert wurde.

6.3 Ergebnisse der Gruppeninterviews zur Daily-Soap-Nutzung

6.3.1 Fragebogenauswertung

Im Rahmen der oben bereits vorgestellten Fragebogenerhebung ist an dieser Stelle nun ein Vergleich der Arten der Daily-Soap- und Daily-Talk-Nutzung möglich, da die Teilnehmer der Gruppen mit dem Fragebogen auch zu ihrer Nutzung der Talks befragt wurden.

Es lässt sich festhalten, dass sowohl die Daily-Soap-Nutzung als auch die Daily-Talk-Nutzung überwiegend allein geschieht. An zweiter Stelle folgt die gemeinsame Nutzung mit den Geschwistern oder der Mutter (da Mehrfachantworten bei dieser Frage möglich waren, ist davon auszugehen, dass oftmals die Geschwister und die Mutter zusammen Fernsehen schauen).

Die Tatsache, dass die Daily Talks etwas öfter allein geschaut werden als die Daily Soaps, stellt noch einmal die Bedeutung der Platzierung der Sendungen für die Nutzung heraus: Am Nachmittag sind die Jugendlichen eher allein (zu Hause) und wenn sie sich zum gemeinsamen Konsum der Talk-Sendungen zusammenfinden, dann eher mit Freunden oder Geschwistern als mit der Mutter.[1]

Tab. 6.1: **Arten der Daily-Soap- und Daily-Talk-Nutzung (n=82, Mehrfachnennungen möglich)**

	DS	DT
Mit Freunden	15	17
Mit Geschwistern	28	19
Mit der Mutter	23	17
Mit dem Vater	4	7
Mit anderen	6	9
Allein	39	43

Auch stehen die Angaben der Jugendlichen, die Daily Talks häufig allein zu Hause nutzen, im Zusammenhang mit der Verfügbarkeit des Fernsehens im eigenen Zimmer (bzw. im Zimmer, das mit Geschwistern geteilt wird). In der Konsequenz nutzen die Jugendlichen die Talks oftmals als Nebenbeimedium, nämlich während sie ihr Mittagessen zu sich nehmen oder auch ihre Hausaufgaben machen.

Die Betrachtung der weiter unten behandelten Antworten aus den drei zusätzlich erhobenen Gruppendiskussionen pointiert diesen Befund. Trotz der hierbei vorliegenden geringen Fallzahl lässt sich herauslesen, dass die Gymnasiasten weniger die Daily Talks schauen und wenn, dann fast ausschließ-

---

1   Ob es sich in den Fällen, in denen die Talk-Nutzung mit den Vätern geschieht, um arbeitslose Väter handelt, muss offen bleiben, weil aus Datenschutzgründen nicht nach dem zum Zeitpunkt der Befragung bestehenden beruflichen Status der Eltern gefragt werden konnte.

lich allein. Die Realschüler dagegen nutzen das Genre häufiger und überwiegend mit Freunden. Die Grundschüler schließlich geben an, dass sie fast täglich – und meist auch mehrere – Talks nutzen. In dieser Gruppe werden die Talks in der Mehrzahl zusammen mit den Geschwistern genutzt, was hauptsächlich darauf zurückzuführen ist, dass die Jugendlichen sich mit ihren Geschwistern ein Zimmer teilen (müssen).[2]

Bei der Frage nach den Daily-Talk-Favoriten bestätigt sich auch für diese Fragebogenerhebung der Befund aus der Talk-Ausgangsstudie: Die beiden ProSieben-Talksendungen *Andreas Türck* und *Arabella* werden am häufigsten genutzt, gefolgt von *Bärbel Schäfer*. Ansonsten erfolgt die Nutzung über das gesamte aktuelle Angebot verteilt. Wenig überraschend ist, dass die Sendung *Fliege* gar nicht genutzt wird, da sie sich an ein älteres Publikum wendet und von den Themen und der Diskussionsform her auch weniger dem Alltag und dem Stil der Jugendlichen entspricht.

Einige der im Folgenden ausgewiesenen Sendungen sind nicht mehr im Programm – da die Rolle der Talks in der Medienbiographie der Jugendlichen von Interesse war, wurde auch die zurückliegende Nutzung älterer Sendungen abgefragt. Außerdem sind drei Sendungen aufgelistet, die nicht dem Genre Daily Talk zuzuordnen sind: *Talk, Talk, Talk* wird am Samstagabend auf ProSieben ausgestrahlt und präsentiert Ausschnitte aus Talksendungen (sowohl aus Deutschland, wie auch aus anderen Ländern, vornehmlich aus den USA) in einer Form, wie sie von *TV total* bekannt ist.[3] Bei *Streit um Drei* und *Richterin Barbara Salesch* handelt es sich um Sendungen, in denen Gerichtsfälle nachgestellt bzw. Streitsachen vor einem Schiedsgericht verhandelt werden. Spätestens nach dem Erfolg des Liedes „Maschendrahtzaun" (von Stefan Raab) ist die Sendung *Richterin Barbara Salesch* bekannt, da die „Klientin" Regina Zindler mit ihrem Anliegen bei der Fernsehrichterin auftrat. Die Art und Weise, wie (alltägliche) Streitfälle in diesen beiden Sendungen verhandelt und dramatisiert werden, lässt Vergleiche zu Daily Talks zu.

---

2   Die Mehrzahl der Teilnehmer an dieser Gruppendiskussion gehören der dritten Generation von Ausländern an und wachsen mit mehreren Geschwistern auf.

3   Als Vorläufer von *TV total* gilt *Kalkofes Mattscheibe* auf Premiere (unverschlüsselt).

Tab. 6.2: Nutzung der Daily Talks (n=82, Mehrfachantworten waren möglich)[4]

	Ja	Nein	k.A.	Gesamt
Fliege		70	12	82
Sabrina	6	67	9	82
Birte Karalus	10	62	10	82
Bärbel Schäfer	26	49	7	82
Hans Meiser	12	59	11	82
Sonja	15	57	10	82
Ricky	8	63	11	82
Arabella	31	43	8	82
Andreas Türck	49	28	5	82
Jörg Pilawa	6	64	12	82
Vera am Mittag	7	63	12	82
Talk, Talk, Talk	36	37	9	82
Streit um Drei	3	63	16	82
Richterin Barbara Salesch	7	61	14	82

Der hohe Wert, den die Sendung *Andreas Türck* aufweist, lässt sich auf die in den Diskussionen und Einzelinterviews ersichtlich werdende Begeisterung zurückführen, die der Moderator bei den weiblichen Jugendlichen hervorruft.

Dass die Sendung *Talk, Talk, Talk* bei den Jugendlichen so beliebt ist, deutet darauf hin, dass die ironisierenden Angebote, die Verweise auf aktuelle populärkulturelle bzw. medienbezogene Vorgänge beinhalten, intensiv genutzt werden. Dies zeigt sich auch in den hohen Nutzungszahlen bei dieser Altersgruppe von *TV total*.

Entgegen der Vermutung, dass aufgrund der ähnlichen Konfliktinszenierungen bei den Gerichtssendungen und den Daily Talks, auch *Streit um Drei* und *Richterin Barbara Salesch* auf Interesse bei den Jugendlichen stößt, finden sich zu diesen Sendungen nur wenige Einträge.

Die Antworten der Jugendlichen aus den drei zusätzlich geführten Gruppendiskussionen unterstreichen die oben getroffenen Aussagen. Die Gymnasiasten greifen sich aus dem großen Talkangebot lediglich drei Sendungen heraus (*Andreas Türck, Arabella* und *Sonja*) und nutzen die beiden Gerichtssendungen gar nicht. Die Grund- und Realschüler verteilen dagegen den Daily-Talk-Konsum auf alle genannten Sendungen. Bei ihnen sind *Andreas Türck, Arabella* und *Bärbel Schäfer* die Lieblingssendungen.

Zusammenfassend lassen sich deutliche Unterschiede bei der Talk-Nutzung bereits bezogen auf die Kategorien Alter und Schulform ausmachen. Auch das Geschlecht strukturiert die Talk-Nutzung, wobei aufgrund des zahlenmäßigen Übergewichts an Mädchen die Daten nur vorsichtig zu interpretieren sind.

---

4 Die Häufigkeit der Nutzung im Wochenverlauf wurde ebenfalls abgefragt, aber von den Schülern nur sporadisch ausgefüllt. Die Nutzungsfrequenz ist bei den Hauptschülern deutlich höher.

Jüngere Mädchen von Haupt- und Realschulen nutzen häufiger auch mehrere Daily Talks. Die größte Beliebtheit weist die Sendung *Andreas Türck* auf.

6.3.2 *Fokussierte Analyse der Gruppendiskussionen mit Blick auf die Daily-Talk-Rezeption*

Im vorliegenden Kapitel werden nun die bereits in Kapitel 2.4.2 für die Soap-Nutzung herangezogenen zehn Gruppendiskussionen mit Blick auf die Wahrnehmung, Bewertung und Rezeption der Daily Talks analysiert. Die der Auswertung zugrunde liegenden Gesprächspassagen und Antworten ergaben sich überwiegend im Anschluss an eine gelenkte Nachfrage zu den Daily Talks.

6.3.2.1 Nennungen der einzelnen Sendungen

Während bei den Soaps insgesamt 194 Nennungen zu den vier aktuell im Programm befindlichen Sendungen erfolgten (vgl. Kapitel 2.4.2.1.1), wurden von den Daily Talks insgesamt 13 verschiedene Sendungen in 99 Nennungen angesprochen bzw. genannt.[5] Die Tatsache, dass die Sendungstitel der Daily Talks bis auf die drei am häufigsten genannten Talks *Andreas Türck, Arabella* und *Bärbel Schäfer* deutlich weniger genannt werden, kann als ein Hinweis dafür gedeutet werden, dass das Angebot insgesamt als austauschbarer wahrgenommen wird. Trotz der Zuordnung über den jeweiligen Moderator bzw. die Moderatorin, das Studiosetting sowie die Kandidatenpräsentation weisen die Jugendlichen den verbleibenden Talk-Sendungen kein eigenes und voneinander abgrenzbares Image zu.

Die Rangfolge der Nennungen, die sich in den Gruppendiskussionen abzeichnet, ist identisch mit den Nutzungsgewohnheiten, wie sie auch aus den Antworten auf den Fragebögen ersichtlich werden. Es zeigt sich allerdings, dass der Vorsprung der Sendung *Andreas Türck* geringer ausfällt als in den Fragebogennennungen. Wahrscheinlich hängt dies damit zusammen, dass die Mädchen ihre Begeisterung für den Moderator bei den Gruppendiskussion nicht so offen zeigen wollten. Das gilt auch für die homogenen Gruppen. Die Nennungen von *Arabella* und *Hans Meiser* (sowie auch *Fliege*) sind im Zusammenhang mit den Gruppendiskussionen auch eher als Hinweise auf die Typik und Historie des Genres zu sehen und weniger auf die Nutzungsgewohnheiten der einzelnen Sendungen zu beziehen.

---

5   Es ist daran zu erinnern, dass die an dieser Stelle genannten Häufigkeiten aus den Gruppen stammen, die einen Soap-Impuls erhalten hatten. Bei den weiteren drei Gruppeninterviews, die unter 6.4.3 behandelt werden, wurde zusätzlich ein Talk-Impuls eingesetzt.

Tab. 6.3: Häufigkeit der Nennung von Daily Soaps, Big Brother und Daily Talks

Sendung	gesamt
GZSZ	104
MH	33
VL	29
UU	28
Big Brother	77
Andreas Türck	23
Arabella	15
Bärbel Schäfer	15
Hans Meiser	12
Ricky	9
Nicole	5
Vera am Mittag	5
Sabrina	4
Fliege	4
Ilona Christen	3
Birte Karalus	2
Jörg Pilawa	1
Sonja	1

Im Gegensatz zu den Nennungen der Daily Talks handelt es sich bei den 77 Nennungen zu *Big Brother* häufig um ungelenkte Aussagen.[6] Diese wurden zudem oftmals bereits im ersten Drittel der Diskussionen geäußert, in dem es vorrangig um die Daily Soaps ging. Während eine Verbindung zu den Daily Talks mehrheitlich nur auf direktes Nachfragen hergestellt wurde, sind die Äußerungen der Jugendlichen zu *Big Brother* daher in ihrem Zusammenhang zur Rezeption der Daily Soaps noch einmal gesondert zu behandeln. Im vorliegenden Fall wird dies im Rahmen der Fortführung der kontextuellen Analyse der Einzelinterviews erfolgen. Während es sich in den Gruppendiskussionen um ungelenkte Aussagen zu *Big Brother* handelt, mit denen die Schüler untereinander ein kurzes Meinungsbild ausgetauscht haben, konnten in den Einzelinterviews gezielt Nutzungsmotive erfragt werden. Zudem wurden die Einzelinterviews zum Teil nach dem Ende der ersten Staffel von *Big Brother* geführt.

6.3.2.2 Themen von Talks und Soaps im Vergleich

Bei der Nennung bzw. Erinnerung oder Wahrnehmung von Talk-Themen zeigten sich deutliche Unterschiede gegenüber der Themenwahrnehmung aus den Soaps. Es wurden nicht nur deutlich weniger Themen – selbst auf Nach-

---

6   Daran wird ersichtlich, dass *Big Brother* zum Zeitpunkt der Gruppendiskussionen (Frühjahr bis Sommer 2000) für Jugendliche offensichtlich das zentrale Thema bildete.

frage – von den Jugendlichen erinnert bzw. diskutiert, sondern auch in den Dimensionen der Bewertung lassen sich so gut wie keine Äußerungen finden, die Stellung nehmen. Das lässt darauf schließen, dass die Daily Talks kaum wegen ihrer Themen sondern weitaus häufiger wegen der Art ihrer Inszenierung von den Jugendlichen angeschaut werden.

Tab 6.4: Häufigkeit der Themenwahrnehmung in Daily Talks und deren Bewertung

	Selbst- darstellung	Liebe / Freundschaft	Familie	Sexualität	Gewalt
Wahrgenommene Themen	12	10	5	4	3
Bewertung positiv	6	3			
Bewertung negativ	3	12		1	1
Bedeutung relevant	2				1
Bedeutung irrelevant	3	7	1	1	1

Relevant im Zusammenhang mit den Themenwahrnehmungen ist, dass die Selbstdarstellung von Kandidaten als Thema erkannt und genannt wurde, obwohl diese in den Sendungen selbst nicht thematisiert wird. Für die Daily Soaps hingegen blieb dieses Themenfeld unerwähnt, was damit zusammenhängt, dass diese von vornherein auf einer darstellerischen Leistung von Schauspielern beruhen. Auch hierin drückt sich die Realisierung der formatspezifischen Unterschiede in der Rezeption aus. Die positive Heraushebung von Selbstdarstellungsaspekten in den Daily Talks erfolgt im Wesentlichen durch Hauptschüler und Hauptschülerinnen. Positiv werden Selbstdarstellungsaspekte vor allem deshalb bewertet, da sie zur Belustigung beitragen und nicht etwa, weil ernsthafte Fragen in den Sendungen verhandelt bzw. durch die Darstellungsweisen transportiert würden.

TEXT: *Gruppendiskussion.4 (1032/1033) CODEWORT: 2. Daily Talks.2.1. Themen.2.1.1. Wahrgenommene Themen.2.1.1.19. Selbstdarstellung.Bewertung positiv*

8: Ich bin der Geilste von unsere Stadt oder so; dat find' ich am besten, wenn so welche (...)

TEXT: *Gruppendiskussion.7 (663/666) CODEWORT: 2. Daily Talks.2.1. Themen.2.1.1. Wahrgenommene Themen.2.1.1.19. Selbstdarstellung.Bewertung positiv*

5: Ja, also, mir gefallen da so Themen, die aus 'm Alltag sind. So, zum Beispiel, hier, diese blöden Themen zum Beispiel (verstellt die Stimme): „Andreas, hilf mir! Weil mein Freund hat zu lange Haare" oder sowat!

Durch Schüler eines Gymnasiums hingegen erfährt dieser Punkt, der in den vorangegangenen Beispielen ein Motiv der Belustigung und des Vergnügens bildete, eine negative Einschätzung:

TEXT: *Gruppendiskussion.1 (985/991) CODEWORT: 2. Daily Talks.2.1.*
Themen.2.1.1. Wahrgenommene Themen.2.1.1.19.
Selbstdarstellung.Bewertung negativ

6: Aber bei Talkshows, ich weiß nicht, da sind so Themen manchmal so asozial, wenn da irgendwelche Leute (...), wenn das Thema ist, ich bin der Beste oder so, dann kommen irgendwelche Idioten dahin, und man sieht schon von vornherein, die werden vom Publikum später ausgebuht. Irgendwie allein schon, wie die da rein kommen, so die Körpersprache von denen und so. Und so Themen, die sind einfach mies.

An zweiter Stelle nennen die Jugendlichen die Themenbereiche Liebe/ Freundschaft und Familie. Hier kommt es zu einer eindeutig negativen Bewertung; bemängelt wird, dass Liebe und Freundschaft zum Streitobjekt erhoben wird und die Gäste der Talksendungen ihre Liebesbeziehungen, Freundschaften und Familienbindungen öffentlich machen und sogar aufs Spiel setzen.

TEXT: *Gruppendiskussion.1 (720/725) CODEWORT: 2. Daily Talks.2.1.*
Themen.2.1.1. Wahrgenommene Themen.2.1.1.1
Liebe/Freundschaft.Bewertung negativ

3: Ja, aber bei Talkshows, da kommen irgendwie voll die Themen, die überhaupt niemanden was angehen: Ich habe es mit dem getrieben, mein Freund ist mir so fremd gegangen und ich bin ihm trotzdem treu und so. Ich meine, wen interessiert das denn, ob jetzt irgend jemand eben, den man noch nie im Leben gesehen hat, seine Freundin betrogen hat oder so?

TEXT: *Gruppendiskussion.6 (601/604) CODEWORT: 2. Daily Talks.2.1.*
Themen.2.1.1. Wahrgenommene Themen.2.1.1.1.
Liebe/Freundschaft.Bewertung negativ

8: Nee, Ich hab' dich betrogen, nach drei Monaten kam die dann wieder an, und dann hat sie ihn betrogen, und er hat sie mit seiner besten Freundin betrogen. Dat is dat Allerletzte!

Angesichts der Stellung der Themenbereiche Liebe/Freundschaft und Familie in den Daily Soaps und der Intensität, mit der in den Gruppendiskussionen darüber gesprochen wurde, fällt die Relevanzzuschreibung dieser Themenbereiche für die Talk-Sendungen jedoch gering aus. Gleiches gilt für das Thema Sexualität. Die Art der Themendarbietung trifft zudem nicht auf Zustimmung und es wird die Selbstdarstellungsabsicht der Gäste bemängelt.

TEXT: *Gruppendiskussion.6 (570/572) CODEWORT: 2. Daily Talks.2.1.*
         Themen.2.1.1. Wahrgenommene Themen.2.1.1.2.
         Sexualität.Bewertung negativ

X: Die kriegen dafür Geld und sagen: Ja, ich hab' Analverkehr oder so, obwohl das garnich' stimmt! (lacht)

6.3.2.3 Themen allgemein

Wie schon bei den Ergebnissen der fokussierten Analyse zu den Soaps, ergibt sich auch bei den Daily Talks anhand der generellen Themeneinschätzung ein erstes Bild über die Rolle und Bedeutung des Genres im Medienalltag und der Anschlusskommunikation von Jugendlichen. Zu fragen ist hier, ob es überhaupt die Themen sind, die für die Stellung des Genres entscheidend sind, oder ob nicht andere Aspekte maßgeblicher sind. Auch wenn die Fallzahlen im Vergleich zu den Einschätzungen, die die Daily-Soap-Themen erfahren, erneut deutlich geringer ausfallen, ist die Haltung erkennbar. Die Themen werden nicht nur mehrheitlich als negativ bewertet sondern mit Blick auf eine mögliche Relevanz für die Handlungsorientierung als irrelevant erachtet.

Tab. 6.5: Häufigkeit der Themeneinschätzung in der Kategorie „Themen allgemein"

	Themen allgemein DT	Themen allgemein DS
Generelle Nennung ohne Bewertung	10	23
Bewertung positiv	4	15
Bewertung negativ	15	35
Bedeutung relevant	2	5
Bedeutung irrelevant	10	10

Vor diesem Hintergrund werden die Themen in den Talks unter anderem als entscheidender Ausgangspunkt für die Inszenierung der Sendung gesehen:

TEXT: *Gruppendiskussion.10 (709/713) CODEWORT: 2. Daily Talks.2.1.*
         Themen.2.1.2. Themen allgemein

X: Boah, ich muss sagen, bei diesen Diskussionen dann auch immer bei den Talkshows, da wird eigentlich das Thema immer verarscht. Die verarschen eigentlich nur. Das hat eigentlich nichts mehr mit den (...) zu tun. Da werden nur noch Witze gerissen.

In einer gemischten Gruppe von Schülern und Schülerinnen eines Gymnasiums gelten die Themen im Falle einer ernsthaften Inszenierung als möglicher relevanter Bezugspunkt, solange die Inszenierung aber weiter auf die Ausbeutung der Kandidaten setzt, kann diese Erwartungshaltung nicht eingelöst werden:

TEXT: Gruppendiskussion.1 (866/872) CODEWORT: 2. Daily Talks.2.1.
Themen.2.1.2. Themen allgemein.Bedeutung irrelevant

4: Ja, aber ich glaube, Talkshows wären halt interessanter, wenn die so Sachen, Themen nehmen würden, die die Allgemeinheit was angehen, nicht so Sachen wie ja, mein Ex- Freund hat mich betrogen oder so, das interessiert doch eigentlich nur die und ihr Umfeld. Aber wenn es so Themen gäb', die alle interessieren würden, dann würden auch mehr Leute die Talkshows gucken und nicht nur, um sich darüber lustig zu machen.

Vergleichbares gilt für die gemischte Gruppe von Gymnasiasten, in der ein 14-jähriger Junge zur Bedeutung der Themen feststellt:

TEXT: Gruppendiskussion.5 (357/363) CODEWORT: 2. Daily Talks.2.1.
Themen.2.1.2. Themen allgemein.Bewertung negativ

9: Ich mach' dann den Fernseher aus. Das ist absoluter Schwachsinn, sich das anzusehen (...) Wie gesagt, Daily Soaps – hatten wir ja gerade – das is', also, nur Veranschaulichung, und Daily Talks, das sind entweder immer dieselben Themen; und meistens ist dat teilweise so, dann packt in den Soaps, äh, ach!, in den Talkshows, ähm, das is' halt nich' realitätsbezogen irgendwie.

Männliche Hauptschüler bewerten die Themen hingegen eher als realistisch:

TEXT: Gruppendiskussion.7 (525/525) CODEWORT: 2. Daily Talks.2.1.
Themen.2.1.2. Themen allgemein.Bedeutung relevant

X: Die erzählen vom Leben.

TEXT: Gruppendiskussion.7 (526/528) CODEWORT: 2. Daily Talks.2.1.
Themen.2.1.2. Themen allgemein.Bedeutung relevant

3: Ja, und dat is' auch realistisch, 'n paar wirkliche Probleme.
11: Ja, wirkliche.

Grundsätzlich lässt sich festhalten, dass die Jungen sich überwiegend spontan und abwertend gegenüber den Daily Talks äußerten. Lediglich die Hauptschüler konnten Interesse in der Form zeigen, dass dieses Angebot Anlass zum gemeinsamen Lästern gibt. Die Mädchen waren zurückhaltender. Ihnen gefiel es zudem besser, über Daily Soaps zu sprechen.

Offenbar spielt bei den Bewertungen gegenüber dem Genre Daily Talks das Alter dann eine Rolle, wenn die diskutierten Themen und Konflikte einen großen Abstand zur eigenen Lebenswelt haben.

6.3.2.4 Vergleich Daily-Talk-Moderatoren

Im Vergleich zu den Bewertungen, die die Soapdarsteller und die Charaktere bzw. Rollen erfahren, weist die fokussierte Analyse mit Bezug auf die Bewertung der Moderatoren von Talkshows eine deutlich geringere Anzahl von Fällen auf. Positive Bewertungen finden sich allein bei den Hauptschülern. Aber auch die negative Bewertung durch Gymnasiasten wird bis auf zwei Gruppendiskussionen nicht vorgenommen. Als Beispiel für eine positive Bewertung durch eine Hauptschülerin aus der Gruppe der 14/15-Jährigen kann folgende Passage herangezogen werden:

TEXT: *Gruppendiskussion.4 (906/921) CODEWORT: 2. Daily Talks.2.2.*
Moderator.2.2.1. Beschreibung

8: Ich find' am besten Andreas Türck.
(Gleichzeitig)
X: (...) wat dat für 'n Murks is', ey!
(Stimmgengewirr)
X: Sieht der gut aus? (lacht)
8: Und der schwitzt wie... (lacht)
X: Wie ein Elch, ey!
8 lacht
X: Aber der lacht immer so doof.
X: Der? Ich find', äh,...
8: Aber der macht immer [diese... (lacht)
X: Wer denn?]
8: Der wackelt viel, der macht immer so...so... .
X: Ja, wer denn?
8: Der Andreas Türck.
X: Der bringt dat' au' irgendwie gut rüber, find' ich.

Ein Junge in der gemischten Gruppe von 13/14-jährigen Gymnasiasten äußert sich hingegen konträr zu dieser Einschätzung:

TEXT: *Gruppendiskussion.1 (686/696) CODEWORT: 2. Daily Talks.2.2.*
Moderator.2.2.2. Bewertung.negativ

3: Ich weiß nicht, ich finde Talkshows irgendwie asig, weil die laden irgendwie die allerletzten Penner wirklich von der Straße da ein, die sich dann da irgendwie beschimpfen für irgendwelche komischen Lappalien, die mal irgendwie, in der Beziehung hat irgendjemand mal das gesagt und der Freund hat das gesagt, aber seiner Freundin wieder das gesagt und so. Und ich weiß nicht, ich finde das irgendwie ziemlich mies und auch die Moderatoren, die sagen dann immer genau das, was das Publikum hören will. Wenn jetzt irgendjemand was sagt und das Publikum buht, dann macht der Moderator den auch erst mal fertig, dass der das gesagt hat.

Im Vergleich zu dieser weit ausholenden und argumentativ gestützten Ausführung der Ablehnung erfolgt die negative Einschätzung bei den Hauptschülerinnen rein emotional und wenig artikuliert:

TEXT: *Gruppendiskussion.4 (929/934) CODEWORT: 2. Daily Talks.2.2. Moderator.2.2.2. Bewertung.negativ*

8: Ricky find' ich Scheiße!
X: Boah, ich find' den blöd, ey!
X: Gibt's doch gar nich' mehr!
X: Versteht man gar nich' (...)
X: Trotzdem is' – war der Scheiße.
8: Aber wie der geredet hat, ey! So: Asu (äfft nach).

TEXT: *Gruppendiskussion.4 (1234/1236) CODEWORT: 2. Daily Talks.2.2. Moderator.2.2.2. Bewertung.negativ*

X: Genau wie bei (betont) Il-o-na Christen.
X: Ja, so, die kommt da nich' drauf.
X (im Hintergrund): Irgendwie hat die einen weg, ey, boah, ey!

Auch bei den Gymnasiasten findet sich eine negative Bewertung der Daily-Talk-Moderatoren, wobei auffällt, dass die Begründung dieser Haltung an der eigentlichen „Erwartung" – die Moderatoren sollten eine problemlösende und distanzierte Haltung einnehmen – festgemacht wird. Dass sie parteiisch sind, erregt das Missfallen vor dem Hintergrund des Diskussionsstils im Klassenverband. Hinzu kommt die Kluft zwischen dem Verhalten der Moderatorinnen in den Sendungen und den Lehrerinnen in der Schule.

TEXT: *Gruppendiskussion.9 (1076/1079) CODEWORT: 2. Daily Talks.2.2. Moderator.2.2.2. Bewertung.negativ*

2: Die Talkmaster, die sind auch irgendwie immer so die großen Schutzengel, die alle Probleme lösen wollen, und das find' ich total gestellt.
(w): Die mischen sich immer ein.

Gerade die Moderatorinnen werden von den Mädchen nicht als Komplizinnen wahrgenommen, wie das bei den Soap-Protagonistinnen der Fall ist.

6.3.2.5 Gäste der Talksendungen

Gegenüber den Talkgästen fallen die Reaktionen der Hauptschüler nicht anders aus. In der Jungengruppe war das Motiv der Belustigung und des Lästerns vorherrschend. Ein Junge von 15 und einer von 16 Jahren äußert sich entsprechend:

TEXT: *Gruppendiskussion.7 (688/691) CODEWORT: 2. Daily Talks.2.3. Talkgäste.2.3.1. Beschreibung*

8: Der Meinung bin ich auch. Wenn da (...) wat ich auch gerne guck', wenn da diese Prollos da – richtig Prolls (...). Und wat da immer rauskommt. Aber sonst (...) interessiert vielleicht mal (privat).

TEXT: *Gruppendiskussion.7 (676/680) CODEWORT: 2. Daily Talks.2.3.*
Talkgäste.2.3.2. Bewertung.negativ

4: Also, mich interessieren die Themen, die (...) also, so äh, Hallo, ich bin der „Coolste" oder äh, Ich bin die „Schönste", weil da kommen – der meiste Mist kommt da raus: Da kommen so aufgemotzte Weiber mit – weiß ich nich' – Plastiktitten, aufgemotzten Lippen, sowas kommt da.

Einzig eine gemischte Gruppe eines Gymnasiums hat sich in einer Reihe von Äußerungen und Bewertungen intensiv mit der Rolle der Talkgäste befasst. Spontan gelten die Talkgäste dann als Schauspieler, was auch noch einmal ein bestehendes Misstrauen gegenüber der Inszenierung zum Ausdruck bringt:

TEXT: *Gruppendiskussion.1 (732/735) CODEWORT: 2. Daily Talks.2.3.*
Talkgäste.2.3.1. Beschreibung

2: Die Schauspieler, die da sind, die sind extra so zusammengesetzt, dass die sich schon streiten müssen. Weil die schon, wenn man die sieht, dann weiß man schon, der hat 'ne ganz andere Meinung als der und dann fangen die sofort an, sich zu streiten

Meistens erfolgt aber eine negative Einschätzung des „Personals", wie in dem folgenden Beispiel eines 14-jährigen Mädchens:

TEXT: *Gruppendiskussion.1 (849/853) CODEWORT: 2. Daily Talks.2.3.*
Talkgäste.2.3.2. Bewertung.negativ

1: Ja, oder, wenn da manchmal so irgendwie, da kommen welche rein, die verstehen sich überhaupt nicht, und auf einmal kommt dann der, um den es überhaupt geht, rein, und dann sind die beide auf einmal gegen den und dann ist das sowieso nur noch Scheiß irgendwie.

In diesem Zusammenhang ist es bemerkenswert, dass in einer Gruppe von Hauptschülerinnen Jugendliche anwesend waren, die schon selbst einmal als Zuschauer im Studio einer Sendung waren und sogar Talkshowgäste kannten, die aus ihrem Wohnviertel stammten.[7]

TEXT: *Gruppendiskussion.4. Hier ohne Codewort, da in der vorliegenden*
Form so nicht vercodet, sondern unter Themenstichwort
„CODEWORT: 2. Daily Talks.2.1. Themen.2.1.1. Wahrgenommene
Themen.2.1.1.11. Gewalt" codiert.

X (gleichzeitig): (...) Das Beste ist immer, wenn man in 'ner Talkshow jemand kennt. Weil sonst hab' ich gesehen – das is' halt auch – hab' ich die deutschen Hooligans gesehen. Die wohnen ja bei mir da direkt (...) Die haben sich so panne

---

7 Im Material der DFG-Studie gab es weitere Gruppen, in denen diese Beobachtung gemacht wurde.

benommen (Zwischenruf: „MSV!?"), und dann musste dir vorstellen, wenn du da sitzt, und benimmst dich genauso panne.
Xa: Wenn das andere sind, dann kommt dir das nicht so peinlich vor.
(Durcheinander)
7: Aber da sind auch bei *Vera* oder sowas (...)
Xa: Wenn du die kennst, dann denkste – uäh!
7: Sabrina, war das bei *Vera*?
1: Ja, was bei *Vera* denn? Bei *Bärbel*?!
X: War da nich' der Krieger bei der?
7: Weil da war von Krieger der Bruder, neh?
X: Der Bruder war auch da, der Armin, hmh, hmh.
8: Boah, der is' überall: Der kommt bei *Spiegel TV*, weil der festgenommen wurde; der kommt dahin, weil der festgenommen wurde (lacht).
7: Den kennen schon alle. Brauchste nur sagen, (...)
8: Der wird nur noch festgenommen, ey.

Die Dimensionen der Anschlusskommunikation im Analyseraster der fokussierten Auswertung sind im Vergleich mit den Daily Soaps nicht besetzt. Die Vergleichbarkeit von Soaps und Talks wird insbesondere in der Gruppe der weiblichen Gymnasiastinnen ausgeführt und erklärt:

TEXT: *Gruppendiskussion.2 (747/755) CODEWORT: 3. Vergleich Soap/Talk.3.1. vergleichbar*

X: Glaube ich schon, dass es vergleichbar ist. Zumal, man sieht es auch an den Leuten, die jetzt halt in den Talkshows da sind, dass die teilweise auch Sachen erzählen, wo man sich dann denkt, das kann überhaupt nicht so passiert sein (am besten). Ich mein', die haben teilweise wirklich Leute, wo man (,) denen sieht man eigentlich richtig an, dass die die Sache eigentlich nur spielen, die überhaupt nich' so ist. Das ist ja eigentlich in den Talks und den Daily Soaps genauso.

TEXT: *Gruppendiskussion.2 (788/795) CODEWORT: 3. Vergleich Soap/Talk.3.1. vergleichbar*

F: Wenn man die Liebesgeschichten der Talks mit denen der Soaps vergleicht...
X: Ich find' schon, dass das ziemliche Vergleichbarkeiten sind. Weil die haben halt alle extrem hohe Probleme mit ihren Beziehungen oder so. Ich meine, das ist eigentlich schon irgendwie ziemlich unnormal, was die da immer haben in den Beziehungen. Das ist auf jeden Fall vergleichbar.

TEXT: *Gruppendiskussion.3 (1161/1177) CODEWORT: 3. Vergleich Soap/Talk.3.1. vergleichbar*

Doch ja... kann man nicht sagen... ganz bestimmt...
5: Das kann man aufeinander beziehen, irgendwie, ich mein'(...)
2: Nur, dass bei den Talks noch mehr Sexuelles – und nicht (ähm). Das können die ja im Fernsehen nicht so darstellen, das ginge ja irgendwo dann doch noch zu weit. Da reden die ja nur drüber (...)

3: Ja, eben!

3: (...) und in den Soaps müssen die das dann ja schon zeigen (...)

2 (lacht): Ich mein', wenn man dann ständig zeigt, wie sich jemand die Brust vergrößern läßt, dann wär' dat ja sehr übertrieben. Also von daher (...)

1: Ja, es geht immer um Liebe und Streit und – echt, nur darum!

3: Ja, immer das gleiche. Das sind einfach immer neue Katastrophen, also, finde ich.

3: Und Schönheit, und... ja (...)

In den Gruppen der Hauptschülerinnen fällt der Genre-Vergleich hingegen schwerer und er wird auch argumentativ nicht weiter ausgeführt:

TEXT: *Gruppendiskussion.6 (670/677) CODEWORT: 3. Vergleich Soap/Talk.3.1. vergleichbar*

F: Welche Bedeutung haben Daily Talks für Euch im Vergleich zu den Soaps?

X: Gar keine.

7: Das is' lustiger.

X: Ich guck' das nie!

7: Das is' lustiger.

X (lachend): (...)

4: Find' ich auch. Da kann man wenigstens lachen.

Bei den männlichen Hauptschülern erfolgt der Vergleich mit Bezug auf den Realitätsgehalt beider Angebotsformen:

TEXT: *Gruppendiskussion.7 (551/559) CODEWORT: 3. Vergleich Soap/Talk.3.1. vergleichbar*

11: (...) Okay, die sind zwar realistischer als *Gute Zeiten, schlechte Zeiten* (Lachen) – wo war ich jetzt? (X hilft: Realistischer) Ja, also, realistischer: die sind natürlich schon realistischer als *Gute Zeiten, schlechte Zeiten* dadurch, dass die auch nich' so sehr, also, was die Leute da überhaupt machen: über Probleme im Fernsehen sprechen, wird doch überhaupt nix besser, finde ich, darüber. Das is immer dat gleiche.

Von der fokussierenden Analyse ausgehend lässt sich jedoch nur ein Teilbereich der wechselseitigen Wahrnehmung beider Genres beantworten. Für die genauere Beantwortung müssen auch hier Ergebnisse der kontextuellen Analyse erfolgen. Dazu werden wir im Folgenden nicht weiter auf die zehn Gruppendiskussionen eingehen, anhand derer in Kapitel 2.4 bereits die Rolle und Stellung der Daily Soaps mittels der kontextuellen Analyse weiter ausgeführt wurde. Die Behandlung der wechselseitigen Wahrnehmung der Soaps und Talks werden wir im Folgenden anhand von drei weiteren Gruppendiskussionen ausführen, bei denen zusätzlich zu dem beschriebenen Soap-Videoimpuls ein weiterer Videoimpuls zu den Daily Talks Verwendung fand. Diesen Schritt wählen wir zum einen deshalb, da die Aussagen zu den Daily Talks und auch der Genrevergleich in den zehn bisherigen Gruppendiskussionen ohnehin mehrheitlich auf gelenkte Fragen erfolgte. Der zusätzlich eingesetzte Impuls in den nachfolgend analysierten drei Gruppendiskussionen bietet mithin auch eine inhaltliche und thematische Lenkung, die den Genrevergleich mit einem Anschauungsbeispiel unterfüttert hat. Zum anderen wurden zwei der drei nun näher zu analysierenden Gruppendiskussionen mit Mädchen im Alter von 12 Jahren geführt, womit wir die Bedeutung der Genres für diese Altersgruppe weiter bestimmen können. In den zehn bisher ausgewerteten Gruppendiskussionen war diese Altersgruppe nicht so häufig vertreten.

6.4 Kontextuelle Gruppendiskussionen mit Talk-Impuls

6.4.1 Materialbasis

Diese drei Gruppendiskussionen setzten sich wie folgt zusammen:

Tab. 6.6: Zusammensetzung der kontextuellen Gruppendiskussion mit Talk-Impuls

Geschlecht:	Fallzahl
Männlich	-
Weiblich	23
Altersgruppe:	Fallzahl
12 Jahre	14
13 Jahre	4
14 Jahre	1
15 Jahre	4
Schulform/-abschluss:	Fallzahl
Grundschule	9
Realschule	7
Gymnasium	7
Gesamt	23

Die Gruppendiskussionen wurden an folgenden Standorten durchgeführt:

Standort S/T-C (Großstadt im Süden Deutschlands)
• 13-15-jährige Mädchen (Realschule)

Standort S/T-D (Großstadt im Osten Deutschlands)
• 12/13-jährige Mädchen (Grundschule)

Standort S/T-E (Kleinstadt im Süden Deutschlands)
• 12-jährige Mädchen (Gymnasium)

6.4.2 Zur Durchführung der Gruppendiskussionen

Die Gruppendiskussionen fanden ebenfalls in den jeweiligen Schulen statt und dauerten durchschnittlich 70 Minuten. Geführt wurden die Diskussionen an den Standorten S/T-C und S/T-E von zwei weiblichen Diskussionsleitern, am Standort S/T-D von einem männlichen und einem weiblichen Diskussionsleiter. Die Gruppenzusammenstellung und der Ablauf der Diskussionen verlief wie in Kapitel 2.3 beschrieben.

Zu Beginn der Diskussionen wurde den Gruppen zu den Daily Soaps der bereits beschriebene Videoimpuls vorgespielt. Zusätzlich wurde nach durchschnittlich 40 Minuten – nachdem ausführlich über die Daily Soaps gesprochen worden war –, ein weiterer Videoimpuls zu den Daily Talks eingebracht, um den Vergleich der beiden Genres anzuregen. Als Impuls ausgewählt und den Schülern vorgespielt wurde ein fünfminütiger Zusammenschnitt aus der *Bärbel Schäfer*-Sendung zum Thema „Ich liebe Luxus und Papa zahlt" vom 10.12.1999. In dieser Sendung treten Jugendliche auf, die durch ein extensives Konsumverhalten auffallen, das sie sich von ihren Eltern finanzieren lassen. So prahlt ein Mädchen damit, dass es 200 Paar Schuhe besitzt. Kritisiert wird dieses Verhalten in dem gezeigten Ausschnitt dann sowohl von der Moderatorin als auch von weiteren Talkgästen und dem Studiopublikum. In dem präsentierten Ausschnitt wird das Thema konfrontativ diskutiert, eine Vermittlung wird nicht versucht und auch kein Lösungsansatz formuliert.

Diese drei Gruppendiskussionen werden nachfolgend kontextuell analysiert. Eine Codierung mittels winMAX und damit eine fokussierte Analyse wurde nicht durchgeführt.

6.4.3 Kontextuelle Analyse zur Rezeption von Daily Soaps und Daily Talks im Vergleich

6.4.3.1 Standort S/T-D, Mädchengruppe einer sechsten Grundschulklasse, 11.07.00, (12-13 Jahre)

Die Gruppe bestand aus neun Mädchen, die gemeinsam die sechste Klasse einer Grundschule besuchen.[8] Der Diskussionsverlauf war ausgeglichen, insofern, als dass jedes Mädchen zu Wort kam und keine Teilnehmerin als alleinige Wortführerin agierte. Diejenigen, die über größeres Genrewissen und die Kenntnis von einzelnen Geschichten und Schauspielern verfügten, wurden von den Mitschülern bewundert. Die Diskussion verlief recht flüssig, die Diskussionsleiter mussten wenige Anstöße geben, um das Gespräch anzuregen. Die Mädchen ließen keinen Zweifel daran, dass sie sich gut mit den

---

8   Es sei noch einmal darauf hingewiesen, dass es sich um 12- bis 13-jährige Schülerinnen handelt. In dem Bundesland, in dem das Gespräch stattfand, gibt es eine sechsgliedrige Grundschule.

Daily Soaps und Daily Talks auskannten. Auf eigene Lebensbezüge wurde wenig eingegangen, außer bei der Frage nach der Anschlusskommunikation in der Familie oder im Freundeskreis. Auffällig war, dass die Mädchen des Öfteren ungelenkt, also ohne direkte Nachfrage der Gesprächsleiter auf Marketing-Artikel, wie die Fanzeitschriften und auf die Kleidung und Frisuren der Darsteller zu sprechen kamen. Bei einigen Äußerungen kann auf Fanverhalten insbesondere gegenüber der Soap *Gute Zeiten, schlechte Zeiten* geschlossen werden. Insgesamt war ein bewusst zur Schau gestelltes Fanverhalten aber nicht anzutreffen. Eine vergleichbare Begeisterung fand sich auch gegenüber bestimmten (aktuellen) Strömungen der Popmusik, während andere Formate und Medienangebote nicht in der Intensität genutzt und mit Bedeutung für die Anschlusskommunikation aufgeladen werden.

Zur Rolle der Daily Soaps
Die fokussierende Analyse der im zweiten Kapitel bereits ausgewerteten Gruppendiskussionen hat ergeben, dass von den Jugendlichen das Thema Liebe/Freundschaft am häufigsten im Zusammenhang mit den Daily Soaps genannt wird. Dieses Thema wurde auch im vorliegenden Gespräch zu Beginn spontan und unaufgefordert genannt und als „spannend" bewertet. Die Jugendlichen hatten keine Probleme, die im Videoimpuls enthaltenen Szenen aus der Daily Soap *Gute Zeiten, schlechte Zeiten* auf das Thema Liebe/Schicksal/Vertrauen zu beziehen.

Zugleich liegt ein habitualisierter Umgang mit den Daily Soaps vor, da dieses Angebot seit Jahren genutzt wird.[9] Die Soaps werden nicht nur intensiv verfolgt, sondern sind bereits deshalb ein wichtiger Bestandteil des Alltags, weil sie Anlässe zu Gesprächen mit den Freundinnen und Mitschülerinnen sowie den Geschwistern und Müttern bieten. Zum Teil werden die Soaps auch gemeinsam geschaut (überwiegend mit den Geschwistern, s.o.).

Die Soap-Charaktere werden von den Mädchen unabhängig von ihrem Auftreten in Geschichten bewertet, zum Beispiel: „Oder wenn auch neue Personen kommen, dann reden wir über sie, wie sie aussehen und was die tragen." Weniger die aktuellen Äußerungen und Geschichten (zum Beispiel aus dem Impuls), sondern die grundsätzliche Rollenzuschreibung und das Outfit stehen für die Mädchen im Mittelpunkt. Einzelne Szenen und Bemerkungen werden deshalb kritisiert, führen aber nicht zu einer ‚Abkehr' von der (grundsätzlich) positiven Bewertung einer Rolle.[10] Insofern kann davon gesprochen werden, dass eine episodische Rezeptionsweise vorliegt. Diese berührt auch die Einschätzungen von wahrgenommenen Veränderungen der

---

9   Auf die Frage, seit wann sie regelmäßig (und intensiv) Soaps nutzen, gaben die Schülerinnen in der Mehrzahl an, dass dies seit ihrem achten Lebensjahr geschieht.

10   Dies trifft insbesondere auf die Rolle der Marie in *Gute Zeiten, schlechte Zeiten* zu.

Rollen: „Und zum Beispiel, wenn die frech sind, werden die irgendwie dann netter, oder die ändern sich immer! Ich weiß nich', ja...“.

Die Mädchen halten die Geschichten in gewisser Weise auf der Ebene eines empirischen Realismus für real: „Ich find' die Serie zwar immer spannend und, also, is' auch so, was immer im wirklichen Leben passiert. Aber manchmal kommt es mir so vor, manche Sachen passieren gar nich' richtig immer im ganzen Leben!“ Die hier vorgenommene Einschränkung verweist auf die Bedeutung der Erfahrungsebene für die Realitätsorientierung, die allerdings noch nicht in dem Maße in die Bewertung mit hineingenommen wird, wie bei den bereits etwas älteren Schülerinnen. Es wird eher auf kleine Fehler hingewiesen, wie zum Beispiel: „Also, manchmal in Daniel's Bar, dann bestellen die sich 'n Kaffee, und dann gehen die einfach; die bezahlen gar nich'!“ Der in solchen Dingen fehlende Realitätsbezug der Soaps wird jedoch nicht so negativ bewertet. Auf der emotionalen Ebene sind die Mädchen in die Geschichten involviert und die Lesarten eindeutig als fiktionsorientiert zu charakterisieren.

Häufig und ohne direkte Nachfrage verweisen die Jugendlichen auf eine Anschlusskommunikation in der Peer-Group, indem sie erzählen, dass sie in *jeder* (Schul-)Pause darüber reden, was passiert ist, wen aus der Soap sie mögen und wie die Handlung weiter gehen könnte. Auffällig ist, dass die Mädchen dieser Altersgruppe direkt bekräftigen, dass sie die Soap regelmäßig schauen und dass sie ihnen sehr gut gefällt. Marketing-Artikel, wie zum Beispiel die Fanmagazine, werden von ihnen genutzt und positiv bewertet.

Das Interview ist bezüglich des character reading von einer eindeutig fiktionsorientierten Rezeption geprägt, da die Mädchen annehmen, die Darsteller bringen ihre eigenen Eigenschaften in die Rollen und Charaktere mit ein und hätten Einfluss auf das Drehbuch. Die Inszenierungsmuster werden nicht hinterfragt und durchschaut. Betrachtet man Gruppeninterviews mit älteren Jugendlichen, so ist festzustellen, dass diese Rezeptionsweise eindeutig an das Alter geknüpft ist.

Des Weiteren kann von einer emotionalen Beteiligung gesprochen werden, da die Jugendlichen an den Handlungsverläufen der fiktiven Geschichten interessiert sind, indem sie von Mitleid, Mitgefühl und Ärger sprechen. Ein bezeichnendes Beispiel aus der Diskussion verdeutlicht das: „Und manchmal müssen wir vielleicht auch mal weinen oder lachen darüber.“ Die Jugendlichen in diesem Gruppeninterview identifizieren sich mit den Charakteren und setzten sich näher mit ihnen auseinander. Beispiel: „Und indem man das auch dann guckt, geht dann, also, bei mir wenigstens im Inneren so vor: Oah, is' die doof! Wieso hat sie das gemacht?“ (12-jähriges Mädchen)

Für diese Altersgruppe lässt sich zum einen bezüglich der Trends, der Moden und der Musik, die immer wieder selbstständig angesprochen werden und zum anderen bezüglich bestimmter Verhaltensmodelle und Problemlösungsstrategien im Umgang der Geschlechter miteinander eine Orientierungsfunktion der Soaps erkennen. Das „richtige Leben", also die eigene Erfahrung bildet für diese orientierende Rolle den Maßstab und Bezugspunkt:

> „6: Oder wenn etwas klappt, also, bei der Liebe oder so, dann freut man sich für die, also, dass es endlich geklappt hat und so. Also, wie im richtigen Leben, also.
> 4: Oder wir reden auch, wer zusammenpassen würde und so."

Diese Wahrnehmung der Soaps deckt sich mit den unter 2.4.2.3.7 und 2.4.2.3.8 festgehaltenen Rezeptionsweisen mit dem Genre, wobei im vorliegenden Fall ebenfalls noch keine deutliche Trennung einer fiktions- und realitätsorientierten Lesart festzustellen ist. Gegenüber den Talks scheint das jedoch bereits in Ansätzen der Fall zu sein, wie der nachfolgende Blick auf den von den Schülern auf Nachfrage hergestellten Genrevergleich zeigt.

Zum Vergleich von Daily Soaps und Daily Talks
Die Daily Talks wurden von den Mädchen nicht eigenständig angesprochen, sondern die Diskussion wurde durch eine eingespielte Szene der Talk-Sendung *Bärbel Schäfer* auf dieses Thema gelenkt. Der Zusammenhang bzw. Vergleich mit den Soaps war den Mädchen nicht klar. Zunächst wurde darüber diskutiert, welche Talk-Sendungen favorisiert werden, was zum einen von der Sympathie für einen Moderator oder einer Moderatorin abhängt, zum anderen von den Themen. Im Anschluss wurde das Thema „Luxus" aus der eingespielten Szene aufgegriffen und unter Einbeziehung eigener Lebenserfahrung diskutiert. Dabei zeigte sich, dass favorisierte Themen der Talk-Sendungen solche sind, die einen Bezug zur Lebenswelt haben, zum Beispiel:

> „Oder ich finde so'n Thema *‚Das Geld zum Fenster hinauswerfen'* – meine Freundin is' so manchmal. Wenn sie Taschengeld bekommen hat, dann lädt sie erst mal alle, die sie kennen, zum Eis ein."

Oder die einen karitativen Inhalt haben, zum Beispiel:

> „Also, ich find' noch die Aktionen, also, für kranke Kinder gut, und auch für Erdbeben und so, machen die ja auch immer, das find' ich gut."

Negativ bewertet wurden solche Themen, bei denen die Gäste kritisiert oder „fertiggemacht" werden. Die Mädchen nehmen die Themen als positiv wahr und das Nutzungsmotiv lässt sich eher als Suche nach Orientierung charakterisieren. Bei einem von den Mädchen selbst angestellten Vergleich der beiden Genres stellt sich heraus, dass sie die Talk-Sendungen als „lehrreicher" einschätzen als die Daily Soaps.

> „Also, ich find' das mit *Bärbel* (...) is' eigentlich 'n bisschen lehrreicher für uns, da lernt man mehr, find' ich, als bei der Serie."

Diese Äußerung ist aber unter dem Eindruck des Impulses zu sehen, in dem mit der Konsumorientierung ein Thema angesprochen wurde, dass die Jugendlichen dieses Alters nicht zuletzt auch wegen der thematischen Voreingenommenheit unmittelbar betrifft. Mit dieser unmittelbaren Nutzenrorientierung fällt es leichter, sich auf die Realitätsdimension einzulassen, was bei den Soaps noch nicht der Fall ist, da es hier eine Verschränkung mit der fiktiven Ebene gibt, die eine andere emotionale Beteiligung der Mädchen mitbegründet.

6.4.3.2 Standort S/T-C, Mädchengruppe einer siebten Realschulklasse, 25.07.00, (13-15 Jahre)

Die Gruppe bestand aus sieben Mädchen aus einer Großstadt im Süden Deutschlands. Alle besuchten gemeinsam die siebte Klasse einer Realschule. Die Diskussion verlief lebhaft und teilweise recht unkonzentriert, woraus folgt, dass die Redebeiträge häufig kurz sind und unvollständige Sätze aufweisen. Die Interviewerin musste die Schülerinnen mehrmals zur Ruhe auffordern.

Zur Rolle der Daily Soaps
Obwohl die Schülerinnen sofort die wichtigsten Themen „Liebe, Drogen und Freundschaft" nennen, liegt im Gegensatz zu den jüngeren Schülerinnen keine positive Reaktion vor. Dies dokumentiert sich vor allem in der Kritik an den vorgeführten Spielhandlungen. „Es interessiert einen schon, aber trotzdem: Ich find', das ist einfach lächerlich, wenn die so: Ooh, ich sterbe, ich sterbe! Hilfe, Hilfe!, und (Lachen) das is' *so* schlecht geschauspielert...!"

Die Mädchen stehen den Soaps also kritisch gegenüber, trotzdem schauen sie diese regelmäßig, das heißt der Umgang mit den Soaps ist habitualisiert: „Interessiert einen aber trotzdem." Dabei bewerten sie die Soaps als ein Unterhaltungsangebot für eine bestimmte Altersgruppe, aus der sie schon herausgewachsen sind. Beispiele:

> „Ja, aber meine Schwester, ey, die is' ziemlich lustig: Die schreibt sich immer, wenn die, äh, Serie zu Ende is', schreibt die sich immer auf, wie's weitergehen könnte, und vergleicht das immer!"
> Frage: „Wie alt ist deine Schwester?"
> „Die is' 11."
> „Die hat gerade das Alter!"

Es findet eine Distanzierung vom Fantum und einer involvierenden Rezeption statt, die Jugendlichen suchen sich aber die Themen und Handlungsverläufe heraus, die sie interessieren, zum Beispiel:

> „Das is' spannend! Das kenn' ich von der Cora; und der Nico wurde entführt; und die Barbara..."

(aufgeregt) „Haste das auch gesehen?"
„Die Barbara nimmt direkt den mit!"
„Das is' spannend, das guck' ich halt auch."

Die Rezeptionsweise der Geschichtenverläufe und Erzählstränge ist episodisch. Offensichtlich ist auch, dass das Nutzungsmotiv eher von der Suche nach Unterhaltung und Vergnügen als von Orientierungssuche geprägt ist, was mit dem fiktionalen Charakter des Angebots korrespondiert. In dieser Diskussionsrunde wird vergleichbar mit der in Kapitel 2.4.2.3.4 untersuchten Gruppe der fehlende Realitätsbezug der Geschichten auf der empirischen Ebene kritisiert, gleichzeitig sind die Mädchen in die Geschichten auf der Ebene eines emotionalen Realismus involviert und ziehen ihr Vergnügen aus den fiktiven Geschichten.

Vergleich von Daily Soaps und Daily Talks:
Die Daily Talks wurden auch in dieser Gruppendiskussion nicht eigenständig angesprochen. Im Zusammenhang mit dem Videobeispiel wird aber dann die Inszeniertheit der Talks kritisiert. Des Weiteren bekräftigen die Jugendlichen, dass ihnen Themen mit harmonischem Verlauf lieber sind als solche, in denen Probleme oder Konflikte zugespitzt werden. Sendungen mit Themen, wie „Ich halte mich für cool" werden Themen, wie „Oh, du hast mein Leben zerstört" vorgezogen. Diese Schülerinnen stehen den Daily Talks, aber auch den Daily Soaps distanzierter gegenüber als Schülerinnen jüngeren Alters, es besteht eher die Tendenz, dass sie eine ironische Haltung gegenüber den Talks und Soaps einnehmen. Wichtig bei der Beurteilung der Moderatoren ist, dass die Inszeniertheit möglichst in den Hintergrund tritt, zum Beispiel: „Und der is' auch wirklich real, und der macht auch ab und zu mal was aus'm Programm raus."

Auch bei den Themen ist der Aspekt der Wirklichkeitsnähe von Bedeutung, zum Beispiel: „Nee, ich find' das Thema total toll, weil es gibt wirklich verwöhnte Kinder!"

Auf die Frage nach den Nutzungsgewohnheiten antworten die Mädchen, dass sie die Daily Talks der Reihe nach durchschalten und bei interessanten Themen dran bleiben. Hierin offenbart sich ein deutlich von der Soap-Rezeption abweichendes Verhaltensmuster:

„Wir schalten um, weil um die Uhrzeit einfach alle gleichzeitig, nur in anderen Programmen laufen. Und dann schalte ich einfach um und schau', wo's (...) Thema is'."

Zu einer möglicherweise orientierenden Rolle des Angebots gibt es keine Aussagen, allerdings ist davon auszugehen, dass es sich bei der Rezeption der Daily Soaps und Talks um eine eher distanzierende handelt und dass die Orientierung schwächer ist als bei der Gruppe der Zwölfjährigen.

235

6.4.3.3 Standort S/T-E, Mädchengruppe einer sechsten Gymnasialklasse eines Internats, 07.07.00, (12 Jahre)

Die Gruppe bestand aus sieben Mädchen, die gemeinsam die sechste Klasse eines gymnasialen Internats in einer Kleinstadt im Süden Deutschlands besuchen. Das Interview ist das kürzeste der von uns für die kontextuelle Analyse herangezogenen Diskussionen, was daran lag, dass sich die Mädchen recht zurückhaltend zu den Daily Soaps und den Daily Talks geäußert haben. Der Diskussionverlauf war eher schleppend, so dass die Interviewerin oft durch Nachfragen neue Impulse setzten musste.

Zur Rolle der Daily Soaps

Auffällig ist bei dieser Gruppendiskussion, dass die Teilnehmerinnen die Daily Soaps zwar schauen, aber generell eine abwägendere Haltung einnehmen als die gleichaltrigen Mädchen in den anderen bislang behandelten Gruppendiskussionen. Sie nehmen eher eine Haltung ein, wie die in Kap. 2.4.2.3.3 behandelte Gruppe, die von dem wahrscheinlich unwahrscheinlichen Alltag und Geschichtenverlauf der Soaps ausging und nicht, wie zu erwarten wäre, die in Kap. 2.4.2.3.7. behandelte Mädchengruppe, die aus dem ländlichen Umfeld stammte und eine orientierende Haltung eingenommen hatte. Wie in der genannten ersten Vergleichsgruppe wird besonders der fehlende Realitätsbezug der Themen auf der Ebene eines empirischen Realismus kritisiert, zum Beispiel:

> „Das is' immer alles, das meiste is' meist so auf heile Welt. Das find' ich eigentlich doof (Zustimmung). Da passiert fast nie was, also, das was mit jetz' im normalen Leben auch passiert (Zustimmung)."

Ebenso wird die Wiederholungen der Themen kritisiert, zum Beispiel: „Das is' eigentlich bei jeder Soap das Gleiche, finde ich." (Zustimmung) „Und dann immer die gleiche Handlung!" Während bei zahlreichen anderen Gruppengesprächen dieser Aspekt zur kritischen Bewertung durch einige Gesprächsteilnehmer führte, so muss er bei diesem Gespräch als bestimmender Faktor für die negative Haltung aller herausgestellt werden.

Die Nutzungsmotive der Mädchen sind durch einen Spannungseffekt geprägt, den die Soaps produzieren und der die Grundlage bzw. den Ausgangspunkt für die episodische Lesart darstellt, zum Beispiel: „Ich find' auch, also, es passiert eigentlich immer was Spannendes, und, ähm, man will da immer auch weiter schauen und so, was damit passiert und so."

Die Rezeption ist involvierend, wobei hier allerdings eine Beschränkung auf bestimmte Handlungsverläufe vorliegt. Die Jugendlichen werten verschiedene Geschichtsverläufe unterschiedlich, indem sie beschreiben, welche Geschichten ihnen nicht gut gefallen, zum Beispiel tragische Ausstiege oder ihrer Ansicht nach – bezogen auf die denotative Ebene – unrealistische

Handlungen. Trotzdem schauen sie Soaps auf habitualisierte Weise, wobei *Gute Zeiten, schlechte Zeiten* bevorzugt wird: „GZSZ schalt' ich immer, ähm, äh, ganz regelmäßig ein, und dann eben und die anderen noch, aber dann eher nich' so."

Jedes Mädchen hat einen Lieblingscharakter; in dieser Gruppe sind es zwei Charaktere, beide männlich, einer im Alter der Mädchen, der andere etwas älter, die situationsunabhängig hervorgehoben werden.

Vergleich von Daily Soaps und Daily Talks
Die Daily Talks wurden auch in dieser Diskussionsrunde nur im Zusammenhang mit dem Videobeispiel angesprochen. Die Jugendlichen betonen, dass sie selbst nicht als Talkgast in eine solche Sendung gehen würden. Sie kritisieren zunächst die Talks, bringen aber dann auch zum Ausdruck, dass sie – wie die vorherige Gruppe auch – das Programmangebot durchgehen und bei bestimmten, für sie interessanten Themen verharren, zum Beispiel:

> „Na, ich find' die doof! Ich find', die Leute, die da hingehen mit ihren Problemen, das könnt' ich nie machen, das würd' ich meiner besten Freundin sagen oder so. A-ber ich würd' da nie zu irgendso 'nem Heini hingehen und meine Probleme sagen, den ich überhaupt nich' kenn'!"
> Frage: „Guckt Ihr denn Talks?"
> (Lachende Zustimmung) „Ja."
> „Wenn ich halt einfach durchschalte oder wenn (...)"
> (Stimmengewirr)
> „Ich würd's ja selber nich' machen, aber ich guck mir das irgendwie gern an."
> „Ja, ich find' das irgendwie cool!"

Darauf, was den Mädchen am besten gefällt, oder welche Themen sie bevorzugen, wird nicht weiter eingegangen. Kritisiert wird die Intimisierung, im Anschluss daran die Inszeniertheit der Daily Talks und ähnlich wie bei den Daily Soaps die Wiederholung der Themen.

Den Realitätsgehalt der Daily Talks im Vergleich zu den Daily Soaps stufen die Diskussionsteilnehmer ähnlich gering ein. Eine Anschlusskommunikation zu den Talks findet nach Angabe der Mädchen gar nicht statt, die Frage, ob sie sich über die Talk-Themen unterhalten, verneinen sie einstimmig. Bei den Daily Soaps sieht es etwas anders aus:

> Frage: „Oder meint Ihr, Ihr unterhaltet euch mehr über die Soaps?"
> (Zustimmung)
> „Ja, ich glaub's eher."

6.4.3.4 Zwischenfazit

Die kontextuelle Analyse dieser drei Diskussionen macht für die erste und die dritte Gruppe offensichtlich auf einen schultypabhängigen Unterschied aufmerksam. Die Mädchen, obwohl im gleichen Alter, zeigen eine unterschiedliche Rezeptionsweise mit zum Teil gegensätzlichen Bewertungen. Der eigentliche Erklärungsgrund für die Unterschiede liegt in diesem Fall aber in der Schichtenzugehörigkeit. Sieben der neun Schülerinnen im ersten Interview sind nicht deutscher Herkunft und ihre Eltern gehören der Arbeiter- und unteren Angestelltenschicht an. Vor dem Hintergrund unterschiedlicher kultureller Orientierungen bieten die Daily Soaps Einblicke in Lebensbereiche und behandeln Themen, die den Mädchen ansonsten in der Familie und damit zu Hause vorenthalten werden. Daher sind das Interesse und die emotionale Anteilnahme hoch. Auch die Mädchen in dem Internat dürften einer entsprechenden sozialen Kontrolle ihrer Freizeitaktivitäten unterliegen. Da diese aber durch Gruppenaktivitäten auf anderen Feldern kompensiert werden dürfte, sind sie nicht so sehr an dem Medienangebot orientiert.

Was nun die Ausbildung der unterschiedlichen Rezeptionshaltungen mit Blick auf die fiktions- und realitätsorientierte Umgangsweise anbelangt, so kann anhand dieser Gruppendiskussionen mit Blick auf das erste Interview noch von einer stärkeren Verschränkung beider Ebenen gesprochen werden. Daraus resultiert, dass Soaps und Talks in diesem Fall auch wie in der These in Kap. 2.4.4 formuliert, funktionsgleich wahrgenommen werden.

Eine weiterführende Qualifizierung der Frage, wann sich die Fähigkeit zur Unterscheidung und zum Einsatz der denotativen und konnotativen Lesart als Ausgangspunkt der Wirklichkeitskonstruktion ausbildet – was den gesuchten Entwicklungs- bzw. Umschlagpunkts in der Rezeption bei Jugendlichen ausmacht – konnte aufgrund des vorliegenden Materials mit Vergleich zu Kapitel 2.4.2.3.3 im Rahmen der obigen Gruppendiskussion in Kapitel 6.4.3.3 gegeben werden. Das folgende Material der Einzelinterviews dient zur Vertiefung dieses Aspektes und seiner Stellung in der wechselseitigen Genrewahrnehmung. Bereits die kontextuelle Analyse dieses Materials mit Blick auf die Soap-Rezeption hat eine Reihe unterschiedlicher Rezeptionshaltungen hervorgebracht, die nun die weitere Basis bzw. den Ausgangspunkt für den Vergleich darstellen.

6.5 Die Rezeption der Daily Talks und von Big Brother in den Einzelinterviews im Vergleich mit der Daily-Soap-Rezeption

6.5.1 Fokussierte Analyse der Einzelinterviews

Nachfolgend werden zu einer weiteren Klärung der anhand der Gruppendiskussionen festgestellten Rezeptionsweise der Daily Soaps und Daily Talks nochmals die in Kap. 2.4.3 behandelten Einzelinterviews herangezogen. Die der nachfolgenden Auswertung zugrunde liegende Fragestellung ist, auf welche Art der zu den jeweiligen Einzelinterviews entwickelte Typus der Soap-Rezeption mit der Talk-Wahrnehmung in Zusammenhang steht und welche Wahrnehmungsweise sich ausbildet. Diese wechselseitige Einschätzung ist insbesondere mit Blick auf die Rolle und die Einschätzungen, die das neue Format *Big Brother* in den Interviews erfährt, von besonderem Interesse. Die Bedeutung des Formats zeigt sich in der fokussierten Analyse bereits an der Häufigkeit der Nennungen die *Big Brother* im Vergleich zu den Daily Talks erfahren hat:

Tab. 6.7: Häufigkeit der Nennung von Daily Soaps und Daily Talks in den Einzelinterviews

Sendung	gesamt
Gute Zeiten, schlechte Zeiten	83
Marienhof	20
Verbotene Liebe	13
Unter Uns	13
Big Brother	35
Andreas Türck	7
Arabella	7
Bärbel Schäfer	6
Hans Meiser	3
Nicole	4
Vera am Mittag	2
Sonja	2
Talk, Talk, Talk	6

Vor dem Hintergrund des fokussierten Zugriffs auf das Material fällt mit Blick auf die Häufigkeit der Nennungen zu den weiteren Kategorien auf, dass es zu den Daily Talks deutlich weniger Aussagen und Stellungnahmen gibt. Bei den Themen finden sich anders als bei den Aussagen der Jugendlichen zu den Soaps keine Nennungen, die von mehreren zugleich benannt wurden. Im Ganzen sind die Themen mit einer breiten Streuung von Einzelnennungen besetzt, die oftmals im Interview auch nur beiläufig genannt wurden. Allein die Schülerinnen aus Standort S/T-B nehmen bei der allgemeinen Themenbewertung mit vier Nennungen eine negative Bewertung vor. Deutlich mehr Äußerungen und Stellungnahmen erfahren die Kategorien „Moderatoren" und „Gäste", die sowohl positive als auch negative Bewertungen erhalten. Im Vergleich zu den Bewertungen, die die Charaktere in den Soaps erfahren, ist die Anzahl der Nennungen aber wiederum sehr gering. Dennoch lässt sich anhand der Aussagen ein Eindruck von der Stellung und der Bedeutung der Moderatoren und Gäste gewinnen. Die Moderatoren der Soaps erhielten insgesamt eine negative und fünf positive Zuschreibungen. Interessant sind die Äußerungen des Schülers Christian, 14 Jahre, der einen Vergleich zwischen *Fliege* und *Meiser* vor dem Hintergrund ihrer Themenpräsentation angestellt hat:

TEXT: *Einzelinterviews_Jungen.Einzelinterview2Winmax.txt (644/646)*
CODEWORT: 4. Daily Talks.4.2. Moderator.4.2.2.
Bewertung.negativ

Die anderen eigentlich nicht, der Fliege, der ist stinklangweilig, weil der die ganze Zeit nur auf irgendwelchen schrecklichen Problemen und Schicksalen rumreitet.

TEXT: *Einzelinterviews_Jungen.Einzelinterview2Winmax.txt (640/643)*
CODEWORT: 4. Daily Talks.4.2. Moderator.4.2.2.
Bewertung.positiv

Die Daily Talks, das kommt auf die Sendung an, manche schon, Hans Meiser sieht man ja auch schon, wie lange der dabei ist. Und dem muss man auch lassen, dass der wenigstens ansatzweise ein bisschen Niveau in seiner Sendung hat.

Die Einschätzung von Britta, 13 Jahre, spiegelt nochmals die Rolle der von den Jugendlichen favorisierten Daily Talks:

TEXT: *Einzelinterviews_Mädchen.Einzelinterview10Winmax.txt (421/425)*
CODEWORT: 4. Daily Talks.4.2. Moderator.4.2.2.
Bewertung.positiv (G:100)

A: Im Großen und Ganzen sind sie schon ganz okay. .. Aber...
F: Welche?
A: *Andreas Türck, Nicole* ... und *Arabella*. Die drei. Die sind eigentlich ganz okay. Die guck' ich mir auch wenn, dann an.

Eine andere Bewertungsebene zeigt sich in der Einschätzung des „sozialen" Engagements der Moderatoren. In der folgenden Stellungnahme von Daniela, 16 Jahre, spiegelt sich die orientierende Funktion des Moderators:

TEXT: *Einzelinterviews_Mädchen.Einzelinterview3Winmax.txt (487/495)*
CODEWORT: 4. Daily Talks.4.2. Moderator.4.2.2.
Bewertung.positiv

Zum Beispiel *Arabella*, die hat sehr viel gemacht so geholfen auch so Kindern und so. *Andreas Türck* auch, das mit dieser einen Spende für diese kleine Jessica, habe ich auch geguckt. Das finde ich eigentlich gut. Die machen schon so, also die helfen schon und die versuchen den Leuten dann auch zu erklären, ob das richtig ist oder falsch ist und so. Was ähm was die da so erzählen, das hättest Du nicht machen sollen, die finde ich eigentlich schon gut. Oder die bringen irgendwelche Leute wieder zusammen, die sich jahrelang nicht mehr gesehen haben, find ich gut.

240

Gegenüber diesen positiven Bewertungen der Moderatorenrolle erfahren die Gäste eine überwiegend negative Einschätzung. Während vier Äußerungen positiven Charakter haben sind neun Einschätzungen negativ eingestellt:

TEXT: Einzelinterviews_Mädchen.Einzelinterview3Winmax.txt (471/475)
CODEWORT: 4. Daily Talks.4.3. Talkgäste.4.3.2.
Bewertung.negativ

A: Und die Leute, die da hingehen die sieht man manchmal doppelt. Ach, der war doch letztens schon in der Talkshow bei, was weiß ich, bei *Bärbel Schäfer* oder so und jetzt ist der bei *Nicole*. Das ist dann auch blöd, dann ist das immer das gleiche Thema: der steht auf Mollige.

TEXT: Einzelinterviews_Mädchen.Einzelinterview6Winmax.txt (395/403)
CODEWORT: 4. Daily Talks.4.3. Talkgäste.4.3.2.
Bewertung.negativ (G:100)

A: (verneinend) Äh äh! Zuviel Schauspielerei bei. .. Glaub' ich, weil (,) einmal hab' ich ja (,) hab' ich drei Teile hintereinander, mal so in, ähm, drei verschiedene eingeschaltet, mit Absicht, weil ich wollte mal gucken, ob das wohl wirklich stimmt, ob der eine, der jetz' bei *Arabella* war, dann hinterher nach *Bärbel Schäfer* geht oder so; und dann 'n Tach danach war er wirklich bei *Bärbel Schäfer*, nur mit anderem Namen und anderem Thema! Und da dacht' ich sofort: Das is' Schwachsinn!

Die insgesamt geringen Häufigkeiten in den einzelnen Kategorien lassen Rückschlüsse auf die inhaltlich-thematische Dichte der Interviews zu diesem Themengebiet zu. Der Vergleich zwischen den Genres drängt sich für die Schüler nicht unmittelbar auf und musste mehrfach durch gezieltes Nachfragen hergestellt werden. Das zeigt sich in der fokussierten Analyse u.a. ebenso an dem Sachverhalt, dass die Daily Talks auch in der Anschlusskommunikation keine Rolle spielen. Während es bei den Soaps eine Reihe von Nennungen zu den entsprechenden Kategorien zu verzeichnen gibt, finden sich hier insgesamt nur drei Nennungen. Für die Anschlusskommunikation wichtig scheint in dem Untersuchungszeitraum aber in jedem Fall auch *Big Brother* zu sein, was auf die Bedeutung dieses Formats gegenüber den Daily Talks und den Daily Soaps verweist. Zieht man hierzu die Bewertungsaspekte negativ/positiv des Formats heran, so erkennt man, dass der Vergleich der Formate für die Bemessung der orientierenden Rolle der Angebote wichtig ist:

TEXT: Einzelinterviews_Mädchen.Einzelinterview7Winmax.txt (133/138)
CODEWORT: 6. Genre.6.3. Big Brother.6.3.2. Bewertung.positiv

A: (lacht verlegen): Ich weiß nich'! Das is' (,) es fragen mich viele, warum das einem so gut gefällt: Wie die da leben oder so, was die da alles zusammen machen sowas; da kann man sich auch 'n Beispiel dran nehmen, wie wir dann eben mit unseren Freunden, womit man dann auch 'n bißchen Spaß, äh, macht, also, erleben kann und sowas.

TEXT: *Einzelinterviews_Mädchen.Einzelinterview5Winmax.txt (574/583)*
           CODEWORT: 6. Genre.6.3. Big Brother.6.3.2. Bewertung.positiv

A: Ja, und das find' ich dann auch schon, äh, so halt eher so (,) toll. Weil, äh, *Big Brother*die, äh, schauspielern ja nich', die wohnen ja zusammen. Und, ähm, dann sagen se auch schon Aah, das hab' ich früher gewählt und so, und dann machen se auch nur ihre Späßken, und die streiten sich dann – ah, wat heißt streiten? Also, die haben Auseinandersetzungen: Ich sag' ja, du sagst nein, ähm – (,) aber das legt sich dann halt auch wieder. Aber da sieht man, dass das, äh, nich' gespielt is'. Das isses, was ich so toll finde da dran.

Diese kurzen Interviewauszüge verdeutlichen noch einmal auf eigenständige Weise, welche Rolle die festgestellten Dimensionen der Realitäts- und der Fiktionsorientierung für die Rezeption und Bewertung der Genre und Formate spielen, und welche Bedeutung diese Dimensionen für die Orientierung an Medienangeboten erlangen. Insgesamt hat die fokussierende Analyse bei der geringen Besetzung der Items für den Genrevergleich aber keine weiterführende Bedeutung. Diese liegt auch in diesem Fall auf Seiten der kontextuellen Analyse.

6.5.2 Kontextuelle Analyse der Einzelinterviews

Nachfolgend wird die Analyse der Einzelinterviews mit Blick auf die wechselseitige Wahrnehmung von Daily Soaps und Daily Talks fortgeführt, um die Rolle dieser Genres für die Wirklichkeitskonstruktionen und die Alltagsorientierung zu erschließen. Der Vergleich zu dem Format *Big Brother* erlaubt es, die angesprochenen und entwickelten Rezeptionsdimensionen, ausgehend von ihrer jeweiligen Aktualisierung und der Art ihrer wechselseitigen Verschränkung oder Ineinanderblendung für die Wirklichkeitsauslegung weiter zu konkretisieren. Dabei ist auch zu fragen, inwiefern die anhand der Einzelinterviews festgestellten Rezeptionstypen, ausgehend von der Bewertung der Daily Soaps konstitutiv für die Wahrnehmung und Bewertung der Talks sind.

6.5.2.1 Zum Vergleich der Inszenierungsweisen von Fiktion und Realität I

• *Tim, 13 Jahre, Gymnasium, 8. Klasse, Standort S/T-A.*
Hinsichtlich der Daily-Soap-Rezeption zeigte Tim eine kritische Grundhaltung und war sich bezüglich der Realitäts- und der Fiktionsaspekte im Klaren darüber, was von den Soaps zu erwarten ist, wie sie erzählen und welche Stellung sie in seinem Alltag einnehmen. Vor dem Hintergrund seiner abwägenden Rezeptionshaltung im Umgang mit diesem Format werden nun auch

die Talks kritisch bewertet. An dem nachfolgenden Beispiel wird deutlich, dass es auch bei den Talks in gewissem Sinne um die Einschätzung der Differenz zwischen Fiktion und Realität geht. Diese Unterscheidung ist jedoch nicht, wie im Fall der Soaps, auf die Genreeigentümlichkeit der Alltagsdramatisierung oder des Verhältnisses von Rolle und Schauspieler bezogen, sondern auf das Problem der Inszeniertheit und deren Erkenntnis gerichtet, bei dem die Talkshowgäste einen nicht unerheblichen Faktor bilden:

> F: Hast Du das Gefühl, dass da Sachen erzählt werden, die gar nicht stimmen?
> A: Ja, das kann man ja nicht nachprüfen, ob das nur Schauspieler sind, die sich das alles nur ausdenken oder, ob das wirklich (,) Leute sind, die so blöd sind und sich da von denen fertig machen lassen. Ich weiß es nicht, also ein bisschen verarscht kommt man sich da schon vor, wenn man das für bahre Münze halten soll. (...) Bei einigen Themen... .

Bestimmte Themen, die in den Soaps behandelt werden, schätzt Tim dennoch als bedeutsam ein. So werden etwa Ausländerthemen als wichtig bewertet: „Dann kann das zur Völkerverständigung, eventuell auch für die Politik wichtig sein". Die Talks werden von Tim aber nicht genutzt. Er selbst sagt „noch seltener als die Soaps". Talks schaut er höchstens zur Belustigung: „Wenn ich mich mal kaputtlachen will, wie blöd die Leute da sind, dann schalte ich sie vielleicht mal ein".

Für die bisherige Einschätzung der Soaps und der Talks ist ein Blick auf die Rezeption bzw. Einschätzung von *Big Brother* durch Tim aufschlussreich. Wie gesagt haben wir im Rahmen unserer Untersuchung mit diesem Format eine dritte Vergleichsgröße, anhand derer die Rezeptionsdimension der Fiktions- und Realitätsorientierung mit ihren Ausprägungen und Entwicklungen weiter verfolgt werden kann. Dabei fällt auf, dass die Anwendung der bisher anhand der Soap-Rezeption entwickelten Rezeptionsmodi auf *Big Brother* anscheinend leichter fällt als auf die Talks, auch wenn diese, wie die obige Überlegung Tims zur Glaubwürdigkeit der Talkgäste zeigt, angetroffen werden können.

Die leichtere Anwendbarkeit der Rezeptionsdimensionen der Soaps auf *Big Brother* deutet an, dass die Talks aufgrund ihrer typischen Inszenierungsweise der Gesprächssituation vor einem Saalpublikum ein anderes Setting darstellen, so dass der Modus der Fiktionsorientierung als mögliche Vergleichsgröße nicht anwendbar ist. Die dennoch antreffbare emotionale Anteilnahme oder Involviertheit ergibt sich somit über die Anerkennung oder Ablehnung des denotativen Gehalts, während im Falle der fiktionsorientierten Lesart auch die konnotative Ebene mit ins Spiel kommt.

> F: Ja. Wie ist das denn mit *Big Brother*?
> A: Ja, da reden alle drüber. Das soll so furchtbar sein und Verletzung der Menschenrechte. Ich habe das jetzt auch hin und wieder jetzt in letzter Zeit mal gesehen. Ich find' das gar nicht so furchtbar, (,) also wenn die Leute sich da Tag und

Nacht von diesen Kameras filmen lassen wollen, die haben ja schon Probleme mit den Einschaltquoten gehabt, weil die Leute das einfach langweilig finden, dass eben das was sie in den Soaps nicht machen: den ganz normalen Alltag, weil die Leute es einfach langweilig finden, 'ne Viertelstunde Fernsehen zu gucken und dann liegen die da auf dem Sofa und lesen Bücher.

F: Also wäre es ein Unterschied, dass die sich bei den Soaps mehr einfallen lassen?

A: Ja, da können die ja nicht sagen, jetzt kloppt euch mal oder jetzt ähm verliebt euch mal ineinander oder so. Das können die ja von oben nicht anordnen. Und jetzt müssen sie eben gucken, ja, dass das dann trotzdem, das irgendwas passiert, ja, was sie ja mit Absicht so gemacht, dass es extra klein ist, dass sie es diskutieren müssen. Die haben zwei .. hatten ja auch zwei ähm .. Schlafzimmer und dann mussten die überlegen, wer jetzt in welches Schlafzimmer geht, dann mussten die, die sechs Uhr morgens haben die nur heißes Wasser. Dann müssen die dann diskutieren, wer da rein darf zuerst und so weiter, so das sind so Knackpunkte, damit die überhaupt was haben, was die senden können und nicht, der steht morgens auf, schmiert sich ein Brötchen, legt sich hin, schläft zwei Stunden und ähm .. macht sich wieder was zu essen.

F: Aber Du hast gerade einen ganz klaren Bezugspunkt zu den Soaps gesehen, bzw. gesagt, dass die Soaps wenigstens etwas Spannung aufbauen.

A: Ja, in den Soaps lassen die sich was einfallen und das ist irgendwo ist das unrealistisch, aber das hat eben viel Abwechslung und dieses *Big Brother* das ist nun realistisch, aber da ist nicht so wahnsinnig Abwechslung.

F: Aber das ist das, was ich eben mit Alltag meinte. Es bewegt sich vermutlich auf dem gleichen Niveau, von den Geschichten her.

A: Ja, also dieses *Big Brother* ist ja nun der Alltag dieser Leute, (,) auch wenn das ein sehr ungewöhnlicher Alltag ist ein bisschen, weil es ist ja nicht normal, dass man sein ganzes Leben im Fernsehen da ähm darstellt. Und bei den Soaps ist das so ähm, da macht man das eben mit Absicht so, dass viele Themen angesprochen werden. Dann ist das für die Leute die das gucken sehr abwechslungsreich. Nun, bei *Big Brother* das geht so mit dem Abwechslungsreichen dann machen die mal das, die haben ja diese Wochenaufgabe da oder so, um da so ein bisschen Abwechslung rein zu bringen, dass es nicht immer hundert mal das Gleiche ist, weil das geht ja jetzt 100 Tage lang und dann, dass die Leute an der Stange bleiben, dass sie es trotzdem gucken.

Eine Anschlusskommunikation zu allen genannten Formaten liegt bei Tim nur noch selten vor: „Nö hin und wieder sagt man mal, ach haste *Big Brother* gesehen, oder so, aber das ist nicht nur bei *Big Brother*, auch bei anderen Fernsehserien".

Abschließend lässt sich zusammenfassen, dass die Daily Soaps und die Daily Talks im Wesentlichen mit Blick auf ihre Inszeniertheit miteinander verglichen werden. *Big Brother* und die Soaps unterscheiden sich insofern, als dass man den Kandidaten bei *Big Brother* keine durch ein Drehbuch vorgegebenen Verhaltensweisen im Umgang miteinander vorschreiben kann, also dass es „real life" ist. Die Daily Soaps werden als abwechslungsreicher beschrieben als *Big Brother*.

6.5.2.2 Zum Vergleich der Inszenierungsweisen von Fiktion und Realität II

• *Christian, 14 Jahre, Gymnasium, 8. Klasse, Standort S/T-A.*
Die Einschätzung und Bewertung der Soaps durch Christian ist vergleichbar mit der von Tim. Beide Jugendlichen sind in der Lage, die Ebenen der Realitätsdarstellung und der Fiktion für eine Kritik zu nutzen. In seine Kritik bezieht Christian alle drei Genres mit ein:

> F: Kommen wir langsam zum Ende, doch noch eine Frage zu den Daily Talks. Was hast Du da für eine Haltung zu?
> A: Das finde ich meistens noch schlimmer, weil ich finde das manchmal richtig erschreckend, was da für Leute sind. Weil das sind, meiner Meinung nach, teilweise richtige Asoziale, die irgendwie von der Stütze oder so leben. Dann, weiß Gott, irgendwie sechs oder sieben Kinder in die Welt setzen. Denen überhaupt nichts bieten können, wenn sie selber irgendwie Alkohol abhängig sind oder so und dann darauf noch irgendwie stolz sind, irgendwie. Oder Leute die so eine Scheiß-Haltung haben, dass sie sagen, warum soll ich arbeiten ich krieg auch so genug Geld und solche Sachen eben. Also Daily Talks finde ich echt ziemlich asig.
> F: Und wenn Du jetzt eine Hierarchie aufstellen würdest, würdest Du dann *Big Brother* unterhalb oder oberhalb von den Daily Talks ansetzen?
> A: Also, da es viele Daily Talks gibt und die teilweise, wenigstens etwas verschieden sind, würde ich *Big Brother* doch noch weiter unten, das war ja wirklich noch mieser.
> F: Weil die Leute so peinlich sind oder weil das so komisch inszeniert ist?
> A: Weil die Leute mittlerweile total peinlich sind.

Big Brother wird durch Christian also im Wesentlichen wegen der Kandidaten bzw. wegen seiner Teilnehmer kritisch bewertet:

> „Die sitzen da rum und versuchen krampfhaft witzig zu sein und irgendwelche Leute gucken das dann und fiebern mit denen mit. Ich mein, ich hab mein eigenes Leben, da hab ich selber genug mit zu tun, da brauch ich nicht noch anderen Leuten zu zugucken, was die gerade machen."

Neben der klaren Begründung dieser Haltung fällt auf, dass es ein Lernen am Modell im negativen Sinne gibt:

> „Also das einzige was ich davon gelernt habe, ist bloß nicht so zu werden, wie die Leute, die da drin sind. Zumindest größtenteils".

Diese Abgrenzung von einer negativen Folie ist ein entscheidender Faktor für die Selbstauslegung, die vor allem mit Bezug auf die Daily Talks von Bedeutung wird. Ansonsten geht Christian nicht weiter auf den Genrevergleich ein. Es bestätigt sich die bereits getroffene Feststellung am Beispiel seiner Soap-Rezeption, dass er über umfassende Genrekenntnisse verfügt und die Formate entsprechend bewerten und für seine Bedürfnisse nutzen kann.

6.5.2.3 Die Orientierungsmöglichkeit anhand von Daily Talks

• *Daniela, 16 Jahre, Hauptschule, 9. Klasse, Standort S/T-A.*
Die Daily Soaps waren für Daniela ein wichtiges Unterhaltungsangebot, das ihren Tagesablauf mit strukturiert. Vergleichbares lässt sich nun auch zur Rezeption der Daily Talks feststellen. Die Talkshows werden von Daniela vor allem wegen ihrer Themen positiv bewertet:

> A: Dat ist immer so eine Sache für sich. Das ist so ein Thema läuft zum Beispiel, was weiß ich, schwanger mit 14 dann ist auf dem anderen Programm, auf RTL, wenn ich umschalte, wenn da grad Werbung ist, dann ist da auch irgendein Thema mit Schwangerschaften. Oder zum Beispiel Thema Dicke, sind die erotisch oder nicht erotisch. Bei jeder anderen Sendung läuft das dann auch. Das finde ich natürlich blöd, ne. Weil dat dann überall dat selbe ist, aber die Themen so an sich, die sind immer gut. Die sind wirklich so ähm, wirklich so alltäglich was so richtig passiert und so. Das ist schon gut und jeder kann da seine Meinung offen sagen. Das finde ich gut. Manchmal streiten die sich, das ist auch gut.
> F: Man kann da so richtig mitgehen?
> A: Ja.
> F: Wo ist denn dann der Unterschied zu den Soaps, weil die haben doch auch eine Darstellung des Alltags.
> A: Das ist gespielt und das ist wahr. So Talkshows, da sind manchmal so lustige Sachen drin und so verrückte Leute, dat ist immer gut.
> F: Kann man denn da sagen, das stimmt alles?
> A: Ich weiß nicht. Vielleicht ziehen die sich das aus dem Hintern die Leute die da hin gehen um ihr Geld zu kriegen ne, aber ich weiß nicht, da könnte ich da kann man sich richtig so kann man sich dann richtig vorstellen, dass das wahr ist. Und manche Sache betrifft einen manchmal auch so selber. Kann ich mir schon vorstellen, dass das wahr ist.
> F: Betrifft einen das mehr als in den Soaps?
> A: Ja, viel mehr. Man hört ja auch immer von andern Leuten und so. Das und das ist passiert und der Mann hat mich geschlagen und so. Dat sieht man ja auch selber.

Bestimmte Präferenzen sind teils an den Moderator und teils an die Themen geknüpft: „Ja. *Andreas Türck* und so wat. Ist immer ganz spannend." Die Moderatoren und ihr Engagement zu helfen werden positiv bewertet.

Die Talkgäste werden insofern positiv gesehen, da sie sich streiten „das ist auch gut". Andererseits wird es negativ bewertet, dass man in vielen Talkshows die gleichen Personen zu unterschiedlichen Themen sprechen hört. Bezüge zur eigenen Erfahrungen werden definitiv hergestellt und angenommen. Dabei liegt, wie der längere Interviewauszug bereits zeigt, auch eine Orientierung an den behandelten Themen vor. Diese Orientierung ergibt sich deshalb, da sich die Art der Themenbehandlung im Fall von Daniela in der Tat als Lösungsangebot für die in ihrem Umfeld und dem eigenen Alltag anstehenden Probleme anzubieten scheint:

F: Und wie ist das mit Themen, wie: Gewalt, er hat sie geschlagen.
A: Ja, ist schrecklich. Aber daraus kann man lernen. Guck mal, ein Mann schlägt eine Frau und dann sagt man ein Mann der eine Frau schlägt, schlägt eine Frau immer. Wenn man einmal, wenn ein Mann einmal eine Frau geschlagen hat soll man direkt von dem weggehen. Und die sagen das immer so leicht und das ist gar nicht so einfach, ne. Aber so, je mehr man das hört desto schneller geht das in den Kopf rein und sagt: Ah, der hat mich geschlagen, ich gehe. Und das finde ich gut, der schlägt mich vielleicht noch ein zweites Mal oder ein drittes Mal und irgendwann ist dann ganz vorbei. (...) Da kann man schon was lernen.

Gegenüber dieser eindeutigen Bewertung der Daily Talks wird in einem weiteren Vergleich *Big Brother* eher zwiespältig bewertet, einerseits negativ z.B. wegen einer möglichen Inszeniertheit der Kandidaten, andererseits wird bemerkt, dass die Kandidaten so gezeigt werden, wie sie wirklich sind. Angeschaut hat Daniela *Big Brother* immer dann, wenn es um die Entscheidungen bezüglich der Kandidaten ging. Dies war auch das einzige Nutzungsmotiv.

Ein Unterschied zwischen den Soaps und den Talks besteht darin, dass Erstgenannte gespielt und Letztere wahr sind. Daraus folgt auch, dass man sich an den Talks eher orientieren kann. Es liegt demnach auf der Ebene der Realitäts- und der Fiktionsorientierung eine eindeutige Unterscheidung der Genres vor, die nicht zuletzt auch vor dem Hintergrund einer Nutzenorientierung an den jeweiligen Angebotsformen zu werten ist.

A: Am meisten so in Talkshows. Das ist da am meisten, da kann man auch irgendwie dabei lernen. Das ist schon, daran kann man sich am besten orientieren, so was so in der Wirklichkeit passiert.
F: Und die Soaps sind dann nur Unterhaltung?
A: Ja, eigentlich schon aber ich mein so manche Sachen, die kommen dann wie, weiß ich nicht, ah guck mal dat ist bei mir grad auch so und so. Dann kann man sich da auch schon mal was abgucken und so. Aber meistens in den Talkshows.

Diese Orientierung an den Themen in den Talks steht nun nicht im Widerspruch zu der Unterhaltunsorientierung, die sich bei Daniela bei den Soaps aufzeigt. Auch hier wurde deutlich, dass die Soaps durchaus eine orientierende Funktion haben, wobei die emotionale Anteilnahme überwiegt, während es bei den Talks um eine Realitätsorientierung geht. Die Nutzenorientierung wäre in diesem Fall emotionale Anteilnahme, die sich im Modus der Fiktionsorientierung befriedigen lässt.

6.5.2.4 Talks im Licht der Interpretationsfolie des Actionschemas

• Dirk, 17 Jahre, Hauptschule, 9. Klasse, Standort S/T-A.
Dirk war bei der Nutzung fiktionaler Sendungen und Filme sehr an Action interessiert. Gegenüber den Daily Talks bezieht er keine dezidiert ablehnende Position, aber er zeigt auch kein grundsätzliches Interesse, bleibt jedoch an

unterschiedlichen Sendungen „hängen", wenn ihm das Thema spannend erscheint:

F: Wie ist das mit den Daily Talks?

A: Wie schon gesagt, manche sind interessant, die gucke ich mir gerne an, dann wird man verrückt dadurch, man kann irgendwie nicht einen anderen Kanal aufmachen, Du musst irgendwie zuhören. Das zieht einen richtig zu sich und sagt, Du musst mir jetzt zuhören, wat hier abläuft und so. Kannst nicht wat anderes aufmachen, egal auch wenn du wat anderes aufmachst, dann denkst du, was ist denn jetzt los und wieder zurück aufschalten und so, ist meistens interessant. Also, wo ich mal geguckt hab, die haben mal über Kopftücher geredet und Schlägerei von Jugendlichen und so. Also, da habe ich mal richtig zugehört oder eine Möchte-Gerne-Pamela war auch da. Ist meistens interessant (...) *Andreas Türck* und so. Guck ich schon.

Bezüge zur eigenen Lebenswelt werden nur begrenzt angenommen, wobei das häufigste Nutzungsmotiv Langeweile ist:

F: Kann man sich daran orientieren?

A: Dinge für mein Leben (...) Nicht allzu viel, wat da abläuft. Okay kann sein, dass da viel Prügelei gemacht haben, die Jugendlichen und am Ende, sagen wir mal, keine Arbeit hat und auf der Straße jetzt lebt oder vom Sozialamt. Kann ich mir schon vorstellen, ach der hat dies und jenes gemacht und wenn ich das auch vielleicht mache, wird mir dat gleiche passieren, kann sein, dass ich das vielleicht sage. Aber ich kann jetzt in diesem Alter kann ich schon unterscheiden, was ist schlimm und was nicht schlimm ist, sag ich mal, deshalb interessiert mich das nicht allzuviel. Ich guck gerne, wat die da reden und so, lach da drüber und dies und jenes, aber nicht allzu viel.

F: Guckst Du das regelmäßig?

A: Nein, nicht regelmäßig.

F: Nach Themen schon?

A: Nach Themen schon? Nee. Nur, wie soll ich sagen, wenn nix im Fernsehen los ist und wenn das da läuft schon. Sonst nicht oder wenn ich Zeit hab, wenn ich jetzt nicht nach draußen muss oder mit Kollegen irgendwo hin muss. Wenn es langweilig ist, schon.

Die Rezeptionshaltung von Dirk ist für die Genrebewertung und den wechselseitigen Vergleich insofern interessant, als dass die Orientierung an dem Spannungs- und Actionschema in den Bewertungen überwiegt und auch seine Wahrnehmung und Einschätzung von *Big Brother* mit beeinflusst.

A: (...) Oder heutzutage guckt jeder, sag ich mal, *Big Brother* und meinen wat ist dat denn voll geil erzählen auf der Schule, weil ich so wat is dat denn und so ich hab mir dat noch nie angeguckt von *Big Brother*. Kurz vielleicht Abschnitte gesehen aber noch nie angeguckt.

F: Ist das nicht so spannend für Dich?

A: Überhaupt nicht. Die meisten haben auch gesagt: mir war es auch nicht spannend. Am Anfang so hat mich auch nicht interessiert aber nachher und so, haben die gesagt.
F: Also, es gibt so eine Phase wo man es spannend findet?
A: Ja, ja. Aber für mich war es überhaupt nicht so.

Auch wenn die in dieser Auswertung im Mittelpunkt stehenden Genres und Angebote eine durchweg negative und ablehnende Einschätzung erhalten, so werden die Themen und Thematisierungen unzweifelhaft doch wahrgenommen und spielen in der eigenen Wirklichkeitskonstruktion eine nicht unerhebliche Rolle. Die Identitätsbildung geschieht in diesem Fall vor dem Hintergrund eines negativen Gegenentwurfs, dessen positive Folie die Actionangebote bilden.

6.5.2.5 Zur Übereinstimmung mit der „Realität" der Talks

• *Sabine, 15 Jahre, Hauptschule, 9. Klasse, Standort S/T-A.*
Gegenüber der Daily-Soap-Rezeption, die deutlich von einer Realitätsorientierung geprägt war, wobei die Soaps an der eigenen Erfahrung gemessen wurden, was sie als unrealistisch erscheinen ließ, zeigt sich gegenüber den Daily Talks nun eine deutlich andere Orientierung. Die Erfahrungen und Erlebnisse der Talkshowgäste lassen sich für Sabine weitaus leichter mit dem eigenen Alltag vergleichen, was die Identifikation mit den Inhalten trägt. Entscheidend ist, dass diese Einschätzung im Rahmen eines Vergleichs der unterschiedlichen Genres erfolgt, zu dem Sabine vom Interviewer angeregt wurde:

> F: (...) Ich meinte eher so den Alltag: Es geht ja inhaltlich immer nur um Alltagsprobleme, in den Soaps, in den Talks, in *Big Brother*. Wo liegen denn da für Dich so die Gemeinsamkeiten und wo die Unterschiede?
> A: (nachdenklich) Mhmmm, die Probleme halt, äh, Gemeinsamkeiten kann ich eigentlich gar nich' sagen, weil, äh, mit den Leuten hab' ich ja nichts gemeinsam. Außer mit meinen guten Freunden. Nur zum Beispiel jetz' halt so *besondere*: Soundso oder Du hast mich verlassen oder so wat. Hh', mit denen hab' ich eigentlich auch nichts gemeinsam. Man guckt sich das halt an, um da sich – was heißt, sich 'ne Meinung darüber zu machen, ähm, dat kann ich gar nich' sagen, warum ich mir das angucke. Zum Beispiel, sagen wir jetz' mal, so'n Talkthema, ähm, Du hast mich, äh, hintergangen oder so: Dann guckt man sich dat halt an, zum Beispiel, „Boah, den guck' ich mir jetz' an, dat is' so ein Arsch; so wat hat die gar (,) so wat hat der gar nich' verdient" oder so, „so 'n tolles Mädel". Oder: „So 'n tollen Mann hat die gar nich' verdient", also umgekehrt auch. Weil da guckt man sich das halt an, weil man das ja auch von sich halt kennt so was. Ich glaub', das isses eher, dass man das halt auch von sich kennt.

Die Daily Talks werden regelmäßig, wenn auch nicht jeden Tag verfolgt. Bevorzugt werden *Arabella* und *Bärbel*, womit sich erneut die Rolle der Moderatoren als Bindungsanker in der Rezeption erweist.

> A: Jaa. (...) Also, verschieden, aber auch nich' jeden Tag. Also, was man, wenn man gerade so 'n interessantes Thema sieht, dann guckt man sich dat schon mal an, um sich kaputt zu lachen, „Mein Gott, is' der doof??". Und, ähm, das wat ich eigentlich überhaupt nich' mehr gucke, is' *Hans Meiser*. Das guck' ich eigentlich gar nich' mehr. Nur so eher *Arabella* oder *Bärbel*, oder am meisten noch (...) wie heißt die eine Serie, ähm Sendung? – *Nur die Liebe zählt*, das guck' ich mir auch an. Wenn das mal gerade da is', dann guck' ich mir das schon gerne an.

Die auf den Realitätsgehalt ausgerichtete Rezeptionshaltung wird auch im Fall von *Big Brother* erneut zentral. Sabine ist aufgrund ihres sozialen Umfelds früher als die Schülerinnen am Gymnasium mit Problemen und Aufgaben konfrontiert, zu deren Lösung sie auf eigene Erfahrungen bauen muss und im Medienangebot daher vorwiegend auch nur solche Medienangebote rezipiert, die sich für die Bewältigung als anschlussfähig erweisen. Der emotionalen Beteiligung an Soaps, jedoch nicht an Fiktionprogrammen, fällt dabei eine eher marginale Rolle zu.

> A: Ja, und das find' ich dann auch schon, äh, so halt eher so toll. Weil, äh, *Big Brother*, die, äh, schauspielern ja nich', die wohnen ja zusammen. Und, ähm, dann sagen se auch schon „Aah, das hab' ich früher *gewählt*" und so, und dann machen se auch nur ihre Späßken, und die streiten sich dann – ah, wat heißt streiten? Also, die haben Auseinandersetzungen: Ich sag' „ja", du sagst „nein", ähm – (,) aber das legt sich dann halt auch wieder. Aber da sieht man, dass das, äh, nich' gespielt is'. Das isses, was ich so toll finde da dran.
> F: Weil es kein Drehbuch gibt vorher.
> A: Ja.
> F: Bei den Soaps gibt es eins.
> A: Das isses.
> F: Das heißt, um nochmals auf den Alltag zurückzukommen: Du würdest also eine Unterscheidung treffen zwischen dem erzählten Alltag...
> A: 'ner Scheinwelt...
> F: Einer Scheinwelt? (Zögernd) Muss das immer eine Scheinwelt sein?
> A: Nöö, deswegen. Ich trenn' das ja.
> F: Also, deshalb auch *Matrix*, weil das ist eine richtige Scheinwelt...?
> A: Das is' 'ne Scheinwelt; aber ich könnte mich auch da drin vertiefen, wenn ich mir das zu oft anguck.

Entscheidend ist aber, dass dieses Sichvertiefen in eine Scheinwelt eine der Optionen im Medienumgang darstellt und dass ein Format wie *Big Brother* auch ein Modell für Problembewältigungen abgeben kann.

> A: (lachend) Der Jürgen! Und der Zladdi! Die beiden! Ich weiß nich', ich finde, die haben richtig viel Humor, finde ich irgendwie. Und ich mag humorvolle Men-

schen. Weil, äh, ich denk' mir mal, dat Leben is', äh, Alltag is' genug. Sieht man hier halt die Leute nachher Arbeit mit solch einer Fleppe, und dann, ich glaub', is' langsam wieder Alltag geworden. Und, ähm, ich bin nun mal ein Mensch, der, äh, trotz Arbeit auch manchmal schlechte Laune hat. Aber manchmal lass' ich mir das anmerken, und manchmal tu' – wat heißt: tun, so tun? – ähm, davon ablenken und halt dann nur humorvoll sein. Und, äh, ich denk' mir mal eher so Spaß haben ‚find' ich eigentlich auch so (...) Also, man muss dat nich' den ganzen Tach haben, also .. aber es is' schon witzig genug, wenn man das halt so hat. Also, zwar nich' den ganzen Tach, aber schon so einige Stunden.

Sabine gibt ein deutliches Beispiel dafür, wie die sozialräumliche Herkunft anders als bei den Mädchen aus dem ländlichen Raum, die sich orientierend auf die Soaps zubewegen, einen Grund darstellt für die Problembewältigung anders mit Medienformaten umzugehen, wobei sie auf eine spezifische Weise die Fähigkeit zur Ineinanderblendung bzw. hier konkret zur Scheidung der Realitäts- und der Fiktionsorientierung nutzt.

6.5.2.6 Zur Kritik der „Realität" in den Talks

• *Katharina, 16 Jahre, Hauptschule, 9. Klasse, Standort S/T-A.*
Wie bei Sabine lässt sich mit Blick auf die Soap-Nutzung im Vergleich mit den Talks eine deutlich realitätsorientierte Haltung festmachen. Dabei werden die Daily Talks nun aber anders als im vorhergehenden Fall als negativ bewertet und so gut wie überhaupt nicht genutzt. Besonders kritisiert wird die Inszeniertheit und die Unmöglichkeit der Diskussionsführung:

A: (verneinend) Äh äh! Zuviel Schauspielerei bei. Glaub' ich, weil (,) einmal hab' ich ja (,) hab' ich drei Teile hintereinander, mal so in, ähm, drei verschiedene eingeschaltet, mit Absicht, weil ich wollte mal gucken, ob das wohl wirklich stimmt, ob der eine, der jetz' bei *Arabella* war, dann hinterher nach *Bärbel Schäfer* geht oder so; und dann 'n Tach danach war er wirklich bei *Bärbel Schäfer*, nur mit anderem Namen und anderem Thema! Und da dacht' ich sofort: „Das is' Schwachsinn!"
F: Also, das ist für Dich auch nichts, was mit Diskussionen zu tun hat!?
A: Nee! Das hat nichts mit Diskussion (,) das hat was mit Anschuldigungen zu tun und...
F: Wie ist es denn, wenn Du jetzt gesehen hast, im *Big Brother* – passieren da Diskussionen?
A: Ja, auch. Aber die sind schon wieder anders! Die sind – weiß nich' – die gehen so 'n bisschen mehr auf's Natürlichere los. Nich' so, die sagen ja nich' „Du bist et schuld". Also, die gehen aufeinander ein, haben sich angehört, was der einen oder andere zu sagen hat, und dann habense dadrauf immer was gesacht, anstatt sofort zu sagen, „Sei ruhig, Du warsts!" oder, ähm, „Ich hab' damit nichts zu tun!" oder irgend so was.

Obwohl die Diskussionen bei *Big Brother* als ausgeglichener, effektiver und natürlicher bewertet werden als bei den Daily Talks, ist für Katharina dennoch klar, dass sie Probleme anders löst und bewältigt und dafür nicht die Folie der Medienangebote benötigt.

6.5.2.7 Zur Grenzerfahrung der Rezeptionsmodi

• *Tina, 13 Jahre, Gymnasium, 7. Klasse, Standort S/T-B.*
Den Daily Soaps wurde von Tina eine orientierende Rolle zugesprochen, wobei die Ineinanderblendung der realitäts- und der fiktionsorientierten Lesart noch stärker war, als bei den etwas älteren Mädchen ab 14 Jahren. Für die Zuwendung zu den Daily Talks ist daher von Interesse, welche Rolle dieses Lesartenmuster spielt und im Weiteren, wie es durch das Hinzutreten von *Big Brother* in seiner Wertigkeit möglicherweise verschoben wird.

Zunächst fällt auf, dass die Hinwendung zu den Daily Talks mit der Vorliebe für eine Moderatorin verbunden ist:

F: Mhm. Aber es sagt Dir sowieso nicht so zu!?
A: Nee, nich' so dolle. Höchstens eben *Arabella* und *Bärbel Schäfer* oder sowas. Aber die anderen, die sind wirklich – die rasten eigentlich alle nur noch aus (...).

Ansonsten findet Tina an den Talks wenig Gefallen, da sie die Inszenierungsweise für überzogen hält.

A: Ähm, ja, am Anfang guck' ich gar nix, weil da nur Talkshows drin sind. Und manche (...) das hab' ich zwar früher auch geguckt, aber in letzter Zeit rasten die Leute so oft aus, da is' das wirklich Schwachsinn das anzugucken. Und mach' ich eben in der Zeit schnell Hausaufgaben, und dann guck' ich durch, ob was kommt.

Dennoch schließt sie nicht aus, dass in den Talks alltagsrelevante Themen behandelt werden. Dazu bezieht sie sich auf ein Beispiel aus *Arabella*, von dem sie betont, dass man etwas lernen konnte:

F: Es gibt ja zum Beispiel *Arabella*: sagt dir das was? Magst du sie?
A: Ja, da sind manche *Welle,* äh, Themen, die sind wirklich gut. Also, bei *Nicole* habense mal gezeigt mit Behinderten. Also, wie man mit denen umgehen soll. Also, die finden auch, dass die Menschen, die die Hunde machen, also, dass die Menschen, die die benützen, gar nich' behindert sind, sondern man *macht* die nur behindert, weil die eben anders sind. Also, da sind Themen, die sind, da kann man auch wirklich mal sehen, ähm, was man da (,) wie heutzutage auch manchmal die Leute drauf sind. Also, obse jetz' darauf achten oder darauf und ob der Freund jetz' fremdgeht oder sowas.

Während sie den Soaps in manchen Beispielfällen einen Realitätsgehalt zugesprochen hat, ist das für die Talks eher nicht der Fall, da hier die negative Bewertung im Vordergrund steht. Wie bei den anderen Interviews hat auch in diesem Fall die Sendung *Big Brother* zu einer Verschiebung der Genrebewertung beigetragen, da sich dieses Format vor allem bei den Nachfragen in den Interviews als eine Möglichkeit angeboten hat, die Realitäts- und Fiktionalitätskonzepte bzw. -haltungen, mit denen die Jugendlichen an die Programme herangehen, zu erkennen.

F: Was hat Dir [an Big Brother] gefallen?
A (lacht verlegen): Ich weiß nich'! Das is' (,) es fragen mich viele, warum das einem so gut gefällt: Wie die da leben oder so, was die da alles zusammen machen sowas; da kann man sich auch 'n Beispiel dran nehmen, wie wir dann eben mit *unseren* Freunden, womit man dann auch 'n bißchen Spaß, äh, macht, also, erleben kann und sowas. Das is' –
F: Sagen das die anderen Freunde auch?
A: Nochmal?!
F: Sagen das die anderen Freunde auch?
A: Mhm, nee, nich' so ganz. Also (Pause), ähm, die (...) also, wir haben jetz' so eigentlich unsere eigenen Sachen, die wir machen; aber ab und zu, also, normal. Das nur eben, wenn wir wirklich mal die Schnauze voll haben, weil wir immer bald dasselbe machen; da kann man ja auch mal sowas machen oder so.
F: Mhm.
A: Aber ich find', manche Leute übertreiben das auch. Also, eine aus unserer Klasse, die sagt wirklich „Derjenige aus unserer Klasse ist so wie der aus'm Big-Brother-Haus". Also, das find' ich schwachsinnig.

Diese Art der Anschlusskommunikation im Freundeskreis dient ganz offensichtlich gerade in der Anfangsphase der Verbreitung eines neuen Programms dazu, eine Verständigungsbasis zu erarbeiten, und dazu werden die unterschiedlichen Realitäts- und Fiktionskonstruktionen und -annahmen miteinander verglichen. Den Daily Soaps und den Daily Talks wird dabei eine jeweils unterschiedliche Bedeutung beigemessen, die nicht zuletzt auch darauf zurückzuführen ist, dass die Lesartenmodelle (oder Rezeptionshaltungen) auf unterschiedliche Art aktualisiert werden müssen.

6.5.2.8 Die Dominanz der fiktionsorientierten Lesart

• *Julia, 13 Jahre, Gymnasium, 7. Klasse, Standort S/T-B.*
Auffällig ist auch bei Julia, dass sie die Talk-Themen ablehnt und negativ bewertet, während sie bei den Daily Soaps eine deutliche emotionale Beteiligung an den Themen und Geschichten zeigte. Der erste Grund für eine negative Haltung ist, dass sich die Themen bei den Talks zu häufig wiederholen und mithin wenig Abwechslung zu bieten scheinen. Aber auch die Talkgäste kommen bei Julia nicht gut weg, wobei sie die Inszeniertheit des Ensembles erkennt und als negativ herausstreicht:

F: Was hälst Du denn so im Allgemeinen von den Daily Talks? Wäre das auch ein Format, wo man sagt: „Hier geht es um Alltag"?.
A: Die finde ich .. total blöd! Die rufen (,) die werfen sich Schimpfwörter gegen den Kopf, und im Endeffekt bleibt das Gleiche, wie's vorher war, und ich glaub' auch nich', dass die Leute da echt in solche Talksendungen reingehen, um ihre

Probleme zu lösen! Also, ich denk' mal, die werden sich, die Moderatoren oder wer auch immer, werden sich ihre Leute suchen, dann, „Hier, kriegst 20 Mark, da redest du uns da was!" Ah, ich glaub' nich', das is' Kitsch!

F: Welche kennst Du denn besonders?

A: (überlegend) Ich kenne .. *Nicole* kenn' ich gut.

F: Mhm.

A: Und .. manchmal guck' ich noch *Arabella* oder so. (...)

F: Würdest du sagen, das sind Themen, die haben mit Dir zu tun?

A: (verneinend) Mhm mhm, nee!

F: Warum guckst Du das?

A: Ich guck' das gar nich' so häufig! Nur ab und zu, wenn ich so flitsche oder so, dann guck' ich immer rein. Aber ich hab' da eigentlich nich' so viel Ahnung von, was die machen.

In dieser Einschätzung wird auch deutlich, dass sich die Talks anders als die Soaps nicht für eine Rückbindung an bzw. für eine Projektion auf Alltagsproblemen anbieten oder eignen. Ein Grund könnte darin liegen, dass die Form der emotionalen Anteilnahme, wie sie mit den Soapdarstellern möglich ist, mit dem Talkgästen und den Moderatoren ausgeschlossen wird.

Aus einer ähnlichen Motivlage heraus wird auch *Big Brother* abgelehnt: „Weil man lebt ja nich' in einem Container". Als eine Erklärung bietet sich hierfür an, dass die fiktionsorientierte Lesart nicht angewendet werden kann und zugleich das Setting auch aus Realitätsperspektive wenig schlüssig erscheint, womit das gesamte Format verworfen wird. Aber vollkommen sicher ist sich Julia dabei nicht:

F: Würdest Du sagen, dass man aus dem Verhalten der Personen bei *Big Brother* was lernen kann?

A: Nee, ich glaub' nich'. Weil man lebt ja nich' im Container (lacht)! Also, daher hab' ich das auch eigentlich nich' so sehr.

F: Also hast Du keinen Vergleich zu Deinen eigenen Erfahrungen gezogen (...). Bei den Soaps hast Du das ja vorhin getan. Aber bei *Big Brother* hast Du nicht das Gefühl?

A: Da regen die sich auch dadrüber auf, dass einige Leute sich so verhalten so. Aber das, da weiß man auch nich', ob das jetz' geschauspielert war, oder ob die das jetz' echt so gemacht hätten.

F: Mhm.

A: Weil die wollten ja alle auch eher 'n guten Eindruck bei den Leuten erwecken, dass die – weil wegen des Geldes!

F: Also ist die gegebene Situation nicht echt gewesen?

A: Manchmal schon; aber wie diese Manu, da haben die sich ja so drüber über die aufgeregt. Ich konnt' die auch nich' leiden, aber was die da so alles mit der gemacht haben: die Fans so, die „Manu raus!" und so gerufen haben, da dachte ich zuerst auch, die würde total anfangen zu schauspielern und so, aber ich glaub' schon, dass das einen trifft, wenn alle sich so gegen einen so verschwören!

F: Ja, das denke ich auch. Ganz bestimmt! Ist das denn bei den Soaps irgendwie anders?

A: Ja, da is' man sich eigentlich sicher, dass die, ähm, dass die schauspielern. Aber da weiß man auch, also, dass es einige Leute irgendwie mal vielleicht wirklich so gemacht haben! Also, das is' irgendwie 'n Unterschied.

Julia ist im Vergleich zu Tina noch nicht so weit, die Grenzerfahrung, die sie im Kontakt mit den Genres durchaus bereits erfährt, zu reflektieren. Daher bleibt sie auf dem sicheren Boden der bisherigen Orientierung und versucht die Formate zu bewerten. Dies gelingt dann aber „nur" vor dem Hintergrund einer fortbestehenden Ineinanderblendung der realitäts- und fiktionsorientierten Haltung.

6.5.2.9 Das Problem der Inszenierung und der Wirklichkeitskonstruktion

• *Astrid, 13 Jahre, Gymnasium, 7. Klasse, Standort S/T-B.*

Mit der Ablehnung des Genres Daily Talks der bei der Soap-Rezeption eine orientierende Haltung unterstellt werden kann „Hab' ich mir einmal was angeguckt, aber das find' ich total ätzend" und „Guck' ich gar nich'". Ein Grund für die Ablehnung des Formats besteht in der wahrgenommenen Inszeniertheit. „Man weiß auch, die werden jetz' dafür bezahlt, dass sie irgendwie was total übertreiben und sich streiten und so vor der Kamera." Gegenüber der Fiktionsorientierung, die eine emotionale Beteiligung zulässt, fällt es dem Mädchen offenbar schwer zu akzeptieren, dass das, was den Anspruch trägt, Wirklichkeit abzubilden, inszeniert und kalkuliert ist.

Diese Interpretation erlaubt es den Entwicklungspunkt zu hinterfragen, ab dem das Ineinanderblenden der Ebenen Fiktion und Realität allmählich zugunsten einer neuen Orientierung in den Hintergrund tritt. Ein Grund für die Unsicherheit, die sich hinter der strikten Ablehnung verbirgt, könnte sein, dass noch nicht genügend lebensweltliche Erfahrungen vorliegen, um die inszenierten Handlungen in den Talks mit Sicherheit von den gespielten Handlungen in den Soaps zu unterscheiden und zu problematisieren und in den eigenen lebensweltlichen Horizont einzuordnen. Das ist sowohl alterssowie in den vorliegenden Fällen auch sozialraumabhängig.

Die gespielte Welt der Soaps bietet für die Gruppe der hier ab Kapitel 6.5.2.7 verhandelten Mädchen noch deutlich mehr Orientierungssicherheit. Vor diesem Hintergrund gewinnt das Format *Big Brother* möglicherweise eine entscheidende Bedeutung, da es für eine Verschiebung in der Wertigkeit der Formate Soap und Talk für die Alltags- und Wirklichkeitsauslegung bei den Jugendlichen steht.

So schreibt Astrid *Big Brother* im Vergleich zu den Daily Soaps eine größere Realitätsnähe zu. „Und das bei *Big Brother* war halt wirklich mehr real life", während die Talks demgegenüber abgelehnt werden. Für die Erklärung der Übergangsphase bei der Ausbildung der Lesartenmodelle stellt sich *Big Brother* somit insgesamt als Herausforderung dar.

> F: Was war mit *Big Brother*?
> A: Mhm, ja, am Anfang fand ich das also ziemlich langweilig. Und dann hab' ich .. ich hab' das doch eigentlich nie richtig geguckt und so. Am Ende fand ich's jetz' interessanter. Aber das hab' ich eigentlich auch nich' regelmäßig geguckt.
> F: Würdest Du auch keinen Vergleich ziehen zwischen *Big Brother* und *Gute Zeiten*? So von den Geschichten, von den Problemen, von der Alltagsebene?
> A: Nee, eigentlich nich'. Weil *Big Brother* war eigentlich wirklich Leben, wie man wirklich lebt. Und das bei *Gute Zeiten*, dass einem jetz' nacheinander immer so total irgendwas passiert und so, da, also, so Situationen, also, das find' ich, is' nich' normal jetz', sagen wir mal.
> F: Mhm.
> A: Und das bei *Big Brother* war halt wirklich mehr real life.
> F: Das wollen die Soaps doch auch sein!
> A: Ja, gut, aber das (...) is' halt jetz', dass einer jetz' irgendwie (,) irgendwelche Situationen so hintereinander immer; und dass einem im Leben soviel verrückte Sachen passieren, das is' eigentlich schon nich' mehr realistisch. Die inszenieren das so, dass zwar so, dass man das dazwischen immer normal is' und so, aber wenn man so richtig drüber nachdenkt, is' das nich' realistisch.

Dass man darüber nachdenkt, ist ein Stück weit dem Format und der sich mit ihm ergebenden Herausforderung geschuldet. Daher sind auch die Formen der Anschlusskommunikation von großer Bedeutung für die Schüler, um Handlungssicherheit und Gewissheit im Umgang mit diesen Formaten auszubilden.

6.5.2.10 Die Trias der Wirklichkeitskonstruktion I

• *Britta, 13 Jahre, Gymnasium, 8. Klasse, Standort S/T-B.*
Britta, deren Fernsehkonsum durch die Eltern reglementiert ist, findet Daily Talks anders als ihre Schulkameradinnen nun „im Großen und Ganzen (...) schon okay". Dabei werden vor allem die Moderatoren positiv bewertet:

> A: *Andreas Türck, Nicole* ... und *Arabella*. Die drei. Die sind eigentlich ganz okay. Die guck' ich mir auch wenn, dann an. Aber die anderen eigentlich nich' so. Weil (...), einige Themen wiederholen sich in den verschiedenen Talkshows auch, und dann macht das auch keinen Spaß mehr, sich die dann immer dieselben Themen anzuschauen.

Die Nutzung ist aus diesem Grund jedoch eher unregelmäßig und geschieht oftmals dann, wenn beim Zappen etwas Interessantes geboten wird.

> A: Ja, ich flitsch dann meistens, wenn ich das Fernsehen anmach', dann flitsch' ich immer rum, hoch und runter, und wenn dann mal 'n interessantes Thema kommt, dann guck' ich mir das auch an; wenn nich', mach' ich (,) schalt' ich weiter, oder ich mach' es ganz aus und mach' irgendwas anderes.

Ein Hauptmotiv ist aber – wie bei anderen Schülern auch – Belustigung:

> A: Nee! Ich denk' auch, da werden in den Talkshows, da werden auch einige gespielt, die (,) man hat manchmal den Eindruck, dass kann, so wie die sich das verknotet, das *kann* eigentlich gar nich' passiert sein! Ich mein', es gibt schon einige Familienkriege oder so oder Freundeskriege, aber so, wie die sich da manchmal verknoten, würd' ich sagen, das passiert eher nicht.
> F: Weshalb guckt man das?
> A: (lacht ratlos)
> F: Neugierde?
> A: Ja, ich guck' das eigentlich eher so als Gag, um sich da direkt drüber kaputtzulachen, wie die sich dann da zerkeifen oder wie die sich dann (lachend) anbrüllen!

An diesen Aussagen wird unter der Blickrichtung, dass *Big Brother* die Bewertung der Formate verschiebt, zentral, dass für den Umgang mit der Inszeniertheit Belustigung steht, während *Big Brother* dann auch in diesem Fall für die Realität gehalten wird, sei sie nun spannend, unterhaltend oder gar langweilig. Aus der im vorliegenden Interview in Bezug auf die Bewertung der drei Genres ableitbaren *Trias in der Realitätsbewertung* wird ersichtlich, über welche Prozesse sich die bei jüngeren weiblichen und männlichen Interviewpartnern noch stärker ausweisbare Ineinanderblendung der denotativen und konnotativen Ebenen in der Realitätsbewertung allmählich auflöst und den für die Realitätswahrnehmung wesentlichen Unterscheidungskriterien weicht.

> F: Aber wenn Du mal die Soaps mit den Talks vergleichst: In beiden geht es um Alltagsthemen, oder nicht?
> A: Ja, schon. Aber bei *GZSZ*, da wird das eher deutlicher gemacht als in den Talkshows. Ich weiß nich'; bei Talkshows wird zwar dadrüber gesprochen, was man besser machen kann, aber danach wird das sowieso nich' besser! In Talkshows eher dann wird das halt besser gespielt, dass das dann *nich'* mehr vorkommt, was dann da passiert is', oder...
> F: Bei den Soaps, meinst Du ?!
> A: Ja.
> F: Ich meine jetzt nicht vom Toll-Finden mit Bezug auf Soaps, sondern von dem, was da passiert: Alltagsgeschichten, Dramatisierung von Alltag. Meinst Du nicht, dass man das vergleichen kann von der Seite? Soaps und *Big Brother*?
> A: Ja, vielleicht bei *Big Brother*, weil, ähm, eher als noch bei *GZSZ*. Weil bei *GZSZ* wird das ja wirklich gespielt (,) wird das ja nur gespielt; vielleicht bei *Big Brother* waren ja .. war das ja Wirklichkeit, *obwohl* die Kameras da waren.

Die Alltagsdarstellung der Soaps wird als alltagsgetreuer bewertet als die der Talks. Im Vergleich der Soaps mit *Big Brother* wird Letzterem eine noch getreuere Darstellung zugeschrieben. In dieser Zuweisung wird auch deutlich, dass es darum geht, die Konstruiertheit der jeweiligen Alltagsebenen in den Genres auseinander halten zu können, ohne nun direkt einen Realismus als Maßstab anzulegen, sondern die konnotativen und denotativen Gehalte den Genreeigentümlichkeiten entsprechend zu entschlüsseln und für die eigene Wirklichkeitskonstruktion anwenden zu können.

6.5.2.11 Die Trias der Wirklichkeitskonstruktion II

• *Bettina, 13 Jahre, Gymnasium, 8. Klasse, Standort S/T-B.*
Wenn ein Bezug zur eigenen Erfahrung besteht, so misst auch Bettina den Soaps eine orientierende Funktion und Rolle zu. Aufgrund der emotionalen Beteiligung und der Schilderung von Alltagsgeschichten genießen die Soaps, dabei insbesondere *Gute Zeiten, schlechte Zeiten,* eine hohe Glaubwürdigkeit. Demgegenüber wird an den Daily Talks, wie in den anderen Interviews auch, die Inszeniertheit kritisiert:

> F: Wie ist es mit Daily Talks – geht's da um Alltag?
> A: Ja, eigentlich schon. Aber das hört sich immer so gespielt an!
> F: Guckst Du auch gar nicht?
> A: Nee.
> F: Auch nicht mal so...
> A: Selten.
> F: (wiederholt) Selten. Und was guckst Du, *wenn* Du es guckst?
> A: Das, was grade läuft.

Das Interesse ist bei diesem Format eher beiläufig, aber es bietet sich im täglichen Medienumgang als relevantes Angebot zum Zeitvertreib an. Bei der Bewertung der Soaps, der Talks und von *Big Brother* ergibt sich eine ähnliche Trias in der Wirklichkeitskonstruktion, die im nachfolgenden Beispiel vor allem an der Positionierung von *Big Brother* ersichtlich wird, das erneut das Zwischenglied in der Bewertungskette der Realitäts- und Fiktionskonstruktionen darstellt:

> F: *Big Brother*, hast Du das gesehen?
> A: Joah, (,) ab und zu.
> F: Ja.
> A: Aber nich' regelmäßig.
> F: Was hat Dir das gesagt?
> A: Ja, da sah man dann halt, äh, na, also, wenn das dann *nich'* gespielt is', das Leben, das (...) richtig realistisch.
> F: Also, wie in den Talks!?
> A: Ja.
> F: Aber wo ist dann der Unterschied?
> A: Ja, da sieht man dann halt, wie die auch, äh, zu Hause leben und so. (...) Also, wenn die dann zusammen...
> F: Ja. War das denn spannend oder langweilig?
> A: Ja, das war eigentlich, äh, spannend, weil dann, äh, will man ja auch wissen, was dann am nächsten Tag passiert bei denen.

Die Soaps bedienen gegenüber diesen Formaten und den dort geschilderten Alltagsausschnitten mit dem Mittel der Fiktion das Bedürfnis zu wissen, wie es am nächsten Tag weitergeht:

A: Ja, eigentlich nich'. Aber, mhm, in *Gute Zeiten, Schlechte Zeiten*, das is' halt besser.
F: Was ist da besser? Was? Versuch mal zu beschreiben!
A: Ja, da is' dann (,) meistens is' das dann eher realistisch.
F: Ja. Ist das im *Marienhof* nicht so?
A: Das kann ich jetz' nich' sagen!
F: Aha. Was ist da eher realistisch? Dass man miterleben kann, dass man in die Geschichten unmittelbar reinkommt? Oder...
A: Ja, dass, da kommt eigentlich nich' so viel auf einmal. Wenn man das dann schon mal verpasst, dann is' das nich' so schlimm, dann kommt man wieder was schneller rein.
F: Aha. Ist das ganz wichtig, dass man so leicht wieder reinkommt?
A: Ja. Weil sonst hat man nachher keine Lust mehr, wenn man das schon 'n paar Mal verpasst hat.
F: Und das ist ja eher ein Argument dafür zu sagen, das ist so eine tägliche Mühle, die läuft immer durch, und wenn man Interesse hat sich zu unterhalten, was Spannendes zu erleben, dann kommt man immer wieder leicht rein.
A: (zustimmend) Mhm hm.

Während sich Britta in manchen Punkten noch unsicherer bei der Zuschreibung bzw. Anwendung der Dimensionen verhielt, sind Bettinas Unterscheidungen weitaus gefestigter und man gewinnt den Eindruck, dass sie gerade wegen der besseren Unterscheidungsfähigkeit den gespielten Geschichten, also dem fiktionalen Angebot eine größere Wahrheitstreue zusprechen kann als den Talks.

6.5.2.12 Die Trias der Wirklichkeitskonstruktion III

• *Ina, 13 Jahre, Gymnasium, 8. Klasse, Standort S/T-B.*
Das Mädchen Ina hat den Soaps für sich keine große Bedeutung beigemessen. Das ist auch bei den Talks der Fall. Dennoch stellt sich die Frage, ob angesichts einer durchweg ablehnenden und negativ eingestellten Haltung die bislang festgestellten Lesarten, die sich als Ergebnis der Anforderung, die drei Angebote zu unterscheiden, herauskristallisiert haben, auch für ihre Bewertungen eine Rolle spielen.

F: Wie ist denn mit den Daily Talks?
A: Talkshows?!
F: Talkshows, ja.
A: Nee! Die guck' ich eigentlich (,) da sind eh nur Leute, die entweder arbeitslos sind, und sich damit nur Geld verdienen wollen, oder (...) hm, das sind dann irgendwie so Sachen, worüber ich, also, (lachend) auf keinen Fall an die Öffentlichkeit gehen würde! Also, da würd' ich dann probieren, dat irgendwie selber zu

259

lösen, aber net durch dat allet ins Fernsehen zu bringen, nur um da alle Leute auf mich aufmerksam zu machen oder Geld zu verdienen damit.

Im Vordergrund der negativen Bewertung steht auch hier die Inszeniertheit und die zweifelhafte Rolle der Studiogäste. Bei den Themen bewegt sich die Bewertung im gleichen Rahmen:

> F: Was hältst Du denn von den Themen, die da behandelt werden?
> A: Ja, also, wie gesacht: Dat sind eben die Themen, die ich privat lösen würde oder so, aber es geht auch immer nur um irgendwie wat ganz, also, Übertriebenes oder über große Brüste oder über irgendwat Komisches.

Big Brother wird demgegenüber auch von Ina als realitätsnäher eingestuft, wobei dieses Format erneut die Bewertung der Soaps und der Talks zu spiegeln hilft:

> F: Hast Du das mit den Soaps verglichen, als Du das gesehen hast?
> A: Ja, dat hat schon 'n bisschen von Soaps, so 'n bisschen. Aber, mhm, da sieht man zum Beispiel, also, die taten da ja andere Sachen als in den Soaps irgendwie. Die liefen da rum und kochten wie, oder sonnte sich oder irgendwie sowat. Und in den Soaps, da sind halt alles (,) da tun (,) da haben die immer so 'ne spezielle Aufgabe dann in der Zeit; und die taten dat einfach so wie wenn ich Ferien hab' oder so. Dann lagen die einfach nur da rum und sonnten sich oder so, (...).
> F: Was war denn noch das Spannende? Konnte man da sehen, wie man so das Zusammenleben regelt, wie man Probleme löst?
> A: Ja, ich würd' schon sagen, dat is' mehr an der Realität wie solche Soaps. Also, weil die hatten da eben auch öfter schon mal Konflikte oder so, und die konnten sich da ja jetz' nit so zusammenschlagen oder irgendwie Intrigen dann erfinden, (...).

Während die anderen Mädchen ihres Alters aus diesem Standort die Soaps als Orientierungsmittel wahrnahmen, war das bei Ina nicht der Fall. Dennoch greift auch sie in der Lesart und zur Unterscheidung der Genres auf die Trias zur Realitätsbewertung zurück, bei der der Grad der Inszeniertheit in den Genres und die Fähigkeit, diese Inszeniertheit bzw. Konstruiertheit zu thematisieren, eine zentrale Rolle spielt.

6.6 Fazit

Die wechselseitige Wahrnehmung von Soaps und Talks auf Basis der Soap-Interviews war angesichts der Rolle und Bedeutung, die das Format *Big Brother* vor allem in der Erhebungsphase der drei Gruppeninterviews mit dem Soap- und Talk-Impuls, aber auch in der Phase der Durchführung der Einzelinterviews spielte, vor eine neue Herausforderung gestellt.

Es zeichnete sich unter dem Einfluss dieses Formats recht schnell ab, dass die wechselseitige Bezugnahme auf die jeweiligen Formate in einer neuen

Reihenfolge erfolgte, wodurch sich für die anhand der Soap-Rezeption festgestellte fiktions- und realitätsorientierte Rezeptionsweise eine Möglichkeit
zur Überprüfung ergab, die nicht nur zu einer nochmaligen Sondierung der
auf Seiten der Rezipienten vorliegenden Dimensionen beigetragen hat, sondern auch die Entwicklungspunkte in der Ausbildung dieser Rezeptionsmodi
durch die Jugendlichen deutlicher bestimmen half. Insofern stellte auch *Big
Brother* eine Herausforderung an die Jugendlichen dar, mit einem neuen
Format, in dem auf eigenständige und andere Art als in den Soaps und Talks
der Alltag inszeniert wurde, zurechtzukommen.

Dabei kommt es bildlich gesprochen vor dem Hintergrund von implizit
oder besser unbewusst sich stellenden Fragen – die sich auf die Herausforderung
der üblichen Rezeptionshaltung ergeben – zu einer Überprüfung der Kriterien,
mit denen der Umgang mit fiktions- und realitätsorientierten Inhalten bislang
geleistet werden konnte. Es handelt sich um Fragen, die wie folgt lauten können:
Wie lässt sich der Umgang habitualisieren? Spricht mich die Inszenierung an?
Was wollen die mir vorspielen? Was kenne ich? Was gibt es Neues? Gefällt mir
das? Für die Lösung dieser und weiterer Fragen ist nicht zuletzt die Anschlusskommunikation ausschlaggebend. Wie zu den Zeiten, in denen die Talks und die
Soaps ein neues, den Jugendlichen noch nicht so bekanntes Format darstellten,
passiert gerade im Modus der Anschlusskommunikation auch ein Aushandeln
über den Umgang mit diesem Format. Bei den Talks und Soaps, die nun schon
länger im Programm sind, ist diese Anschlusskommunikation nicht mehr zentral
und findet nur noch selten, jedenfalls aber nicht mehr als Aushandeln verschie-
ner Positionen, sondern als Verständigung über die aktuelle Entwicklungsrich-
tung, gerade von Trends und Moden, statt.

Die Einzelinterviews erlauben es in diesem Zusammenhang, die Fragestellung der individuellen Relevanz zu vertiefen. Für diesen Aspekt ist es entscheidend, dass je erfahrungsgesättigter die lebensweltliche Erfahrung ist, die
Inszeniertheit der Formate umso intensiver erkannt wird und die Themen
sowie ihre Präsentation kritisiert werden. Bei fiktionalen Angeboten lässt sich
mit diesem „Widerspruch" zwischen dem Anspruch der Realitätsdarstellung
und seiner fiktionalen Umsetzung anders umgehen, als bei „realistischen",
aber dafür nicht gerade weniger inszenierten Formaten. Der Umgang mit
diesen Angeboten berührt auf allen Ebenen die Grundproblematik der Identitätsbildung und der dafür notwendigen Orientierung. Anscheinend gibt es
für Jugendliche nur wenige andere adäquate Foren des Austauschs über alltagsrelevante Probleme als die hier verhandelten.

Die Angebote stellen sich somit als unterschiedliche Foren für die mit der
fiktions- und der realitätsorientierten Rezeptionsweise verbundenen Bedürfnisse dar. Die Soaps, die Talks und *Big Brother* bilden mithin einen Alltagshinter-
grund, vor dem man sich bewegt. Die festgestellten Rezeptionsmodi bieten sich
gerade bei habitualisierten Medienangeboten als wichtige Routinen an, die auf

Affekte und Emotionen zielenden Angebote vor dem Hintergrund der alltäglichen Anforderungen einzuordnen und Erfahrungen zu machen. Die weitaus größte Anzahl der jugendlichen Rezipienten nutzt dabei die Genres in komplementärer Weise, wobei die Talks vorwiegend negativ bewertet werden (vgl. Kap. 5.6.2). Gerade auch eine negative Bewertung beinhaltet orientierende Aspekte, die das Ergebnis von vielschichtigen Lernprozessen in der Auseinandersetzung mit solchen Programmangeboten darstellen. Im vorliegenden Material der Einzelinterviews gibt es überhaupt nur ein Interview (Kap. 6.5.2.3), in dem die Soaps und Talks funktionsgleich bewertet und aufgefasst werden, und das, obwohl entgegen der in Kapitel 2.4.4 formulierten These zur Ausbildung der Rezeptionsweisen eine fiktions- und realitätsorientierte Aneignung vorliegt. Eine Erklärung bietet die soziale Herkunft sowie der schulische Hintergrund des Mädchens.[11] Ein anderes Mädchen, das den Talks eine orientierende Rolle zuschreibt, weist die Soaps sogar zurück (Kap. 6.5.2.5). Bei den Gruppendiskussionen mit zusätzlichem Videoimpuls zu den Talks offenbart die Diskussion mit der in Kap. 6.4.3.1 beschriebenen Mädchengruppe, dass beide Angebotsformen funktionsgleich zur Orientierung dienen können. Die komplementäre Nutzung, u.a. mit einer ablehnenden Haltung gegenüber den Talks, aber auch zu beiden Genres findet sich in den anderen beiden Gruppen, in denen der zusätzliche Videoimpuls eingesetzt wurde.

In den vorliegenden Materialien ist vor dem Hintergrund der von den Jugendlichen zu bewältigenden Entwicklungsaufgaben daher eine Funktionsgleichheit der Genres (bis auf die Ausnahme in Kap. 6.5.2.3) nur in den Fällen anzutreffen, in denen die für die Ausbildung der fiktions- und realitätsorientierten Rezeptionsweise bestimmenden Kriterien noch ineinander geblendet sind. D.h. die Fähigkeit zur Unterscheidung der angesprochenen Ebenen stellt sich noch nicht als entscheidend für die Wirklichkeitserschließung dar und wird im Wesentlichen dann angestoßen, wenn es gilt, inszenierte Situationen von realen Settings zu unterscheiden. In diesem Prozess zeigt sich anhand der drei im Blickpunkt stehenden Genres, dass Inszenierung für alle Formate maßgeblich ist. Die Inszenierung in den Soaps folgt dabei den für fiktionale Geschichten maßgeblichen Regeln, während bei den Talks und *Big Brother* der Anspruch auf Wirklichkeit mit der Inszenierung realer Personen als Studiogäste oder Kandidaten vermittelt ist. Dieser Unterschied hat nicht nur für die Themenwahrnehmung und die Rolle der Themen in der Anschlusskommunikation eine zentrale Bedeutung, sondern stellt auch für die komplementäre Nutzung der Genres, die bei der überwiegenden Zahl der Jugendlichen festgehalten werden kann, die entscheidende Entwicklungsvoraussetzung dar.

---

11 Das Mädchen besucht die Hauptschule und lebt zusammen mit Geschwistern bei der allein erziehenden Mutter, die nicht berufstätig ist.

Teil IV

Anschlusskommunikation im Internet

7. „... fast interessanter und spannender als VL selbst, aber das ist im Moment ja keine allzu große Kunst". Anschlusskommunikation zu Daily Talks und Daily Soaps im Internet
Friedrich Krotz

7.1 Fragestellung und Vorgehen im Überblick

Dieser zusätzliche Untersuchungsschritt beschäftigt sich mit der Internet-kommunikation, die an den Daily Soaps und Daily Talks des Fernsehens ansetzt. Er war explorativ angelegt, sollte also ein neues Feld erkunden und dessen Dimensionen in einer Weise erschließen, die weitere Untersuchungen ermöglicht. Die Erkundung sollte dabei auch im Blick haben, welche Bedeutung Anschlusskommunikation zu Sendungen und Genres des Fernsehens im Internet für die Landesmedienanstalten und ihren gesetzlichen Auftrag haben mag.

Wegen des erkundenden Charakters dieses Teilprojekts wurden die Untersuchungen in einer Abfolge von explorativen Schritten durchgeführt, die aufeinander aufbauten. Dabei haben wir[1] uns an den Grundsätzen der heuristischen Sozialforschung (Kleining 1995) orientiert: Eine Erkundung findet nicht auf einem vorab vorgegebenen Pfad statt, sondern nähert sich auf unterschiedlichen Weisen und von unterschiedlichen Zugängen aus den wesentlichen Themen: Sie variiert also Fragen und Perspektiven auf den zu untersuchenden Sachverhalt, und sie variiert auch, was die Forscherinnen und Forscher in das Projekt einzubringen haben an Vorwissen, Intentionen, an Graden der Vertrautheit mit dem neuen Medium Internet wie auch Bekanntschaft und Involvement mit den Soaps und Talks, um die es geht. Die so gewonnenen Daten und Einsichten müssen dann im Laufe der Untersuchung zusam-

---

1   Ich danke insbesondere Eva Baumann und Susana Flörchinger, die wesentlich am Entstehen der Ergebnisse beteiligt waren.

mengebracht werden, so dass ein umfassendes Bild entsteht, in dem die einzelnen Perspektiven aufgehoben sind.

Deshalb fanden drei Untersuchungsschritte statt, wobei Erhebung und Auswertung, wie in interpretativen Ansätzen üblich, jeweils parallel erfolgten. Obendrein wurde immer wieder versucht, die in vorherigen Schritten festgehaltenen Ergebnisse im Lichte der neuen Daten und Einsichten zu reformulieren.

Der *erste Schritt* der Untersuchung diente der Erarbeitung einer allgemeinen Übersicht. Dabei wurde als ein Ergebnis deutlich, *dass es vor allem die Internetangebote der Sender bzw. der Produktionsfirmen sind, die die Anschlusskommunikation zu Daily Soaps und Talks im Internet strukturieren.* Sie tun dies aber, so das zweite grundlegende Ergebnis, in für beide Genres unterschiedlichem Ausmaß: *Generell gilt, dass sich die Internet-Kommunikation im Anschluss an die Talkshows von der im Anschluss an die Daily Soaps unterscheidet, insofern sie, sowohl was die Angebote, als auch, was die Nutzung angeht, enger und weniger komplex angelegt und zudem weniger intensiv auf das eigentlich zugrunde liegende Fernsehgenre bezogen ist.*

Im *zweiten Schritt* der Untersuchung wurden vor allem die Internet-Angebote und die Internet-Nutzung im Anschluss an die Daily Talks untersucht. Dabei wurden – neben der Analyse von standardisierten Online-Angeboten – Besucher in Chats um detaillierte Auskünfte gebeten, um nicht in forschungsethische Schwierigkeiten zu geraten (siehe unten), aber auch, um qualifizierte Informationen über eigenes Erleben der Befragten und über längerfristige Entwicklungen zu bekommen.

Wie oben bereits erwähnt, ist die Anschlusskommunikation im Hinblick auf Soaps komplex oder jedenfalls komplexer als es für die Talks der Fall ist. Versteht man wie Hine (2000) das *Internet als einerseits ein kulturelles Artefakt, andererseits als einen eigenständigen kulturellen Raum*, in dem sich neue Formen der Kommunikation und der Sinnkonstruktion entwickeln, so muss man gerade bei der Untersuchung dieser Sinnzusammenhänge angemessene Methoden verwenden. Deshalb wurde in einem *dritten Schritt* schwerpunktmäßig exploriert, wie die Online-Kommunikation im Hinblick auf die Daily Soaps vor sich geht und welche kulturwissenschaftlich fassbaren Entwicklungen hier zu beobachten sind. Diese Untersuchung wurde *nach ethnographischen Regeln* durchgeführt. Die Ethnographie als klassische Methode der Ethnologie bzw. Sozialanthropologie ist weniger eine Methode als eine Forschungsstrategie, die dazu dient, fremde oder – etwa in der Volkskunde – als fremd unterstellte Kulturen zu untersuchen. In ihrem Rahmen haben unterschiedliche Verfahren Platz. Gemeinsam ist den unter Ethnographie subsumierten Vorgehensweisen dabei zweierlei: Es wird davon ausgegangen, dass man fremde Kulturen nicht a priori und von außen verstehen kann, sondern die dort wesentlichen Bedeutungsstrukturen erst durch

Feldaufenthalte, also durch gestaltete Lebens- und Arbeitspraxis in dieser Kultur erlernen muss. Und, dass der Erkenntnisprozess des bzw. der Forscherin als Beziehung zwischen ihm bzw. ihr auf der einen Seite und der zu untersuchenden Kultur auf der anderen Seite konzipiert werden muss. Innerhalb einer solchen Beziehung kann nicht einfach nur Wissen gewonnen und akkumuliert werden, vielmehr ist unterstellt, dass sich in diesem Prozess auch Forscherin bzw. Forscher verändern, insofern sie mit einem Teil ihrer Existenz Teil der zu untersuchenden Kultur werden – weswegen sie auf ihre Reflexionsfähigkeit achten müssen.[2]

Ethnographie wird derzeit gerade auch als Methode der Wahl im Rahmen der Cultural Studies betrachtet, ist aber in Deutschland in diesem Kontext bisher kaum angewandt worden, sieht man von der Trierer Gruppe um Vogelgesang (z.B. 1991, 1996) ab. Es liegen bisher auch international nur wenige ethnographisch angelegte Untersuchungen der Internetkommunikation vor (siehe dazu auch die vorhergehende Fußnote). Nimmt man die Vielfalt der Soap-bezogenen Internet-Angebote als Indikator dafür, dass Fankulturen im wahrsten Sinne des Wortes eigenständige Kulturen sind oder zumindest in der Perspektive ihrer ‚Eingeborenen' wichtige charakteristische und damit scharf vom Rest der Gesellschaft trennende Elemente integrieren, so ist ein ethnographischer Ansatz aber geradezu geboten – wobei freilich auch manche gravierenden Unterschiede zwischen Internet-Kulturen und anderen Kulturen zu berücksichtigen sind. Denn eine Internet-Kultur ist im Gegensatz zu den Themenfeldern der klassischen Sozialanthropologie von der Kultur der Untersucher weder räumlich noch thematisch oder zeitlich deutlich getrennt.

Im vorliegenden Zusammenhang wurde vor allem das Verfahren der Tagebuchaufzeichnungen im Feld aus dem Kanon der Ethnographie übernommen. Ferner wurden wie bei Ethnographen üblich Informanten im Feld gesucht, auf deren Kenntnisse und Erfahrungen zurückgegriffen wurde. Die verwendeten Daten differenzieren sich dementsprechend in einerseits beobachtete und Befragungsdaten, andererseits Erlebnisdaten. Ethnographie ist natürlich auch ein Verfahren einer differenzierten Auswertung, Gruppierung und Bewertung der Daten – dies ist im Detail aus Zeitgründen im Rahmen des vorliegenden Projekts nur insoweit geschehen, als dass einige rudimentäre Ergebnisse dieses dritten Schritts in die folgende systematisierende und konzeptualisierende Darstellung eingeflossen sind.

Im Folgenden werden empirische Ergebnisse, darauf gestützte konzeptionelle Entwürfe und weiterführende Überlegungen dargestellt. Dagegen sind in dem vorliegenden Text insbesondere keine endgültigen Ergebnisse und

---

2 Für eine detaillierte Auseinandersetzung mit der Methode der Ethnographie ist hier kein Raum. Ich verweise deshalb pauschal auf Baym (1999), Fischer (1992), Hammersley&Atkinson (1995), Hakken (1999), Hine (2000) und Markham (1998).

auch keine systematischen Übersichten zu erfahren. Die Angabe konkreter empirischer Daten hat stattdessen exemplarischen Wert und wird, zum Teil auch angesichts der Knappheit der Mittel und der explorativen Zielsetzung, gelegentlich nur so weit betrieben bis Konzepte gefunden wurden, die in einem zukünftigen systematischen Projekt Erkenntnisgewinn zu versprechen scheinen. Denn einmal zielt eine explorative Untersuchung ja gerade darauf, Schneisen durch die Fülle und Vielfalt der Wirklichkeit zu schlagen, auf denen dann weitere Untersuchungen voranschreiten können. Zum Zweiten ist die Anschlusskommunikation im Internet derzeit nicht vollständig beschreibbar, wie jeder und jede sich überzeugen können, wenn man nur den Namen *Arabella* oder den Titel *Verbotene Liebe* in geeignete Suchmaschinen eingibt. Eine Systematik der Angebote, deren Formen und ihrer Nutzung muss vielmehr erst auf der Basis explorativer Annäherungen entwickelt werden. Auch müssen für das Internet Verfahren der Datenrecherche entwickelt werden, die über das bloße Sammeln wie bei den meisten Suchmaschinen hinausgehen – die Milliarden von Internetsites benötigen eine geordnete Struktur, um sinnvoll nutzbar zu sein. Schließlich zum Dritten ist das Internet, das zeigt auch die vorliegende Untersuchung, ausgesprochen schnelllebig. Beschreibungen, die im Frühsommer erarbeitet wurden, sind im Spätsommer in vielen Details, oft auch in ihrer Struktur nicht mehr gültig, die Sites relaunched oder zumindest gewartet oder sonst verändert. Im halben Jahr der Laufzeit des Forschungsprojekts haben sich die untersuchten Internetauftritte zum Teil auch professionalisiert: Dass sich hinter dieser Schnelllebigkeit auch Weiterentwicklungen verbergen, ist dann wieder ein empirisches Resultat, auf das weiter unten eingegangen wird.

Im Folgenden geht es also in erster Linie um konzeptionelle Entwürfe zu einer systematischen Untersuchung von Anschlusskommunikation im Internet, die anhand der empirischen Teilschritte gewonnen wird. Dass dabei auch interessante Ergebnisse erzielt werden, wird hoffentlich deutlich werden.

7.2 Das Internet als Integrationsmedium und die Transformation von fernsehbezogener Kommunikation in internetvermittelte Kommunikation

Das Thema einer explorativen Untersuchung der Anschlusskommunikation zu Fernsehsoaps und Fernsehtalks im Internet wird bearbeitet, wenn man der Frage nachgeht, welche Angebote im Internet gemacht werden, warum und in welchem Kontext dies geschieht, wie sie zusammenhängen und wie sie genutzt werden. Dabei ist von wesentlicher Bedeutung, dass diese Internetangebote von ganz anderem Typus sein können als es die ursprünglichen Fernsehangebote sind, und dass ihre Nutzung dann gerade keine Rezeption wie beim Medium Fernsehen sein muss, aber sein kann: Die beiden Medien unterscheiden sich voneinander. Deshalb sind hier – unter der Annahme, dass Leserinnen und Leser mit dem Medium Fernsehen recht vertraut sind – zunächst einige Überlegungen zum ‚Medium‘ Internet und zu seinen Besonderheiten notwendig. Dann werden wir uns konzeptionell mit dem Internet als Anschlusskommunikation im Hinblick auf die beteiligten Akteure beschäftigen sowie die Genres der Internetkommunikation im Hinblick auf die Fernsehgenres Soap und Talk darstellen. Darauf gestützt lässt sich dann ein Konzept von Anschlusskommunikation im Alltag der Menschen entwerfen. Die folgenden Absätze dieses Paragraphen 7.2 sind also insgesamt eher konzeptionell ausgerichtet, aber sie sind demnach als Ergebnis der einzelnen empirischen Untersuchungsschritte anzusehen.

7.2.1 Das Internet kommunikationswissenschaftlich gesehen

Das Internet ermöglicht im Prinzip drei verschiedene Typen von Kommunikation (Krotz 1995, 1997): Erstens findet darin die Rezeption standardisierter, allgemein adressierter Angebote (wie Radio- oder Fernsehsendungen oder auch Websites) statt. Die Rezeptionsprozesse sind hier so ähnlich wie die Rezeption von Massenmedien, wobei im Internet im Allgemeinen keine zeitlichen Vorgaben für Beginn oder Ende einer Rezeption gemacht werden (aber manchmal durchaus gemacht werden können, etwa bei Life-Online-Podiums-Diskussionen oder bei Web-Cam-Angeboten). Zweitens sind ganz unterschiedliche Formen der interpersonalen Kommunikation möglich – per E-mail, in Chats oder MUDs (Multi User Dungeons), also unterscheidbar nach synchroner oder asynchroner Kommunikation und nach ihrem Sinn. Schließlich drittens gibt es neuartige Formen der Mensch-Maschinekommunikation, etwa, wenn man sich mit einem Software-Agenten verständigt oder ein Computerspiel spielt, dessen Ablauf zwar im Großen und Ganzen programmiert ist, aber in der konkreten Realisierung eines Spielers dennoch ein Unikat bleibt. Diese dritte Kommunikationsform lässt sich als *gerahmte Kommunikation* bezeichnen, weil es möglich ist, mit einem solchen Programm zu ‚sprechen‘, aber der Bereich dessen, was gesagt und wie es gesagt werden kann, gegenüber einem Gespräch mit einem anderen Menschen vorab vorgegeben und deshalb systematisch reduziert ist. (Dieser dritte Typ spielt bisher bei der Anschlusskommunikation zu Daily Soaps und Talks so gut wie keine Rolle.)

Das Internet konstituiert also (neue) Formen der Individual- und Gruppenkommunikation, ermöglicht es allen Nutzern, standardisierte mediale Angebote zu machen (z.B. Computerspiele, Preisausschreiben, Guestbooks, Chats oder Websites) oder mit ‚intelligenten‘ Programmen zu kommunizieren und stellt zudem neue Arten von Kontextualisierungen her. Deshalb macht es

Sinn, *Internetangebote nach ihren interaktiven Potenzialen zu charakterisieren.*

Zudem ist das Internet insgesamt eine zusammenhängende Struktur, ein Netz. Unter dem Titel der *Hypertextverflechtung* wird diese Eigenschaft immer wieder betont. Von daher lassen sich Internetangebote auch danach unterscheiden, inwieweit sie mit anderen Angeboten verlinkt sind und welche dies sind: Durch Links vermittelte ‚Nachbarschaften' stellen Strukturen im Internet her und gliedern damit den virtuellen Raum.

Wir begreifen das Internet damit als einen *vernetzten Kommunikationsraum, in dem sich spezifische ‚Orte' und Strukturen auf Daily Soaps und Talks beziehen, und an dessen Rändern Menschen vor Bildschirmen sitzen und mit Rezeption und interpersonaler Kommunikation, gelegentlich auch mit der Produktion eigener Texte oder Websites beschäftigt sind. Von Anschlusskommunikation sprechen wir dann, wenn dabei ein Bezug zu Soaps und Talks im Fernsehen explizit gemacht wird. Diese Anschlusskommunikation im Internet in Bezug auf Soaps und Talks* macht damit einen Teilbereich der Internet-Angebote und der Internetnutzung insgesamt aus. Dabei ist freilich zu berücksichtigen, dass dieser Teilbereich seinerseits in verschiedene Teilbereiche zerfallen kann, die nicht in erkennbarem Zusammenhang zueinander stehen müssen und die auch nicht immer gleichberechtigt zugänglich sind – so bieten proprietäre Anbieter wie AOL auch Internetsites zu Fernsehsendungen an, die nur von Mitgliedern genutzt werden können.

Andererseits lässt sich das Internet aber auch als Medium charakterisieren. „Sucht man in den neueren Positionen der Medientheorie nach einem gemeinsamen Horizont, so muss man in Medien nicht bloß Verfahren zur Speicherung und Verarbeitung von Informationen, zur räumlichen und zeitlichen Übertragung von Daten erkennen; sie gewinnen ihren Status als wissenschaftliches, d.h. systematisierbares Objekt gerade dadurch, dass sie das, was sie speichern, verarbeiten und vermitteln, jeweils unter Bedingungen stellen, die sie selbst schaffen und sind." (Pias et al. 2000, 10). *Von Medien sprechen wir also da, wo Kommunikation gestaltet, arrangiert, inszeniert wird, wo Bedingungen fürs Kommunizieren gesetzt sind.* Weil das Internet Kommunikation und Erwartungen strukturiert, lässt es sich dementsprechend als Medium ansehen, und Multimedium, sogar in vieler Hinsicht Integrationsmedium ist es, weil es die alten Medien in digitaler Form ‚enthält', ‚übernimmt' oder ‚distribuiert': Zeitungen und Bücher, Spiele und Musikangebote, Bewegtbilder und Werbespots lassen sich im Internet auffinden. *Insofern ist das Internet ein integrierendes, ein Metamedium, und die alten Medien verwandeln sich in mediale Untergattungen des Internets.*

Deshalb lässt sich das Internet also *zugleich als Kommunikationsraum und als Mediumsverbund begreifen,* in dem Informationen verarbeitet, transformiert, tranportiert und aufbewahrt werden. In diesem Medienverbund lösen sich die darin vorhandenen Informationen in einer neuen Weise von dem ab, was gemeint ist oder bezeichnet werden soll: Kommunizieren wird damit einerseits vom realem Geschehen befreit, erhält aber auch im Vergleich zum Fernsehen und zur Offline-Kommunikation am PC eine neue reale Dimension der kommunikativen Verbindlichkeit, weil man dort reale andere trifft, mit denen man interagiert (vgl. hierzu auch Krotz 1997, 2000).

Dabei ist dann aber wiederum zu berücksichtigen, dass es im Internet ganz unterschiedliche Genres oder kommunikative Gattungen gibt. *Unter Genres[3] werden hier medienbezogene inszenatorische Entwicklungsprozesse verstanden, die sich durch immer neue Realisierungen spezifischer Inhalte in spezifischen Formen manifestieren, manchmal auch (wie im Falle des Westerns) zu einem vielleicht auch vorläufigen Ende kommen. Produktionsseitig handelt es sich bei einem Genre um einen Zusammenhang bestimmter Inhalte, Bilder, Techniken, Formen, Strukturen, also einer bestimmten Sprache, nutzerseitig um die Konstellation spezifischer Erwartungen und Vorstellungen, über die sich Kontextbildungen herstellen und die so die Rezeption beeinflussen. Und marktseitig, was nicht zu vergessen ist, handelt es sich bei einem Genre um einen Set von Kalkulationsgrundlagen und Gewinnerwartungen. Zu berücksichtigen ist, dass Genres immer Genres in Bezug auf ein Medium sind.* Eine der relevanten Fragen der vorliegenden Arbeit ist, wie sich Genres des einen Mediums in Genres des anderen Mediums transformieren. Dies geschieht in einem weiten Sinn als Anschlusskommunikation. Auf der Basis der bisherigen Überlegungen können wir deshalb nun diesen Begriff präzisieren.

7.2.2 Anschlusskommunikation als Kommunikation von Akteurstypen

Anschlusskommunikation wird im vorliegenden Fall also als Kommunikation definiert, die im Internet im Hinblick auf Soaps und Talks im Fernsehen betrieben wird: Die Phänomene der fernsehbezogenen Soap- und Talkkommunikation bzw. Rezeption generieren damit Phänomene der Internetkommunikation.

Dabei kann man zunächst von den beteiligten Akteuren ausgehen, um zu beschreiben, wie diese Anschlusskommunikation zustande kommt. Akteure sind dann einmal Akteure, die die Ausstrahlung von Soaps und Talks im Fernsehen ermöglichen und veranlassen oder sonst irgendwie daran beteiligt sind wie Schauspieler oder Moderatorinnen, und die im Internet als Anbieter aktiv werden, zum anderen Nutzerinnen und Nutzer von Soaps und Talks im Fernsehen, die Soap- und Talk-bezogene Internetangebote nutzen.

Dabei ist freilich zu berücksichtigen, dass die Akteure im Internet einerseits Akteure sein können, die auch im Hinblick auf das Fernsehen aktiv sind,

---

3 Hutchings (1995) gibt einen Einblick in die Entwicklung der medienwissenschaftlichen Diskussion um das Konzept Genre.

dass aber zu einer Akteursklasse im Internet neue Akteure hinzu kommen können. Dazu zählen beispielsweise nur im Internet aktive Firmen, die spezifische Merchandisingangebote zu Soaps und Talks machen oder interaktive Online-Spiele oder Fandiskussionen zu einer Soap anbieten oder Internetsurfer, die dort die Soap-bezogenen Angebote nutzen, ohne mit der eigentlichen Fernsehsoap etwas zu tun zu haben. Dabei lässt sich nach Motivlage unterscheiden: Während Sender und ähnliche Einrichtungen Teil des kommerziellen Systems sind, sind Nutzer Teil des sozialen Systems. Die folgenden beiden Tabellen versuchen diese Situation zu systematisieren:

Tabelle 7.1: Die Transformation ökonomischer Akteure beim medialen Übergang

Fernsehen (als Netz ökonomischer Beziehungen)	Internet (als neuer ökonomischer Raum)
Produktionsfirma	Produktionsfirma
Sender	Sender
	Online-Firmen mit subsumierten oder eigenen Interessen
Merchandising-Firmen	Merchandising-Firmen
Zeitschriften, Verlage	Zeitschriften, Verlage
	Sonstige partizipierende Unternehmen

Tabelle 7.2: Die Transformation sozialer Akteure beim medialen Übergang

Fernsehen (als Netz sozialer Beziehungen)	Internet (als Netz sozialer Beziehungen)
Sendungsnutzer	Sendungsnutzer, die im Internet sind
Regelmäßige Sendungsnutzer	Regelmäßige Sendungsnutzer, die im Internet sind
Fans	Fans, die im Internet sind
Nutzungsgemeinschaften	Kommunikative „virtuelle" Gemeinschaften aus Fernsehfans
	Internetnutzer, die manchmal entsprechende Internetangebote nutzen
	Internetnutzer, die regelmäßig entsprechende Internetangebote nutzen
	Internetnutzer, die Fans entsprechender Internetangebote sind
	Kommunikative „virtuelle" Gemeinschaften aus Fans von entsprechenden Netzangeboten

In Tabelle 7.1 gehören zu den sonstigen partizipierenden Unternehmen beispielsweise Pornoanbieter oder sonstige Websitebetreiber, die etwa *Verbotene Liebe* in den Text ihrer Site aufnehmen, um gefunden und aufgelistet zu werden, wenn jemand in einer Suchmaschine ein entsprechendes Suchwort eingibt. Bisher ist dies eine übliche Praktik solcher Anbieter.

In Tabelle 7.2 werden Fans von Soaps und Talks im Fernsehen von den regelmäßigen Sendungsnutzern unterschieden. Personen werden in diesem Kapitel als *Fans* bezeichnet, wenn sie sich in der Öffentlichkeit als Fans inszenieren. Verlangt ist also, dass die Tatsache, dass jemand Fan ist, veröffentlicht wird. Dies ist gerade auch für das Internet eine wichtige Dimension, weil sie dort so eingelöst wird, dass man auf seiner Homepage einen entsprechenden Link setzt oder sonst darauf hinweist.

Insgesamt lässt sich im Hinblick auf diese Akteure, die im Internet tatsächlich empirisch auffindbar sind, zusammenfassend sagen, dass sich die Akteursklassen vervielfachen und dass sich schon allein deshalb die kommunikationsbezogenen Muster im Hinblick auf Soaps und Talks im Fernsehen im Internet ausdifferenzieren und erweitern. Die daran anschließende Frage ist dann, in welchen Formen und auf welche Weise diese Kommunikation gestaltet wird.

7.2.3 Genres der Anschlusskommunikation im Hinblick auf Soaps und Talks

Die im Zusammenhang mit Soaps und Talks relevanten Akteure präsentieren sich im Internet entweder dadurch, dass sie dauerhaft vorhandene kommunikative Angebote in spezifischen Formen machen oder dadurch, dass sie sich auf solche Angebote zeitweilig einlassen, sie also nutzen. Die Angebote – und um diese geht es hier – lassen sich nun danach unterscheiden, welche interaktiven Potenziale sie besitzen, welchen Handlungsspielraum sie den Nutzern eröffnen. Sie können im direkten Vergleich miteinander dann entweder als *eher angebots- oder eher nutzerorientert* charakterisiert werden. Diese Unterscheidung ist gerade auch angesichts der Besonderheiten des Internets gegenüber dem Fernsehen wichtig und rückt deshalb hier in den Vordergrund.

Es gibt bekanntlich viele Formen, wie man sich des Internets bedienen kann, also viele verschiedene Internet-Genres: eher herkömmliche, von anderen Medien übernommene wie Informationsangebote, Unterhaltungssites oder Podiumsdiskussionen (wobei damit natürlich nicht gesagt sein soll, dass diese alten Genres im neuen Medium identisch mit den alten sind). Zudem existieren eigenständige, netzspezifische Genres wie zum Beispiel Webcams, Chats, Guestbooks, MUDs, Pushdienste, E-Commerce-Anbieter, Versteigerungshäuser, von denen nur bestimmte zur Anschlusskommunikation in Bezug auf Fernsehsoaps und Fernsehtalks gehören.

Wir begreifen diese Angebotstypen, die in Bezug auf Soaps und Talks existieren, als Genres oder kommunikative Gattungen des Internets, weil sie für die Nutzerinnen und Nutzer konstituieren, was man damit machen kann – und genau dies ist eine wesentliche Eigenschaft von Genres. Wir können deshalb sagen, *dass die Fernseh-Genres Daily Soap und Daily Talk im Internet Internet-Genres erzeugen,* in denen sich die Diskussion um Soaps und Talks niederschlägt oder niederschlagen soll. Tabelle 7.3 listet die zur Anschlusskommunikation zählenden Internetgenres auf:

Tabelle 7.3: Die Transformation von Genres beim medialen Übergang

Fernsehen als Medium Daily Soaps und Daily Talks als Genres	Internet als Medium Daily-Soap- und Daily-Talk-bezogene Genres
	Standardisierte, allgemein adressierte Auftritte (wie Websites)
	E-Mails
	Telegramme
	Chats
	Newsgroups, Foren, Guestbooks
(Textliche und bildliche Verweise auf den Sender, die Produktion, auf andere Medien, auf Produkte und Websites)	Linkstrukturen als erwartete und institutionalisierte Verweise, die den Charakter des Internets mit ausmachen
	(Sonstige textliche und bildliche Verweise)

Es ist ein wesentliches Ergebnis der Untersuchung, *dass sich Soaps und Talks heute in dieser Hinsicht kaum unterscheiden: Tabelle 7.3 gilt für beide Genres.* Es ist aber zu erwarten, dass sich hier im Laufe der Zeit Ausdifferenzierungsprozesse beobachten lassen, vor allem zu Soaps, denen im Alltag der Jugendlichen viel größere Bedeutung zukommt, Computerspiele entwickelt oder Webcams mit Blick auf den Set installiert werden – à la *Big Brother* zum Beispiel. Schon jetzt gibt es schlichte Vorformen wie Memoryspiele um Soap-Stars.

Wesentliches Internet-typisches Unterscheidungsmerkmal der Genres der Anschlusskommunikation ist der Grad an Interaktivität, die möglich ist. Genres der interpersonalen Kommunikation erlauben es den Nutzern, dass sie freie Texte eingeben und darüber Kontakt zu anderen Menschen aufnehmen oder halten, während Websites – die wir im folgenden ‚Auftritte‘ nennen werden – im Wesentlichen nur Auswählen durch Anklicken erlauben[4]. Deshalb werden wir im folgenden WWW-Auftritte und Genres der interpersonalen Kommunikation getrennt voneinander darstellen – wobei allerdings die Genres der interpersonalen Kommunikation meistens erst über die Auftritte der Anbieter erreicht werden: *Die wichtigsten Chats und Foren, die um Soaps und Talks kreisen, finden sich im Rahmen der Internetauftritte der Sender. Darauf wird noch einzugehen sein.*

7.2.4 Websites im World Wide Web als Auftritte

Wer sich im Internet auf die Homepage von beispielsweise RTL begibt, findet auf seinem Bildschirm eine Reihe von strukturierenden Überblicksangeboten: Durch Anklicken kann man sich dann in das verzweigte Angebot ‚hineinbegeben‘ und weitere Informationen erhalten, an Chats teilnehmen, Bilder, Texte oder Bewegtbilder und Töne anschalten etc. Wer hingegen beim

---

4 Wie bereits angemerkt, existieren Angebote für eine gerahmte Kommunikation mit ‚intelligenten‘ Softwareprodukten als Anschlussangebote bisher nicht.

Fernsehen auf einen Sender wie beispielsweise RTL schaltet, erhält keine Erklärungen und Übersichten, sondern ist unmittelbar ins laufende Programm involviert.

Deshalb müssen Kanäle im Fernsehen und deren Repräsentation im Internet von der Art her voneinander unterschieden werden. Die Sites im World Wide Web sind keine laufenden Programme, sondern *lassen sich in Anlehnung an Vesper (1998) als Auftritte von Institutionen* bezeichnen, die dann weitere mediale Erlebnisse zugänglich machen.

Vesper geht dabei davon aus, dass medienvermittelte Kommunikation nicht nur durch Medien strukturierte Kommunikation ist, wie oben schon erwähnt, sondern immer auch intentional und interessengeleitet stattfindet. Dementsprechend sind auch die Bedingungen, die Medien und Genres setzen, durch die Interessen ihrer Betreiber bzw. Anbieter vorgegeben. Das Internet erscheint in dieser Perspektive dann als ein Medium, das ‚zwischen‘ die schon bisher vorhandenen Kommunikationspartner tritt und die möglichen Interaktionen aufgrund seiner medialen Eigenschaften, aber auch aufgrund von Intentionen und Interessen präformiert – dies tut es etwa durch den technisch notwendigen Zugang und die damit verbundenen Bedingungen des Umgangs, aber auch, insofern es auf spezifische Erwartungen Bezug nimmt und im Hinblick auf spezifische Themen und Fragestellungen spezifische Genres für Interaktionen anbietet. Dabei ist von Bedeutung, dass der Computer nicht nur schnell ist und auf große Speicherkapazitäten zurückgreifen kann, sondern dass er als universelle Maschine universelle Anwendungen möglich macht, also unterschiedlich programmiert werden kann und wird.

Internetauftritte sind nun genauer nach Vesper Gruppierungen einer endlichen Zahl von HTML-programmierten ‚Seiten‘, die sich einem konkreten Anbieter zuordnen lassen und über ein- und dieselbe Adresse (Uniform Ressource Locator oder URL) ansprechen lassen. Methodisch entwickelt Vesper auf der Basis dieser Überlegungen dann sogenannte *Auftrittsanalysen*. Sie bestehen darin, verschiedene Analyseebenen zu benennen, worin sich Auftritte unterscheiden können, und mögliche Ausprägungen zu katalogisieren und zu systematisieren – beispielsweise formale Darstellungselemente, die Art des Aufbaus oder die Linkstruktur, die etwas über die Einbettung eines Angebots aussagt. Auftrittsanalysen sind also eine Art standardisierter und vergleichbarer Beschreibungen.

Diese Überlegungen können in künftigen Projekten dazu beitragen, systematische Analysen von Internetsites zu entwickeln, zu prüfen und zu testen. Weil dieses Vorgehen für detailliertere Analysen hilfreich zu sein scheint, insofern damit unterschiedliche Websites auf informative Weise miteinander verglichen werden können, kann das explorative Vorgehen an dieser Stelle beendet werden: Hier wird auf dieses Verfahren hingewiesen, es wird aber aus Aufwandsgründen nicht angewandt.

Ergänzend ist anzumerken, dass es seitens der Anbieter vorsichtige Schritte darauf hin gibt, das Angebot in Bezug auf Soaps durch zusätzliche Genres zu erweitern – durch kleine Gewinnspiele oder verstärktes Merchandising. Dies muss als ein Schritt zur Professionalisierung gewertet werden – ebenso wie die Verselbstständigung von *GZSZ* zu einer eigenen Internetadresse abseits von der RTL-Website oder die immer wieder relaunchten und weiterentwickelten Websites.

Im Folgenden stehen also die Genres der interpersonalen Internetkommunikation im Vordergrund, in denen sich die Anschlusskommunikation in der Perspektive der Nutzer in dem konstelliert, was am Internet Besonderes ist, nämlich in seinem interaktiven Potenzial, das interpersonale und Gruppenkommunikation möglich macht.

7.2.5 Internet-Genres der interpersonalen Kommunikation

Interpersonale mediatisierte Kommunikation, also Kommunikation, mit deren Hilfe sich Menschen miteinander verständigen, wenn sie dies nicht face-to-face tun, bedarf der medialen, also der technischen und der sozialen Organisation. Das ist nichts Neues; damit wurden und werden Vermögen gemacht wie mit dem Postmonopol oder heute mit dem immer noch bestehenden Monopol der Telekom. Neben technischen Zugangsvermittlern sind natürlich auch Inhaltsanbieter sowie weitere Organisatoren einflussreich dafür, was wie kommuniziert werden kann, wie Menschen sich ausdrücken können bzw. welche Art von Aussagen Nutzerinnen und Nutzer von bestimmten Medien erwarten. Bekanntlich ist es für Gesellschaft und Kultur, Alltag und Identität der Menschen von hoher Bedeutung, wer definiert und kontrolliert, in welchen medialen Formen worüber kommuniziert werden kann und wer damit am Kommunizieren der anderen mittelbar oder unmittelbar beteiligt ist. Deshalb ist die Art der Genres der interpersonalen Anschlusskommunikation wichtig, aber auch, wie Anschlusskommunikation über das System medialer Beziehungen hinaus tatsächlich durchgeführt wird.

Wir können zunächst generell festhalten, *dass sich vier Genres interpersonaler Kommunikation im Internet in Bezug auf Soaps und Talks auszubilden scheinen.* Einmal der individuelle Austausch per E-Mail. Zum zweiten gibt es den Austausch von so genannten Telegrammen, ein Kommunikationsmedium, das bisher allerdings nur Site- bzw. Provider-abhängig zur Verfügung steht: Telegramme sind sofort auf den Bildschirm des Empfängers gebrachte E-Mails, wobei Sender und Empfänger gleichzeitig online sein müssen. Bei AOL kann man sich hierzu eine stets aktualisierte Liste von ‚Buddies‘ auf dem Bildschirm angeben lassen, um sofort zu erfahren, welche/welcher Bekannte denn nun in einem bestimmten Moment online erreichbar ist: Telegramme dienen also einer aktuellen, mehr oder weniger synchronen Kommunikation (in aktueller Ergänzung zu E-Mails). Ebenso wie die Möglichkeit sich E-Mails zuzuschicken, ist diese Kommunikationsart ein Potenzial, das vermutlich genutzt wird, dessen Verwendung aber mit den hier eingesetzten Methoden nicht erhoben werden kann, weil sie sich einer Beobachtung entzieht. Als dritte interpersonale Kommunikationsform finden sich Chats, und schließlich ist die asynchron angelegte Kommunikation in Form von Postings in Newsgroups, Foren oder Guestbooks zu nennen. Die Abwandlung ,mailing list', bei der Postings nicht für alle potenziellen Leser veröffentlicht, sondern einer Gruppe von Abonnenten zugestellt werden, kann hier als Unterform verstanden werden.

Diese einzelnen Genres interpersonaler Anschlusskommunikation sollen nun kurz charakterisiert werden, soweit sie beobachtbar sind. Darunter fallen die Genres Chats, Foren und Guestbooks. *Chats* sind bekanntlich ,Orte' synchroner, vertextlichter Kommunikation. Technisch ruft man dazu ein Programm auf, das gewährleistet, dass mehrere gleichzeitig ,anwesende' Leute Texte einfüttern, die zeitgleich auf den Bildschirmen der anderen erscheinen. Meistens stehen dazu nur einige Dutzend Zeilen zur Verfügung, und durch jede neu eingegebene Zeile wandert alles, was älter ist, aus dem Fenster auf dem Bildschirm hinaus. Man hat also nur die letzten zehn oder zwanzig Wortmeldungen im Blick, und je mehr Leute an einem Chat aktiv teilnehmen, desto schneller verschwinden ihre Beiträge ins unwiederbringliche Aus. An solchen Chats können sich sehr viele User beteiligen, manchmal ist die Zugangszahl aber auch beschränkt. Wenn nun viele Teilnehmer in einer Chatbox präsent sind und sich an der Produktion von Beiträgen beteiligen, so werden viele ,Gespräche' nebeneinander und ineinander verschlungen geführt, so dass kaum von einem Gespräch im gewohnten Sinn die Rede sein kann. Insofern sind Chats für komplexere, aufeinander Bezug nehmende Diskussionen und Auseinandersetzungen oder allgemein, Informationsverkettungen nicht sonderlich gut geeignet.

Die Art der Nutzung scheint sich dieser Organisation von Kommunikation zu unterwerfen. Chats, ganz gleich ob in Talk- oder Soap-bezogenen Kontexten, dienen kaum der Auseinandersetzung über Inhalte, Formen, Serien oder sonstige Fan-Aktivitäten, sondern werden für Small Talk und zum Verfolgen privater Interessen, etwa dem Anbahnen von Beziehungen oder Kontakten genutzt. Sie dienen also oft eher dazu, in kurzen Sätzen abzuklären, wie die Dinge liegen. Es ist oft zu hören und vermutlich auch zu beobachten, dass sich Internet-User in Chats kennen lernen und dann schnell einigen, gemeinsam den öffentlichen Chat zu verlassen, um sich woanders hin zu begeben – oft in einen privaten Chat, den man an manchen Orten im Internet aufmachen kann und bei dem die jeweilige Gründerin oder der Gründer die Kontrolle darüber hat, wer zuhört oder teilnimmt.

Newsgroups oder Foren sind Internetplätze, auf denen mit Hilfe aufeinander folgender Beiträge, die an eine Art ‚schwarzes Brett‘ geheftet werden, zu bestimmten Themen diskutiert wird. Im Gegensatz zu den Chats sind sie nicht auf synchrone, sondern auf asynchrone Kommunikation hin angelegt und thematisch organisiert. D.h. im Allgemeinen werden neue Beiträge bereits vorhandenen Beiträgen zugeordnet, was dann auch durch die räumliche Anordnung von Beiträgen auf dem Bildschirm erkennbar ist.

Der Ausdruck Newsgroups stammt aus dem Usenet, einem Teilnetz des Internets, das in einer früheren nutzerkontrollierten Phase des Internets entstanden ist und bezeichnet unmoderierte und nicht kontrollierte Kommunikation des genannten Typs. Hier soll – in Einklang mit den Gepflogenheiten im Internet – *der Begriff des Forums für eine Newsgroup verwendet werden, wenn sie von einem institutionellen oder kommerziellen Internet-Anbieter organisiert und bereitgestellt wird* – eine Internet-Newsgroup, die von RTL angeboten wird, wird also als Forum bezeichnet.

Guestbooks schließlich sind Foren, in denen die Beiträge der Nutzerinnen und Nutzer nicht thematisch aufeinander bezogen, sondern zeitlich strukturiert angeordnet sind. Hier werden alle eingehenden Beiträge der Reihe nach gepostet, ohne dass sich aus Gestalt und Anordnung der Botschaften auf einen Blick erschließen lässt, wer mit wem kommuniziert oder sich auf wen bezieht. Meistens finden sich Guestbooks auf organisierten, personalisierten Sites im WWW-bereich des Internets; so haben Arabella oder Andreas Türck, aber auch viele private Internetuser ihre eigenen Guestbooks. Guestbooks haben forschungslogisch den Vorteil, dass Eintragungen über lange Zeit bestehen bleiben und immer wieder gelesen werden können – in dieser Form entsprechen sie Gästebüchern ‚im richtigen Leben‘, müssen aber dennoch natürlich als etwas anderes behandelt werden, weil es zum Beispiel durchaus möglich ist, mehrfach etwas einzutragen, und weil es keine sozialen Zwänge gibt, möglichst nur Positives einzutragen.

Der von kommerziellen Anbietern unabhängige Ast des Internets, das Usenet, existiert neben dem WWW immer noch (auch wenn seine Inhalte mittlerweile aufgekauft wurden). Dort gibt es traditionellerweise Newsgroups zu allen möglichen Themen. Für Soaps heißt die einschlägige deutsche Newsgroup des Usenet de.alt.tv.soaps. Sie zeichnet sich dadurch aus, dass nicht nach den verschiedenen Soaps differenziert wird, sondern dass dort Beiträge zu allen Soaps ausgetauscht werden. Damit dies nicht dazu führt, dass ein Fan der *Verbotenen Liebe* alles Mögliche über *GZSZ* lesen muss, wird schon in der Präsentation dieser Gruppe auf die Regel verwiesen, dass man in die Betreffzeile eines Postings die Soap nennen soll, zu der man etwas sagen möchte. Dass die Newsgroup das Serieninteresse der Teilnehmerinnen und Teilnehmer ernst nimmt, zeigt sich an der zweiten Regel, dass Postings, die die weiterführende Handlung einer Serie verraten, mit dem Begriff

SPOILER in der Betreffzeile gekennzeichnet werden müssen, damit die, die sich lieber überraschen lassen wollen, nicht zufällig da hineingeraten und ihnen der Spaß verdorben wird.

Die US-amerikanische Usenet-Version einer Soap-orientierten Newsgroup wurde im Detail von Nancy K. Baym erforscht (1999). Sie hat an dieser Newsgroup schon viele Jahre teilgenommen, bevor sie sich entschloss, sie systematisch zu untersuchen. In ihrem Buch finden sich auch zahlreiche Hinweise auf die Funktionen und die Arbeitsweise dieser Gruppe sowie ihre Bedeutung für die Teilnehmerinnen und Teilnehmer.

In den USA sind die Verhältnisse in dieser Hinsicht allerdings recht anders als in Deutschland. Es ist ein wichtiges Ergebnis der hier beschriebenen Erkundung, *dass die freien Newsgroups zu diesem Thema heute bzw. im deutschen Sprachraum eher geringe Kommunikationsfrequenzen aufweisen – im Vergleich zu den Foren der kommerziellen Anbieter der Talkshows und Soaps.* Es gibt nur auf den senderseitigen Foren intensive Diskussionen der Nutzerinnen und Nutzer, und alle anderen Guestbooks und Newsgroups, ob sie selbstorganisiert sind oder von kommerziellen Newsgroupanbietern und -organisatoren eingerichtet wurden, von Portalen oder sonstigen Anbietern, sind im Vergleich dazu dünn besucht. Die Firma Yahoo beispielsweise, die sich bekanntlich vom Suchdienst zum Internetportal mit einer breiten Palette von Angeboten entwickelt hat, bietet einen Soap Club, der vor sich hin dümpelt. Am 05.09.2000, genau einen Monat nach seiner Gründung, hatte dieser Club nur zwei Mitglieder und bis dahin kümmerliche 90 Pager.

Aus diesem Grunde beschränken wir uns in der Folge auf die Angebote der wichtigsten Anbieter, die TV-Sender und www.gzsz.de, dem mittlerweile wichtigsten Anbieter zu Informationen zu *Gute Zeiten, schlechte Zeiten* im Internet.

Wir halten damit das Ergebnis fest, dass die Fernsehanbieter die interpersonale Internetdiskussion über ihre Produkte erfolgreich organisieren und monopolisieren und deshalb über das explorative Projekt hier hinaus genauer untersucht werden sollte, welche Folgen dies hat und ob dies für den freien Diskurs im Internet von Bedeutung ist.

7.2.6 Zum Verhältnis der nutzerbezogenen Aktivitäten im Hinblick auf Soaps und Talks im Fernsehen zu den daran anschließenden Internetaktivitäten

Damit sind nun die sozialen und ökonomischen Akteure im Internet als Ergebnis eines Transformationsprozesses vom Fernsehen her beschrieben, zudem die heute empirisch auffindbaren Genres sowie deren Besonderheiten erläutert. Die Fernsehnutzerinnen und -nutzer konstituieren nun in ihrem Alltag durch ihre kommunikativen Praktiken und in Bezug auf das ausgestrahlte Angebot Fernsehen und dessen Genres als soziale Wirklichkeit. Durch das Hinzukommen des neuen Mediums Internet, durch dessen kommunikative Potenziale, dessen Angebote und die heute beobachtbaren Nutzungsweisen differenzieren sich nun die thematischen Angebote, die Anbieter, die Nutzer und die Nutzungsweisen aus. In Bezug auf die Internetangebote konstituieren die Nutzerinnen und Nutzer nun auch die Soap- und Talkbezogene Internetkommunikation als soziale Wirklichkeit – *und sie tun dies als Ergänzung zu sowie als Ersatz ihres fernsehbezogenen Verhaltens, zunehmend aber auch als etwas Eigenständiges, das sich nur aus eher belanglosen Gründen noch auf Soaps und Talks bezieht. Zudem wirken diese Internetnutzungsformen auf Angebot und Nutzung im Fernsehen zurück. Diese Situation stellt die folgende Tabelle 7.4 dar.*

Tabelle 7.4: **Die Transformation von Angebot und Nachfrage im Alltag: Vom Fernsehen ins Internet**

Fernsehen als Alltagsmedium	Alltägliche Anschlusskommunikation im Internet
Daily Soaps und Daily Talks als alltägliche Angebote	Die Fortsetzung der Angebote ins Internet durch Internetauftritte und das Angebot interpersonaler Kommunikation in kommunikativen Gattungen und Genres
	Als Ergänzung, als Ersatz, als etwas Eigenständiges
Die alltagsbezogene Aneignung von Daily Soaps und Talks im Fernsehen durch die Zuschauer/ Menschen: Rezeptionsmodi, soziale Praktiken und interpretative Kontexte	Internetkommunikation als Teil der Aneignung der Fernsehgenres
	Kommunikative Realisierung sonstiger eigener Intentionen (z.B. Beziehungen, Sex)
	Aneignung der Internetangebote
	Ergänzung, Ersatz, Eigenständiges

Von *Ergänzung* kann man sprechen, wenn beispielsweise jemand, der eine Folge einer Soap versäumt hat, sich im Internet informiert, was da passiert ist. Von *Ersatz* kann man etwa sprechen, wenn manche Internetnutzer aussagen, dass sie inzwischen lieber mit den Menschen in den sendungsbezogenen Chats reden als sich alle Folgen einer Soap oder eines Talks anzusehen. Und von *eigenständiger Internetkommunikation* kann man sprechen, wenn sich aus den kommunikativen Praktiken im Internet eigenständige kommunikative Handlungsweisen entwickeln, die nur noch zufällig mit den Soaps und Talks des Fernsehens zusammenhängen – etwa dann, wenn sich die Nutzung von genrebezogenen Chats völlig von dem eigentlichen Bezugsgenre des Fernsehens ablöst. In allen diesen Fällen, dies ist wichtig zu berücksichtigen, wirken die Internetpraktiken natürlich auf das eigentliche Rezeptionsverhalten bezüglich der Fernsehsendungen und generell auch auf das Image von Sendung und Sender zurück, wenn auch in ganz unterschiedlicher Art und Ausmaß. Dies muss ebenfalls weiter untersucht werden.

Wir schließen hier ergänzend zwei Thesen an. Erstens betonen wir noch einmal, dass wir in dem hier durchgeführten Vergleich Talk-bezogene Angebote von Soap-bezogenen Angeboten im Internet in einer ähnlichen Dimension unterscheiden wie es bei den Fernsehgenres der Fall ist: Die Welt der Soaps ist vielfältiger, bunter und komplexer als die der Talks. In welchen Dimensionen diese These im Einzelnen gilt, wird weiter unten in 7.3 genauer verdeutlicht.

Die Online-Angebote im Hinblick auf Talkshows hingegen ermöglichen wesentlich weniger unterschiedliche kommunikative Aktivitäten und es gibt auch weniger ‚freie‘, also nicht von Firmen mittelbar oder unmittelbar organisierte Angebote. Vergleicht man die Nutzungsweisen im Internet im Hinblick auf die beiden Genres, so zeichnen sich vor diesem Hintergrund auch inhaltliche Unterschiede ab: *Internetbesucher von Daily Talkshows scheinen eher auf der Suche nach virtuellen Treffen mit anderen zu sein, mit denen sie über Was-auch-immer kommunizieren, während sich die auf Soap-bezogenen Sites stattfindende Kommunikation mehr um die Soaps dreht.*

Die Untersuchung des Umgangs von Jugendlichen mit den Daily Talks hatte gezeigt, dass die Soaps eine viel größere Rolle im Alltag und Leben der Jugendlichen haben als die themenorientiert angelegten und auf die Moderatorinnen und Moderatoren zentrierten Talks (vgl. Paus-Haase et al. 1999). Soaps sind dementsprechend oft Lieblingssendungen, Talks sind dies eher selten. Zu ähnlichen Schlussfolgerungen kommt die Duisburger Projektgruppe (vgl. Göttlich/Nieland in diesem Band). Aus dem hier berichteten Projektteil lässt sich schließen, dass sich diese Tendenz offensichtlich auf die anschließende Internetkommunikation überträgt – dies ist zumindest eine plausible Erklärung für die unterschiedliche Handhabung und Attraktivität von Anschlusskommunikation zu Soaps und Talks im Internet.

So lässt sich sagen, dass die Anschlusskommunikation zu Daily Soaps und Talks in der Tat Anschlusskommunikation ist, weil sich eine wesentliche Eigenschaft der Rezeption von Soaps und Talks entsprechend im Internet wiederfindet, nämlich das genrebezogen unterschiedliche personen- und themenbezogene Involvement. Andererseits ist aber auch festzuhalten, dass angesichts der kommunikativen Vielfalt von Soap-bezogenen Angeboten und ihrer Nutzung im Internet die immer wieder zu hörende These plausibel erscheint, dass sich im Internet neue kulturelle Praktiken und neue, wenn auch vielleicht nicht stabile und nur partiell die Menschen berührende ‚virtuelle‘ Gemeinschaften ausbilden.

Die zweite These besagt, dass die freien Angebote im Hinblick auf Soaps und Talks – also die Angebote, die nicht dem Sender, der Produktionsfirma oder anderen professionellen Anbietern zuzuordnen sind – eher marginal für das Geschehen sind, das sich im Internet längs der Soaps und Talks entwickelt. Vor allem diese These bedarf der weiteren Untersuchung, denn es ist

ein schwieriges Zeichen für öffentliche Kommunikation, wenn es Fernseh-
veranstaltern gelingt, das Gespräch über ihr Angebot auf ihre eigenen Internetsites zu holen.

7.3 Internetkommunikation über Daily Talks und Soaps – Exemplarische Ergebnisse

In diesem Absatz sollen die Internetangebote zu Talks und Soaps und deren
Nutzung ausschnittsweise beschrieben werden. Wir können dazu

- senderabhängige Angebote und ihre Nutzung,
- sonstige kommerziell organisierte Angebote (z.B. Homepages von Stars
  oder Moderatoren) und ihre Nutzung
- und schließlich private Websites und deren Nutzung voneinander unterscheiden.

Unter senderabhängigen Angeboten verstehen wir Angebote, die über die
Adresse des jeweiligen, die Serie ausstrahlenden Senders erreicht werden
können und die keine Links sind. Der Zugang über die Homepages eines
Senders, die Inhalte der Sites und deren Aufmachung können zwar technisch
durchaus zu einer anderen Internetadresse gehören und über Links oder auf
andere Arten zugänglich sein, werden in dieser Website-Kategorie aber als
Angebote des Senders inszeniert und wahrgenommen. Zu den senderabhängigen Sites zählen wir insbesondere auch ausgelagerte Angebote wie
www.gzsz.de, die gemeinsam vom Sender und von der Produktionsfirma
betrieben werden. Der zweite und dritte Angebotstyp, also sonstige kommerzielle Sites und private Sites, sind dagegen nur schwer voneinander zu unterscheiden. Ein Indikator für Nähe zum Sender ist allerdings immer, ob visu-
elles und textliches Material über eine Website zugänglich ist, auf das die
Produzenten Rechte anmelden können – man kann wohl von einer offiziellen
Fangruppe ausgehen wie im Falle www.vl-fanpage.de, wenn solche Materialien in großem Umfang vorhanden sind.

Ein in irgendeinem Sinn vollständiger Überblick über Angebote und Nutzung kann hier, wie bereits begründet, nicht gegeben werden. Dazu ist das
Angebot zu differenziert und komplex. Zudem konnten Angebote außer über
das Verfolgen von Links prinzipiell nur durch Suchmaschinen gefunden werden – ein zeitaufwendiges und unbefriedigendes Vorgehen, wenn man wirklich einen Überblick gewinnen will, erst recht, wenn man den ständigen
Wandel und die ständigen Aktualisierungen guter Websites in Betracht zieht.
Deshalb wird im Folgenden für die beiden Genres Soap und Talk je eine Site
knapp und beispielhaft beschrieben, auf einige weitere interessante Angebote

verwiesen sowie dann eine Reihe von Beobachtungen und daraus gewonnenen Thesen zu Angebot und Nutzung aufgeführt.

7.3.1 Senderseitige Internetangebote zu Talkshows

Die Startsite des Auftritts von RTL im Internet enthält Überblicke und Lockangebote, die man dann durch Anklicken erreichen kann. So lässt sich das Feld *Talk* anklicken, und dort erhält man Zugang zu den Unterabteilungen von Oliver *Geissen, Hans Meiser* und *Bärbel Schäfer*. Sie stehen unter dem Titel „The new World of Talk" bzw. „Talk hoch 3". Auf der gleichen Site gibt es dann noch eine Liste der aktuellen Talkthemen im Fernsehen sowie eine Spalte für jede(n) der drei Moderatorinnen bzw. Moderatoren, die abgebildet sind und die man ebenfalls anklicken kann. Dabei steht jedes Bild unter einem Titel – etwa bei Meiser wird man aufgefordert, sich als Talkgast zu bewerben. Darunter finden sich dann noch zwei weitere Angebote, nämlich ein Zugang zu einem so genannten bzw. so gemeinten Highlight, etwa einem Interview mit einem der Moderatoren bzw. einer Moderatorin, sowie ein Zugang zum Chat.

Wenn man eines der drei Moderatorenfotos anklickt, so kommt man auf die entsprechende Talkshowsite, kann bei Hans Meiser Karten vorbestellen, sich als Talkgast bewerben, erfährt etwas über die aktuellen Themen und kann dann in den Chat weiterklicken. Bei Oliver Geissen kann man sich zudem noch als Model bewerben, „backstage"-Einsichten gewinnen oder den Traumpartner finden: „Olli hat 20 Singles für euch – frisch aus der TV-Show". Und bei Bärbel gibt es die Möglichkeit, E-Karten, also elektronische Bilder, die mit individuellen Textelementen ergänzt werden können, an Bekannte zu verschicken, sowie die Einladung, Bärbels aktuelle Highlights anzusehen. Über „Bärbels Büro" kann man Fragen stellen, ihr E-Mails senden oder wird zum Chat oder zum Fanclub weitergeleitet (eher instrumentelle Angebote bei *Oliver Geissen* also, und eher sozial-kommunikative bei *Bärbel Schäfer*).

So oder so ähnlich sieht es im Allgemeinen aus, wobei hier nicht alle Angebote im Einzelnen aufgeführt sind. Die Talk-Sites sind im Vergleich zu den Soap-Sites insgesamt eher schlicht und vor allem an eher harte Anhänger und Fans gerichtet, sieht man von den Chat-Angeboten ab.

7.3.2 Senderseitige Internetangebote zu Soaps

Demgegenüber sind die ‚offiziellen' Soap-Angebote vielfältiger. Auch dies soll wieder exemplarisch dargestellt werden: Das senderabhängige Angebot zu *Gute Zeiten, Schlechte Zeiten* bestand (solange es noch als Teil der RTL-Homepage angeboten wurde) aus folgenden einzelnen Auswahlmöglichkeiten:

- Zunächst ein Gästebuch „GZSZ-Fan-Forum", aus dessen Einleitung deutlich wird, dass es von der Redaktion kontrolliert und überwacht wird. Offensichtlich gingen die Einträge in eine jugendschutzrelevante Richtung oder waren sonst nicht erwünscht. Die zuständige Redaktion kündigte für die Zukunft an, dass solche Beiträge gelöscht und ihre Autoren gegebenenfalls verfolgt werden sollen. Dazu sollten auch die IP-Adressen der Forumsteilnehmer festgehalten werden. Hier wird deutlich, dass Internet-Kommunikation einerseits der Kontrolle bedarf, dass andererseits die Formen der Kontrolle durch die Sender bzw. Redaktionen durchaus ihrerseits auch der Kontrolle bedürfen: Das Speichern von (letztlich persönlich nicht zuzuordnenden) IP-Nummern ist wohl kaum mit dem deutschen Datenschutz zu vereinbaren.
- Weiter gab es einen von der Firma Cassiopeia, einem kommerziellen Anbieter bestimmter Typen von Internetsoftware, der auch als Dienstleister Websites betreut, organisierten Chat, der relativ leicht zugänglich ist und vor allem von kommunizierenden Insidergruppen genutzt wird.
- Sodann fanden Merchandisingaktivitäten statt, so die Vermarktung der Angebote der Gruppe „Atemlos" bzw. Werbung für deren CDs, von denen man auch eine gewinnen konnte.
- Weiter gab es eine Reihe starbezogener Angebote. Dazu zählt ein „Memory der Stars", das als Spiel und Spaß charakterisiert ist, ferner Interviews, Fragebögen, Lebensläufe und Fotos der wichtigsten Schauspielerinnen und Schauspieler sowohl in Bezug auf ihre Rolle in der Serie als auch in Bezug auf ihr Privatleben. Insgesamt enthielt der Auftritt also jede Menge Infos rund um die Schauspieler, die Serie, um Aktionen und Events.
- Dann gab es ein umfangreiches Archiv, das Kurzzusammenfassungen sämtlicher Folgen und einen Ausblick auf die kommenden Sendungen enthielt.
- Schließlich wurde auf eine Telefonhotline für GZSZ-Fans hingewiesen. Dort steht jeweils ein aktuelles Tagesthema im Vordergrund, und nach dem Abhören dieser Infos konnte man weitere Infos abrufen und vielleicht sogar einen Preis gewinnen. In einer Woche war das aktuelle Tagesthema am Montag ein Interview mit einem GZSZ-Star, am Dienstag gab es die Möglichkeit, einem Schauspieler eine Frage zu stellen, die von ihm beantwortet wird, am Mittwoch ging es um ‚exklusive Backstage-Neuigkeiten', am Donnerstag um die aktuellen Konzerttermine der Stars und am Freitag um die Expertenfrage, ein Gewinnspiel, bei dem das Wissen zu *GZSZ* getestet wurde. Zudem wurden Preise verlost.
- Weiter gab es Links zu *Unter Uns*, der RTL-Soap, die aus *GZSZ* hervorgegangen ist.

Mit Ausstrahlung der 2000. Folge veränderte sich der Internetauftritt von *GZSZ*. RTL NewMedia und die Grundy UFA TV Produktions GmbH haben dazu ein Joint Venture gebildet, das den Online-Auftritt „unserer erfolgreichsten Marke" (de Haas, Deputy General Manager der inhaltlich verantwortlichen Grundy UFA TV Produktions GmbH, zitiert nach einer Presseerklärung vom 16. Juni 2000) organisiert und betreut.

Die serienbezogenen Internetangebote der ARD, des anderen großen Anbieters von Daily Soaps, sind insgesamt noch aufwendiger gemacht. Sie unterscheiden sich auch untereinander (gerade im Vergleich zwischen *Verbotener Liebe* und *Marienhof*) sehr viel mehr als die Angebote zu *GZSZ* und *Unter Uns* und werden offensichtlich von verschiedenen Redaktionen betreut. Zudem ist das ARD-Angebot sehr viel benutzerfreundlicher, es beinhaltet zum Beispiel auch Benutzungshinweise für die Teilnehmer, die keine Interneterfahrungen haben, insofern es FAQ-Sites (Frequently Asked Questions-Sites) anbietet sowie Emoticons und Abkürzungen erklärt.

7.3.3 Senderunabhängige Sites

Neben diesen ‚offiziellen' Sites der Rundfunkveranstalter gab es eine GZSZ-Site der UFA, die ebenfalls in der offiziellen GZSZ-Site aufgegangen ist, zudem auch noch eine des Dino-Verlags, der das offizielle GZSZ-Magazin herausgibt, sowie weitere.

Senderunabhängige Sites sind – gerade angesichts der Vielfalt bei Soaps – kaum systematisch darzustellen, deshalb hier nur einige Beispiele, die man leicht findet. Vor allem soll auf umfassendere Angebote wie die Website des Deutschen TV- und Serien-Forums hingewiesen werden, auf denen sich ebenfalls Inhaltsangaben und interaktive Möglichkeiten für Fans finden. Generell informativ ist www.tvundserien.de, die alle Serien im Deutschen Fernsehen auflistet und zu allem irgend ein Angebot oder Links bereitstellt. Sie ist laut Impressum – das in der Tat vorhanden ist – einem Deutschen Entertainment Verlag zuzuordnen. Weiter lässt sich schon nicht mehr zurückverfolgen, wer hinter dieser Site steht. www.soapdigest.com beschäftigt sich mit Hilfe des US-amerikanischen Magazins ‚Soap Opera Digest' mit englischsprachigen Serien.

Zudem gibt es für die meisten Soaps und Talks noch die ‚eigenen' Homepages der Moderatorinnen und Moderatoren bzw. der wichtigsten Schauspielerinnen und Schauspieler. Ihr Inhalt dreht sich fast ausschließlich um deren eigene Person, professionell aufgearbeitet von einer Agentur. Die Homepages beispielsweise von Arabella Kiesbauer finden sich unter www.arabella-kiesbauer.de und unter www.kiesbauer.de. Sie werden von der Firma „Image Online" gestaltet und wirken professionell durchgestylt, aber inhaltlich sehr oberflächlich. Ziel ist die Selbstinszenierung Arabellas bzw.

Werbung in eigener Sache. Das Image, das sie auch in ihrer Talkshow verkörpert, steht im Vordergrund. Unter der Rubrik „Talk mit Arabella: Biete Antwort – suche Frage" kann man Fragen stellen. Gepostet sind dort fast ausschließlich Fragen zu Arabella persönlich, die teilweise sehr bewundernd wirken und Arabella in ihrer Vorbildfunktion, als Ratgeberin und Freundin hervorheben. Bei der Frage nach ihrer Meinung zur Politik demonstriert sie aber dezente Zurückhaltung.

Verschiedene andere Domains wie z.B. www.oliver-geissen.de (Talkshowmoderator), www.nina-bott.de (Cora Hinze aus *GZSZ),* www.rheaharder.de (Flo Spira aus *GZSZ)* und einige weitere waren bei einem Testbesuch im Mai 2000 bereits reserviert, um als Homepage genutzt werden zu können. Insofern ist davon auszugehen, dass der Trend zur eigenen Internet-Site der Stars und Moderatorinnen auch senderunabhängig anhalten wird.

Unter http://parsimony.net/ findet sich ein privater Forenanbieter, (dessen Finanzierungsquellen und Hintergründe einmal mehr nicht klar werden), der jedem Interessenten anbietet, ein Forum aufzumachen. Im Allgemeinen werden derartige Angebote von Usern wahrgenommen, die eine Diskussion über etwas in Gang bringen wollen. Jedoch kann das dort aufgemachte Forum auch passwortgeschützt sein und muss auch nicht unbedingt in den öffentlich zugänglichen Listen verzeichnet sein. Dies ermöglicht es, auch privat im Netz persönlich bekannte Menschen zu einem Thema zu versammeln und den Zutritt zu kontrollieren. Dort kann man auch direkt ein Forum zur Soap *Verbotene Liebe* (unter www.f6.parsimony.net/forum6734/) aufrufen, das wesentlich weniger frequentiert ist als die ARD-Homepage.

Zusätzlich zu den Sites der kommerziellen Firmen mit manchmal recht erstaunlichen Geschäftsideen (z.B. www.mySoap.de) lassen sich vor allem private Homepages nennen, deren Besitzer sich als Fans öffentlich outen und dabei oft wichtige Dienstleistungen für andere Fans anbieten. Die oben bereits genannte Site ‚vl-fanpage.de' ist eine derartige private Fanclubsite, die nach eigenen Angaben 210 Besucher pro Tag hat – wie unabhängig vom Sender sie ist, ist allerdings eine genauere Untersuchung wert. Über jede Suchmaschine sind ansonsten jede Menge Fanpages zu finden.

In diesem Rahmen ist aber auch wieder darauf hinzuweisen, dass es eine beliebte Strategie von Anbietern von Porno-Sites und anderen problematischen Angeboten ist, in ihre Sites möglichst viele Schlagworte aufzunehmen bzw. ihre Site bei möglichst vielen Suchmaschinen unter möglichst vielen Kategorien anzumelden, um möglichst häufig gefunden zu werden. Gerade solche beliebten Schlagworte wie *GZSZ* eignen sich dafür natürlich besonders. Dass dies eine Missbrauchsstrategie ist, muss wohl nicht weiter begründet werden. Die meisten Suchmaschinen durchschauen diese Strategien nicht, weil sie rein automatisch arbeiten und sich von den Betreibern her rechtlich ja auch niemand dafür verantwortlich zu fühlen braucht. Eine besonders für

Kinder wichtige Ausnahme ist demgegenüber die Suchmaschine *Blinde Kuh* (www.blinde-kuh.de).

7.3.4 Kommentare, Beschreibungen und Thesen zu den Angeboten

In diesem Absatz soll eine Reihe von einzelnen Beobachtungen bzw. daraus gewonnenen allgemeineren Thesen dargestellt werden, die für zukünftige Untersuchungen von Interesse sein können. Ein Anspruch auf Vollständigkeit wird natürlich nicht erhoben.

- Die wichtigsten Angebote der Anschlusskommunikation sind in der Regel eingebettet in den Online-Auftritt des Senders, auf dem die Sendung ausgestrahlt wird. Weil dessen Angebote häufig schlecht gewartet oder nicht besonders einfühlsam und kundenorientiert entworfen sind, sind viele der Angebote nur aufwändig und mühsam zu nutzen. Es ist insgesamt anzunehmen, dass sich dies mit der zunehmenden Bedeutung der Internetkommunikation ändern wird.
- Art und Umfang des Online-Angebots einer Talkshow oder einer Daily-Soap sind im Allgemeinen auf die Sendung und den/die zentralen Darsteller/innen zugeschnitten. Bei Talks stehen die Moderatorinnen und Moderatoren im Mittelpunkt.
- Dabei sind die Angebote allerdings zwar auf einzelne Sendungen hin ausgelegt, aber häufig ausgesprochen standardisiert, gelegentlich sogar widersprüchlich und nicht wirklich professionell aufgebaut, wenn man von den Erwartungen der Teilnehmer und Nutzer ausgeht. So sind die Websites zu den Talkshows von RTL gleichartig aufgebaut. Jede Site hat in etwa dasselbe Layout, es gibt ein Guestbook, ein Preview auf geplante Themen und Sendungen der laufenden Woche, und es wird ein Casting angeboten. In den meisten Fällen gibt es zudem eine aktuelle Beschreibung des Sendungsinhalts. Sonst gibt es oft keine weiteren Links, weder zu Fangroups noch zum Merchandising, auch nicht zu den Homepages der Moderatoren oder denen der Produktionsfirmen. Bei den RTL-Sites ist zudem der visuelle und strukturelle Bezug zum Muttersender besonders groß – man sieht sofort, dass man bei RTL ist. Auch bei ProSieben bestehen große strukturelle und inhaltliche Ähnlichkeiten zwischen den Webauftritten zu den Talksendungen *Arabella*, *Andreas Türck* und *Jörg Pilawa*, aber die Anmutung hat nicht so viel mit dem Sender selbst zu tun.
- Insgesamt könnte man die Internetpräsenzen der verschiedenen Talkshows je eines Senders als untereinander relativ austauschbar bezeichnen. Bei den Daily Soaps ist dieses Charakteristikum weniger deutlich. So zeichnen sich beispielsweise die Online-Auftritte der ARD von *Verbotene Liebe* und *Marienhof* durch wesentlich größere Eigenständigkeit aus. Vor

allem die visuelle Gestaltung hebt diese Soap-Angebote voneinander ab. Aber auch insgesamt lässt sich sagen, dass bei den Daily Soaps eines Senders Eigenständigkeit und Unverwechselbarkeit der Sendungen betont sowie ihre Images und die durch die Serien geschaffenen Lebenswelten unterstützt werden. Dies nimmt auf die höhere Bedeutung von Soaps im Alltag der Fans besser Rücksicht.

- Die meisten Chats im Zusammenhang mit Soaps und Talks verlangen eine Registrierung. Bei dieser Registrierung wird oft auch deutlich, dass die Sender die Veranstaltung der Chats an andere Firmen ausgelagert haben. So werden beispielsweise ProSieben-Chats von der Internetfirma Cassiopeia organisiert, und man erhält nach Anmeldung sein Passwort per Mail auch von Cassiopeia direkt. Demzufolge ist auch der Sender- oder Sendungsbezug eher gering, wenn man im Chat drin ist.

- In den Foren erhält man zunächst eine Übersicht über die aktuellen Postings mit Hilfe der Betreffzeilen sowie durch die graphische Anordnung der Postings auf dem Bildschirm, die den Bezug der publizierten Inhalte untereinander deutlich macht. Der vollständige Text kann dann durch Anklicken auf den Bildschirm gebracht werden. In der Regel lassen sich mehrere hundert Einträge ansehen, was einer Zeitspanne von zwei Wochen bis zu zwei Tagen entsprechen kann. Eine Zugangserschwerung über Registrierung und Passwörter wie bei Chats findet nicht statt.

- Nicht alle Internet-Auftritte der hier untersuchten Sendungen verfügen über eigene Chats und Foren, wohingegen Gästebücher überall zu finden waren.

- Was die Chats angeht, gibt es nur einen allgemeinen ProSieben-Chat sowie verschiedene interessenbezogene oder zielgruppengerichtete Chats, wie z.B. „über 30" für die über Dreißigjährigen. SAT.1 dagegen bietet zu jeder Talk-Sendung einen eigenen Chat an. Insofern sind die Auftritte der Sender unterschiedlich, vermutlich wirkt sich dies auch auf die Identifikation und die Bereitschaft und das Interesse, mitzuchatten, aus. Dies wäre genauer zu untersuchen.

- RTL zeichnet sich insgesamt durch ein eher undurchsichtiges Kommunikationsangebot aus. Foren sind hier gar nicht zu finden, Chats werden zwar unter der Rubrik „RTL-Chats" zu *Hans Meiser, Bärbel Schäfer, Unter Uns* und *Gute Zeiten, Schlechte Zeiten* angeboten, allerdings wird man beim Einloggen immer ganz allgemein mit „Willkommen im RTL-Chat" begrüßt, obwohl es sich um unterschiedliche Chaträume handelt. Die Sendung selbst, die dem Chat den Namen verleiht, steht völlig im Hintergrund – strukturell und auch gestalterisch. Merkwürdig ist auch, dass es zwar bei RTL einen Hans-Meiser-Chat gibt, dass aber auf der Hans-Meiser-Homepage mit eigener URL kein Link zu diesem Chat eingerichtet ist. All dies macht deutlich, dass die senderseitigen Angebote –

noch – eher uneinheitlich, fragmentarisch und unprofessionell gemacht sind.

- ProSieben bietet auf der senderseitigen Arabella-Site eine „Fragen-an-Rubrik" an, was vermutlich auf die starke Selbstinszenierung Arabellas und die besondere Personenzentrierung des Talks zurückzuführen ist. Damit wird eine unmittelbare Beziehung zwischen Rezipient und Moderatorin angeboten. Es scheint, als seien die veröffentlichten und beantworteten Fragen nach der Unkompliziertheit ihrer Beantwortung und der Vereinbarkeit mit dem redaktionellen Konzept ausgewählt, denn es sind durchweg eher wohlwollende Fragen veröffentlicht, die sich auf Struktur und Ablauf der Talkshow oder auf die Person bzw. Privatsphäre Arabellas beziehen. Die meisten Fragen drücken Bewunderung für die Person Arabella aus. Die Beantwortung der Fragen klingt recht normativ und scheint eher von Redaktionsmitgliedern und nicht von Arabella selbst zu stammen, wobei die Redaktionslinie und ihre PR-Aufgaben im Mittelpunkt stehen – vermutlich muss irgendeine arme Praktikantin da etwas schreiben. Die Antworten klingen so eher konstruiert und bemüht.

- Foren und Gästebücher scheinen nicht moderiert oder kontrolliert zu sein, man kann alles Mögliche sagen. Auch Fragen wie „...hat keiner geile Bilder von Birte ....?" bleiben im Netz stehen. Es finden sich gelegentlich auch direkte Liebeserklärungen oder Heiratsangebote. Prinzipiell lassen sich hier Eintragungen denken, die den Jugendschutz verletzen. Auch auf den Sites von SAT.1 und ProSieben; dort fand sich immerhin schon im Februar 2000 der Hinweis, dass die veröffentlichten Beiträge nicht der Meinung des Senders entsprechen müssen und sich der Site-Betreiber vorbehält, etwas zu löschen.

- Die Verlegung und Konzentration des *GZSZ*-Angebots in eine eigene Internetdomain muss prinzipiell als Professionalisierung des Angebots gesehen werden. Es bündeln sich darin unterschiedliche Ressourcen, es ist leichter, die Site interessant und aktuell zu halten und RTL geht damit auch den Schritt, die Marke *GZSZ* als etwas Eigenständiges zu präsentieren. Erwähnenswert ist allerdings auch, dass sich die Verlinkung des Angebots damit verkleinert hat. Die Frage ist, ob hier langfristig versucht wird, eine umfassende, eigenständige und isolierte Welt für die User aufzubauen, deren Verlinkung genau kontrolliert ist. Dies wäre untersuchenswert.

- Daily Soaps des Fernsehens scheinen durch ihre Handlungsstränge und ihre wiederkehrenden Charaktere eine höhere Bindung der Fans zu ermöglichen, was sich dann auch in deren stärkerer Eigeninitiative im Internet auszudrücken scheint. Es liegt eine Vielzahl von privaten Homepages vor, die teilweise erheblichen Aufwand und Engagement sowie kontinuierliche Pflege und Aktualisierung erfordern. Auch mag sich hier ein Fankult eher entwickeln, da sich durch den Charakter der Sendungen einfach mehr und unterschiedlichere Situationen als bei Talkshows anbieten, in denen Personen Gegenstand von Sympathien oder Antipathien sein können. Es gibt bei Daily Soaps ja mehr Anlässe, von Personen zu schwärmen oder sie zu verabscheuen. Bei den Talkshows ist der Moderator/die Moderatorin die einzige konstante Bezugsgröße, da die Gäste, obschon sie sicherlich häufig Anlass zu Zu- oder Abneigung geben, immer nur für die Dauer einer Sendung präsent sind, und außerdem immer doppelt, als Person und als Thema, präsentiert werden. Durch die Kontinuität der verschiedenen Charaktere in den Soaps, somit durch die Möglichkeit, parasoziale Beziehungen zu den Darstellern aufzubauen sowie durch die Möglichkeit, regelmäßig in eine fiktive, eingängige Welt abzutauchen, die jede Menge Möglichkeiten des Rückbezugs auf die eigene Person ermöglicht, scheint sich eine engere Bindung zu Soaps als zu Talks zu entwickeln, die sich auch in den Aktivitäten und Verhaltensweisen der vorwiegend jüngeren Internetnutzer ausdrückt.

- Insgesamt ist festzustellen, dass eine komplementäre Nutzung von Sendung und sendungsbezogenem Internetangebot und somit die Vernetzung zwischen TV- und Internet-Angebot auch von Seiten der Sender forciert wird. So wird manchmal an zahlreichen Stellen einer Show neben dem Verweis auf Telefon-Hotlines mündlich und per Einblendung auf das Internet-Angebot der Talkshow oder der Soap hingewiesen. Die Anschlusskommunikation der Zuschauer im Netz wird auch mit dem Ziel der Publikumsbindung vom Sender angeregt, indem z.B. Life-Chats mit dem Moderator im Anschluss an die Sendung stattfinden und diese in der Show beworben werden. Dabei wird deutlich, dass das Internet-Angebot eine andere Art von Gratifikationen als das Fernsehangebot bereithält. Es geht hier nicht um eine „Entweder-oder-Nutzung" von TV und Internet, sondern um eine „Sowohl-als-auch-Nutzung", ohne dass der Zuschauer bzw. Internet-User Inhalte unnötigerweise doppelt serviert bekommt. Bei allen Sendern und Sendungen ist das Internet-Angebot als inhaltliche Unterstützung der Fernsehsendung gemeint.

Abschließend lässt sich mit Blick auf die Angebote festhalten, dass eine systematische Auftrittsanalyse vor allem der senderseitigen Angebote notwendig wäre, die im Rahmen des explorativen Projekts nicht geleistet werden konnte. Die Internetangebote bieten den Nutzern Gratifikationen und sollten auch im Hinblick auf diese Gratifikationen genauer unterschieden und untersucht werden. Dabei können Gratifikationen mit interaktivem Charakter (Chats, Foren, Guestbooks, aber auch E-Ansichtskarten) von Gratifikationen mit nicht-interaktivem Charakter (Merchandising, Links, Darsteller/Moderatoren-Porträts, Autogrammkartenbestellung, Hintergrundinfos, Archive) voneinander unterschieden werden. Woran die meisten Teilnehmer von Talks interessiert zu sein schienen, das sind Live Chats mit Moderatoren oder mit Stars aus den entsprechenden Serien, aber auch die Möglichkeit, an Talkshows als Zuschauer teilzunehmen, war attraktiv.

Eine systematische Untersuchung des Angebots sollte freilich mit den Sendern bzw. deren Agenturen kooperieren. Denn nur dann können einerseits die mit einem Angebot verbundenen Überlegungen herausgearbeitet werden, nur dann können die Hintergründe von Entwicklungsprozessen – wie dem Entschluss, www.gzsz.de zu konstituieren – verstanden werden. Und nur dann kann auch ermittelt werden, welche User diese Angebote nutzen. Eine testweise versandte Mail an den Webmaster des GZSZ-Angebots wurde leider nicht beantwortet.

Eine offene Frage ist, inwieweit die Sender/Produzenten allein darüber entscheiden können, welche Form von Anschlusskommunikation sie ermöglichen wollen und unter welchen Bedingungen ihre Angebote genutzt werden können. Dies umfasst auch die Frage danach, wie mit Werbung, mit der Trennung von Werbung und redaktionellem Teil umzugehen ist, ob von Monopolisierung von Wissen zu sprechen ist, welche verbindlichen Regeln oder wenigstens ethisch fundierten Angebotsnormen es geben muss – und wie diese hergestellt werden können.

7.3.5 Elemente der Nutzung des Angebots

Im Folgenden soll nun eine Reihe empirischer Befunde über die Nutzung von Internetangeboten dargestellt und diskutiert werden. Wir beschränken uns dabei erstens überwiegend auf die Nutzung von Talkshows – aus Platzgründen, aber auch, weil die Soaps schwieriger zu analysieren sind und diese Analyse mit den vorhandenen Mitteln allein nicht geleistet werden konnte. Zweitens beschränken wir uns auf solche Nutzungsweisen, die auch tatsächlich Spuren im Internet hinterlassen. Ignoriert werden also etwa bei der Untersuchung von Chats die sogenannten Lurker, also Besucher, die nichts zum Gespräch beitragen. Die aktiven Nutzer eines Angebots, die Spuren hinterlassen, sind aber nur ein kleiner Teil aller Nutzer dieses Angebots, und diese wiederum sind nur ein kleiner Teil aller Online-Nutzer, die gelegentlich auch eine Soap oder einen Talk rezipieren.

Zeiten, Orte und kommunikative Bedingungen der Nutzung von Chats und Foren
- Die Aktivitäten in den Foren und Chats beschränken sich keineswegs auf Zeiten im Umfeld der Sendungen und konzentrieren sich auch nicht auf diese Zeitphasen. Die Hauptzeiten liegen in der Regel in den frühen Abendstunden (ab 18:00 Uhr) und später abends (ab 21:00 Uhr). Das Chat-Aufkommen scheint sich nach der verfügbaren Freizeit zu richten

und auch davon abzuhängen, wie einfach ein Zugang zum Internet im jeweiligen Haushaltskontext der Nutzer zu realisieren ist. Die intensivste Nutzung der Foren wurde am Samstagabend festgestellt – ein beobachtetes Forum wuchs an einem Samstagabend zwischen 20:00 und 01:30 Uhr um etwa 330 Einträge. Auch waren die inhaltlich eine Einheit bildenden Gespräche aus Einträgen und Antworten in dieser Zeit länger als zu anderen Zeiten. Tagsüber kommt es dagegen häufiger vor, dass ein Eintrag unbeantwortet bleibt. Bei einem Besuch während der Sendezeit von *Sonja* in deren Chat ist dieser gut besucht. Auf die Frage, ob denn keiner *Sonja* sieht, hat aber niemand reagiert – offensichtlich ist die Bindung der Akteure an die Namensgeberin des Chats relativ schwach.

- Gechattet wird meist von zu Hause aus, teilweise auch in Konflikt mit den Eltern („Mutter zieht Stecker raus"), oft aber auch am Arbeitsplatz, wenn dies möglich ist.
- Beim Chatten wird offensichtlich häufig nebenbei ferngesehen. Aktuell ausgestrahlte Sendungen werden manchmal auch im Chat besprochen, wobei sich die Fernsehnutzung, obwohl dies in Chats zu Soaps oder Talks geschieht, keineswegs auf solche Genres beschränkt.

Kommunikationsformen und Kommunikationsstile
- Eigentlich sind Foren eher auf niederfrequente Nutzung hin angelegt, aber in manchen Fällen wurden sie wie eine spezifische Form eines Chats, also für synchrone Kommunikation verwendet. Dies ist ein unerwartetes Ergebnis. Durch die Möglichkeit, Gespräche über einen längeren Zeitraum zurückzuverfolgen und die Gliederung der Beiträge in einzelne Gesprächsstränge, die sich aus mehreren Einzelbeiträgen zusammensetzen, lassen sie dem Schreiber mehr Zeit, auf Einträge zu reagieren und geben ihm die Möglichkeit, relativ viel zu schreiben. Im Gegensatz zu den Chats ist das ‚Gespräch' in Foren deshalb von mehr Ruhe und gegenseitiger Bezugnahme geprägt. Es besteht auch die Möglichkeit, sich ein umfassenderes Bild vom Gegenüber zu machen, da mehr Raum zur Beschreibung der eigenen Person, von Handlungen und Gefühlen zur Verfügung steht. In den Chats ist dies nicht möglich, da immer nur die letzten maximal 15 Zeilen des zuletzt Geschriebenen sichtbar sind und diese ständig aktualisiert werden. Die Gespräche im Chat sind situationsbezogener, die Beiträge (schon gezwungenermaßen) kürzer (die maximale Anzahl an Zeichen liegt zum Teil bei 170, also ca. drei Zeilen Text pro Beitrag) und eine „Geschichte" über eine Person oder eine Sache oder ein tiefer gehendes Gespräch können sich kaum entwickeln. Dies wird auch dadurch verhindert, dass häufig neue Leute den Chat-Room betreten und nicht zurückverfolgen können, was zuvor gesprochen wurde. Es gibt im Chat gewissermaßen keinen Anfang und kein Ende und ist eher eine Art der Fastfoodkommunikation.

- Die Atmosphäre der SAT.1-Chats ist tendenziell anonymer als es bei Pro-Sieben-Foren der Fall ist. Viele Teilnehmer schreiben unter Phantasienamen und sprechen sich auch mit diesen an, wobei dies durch die Eintrittsbedingungen und die erforderliche Registrierung ja auch nahe liegt. Im Andreas-Türck-Forum aber möchten die Teilnehmer den „echten" Namen der Gesprächspartner wissen, unter „anonym" laufende Teilnehmer werden aufgefordert, ihren Namen zu nennen. Dies würde es im Sonja-Forum wahrscheinlich nicht geben. – Soweit jedenfalls die Erfahrungen im Zusammenhang der hier beschriebenen Untersuchungsschritte, wie stabil diese Beschreibungen sind, wissen wir nicht.
- In manchen Chats scheint eher aggressiveres/destruktiveres Verhalten der Teilnehmer untereinander und auch gegenüber der Moderatorin, in deren Chat dies beobachtet wurde, vorzuherrschen – auch politische Parolen, Provokationen oder sexistische Anspielungen/Beleidigungen waren zu beobachten.
- Als Inhalte von Chats lassen sich Alltagsprobleme und -gefühle, Werturteile über Personen (meist Moderatoren oder Stars), gegenseitige Zuneigungs- oder Ablehnungsbekundungen nennen. Sachliche Themen werden eher selten diskutiert, im Vordergrund steht die explizite Äußerung der eigenen Meinung und der eigenen emotionalen Zustände. Häufig sind Small Talks, und das Thema Liebe/Beziehungen steht gerade unter Mädchen stark im Vordergrund. Vom verständigungsorientierten Diskurs à la Habermas kann hier nur schwer die Rede sein. Während Internet-Angebote von Talkshows eher über die Angebote der Sender selbst genutzt werden, finden diejenigen, die sich in erster Linie über Daily Soaps mit Gleichgesinnten austauschen wollen, eher ein Forum auf den privaten Homepages, die allerdings alle Original-Foto-, -Film-, -Ton- und Textmaterialien der Sender auf ihren Seiten eingebunden haben.
- In „Bärbels Poesiealbum", wie das Guestbook von *Bärbel Schäfer* bezeichnet wird, fanden sich im Februar 2000 296 Seiten seit seiner Anlage im September 1998. Das Gästebuch ist in erster Linie der Treffpunkt für alle die, die Bärbel Schäfer etwas zu sagen haben. Die Einträge richten sich an sie, dementsprechend finden sich ebenso Einträge zu Bärbels damaliger Samstag-Abend-Show *Ihr seid wohl verrückt*. Dabei wird seitens der Redaktionen anscheinend nicht kontrolliert, wer was einträgt.
- Die Einträge in Hans Meisers Gästebuch sind hauptsächlich kritischer Natur. Inhalte der Kritik sind einerseits Zweifel an der Qualität und Seriosität des Genres allgemein, andererseits Kritik an der Machart der Sendung und der Glaubwürdigkeit. Häufiger als in anderen Talkshow-Guestbooks wird hier Bezug auf die Sendung und auf konkrete Inhalte genommen. Die Einträge sind teilweise sehr offen und ernst gemeint. In-

diz hierfür ist unter anderem, dass die Gäste häufiger ihren Namen angeben als in anderen Guestbooks.

- Allgemeiner gilt: Guestbooks können von den Internetnutzern ganz unterschiedlich verwendet werden – für Diskussionen, meist Kritik an Sendungen, oder für Einträge, die sich an die jeweiligen Moderatoren richten, also eher personenbezogen gemeint sind. Und schließlich können Guestbooks dazu genutzt werden, über ganz andere Dinge zu kommunizieren – alle Möglichkeiten wurden beobachtet. Andererseits ist es häufig der Fall, dass in Guestbooks von Moderatoren die meisten Eintragungen von gegengeschlechtlichen Usern zu lesen waren. Insofern handelt es sich auch um spezifische Formen von Fantum, die dort dokumentiert werden.

Die Sendung und der Chat: Motive und Bindungen
- Um an einem Soap- oder Talk-bezogenen Chat teilnehmen zu können, muss man sich in aller Regel registrieren lassen und anmelden. Das für eine Registrierung notwendige Vorgehen ist in manchen Fällen formell und kompliziert, in anderen dagegen intuitiv und schnell möglich. Generell muss man sich einen Phantasienamen wählen. Dadurch bleibt man einerseits im Chat anonym, andererseits aber zugleich auch wiedererkennbar, weil jeder Name nur einmal vergeben wird. Die ganze Prozedur erscheint sinnvoll, kann aber potenzielle Teilnehmer abschrecken, die befürchten, relevante Daten von sich herausgeben zu müssen.
- „Ne ne, ich gehe nicht über die HP [homepage] von SAT.1! ... Ich gehe immer über den Barkeeper in den Chat. Da musst du über den Baywatch-Chat gehen und den URL abändern!! Dann hast du ein paar Funktionen mehr als im Sonja-Chat, kannst aber trotzdem dort chatten!! Außerdem habe ich mir ein Lesezeichen mit dem URL angelegt, da brauch ich dann nur draufklicken und ich bin schon drin! (Hee, ich bin schon drin oder was!!.* lach *..“ (A., im Sonja-Chat). Dieses Beispiel steht dafür, dass Chats, obwohl einzelnen Moderatorinnen und Moderatoren gewidmet, auch andere Zugänge haben und dass beim Chatten die Bindung an und das Interesse für die Moderatorin oder den Moderator nicht im Vordergrund steht. Wer sich in einem Gästebuch äußert, tut dies offensichtlich in der Regel gezielt in genau diesem Gästebuch. Beim Chatten dagegen scheint es weniger wichtig zu sein, wie der Chatraum heißt, in dem man sich aufhält, was zählt, sind die Leute, die dort anzutreffen sind.
- „Also wenn ich ehrlich bin, ich halte auch nicht so viel von den ganzen Talkshows! Es gibt mittlerweile einfach zu viele davon. ... . Du liegst mit deinem Gefühl ganz richtig [dass *Sonja* kein wichtiges Thema im Sonja-Chat ist], denn es wird ganz selten darüber geschrieben. Es kommen manchmal neue rein, die nach Sonja fragen. Das finde ich dann immer etwas naiv zu glauben die war da die ganze Zeit !! Manchmal gibt sich auch jemand als Sonja aus, der wird dann aber meistens gar nicht für ernst ge-

nommen!!" (A., im Sonja-Chat). Offensichtlich sind Fans von Talkmoderatoren in deren Chats eher Fremdkörper. Der Chat ist nur noch ein Anlass, mehr nicht. Dies mag sich freilich für andere Fangemeinschaften anders darstellen, und es mag sein, dass es den Redaktionen und Organisatoren in anderen Chats gelingt, hier mehr Bezug und Verbindlichkeit im Hinblick auf Sendung und Sender herzustellen. Bisher ist dies aber nicht zu beobachten.

• Ein Motiv, sich ohne besonderen Anlass im Chat oder Forum zu melden, ist sehr häufig Langeweile. (Manchmal wird auch das Wochenende als schrecklich bezeichnet, weil es keine Talkshows gibt). Teilnehmer nutzen Chats sonst meist, um sich zu verabreden, sich virtuell zu treffen. („Bin nur hier um nette Leute kennen zu lernen!"). Der Chat-Room dient in vielen Fällen also zur Kontaktaufnahme, die dann über E-Mail oder auf anderen Wegen fortgesetzt wird. Häufig ergaben sich auch Hinweise darauf, dass es angestrebt wurde, die doch reduzierten Formen der Internetkommunikation durch Telefonkontakte oder persönliche Treffen zu erweitern. Das Internet ist so die Basis für eine neue Form zwischenmenschlicher Begegnungen und dient als Medium zur Kontaktaufnahme mit der „Außenwelt". Ob dies eher als Ersatz oder eher als Anlass für weitergehende Beziehungen oder außerhalb des Internets bestehende Beziehungen eingeschätzt werden muss, ist eine weitere Untersuchung wert – beides ist wahrscheinlich, und es stellt sich die Frage, wovon dies abhängt, aber auch, worauf sich Internetbeziehungen im Beziehungsverhalten auswirken.

• Es scheint bei gut frequentierten, schon länger bestehenden Chats eine Kerngruppe aus regelmäßigen Nutzern zu geben, die sich oft auch untereinander persönlich kennen. Dabei ist diese Kerngruppe meist zahlenmäßig klein (wenn auch präsenzmäßig groß). Ihre Mitglieder scheinen aber im Prinzip für neue Kontakte offen zu sein, so war es kein Problem, daraus Informanten zu rekrutieren. Dies muss allerdings nicht so sein und bedarf der genaueren Untersuchung. Damit ist verbunden, dass ein oft oberflächlich erscheinender Chat keineswegs für alle Beteiligten oberflächlich sein muss: „.....das kommt dir vielleicht am Anfang nur so vor, dass alles tierisch oberflächlich ist, denn wenn man die Leute schon etwas länger kennt und sich auch so noch mailt, dann kann man sich echt ganz gut unterhalten. Also so geht es mir zumindest! Bin jetzt schon seit Oktober letzten Jahres dabei und es macht mir riesigen Spaß!!! Aber was ich ganz schön finde, du lernst immer neue Leute kennen!..." (A., im Sonja-Chat). Auch hier gilt wieder, dass einmalige Einblicke eher falsche Eindrücke wachrufen – wie bei der Beurteilung von täglichen Angeboten im Fernsehen ist es für jede Untersuchung auch des Internets wichtig, sich auf die hohe Kommunikationsfrequenz einzulassen. Welche zeitliche Stabilität derartige um Chats konstituierte kommunikative Gemeinschaften haben, ist eine gesellschaftspolitisch wichtige Frage. Und auch, ob diese Stabilität durch persönliche, nicht netzvermittelte Treffen hergestellt oder geschwächt wird, wäre zu untersuchen.

- In den Foren zu den Talkshows scheint die Sendung bzw. die Person der Moderatorin oder des Moderators häufiger thematisiert zu werden als in den Chats. Sucht man nach stärkeren Bezügen zu den Talkshows und nach echten Fans oder Gegnern, so sind diese am ehesten in den Gästebüchern, auf den „Fragen an...-Seiten" oder auf den Fanclub-Sites zu finden. Umgekehrt scheinen die Redaktionen in den Chats eine etwas größere Rolle zu spielen als in den Foren und dort öfter einzugreifen oder präsent zu sein. Bei beiden Internet-Genres ließ sich der Effekt beobachten, dass der Bezug zur Sendung, zum Thema oder zu Darstellern in der Kommunikation abnimmt, je synchroner die Kommunikation abläuft.
- Die Mehrheit derjenigen kleinen Minderheit, die sich im Internet zu Talkshows konkret äußert, beobachtet die Sendungen äußerst genau und achtet darauf, dass die von der Redaktion formulierten Grundsätze eingehalten werden. Sie scheinen die Shows ernst zu nehmen und möchten auch als Zuschauer ernst genommen werden.
- Im Rahmen der gesamten Anschlusskommunikation zu Talks geht es eigentlich weder um die Gäste, noch um die Themen der Sendungen, sondern eher um die Kommunikation an sich. Man könnte hier den Rückschluss ziehen, dass an den Sendungen selbst ebenfalls weder Themen noch Gäste interessieren, sondern das Gespräch/die Diskussion/der Streit zwischen Menschen das ist, was die Zuschauer sehen wollen. Dies ist allerdings eine weit reichende These, die genauer untersucht werden muss.
- Im Prinzip gelten die Bemerkungen zu Talkshows auch für Soapbezogene Kommunikation im Internet, aber dort stehen die Sendungen viel mehr im Mittelpunkt.

Typen und Eigenschaften von Nutzern
- Vermutlich lassen sich auch die Nutzer Soap- und Talk-bezogener Internetangebote als Typen charakterisieren, die aus den Typen ableitbar sind, die in den beiden hier beschriebenen Projekten zu Fernseh-Talks und Fernseh-Soaps entwickelt wurden. In einem weiterführenden Projekt wäre systematisch zu untersuchen, wohin sie sich ausdifferenzieren, welche Typen von Nutzern hinzukommen, aber auch, in welcher Weise sich diejenigen Internetuser auszeichnen, die auch im Internet über ihre Lieblingsmoderatoren oder ihre Lieblingssoap kommunizieren wollen. Der Anteil dieser „echten Fans" ist vermutlich eher klein.
- Als mögliche Typen von Nutzern unter den beobachtbaren Besuchern von Internetsites, die sich mit Soaps und Talks beschäftigen, lassen sich die folgenden nennen:

296

- Kontaktsuchende, die auf längerfristige Beziehungen aus sind,
- Mitteilungsbedürftige,
- Unterhaltungssuchende, die auf kurzzeitige Ablenkung aus sind
- Selbstdarsteller,
- Rat- und Hilfe Suchende (Auswegsuche im Zusammenhang mit Problembewältigung),
- „echte Fans", die eine Möglichkeit suchen, ihre Begeisterung auszudrücken und Gleichgesinnte zu finden (Suche nach Plattform für Fankult)
- und andere.

- In manchen Foren finden sich immer wieder Postings von Menschen, die es weit weg von Deutschland verschlagen hat, die aber dennoch in Kontakt mit den Fernsehsendungen in Deutschland bleiben wollen. Hier eröffnet das Internet natürlich neue Möglichkeiten.

Besondere Gruppen: Fanclubs und Redaktionen

- Die Möglichkeiten der Internetkommunikation lassen sich hervorragend für Fanarbeit nutzen. Beispielsweise findet sich im Bärbel-Schäfer-Gästebuch ein Hinweis auf die Website des Fanclubs „Friends of Bärbel Schäfer", und umgekehrt ist die Homepage des Fanclubs mit der Bärbel-Schäfer-Homepage verlinkt. Die dort organisierten Fans scheinen in unmittelbarem Kontakt zur Bärbel-Schäfer-Redaktion zu stehen, treffen sich alljährlich mit ihr und sind bemüht, andere Fans umfassend mit Informationen zu versorgen. Sie geben sogar eine eigene Club-Zeitschrift heraus „The look at Bärbel Schäfer". Und die Gästebuch-Einträge scheinen von Leuten zu stammen, die wirklich Interesse an *Bärbel Schäfer* haben. Sie tauschen sich aus und nehmen dabei Bezug aufeinander. Die Einträge sind zwar eher selten, aber dann meist mit einem anscheinend ernst gemeinten Anliegen.
- Die Redaktionen der Talkshows, die ja auch die senderseitigen Internetsites betreuen, spielen in den Foren eine zumindest als Erwartungen bemerkbar werdende, genauer zu untersuchende Rolle. Sie werden von den Nutzern einerseits als Experten betrachtet, es werden ihnen Auskünfte und Hilfestellungen abverlangt. Die Teilnehmer erwarten prinzipiell auch, von der Redaktion informiert zu werden und sind äußerst verstimmt, wenn die „Betreuung" nachlässt. Auf der anderen Seite tolerieren die Forums-Teilnehmer die Redaktion – in der Regel als „Redax" bezeichnet – als übergeordnete Instanz, die im Zweifelsfall auch sanktioniert. Ob die Redaktionen die Internetkommunikation tatsächlich nutzen, um die Akzeptanz der Serie oder Talkshow zu erhöhen, insofern sie auf die dort gemachten Äußerungen hören, wäre eine genauere Untersuchung wert.

Informantinnen und Informanten

- In verschiedenen Fällen wurden im Verlaufe des Projekts Informantinnen und Informanten gesucht, die Auskunft über die Kommunikation in Chats und Foren geben sollten – auch aus ethischen Gründen. A. ist eine solche Informantin, wobei die Zahl in ihrem Online-Namen ihr Alter angibt. Sie ist gelernte Versicherungskauffrau, die bei einem Provider arbeitet. Sie zeichnet sich durch hohes Interesse am Internet und an computervermittelter Kommunikation aus und nutzt das Internet beruflich und privat – auch in den Pausen am Arbeitsplatz. Sie versucht sehr genau, alle ihr gestellten Fragen per E-Mail zu beantworten. Ihre Mailsprache ist an die gängige Chatsprache angelehnt, insofern sie Chat-typische Abkürzungen wie *fg* (frech grins) gebraucht. Der lockere Ton wirkt, als sei es für sie kein Unterschied, etwas persönlich in einer Face-to-Face-Situation zu sagen oder per Mail zu schreiben.
- Die Themen, die im Chat besprochen werden, beschreibt sie als „ganz alltägliche Dinge", man fragt, wenn man neu ist, wohl erst nach Geschlecht und Alter „um sich ein Bild vom Gesprächspartner zu machen", später gehe man auch auf „Themen wie Arbeit, Freizeit und natürlich auch Herzschmerz" ein. Sie gibt zu, dass die Reaktion auf das Ansprechen von eigenen Problemen manchmal „ganz schön ernüchternd sein kann". Sie bezeichnet chatten als „mitquasseln". Die Teilnehmerinnen und Teilnehmer wollen danach keine Probleme wälzen, keine wirklich engen Kontakte, sie wollen ihre Freiheit in jeder Hinsicht.
- Von der Talkshow *Sonja*, in deren Chat sie angesprochen wurde, spricht sie von sich aus nicht. Sie scheint keine große Rolle für sie zu spielen und wird eben „nur" als Plattform des virtuellen Raumes genutzt. Auch auf Nachfrage gibt sie an, keinen besonderen Bezug zu Talkshows zu haben. Sie ist durch Zufall in diesen Chat gelangt und dort geblieben, weil die Leute ihr sympathisch waren. Sie bestätigt, dass sehr selten im Chat über *Sonja* gesprochen würde, dass das aber auch niemand vermisst.

Abschließend ist im Hinblick auf Angebot und Nutzung zu sagen, dass die senderseitigen Online-Angebote insgesamt eher unprofessionell sind und zum Teil von der Motivation getragen zu sein scheinen, dass man als Medienunternehmen eben auch im Internet vertreten sein muss. In vieler Hinsicht nutzen sie das Potenzial des Internets nur sehr begrenzt aus. Andererseits zeichnet sich aber ab, dass versucht wird, die Internetangebote breit zu konzipieren und alles, was im Kontext der Soap wichtig ist, zu integrieren. Dies erhöht natürlich den Bezug für die Teilnehmer, aber auch den Druck auf regelmäßige Besucher, sich als Fans zu fühlen.

Insgesamt bedeutet Anschlusskommunikation im Internet, die im Zusammenhang mit Talkshows oder Soaps steht: die Sender setzen die Kommunikati-

onsbedingungen. Das damit beschriebene Bedingungsgefüge und dessen Konsequenzen wären langfristig zu beobachten. Interpersonale Anschlusskommunikation im Internet bedeutet aber nur am Rande „Kommunikation über die Talkshows", sondern, wenn sie mit der Sache überhaupt etwas zu tun hat, eher „Kommunikation anlässlich des Moderators, zu dem regelmäßig über die Talkshow Kontakt aufgenommen wird". Bei Soaps ist dies nicht so extrem.

Der Vorteil der Internet-Kommunikation besteht für die Nutzer darin, dass sie die volle Kontrolle über die Kommunikation haben. Sie sind völlig frei in ihren Entscheidungen, was sie wann zu wem in welchem Zusammenhang sagen. Sie können die Kommunikation jederzeit ohne Grund abbrechen ohne sich rechtfertigen zu müssen, sofern ihr Gegenüber nicht ein Bekannter ist. Es fällt deshalb im Internet vielleicht leichter, entspannt, selbstbewusst und locker zu wirken, in eine Rolle zu schlüpfen, die man eventuell in echten sozialen Beziehungen gar nicht repräsentieren kann oder für deren Erprobung man sonst keine Gelegenheit hat. Man ist auf eine Art unerreichbar und unverwundbar, was möglicherweise die häufige Artikulation aggressiver, provokanter bis hin zu perversen Statements erklärt. Es ist auch möglich, Gefühle zu zeigen, ohne Gefahr zu laufen, bloßgestellt zu werden.

7.4. Einzelne Problemfelder

Hier sollen nun abschließend einige Problemfelder, die die empirische Erkundung deutlich gemacht hat und die zum Teil schon erwähnt wurden, besprochen bzw. angerissen werden.

7.4.1 Internetkommunikation als organisierte Alltagsgestaltung

Die Inhalte der Anschlusskommunikationen haben, sofern es sich um die oben beschriebenen Foren und Chats handelt, in der Regel *keinen* Bezug zur Talkshow oder zu der Soap. Sie werden als Plattform zur allgemeinen Kommunikation genutzt. *Nicht der Name des Chats ist also interessant, sondern die Nutzerinnen und Nutzer, die ihn erst zum Leben erwecken und ausfüllen.* Internet-Kommunikation, die unter dem Dach von TV-Sendungen stattfindet, wird häufig auch von Leuten genutzt, die zur Sendung keinen besonderen oder gar keinen Bezug haben. Inhalte der Kommunikation sind die User selbst und ihre Beziehungen zueinander. Es stellt sich deshalb die Frage, wie sich diese Angebote denn auf die Fernseh-Soap-Nutzung auswirken. Es stellt sich weiter angesichts der Definitionsmacht der Sender die Frage, wie groß der Bezug der im Rahmen des senderabhängigen Online-Auftritts angebotenen Kommunikationsmöglichkeiten zur TV Sendung tatsächlich ist und welche Möglichkeiten die Nutzer eingeräumt bekommen.

Es wäre also nötig, die verschiedenen, von den Sendern, Produktionsfirmen bzw. Redaktionsteams offerierten Angebote nach potenziellen Kommunikationsmöglichkeiten für Nutzer und Fans zu klassifizieren. So gibt es erstens die Internetsites, auf denen man Herumklicken und die man lesen oder auf denen man etwas in Gang setzten kann, wie einen kleinen Film. Ferner solche, die zu irgendeiner organisierten Aktivität einladen wie das Bestellen eines Autogramms oder die Teilnahme an einem Gewinnspiel. Weiter verschiedene, mehr auf Interaktivität angelegte strukturierte Kommunikationsangebote, nämlich die genannten Genres der interpersonalen Kommunikation wie Chats, Gästebücher, in denen sich über Jahre akkumulierte Anmerkungen finden (vgl. insbesondere das Gästebuch von *Arabella* mit mehr als 22.000 Eintragungen), und stärker strukturierte Foren.

Die Sender bestimmen, so haben wir gesehen, die Formen und Rahmenbedingungen der Kommunikation im Internet über ihre Sendungen. Angesichts des *weitgehenden Fehlens von freien Diskussionszusammenhängen* und angesichts der Einbindung der Fangruppen in die senderseitigen Strategien ist dies eine diskussionswürdige Entwicklung. Man könnte hier von Formen kommerziell organisierter Alltagsgestaltung sprechen. Beispielsweise wurde auch betont, dass Chats sich für eine kontinuierliche inhaltliche Diskussion kaum eignen, ebenso wenig wie Guestbooks. Mit dem gezielten Angebot von spezifischen Genres können Anbieter also strukturieren, was in Bezug zu einem Thema passiert, tragen dann allerdings auch das Risiko, dass unzufriedene Nutzer abwandern. Solange aber das Internet durch seine Strukturlosigkeit reine nutzerbestimmte Kommunikation erschwert, weil sie nur schwierig zu finden ist, ist dies für Anbieter kaum eine Gefahr. In diesem Zusammenhang stellt sich auch die Frage, womit Internetangebote verlinkt sind – *kritische Fälle wären Links zu unethischen oder unmoralischen Angeboten, aber auch das Fehlen von Links,* weil es suggeriert, dass es nichts ,Benachbartes' von Interesse gibt.

Diese Tatsache der senderseitigen Kontrolle der Internetdiskussion zu Soaps und Talks fügt sich in die aktuellen Strategien ein, die kommerzielle Internetanbieter derzeit betreiben, um dafür zu sorgen, dass sich ihre Internetpräsenz auch ökonomisch rentiert. Die Verwertung von Internetangeboten bzw. die Refinanzierung der Ausgaben dafür durch Werbung unterliegt bekanntlich anderen Gesetzen als es im Fernsehen der Fall ist. Mit Unterbrecherwerbung oder Werbung während des Wechsels zwischen verschiedenen Angeboten ist es Online bekanntlich nicht getan. *Daher entwickeln immer mehr kommerzielle Internetanbieter spezifische Strategien,* vor allem die folgende: Sie offerieren interessierten Personen die Möglichkeit, um spezifische Themen herum Gruppen zu bilden. Diese heißen zum Beispiel bei Bertelsmann Kommunikationsmarktplätze, bei Yahoo Clubs.

Derartige *thematische Clubs* können sich beispielsweise aus Eltern zusammensetzen, die spezifische Probleme mit ihren Kindern gemeinsam haben, aus Menschen, die ein bestimmtes Thema mehr oder weniger kontinuierlich behandeln wollen oder eben aus Fans von Soaps, Moderatoren, Bands oder dergleichen. Es reicht, wenn einer damit beginnt, Ressourcen bekommt er von der dahinter stehenden Firma zur Verfügung gestellt. Auf diese Weise sollen mehr oder weniger stabile Kommunikationsgruppen entstehen, die synchron miteinander chatten, Foren gestalten, E-Mails austauschen oder sich gegenseitig auf ihren Homepages besuchen. Die dahinter stehende Firma erhofft sich für die Organisation und das Erbringen technischer Dienstleistungen natürlich ebenfalls einen Nutzen: Sie hat z.B. zielgenau den besten Kontakt zu spezifischen Interessensgruppen, die sie mit Werbung versehen oder auf Online-Angebote hinweisen kann. Sie kann ferner deren Kommunikation beobachten, um Informationen zu sammeln. Es handelt sich gewissermaßen um die kommerzielle Variante einer Mischung aus thematisch bezogenen Newsgroup mit Chatmöglichkeiten und Homepages.

Auch sonst dienen Internetsites immer wieder sehr deutlich der Promotion. Sowohl die Homepage von *Arabella* als auch ihre Abteilung bei ProSieben weisen, wie bereits angemerkt, die Besonderheit auf, dass man dort Fragen stellen kann, die beantwortet werden – angeblich von Arabella selbst. Vermutlich werden nur ausgewählte Fragen beantwortet, es sind überwiegend solche, die sich auf ihre Sendung beziehen. Sowohl Fragen als auch Antworten scheinen redaktionell bearbeitet zu sein. Dass hier im Prinzip die Möglichkeit besteht, dass Arabella (jetzt als Person, also als Fernsehfigur, die auch durch ihre Redaktion besteht) dabei ihre Sendung, aber auch ihre Sponsoren promoted, zeigt das folgende Zitat:

Alice, 14 fragt: „Deinen Stil, Dich zu kleiden, finde ich einfach toll! Wer ist dafür verantwortlich und woher bekommst Du all die Sachen?". Und die Antwort: „Erst mal Danke für das Kompliment! Ich habe eine Stylistin, die für mich immer auf der Suche nach schönen Sachen ist. Vor der Sendung schaue ich dann, was mir am besten gefällt und worauf ich gerade Lust habe, und das ziehe ich dann an. Achte bei meiner nächsten Sendung auf den Abspann. Dort kannst du lesen, von welchen Firmen mein Outfit ist."

Prinzipiell ist im Rahmen eines dualen Mediensystems, das auf der Basis von Gewinnerwartungen funktioniert, nichts dagegen einzuwenden, dass Werbung gemacht wird. *Von einer Trennung von Werbung und Programm kann aber nun keine Rede mehr sein, auch nicht bei Angeboten, die sich an Kinder richten.* Die Frage ist auch, unter welchen Bedingungen die Definitionsmacht des Diensteanbieters so groß wird, dass soziale und kommunikative Prozesse der User relevant beeinflusst werden können – darüber müsste aber eigentlich eine gesellschaftliche Debatte stattfinden. Zudem wäre zu klären, inwieweit die Teilnehmer wissen, was sie tun, und die Bedeutung ihres Handelns einschätzen können, ob sie den Organisator ihrer Internetkommunikation überhaupt kennen bzw. davon wissen, wem er seine Informationen verkauft. Diese Frage setzt genau da an, wo etwa die Regulierung von Werbung im Fernsehen und in der Presse sonst anfängt: Weil eine Trennung von Programm bzw. redaktionellem Angebot und Werbung verlangt ist, und weil diese Differenz dargestellt werden muss, dürfen beispielsweise Fernsehsender nicht direkt mit Werbung beginnen, wenn sie das Programm unterbrechen oder abbrechen, sondern müssen dazwischen eine Kennung ausstrahlen. Mit der gleichen Argumentation ließe sich verlangen, dass Nutzerinnen und Nutzern stets deutlich gemacht werden muss, dass sie sich in privatwirtschaftlich organisiertem virtuellen Gelände befinden, obwohl sie nur ihre virtuellen Bekannten und Nachbarn treffen. Berührt sind damit natürlich auch *Fragen des Verbraucherschutzes.*

Eine typische, aus diesen Überlegungen resultierende Frage ist, ob es im Internet auf jeder Website so etwas wie ein „ViSdP" oder einen Besitzerhinweis geben sollte, was genau da zu stehen hat und wie dies durchgesetzt werden kann. Bei vielen Daily-Soap-bezogenen Internetsites, die man *nicht* bei den bekannten Sendern bzw. Produzenten findet, stellt sich die Frage, wer sie eigentlich betreibt. Bekannt ist beispielsweise, dass die Merchandising-Firmen ein hohes Interesse haben, Internetsurfer auf ihre Seiten zu leiten. Bei den Daily Soaps sind auch Musikfirmen daran interessiert, in der Synergiewerbung für Bands und zugleich für die Soaps Leser im Internet zu finden. Dementsprechend hat man bei vielen Sites den unbestimmten Eindruck, dass dahinter ein Verlag oder sonst ein Unternehmen steht, ohne diese für die Einschätzung eines Internetangebots doch recht wichtige Vermutung realisieren zu können. Solche Klarheit richtet sich langfristig nicht gegen das werbetreibende Unternehmen, sondern sorgt auf Dauer für ein hohes Vertrauensniveau, das ja dann letztlich auch der Sache selbst zugute kommt.

7.4.2 Rechtliche Probleme

In einigen Chats, Gästebüchern und Foren zeigt sich ein sehr aggressiver Umgangsstil, im Prinzip ist auch damit zu rechnen, dass pornographische oder volksverhetzende Aussagen auftauchen. Manchmal werden Angebote dieser Art gelöscht, manchmal kümmert sich niemand darum. Ob es weitere Sanktionen gibt, ist nicht bekannt. Die Redaktionen der Sender halten dies unterschiedlich. Die ProSieben-Foren fielen dadurch auf, dass sich die Redaktion relativ häufig einschaltet, die Schreiber ermahnt und Beiträge auch löscht. Auch das „GZSZ-Fan-Forum" bei RTL, das in unserem Sinne ein Gästebuch darstellt, scheint sich bei zu extremen Äußerungen zum Handeln aufgefordert zu sehen, was bis zu einer vorübergehenden Schließung des Forums führte – allerdings ist unklar, warum genau.

Zudem bieten Gästebücher und Foren den Anbietern indizierten oder sonst üblen Materials die Möglichkeit, dort aktiv zu werden. Zwar wurden im Rahmen der hier geschilderten Beobachtungen keine Kinderpornos, gewaltverherrlichenden oder rechtsradikalen Texte und Aufforderungen gefunden, wohl aber Postings der diffamierenden, beleidigenden Art in herabsetzender Sprache. Die im Großen und Ganzen fehlende Kontrolle und Moderation bedeutet auch, dass negative Beurteilungen, die man sonst wohl aus einem nichtvirtuellen Gästebuch herausreißt, möglich waren und auch stehen blieben.

Bei den Chats konnte im Gegensatz zu den Foren ein Einschreiten der Redaktionen nicht beobachtet werden, was vor dem Hintergrund plausibel wird, dass die Unterhaltungen von außerordentlicher Schnelligkeit und Kurzlebigkeit geprägt sind. Eine Sanktionierung käme in gewisser Weise immer zu spät und hätte auch keine Wirkung mehr, denn das Löschen erübrigt sich nach kürzester Zeit ohnehin. Auch ein Ausschließen bestimmter auffälliger Personen hätte kaum einen langfristigen Effekt, da man sich bei den meisten Chats relativ einfach unter anderem Namen neu registrieren lassen könnte. Die Veranstalter des Forendienstes parsimony.net stellen ihr Angebot unter folgenden Vorbehalt:

In den Foren von Parsimony.net sind folgende Inhalte nicht erlaubt: Adult (Pornos), Warez (Raubkopien), Crackz (geknackte Progamme), Passworttausch und Links auf solche Inhalte.

Wir behalten uns vor, Beiträge oder Foren zu löschen bzw. zu deaktivieren, die solche Inhalte (z.B. Kinderpornografie) aufweisen.

Außerdem: Verantwortlich für die Inhalte der einzelnen Foren ist der jeweilige Autor eines Beitrags und zuständig der jeweilige Foreninhaber. Eva Marbach Software haftet nicht für die Inhalte der Foren.

Die Frage ist demnach: Wie weit reicht der Verantwortungsbereich der Redaktionen bei Online-Kommunikation, die auf einer von ihnen eingerichteten Plattform stattfindet? Gibt es Unterschiede in der Gewissenhaftigkeit und Schärfe der Kontrollen der Inhalte zwischen den Sendern? Inwieweit weisen die Redaktionen auf Regeln hin, in welchem Ausmaß verfügen sie überhaupt über Kontroll- und Sanktionsmöglichkeiten? Und wollen sie überhaupt welche haben und ausnutzen?

Es ist eine kleine Anekdote am Rande, dass man die GZSZ-Homepage nicht erreichen kann, wenn man unter AOL die Kindersicherung eingeschaltet hat. Dies liegt nicht an der Güte dieser Kindersicherung – sie hält keineswegs verlässlich Kinder von Sites fern, die jugendgefährdend sein können. Vielmehr werden dabei aufgrund einzelner Worte ganze Sites gesperrt – und damit werden wegen irgend eines Reizwortes, das in welchem Zusammenhang auch immer im Text stehen kann, alle Kinder ausgesperrt, die diese Website von AOL aus besuchen wollen. Dass dies Sinn macht, kann man nicht behaupten – es spricht eher für das Durcheinander im Internet und die noch fehlenden Strategien der Anbieter.

7.4.3 Soziale Beziehungen via Internet?

Im ‚richtigen‘ Leben lernt man sich normalerweise erst kennen und redet dann über Persönliches und Intimes. Im Chat redet man miteinander, ohne etwas voneinander zu wissen, kommt meist schnell auf private Themen und lernt sich darüber kennen. Es entwickeln sich so eigenartige und eigenständige Formen sozialer Kontakte, deren Intensität und Nähe von den Beteiligten kontrolliert werden kann. Man lernt sich kennen, tauscht zusätzlich Mails aus, telefoniert oder/und trifft sich. Beide müssen jedem neuen Schritt zustimmen, sonst funktioniert es nicht. Aber wenn ein Schritt einmal gemacht wurde, kann man ihn nicht rückgängig machen. So sind viele Erzählungen von Informanten voll davon, dass man jemanden getroffen hat, den man dann schnell ‚völlig ätzend‘ fand, ganz anders als zuerst im Chat. Möglich ist in solchen Fällen, wo das Aufeinanderzugehen und Einander-in-Realität-Ausprobieren nicht geklappt hat und nicht symmetrisch war, nur der Abbruch der Beziehungen. So im Falle der Frau, die sich in monatelangen Chatkontakten verliebt hat, plötzlich von heute auf morgen keine Antwort mehr bekam und, als sie mit SMS und Mail insistierte, eine formelle Antwort ihres Chat-Partners erhielt, er sei seit Jahren glücklich verheiratet und habe noch nie etwas von ihr gehört.

Solche Prozesse, vermutlich aber auch die Fülle möglicher Aktivitäten, die immer neue Kontakte erwarten lassen, tragen sicherlich dazu bei, dass sich *Beziehungen im Internet nur schwer entwickeln und nur schwer stabil zu halten sind.* Grundsätzlich aber scheint die überwiegende Anzahl von Internetgenerierten Beziehungen, die stabil sind, von Kontakten und Kontaktversuchen begleitet, die nicht im Internet stattfinden. Zudem muss man berücksichtigen, dass Kontakte unterschiedlicher Intensität möglich sind, die sich alle etwa in Chats entwickeln können, die um Daily Talks und Soaps konstelliert sind. Dadurch entstehen Beziehungsnetze von unterschiedlicher Dichte und Dauerhaftigkeit, die man allerdings auch in ihrer Bedeutung für die Menschen nicht überschätzen sollte, die aber in jedem Fall einer genaueren Untersuchung wert sind – auch in ihrer Bedeutung für die ‚alten‘ Medien und die Ausgangsgenres im Fernsehen.

Von virtuellen Communities zu sprechen, scheint aber in einem doppelten Sinn nicht korrekt: Sie sind, wenn sie denn Communities sind, nicht virtuell, sondern onlinevermittelt – auch E-Commerce ist nicht virtuell, zahlen muss man immer. Und auch der Ausdruck der Community ist problematisch, weil von einer festen und abgegrenzten Gemeinschaft im Allgemeinen hier nicht die Rede sein kann. Interaktive Communities oder vielleicht besser, interaktive und variable Kontaktnetze wäre vielleicht angemessener.

Die Frage ist deshalb ja auch in der Öffentlichkeit immer wieder, ob Chatten ein Beitrag zur sozialen Verarmung ist, weil die Jugendlichen, oder die, die sich dafür ausgeben (in den beschriebenen Chats waren fast ausschließlich Leute anzutreffen, die ihr Alter zwischen 15 und 25 angaben) in den Stunden, die sie vor dem Computer sitzen, keine körperlichen Beziehungen erleben? Oder bietet Internet-Kommunikation die Möglichkeit, das „Fenster zur Welt" für diejenigen zu öffnen, die während dieser Zeit, in der sie chatten, keine „realen" Beziehungen erleben können, dürfen oder wollen? Ist der Chat eine Chance für die, die sonst möglicherweise nicht selbstbewusst genug oder anderweitig benachteiligt wären? Sind Internet-Kommunikation und Internet-Beziehungen Ersatzhandlungen oder Ergänzungen für „reale" Beziehungen oder konstituieren sie etwas Neues? Welche Arten von sozialen Beziehungen entstehen über das Internet, welche Unterschiede und Gemeinsamkeiten gibt es im Vergleich zu einer Beziehung, die sich durch den Einsatz mehrerer Kommunikationskanäle auszeichnet und Face-to-Face-Kommunikation einschließt? Hier ist weitere Forschung dringend notwendig.

7.4.4 Forschungsethische Fragen

Eines der Ergebnisse der Untersuchung war *die Notwendigkeit einer forschungsethischen Diskussion.* Prinzipiell sind Chaträume ebenso wie ‚reale' Kneipen öffentlich zugänglich, und jeder, der dort etwas kommunikativ beiträgt weiß, dass sein Kommunikat auf zahlreichen Computermonitoren erscheinen kann und oft auch erscheinen wird. Die Frage ist, ob man, ähnlich wie die sogenannten Lurker, die sich in Chatboxen aufhalten, aber an der gemeinschaftlichen Kommunikation nicht teilnehmen, derartige Kommunikation beobachten und für wissenschaftliche Zwecke auswerten darf. Denn es ist sicherlich eine Verletzung der Intimsphäre Dritter, wenn ihre Kommunikation beobachtet, aufgezeichnet, analysiert, zerlegt und interpretiert wird, wie es Wissenschaft nun einmal tut. Zudem gehört es zum Ethikkanon empirischer Kommunikationsforschung, nur dann verdeckt Daten zu erheben, wenn sich dies nicht anders machen lässt, anderen nicht schadet, ihre Belange angemessen berücksichtigt und überdies nach der Beobachtung bzw. Erhebung offen gelegt wird, dass hier in wissenschaftlichem Interesse gehandelt wurde. All dies ist in Chats faktisch nicht möglich.

Deshalb fanden solche Beobachtungen im vorliegenden Projektzusammenhang auch nicht statt. Vielmehr wurde auf die ethnographische Tradition des Befragens von Informanten zurückgegriffen; in Chats wurden Anwesende, die in diesen Chats verankert zu sein schienen, unter Offenlegung unseres Forschungszwecks gefragt, ob sie Auskunft geben wollen; dann wurden ihnen offene Fragen nach ihren Erfahrungen gestellt, die dann per E-Mail, also außerhalb der direkten Kommunikation, beantwortet wurden. Auf derartige Ergebnisse beziehen sich die obigen Aussagen. Unabhängig von unserem Vorgehen wäre hier eine öffentliche bzw. wissenschaftsinterne Diskussion anzuregen – Internetforschung wirft auch eigenständige Probleme auf.

7.4.5 Abschließende Anmerkungen

Offen ist die Frage, ob es eigentlich sinnvoll war, die Internet-Anschlusskommunikation zu Soaps und Talks zusammen zu untersuchen. Der gemeinsame Bezug ergab sich formal aus der täglichen Fortsetzung der ‚Erzählungen‘, also dem ‚daily‘, und inhaltlich daraus, dass Kinder und Jugendliche beides mit Interesse zur Kenntnis nehmen. Ob diese Gemeinsamkeiten freilich für einen im Prinzip ähnlichen Umgang mit den Angeboten im Internet ausreichen, dafür gab es wenige Indizien; diese Frage wäre deshalb in weiteren Untersuchungen zu analysieren. Der besondere habituelle Alltagsbezug und die Bindungen an das Klönen mit den virtuellen Nachbarn, das bei den in den Chats und Guestbooks wirklich greifbaren Usern zu beobachten ist, rechtfertigt dies, über die anderen User im Internet weiß man aber so recht nichts.

Vertiefend zu untersuchen wäre auch, inwiefern die Identitätskonstruktion der Menschen, die sich an Soaps und Talks binden, von dieser Bindung betroffen ist und wie sich dies im Internet auswirkt, fortsetzt, verstärkt oder abschwächt. (Dies ist im Hinblick auf Internetkommunikation ein eigenständiges Untersuchungsthema, auf das von der Fernsehnutzung nicht geschlossen werden kann, weil es sich bei der Internetkommunikation um andere und zum Teil sehr viel bedeutsamere Kommunikationstypen handelt.) Im Blick zu behalten ist ferner, dass hier neue cokulturelle Praktiken und Gemeinschaften entstehen, die auf neuen Formen der Kommunikation unter spezifischen Bedingungen beruhen, und die wieder auf die Genrenutzung vor dem Fernseher zurückwirken.

Wir untersuchten Anschlusskommunikation, also die Bewegung vom Fernsehen ins Internet (und mittelbar wieder zurück). Diese Bewegung vom Fernsehen zum Internet ist damit zugleich eine Bewegung, in der die Kommunikations- und Medienwissenschaft zu neuen Ufern aufbricht, ihr Verständnis von Medien und Kommunikation, von Nutzen und Gebrauch, von Ästhetik und Ideologie und den Zusammenhängen dazwischen in Frage stellt.

Und diese Bewegung ist eine, die das Interesse des Auftraggebers dieser Studie, der Landesmedienanstalten reflektiert. Sie sind für das Fernsehen und das Radio zuständig, sie kümmern sich um Zulassung und alltägliches Angebot, sie sorgen für die Einhaltung von Werberegelungen und Jugendschutz. In dem Ausmaß, wie sich die Medienlandschaft in allen ihren Dimensionen und Facetten durch die computervermittelte Kommunikation verändert, können sie sich m.E. inhaltlich auf die Leitmedien nicht mehr beschränken, sondern müssen mitvollziehen, was die privaten Rundfunkveranstalter ihrerseits vollziehen, nämlich die Erweiterung ihres Geschäftsfeldes um die Potenziale des Internets, die wahrscheinlich jetzt bereits erkennen lassen, dass ‚Fernsehen' in schon absehbarer Zeit nicht mehr nur ein Geschehen auf dem Bildschirm im Wohnzimmer meint (ebenso, wie eine Zeitung nicht mehr nur aus Papier, Redaktion und Lesern besteht).

Noch ist das Internet in vielen seiner Charakteristika am besten zu verstehen, wenn man es als Verlängerung von Medien, von Kommunikation, von Geschehen außerhalb des Internets begreift und als Transfer erklärt. Das wird freilich auf Dauer nicht so bleiben. Ein kleiner Hinweis darauf findet sich bei den MUDs, den Online-Computerspielen also. Die meisten inszenieren eine dreidimensionale Welt, in der sich zweigeschlechtliche Wesen bewegen, eine Welt, die sich in ihren wesentlichen Dimensionen an der erfahrenen Welt orientiert. Es gibt aber auch schon MUDs, in denen es sechs, acht und zehn verschiedene Geschlechter gibt, in denen Räume nicht mehr euklidischen Bedingungen genügen, und es gibt Mitspieler, die nicht nur in einer, sondern gleich in mehreren Identitäten auftreten. Hier beginnt bereits etwas Neues. Ebenso wie sich E-Mails vom elektronischen Brief zu einer eigenständigen Mitteilungsform entwickelt haben, werden sich auch auf den anderen Ebenen der Internetkommunikation eigenständige Genres ausbilden. Ergänzung, Ersatz und Nutzung nach eigenständigen Intentionen sind hier die Schritte, die zu beobachten sein werden und die im Blick behalten werden müssen.

Teil V

Schlussfolgerungen

8. Schlussfolgerungen: Daily Talks und Daily Soaps als Foren der Alltagskommunikation

Ingrid Paus-Haase[1]

8.1 Zur Bedeutung der Genres für Jugendliche

Will man verstehen, weshalb die Genres Daily Talks und Daily Soaps und neuerdings Real-Life-Formate wie *Big Brother* im Alltag von Jugendlichen eine herausgehobene Rolle spielen, erscheint es hilfreich, zunächst einen Blick auf die sich verändernde gesellschaftliche Situation zu werfen, in der Jugend stattfindet.[2] Will man diese soziologisch beschreiben, fallen zwei zentrale Prozesse ins Gewicht: Enttraditionalisierung und Selbstbezüglichkeit. Diese Faktoren gewinnen auf der Folie nicht mehr stabiler „metasozialer Garantien" (Hahn/Heinzelmaier/Zentner 1999, 11) wie Traditionen, Glaube, Sitte – ihrerseits Beförderer neuer Staatsformen, Techniken und sozialer Gruppierungen (ebd.) – eine wichtige Bedeutung im Kontext einer fortschreitenden Erosion gewohnter, nunmehr aber überkommener, nicht mehr als selbstverständlich akzeptierter, wenn nicht in vielem bereits entwerteter Stabilisatoren. So erscheint Technikgläubigkeit in Zeiten nach Tschernobyl einer vermehrten Risikowahrnehmung zu weichen. Infolge einer zunehmenden Selbstbezüglichkeit, die einhergeht mit den Prozessen der Enttraditionalisierung, „wird die Gesellschaft auf die Zukunft festgelegt, über die durch ihre andauernde Erneuerung der ‚Gegenwart' nichts Richtungsweisendes zu sagen ist" (ebd.). Fortschrittsdrang als notwendige Konsequenz fortschreitender Modernisierungsprozesse lässt sich ohne Skepsis und Besorgnis, wenn nicht Angst vor eben dieser Zukunft kaum mehr denken: Ambivalenz prägt das Gesicht der Zeit.

---

1   Dank gilt Ulrike Wagner für vielfältige Anregungen und Diskussionen.
2   Siehe zum folgenden Passus: Paus-Haase (2000 a, 58-60).

Im Einzelnen lassen sich folgende Strukturmerkmale identifizieren:[3] Gesellschaftliche und private Lebensformen und -bedingungen werden danach geprägt durch eine Diversität an Erwartungen, Ansprüchen, und Lebensentwürfen. Diese konstituieren unsere gesellschaftliche Situation nicht nur, sondern sind für sie vielmehr legitim; Dissenzen sind unvermeidbar geworden (Welsch 1996). Pluralisierungs- und Differenzierungsprozesse von Lebensraum und Lebenswelten gehen mit einem Verlust der traditionellen Form der Vergemeinschaftung einher; sie erfordern gleichzeitig den Aufbau von selbstgewählten Beziehungsnetzwerken (Krüger 1997, 246). Vor dem Hintergrund neuer Individualisierungsschübe, Entstrukturierungen sowie einer Verflüssigung von Lebensverläufen, Generations- und Geschlechterbeziehungen kristallisieren sich nicht nur gesteigerte individuelle Erlebnis-, Entscheidungs- und Handlungsspielräume heraus, mit ihnen verbunden sind vielmehr auch neue Belastungspotenziale und Risiken für die Subjekte (ebd.). Gesellschaftliche Realität ist selbst abstrakt geworden und stark von Expertensystemen und legitimierenden Diskussionen durchdrungen (Lash 1996, 200 sowie 259 f.). Dies die eine Seite.

Auf der anderen Seite gehen mit den geschilderten Aspekten fortschreitender Individualisierung Prozesse der Institutionalisierung und Standardisierung einher. In der Doppelgesichtigkeit von Freisetzungs- sprich Individualisierungsprozessen und ihrer Kehrseite, der fortschreitenden Institutionalisierung und Standardisierung (Beck 1986, 205 ff., Beck/Giddens/Lash), erleben junge Menschen die Systeme der Erziehung und der Ausbildung, die für sie als Leistungs- und Erfolgserwartungen in Familie, Schule und Ausbildung evident werden, häufig als ein Eingespanntsein in als starr wahrgenommene Kontexte. Dennoch sind gerade junge Menschen auf institutionelle Vorgaben angewiesen und auf sie rückverwiesen, zumal sich in ‚unsicheren' Zeiten der Druck auf Ausbildung und Erfolg in besonderer Weise – subjektiv wie objektiv – erhöht. Daraus folgende Dissenzen der Wahrnehmungen lassen sich nicht in einer Synthese aufheben.

Dies gilt um so mehr als Jugend heißt, in Ambivalenzen zu leben: Auf der einen Seite erleben Jugendliche im Alltag Abhängigkeit als Schüler und Lehrlinge in Bildungswesen und Ausbildungseinrichtungen (Rathmayr 1994, 77), auf der anderen Seite werden sie als „vollgültige Konsumenten, als ernst zu nehmende Träger von Beziehungs-, Freizeit- und Unterhaltungsaspirationen, als Adressaten unterschiedsloser medialer, ökonomischer und anderer kultureller Einflüsse" (ebd.) angesehen. Mit zu bedenken sind in diesem Kontext die Strategien des Kult-Marketings nicht nur in der Unterhaltungsindustrie selbst, sondern auch in Ausbildung, Prägung und Verfestigung von Lebensstilentwürfen; Jugendliche richten sich an Symbolen und Marken aus,

---

3 Vgl. Paus-Haase (2000 b).

die gleichzeitig mit den Angeboten präsentiert werden (Bolz/Bosshart 1995, Göttlich/Nieland 1998a, 1998b).

So gehen mit den gesellschaftlichen Wandlungsprozessen in doppelter Weise Erosionen einher, die Jugendliche nicht nur fordern, sondern auch überfordern können.

Gerhard Schulze weist auf der Basis von gesellschaftsanalytischen Untersuchungen auf die Bedeutung unterschiedlich verfasster, ästhetisch organisierter Lebensstile hin. Die Chance des (Mit-)Erlebens wird mittlerweile als zentrale Kategorie großgeschrieben, scheint sie doch geradezu für Jugendliche zum zentralen Zugang zur Welt geworden zu sein. Zur Erklärung dieses Phänomens lässt sich auf Scott Lash rekurrieren; er weist darauf hin, dass die Bedeutung kultureller Strukturen im Zusammenhang des Niedergangs sozialer Strukturen (1996, 209 f.) zugenommen habe. Vor allem im kulturellen Erleben, in Form gemeinsam geteilter Bedeutung, möglicherweise auch an der Oberfläche von medial und kommerziell bestimmten ‚Geschmackskulturen'[4] verbleibend, kann noch Gemeinschaft gelebt werden: „Soziologen unserer Tage haben bemerkt, dass dieses ästhetisch-expressive, sinnstiftende Subjekt, dessen Ursprünge in der ästhetischen Moderne liegen, inzwischen in allen gesellschaftlichen Schichten und im Alltag allgegenwärtig geworden ist, und zwar im expressiven Individualismus (...)" (ebd., 276). Kultur wird als Lebensweise aufgefasst, in der soziale wie materielle Lebensstile evident werden (Luger 1998 a, 320).

In einer engen aufeinander verweisenden Verknüpfung von Milieu, Lebenswelt und im Zuge gesellschaftlicher Wandlungsprozesse – nunmehr verstärkt – auch der mehr und mehr von Medien unterschiedlicher Couleur durchwobenen Populärkultur (ebd.) richtet sich, auch im Hinblick auf Prozesse des Kult-Marketing und der Alltagsdramatisierung, der Fokus darauf, wie junge Menschen in die unterschiedlichen kulturellen Ausdrucksweisen und Formationen hineinwachsen, sich in sie integrieren, sie für ihre Anliegen, die Ausbildung ihrer Identitätskonzepte, nutzen und welche Instanzen im Kontext der Herausbildung zentraler Muster für junge Menschen heute im Vordergrund stehen.

Der Wunsch nach Orientierung und Vorbildern auf der einen Seite sowie nach intensivem (Selbst-)Erleben, nach Unterhaltung und Spannungssteigerung bzw. -reduzierung, die Sehnsucht nach Abenteuer (Luger 1995) auf der

---

4   Vgl. dazu: Lull (1985), 209-224. Die Bedeutung von Geschmackskulturen ist insbesondere von Pierre Bourdieu in die soziologische Diskussion eingebracht worden. Bourdieu wendet seine Aufmerksamkeit insbesondere dem Zusammenhang von Kultur, Herrschaft und sozialer Ungleichheit zu; er differenziert dabei die unterschiedlichen Variablen Klassenlage, Bildungsniveau, Kulturkonsum und Lebensstil. Danach werden die Klassenunterschiede auch in postmodernen Gesellschaften nicht aufgehoben; sie sind vielmehr, allerdings in symbolischen Erscheinungsweisen, auf dem Markt innerhalb pluraler und prestigedifferenzierter Lebensstile präsent (1989). Siehe dazu ausführlicher: Luger (1998 a), 325 sowie Luger (1998 b).

anderen Seite, aber wiederum auch nach Ankommen und Heimat nimmt gleichermaßen zu, Metaphern, die neben denen der Reise und des Aufbruchs Prozesse der Selbstfindung in der Jugend kennzeichnen. Sie weisen auf die Chancen und Risiken, die Schwierigkeiten und Herausforderungen hin, die mit Aufwachsen, mit dem Erwachsenwerden junger Menschen verbunden sind.

Gilt doch als charakteristisches Spezifikum von Jugend – auch im neuen Jahrhundert – die Selbstfindung in der Auseinandersetzung mit der Realität, die Identitätsfindung, als die zentrale ‚Entwicklungsaufgabe' (Oerter/Montada 1987, 306, s. auch Barthelmes/Sander 1997, 37, Ferchhoff 1999, 77 f.). Das Konzept der ‚Entwicklungsaufgaben' wurde in den 60er- und 70er-Jahren von der amerikanischen Entwicklungspsychologie ausdifferenziert, das im Rahmen der Theorie des *life-span developments* die Perspektive auf die situationsgebundene Auseinandersetzung des Individuums mit Anforderungen der ‚inneren' und ‚äußeren Realität' ermöglicht. Geprägt wurde dieser Ansatz insbesondere von Robert J. Havighurst (1972 [1953], s. auch Paus-Haase 1998).

Explizit sind Heranwachsende danach mit den Entwicklungsaufgaben der Präpubertät und der Pubertät befasst, bedeutet doch Jugend Aufbruch zum Selbst, Abschiednehmen von der Kindheit, die Auseinandersetzung mit Selbstbildern, mit Rollenerwartungen, den Erwerb des eigenen Geschlechtskonzepts, die Balance zwischen Selbst und Anderen, der Umwelt, auszuloten. Kindheit und Jugend (aber nicht mehr nur diese) gelten als Zeiten verschiedener psychosozialer Krisen. Im Zentrum steht die Frage, wie Selbstwertgefühle und emotionale Einstellungen gegenüber sich selbst und gegenüber der Umwelt die Entwicklung eines Menschen prägen. Das Wechselspiel zwischen Individuum und Umwelt löst im Laufe der Entwicklung eine Folge von psychosozialen Krisen aus, die zum Aufbau und zur Festigung der Persönlichkeit durchlaufen werden müssen. ‚Krise' bedeutet in diesem Zusammenhang einen Zustand besonderer Sensibilität, der eine Art ‚Wendepunkt' für die weitere Entwicklung darstellt (Erikson 1970, 96).[5] Die „vitale Persönlichkeit" zeichnet sich nach Erikson dadurch aus, dass sie „aus jeder Krise mit einem erhöhten Gefühl der inneren Einheit hervorgeht, mit einer Zunahme an guter Urteilsfähigkeit und einer Zunahme der Fähigkeit, ‚etwas zustande zu bringen'" (Erikson 1970, 91). Ich-Identität, dies lässt sich als ist Zielvorstellung einer „gelungenen Identität" bezeichnen, bedeutet dann, zusammengefasst, eine Balance zwischen persönlicher und sozialer Identität.

---

5 Jede psychosoziale Krise ist durch eine Reihe von bestimmten Aufgaben gekennzeichnet, deren produktive Erfüllung für alle Individuen in einer bestimmten Phase eine zentrale Relevanz gewinnt. Die Konkretisierung und Bewältigung dieser Aufgaben steht eben in einem engen Zusammenhang mit den Herausforderungen durch die Umwelt. Die Nichtbewältigung einer Krise kann den Rückzug in vorherige Phasen bewirken. Eine erfolgreiche Bewältigung führt dagegen zur Stärkung des Selbstwertgefühls.

Leuchtet man diesen vor allem auf die psychoanalytische Theorie rekurrierenden und in der Auseinandersetzung mit Prämissen des Symbolischen Interaktionismus (Mead 1980) präzisierten Begriff soziologisch weiter aus, bedeutet Identität, dass ein „Individuum einerseits trotz der ihm angesonnenen Einzigartigkeit (...) nicht durch Isolierung aus der Kommunikation und Interaktion mit anderen ausschließen und andererseits sich nicht unter die für sie bereitgehaltenen sozialen Erwartungen in einer Weise subsumieren lässt, die es ihm unmöglich macht, seine eigenen Bedürfnisdispositionen in die Interaktion einzubringen" (Krappmann 1969, 316).

Somit sind Jugendliche im Prozess der Identitätskonstruktion mit einer Vielzahl von unterschiedlichen situativen Gegebenheiten konfrontiert, in denen sie ihre Handlungskompetenz immer wieder neu unter Beweis stellen müssen. Das bereits angesprochene Konzept der Entwicklungsaufgaben umreißt für bestimmte Abschnitte des Lebens zentrale Aufgaben, die zur Bewältigung anstehen, wie etwa die Errichtung der Geschlechtsidentität.[6] Sie gilt insbesondere in der Pubertät als die zentrale Entwicklungsaufgabe. Jugendliche benötigen dazu Vorbilder und Modelle, die ihnen – in möglichst ungeleiteter Weise – Orientierungshilfen für den Alltag bieten können.

Prozesse der Identitätsfindung heute stehen zum einen in enger Referenz mit fortschreitender Kommerzialisierung, zum anderen sind sie im Zusammenhang einer mehr und mehr in private Kontexte hineinreichenden Intimisierung und gesteigerten Erlebniserwartung von Jugendlichen zu verorten. In einer Gesellschaft, die von Individualisierungsprozessen, von relativer Wahlfreiheit einerseits, aber auch von einer verwirrenden Vielfalt der Lebenskonzepte und Wertsysteme andererseits gekennzeichnet ist, bedeutet es keinesfalls eine leichte Aufgabe, zu einem stabilen Selbstkonzept zu gelangen. Junge Menschen müssen also mehr denn je ‚Experten' sein, in der Gestaltung ihrer Identität, um sich als möglichst eigenständige Menschen heute erfahren und behaupten zu können.

Im Hinblick auf Merkmale von aktuellen in der Jugendforschung diskutierten Identitätskonzepten, die nicht länger die von Jürgen Habermas proklamierte und normativ bestimmte Identität als einzulösende Zielvorstellung anvisiert, steht nunmehr eine persönliche Form der Identität im Mittelpunkt, die sich von Identitäts- und Kontrollzwängen zu lösen in der Lage ist und – als ‚Spiel' gefasst – zu einer zwanglosen und doch gestalteten Subjektivität vordringt (Belgrad 1992). Aufwachsen heute bedeutet dann, Identität(en) zu konzipieren, sie wieder fallen lassen zu können, sie neu zu projektieren und zu behaupten, also mit Identitäten ‚spielen' zu können. Jeder muss, wie die Shell Jugendstudie (2000) zusammenfasst, seinen persönlichen „Wertekosmos" mit der eigenen Lebenssituation und dem aktuellen Bedingungsgefüge

---

6 Siehe dazu Keuneke (2000). Die zentralen Entwicklungsaufgaben, die in der Jugend anstehen, hat Ferchhoff in zwölf Punkten zusammengefasst (1999), 80 f.

in der Gesellschaft stets aufs neue abgleichen und dabei nach eigenen Lösungen und dem ganz persönlichen Lebensweg suchen. Das bedeutet dann: Lebenkönnen in der „Akzeptanz von grundlegenden Ungewissheiten in der eigenen erwartbaren Biographie" (ebd.).

Die spezifische Art und Weise lässt sich als „Identitäten-Bastelei", als ‚Bricolage' beschreiben. Dieser von Levi-Strauss entwickelte Begriff meint wörtlich das ‚Basteln', die „Neuordnung und Rekontextualisierung von Objekten, um neue Bedeutungen zu kommunizieren, und zwar innerhalb eines Gesamtsystems von Bedeutungen, das bereits vorrangige und sedimentierte, den gebrauchten Objekten anhaftende Bedeutungen enthält" (zit. nach Baacke 1992, 20). Es findet in diesem Kontext eine ‚Bricolage' von unterschiedlichen Perspektiven und Lebensweisen statt; ihre spezifische Ausgestaltung kann zu Ausprägungen bestimmter Statussymbole und damit wiederum zum Ausdruck von Lebensstilen avancieren.

Jugendliche benötigen dazu ‚Foren', die ihnen im wahrsten Sinne *Spiel-Räume* ermöglichen (Baacke/Sander/Vollbrecht 1988, 229). Erwachsene bieten Jugendlichen heute, wie die Shell Jugendstudie (2000) zu bedenken gibt, immer weniger brauchbare Konzepte zur Identitätsbildung an. Die Dynamik der Identitätssuche Jugendlicher vollzieht sich somit – in hohem Maße aktiv bestimmt – mehr und mehr in unterschiedlichen symbolischen Welten, zu denen auch, wenn auch auf unterschiedlichen Ebenen, die beiden Fernsehgenres Daily Talks und Daily Soaps sowie ihre spezifischen Formen der Anschlusskommunikation im Internet gehören.

Sie stellen solche symbolischen Spielräume bereit und dienen Jugendlichen quasi für ‚Als-ob-Spiele' in der Ausbildung von Identitäten. Dabei spielen allerdings die unterschiedlichen lebensweltlichen Bedingungen der Heranwachsenden eine zentrale Rolle. Das soziale Milieu, in dem ein Junge bzw. ein Mädchen aufwächst, bietet dafür einen in spezifischer Weise ausgelegten Raum an, ein Feld mit jeweils unterschiedlichen sozialen Voraussetzungen. Jugendliche bilden zwar individualisierte Ich-Identitäten aus, jedoch verfügen sie, je nach sozialem Milieu und damit spezifischem lebensweltlichen Hintergrund, über disparate Handlungskompetenzen zur Bewältigung ihrer Entwicklungsaufgaben. Wie die neue Shell-Studie ausweist, tun sich immerhin etwa 17 Prozent der Jugendlichen mit den Herausforderungen im Kontext der gesellschaftlichen Umbrüche, mit den Auswirkungen von Individualisierungs- und Standardisierungsprozessen, schwer. Etwa 10 Prozent unter ihnen stehen auf der „Verliererseite"; sie zeigen sich in besonderer Weise verunsichert und ratlos (Shell Jugendstudie 2000). Die Ungleichheiten beim Zugang zu begehrten Lebenschancen stehen in einem engen Kontext zu den unterschiedlichen Umgangsweisen mithin Kompetenzen in der Wahrnehmung und Bearbeitung auch von Medienangeboten.

8.2 Talks und Soaps aus der Rezeptionsperspektive: Ein Vergleich der Genres

Daily Talks und Daily Soaps sind Produkte, die unter Marktbedingungen produziert werden mit dem Blick auf und für ein Publikum oder mehrere Publika mit bestimmten sozialen Eigenschaften. Rezipienten hegen unterschiedliche Wunschvorstellungen, Bedürfnisse, und Konsumgewohnheiten; sie verfügen über disparate Kompetenzen, mit diesen Medienprodukten umzugehen, die wiederum mit ihrem Alter, ihrem Geschlecht und mit ihren lebensweltlichen Bedingungen zusammenhängen.

Medienangebote, wie Daily Talks und Daily Soaps sind mehr als nur kommerzielle Produkte; sie sind auch unterschiedlich strukturierte Sinnangebote, die unterschiedlich wahrgenommen und interpretiert werden können, also unterschiedliche Lesarten bereithalten. Soaps und Talks sind damit keinesfalls ‚Kopiervorlagen‘. Sie stellen Sinn- und Wissenstypen dar, die von einer Meta-Ebene aus gewissermaßen Verstehen anweisen und Erwartungen konfigurieren (vgl. Schmidt/Weischenberg 1994, Willems 2000). Gemeinsam sind Daily Talks und Daily Soaps die Momente der Dialogzentrierung und der Inszenierung, wobei die Daily Talks in sich abgeschlossen, damit „statisch" strukturiert sind, während die Daily Soaps offene und miteinander verwobene – mithin „narrative" – Handlungsstränge aufweisen.[7]

Beide Genres bieten als „kommunikative Genres" somit einen Rahmen, der eine „ganze Grammatik von Erwartungen" (Goffman 1977) und Verhaltensweisen offeriert und begrenzte Offenheiten und Spielräume für eine aktiven Umgang mit den Produkten darbietet. Eine Begrenzung der Spielräume liegt besonders dann vor, wenn sich spezifische lebensweltliche Kontexte in problematischer Weise mit den klischee-geprägten Angeboten in Daily Talks und Daily Soaps verschränken.[8] Hinzu kommt, dass beide Genres quasi „permanent verfügbar" und täglich rezipierbar sind.

Daily Talks und Daily Soaps unterschiedlicher Couleur unterbreiten Jugendlichen in vielfältiger Weise ein Angebot zur Auseinandersetzung und

---

7 Siehe dazu insbesondere die Ausführungen zur Entstehungsgeschichte der Daily Soaps in Kap. 2.1. Darin wird deutlich, welche unterschiedlichen Erzählstrategien und -aspekte die deutschen Soaps heute kennzeichnen.

8 Als Beispiel dazu lässt sich auf die zwölfjährige Julia verweisen, die wie einige ihrer Altersgenossinnen in einer äußerst problembelasteten familiären Situation lebt und die Talkshow *Sonja* in besonders ausgeprägter Weise zur Alltagsgestaltung heranzieht, so dass *Sonja* geradezu zum Anker in der Identitätsgenese, zur ‚Moderatorin‘ ihres nicht ausbalancierten Identitätsprojekts wird; siehe dazu das Fallbeispiel ‚Julia‘ sowohl im Anhang der vorliegenden Untersuchung (Einzelfalldarstellung 12) als auch - ausführlicher - in der ‚Talkshow-Studie‘ sowie ebenso die Fallbeispiele Cornelia (Einzelfalldarstellung 11) und Rita (Einzelfalldarstellung 13). In diesem Kontext ist erneut auf die unterschiedliche genrebedingte Form von Konfliktlösemodellen und Lösungsstrategien hinzuweisen. Daily Talks bieten mit ihrem jeweils in einer Sendung abgeschlossenen Thema eine unmittelbarere Hilfestellung an als die längeren Erzählsträngen und episodisch angelegten Daily Soaps.

Überprüfung des eigenen Alltags und der eigenen Identität. Sie dienen jungen Menschen als unmittelbare Vergleichsfolie: ‚So bin ich, so bin ich nicht'; damit ermöglichen sie eine lustorientierte, unangeleitete Bespiegelung des Selbst. Sie bieten quasi als ein ‚Expertensystem' in Bezug auf Zusammenleben, Liebe und Freundschaftsbeziehungen sowie für das Spannungsfeld Freizeit und Beruf Figuren, Foren und Modellvorstellungen zur Aneignung unterschiedlicher Lebensweisen und -stile an, aber auch zu ihrer Ablehnung.

Soaps und Talks als permanent verfügbares und Gemeinsamkeit stiftendes Angebot werden gewissermaßen zu einem Forum für breite Gruppen von Jugendlichen, auf das man sich individuell unterschiedlich beziehen kann, das aber auch Wünschen nach Integration bzw. Ganzheitlichkeit nachkommt. Schließlich, zu diesem Schluss kommt die Shell Jugendstudie, überformt der Jugendstatus das gemeinsam geteilte ‚Jugendleben' sowohl im Hinblick auf ethnische wie gesellschaftlich bestimmte Unterschiede in den lebensweltlichen Bedingungen. Jugendliche setzen dann Daily Talks und Daily Soaps zur Information, Orientierung, Unterhaltung, aber auch zum Amüsement ein. Vor dem Hintergrund der Komplexität des Jugendalltags richten junge Menschen jedoch zum Teil ähnliche, zum Teil unterschiedliche Ansprüche an die Genres Talks und Soaps. So lassen sich unterschiedliche Zugänge feststellen, die mit den jeweiligen Spezifika der beiden Genres zusammenhängen.

Besonderes Augenmerk muss allerdings auf die geschlechtstypische Nutzung der Angebote Daily Talks und Daily Soaps gelegt werden, da beide – wie aus Reichweiten-Messungen hervorgeht – als „Mädchen- bzw. Frauen-Genres" bezeichnet werden können. Mädchen zeigen sich also in spezieller Weise interessiert an sogenannten „beziehungsorientierten Genres" wie sie die Talks und Soaps darstellen.[9]

8.2.1 Daily Talks

Bei den Talkshows lassen sich vier verschiedene Rezeptionsweisen identifizieren:

- Naive Rezeption versus reflektierte Rezeption
- Involvierende Rezeption versus distanzierende Rezeption
- Suche nach Unterhaltung versus Suche nach Orientierung
- Positive Bewertung der Daily Talks versus negative Bewertung der Daily Talks.

Während Jungen zumeist an der Oberfläche eine distanzierende Rezeption erkennen lassen und bei den Daily Talks den Unterhaltungsaspekt in den Mittelpunkt rücken – die Einzelinterviews sowie insbesondere die Fallbei-

---

9 Siehe zur geschlechtsspezifischen Identitätsgenese auch: Hagemann-White (1998).

spiele differenzieren dieses Bild –, involvieren sich die Mädchen in das Talk-showgeschehen und suchen vorwiegend nach Orientierung. Jugendliche höherer Bildung integrieren Daily Talks selten in ihre Wirklichkeitskonstruktion; Befragte mit niedrigerem Bildungsstand erweisen sich in diesem Sinne eher als anfällig. Dabei sind insbesondere weibliche bzw. jüngere Probanden betroffen. Der Rezipiententyp, der am ehesten sein Selbst- und Realitätskonzept durch Talkshows beeinflussen lässt, kann somit folgendermaßen umschrieben werden: Es handelt sich um jüngere Mädchen mit mittlerem oder niedrigem Bildungsstand, geringer Medienkompetenz und einem problematischen lebensweltlichen Hintergrund.

Die Fallbeispiele im Rahmen der ‚Talkshow-Studie‘ sowie die auf ihrer Basis gebildeten sechs Medienhandlungstypen von Jugendlichen lassen deutlich erkennen, dass junge Menschen Daily Talks insbesondere vor dem spezifischen Hintergrund ihrer lebensweltlichen Bedingungen nutzen.

Die Palette der Rezeptionsweisen reicht dabei, um nur einige zu nennen vom ‚oppositional reading‘ älterer formal höher gebildeter Jungen über die kompetente Umgangsweise von Mädchen und Jungen, ebenfalls formal höherer Bildung, die Talks sowohl zur Unterhaltung als auch zur Orientierung heranziehen, den Mädchen mit lebensweltlich problematischen Hintergründen, die Talks naiv und involviert ausschließlich zur Orientierung rezipieren bis hin zu den Jungen und Mädchen, die mit dem Angebot ambivalent umgehen, wobei z.B. einige Jungen eine eher ‚weibliche‘, sprich involvierte Nutzungsweise und Mädchen eine eher ‚männliche‘ distanzierende Rezeption erkennen lassen.

Es zeigt sich, dass diejenigen Mädchen und Jungen, die Talkshows uneingeschränkt positiv bewerten und naiv nutzen und sie vor allem als Forum für Problemlösungen und Orientierungshilfe verstehen – in diesem Fall stehen die deutschrussischen Mädchen aus B sowie die Mädchen vom Standort D im Vordergrund –, sich im Hinblick auf ihre Wahrnehmung und Bewertung von Wirklichkeit in besonders ausgeprägter Weise an den Wirklichkeitskonstruktionen des Genres Talkshows orientieren. Aufgrund ihres problematischen Alltags zeigen sie die Tendenz, Daily Talks zum ‚Retter in der Not‘ zu stilisieren.

8.2.2 Daily Soaps

Versteht man Jugend als eine Reise auf dem Weg zum Erwachsenwerden, dann bieten Soaps Figuren, Requisiten, Vorlagen, Schauplätze, Routen, Vertrautes und Neues in einer spannenden Mischung an. Sie halten die Chance zur Antizipation bereit, Neues im begrenzten Rahmen mit bekannten Strukturmustern zu erkennen bzw. kennen zu lernen und dies auf den zentralen

Feldern, auf denen Jugend stattfindet: Freundschaft, Peer-Group, Schule, erste Liebe, Lehre, Beruf, Elternhaus, Sport, Körper, Schönheit.

Soaps bilden zu diesen Themen ein Netzwerk von verschiedenen, sich überschaubar formierenden Handlungs- und Figurenkonstellationen, die durch eine partielle Identität von Personen, Orten und Inhalten gekennzeichnet werden; diese können für junge Menschen vor dem Hintergrund von Individualisierung, Pluralisierung und Entstrukturierung eine stützende Funktion gewinnen. Sie bringen als überschaubares, den Alltag strukturierendes Serienangebot, zu dessen Figuren junge Menschen mit der Zeit eine para-soziale Beziehung eingehen können, subjektiv Ordnung und Übersichtlichkeit in das ständig Verwirrung stiftende Chaos moderner Lebens- und Erlebnisweisen. Soapwelten, in denen sich – wie bei den jugendlichen Rezipienten selbst – ‚Identitätsfindung' der Protagonisten in der Ausprägung eines ‚gemeinsamen Lebensstiles' vollzieht, können zur Orientierungshilfe in der Reduzierung von ‚Unübersichtlichkeit' avancieren. Sie sind darüber hinaus – wie Heranwachsende in der Statuspassage Jugend selbst – in ihren Themen sowie Handlungs- und Ausdrucksweisen der Expressivität, Intimität und vor allem Intensität, die sich auch stark in körperbezogenen Ausdrucksweisen äußert, verschrieben.

Im Bewusstsein um die Eigenheiten des Genres Daily Soaps bietet dieses Angebot Jugendlichen Erzählungen, die im weiteren Sinne etwas mit dem Leben zu tun haben und damit über einen tieferen Realitätsgehalt verfügen.

Zu den Soaps wählen die Jugendlichen, in individueller Weise, nach spezieller Ausprägung ihrer Entwicklungsaufgaben, ganz unterschiedliche Zugänge.

In der Rezeption der Daily Soaps kommt dem Aspekt der Habitualisierung eine zentrale Rolle zu. Er weist wiederum auf ein Genre-Spezifikum der Daily Soaps hin; im Gegensatz zu den Daily Talks handelt es sich in den Daily Soaps um Erzählungen, die längerfristige Handlungsstränge verfolgen, episodisch und narrativ angelegt sind. Eine habitualisierte Nutzungsweise steht also im unmittelbaren Zusammenhang etwa mit Elementen wie Spannung, der Neugier, wie die Geschichte weiter verläuft, wie Handlungsstränge sich entwickeln und Figurenkonstellationen sich ändern, d.h.: Jugendliche gehen den Daily Soaps „nicht aus dem Weg", sie langweilen sich manchmal, versuchen dennoch – vor allem die Mädchen – bei den Geschichten auf dem Laufenden zu bleiben.

Zu den Besonderheiten der Soap-Rezeption gehört entsprechend eine Lesart, die aus den potenziell endlosen und unabgeschlossenen sowie in mehreren Strängen erzählten Geschichten, die sich über Einzelfolgen hinaus erstrecken, eine Schließung vornimmt. Diese als episodisch zu bezeichnende Rezeptionsweise ist eine der Voraussetzungen dafür, Zusammenhänge und Entwicklungsverläufe verfolgen und nachher auch bezeichnen zu können.

Deutlich scheinen geschlechtstypische Unterschiede in der Rezeption der Daily Soaps zwischen Jungen und Mädchen auf; Mädchen zeigen insgesamt ein stärkeres Involvement als die Jungen, wobei das Alter sowie die formale Bildung den Lesarten eine besondere Färbung verleiht. Eine besondere Rolle – sie markieren die größten Unterschiede in der Rezeption der Daily Soaps – kommt dabei den jungen Mädchen und Jungen mit formal niedriger Bildung zu; sie lassen am deutlichsten voneinander abweichende Lesarten erkennen.

Die jungen, formal niedriger gebildeten Mädchen richten ihr Augenmerk in erster Linie auf die Schauspieler und die Rollen, die sie verkörpern; sie orientieren sich weniger an den Geschichten, die diese tragen. Von den Schauspielern wird „Glaubwürdigkeit" eingefordert, sie dienen ihnen als Vorbilder und Orientierungshilfe, bieten sich zur Identifikation an. Diese Mädchen setzen sich mit den Schauspielern auseinander, vornehmlich den männlichen, und nehmen an, dass sie ihre persönlichen Sichtweisen und Eigenschaften in die Rollengestaltung einbringen; Inszenierungsmuster werden nicht hinterfragt, geschweige denn durchschaut. Für diese Mädchen gewinnen Soaps eine Orientierungsfunktion, die sowohl für Trends, Moden und Musikstile in Anspruch genommen wird als auch für Verhaltensmodelle und Problemlösungsstrategien. Auch in der täglichen Kommunikation auf dem Schulhof und mit Freundinnen spielen Soaps ein zentrale Rolle. Ähnlich wie die jugendlichen Stars in den Boy-Groups könnten die männlichen Soap-Stars für die jungen Mädchen zur Folie für erste Wünsche nach Zärtlichkeit, Nähe und Liebe avancieren. Sie agieren weitaus kompetenter und mehr dem ‚Wunschprinzen' entsprechend als die Jungen ihres Alters, mit denen sie täglich in der Schule oder in der Freizeit zusammentreffen.

Formal niedriger gebildete Jungen, jüngere vor allem, aber auch ältere, hingegen kritisieren das Genre Daily Soap zuweilen in ausgeprägter Weise; sie scheinen wenig brauchbares ‚Material' für ihre Identitätsgenese und Alltagsgestaltung zu finden. Dies mag damit zusammenhängen, dass sich Jungen im Gegensatz zu Mädchen dieses Alters weniger ‚prospektiv' verhalten; sie setzen sich weniger als Mädchen mit zukünftigen Rollenbildern und -erwartungen auseinander.[10] Ihre Interessen richten sich eher auf Action und Fiktion, ihre ‚Als-ob-Spiele' finden in fernen Welten statt und beziehen sich auf Genres, in denen Vorbilder für ‚Männlichkeit' und ‚Coolness' klarer und eindeutiger formuliert sind als in den Daily Soaps.

---

10 Belege für eine zukunftsorientiertere und ausgesprochen beziehungs- sowie realitätsorientierte Umgangsweise von Mädchen mit Medienangeboten lassen sich bereits im Kindergartenalter identifizieren (Paus-Haase 1998).

8.2.3 Funktionsvergleich zwischen den Genres Daily Talks und Daily Soaps

Zum einen nehmen diese beiden Genres – insbesondere die Daily Talks – konkrete Ratgeberfunktion bei bestimmten Problemen im Alltag wahr; die Daily Soaps hingegen fungieren eher als ständige Begleitung durch die Passage des Jugendalters. Sie werden als verlässliches Netzwerk wahrgenommen, das sich über die Phase des Jugendalters spannt und Geborgenheit bieten kann. Man kann teilnehmen, muss jedoch nicht ständig dabei sein; die Struktur der Daily Soaps ermöglicht einen leichten Zugang, so dass je nach Interesse und momentaner Befindlichkeit ein schneller Wiedereinstieg bzw. eine episodische Teilnahme mit Blick auf einen bestimmten Handlungsstrang oder Protagonisten möglich erscheint. Andererseits ist jedoch auch ein einfaches Dahinziehen-Lassen über längere Phasen möglich. In der Zeit der Jugend, die geprägt wird durch zahlreiche Herausforderungen, Brüche und Umbrüche kann ein mit Gleichaltrigen, aber prinzipiell auch mit Eltern und Geschwistern geteiltes Netzwerk von Themen und Geschichten hilfreich sein; es bietet einen Referenzrahmen, auf den man sich explizit in Gesprächen beziehen kann, der aber bereits als gemeinsam geteilte Form von ,Common Culture‘, von Alltagskultur, gewissermaßen ,unhinterfragt‘ vorhanden ist.

Einige Jugendliche nutzen Daily Talks und Daily Soaps funktionsgleich, andere komplementär. Es fällt auf, dass sich die Jugendlichen bei der Soap-Bewertung im Gegensatz zur Bewertung von Talkshows nicht so dezidiert für oder gegen das Genre oder ein bestimmtes Format aussprechen. Das hängt möglicherweise damit zusammen, dass die Talkshows zumindest zum Zeitpunkt der Erhebung im Rahmen der ,Talkshow-Studie‘ in der öffentlichen Diskussion einen breiten Raum einnahmen. Sie wurden in ausgeprägter Weise kontrovers diskutiert. Darüber hinaus zeigen sich auch in diesem Punkt genre-spezifische Lesarten, die auf Konfrontation angelegten Talkshows fordern die Jugendlichen geradezu zu einem Pro oder Kontra in der allgemeinen Bewertung des Genres sowie jeder einzelnen Sendung heraus, während die Daily Soaps, weitgehend habitualisiert genutzt, und als mittlerweile unspektakulärer Bestandteil des Alltags weniger deutlich im Hinblick auf eine Pro- oder Kontra-Positionierung reflektiert werden.

Die Unterschiede in den jeweiligen Umgangsweisen stehen in einem unmittelbaren Zusammenhang mit dem Geschlecht, dem Alter, der Schulbildung und lebensweltlichen Hintergründen der Jugendlichen.

Funktionsgleich rezipieren formal niedriger gebildete Jugendliche mit problematischen Alltagskontexten – im Vordergrund stehen die Mädchen – Daily Talks und Daily Soaps in gleicher Weise als Abbild von Realität zur Orientierung.[11] Sie stellen einen unmittelbaren Bezug zu ihrer eigenen Lebenswelt her. Wie in der ,Talkshow-Studie‘ lässt sich dieser Wahrnehmungs-

---

11 Dies bezieht sich im Wesentlichen auf die Probanden am Standort D.

zugang als naiv und involvierend sowie als Suche nach Orientierung beschreiben.

Vor allem jüngere Mädchen mit formal niedriger Bildung erscheinen als die Rezipientengruppe auf, der besondere Aufmerksamkeit gebührt. Aufgrund mangelnden Vorwissens, sprich mangelnder Alltagserfahrung zu den zentralen Themen, die Daily Talks und Daily Soaps in der Wahrnehmung der Jugendlichen dominieren – im Mittelpunkt stehen die Themenkomplexe ‚Liebe, Beziehung,Freundschaft‘ – sind sie weniger dazu in der Lage, die Konstruktionen in den Talks und Soaps auf Basis ihres Vorwissens zu beurteilen, zu relativieren und kritisch einzuordnen als ältere Jugendliche. Talks werden dabei als ‚Abbild von Wirklichkeit‘ und Soaps als Geschichten, die mehr oder weniger eng ‚mit dem Leben zu tun haben‘, wahrgenommen. Da wird zwar an der einen oder anderen Stelle „Übertreibung“ kritisiert oder „heile Welt“ bemängelt; der Anspruch an dieses Genre auf Orientierung und verlässliche Begleitung scheint dabei um so deutlicher auf.

Eine Funktionsgleichheit lässt sich auch bei den Jungen feststellen, die beide Genres ausschließlich zur Unterhaltung und zum Amüsement nutzen. Diese Jungen verstehen Daily Soaps und Daily Talks als realitätsfern, übertrieben und inszeniert. Sie verfügen über eine formal höhere Bildung (Gymnasium) bzw. über ein ausgeprägtes Hintergrundwissen und somit über einen reflektierenden Blick auf die Wirklichkeitskonstruktionen dieser Genres. Sie betreiben ein ausgeprägtes ‚oppositional reading‘; ihnen bieten beide Genres darüber hinaus kein brauchbares Symbolmaterial für eine unmittelbare Alltagsgestaltung und Persönlichkeitsbildung an. Der ‚Nutzwert‘, der Vergnügen bereitet, liegt für sie vielmehr in der Abgrenzung von Talkgästen und Soap-Protagonisten, beim ‚So bin ich nicht‘ bzw. ‚Das hat nichts mit mir zu tun‘.

Eine komplementäre Nutzungsweise von Daily Talks und Daily Soaps findet sich bei Mädchen mit formal höherer Bildung (Gymnasium und Realschule) und denjenigen Jungen, auch sie sind formal höher gebildet, die sich in besonderer Weise auf der Suche nach Vorbildern befinden. Diese als ‚eher sensibel‘ zu bezeichnenden Jungen nutzen das Soap- und Talk-Angebot auf der Suche nach adäquaten Vorbildern für ihre Identitätsgenese; sie greifen auf mediale Vorlagen für ihre Auseinandersetzung mit ‚ihren‘ Themen zurück, beschäftigen sich mit Vorstellungen von ‚Männlichkeit‘, da darin für sie im Alltag ein Mangel besteht. Diese Jungen und Mädchen rezipieren Daily Soaps und Daily Talks in kompetenter, sprich reflektierender Weise, und durchschauen die Produktions- und Inszenierungsweisen beider Genres. Sie nutzen beide Angebote sowohl zur Orientierung als auch zur Unterhaltung. Sie zeichnen sich durch eine empathische Teilnahme an den Soaps und Talks aus.

Die formal höher gebildeten Mädchen, insbesondere die älteren unter ihnen, legen besonderen Wert auf die Geschichten; diese müssen keinesfalls „platt" der Realität nachempfunden sein; sie sollten vielmehr einen tieferen ‚Wahrheitsgehalt' aufweisen; also zentrale Lebensthemen berühren. Die Mädchen amüsieren und unterhalten sich bei den Soaps – vorzugsweise über wenig gelungene schauspielerische Leistungen –, nutzen die Geschichten jedoch auch zur Bespiegelung der aktuellen oder zukünftigen Lebenssituation. Ihre Bindung an die Daily Soaps erfolgt über die Geschichtenverläufe – im Vordergrund stehen Handlungskonstellationen zu ‚Lebensthemen' wie ‚Liebe', ‚Beziehungen', Freundschaft', aber auch ‚Schwangerschaft' und ‚Tod' – weniger über die Darsteller und Charaktere.

Bei den Talkshows interessieren sich diese Mädchen, zumeist nur gelegentliche Talkshow-Nutzerinnen, weniger für die von ihnen häufig kritisierten stereotyp ausgewählten und präsentierten Talkshow-Themen der Gäste als mehr für die Moderatorinnen Arabella und Bärbel Schäfer. Diese dienen ihnen in der Identitätsgenese als Mädchen bzw. Frauen zur Auseinandersetzung mit weiblichen Persönlichkeitsbildern. Die Jungen involvieren sich vor allem dann in das Talkshow-Geschehen, wenn dort ‚ihre' Themen, wie z.B. Special-Interest-Themen (Musikbands) oder Topics wie ‚erste Liebe' und ‚Schulprobleme', verhandelt werden.

Es zeigt sich also, dass eine Kombination unterschiedlicher Rezeptionsweisen möglich ist, die jeder einzelne für sich je nach besonderer Befindlichkeit vollziehen kann, die aber auch milieu-spezifisch ausgelegt sein kann (z.B. Gruppe der Mädchen vom Standort D). Man könnte dabei in gewissem Sinne von einer ‚Rezeptions-Bricolage' sprechen. Dies trifft insbesondere bei der Rezeption der Daily Soaps zu; es zeigt sich eine Vielfalt von Zuwendungsweisen, die in einem engen Zusammenhang mit den Lesarten stehen, die dieses Genre Jugendlichen anbieten. Trends, Moden und Musikstile als spezifische Ausdrucksformen alltagsästhetischer bzw. alltagskultureller Ausprägungen, Rollen bzw. Charaktere, die jugendlichen Darsteller selbst, die sie ausfüllen, Themen, Geschichten und Handlungsstränge, in denen sie sich bewegen: Eine Fülle miteinander verwobener Ebenen korrespondiert mit einer Fülle unterschiedlicher Rezeptionsmodi der Jugendlichen, ihren Motiven und Perspektiven. Festzuhalten bleibt als Faktum diese empirisch belegbare ‚Bricolage', die als Charakteristikum des Genres Daily Soap und seiner Rezeption betrachtet werden kann.

Die im Instant-Verfahren produzierten und zuweilen wie improvisiert erscheinenden Geschichten mit professionellen, aber nach wie vor auch belustigend hölzern und unprofessionell daher kommenden Protagonisten bieten Jugendlichen in einer Alterspassage, die ebenfalls von schnellen Wechseln und Vorlieben, von ‚Unfertigkeit' geprägt ist, eine Fülle von kombinierbaren Lesarten an und dies in einem genrespezifisch überschaubaren Rahmen zu festgelegten Tageszeiten, die quasi zu „Fixpunkten" im Jugendalltag avanciert sind: Festes und Bewegtes mischt sich und kann schnell und nebenbei konsumiert werden, ist aber dennoch verlässlich vorhanden und bietet sich für eine habitualisierte Nutzung an – gewissermaßen auch im ‚Instant-Verfahren'.

Individualisierte ‚Rezeptions-Bricolagen' und ‚Rezeptions-Spiele' finden jedoch dort ihre Grenze, wo ungleiche Lebensbedingungen sie setzen: Eine formal niedrige Bildung, einhergehend mit persönlichen und sozialen Herausforderungen oder gar Notsituationen überformen die prinzipiell vielfältigen Zugangsweisen zu den Daily Talks und insbesondere zu den Daily Soaps. Die persönliche Situation sowie die jeweilige lebensweltliche Verankerung und spezifische Alltagserfahrungen, jüngeres Alter und formal niedrigere Bildung, moderieren die ‚Rezeptions-Bricolagen'; sie bilden die Folie, vor der die Rezeption von Daily Talks und Daily Soaps stattfindet.

Wie bereits in der ‚Talkshow-Studie' deutlich wurde, gilt dabei vor allem den jungen, formal niedriger gebildeten Mädchen besonderes Interesse und Augenmerk. Sie nehmen Daily Talks und Daily Soaps in besonderer Weise weitgehend unkritisch als ‚Abbild von Realität' und Orientierungsforen wahr. Vor allem die Soaps gehören als über Jahre bekanntes und bei vielen bereits seit etwa dem achten Lebensjahr rezipiertes Genre zum Alltag; sie werden zum weitgehend unhinterfragten alltäglichen Referenzrahmen auf nahezu allen Ebenen: von Moden und Trends über Topics und Plots bis hin zu den Protagonisten. Diese jungen Mädchen stehen damit abermals im Fokus medienpädagogischer Verantwortung.

Eine Besonderheit in der Rezeption stellen dabei ein weiteres Mal die Probanden vom Standort D (Großstadt in Sachsen Anhalt) dar; ihre Situation ist von doppelter Problematik geprägt. Zusätzlich zur Umbruchphase Pubertät bzw. beginnende Pubertät wird ihre soziale Situation noch durch Verunsicherungen und Veränderungen im familiären und gesellschaftlichen Kontext geprägt. In dieser Situation scheint die Notwendigkeit zu bestehen, sich quasi ein doppeltes Netzwerk zu knüpfen. Möglicherweise nutzen sie daher Soaps und Talks gleichermaßen in besonders ausgeprägter Weise zur Orientierung und para-sozialen Begleitung in ihrem Alltag.

In diesem Kontext gewinnen die neuen Real-Life-Angebote eine zentrale Funktion. Als Formate, die in besonderer Weise Authentizität und Inszenierung in neuartiger Weise miteinander mischen, dienen sie Jugendlichen wegen ihrer vermeintlichen Alltagsnähe insbesondere in der Auswahl der Protagonisten möglicherweise in verschärfter Weise entweder zur Orientierung und/oder zur Unterhaltung und zum Amüsement. Zu bedenken ist, dass etwa bei *Big Brother* Rollenbilder und Handlungsanweisungen in ausgeprägter Form angeboten werden: Die Simulationen von alltäglichem Zusammenleben, die gruppendynamisch anmutenden Gesprächsszenarien, die in verschärfter Form dem Genre Spielshow entlehnten Momente des leistungsorientierten Gewinnen-Wollens, mithin Sich-durchsetzen-Müssens (oder explizit auch nicht) ermöglichen neue, möglicherweise intensivere Formen von para-sozialer Interaktion.

Dies wird bereits in den ersten Stellungnahmen von Jugendlichen deutlich: Unter dem Einfluss des Formats *Big Brother* wird in der wechselseitigen Bezugnahme auf Daily Talks und Daily Soaps vor allem der Aspekt der ‚Wirklichkeitsdarstellung‘ thematisiert. Die jeweiligen Genres und ihre Formate werden diesbezüglich neu gruppiert. Hinzu kommt, dass neue Ausprägungen von Rezeptionsweisen zu neuen Ausprägungen spezifischer Lesarten führen. Für die Bestimmung dieses „Umschlagspunktes" in der Ausbildung von Rezeptionsmodi werden die Faktoren Authentizität versus Inszenierung besonders wichtig. Sie werden derzeit von den Jugendlichen selbst verhandelt und damit, je nach sozialer Verankerung, nach Geschlecht, Alter und formaler Bildung, auch neu bestimmt. *Big Brother* stellt eine Herausforderung für die Jugendlichen dar, mit diesem neuen Format und seinen Derivaten, die auf eigenständige und andere Art als die Soaps und die Talks den Alltag inszenieren, umzugehen. Dabei kommt es zu einer Überprüfung der Kriterien, mit denen der Umgang mit Authentizität und Inszenierung bislang geleistet wurde – dies gilt für die jugendlichen Rezipienten in eben solchem Maße wie für die Forscher. Fragen, die im Zentrum der aktuellen Diskussionen stehen, richten sich vor allem auf die spezifischen Formen der Inszenierung sowie den Faktor der Habitualisierung. Jugendliche fragen sich konkret:[12] Was wollen die mir „vorspielen"? Wie sind die wirklich? Oder sind sie vielleicht so, wie sie sich geben? Was kenne ich bereits aus Talkshows und was aus Daily Soaps? Was gibt es Neues? Gefällt mir das? Was kann mir das geben? Kommunikation mit und über die Genres prägt derzeit die Umgangsweisen der Jugendlichen mit den neuen Real-Life-Formaten. Im Mittelpunkt steht dabei das gemeinsame Aushandeln seines Symbolwerts, sprich seines Orientierungs- bzw. seines Unterhaltungswerts.

Den im Hinblick auf die Wahrnehmungs- und Bearbeitungsweisen der Daily Talks und der Daily Soaps identifizierten Unterschieden zwischen den Jugendlichen in Bezug auf ihr Alter, ihr Geschlecht, ihre formale Bildung sowie insbesondere damit verknüpft ihren sozialen Standort (auch den sozialräumlichen) gehört die (medienpädagogische) Aufmerksamkeit und Verantwortung zukünftiger Forschung zu den neuen Genrevarianten und Formatausprägungen sowie ihrem Zusammenspiel.

---

12   Siehe dazu Kap. 6.

8.3 Talks und Soaps im Internet: Anschlusskommunikation bedeutet „Sowohl-als-auch-Nutzung"

Vor allem die digitalen Medien spielen in Jugendszenen eine wichtige Rolle. „Die mit ‚Generation @' bezeichnete Jugend zappt durch die Kanäle, hängt am Handy und am Internet, holt sich Sex und Musik in CD-Qualität vom Netz auf ihre eigene Workstation." (Luger/Starka 1998, 21). Ferchhoff bezeichnet Jugend mithin heute gar als „Multi-Media-Jugend" (1999, 227 ff.).

So lassen sich denn auch vor allem Chatforen in großer Anzahl zu den Genres Daily Soaps und Daily Talks im Netz vorfinden. Sie organisieren sich im Kontext von Freizeit und Erlebnis; ihre Herausbildung steht in einem engen Zusammenhang zu kommerziellen Aspekten. Schließlich lassen sich im Netz ‚Szenen' realisieren, die sich als gemeinschaftliche Leistungen der unterschiedlichen Publika und Erlebnisanbieter herauskristallisieren. Sie bieten als überregionale bzw. globale Sinnsysteme den Jugendlichen weitere „Sowohl-als-auch-Welten" an, die sie sich stärker selbst gestalten können.

Die interessante Frage in diesem Zusammenhang ist, inwieweit sich die „Grammatik der Genres" in der Nutzung von Daily Soaps und Daily Talks im Netz verändert, gilt doch als Grundkonstante zu berücksichtigen, dass Genres immer in Bezug auf ein Medium definiert werden müssen; die Transformation des Genres aus dem einen Medium in das andere, als Anschlusskommunikation[13] bezeichnet, lässt eine je spezifische Umgangsweise erwarten. Der zentrale Unterscheidungsfaktor zwischen der Nutzung der Fernsehgenres und der Anschlusskommunikation liegt in der Interaktivität; die Jugendlichen erhalten die Möglichkeit, freie Texte einzugeben und darüber Kontakte zu anderen herzustellen; die Websites hingegen, als „Auftritte" zu bezeichnen, erlauben lediglich eine Auswahl durch ‚Anklicken'.

So lässt sich denn auch eine spezifische Organisationsform identifizieren, die als „Kommunikative Gattungen des Internet" beschrieben werden können. Die Fernsehgenres Daily Soaps und Daily Talks erzeugen gewissermaßen „Internet-Genres", in denen sich die Diskussion um Talks und Soaps niederschlägt. Sie ist in Internet-Websites zu finden. Neben Vorformen wie Memoryspiele um Soap-Stars oder Webcams bei Real-Life-Soaps wie *Big Brother*, die von den Nutzern selbst stammen, sind weitere Ausdifferenzierungen, wie z.B. Star- und Moderatorenhomepages oder Gewinnspiele zu finden.

Es wird deutlich, dass es sich bei der Netznutzung wirklich um Anschlusskommunikation handelt, da wesentliche Eigenschaften der Rezeption von Soaps und Talks sich entsprechend im Netz wiederauffinden lassen. Diese geht jedoch über die dort zu praktizierende Kommunikation hinaus: Es ent-

---

13 Siehe zum folgenden Kap. 7.

stehen neue kulturelle Praktiken und neue virtuelle Gemeinschaften, allerdings möglicherweise weniger intensiver in ihrer Ausprägung und Stabilität als in der Face-to-Face-Kommunikation. So lässt sich eine komplementäre Nutzung von Sendung und senderbezogenen Internetangeboten identifizieren; dementsprechend forcieren die Sender selbst eine solche Nutzungsweise, so dass eine Vernetzung zwischen TV- und Internet-Angebot vorliegt.

Diese „Sowohl-als-auch-Nutzung" lässt sich als eine inhaltliche Unterstützung der jeweiligen Fernsehsendung klassifizieren. Im Hinblick auf die Unterschiede zwischen Nutzungsweisen zu Talks und Soaps in der Internet-Kommunikation im Anschluss an Talkshows zeigen sich denn auch deutliche Differenzen. Die Umgangsweisen mit Talkshows erweisen sich auch im Netz als enger und weniger komplex; sie beziehen sich – anders als bei der Anschlusskommunikation zu den Soaps – weniger auf das Fernsehgenre selbst.

Als ein zentrales Ergebnis, genrespezifisch motiviert, zeigt sich, dass die Struktur der Soaps – episodische Handlungsstränge und wiederkehrende Charaktere – eine höhere Bindung ihrer jugendlichen Nutzer forciert als es die Daily Talks erreichen. Bei ihnen sind lediglich die Moderatoren bzw. Moderatorinnen als stabile Bezugsgröße vorhanden. Die Anschlusskommunikation der Soaps erweist sich deshalb auch als wesentlich aktiver und stärker von Eigeninitiativen geprägt. Insgesamt zeigt sich, dass die Fernsehanbieter die interpersonale Internetdiskussion über ihre Produkte organisieren und monopolisieren.

In den Chats – sie gestalten sich von den Anbietern unabhängiger als die Nutzung etwa von Websites – werden Alltagsprobleme und -gefühle, Werturteile über Personen (im Mittelpunkt stehen dabei die Moderatoren und Stars) geäußert. Abermals lassen sich genrespezifische Unterschiede identifizieren: Während Internet-Angebote von Daily Talks eher über die Angebote der Sender selbst genutzt werden, gestaltet sich die Anschlusskommunikation der Soaps mit Gleichgesinnten eher auf einer „privateren" Ebene, auf Homepages, dort wird jedoch Material der Sender (Fotos oder auch Textbausteine) miteinbezogen.

Das Internet wird – vor allem zu den Soaps – zu einer Basis für eine neue Form zwischenmenschlicher Begegnungen; es dient als Möglichkeit zur Kontaktaufnahme mit der „Außenwelt". Eine wichtige Frage in diesem Kontext – in der vorliegenden Studie nicht zu beantworten – liegt in der Aufmerksamkeit darauf, ob es sich dabei um Formen von Ersatz-Kommunikation oder Anlässe für weitergehende Beziehungen handelt, zumal sich so genannte „Kerngruppen" in der Nutzung identifizieren lassen, die unter medienpädagogischen Aspekten hohe Relevanz gewinnen könnten. Dies jedenfalls dann, wenn sich auch in der spezifischen Art der Anschlusskommunikation ähnliche Unterschiede zeigen, wie sie in der Nutzung der Talks und der Soaps im Hinblick auf die Entwicklungsaufgaben bzw. unterschiedliche lebensweltliche Kontexte vorliegen. Um welche Jugendlichen handelt es sich also, die die verschiedenen Formen der Netzkommunikation im Anschluss an Daily Talks und/oder Daily Soaps nutzen? Und wie gestaltet sich ihre Kommunikation über längere Zeitphasen? Lassen sich verstärkte oder eher abgeschwächte, sprich weniger involvierte Rezeptionsweisen von Talks und Soaps durch die Anschlusskommunikation finden? In welcher Weise ziehen Jugendliche Internet-Kommunikation zu Daily Talks und Daily Soaps zu ihrer Identitätsgestaltung heran? Eine Fülle von Fragen, die deutlich herausstellen, dass der Anschlusskommunikation eine zentrale Funktion zukommt. Wie sie genau aussieht, muss nach der ersten ,Feldvermessung' noch offen bleiben.

Literaturverzeichnis

Allen, Robert C. (1985): Speaking of Soap Operas. London: Routledge.

Allen, Robert C. (Hrsg.) (1995): To Be Continued. Soap Operas Around the World. London/New York: Routledge.

Ang, Ien (1985): Watching Dallas. Soap Opera and the melodramatic imagination, London/New York.

Bischof, Ulrike/Heidtmann, Horst (2000): „Ich will es einfach nochmals erleben...“. In: medien praktisch – Texte Nr. 3: Daily Talks & Daily Soaps, Frankfurt a. M., S. 54-60.

Baacke, Dieter (1989): Sozialökologie und Kommunikationsforschung. In: Baacke, Dieter/Kübler, H.D. (Hrsg.): Qualitative Medienforschung. Konzepte und Erprobungen. Tübingen, S. 87-134.

Baacke, Dieter (1992): Zur Ambivalenz der neuen Unterhaltungsmedien oder vom Umgang mit schnellen Bildern und Oberflächen. In: Otto, Hans-Uwe u.a. (Hrsg.): Zeit-Zeichen sozialer Arbeit. Entwürfe einer neuen Praxis. Neuwied u.a.: Luchterhand Verlag, S. 17-24.

Baacke, Dieter/Sander, Uwe/Vollbrecht, Ralf (1988): Sozialökologische Jugendforschung und Medien. Rahmenkonzept, Perspektiven, erste Ergebnisse. In: Publizistik, 33. Jg., H. 2-3, S. 223-242.

Balke, Friedrich/Schwering, Gregor/Stäheli, Urs (Hrsg.) (2000): Big Brother. Beobachtungen. (Masse und Medium Band 1) Bielefeld: transcript.

Bansberg, Dietger (2000): Von, mit und für Kids – „fabrixx“. In: Televizion, Jg.13, H. 2, S. 13-14.

Barthelmes, Jürgen/Sander, Ekkehard (1997): Medien in Familie und Peer-group. Vom Nutzen der Medien für 13- und 14jährige. München: DJI.

Baym, Nancy K. (1999): Tune in, Log on. Soaps, Fandom, and Online Community. Thousand Oaks: Sage.

Beck, Ulrich (1986): Risikogesellschaft. Auf dem Weg in eine andere Moderne. Frankfurt a. M: Suhrkamp.

Beck, Ulrich/Giddens, Anthony/Lash, Scott (1996): Reflexive Modernisierung. Eine Kontroverse. Frankfurt a. M.: Suhrkamp.

Belgrad, Jürgen (1992): Identität als Spiel. Eine Kritik des Identitätskonzepts von Jürgen Habermas. Opladen: Westdeutscher Verlag.

Bente, Gary/Fromm, Bettina (1997): Affektfernsehen. Motive, Angebotsweisen und Wirkungen. Schriftenreihe Medienforschung der Landesanstalt für Rundfunk Nordrhein-Westfalen, Bd. 24. Opladen: Leske und Budrich.

Bolz, Norbert/Bosshart, David (1995): KULT-Marketing. Die neuen Götter des Marktes. Düsseldorf: Econ.

Borchers, Hans/Kreutzner, Gabriele/Warth, Eva-Maria (Hrsg.) (1994): Never-Ending Stories. Amercan Soap Operas and the Cultural Production of Meaning. Trier: Wissenschaftlicher Verlag Trier.

Bourdieu, Pierre (1989): Die feinen Unterschiede. Kritik der gesellschaftlichen Urteilskraft. Frankfurt a. M.: Suhrkamp (3.Aufl., Original 1979).

Bruns, Thomas (1996): Familienserien als Indikator medialen und sozialen Wandels. Eine Analyse der Veränderungen von Werten und sozialen Strukturen im fiktionalen Programm des Fernsehens. In: Schatz, Heribert (Hrsg.): Fernsehen als Objekt und Moment sozialen Wandels. Opladen: Westdeutscher Verlag, S. 203-255.

Cantor, Muriel G./Pingree, Suzanne (1983): The Soap Opera. Beverly Hills/London.

Charlton, Michael/Neumann, Klaus (1990): Medienrezeption und Identitätsbildung. Kulturpsychologische und kultursoziologische Befunde zum Gebrauch von Massenmedien im Vorschulalter. Schriftenreihe ScriptOralia, Bd. 28. Tübingen.

Denzin, Norman K. (1989): The Research of Act. Eaglewood Cliffs/New York: Prentice Hall.

Deutsche Shell (Hrsg.): Jugend 2000, 2 Bände. Opladen: Leske+Budrich.

Elam, Keir (1980): The Semiotics of the Theatre and Drama. London.

Erikson, Erik H. (1970): Identität, Jugend und Krise. Die Psychodynamik im sozialen Wandel. Stuttgart: Klett-Cotta.

Evermann, Jovan (2000): Das Lexikon der deutschen Soaps, Berlin: Schwarzkopf und Schwarzkopf.

Fachschaftsrat Soziologie der Universität Mainz (1984): Qualitative Methoden in der empirischen Sozialforschung. Universität Mainz: Mainz.

Fahr, Andreas/Zubayr, Camille (1999): Fernsehbeziehungen: Vorbilder oder Trugbilder für Jugendliche. München: Reinhard Fischer Verlag.

Ferchhoff, Wilfried (1999): Jugend an der Wende vom 20. zum 21. Jahrhundert. Lebensformen und Lebensstile. Opladen: Leske + Budrich (2. überarbeitete und aktualisierte Auflage, 1. Aufl. 1993).

Fischer, Gabriele (2000): Fernsehmotive und Fernsehkonsum von Kindern. Eine qualitative Untersuchung zum Fernsehalltag von Kindern im Alter von 8 bis 11 Jahren. München: Reinhard Fischer Verlag.

Fischer, Hans (1992): Feldforschung. In: Fischer, Hans (Hrsg.) (1992): Ethnologie: Einführung und Überblick. 3., veränderte und erweiterte Auflage, Berlin: Reimer, S. 79-100.

Fischer-Lichte, Erika/Pflug, Isabel (Hrsg.) (2000): Inszenierung von Authentizität, Tübingen: Günter Narr.

Fiske, John (1987): Television Culture. London: Routledge.

Flick, Uwe (1995): Qualitative Forschung. Theorie, Methoden, Anwendung in Psychologie und Sozialwissenschaften. Reinbek bei Hamburg: Rowohlt Taschenbuch Verlag.

Frey-Vor, Gerlinde (1992): Soap Operas. Eine amerikanische Programmform und ihre Konventionen im deutschen Fernsehen, verdeutlicht u.a. anhand einer Analyse der

Serie Lindenstraße. In: Schneider, Irmela (Hrsg.): Amerikanische Einstellung. Heidelberg: C. Winter Universitätsverlag, S. 157-171.

Frey-Vor, Gerlinde (1996): Langzeitserien im deutschen und britischen Fernsehen. Lindenstraße und East Enders im interkulturellen Vergleich. Berlin.

Fromm, Bettina (1999): Privatgespräche vor Millionen. Fernsehauftritte aus psychologischer und soziologischer Perspektive. Konstanz: UVK Medien.

Gangloff, Tilmann (1999): Bis es euch gefällt. Die Daily Soaps im deutschen Fernsehen. In: epd Nr. 41 vom 29. Mai 1999, S. 5-9.

Gehrs, Oliver/Tuma, Thomas (2000): Die Seife-Prüfung. In: Der Spiegel, Nr.37/2000, S. 108-110.

Geißendörfer, H. W. (1990): Wie Kunstfiguren zum Leben erwachen. Zur Dramaturgie der Lindenstraße. In: Rundfunk und Fernsehen, Jg. 38, H. 1, S. 48-55.

Gerhardt, Uta (1995): Typenbildung. In: Flick, Uwe/Kardorff, Ernst v./Keupp, Heiner/Rosenstiel, Lutz v./Wolff, Stephan. (Hrsg.). Handbuch Qualitative Sozialforschung. Grundlagen, Konzepte, Methoden und Anwendungen, Weinheim: Beltz Psychologie Verlags Union (2. Aufl.), S. 435-439.

Giesenfeld, Günter (Hrsg.) (1994): Endlose Geschichten. Serialität in den Medien. Hildesheim/Zürich/New York.

Glaser, Barney G. (1978): Theoretical sensibility. Millvalley: Sociology Press.

Goffman, Erving (1977): Rahmen-Analyse. Ein Versuch über die Organisation von Alltagserfahrungen. Frankfurt a. M.: Suhrkamp

Göttlich, Udo (1995a): Der Alltag als Drama – Die Dramatisierung des Alltags. Anmerkungen zur kulturellen Bedeutung der amerikanischen Fernsehserie. In: Müller-Doohm, Stefan/Neumann-Braun, Klaus (Hrsg.): Kulturinszenierungen. Frankfurt a. M.: Suhrkamp, S. 89-113.

Göttlich, Udo (1995b): Traditionalismus als Leitidee. Werte und Wertestruktur amerikanischer Serien. In: Schneider, Irmela (Hrsg.): Serien-Welten. Opladen: Westdeutscher Verlag, S. 102-137 u. Tabellenanhang S. 225-236.

Göttlich, Udo (2000a): Zur Entdeckung eines Genres: Die deutschen Daily Soaps im Fernsehen der neunziger Jahre. In: medien praktisch – Texte Nr. 3: Daily Talks & Daily Soaps. Frankfurt a. M. S. 32-44.

Göttlich, Udo (2000b): Zur Reinszenierung des Privaten in Daily Soaps. Entwicklungsschritte auf dem Weg zum Real Life Drama. In: Paus-Haase, Ingrid/Schnatmeyer, Dorothee/Wegener, Claudia (Hrsg.): Information. Emotion. Sensation. Wenn im Fernsehen die Grenzen zerfließen. Bielefeld: AJZ, S. 190-209.

Göttlich, Udo/Neumann, Annika (2000): Daily Soaps als Lebensmittel? Eine Analyse von Zuschauerpost. In: Medien Praktisch, H. 4 (im Druck).

Göttlich, Udo/Nieland, Jörg-Uwe (1997): Politischer Diskurs als Unterhaltung? Präsentationslogiken von Daily Soaps als Wegweiser. In: Schatz, Heribert/Jarren, Otfried/Knaup, Bettina (Hrsg.): Machtkonzentration in der Multimediagesellschaft. Opladen: Westdeutscher Verlag, S. 188-200.

Göttlich, Udo/Nieland, Jörg-Uwe (1998a): Daily Soaps als Umfeld von Marken, Moden und Trends. Von Seifenopern zu Lifestyle-Inszenierungen. In: Jäckel, Michael (Hrsg.): Die umworbene Gesellschaft. Opladen: Westdeutscher Verlag, S. 179-208.

Göttlich, Udo/Nieland, Jörg-Uwe (1998b): Daily Soap Operas: Zur Theatralität des Alltäglichen. In: Willems, Herbert/Jurga, Martin (Hrsg.): Die Inszenierungsgesellschaft. Opladen: Westdeutscher Verlag, S. 417-434.

Göttlich, Udo/Nieland, Jörg-Uwe (1998c): Alltagsdramatisierung und Daily Soaps. Öffentlichkeitswandel durch Lifestyle-Inszenierung. In: Göttlich, Udo/Nieland, Jörg-Uwe/Schatz, Heribert (Hrsg.): Kommunikation im Wandel. Zur Theatralität der Medien. Köln: Herbert von Halem Verlag, S. 36-53.

Göttlich, Udo/Nieland, Jörg-Uwe (1998d): Daily Soaps als Experimentierfeld der Fernsehunterhaltung. In: BLM (Hrsg.), Vom Boulevard- zum Trash-TV: Fernsehkultur im Wandel. München: Reinhard Fischer Verlag, S. 155-170.

Göttlich, Udo/Nieland, Jörg-Uwe (1999a): Der Angriff der Soaps auf die übrige Zeit. In: Münker, Stefan/Roesler, Alexander (Hrsg.): Televisionen. Beiträge zur Medienkritik der Fernsehkultur. Frankfurt a. M.: Suhrkamp, S. 54-73.

Göttlich, Udo/Nieland, Jörg-Uwe (1999b): Daily Soaps als Kaleidoskop der Individualisierung. In: Latzer, Michael et. al. (Hrsg.): Die Zukunft der Kommunikation, Innsbruck/Wien: Studienverlag, S. 313-328.

Göttlich, Udo/Nieland, Jörg-Uwe (1999c): Politik in der Pop-Arena. Neue Formen der Politikvermittlung. In: Transit. Europäische Revue, Band 17, S. 110-123.

Göttlich, Udo/Nieland, Jörg-Uwe (2000): Inszenierungsstrategien in deutschen Daily Soaps. Theatralität und Kult-Marketing am Vorabend. In: Fischer-Lichte, Erika/Pflug, Isabel (Hrsg.): Inszenierung von Authentizität. Tübingen: Gunther Narr, S. 143-161.

Göttlich, Udo/Nieland, Jörg-Uwe (2001): Das Zusammenspiel von Alltagsdramatisierung und Kult-Marketing. In: Schwanebeck, Axel/Cippitelli, Claudia: Pickel, Küsse und Kulissen, München: Reinhard Fischer Verlag, S. 22-47 (in Vorbereitung).

Götz, Maya (2000): Die Bedeutung von Daily Soaps im Alltag von 10-15-jährigen. Seifenblasen zwischen „leicht verdaulicher Unterhaltung" und „ein Raum für sich". In: Televizion, Jg. 13, H. 2/2000, S. 52-64.

Hagemann-White, Carol (1998): Subjekt, Geschlecht, Differenz. In: Beinzger, Dagmar/Eder, Sabine/Luca, Renate/Röllecke, Renate (Hrsg.): Im Wyberspace – Mädchen und Frauen in der Medienlandschaft. Dokumentation, Wissenschaft, Essay, Praxismodelle. GMK-Schriftenreihe zur Medienpädagogik, Bd. 26. Bielefeld: AJZ-Druck und Verlag, S. 16-28.

Hahn, Marina/Heinzelmaier, Bernhard/Zentner, Manfred (1999): Die Freizeitsituation Jugendlicher in Österreich. In: Friesl, Christian/Hahn, Marina/Heinzelmaier, Bernhard/Klein, Christian (Hrsg.): Erlebniswelten + Gestaltungsräume. Die Ergebnisse des „Dritten Berichts zur Lage der Jugend in Österreich". Graz/Wien: Verlag Zeitpunkt, S. 11-61.

Hakken, David (1999): Cyborg@Cyberspace: an ethnographer looks to the future. London: Routledge.

Hammersley, Martyn & Atkinson, Paul (1995): Ethnography. Principles in Practice. Second Edition. London und New York: Routledge.

Hasebrink, Uwe/Krotz, Friedrich (Hrsg.) (1996): Die Zuschauer als Regisseure? Zum Verständnis individueller Nutzungs- und Rezeptionsmuster. Symposien des Hans-Bredow-Instituts, Band 14. Baden-Baden und Hamburg: Nomos.

Hasebrink, Uwe/Paus-Haase, Ingrid/Mattusch, Uwe (2000): Talk und Spiele. Talkshows als unterhaltsame Orientierungshilfe im Alltag? In: Paus-Haase, Ingrid/

Schnatmeyer, Dorothee/Wegener, Claudia (Hg.): Information. Emotion. Sensation. Wenn im Fernsehen die Grenzen zerfließen. Bielefeld: AJZ, S. 152-168.

Havighurst, Robert J (1953): Developmental tasks and education. New York: Mc Kay (3. Aufl. 1972).

Hepp, Andreas/Winter, Rainer (Hrsg.) (1997): Kultur-Medien-Macht. Cultural Studies und Medienanalyse. Opladen: Westdeutscher Verlag.

Hickethier, Knut (1991): Die Fernsehserie und das Serielle des Fernsehens. Lüneburg.

Hine, Christine (2000): Virtual Ethnograhy. Thousand Oaks: Sage.

Hitzler, Ronald (1994): Sinnbasteln. Zur subjektiven Aneignung von Lebensstilen. In: Mörth, Ingo/Fröhlich, Gerhard (Hrsg.): Das symbolische Kapital der Lebensstile. Frankfurt a.M.: Campus, S. 75-92.

Hollows, Joanne & Jancovich, Mark (Hrsg.) (1995): Approaches to popular Film. Manchester/New York: Manchester University Press.

Hutchings, Peter (1995): Genre Theory and Criticism. In: Hollows, Joanne & Jancovich, Mark (Hrsg.) (1995): Approaches to popular Film. Manchester/New York: Manchester University Press, S. 59-77.

Janke, Klaus/Niehues, Stefan (1995): Echt abgedreht. Die Jugend der 90er Jahre. München: C.H. Beck.

Jugendwerk der Deutschen Shell (1997): Jugend im 20. Jahrhundert. Opladen: Leske und Budrich.

Jurga, Martin (Hrsg.) (1995): Lindenstraße. Produktion und Rezeption einer Erfolgsserie. Opladen: Westdeutscher Verlag.

Jurga, Martin (1999): Fernsehtextualität und Rezeption. Opladen: Westdeutscher Verlag.

Katzman, Natan (1972): Television Soap Operas: What's Been Going On Anyway? In: The Public Opinion Quarterly, Nr. XXXVI, S. 200-212.

Keuneke, Susanne (1999): Medienrezeption und Geschlechtserwerb. Zur Rolle von Bilderbüchern im Prozeß der frühen Geschlechtersozialisation, Opladen: Leske und Budrich.

Kleining, Gerhard (1995): Lehrbuch Entdeckende Sozialforschung. Bd. 1: Von der Hermeneutik zur qualitativen Heuristik. Weinheim: Beltz.

Kleinsteuber, Hans J. (1992): Die Soap Opera in Amerika: Ökonomie und Kultur eines populären Mediums. In: Schneider, Irmela (Hrsg.): Amerikanische Einstellungen. Heidelberg: C. Winter Universitätsverlag, S.136-156.

Koukoulli, Anastasia (1998): Jugendkonzepte in Vorabendserien. Lebensweltliche Inszenierung in den Daily Sopas „Unter Uns" und „Verbotene Liebe". Berlin: Vistas.

Krappmann, Lothar (1969): Soziologische Dimensionen der Identität. Strukturelle Bedingungen für die Teilnahme an Interaktionsprozessen. Stuttgart: Klett.

Kreutzner, Gabriele (1992): Next Time on Dynasty. Studien zu einem populären Serientext im amerikanischen Fernsehen der achtziger Jahre. Trier: Wissenschaftlicher Verlag.

Krotz, Friedrich (1995): Elektronisch mediatisierte Kommunikation. In: Rundfunk und Fernsehen, Jg. 43, H. 4, S. 445-462.

Krotz, Friedrich (1997a): Hundert Jahre Verschwinden von Raum und Zeit? Kommunikation in den Datennetzen in der Perspektive der Nutzer. In: Vowe, Gerhard/

Beck, Klaus (Hrsg.): Computernetze – ein Medium öffentlicher Kommunikation? Berlin: Spiess, S. 105-126.

Krotz, Friedrich (2000): Die Mediatisierung kommunikativen Handelns. Habilitationsschrift. MS. 520 S.

Krüger, Heinz-Hermann (1997): Einführung in Theorien und Methoden der Erziehungswissenschaft Bd.2. Opladen: Leske und Budrich.

Krützen, Michaela (1998): Daily Soaps. Ein Arbeitsheft zur Analyse von Soap Operas. Köln.

Kuckartz, Udo (1998): WinMax. Handbuch zum Textanalysesystem WinMax für Windows 95. Opladen: Westdeutscher Verlag.

Kuckartz, Udo (1999): Computergestützte Analyse qualitativer Daten. Eine Einführung in Methoden und Arbeitstechniken. Opladen/Wiesbaden: Westdeutscher Verlag.

Lash, Scott (1996): Reflexivität und ihre Doppelungen: Struktur, Ästhetik und Gemeinschaft. In: Beck, Ulrich/Giddens, Anthony/Lash, Scott: Reflexive Modernisierung. Eine Kontroverse. Frankfurt a. M.: Suhrkamp, S. 195-285.

Liebes, Tamar/Livingstone, Sonia (1998): European Soap Operas. The Diversification of a Genre. In: European Journal of Communication, Vol. 13 (2), S. 147-180.

Luchting, Anne-Kathrin (1995): Leidenschaft am Nachmittag. Eine Untersuchung zu Textualität und Intertextualität US-amerikanischer Seifenopern im deutschen Fernsehen und ihrer Fankultur. Wolnzach.

Luger, Kurt (1995): Sehnsucht – Abenteuer: Entgrenzungversuche und Fluchtpunkte der Erlebnisgesellschaft. Wien: Picus-Verlag.

Luger, Kurt (1998 a): Lesarten der Populärkultur. Die geringfügigen Botschaften und ihre Bedeutungen. In: Luger, Kurt: Vergnügen, Zeitgeist und populäre Kultur. Wien: Österreichischer Kunst- und Kulturverlag, S. 316-328.

Luger, Kurt (1998 b): Populärkultur und Identität. Symbolische Ordnungskämpfe im Österreich der Zweiten Republik. In: Saxer, Ulrich (Hrsg.): Medien-Kulturkommunikation, Opladen/Wiesbaden: Westdeutscher Verlag, S. 115-138.

Luger, Kurt/Starka, Reinhard (1998): Erst der Spaß und dann das Vergnügen. Unterhaltungspraktiken Salzburger im Generationsvergleich. Salzburg.

Lukaszewski, Frank/Nieland, Jörg-Uwe (1998a): Pop hilft Politik hilft Pop – Schröder in der Soap: Eine Nachbetrachtung zu einem Aspekt im Vor-Wahlkampf. In: Jungle World v. 07.10.1998, S. 30.

Lukaszewski, Frank/Nieland, Jörg-Uwe (1998b): Popmusik und Daily Soaps. Kult-Marketing: Nach australischem Vorbild gelingt jetzt auch hierzulande jungen Seriendarstellern der Karrieresprung aus der Seifenoper in die Musikbranche. In: Freitag v. 04.12.1998, Nr. 50, S. 14.

Lull, James (1985): The Naturalistic Study of Media Use and Youth Culture. In: Rosengren, Karl, Erik et.al (Hrsg.): Media Gratifications Research. Berverly Hills, S. 209-224.

McKinley, Graham E. (1997): Beverly Hills, 90210. Television, Gender and Identity. Philadelphia.

Markham, Annette N. (1998): Life Online. Researching real experience in virtual Space. Walnut Creek u.a.: Sage.

Mikos, Lothar (1987): Fernsehserie. Ihre Geschichte, Erzählweise und Themen. In: Medien + Erziehung, Jg. 31, Nr. 1, S. 2-16.

Mikos, Lothar (1994a): Es wird dein Leben! Familienserien im Fernsehen und im Alltag der Zuschauer. Münster: Maks.

Mikos, Lothar (1994b): Fernsehen im Erleben der Zuschauer. Vom lustvollen Umgang mit einem populären Medium. Berlin/München.

Mikos, Lothar/Feise, Patricia/Herzog, Katja/Prommer, Elizabeth/Veihl, Verena (2000): Im Auge der Kamera. Das Fernsehereignis Big Brother. Beiträge zur Film- und Fernsehwissenschaft Band 55. Berlin: Vistas.

Moran, Albert (1998): Copycat Television. Globalisation, Program Formats and Cultural Identity. University of Luton Press.

Moritz, Peter (1996): Seife fürs Gehirn. Fernsehen im Serienalltag. Münster: Lit-Verlag.

Mead, George Herbert: Geist, Identität und Gesellschaft. Frankfurt a. M.: Suhrkamp 1980 (4. Aufl., Original 1934).

Mikos, Lothar (1997): Gepflegte Langeweile mit exotischen Einlagen. Themenstruktur der täglichen Talkshows und ihre Nutzung durch Kinder. In: tv diskurs, H. 1, S. 14-19.

Montage/AV (1997): Cultural Studies/David Morley, Jg. 6, H. 1/1997.

O'Donnell, Hugh (1999): Good Times, Bad Times. Soap Operas and Society in Western Europe. Leicester University Press.

Oerter, Rolf/Montada, Leo (1987): Entwicklungspsychologie, München/Weinheim: Psychologie Verlags Union (2. Aufl.).

Paus-Haase, Ingrid (1997) (Hrsg.): Neue Helden für die Kleinen. Das (un-)heimliche Kinderprogramm des Fernsehens. Münster: Lit-Verlag (3. Aufl.).

Paus-Haase, Ingrid (1998): Heldenbilder im Fernsehen. Eine Untersuchung zur Symbolik von Fernsehfavoriten in Kindergarten, Peer-Groups und Kinderfreundschaften. Opladen: Westdeutscher Verlag.

Paus-Haase, Ingrid (2000 a): Identitätsgenese im Jugendalter – Zu den Koordinaten des Aufwachsens vor dem Hintergrund veränderter gesellschaftlicher Bedingungen – eine Herausforderung für die Jugendforschung. In: Kleber, Hubert (Hrsg.): Spannungsfeld Medien und Erziehung. Medienpädagogische Perspektiven. München: KoPäd, S. 55-81.

Paus-Haase, Ingrid (2000 b): Stärken des Eigensinns. Schlussfolgerungen für die medienpädagogische Theorie und Praxis. In: Paus-Haase, Ingrid/Schnatmeyer, Dorothee/Wegener, Claudia (Hrsg.): Information, Emotion, Sensation. Wenn im Fernsehen die Grenzen zerfließen, Schriften zur Medienpädagogik Bd. 30. Bielefeld: AJZ-Druck und Verlag, S. 236-253.

Paus-Haase, Ingrid/Hasebrink, Uwe/Mattusch, Uwe/Keuneke, Susanne/Krotz, Friedrich (1999): Talkshows im Alltag von Jugendlichen. Der tägliche Balanceakt zwischen Orientierung, Amüsement und Ablehnung, Schriftenreihe Medienforschung der Landesanstalt für Rundfunk Nordrhein-Westfalen Bd. 32. Opladen: Leske und Budrich.

Pias, Claus/Vogl, Joseph/Engell, Lorenz/Fahle, Oliver/Neitzel, Britta (Hrsg.) (2000): Kursbuch Medienkultur. Die maßgeblichen Theorien von Brecht bis Baudrillard. 2. Auflage. Stuttgart: DVA.

Rathmayr, Bernhard (1994): Von der Konkurrenz der Lebensalter zur Koexistenz der Generationen. In: Janig, Herbert/Rathmayr, Bernhard (Hrsg.): Wartezeit. Studien zu den Lebensverhältnissen Jugendlicher in Österreich. Innsbruck: Österreichischer Studienverlag, S. 75-104.

Rössler, Patrick (1988): Dallas und Schwarzwaldklinik. Eine Programmstudie über Seifenopern im deutschen Fernsehen. München.

Schmidt, Siegfried J./Weischenberg, Siegfried (1994): Mediengattungen, Berichterstattungsmuster, Darstellungsformen. In: Merten, Klaus u.a. (Hrsg.): Die Wirklichkeit der Medien. Opladen: Westdeutscher Verlag, S. 212-236.

Schneider, Irmela (Hrsg.) (1992): Amerikanische Einstellung. Deutsches Fernsehen und US-amerikanische Produktionen. Heidelberg: C. Winter Universitätsverlag.

Schneider, Irmela (Hrsg.) (1995): Serien-Welten. Strukturen US-amerikanischer Serien aus vier Jahrzehnten. Opladen: Westdeutscher Verlag.

Schulze, Gerhard (1996): Die Erlebnisgesellschaft. Kultursoziologie der Gegenwart. Frankfurt a. M./New York: Campus-Verlag (6. Aufl., 1. Aufl. 1992).

Schwanebeck, Axel/Cippitelli, Claudia (Hrsg.) (2001): Pickel, Küsse und Kulissen. München: Verlag Reinhard Fischer (im Druck).

Semeria, Stafano (1999): Talk als Show – Show als Talk. Deutsche und US-amerikanische Daytime Talkshows im Vergleich. Opladen: Westdeutscher Verlag.

SpoKK (Hg.) (1997): Kursbuch Jugendkultur. Stile, Szenen und Identitäten vor der Jahrtausendwende. Mannheim: Bollmann.

Tendenz (2000): Themenheft „Wir kaspern uns durchs Leben durch". H. 3/2000.

Theunert, Helga/Gebel, Christa (Hrsg.) (2000): Lehrstücke fürs Leben in Fortsetzung. Serienrezeption zwischen Kindheit und Jugend. (BLM-Schriftenreihe Band 63) München: Verlag Reinhard Fischer.

Tulloch, John (1990): Television Drama. Agency, Audience and Myth. London: Routledge.

Strauss, Anselm L. (1987): Qualitative analysis for social scientist. Cambridge: Cambridge University Press.

Vesper, Sebastian (1998): Das Internet als Medium. Auftrittsanalyse und neue Nutzungsoptionen. Bardowick.

van Eimeren, Birgit (2000): Mediennutzung und Fernsehpräferenzen der 10- bis 15-Jährigen. In: Televizion, Jg. 13, H. 2, S. 45-51.

Vogelgesang, Waldemar (1991): Jugendliche Videocliquen. Opladen: Westdeutscher Verlag.

Vogelgesang, Waldemar (1996): Jugendmedien und Jugendszenen. In: Rundfunk und Fernsehen, Jg. 44, S. 346-364

Vogelsang, Waldemar (1997): Jugendliches Medienhandeln: Szenen, Stile, Kompetenzen. In: Aus Politik und Zeitgeschichte, B 19-20/97, S. 13-27.

Vollbrecht, Ralf (1997): Von Subkulturen zu Lebensstilen. Jugendkulturen im Wandel. In: SpoKK (Hg.): Kursbuch Jugendkultur. Stile, Szenen und Identitäten vor der Jahrtausendwende. Mannheim: Bollmann, S. 22-31.

Weber, Frank (Redaktion) (2000): Big Brother: Inszenierte Banalität zur Prime Time. Münster/Hamburg/London: Lit-Verlag.

Weber, René (2000): Prognosemodelle zur Vorhersage der Fernsehnutzung. München: Reinhard Fischer Verlag.

Weiß, Andreas (1999): Wer sieht sich das nur an? Den Zuschauern von Daily-Talkshows auf der Spur. München: Verlag Reinhard Fischer.

Welsch, Wolfgang (1996): Grenzgänge der Ästhetik. Stuttgart: Reclam.

Willems, Herbert (2000): Medienproduktion, Medienprodukt und Medienrezeption: Überlegungen zu einer medienanalytischen Möglichkeit der „Rahmentheorie" und komplementärer Ansätze. In: Medien&Kommunikationswissenschaft, 48. Jg., H. 2, S. 212-225.

Willems, Herbert/Jurga, Martin (1998): Die Inszenierungsgesellschaft, Opladen: Westdeutscher Verlag.

Willis, Paul (1990): Common culture. Symbolic work at play in the everyday cultures of the young. Milton: Keynes.

Wünsch, Marianne/Decker, Jan-Oliver/Krah, Hans (1996): Das Wertesystem der Familienserien im Fernsehen. Kiel.

Anhang I

1. WinMAX Codewortbaum: Gruppendiskussionen

```
Statistik der Codeworte
Codewort                              Anzahl:Zeilen
1. Daily Soaps                                0:0
1.1. Themen                                   0:0
1.1.1. Wahrgenommene Themen                   0:0
1.1.1.1. Liebe/Freundschaft               35:122
Bedeutung irrelevant                         3:10
Bedeutung relevant                           4:13
Bewertung negativ                           19:93
Bewertung positiv                           12:35
1.1.1.10. Schule                             4:9
Bedeutung irrelevant                         0:0
Bedeutung relevant                           1:6
Bewertung negativ                            2:8
Bewertung positiv                            2:7
1.1.1.11. Gewalt                             1:7
Bedeutung irrelevant                         0:0
Bedeutung relevant                           0:0
Bewertung negativ                            0:0
Bewertung positiv                            0:0
1.1.1.12. Intrigen                           1:2
Bedeutung irrelevant                         0:0
Bedeutung relevant                           0:0
Bewertung negativ                            1:4
Bewertung positiv                            0:0
1.1.1.13. Kriminalität                      5:13
Bedeutung irrelevant                         1:4
Bedeutung relevant                          2:10
Bewertung negativ                            2:4
Bewertung positiv                            1:5
1.1.1.14. Familie                            1:3
Bedeutung irrelevant                         0:0
```

Bedeutung relevant	0:0
Bewertung negativ	0:0
Bewertung positiv	0:0
1.1.1.15. Übersinnliches	2:4
Bedeutung irrelevant	1:4
Bedeutung relevant	0:0
Bewertung negativ	7:29
Bewertung positiv	0:0
1.1.1.16. Ausländer	0:0
Bedeutung irrelevant	0:0
Bedeutung relevant	2:17
Bewertung negativ	1:4
Bewertung positiv	0:0
1.1.1.17. Geld	5:6
Bedeutung irrelevant	2:7
Bedeutung relevant	0:0
Bewertung negativ	5:20
Bewertung positiv	0:0
1.1.1.18. Konflikte	5:18
Bedeutung irrelevant	1:4
Bedeutung relevant	1:7
Bewertung negativ	4:16
Bewertung positiv	2:18
1.1.1.19. Selbstdarstellung	0:0
Bedeutung irrelevant	0:0
Bedeutung relevant	0:0
Bewertung negativ	0:0
Bewertung positiv	0:0
1.1.1.2. Sexualität	10:21
Bedeutung irrelevant	4:13
Bedeutung relevant	4:22
Bewertung negativ	7:36
Bewertung positiv	4:11
1.1.1.3. Alkohol	1:4
Bedeutung irrelevant	0:0
Bedeutung relevant	0:0
Bewertung negativ	4:30
Bewertung positiv	0:0
1.1.1.4. Drogen	16:32
Bedeutung irrelevant	4:12
Bedeutung relevant	6:26
Bewertung negativ	16:86
Bewertung positiv	1:4
1.1.1.5. Sekten	4:15
Bedeutung irrelevant	1:5
Bedeutung relevant	1:5
Bewertung negativ	7:26
Bewertung positiv	7:21

```
1.1.1.6. Tod                            13:40
Bedeutung irrelevant                      1:4
Bedeutung relevant                        2:6
Bewertung negativ                        8:47
Bewertung positiv                        1:10
1.1.1.7. Krankheiten                      8:25
Bedeutung irrelevant                      0:0
Bedeutung relevant                        1:3
Bewertung negativ                        5:23
Bewertung positiv                         1:3
1.1.1.8. Schwangerschaft                  9:27
Bedeutung irrelevant                      0:0
Bedeutung relevant                       2:17
Bewertung negativ                        4:19
Bewertung positiv                         0:0
1.1.1.9. Beruf                            6:15
Bedeutung irrelevant                      0:0
Bedeutung relevant                        1:3
Bewertung negativ                        6:20
Bewertung positiv                         0:0
1.1.2. Themen allgemein                  23:67
Bedeutung irrelevant                     10:37
Bedeutung relevant                       5:23
Bewertung negativ                       35:133
Bewertung positiv                        15:42
1.1.3. Erwünschte Themen                 20:55
1.2. Charaktere                           0:0
1.2.1. Beschreibung                     75:443
1.2.2. Bewertung                          0:0
a) realistisch                            1:9
b) unrealistisch                        62:463
c) positiv                              20:112
d) negativ                              43:251
1.3. Darsteller                           0:0
1.3.1. Beschreibung                     29:194
1.3.2. Bewertung                          0:0
negativ                                 31:191
positiv                                  16:93
1.4. Drehorte                             0:0
1.4.1. Beschreibung                       7:31
1.4.2. Bewertung                          0:0
negativ                                   7:53
positiv                                   0:0
1.5. Bezug zur Lebenswelt                 0:0
1.5.1. Anschlusskommunikation             1:3
1.5.1.1. Familie                         11:50
Darsteller/Rolle                          0:0
Marketing                                 0:0
```

```
1.9.5. Trends                               3:8
abgelehnt                                  2:18
angenommen                                 2:12
2. Daily Talks                              0:0
2.1. Themen                                 0:0
2.1.1. Wahrgenommene Themen                 0:0
2.1.1.1. Liebe/Freundschaft               10:23
Bedeutung irrelevant                       7:29
Bedeutung relevant                          0:0
Bewertung negativ                         12:50
Bewertung positiv                          3:10
2.1.1.10. Schule                            0:0
Bedeutung irrelevant                        0:0
Bedeutung relevant                          0:0
Bewertung negativ                           0:0
Bewertung positiv                           0:0
2.1.1.11. Gewalt                            3:9
Bedeutung irrelevant                        1:3
Bedeutung relevant                          1:6
Bewertung negativ                           1:6
Bewertung positiv                           0:0
2.1.1.12. Intrigen                          0:0
Bedeutung irrelevant                        0:0
Bedeutung relevant                          0:0
Bewertung negativ                           1:1
Bewertung positiv                           0:0
2.1.1.13. Kriminalität                      0:0
Bedeutung irrelevant                        0:0
Bedeutung relevant                          0:0
Bewertung negativ                          1:10
Bewertung positiv                           0:0
2.1.1.14. Familie                           5:6
Bedeutung irrelevant                        1:6
Bedeutung relevant                          0:0
Bewertung negativ                           0:0
Bewertung positiv                           0:0
2.1.1.15. Übersinnliches                    0:0
Bedeutung irrelevant                        0:0
Bedeutung relevant                          0:0
Bewertung negativ                           0:0
Bewertung positiv                           0:0
2.1.1.16. Ausländer                         0:0
Bedeutung irrelevant                        0:0
Bedeutung relevant                          2:5
Bewertung negativ                           0:0
Bewertung positiv                           0:0
2.1.1.17. Geld                              1:3
Bedeutung irrelevant                        0:0
```

Bedeutung relevant	0:0
Bewertung negativ	1:2
Bewertung positiv	0:0
2.1.1.18. Konflikte	1:5
Bedeutung irrelevant	1:4
Bedeutung relevant	0:0
Bewertung negativ	2:10
Bewertung positiv	1:2
2.1.1.19. Selbstdarstellung	12:35
Bedeutung irrelevant	3:21
Bedeutung relevant	2:8
Bewertung negativ	3:12
Bewertung positiv	6:21
2.1.1.2. Sexualität	4:10
Bedeutung irrelevant	1:3
Bedeutung relevant	0:0
Bewertung negativ	1:2
Bewertung positiv	0:0
2.1.1.3. Alkohol	0:0
Bedeutung irrelevant	0:0
Bedeutung relevant	0:0
Bewertung negativ	0:0
Bewertung positiv	0:0
2.1.1.4. Drogen	2:3
Bedeutung irrelevant	1:7
Bedeutung relevant	0:0
Bewertung negativ	0:0
Bewertung positiv	0:0
2.1.1.5. Sekten	0:0
Bedeutung irrelevant	0:0
Bedeutung relevant	0:0
Bewertung negativ	0:0
Bewertung positiv	0:0
2.1.1.6. Tod	0:0
Bedeutung irrelevant	0:0
Bedeutung relevant	1:2
Bewertung negativ	1:3
Bewertung positiv	0:0
2.1.1.7. Krankheiten	1:3
Bedeutung irrelevant	0:0
Bedeutung relevant	1:5
Bewertung negativ	2:9
Bewertung positiv	1:8
2.1.1.8. Schwangerschaft	1:2
Bedeutung irrelevant	0:0
Bedeutung relevant	0:0
Bewertung negativ	0:0
Bewertung positiv	0:0

```
2.1.1.9. Beruf                              0:0
Bedeutung irrelevant                        0:0
Bedeutung relevant                          0:0
Bewertung negativ                           0:0
Bewertung positiv                           0:0
2.1.2. Themen allgemein                   10:34
Bedeutung irrelevant                      10:38
Bedeutung relevant                          2:4
Bewertung negativ                         15:46
Bewertung postiv                           4:11
2.1.3. Erwünschte Themen                    4:8
2.2. Moderator                              0:0
2.2.1. Beschreibung                         5:31
2.2.2. Bewertung                            0:0
negativ                                    9:43
positiv                                    6:28
2.3. Talkgäste                              0:0
2.3.1. Beschreibung                        8:34
2.3.2. Bewertung                            0:0
negativ                                   23:94
positiv                                     2:11
2.4. Publikum                               0:0
2.4.1. Beschreibung                        3:59
2.4.2. Bewertung                            0:0
negativ                                    2:14
positiv                                      1:6
2.5. Bezug zur Lebenswelt                   0:0
2.5.1. Anschlusskommunikation               0:0
2.5.1.1. Familie                           3:20
Moderator                                   0:0
Publikum                                    0:0
Talkgäste                                   0:0
Talkthemen                                 1:11
2.5.1.2. Peergroup                         2:16
Moderator                                   0:0
Publikum                                    0:0
Talkgäste                                    1:5
Talkthemen                                 2:13
2.5.1.3. Medien                             1:3
Moderator                                   0:0
Publikum                                    0:0
Talkgäste                                   0:0
Talkthemen                                  0:0
2.5.2. Eigene Erfahrungen                   0:0
ablehnend                                   1:3
bestätigend                                 0:0
2.5.3. Identifikation                       0:0
ablehnend                                    2:9
```

bestätigend	1:10
2.5.4. Orientierung/Vorbild	0:0
ablehnend	1:4
bestätigend	3:18
2.6. Nutzungsmotive	0:0
2.6.1. Unterhaltung	5:19
2.6.2. Voyeurismus	6:18
2.6.3. fehlende Alternativen	6:30
2.6.4. Langeweile	3:11
2.6.5. emot. Involviertheit	3:12
2.7. Nutzungsgewohnheiten	9:25
2.7.1. Veränderungen	1:4
2.8. Fantum	0:0
2.9. Marketing	0:0
2.9.1. Musik	0:0
2.9.2. Mode	0:0
2.9.3. Karriere	0:0
3. Vergleich Soap/Talk	0:0
3.1. vergleichbar	11:105
3.2. gegensätzlich	10:82
4. Genre	0:0
4.1. Soaps	3:36
4.1.1. Beschreibung	31:134
Entwicklung	9:65
Fiktionalität	11:30
Narrativität	40:203
Serialität	6:24
4.1.2. Bewertung	0:0
negativ	17:60
positiv	1:1
4.2. Talks	0:0
4.2.1. Beschreibung	6:32
Emotionalität	4:16
Inszeniertheit	21:102
Intimisierung	16:72
Personalisierung	0:0
4.2.2. Bewertung	0:0
negativ	19:99
positiv	1:2

2. WinMAX Codewortbaum: Einzelinterview

	ANZAHL:ZEILEN
1. Inselfrage	12:40
1.1. Erwünschte Medien	23:102
2. Medienbiographie	0:0
2.1. Beginn der Mediennutzung	14:91

2.2. Veränderungen	15:71
abgelehnt	1:2
2.3. Mediennutzung heute	101:720
2.3.1. Tagesablauf	17:150
2.4. Bewertung des Fernsehens	4:17
Bezug zur Lebenswelt	1:4
abgelehnt	16:117
angenommen	5:63
negativ	10:70
positiv	8:32
3. Daily Soaps	0:0
3.1. Themen	0:0
3.1.1. Wahrgenommene Themen	0:0
3.1.1.1. Liebe/Freundschaft	4:13
a) relevant	6:25
b) irrelevant	4:21
c) negativ	11:81
d) positiv	8:42
3.1.1.10. Sekten	0:0
a) relevant	0:0
b) irrelevant	1:4
c) negativ	3:19
d) positiv	1:3
3.1.1.11. Krankheit	0:0
a) relevant	2:9
b) irrelevant	0:0
c) negativ	0:0
d) positiv	1:3
3.1.1.12. Tod	0:0
a) relevant	1:2
b) irrelevant	0:0
c) negativ	2:5
d) positiv	1:3
3.1.1.13. Beruf	1:7
a) relevant	0:0
b) irrelevant	2:6
c) negativ	0:0
d) positiv	1:2
3.1.1.14. Schwangerschaft	0:0
a) relevant	0:0
b) irrelevant	0:0
c) negativ	0:0
d) positiv	1:10
3.1.1.2. Drogen	2:3
a) relevant	2:7
b) irrelevant	0:0
c) negativ	3:14
d) positiv	0:0

3.1.1.3. Gewalt	0:0
a) relevant	2:10
b) irrelevant	0:0
c) negativ	0:0
d) positiv	1:5
3.1.1.4. Sexualität	1:8
a) relevant	4:38
b) irrelevant	0:0
c) negativ	1:9
d) positiv	1:14
3.1.1.5. Politik	0:0
a) relevant	1:5
b) irrelevant	1:1
c) negativ	0:0
d) positiv	0:0
3.1.1.6. Ausländer	0:0
a) relevant	1:4
b) irrelevant	0:0
c) negativ	0:0
d) positiv	0:0
3.1.1.7. Intrigen	1:2
a) relevant	0:0
b) irrelevant	0:0
c) negativ	1:7
d) positiv	1:10
3.1.1.8. Schule	0:0
a) relevant	4:14
b) irrelevant	0:0
c) negativ	0:0
d) positiv	0:0
3.1.1.9. Konflikte	0:0
a) relevant	4:20
b) irrelevant	0:0
c) negativ	1:5
d) positiv	4:15
3.1.2. Themen allgemein	9:39
a) relevant	6:22
b) irrelevant	3:18
c) negativ	6:17
d) positiv	7:19
3.1.3. Erwünschte Themen	2:10
3.10. Vergleich Soaps	17:183
3.11. Soap- Eigen-Regie	0:0
Autor einer eigenen Soap	12:158
Schauspieler	11:61
Szene	15:112
3.2. Charaktere	0:0
3.2.1. Beschreibung	5:35

350

3.2.2. Bewertung	0:0
a) realistisch	2:8
b) unrealistisch	7:35
c) positiv	8:29
d) negativ	5:43
3.3. Darsteller	0:0
3.3.1. Beschreibung	10:45
3.3.2. Bewertung	0:0
negativ	10:61
positiv	15:61
3.4. Drehorte	0:0
3.4.1. Beschreibung	0:0
3.4.2. Bewertung	0:0
negativ	4:25
positiv	2:9
3.5. Bezug zur Lebenswelt	0:0
3.5.1. Anschlusskommunikation	2:6
3.5.1.1. Famile	8:39
Darsteller/Rolle	2:9
Marketing	0:0
Themen/Handlung	7:46
3.5.1.2. Peer-Group	19:131
Darsteller/Rolle	2:10
Marketing	1:6
Themen/Handlung	8:63
3.5.1.3. Medien	3:12
Darsteller/Rolle	0:0
Marketing	0:0
Themen/Handlung	0:0
3.5.2. Eigene Erfahrungen	0:0
ablehnend	9:56
bestätigend	8:42
3.5.3. Identifikation	0:0
ablehnend	8:54
bestätigend	12:66
3.5.4. Orientierung/Vorbild	0:0
ablehnend	13:60
bestätigend	25:153
3.5.5. Parasoz. Interaktion	3:17
3.6. Nutzungsgewohnheiten	56:252
3.6.1. Veränderungen	18:104
3.6.2. Unterschiede J/M	4:29
3.7. Nutzungsmotive	0:0
Entspannung	2:8
Eskapismus	1:4
Fan	0:0
Fehlende Alternativen	2:14
Fiktionalität	1:9

```
b) irrelevant                        0:0
c) negativ                           0:0
d) positiv                           0:0
4.1.1.11. Krankheit                  0:0
a) relevant                          1:10
b) irrelevant                        0:0
c) negativ                           0:0
d) positiv                           1:4
4.1.1.2. Ausländer                   1:2
a) relevant                          2:11
b) irrelevant                        0:0
c) negativ                           0:0
d) positiv                           0:0
4.1.1.3. Alkohol                     0:0
a) relevant                          0:0
b) irrelevant                        0:0
c) negativ                           0:0
d) positiv                           0:0
4.1.1.4. Geld                        0:0
a) relevant                          0:0
b) irrelevant                        0:0
c) negativ                           1:3
d) positiv                           0:0
4.1.1.5. Selbstdarstellung           0:0
a) relevant                          0:0
b) irrelevant                        1:5
c) negativ                           1:3
d) positiv                           1:2
4.1.1.6. Gewalt                      1:2
a) relevant                          1:10
b) irrelevant                        0:0
c) negativ                           0:0
d) positiv                           0:0
4.1.1.7. Sexualität                  1:3
a) relevant                          1:4
b) irrelevant                        0:0
c) negativ                           1:3
d) positiv                           1:3
4.1.1.8. Konflikte                   1:10
a) relevant                          1:3
b) irrelevant                        0:0
c) negativ                           0:0
d) positiv                           0:0
4.1.1.9. Schwangerschaft             1:4
a) relevant                          0:0
b) irrelevant                        0:0
c) negativ                           0:0
d) positiv                           0:0
```

Anhang II
Materialien zu den qualitativen Auswertungsschritten der ‚Talkshow'-Studie

1. WinMax-Codewortbaum zur Sekundäranalyse
   (Materialbasis: Einzel- und Gruppeninterviews der Talkshow-Studie)

Bewertung d Schauspieler
  negativ
  positiv
Bewertung der Themen
  Wahrgenommene Themen
    Alkohol
    Arbeitslosigkeit
    Ausländer
    Behinderte
    Beruf
    Devianzen
    Drogen
    Erziehung
    Familiäre Fragen
    Finanzielle Fragen
    Freundschaft
    Gesundheit
    Gewalt
    Jugendthemen
    Körper/Schönheit
    Kriminalität
    Kultur
    Liebe/Partnerschaft/Beziehungen

Mißbrauch/Vergewaltigung
Politik
Probleme allgem.
Rechte der Kinder
Religion/Sekten
Schule/LehrerInnen
Sexualität
Sonstige
Soziale Probleme
Stars
Wahlen
Zugeschriebene Bedeutung
Irrelevanz
Relevanz
Bewertung des Genres allgem.
Einschätzung d Programmablauf
Themenauswahl
Unterhaltungswert
Wünsche ans Format
Zeitlicher Rahmen
Zielgruppenorientierung
Bewertung des Soap-Publikums
Zugeschriebene Nutzungsmotive
Erwerb von Gesprächsstoff
Erwerb/Sicherg. soz. Status
gegen Alleinfühlen
Gewohnheit
Interesse am Thema
Langeweile
Lebenshilfe
Meinungsbildung
Schadenfreude
Sonstige
Spannung
Voyeurismus
Wunsch nach Ablenkung
Wunsch nach Aufklärung
Wunsch nach Unterhaltung
Bezug zur Lebenswelt
Bezug auf eigene Erfahrungen
ablehnend
Familiäre Fragen

Freundschaften
Geschlechtskonstruktionen
Liebe/Partnerschaft/Beziehungen
Peer-Beziehungen
Probleme allgem.
Schule
Selbstbild
Sexualität
Sonstiges
Soz. Kontakte allgemein
Sport
Starkult
Weltbild
bestätigend
Familiäre Fragen
Freundschaften
Geschlechtskonstruktionen
Liebe/Partnerschaft
Mann-Frau-Beziehungen
Peer-Beziehungen
Schule
Selbstbild
Sexualität
Sonstiges
Soz. Kontakte allgem.
Starkult
Weltbild
Bezug auf Erfahrungen anderer
ablehnend
Familiäre Fragen
Freundschaften
Geschlechtskonstruktionen
Liebe/Partnerschaft/Beziehungen
Peer-Beziehungen
Schule
Selbstbild
Sexualität
Sonstiges
Soz. Kontakte allgemein
Starkult
Weltbild
bestätigend

Familiäre Fragen
Freundschaften
Geschlechtskonstruktionen
Liebe/Partnerschaft/Beziehungen
Peer-Beziehungen
Schule
Selbstbild
Sonstiges
Soz. Kontakte allgemein
Starkult
Weltbild
Zugeschriebene Funktion
  Agenda-Setter/Werteverm.
  Angebot z. Aufklärung/Warnung
  Angebot z. Lebenshilfe
  Angebot zur Problemlösung
  Einschaltquoten
Fokussierte Daily Soap
  Erwähnung
    Geliebte Schwestern
    GZSZ
    Lindenstraße
    Marienhof
    Unter uns
    Verbotene Liebe
  negativ
    Geliebte Schwestern
    GZSZ
    Lindenstraße
    Marienhof
    Unter uns
    Verbotene Liebe
  positiv
    Geliebte Schwestern
    GZSZ
    Lindenstraße
    Marienhof
    Unter uns
    Verbotene Liebe
  Vergleich der einzelnen Soaps
Nutzungsmotive
  Entspannung/Ablenkung

Erwerb von Gesprächsstoff
Gewohnheit
Interesse am Thema
Langeweile
Lebenshilfe
Lernen wollen
Lustig machen
Meinungsbildung
Sonstiges
Spannung
Voyeurismus
Wunsch nach Ablenkung
Wunsch nach Aufklärung
Wunsch nach Unterhaltung
Sehgewohnheiten/Rezeptionssit.
  Häufigkeit der Nutzung
    gelegentliche NutzerInnen
    regelmäßig
    nie
  Ex-Zuschauer
  mit der Mutter
  mit Freunden/Peers
  Rezeptionsabbruch
  Vergleich mit Talks
Soaps im Unterricht
Sprechen über Soaps (Peers)
Umgang mit Daily Soaps
  Identifikation/Parasoz. Int.
    Auch so handeln wollen
    Distanzieren
    Hineinversetzen
    Innerer Dialog
    Nicht so handeln wollen
    Solidarisieren
    Sonstiges
    Wunsch an i. Stelle zu sein
    Wunsch in Interaktion z. tr.
Umgangsweisen mit Medien
  Fernsehen
  Lesen
  Radio

Wirklichkeitskonstruktionen
  Abbild der Realität
  Abseits der Realität
  Sichtweise Geschichte/Film
  Sonstige
  teilweise Realität
  Vergleich mit Talks
  Verzerrung der Realität

2   Materialsynopse

Proband[1]	T.S.-Fans	Wahrgenommene Themen	Lebenswelt-Bezug	Wirklichkeits-Konstruktionen	Zuordnung	Einstellung zu Medien/ Nutzung/ Nutzungsmotive
A. m, 17, HS Standort B	Nein!	(voll übertriebene) Freundschaft	Weiß nicht, nein	„voll übertrieben"	C	Nicht viel; „weil die nix zu tun haben"
Alois (Einzelfalldarstellung 9) m, 13, Gym Standort B	Nein		Eigentlich nicht	übertrieben	C	Wenig Programme, wenig Zeit; immer VLII Mit anderen zusammen, Wunsch nach mehr Programmen
Anna (Einzelfalldarstellung 14) w, 16, Sek. Standort D	Ja	Beruf, Liebe/ Partnerschaft, Schwangerschaft	Ja im Berufsleben (Ausbildung zur Arzthelferin) Nein, zum Glück nicht Nein bei Beziehungen	So wie das im wirklichen Leben ist; Können passieren (Beruf) Nicht so extrem, hochgepuscht	E	Talks, Bill Cosby, VIVA, GZSZ, Geliebte Schwestern, manchmal, Notruf, Zur Bildung (MDR, Nachrichten); Unterhaltung; "well sie vielleicht damit ihre eigenen Träume verwirklichen", TV=Realität
Antonia (Einzelfalldarstellung 15) w, 17, Sek. Standort D	Nein	Liebe/Partnerschaft, Gewalt, Probleme allgem., Soziale Probleme, Stars (Caught in the act)	Die haben dieselben Probleme wie wir (!)	„manche werden halt wirklich verprügelt im Leben"; „Weihnachten an Weihnachten...",	E	Talks und Serien: GZSZ, Verbotene Liebe, Geliebte Schwestern, Unter uns; - zur Entspannung; Interesse am Thema
B. w, 14, RS Standort C	Nein	Liebe/Partnerschaft, Probleme allgem.	Eigentlich nicht meine Probleme	In mancher Hinsicht schon	D	Hauptsächlich zur Unterhaltung, TV-Auge (Comedy, Comic, Beverly Hills, natur und Wildnis); wenig Nachrichtensendungen, Problem Jugendliche, Gewalt im TV;

---

1 Die Jugendlichen, zu denen Einzelfalldarstellungen angefertigt wurden, werden unter ihren Codenamen geführt.

Probanden1	T.S.-Fans	Wahrgenommene Themen	Lebenswelt-Bezug	Wirklichkeits-Konstruktionen	Zuordnung	Einstellung zu Medien/ Nutzung/ Nutzungsmotive
Barbara (Einzelfalldarstellung 16) w, 17, Sek. Standort D	Gemäßigt	Familiäre Fragen ++, Freundschaft, Schule Täglicher Tagesablauf wird dokumentiert!	Ja	Das irgendwie doch den täglichen Tagesablauf dokumentiert	E	GZSZ; Unter uns, Geliebte Schwestern; Filme, Serien; Geld verdienen, Unterhaltung
Brigitte (Einzelfalldarstellung 18) w, 15/16, Sek Standort D	Ja	Beruf (Bezug zum Alltag – Konkurrenz, das ist auf alle Fälle Realität), Familiäre Fragen (Heimkinder, Trennung der Eltern) Freundschaft (Probleme m.d. Polizei, etc.), Probleme mit der Polizei	Da hab ich mehr Probleme als die	Nicht alles, zum Teil Ist „heile Welt"	C	GZSZ
C. w, 14, Sek. Standort D			Eigentlich nicht	Eigentlich auch passieren, aber nicht wirklich; das sind Schauspieler	B	Talks, GZSZ
C. m, 15, Gym Standort C	Ja	Liebe/Partnerschaft (kitschig), Probleme allgem.+	Bei mir nicht	Bei anderen ja (eher T.S. Realität)	D	Langeweile Action, Voyager GZSZ früher viel geguckt, Cliffhanger – Spannung
C. m, 14, Gym Standort C	Nein	Familiäre Fragen	Kann ich nicht viel damit anfangen	Kann passieren, aber nicht alles	D	From dusk till dawn, Action, Simpsons Sport
Chris (Einzelfalldarstellung 22) m, 12, Gym Standort B	Gemäßigt	Liebe/Partnerschaft, Probleme allgem.	Eigentlich nicht	Nein	A	GZSZ; Action

Probanden1	T.S.-Fans	Wahrgenommene Themen	Lebenswelt-Bezug	Wirklichkeits-Konstruktionen	Zuord-nung	Einstellung zu Medien/ Nutzung/ Nutzungsmotive
Cornelia (Einzelfalldarstellung 11) w, 12, Sek. Standort D	Ja!	Liebe/Partnerschaft,	Ja, aber ablehnend bei eigenen Erfahrungen – („so noch nicht")	Ja, manche schon (Beziehungen) Aber: irgendwie reingemischt, z.T. ausgedacht Bei einem Film keine Realität, bei „Sonja" schon	C	Talks., Sailor Moon, GZSZ, Unter uns, - viel TV
D. m, 17, Gym Standort A	Gemäßigt			Total hirnrissig, aber Unterhaltung (Amüsement)	A	Unterhaltung, Akte X
Elena (Einzelfalldarstellung 1) w, 15, Gym Standort B	Nein	Freundschaft, Leben in WG, Tod einer Freundin	bis jetzt nicht eigene Erfahrungen ablehnend	Hineinversetzen, in gewissen Situationen schon Realität	D	Ab und zu GZSZ; Verbotene Liebe, Marienhof; Viel Müll im Fernsehen
F. w, 12, Sek Standort D	Ja!			Glaub ich nicht	B	GZSZ verpass ich ganz selten, ist interessant, Arztserien, Horrorfilme
F. m, 14, Gym Standort A	Nein		Nein	Weit hergeholt Sollte mehr normales Leben gezeigt werden	C	Keine Soaps
F. m, 13 HS Standort A	Ja!			Zu doll gespielt	C	Serien
Iris (Einzelfalldarstellung 2) w, 15, RS Standort C	Nein	Freundschaft (Unfall einer Freundin+), Liebe/Partnerschaft (fremdgehen+)	Eigene Erfahrungen ablehnend „mir noch nicht"	Teils, teils Kann dir auch passieren	D	VIVA, Serien,
J. m, 13, HS Standort A	Ja			Übertrieben gespielt, könnte aber	B	Video, Nachrichten
J. m, 14, Gym Standort C	Ja!	Mann-Frau-Beziehungen -	Primitiv, guck ich mir nicht an	So unnatürlich, hat beides nix mit dem Leben zu tun	A	Akte X;

Probanden1	T.S.-Fans	Wahrgenommene Themen	Lebenswelt-Bezug	Wirklichkeits-Konstruktionen	Zuord-nung	Einstellung zu Medien/ Nutzung/ Nutzungsmotive
J. m, 13, HS Standort A	Nein			Glaub ich nicht	A	Simpsons, Magnum, Ran, Zeitvertreib, GZSZ-Fan! (inkl. WH)
Jana (Einzelfalldarstellung 3) w, 15, Gym Standort B	Nein	Mann-Frau-Beziehungen +	Ja (Liebe), Tips, wie man es machen könnte	Könnte wohl, aber komisch, unwichtig	B	Gegen den Wind (parasoziale Interaktion!), Verbotene Liebe;
Janine (Einzelfalldarstellung 4) w, 15, Gym Standort B	Gemäßigt	Beziehungen: Stress mit Freund, Liebeskummer	Ja, habe meine Probleme wiedergefunden	Ja, aber übertrieben	C	VIVA, MTV, Talks, Einschaltquoten
Jo (Einzelfalldarstellung 10) m, 13, HS Standort A	Nein	WG-Leben	Ja, kann ich mir was rausholen (T.S. fehlt Vertiefung)	Könnte passieren, aber teilweise unrealistisch	B	Radio, Sport
Julia (Einzelfalldarstellung 12) w, 12, Sek. Standort D	Ja!	Liebe/Partnerschaft, Schwangerschaft	Ab und zu, eher ablehnend auf eigene Erfahrungen Ja immer Dialog	Ja (Parasoziale Interaktion!),	E	Sonja, Glücksbärchis, Sailor Moon, Talks; Notruf, detaillierte Erinnerung!
Jürgen (Einzelfalldarstellung 20) m, 14, Sek. Standort D	Ja	Freundschaft (Freunde zu haben+) Bezug auf Vater-Kritik -> Finanzielle Fragen -	Ja, doch im Sport	Ich denke mal, das ist bei uns genauso	E	Power Rangers, Simpsons; Sport
L. w, 14, Gym Standort B	Nein		„die anderen"	Alles zu gekünstelt, gespielt, arrangiert, Scheinwelt	C	Verbotene Liebe, Abenteuer Forschung,
M. m, 13, Gym Standort B	Gemäßigt	Beziehungen	Wüßte ich jetzt nicht so eigentlich	So manche Folgen sind doch relativ realistisch	D	

Probanden1	T.S.-Fans	Wahrgenommene Themen	Lebenswelt-Bezug	Wirklichkeits-Konstruktionen	Zuordnung	Einstellung zu Medien/ Nutzung/ Nutzungsmotive
N. w, 13, Gym Standort C	Ja!	Krankheit, Beziehungen	Ja, Beziehungen	Nicht so	B	GZSZ ("Zuguckserie"). Uu, Explosiv,
N. m, 12, Gym Standort B	Ja!	Schule, Liebe/Partnerschaft	Bestätigend: ja, manchmal	"aus dem Leben gegriffen"	E	MTV
N. m, 16, RS Standort A	Ja	Liebe/Partnerschaft +, (Abtreibung) Probleme mit der Polizei +	Ja, doch Allgemeiner Bezug	"Geschichten, die wirklich einem passieren können"	E	Zur Entspannung Serien
O. w, 14, Gym Standort B	Ja!	Schwangerschaft, Kind verlieren während der Schwangerschaft	Allgem.	"Ja, das ist ganz normal"	E	
Paul (Einzelfalldarstellung 23) m, 16, Gym Standort A	Gemäßigt		Nein	Weil ich das nie auf die Realität beziehe	A	Information Sailor Moon, Arabella, GZSZ
R. m, 13, Gym Standort B	Nein		Eher nicht		B	Selten Soaps
R. m, 14, Sek. Standort D	Ja !			Langweilig, hohl, unrealistisch	A	Filme, Action, Talks
Rita (Einzelfalldarstellung 13) w, 12, Sek Standort D	Ja	Probleme allgem., "viel vom Alltag",	Ja, Angebot zur Problemlösung, Lernen	Ja, zeigen ihre Probleme	E	Unter uns, Marienhof; Verbotene Liebe immer!
S. m, 15, RS Standort C	Nein	Finanzielle Fragen -	Nein	Immer so übertrieben	C	MacGyver, Highlander, wenig Soaps

Proband[1]	T.S.-Fans	Wahrgenommene Themen	Lebenswelt-Bezug	Wirklichkeits-Konstruktionen	Zuord-nung	Einstellung zu Medien/ Nutzung/ Nutzungsmotive
Sarah (Einzelfalldarstellung 5) w, 14, Gym Standort B	Ja	Krankheit - (AIDS, Krebs), Gewalt -	Nein, aber es ist halt interessant	Übertrieben, zu viel Sonst wäre es langweilig	C	Verbotene Liebe, Marienhof, GZSZ, Exklusiv, Talks; Soaps: Spannung; detaillierte Erinnerung
Susanna (Einzelfalldarstellung 19) w, 16, HS Standort B	Gemäßigt	Freundschaft +, Liebe/Partnerschaft + Trennung	Ja, (aber mehr kann man aus T.S. lernen)	Kann ich mir gut vorstellen, dass das passiert	E	GZSZ, A-Team, Hallo Onkel Doc, Lindenstrasse, Talks,
Susi (Einzelfalldarstellung 17) w, 15, Sek Standort D	Ja!	Mann-Frau-Bez., Gewalt,		nicht so extrem nur Unterhaltung	C	GZSZ, Nachrichten,
T. m, 12, Gym Standort C	Nein	Probleme -,		So die Wirklichkeit trifft das nicht so, schau ich nicht	B	Wenig Soaps
T. m, 13, HS Standort A	Gemäßigt	Liebe/Partnerschaft (bezug auf „jedermann"!, -)	Nein, Lösungen find ich nicht	übertrieben	C	Simpsons, Baywatch
T. m, 17, Gym Standort A	Gemäßigt		Nein, kann mich nicht erinnern	Aber das ist ja eigentlich so ins Leben hineingegriffen	E	Ex-Soap-Nutzer Akte X
Veronika (Einzelfalldarstellung 6) w, 14, Gym Standort B	Nein	Mann-Frau-Bez.	Ja, manchmal ein bisschen, aber übertrieben	Ja, sind so viele Probleme mitdrin, Übertrieben – muss sein für TV	E	Spannung Verbotene Liebe, GZSZ

3 Einzelfalldarstellungen

1) „Geschichten, die mit dem Leben zu tun haben." Der Blick gilt zentralen Themen menschlichen Seins. Reflektierte Perspektiven formal höher gebildeter Mädchen und Jungen auf Daily Soaps

Einzelfalldarstellung 1: Elena

1. Zur Person

Name: Elena
Alter: 15
Schulform: Gymnasium
Wohnort: B
Familie: Mutter: Kosmetikerin, Vater: Betriebswirt, Geschwister

2. Einstellung zu Medien/Stellung der Medien und der Daily Soaps im Alltag

Einstellung zu Medien: Elena schaut sich gerne Filme und auch Daily Soaps an; eine ausgesprochene Lieblingssendung hat sie jedoch nicht. Am Fernsehen kritisiert sie, dass auch „viel Müll" gesendet wird – vor allem auf den Privatsendern.

Favorisierte Soaps: Sie rezipiert regelmäßig *Gute Zeiten, schlechte Zeiten,* des weiteren sieht sie manchmal *Marienhof* und *Unter uns.*

Wahrgenommene Themen im Zusammenhang mit den Soaps: E erinnert sich vor allem an Themen, die um den Komplex ‚Freundschaften', wie z.B. ‚Leben in einer Wohngemeinschaft', kreisen.

3. Umgangsweisen mit Talkshows

Elena favorisiert die Talkshow *Arabella*, dabei kommt es ihr auf das Thema an. Themen, die sie interessieren, kreisen entweder um Aussehen oder um den Vergleich zwischen Frauen und Männern. An der Moderatorin Arabella gefällt Elena, dass sie auf die Leute eingeht, sie erwähnt dies im Zusammenhang mit dem Thema Arbeitslosigkeit:

Elena: Und ich mag sie halt so von ihrer Person, also es ist nicht so (,) ich find sie halt nicht so arrogant, oder, so (,) Ich finde schon, daß sie das irgendwie auch relativ ernst nimmt da.

Im Vordergrund steht in ihrer Rezeptionsweise das involvierende Moment, sowohl bei ihrer Sicht auf die Moderatorinnen bzw. auch auf die Talkshowgäste und deren Themen. Elena reflektiert jedoch das Dargestellte sehr wohl; sie stellt keine Bezüge zu ihrer eigenen Lebenswelt her.

4. Umgangsweisen mit Daily Soaps

Naive oder reflektierende Rezeption: Elena lässt eine reflektierende Rezeptionsweise der Daily Soaps erkennen; diese Haltung entspricht ihrer allgemeinen Einstellung zum Fernsehen. So reflektiert sie ihren Fernsehkonsum und spricht den Aspekt der Gewohnheit bei der Rezeption von Daily Soaps an. Des weiteren äußert sie sich zu den Inszenierungsweisen von Daily Soaps. So erscheint ihr die Art des Aufbaues der Geschichten als „relativ einfach". Diese Tatsache erleichtere jeweils den Wiedereinstieg in die Geschichten, wenn man nicht alle Folgen sehen kann.

Involvierende oder distanzierende Rezeption: Elena zeigt sich involviert in die Geschichten der Soaps und kann sich durchaus vorstellen, dass so etwas passieren könnte. Sie erwähnt in diesem Kontext den Tod einer Freundin. Beim Leben in einer Wohngemeinschaft meint sie allerdings, dass diese Geschichten nicht immer „lebensnah" seien; sie stuft sie als übertriebene Darstellung ein, weist jedoch auch in diesem Zusammenhang darauf hin, dass sie dennoch sehr wohl Elemente von Realität erkennen lassen.

Elena: Dass se da wohnen können und das bezahlen können. Oder dass die (,)die sind da ja, was weiß ich 25 oder so(,) dass die dann 'nen eigenen Laden haben, der dann so cool läuft, oder dass (,) also so lebensnah ist es glaub ich nicht immer. Aber in gewissen Situationen ist dann schon (,) passiert dann schon auch in der Realität.

Suche nach Orientierung/Suche nach Unterhaltung: Elena zeigt sich kompetent im Umgang mit Medieninhalten; diese stellen für sie vor allem Unterhaltung und Information dar. Ihre Aussagen deuten auf eine eher untergeordnete Orientierungsfunktion der Daily Soaps für ihren Alltag hin.

5. Motto

Nicht viel unmittelbare Bezüge zum eigenen Alltag; doch wenn's um Tod und Liebe geht, können Soaps etwas erzählen.

Einzelfalldarstellung 2: Iris

1. Zur Person

Name: Iris
Alter: 15 Jahre
Schulform: Realschule
Wohnort: C
Familie: **Mutter: Hausfrau, Vater: Zahnarzt, Geschwister**

2. Einstellung zu Medien/Stellung der Medien und der Daily Soaps im Alltag

Einstellung zu Medien: Iris besitzt einen eigenen Fernseher in ihrem Zimmer, sie gibt an eigentlich auf Fernsehen verzichten zu können, aber am Abend schaue sie schon mal bzw. auch nach den Hausaufgaben. Gerne sieht sie den Musikkanal VIVA und auch verschiedene Serien. Sie hat früher sehr häufig das Format *Gute Zeiten, schlechte Zeiten* gesehen. Als Grund dafür, weshalb sie diese Soap jetzt nicht mehr so häufig anschaue, nennt sie ihre beiden Hamster, mit den sie um diese Zeit abends spielt.

Favorisierte Soaps: Gute Zeiten, schlechte Zeiten hat Iris nach eigenen Angaben früher sehr viel gesehen.

Wahrgenommene Themen im Zusammenhang mit den Soaps: Die von ihr wahrgenommenen Themen kreisen um ‚Freundschaft' und ‚Partnerschaft/Beziehungen'; dabei kommt Iris ausführlich auf eine Geschichte um zwei befreundete Mädchen zu sprechen, von denen eines bei einem Unfall ums Leben gekommen sei.

3. Umgangsweisen mit Talkshows

Talkshows gehören nicht zu den von Iris favorisierten Genres. Sie gibt an, sich lieber um ihre Freunde zu kümmern, als vor dem Fernseher zu sitzen. Wenn sie dann doch mal Talks sieht, sind es am ehesten die Formate *Arabella* und *Bärbel Schäfer*. An *Arabella* gefällt ihr das etwas ausgefallene Auftreten der Moderatorin. Talkshows bedeuten für sie Amüsement:

Iris: Ich meine, ich belach mich dann meistens über die ganze Zeit da drüber, weil ich find, ich mein, so gesehen find ich die ganz lustig, weil äh, mit was für Problemen die schon mal da hin kommen oder was für Themen das ist.

Iris zeigt eine reflektierende Umgangsweise mit Talks: Sie erkennt die Inszenierungsmuster dieser Formate und erwähnt, dass Talkshow-Gäste für ihre Auftritte bezahlt werden sowie den täglichen Kampf um Einschaltquoten.

4. Umgangsweisen mit Daily Soaps

Naive oder reflektierende Rezeption: Iris zeigt in ihrer gesamten Einstellung zu Medien und im speziellen zu den Daily Soaps eine eher reflektierende Rezeptionsweise, die zwar gekennzeichnet ist durch das Anerkennen von Wirklichkeitsnähe der dargestellten Geschichten, aber ihre Aussagen lassen erkennen, dass sie über einige Medienkompetenz verfügt.

Involvierende oder distanzierende Rezeption: Es sind die Themen ‚Liebe' und ‚Verlust einer Freundin', bei denen Iris allgemeine Bezüge zur Realität herstellt, den Bezug zu eigenen Erfahrungen aber verneint.

Interviewerin: Ja. Glaubst du denn, dass solche Sachen wie in *Gute Zeiten, schlechte Zeiten*, das die wirklich passieren oder wirklich passieren könnten?

Iris: Mh (Pause) ich mein gut, das sind bestimmt Sachen drin, die können so nicht passieren, aber ich denk schon, dass da auch Sachen drin sind, die da (,) die da sehr wahrscheinlich so passieren können.

Interviewerin: Was könnten das für Sachen sein?

Iris: Ja, was weiß ich, glaub da ist mal (,) von irgend einem die Freundin gestorben und ich denk, dass kann dir ja eigentlich auch passieren, dass mal so 'ne Freundin stirbt. Weil die, durch 'nen Unfall oder so, kann ja mal sein. Dass es da manche Sachen gibt, wo man sagen, das ist also (,) real, also das gibt es, kann bei uns passieren.

Interviewerin: Fallen dir noch andere Situationen ein, die wirklich passieren könnten?

Iris: Ja, dass (,) einer fremd geht. Mit jemand anderem, also, die sind zusammen und dann geht (,) äh, entweder die oder der geht dann fremd. Ich denk mal, das kann doch hier auch passieren.

Suche nach Orientierung/Suche nach Unterhaltung: Iris erscheint kompetent im Umgang mit Medien, auch mit Daily Soaps, die sie bewusst sowohl zur Unterhaltung als auch zum Teil zur Orientierung nutzt.

5. Motto

Mit Kritik und Kompetenz: Dennoch weisen für ein 15jähriges Mädchen Daily Soaps viele Alltagsbezüge auf .

Einzelfalldarstellung 3: Jana

1. Zur Person

Name: Jana
Alter: 15 Jahre
Schulform: Gymnasium
Wohnort: B
Familie: Vater: Gewerbeaufsicht, zur Mutter gibt es keine Angaben, Geschwister

2. Einstellung zu Medien/Stellung der Medien und der Daily Soaps im Alltag

Einstellung zu Medien: Jana sieht gerne Serien wie *Gegen den Wind* und auch Soaps. In ihrem Freundeskreis scheinen regelmäßig Gespräche über Soaps und Serien geführt zu werden. Jana äußert sich zu ihrer Rezeption der diversen Serien selbstkritisch; so meint sie, „dass es eigentlich total doof ist, wenn man da mal so drüber nachdenkt". Als Nachrichtensendung ist ihr die Tagesschau sehr wichtig, die sie immer zusammen mit ihren Eltern sieht. Dieses Angebot nutzt sie regelmäßig zur Bildung und Information.
Favorisierte Soaps: Ihre Lieblings-Soap ist *Verbotene Liebe*.

Wahrgenommene Themen im Zusammenhang mit den Soaps: Die Themen, die bei Jana im Vordergrund stehen, sind Freundschaften und Beziehungen.

3. Umgangsweisen mit Talkshows

Wenn Jana Talkshows nutzt, dann favorisiert sie das Format *Sonja*, sie guckt das meistens nur, „wenn auf den anderen Programmen nur Schrott kommt." Bei *Sonja* gefällt ihr die Art der Moderation, sie schreibt der Moderatorin Kompetenz bei den Themen zu, die sich um Familie drehen. *Fliege* hingegen zeigt zuviel „heile Welt", das sieht sie nur sehr selten.

Jana: Ne, manchmal so, was weiß ich, wenn, ähm, letztens hab ich das mal geguckt, weil da ein Schauspieler war.
Interviewer: Ach so?
Jana: Aus *Verbotene Liebe* (beide lachen) Das hat mich dann doch so interessiert, was der da so hatte
Interviewer: Das kann ich mir vorstellen. (JB lacht)

Als gelegentliche Nutzerin zeigt Jana eine involvierende Rezeptionsweise; bei der Motivation der Moderatoren, Talkshows zu produzieren, steht für sie der Aspekt des Interesses am Thema sowie Talent im Vordergrund: „Ich schätze mal, dass die sich da auch total für interessieren und deshalb machen sie das." Den Aspekt der Unterhaltung schätzt sie, wenn sie über Talks mit Freunden spricht, da „wird schon mal herumgealbert." Den Wahrheitsgehalt solcher Formate hält sie für hoch.

4. Umgangsweisen mit Daily Soaps

Naive oder reflektierende Rezeption: Jana kritisiert vor allem die Schauspieler der Daily Soaps. In bezug auf ihre eigene Rezeption gibt sie selbstkritisch; sie kann sogar über sich selbst lachen, wenn sie über ihre Fernsehnutzung nachdenkt. Sie zeigt insgesamt eine hoch reflektierende Umgangsweise in bezug auf Daily Soaps.

Involvierende oder distanzierende Rezeption: Jana erinnert sich detailliert an verschiedene Episoden, die sie dann auch mit ihrem eigenen Leben und ihren Erfahrungen in Verbindung bringt; auf diese Weise holt sie sich zuweilen sogar Anregungen für den Alltag.

Jana: Ja, so bei *Verbotene Liebe*, oder so, wenn da irgendwer zusammen ist und dann ist irgendwer eifersüchtig. Ich meine, das kam bei mir natürlich auch schon mal vor, das hab' ich auch schon erlebt, aber.
Interviewer: Hast du selber auch schon erlebt (,) dass du eifersüchtig warst (Jana lacht) oder jemand auf dich eifersüchtig war?
Jana: Ja, beides (beide lachen)
Interviewer: Und dann, hast du dir irgendwas von dieser Serie dann zu Herzen genommen oder?

Jana: Also, ich mir erst mal angeguckt, wie die das Problem so gelöst haben und dann, also, die hat dann da bei der angerufen und, ich weiß auch nicht, ich hab dann irgendwie auch bei der angerufen (beide lachen)

Interviewer: Ja.

Jana: Ich weiß aber nicht, warum ich das, also, ob das jetzt so von mir kam oder ich mir das da jetzt so abgeguckt hab. (beide lachen) Dass hört sich aber auch 'n bisschen blöd an, aber, ich weiß auch nicht, irgendwie, manchmal hilft einem das auch so, das (schnippt), „das könntest du auch so machen".

Interviewer: Ja. Also doch schon kleine Tips.

Jana: Ja. (beide lachen)

Suche nach Orientierung/Suche nach Unterhaltung: Äußert kompetent setzt Jana Fernsehen und im speziellen Daily Soaps für ihre Alltagsgestaltung ein. Soaps stellen für sie vorrangig Unterhaltung dar; hin und wieder dienen sie ihr auch zur Orientierung für die Gestaltung des Alltags.

5. Motto

Zwischen Amüsement und Orientierung: Daily Soaps kreisen für eine 15Jährige um Liebe und Freundschaft.

Einzelfalldarstellung 4: Janine

1. Zur Person

Name: Janine
Alter: 15 Jahre
Schulform: Gymnasium
Wohnort: B
Familie: Mutter: Sekretärin, Vater: Kaufmann, Geschwister

2. Einstellung zu Medien/Stellung der Medien und der Daily Soaps im Alltag

Einstellung zu Medien: Fernsehen ist Janine nicht so wichtig. Am liebsten sieht sie die Musikkanäle MTV und VIVA, aber auch *Gute Zeiten, schlechte Zeiten*. Bei den Talkshows stellt das Format *Bärbel Schäfer* eindeutig ihre Lieblingstalkshow dar. Das Fernsehen nutzt Janine vor allem zur Unterhaltung und um Langeweile zu vertreiben.

Favorisierte Soaps: Gute Zeiten, schlechte Zeiten gehört zu den Sendungen, die sie nicht gerne verpassen würde.

Wahrgenommene Themen im Zusammenhang mit den Soaps: Janine nennt Beziehungs-Themen wie ‚Stress mit dem Freund' und ‚Liebeskummer'.

3. Umgangsweisen mit Talkshows

Janines Lieblings-Talkshow ist *Bärbel Schäfer*; sie beklagt, dass die Themenauswahl immer langweiliger wird und ihr aufgefallen ist, dass manche Talkshowgäste in verschiedenen Talkshows auftreten. Die Moderatorin Bärbel Schäfer hält sie für eine „Powerfrau", die „einfach echt rüber kommt" im Gegensatz zu *Arabella*. In bezug auf die Motivation der Moderatorin, Talkshows zu präsentieren, meint sie, dass sie sowohl aus Überzeugung als auch aus finanziellen Gründen Talks produziert. Auf ihre eigene Lebenswelt bezieht sie Talkshows nicht, „höchstens, wenn es um ‚Stress mit den Eltern' geht, aber ich denke, das kennt jeder." Für die 15Jährige sind die Themen meist „oberflächlich". Janine zeigt eine wenig involvierende Rezeptionsweise, für sie steht des weiteren der Unterhaltungsaspekt der Talks im Vordergrund.

4. Umgangsweisen mit Daily Soaps

Naive oder reflektierende Rezeption: Janine zeigt ein ambivalentes Rezeptionsverhalten. So kritisiert sie an den Soaps „das Übertriebene"; sie erklärt diese Inszenierungsweisen mit der Konkurrenz zwischen den Sendern, die um Einschaltquoten kämpfen müssen. Dennoch gefallen ihr die Sendungen wegen der jungen Schauspieler, die sie als eher realitätsnah empfindet. So billigt sie auch insgesamt den Soaps mehr Realitätsgehalt zu als den Talks.

Interviewer: Ja. Und ähm (,) hast du denn da schon mal so deine Probleme wiedergefunden oder ein Problem?
Janine: Ja, doch, (würde ich schon sagen.)
Interviewer: Mehr als in Talkshows?
Janine: Was?
Interviewer: Mehr als (Stockt.)
Janine (dazwischen): Mehr als in Talkshows.
Interviewer: Zum Beispiel?
Janine: Ja, zum Beispiel, was weiß ich ‚Stress mit dem Freund' oder ‚Liebeskummer' oder mit den Eltern (unverständlich.) Das ist schon realistischer als die Talkshows meistens.

Involvierende oder distanzierende Rezeption: Im Vordergrund steht bei Janine die involvierende Rezeption gerade in bezug auf das Thema Liebeskummer.

Suche nach Orientierung/Suche nach Unterhaltung: Janine ist bei den Soaps noch mehr als bei den Daily Talks auf der Suche nach Orientierung.

5. Motto

Stress mit dem Freund und Liebeskummer: Soaps werden zwar kritisch rezipiert, stellen für eine 15jährige Gymnasiastin aber „mehr Realität" dar als Talks.

Einzelfalldarstellung 5: Sarah

1. Zur Person

Name: Sarah
Alter: 15 Jahre
Schulform: Gymnasium
Wohnort: B
Familie: Mutter: Hausfrau, Vater: KfZ-Mechaniker, Geschwister

2. Einstellung zu Medien/Stellung der Medien und der Daily Soaps im Alltag

Einstellung zu Medien: Auf eine einsame Insel würde Sarah eine Person ihres Vertrauens, Verpflegung, einen Fernseher und ein Radio mitnehmen. Letzteres sollte ihr dabei als Musiklieferant dienen. Dem Fernsehen steht Sarah ambivalent gegenüber. Zum einen meint sie, die Nutzung des Mediums könne die Augen verderben oder „blöd machen", zum anderen äußert sie die Ansicht, Fernsehen könne auch beim Lernen behilflich sein: „Ich halte davon eher so Mischmasch." In jedem Fall sieht Sarah den Fernseher als Unterhaltungsmedium und nimmt an, der Hauptgrund für seine Betreiber sei finanzielles Interesse. Als Lieblingssendungen nennt Sarah *Exklusiv* und *Verbotene Liebe*.

Favorisierte Soaps: Ihr Interesse an der Soap *Verbotene Liebe*, die ihre Lieblingsserie darstellt, begründet das Mädchen damit, dass es die Sendung von Anfang an mitverfolgt habe und gespannt auf die Fortsetzung sei: „und irgendwie is das dann halt auch spannend immer zu wissen, was dann immer passiert und so, weil man das halt von Anfang an gesehen hat".

Favorisierte Themen im Zusammenhang mit den Soaps: Im Zentrum ihres Interesses stehen Themen wie ,Gewalt' und ,Krankheit'. Sie erzählt in diesem Kontext ausführlich von einer Soap-Figur, Ramon, die an AIDS erkrankt ist „oder dass auf einmal Clarissa entführt wird und dann, dass die fast (,) fast tot war."

3. Umgangsweisen mit Talkshows

Sarahs Umgang mit Daily Talks ist weder durch übertrieben naive noch durch auffallend reflektierende Rezeption gekennzeichnet. Alles in allem schätzt sie die Produktionsabläufe relativ realistisch ein, ohne jedoch die

Inszenierungsmuster weiter zu durchdringen. Beispielsweise zieht Sarah nicht in Betracht, dass in Talkshows Fakes eingesetzt werden könnten. Sarahs Wunsch nach Themen bzw. Talkgästen, mit denen sie sich identifizieren kann, verweist eindeutig auf eine involvierende Rezeptionsweise – genauso ihre Angewohnheit, (auch) ernst über die rezipierten Talkshowinhalte zu reden. Sehr deutlich tritt Sarahs Suche nach Orientierung hervor. So zeigt sie kaum Interesse an Action in Daily Talks, vielmehr geht es ihr darum, die Meinungsäußerungen der Gäste zu verfolgen. Auch für eine eigene Talkshow wünscht sich Sarah Gäste, „die viel zu erzählen haben". Streitszenen würde sie zu vermeiden trachten, dafür wäre es ihr wichtig, das Publikum mit einzubeziehen, um möglichst viele Meinungen zu erhalten. Ihr Glauben an die ‚Wahrhaftigkeit' der favorisierten Sendungen jedoch führt dazu, dass sie Talkshows eine helfende Funktion zuschreibt.

4. Umgangsweisen mit Daily Soaps

Naive oder reflektierende Rezeption: Sarah negiert, dass *Verbotene Liebe* ein Abbild der Realität sein könnte: „Da passiert zu viel." Sie hält jedoch die Kernaussage der Geschichten für ‚wahr', das heißt dass sie so oder ähnlich geschehen könnten. Sarah durchblickt, dass die Inszenierung notwendig ist, damit die Serien nicht zu langweilig werden. Aus diesem Grund lehnt Sarah auch die Soaps *Gute Zeiten, schlechte Zeiten* vehement ab; die erscheint ihr als zu langatmig erzählt. *Verbotene Liebe* jedoch stellt für sie ein Format dar, das prinzipiell ihre Themen berührt. Sarah geht weitgehend reflektiert mit dem Genre um.

Interviewerin: Mhm. Und wie is das so mit (unverständlich) also *Verbotene Liebe* und so weiter (unverständlich)? Glaubst du, die Geschichten passieren wirklich?
Sarah (verneinend): Mhm, mhm. Aber so viel kann auf einmal nicht passieren? Ich mein, das zum Beispiel einer auf einmal AIDS hat, dann hat die andere Krebs, dann (,) ich weiß gar nicht, was die alle haben? AIDS, Krebs, kann sein. Ich glaube, Ramon (Stockt.) Kennst du die?
Interviewerin: Ja.
Sarah: Ich glaub, Ramon hat Krebs. Nein, Ramon hat AIDS. Ich weiß es nich mehr. Auf jeden Fall, ja, Ramon hat AIDS. Und irgendwie, ich mein, da passiert zu viel. Das geht überhaupt nicht, oder dass auf einmal Clarissa entführt wird und dann, dass die fast (,) fast tot war. Irgendwie sowas, und die ganze Zeit so, und dann wechseln die immer die (,) die (,) Freunde, also, ne, mit denen sie zusammen sind. Da wechseln die die andauernd und, nee.
Interviewerin: Und so, äh, vom (,) also du meinst jetzt ja, dass einer Person viel zu viel auf einmal passiert?
Sarah: Ja.

Involvierende oder distanzierende Rezeption: Wie auch bei der Rezeption von Talkshows lässt Sarah eine empathische Sichtweise auf Daily Soaps erkennen: Sie beschäftigt sich ausführlich mit den Erlebnissen der Protagonisten.

Suche nach Orientierung/Suche nach Unterhaltung: Sarah lehnt zwar Daily Talks und Daily Soaps als Abbild von Realität ab; dennoch enthalten diese Geschichten für sie eine ‚Wahrhaftigkeit'; in der Diskussion um die Inszenierungsweisen in *Verbotene Liebe* entspinnt sich folgender Dialog:

Interviewerin: Und wenn man das auseinanderziehen würde?
Sarah: Also wenn weniger passieren würden?
Interviewerin: Ja, also die Geschichten selber sozusagen (einfach) nur nehmen würde?
Sarah: Dann wär's 'n bisschen langweilig, aber es wäre (,) es wäre (,) man würde eher denken, dass das so sein könnte oder so, dass es (,) dass es der Wahrheit etwas entspricht.

5. Motto

Gewalt, Krankheit und Tod: „Das es der Wahrheit etwas entspricht". Eine 15jährige Gymnasiastin ist Fan von *Verbotene Liebe.*

Einzelfalldarstellung 6: Veronika

1. Zur Person

Name: Veronika
Alter: 15 Jahre
Schulform: Gymnasium
Wohnort: B
Familie: Mutter: Goldschmiedin, Vater: Zahnarzt, keine Geschwister

2. Einstellung zu Medien/Stellung der Medien und der Daily Soaps im Alltag

Einstellung zu Medien: Veronika erweist sich als regelmäßige Fernsehkonsumentin; sie sieht sowohl Talkshows als auch Daily Soaps, wobei sie die Soaps den Talks vorzieht:

Interviewerin: So Verbotene Liebe und Marienhof und Gute Zeiten, schlechte Zeiten und so weiter.
Veronika (unterbricht): Ja, das, das guck' ich jetzt eher als Talkshows. (Lacht.)

Dennoch bedeutet ihr Fernsehen nur ein Zusatzangebot. Im Vordergrund stehen Unternehmungen mit der besten Freundin und einiger Freunde, die Veronika denn auch als erstes mit auf eine ‚einsame Insel' nehmen würde.

Interviewerin: Würdest du das so für dich sagen, dass dir Freunde wichtiger sind als Fernsehen?
Veronika: Ja, auf jeden Fall. Weil man mit Freunden auch das erleben kann, was eigentlich so (,) im Fernsehen gesendet wird.

Favorisierte Soaps: *Verbotene Liebe* und *Gute Zeiten, schlechte Zeiten* gehören zu den Daily Soaps, die Veronika regelmäßig konsumiert.

Veronika: Weil meistens ist es wirklich so, dass man die dann täglich guckt oder zumindest alle zwei Tage.
Interviewerin: Mhm.
Veronika: Also.(,) Aber sonst, sonst würd´s das (unverständlich) kommen lassen, weil sonst ist die Spannung nicht da.

Favorisierte Themen im Zusammenhang mit den Soaps: Die von ihr erinnerten Themen beziehen sich auf Partnerschaft und Beziehungen, Schwangerschaft und Verlieben.

Interviewerin: Interessiert mich jetzt gerad´ mal, weil dann wirst du dich ja wahrscheinlich gut dran erinnern können, und dann (Lacht).
Veronika: Nee, weil eben (,) da war das irgendwie gestern bei *Gute Zeiten, schlechte Zeiten* , da war das so, da war also eine die heißt Cora, und die ist glaub' ich (,) die ist achtzehn geworden
Interviewerin: Mhm.
Veronika: und da war da 'n Typ, der ist in ihrer Klasse und den findet sie dann wohl ganz toll und sie ist auch neu hingezogen und ähm dann hatte sie so irgendwie gesagt, 'ja, ich hab' 'n Auto, obwohl das gar nicht stimmt und dann haben die letztendlich ähm dann doch mit dem Fahrrad 'nen Ausflug gemacht, und dann ähm hat er sie rumgekriegt, obwohl ähm sie wollte das auch, bloß jetzt zum Schluss hatte er dann gesagt, ähm ' ja es war wohl ganz gut mit dir, aber jetzt muss ja nicht die große Liebe ausbrechen.'

3. Umgangsweisen mit Talkshows

Veronika schaut ab und zu Talkshows; sie hält jedoch dieses Genre für wichtig, da dort Menschen, denen Sozialkontakte fehlen, möglicherweise Ausgleich erleben können. Dabei bewertet sie Talkshows als realitätsnäher als die Daily Soaps, da diese von Schauspielern gespielt werden:

Veronika: aber die sind schon ähm wirklichkeitsgetreu oder so.
Interviewerin: Mhm. Was meinst du jetzt, wenn du die beiden Sendungsformen gegenüberstellst, Talkshows und ähm diese Serien
Veronika: Hm.
Interviewerin: oder Seifenopern. Ähm, welche von beiden Sendung hat denn mehr mit dem wirklichen Leben zu tun? Wenn du das entscheiden solltest?
Veronika: Talkshows.
Interviewerin: Talkshows.
Veronika: Würd´ ich sagen, weil die (,) die Leute ja wirklich ihre Meinung vertreten und bei *Gute Zeiten, schlechte Zeiten*, *Verbotene Liebe*, das ist ja wirklich so, dass das Schauspieler sind und
Interviewerin: Ja.
Veronika: irgendwelche Leute sich so das Drehbuch jetzt ausdenken.

Interviewerin: Mhm.
Veronika: Und das sind dann meistens nur so zwei, drei, vier, fünf, sechs Leute, die dann das Drehbuch schreiben..

Dennoch zeigt Veronika eine reflektierte, wenn auch involvierte Talkshowrezeption; zur Orientierung für das eigene Leben zieht sie diese Angebote nicht heran.

4. Umgangsweisen mit Daily Soaps

Naive oder reflektierende Rezeption: Veronika setzt sich in reflektierender Weise mit Daily Soaps auseinander; sie hält die Geschichten, zum Beispiel zum Thema ‚ungewollte Schwangerschaft' zwar für übertrieben; Veronika meint, in Soaps „passiert zuviel". Prinzipiell jedoch glaubt sie, dass sie einen wahren Kern haben.

Interviewerin: Ja. Und äh (,) hast du denn da jetzt tatsächlich das Gefühl, das es so Geschichten sind, die aus dem Leben gegriffen sind ?
Veronika: Hm, ja. Doch, weil (,) zum Beispiel bei *Gute Zeiten, schlechte Zeiten* da sind viele Probleme mit drin, also (,) ungewollte Schwangerschaft, oder einer sitzt unschuldig im Gefängnis,
Interviewerin: Mhm.
Veronika: weil behauptet wurde, er hätte einen ähm totgeschlagen, oder so. (...)
Interviewerin: Mhm, mhm.Oder, oder has, hast du dann so das Gefühl, äh ja so Geschichten könnten so wirklich passieren, (,) passieren so wirklich oder ?
Veronika: Ja, manchmal ist es ein bisschen (Lacht.) zuviel des Guten, also dann
Interviewerin: Mhm.
Veronika: ist es natürlich übertrieben, und passiert auch dann zuviel auf einmal.
Interviewerin: Mhm.
Veronika: Weil, also soviel erleb' ich nicht, also mit meinem Freundeskreis (Lacht.)

Involvierende oder distanzierende Rezeption: Veronika involviert sich in das Soaps-Geschehen; sie zieht auch Verbindungen zu ihrer eigenen Lebenswelt. Vor allem im Freundeskreis sind Soaps Gesprächsthema und dies in einer Weise, dass sich Veronika stark involviert und die Charaktere und die Handlungsweisen der Protagonisten bewertet.

Veronika: und da war da´n Typ, der ist in ihrer Klasse und den findet sie dann wohl ganz toll und sie ist auch neu hingezogen und ähm dann hatte sie so irgendwie gesagt, ja, ich hab´n Auto, obwohl das gar nicht stimmt und dann haben die letztendlich ähm dann doch mit dem Fahrrad ´nen Ausflug gemacht, und dann ähm hat er sie rumgekriegt, obwohl ähm sie wollte das auch, bloß jetzt zum Schluss hatte er dann gesagt, ähm, ja es war wohl ganz gut mit dir, aber jetzt muß ja nicht die große Liebe ausbrechen.
Interviewerin: Mhm.
Veronika: (Lacht.) da ham wir uns so´n bisschen drüber aufgeregt

Suche nach Orientierung/Suche nach Unterhaltung: Veronika stellt zwar keinen unmittelbaren Zusammenhang zwischen Soaps, geschweige denn den Soaps und ihrem Alltag her; sie hält das dort Erzählte „einfach für Geschichten", die jedoch bei Themen, die sie unmittelbar betreffen oder auf ihrem Weg zum Erwachsenwerden berühren – das Thema Schwangerschaft spielt in diesem Kontext eine Rolle – zumindest mit der Realität zu tun haben.

5. Motto

Schwangerschaft und Verlieben: Die Geschichten der Daily Soaps fordern eine 15jährige Gymnasiastin zu Stellungnahmen heraus.

Einzelfalldarstellung 7: Jan-Henrik

1. Zur Person

Name: Jan-Henrik
Alter: 12
Schulform: Gymnasium
Wohnort: B
Familie: Mutter: Studentin, Vater: Lehrer, keine Geschwister

2. Einstellung zu Medien/Stellung der Medien und der Daily Soaps im Alltag/Familie

Einstellung zu Medien: Medien spielen für Jan-Henrik eine wichtige Rolle in seinem Alltag, vor allem das Fernsehen ist seiner Meinung nach „praktisch (...) Ja, ähm, da erfährt man viele Sachen, zum Beispiel in den Nachrichten, oder auch in den Talkshows werden, manchmal zumindest, recht interessante Themen ausdiskutiert". Gern schaut sich Jan-Henrik auch Dokumentationen über Umweltprobleme an oder Sendungen, die sich mit Zukunftfragen befassen. Zu seinen Lieblingssendern zählt MTV; er favorisiert jedoch die Daily Talks. Jan-Henrik liest außerdem gern *Bravo*, wobei ihn Berichte über Bands, aber auch über ‚Aufklärung' interessieren.
Favorisierte Soaps: Jan-Henrik sieht gerne Verbotene Liebe und Unter uns.
Wahrgenommene Themen im Zusammenhang mit den Soaps: Zu den von ihm erinnerten Themen zählen Probleme in der Schule und Beziehungen bzw. Liebeskummer.

3. Umgangsweisen mit Talkshows:

Jan-Henrik zeigt eine hoch reflektierende Umgangsweise mit Talkshows. Er erkennt Inszenierungsmuster, vermag dramaturgische Abläufe zu beschreiben und verfügt über einige Medienkompetenz, was Produktionsabläufe von Fernsehsendungen im allgemeinen und Daily Talks im besonderen betrifft. Großes Involvement bis hin zur Identifikation lässt er in bezug auf ‚sein‘ Thema ‚Jugendbands‘ erkennen. Jan-Henrik ist jedoch fähig, sich von Talkshowinhalten und Präsentationsweisen entsprechend zu distanzieren; deutlich wird dies etwa in seiner Auseinandersetzung mit ‚Sex-Themen‘ in Talkshows. Für Jan-Henrik erscheinen Daily Talks dieser Ausrichtung eher als eine Bühne, auf der sich Menschen aus unterschiedlichen Gründen präsentieren möchten. Jan-Henrik nutzt Talkshows sowohl zur Unterhaltung als auch als Orientierungshilfe. Sie stellen für ihn ein Forum dar, das prinzipiell geeignet ist, Probleme zu diskutieren oder gar zu lösen. Jan-Henrik schätzt zwar die Konfrontation, aber auf „'ne gehobene Art, also in Anführungsstrichen (...) dann ist das o.k.“. Jan-Henrik misst Talkshows einen hohen Rang zu; er schätzt sie durchweg – mit Abstrichen, etwa was zu viele Sexthemen oder verbale Entgleisungen anbelangt – positiv ein; Daily Talks zählen in seinem Alltag zum festen Bestandteil eines selektiv ausgewählten Medienmenüs.

4. Umgangsweisen mit Daily Soaps

Naive oder reflektierende Rezeption: Wie auch im Umgang mit den Daily Talks zeigt Jan-Henrik auch bei den Soaps eine reflektierende Rezeptionsweise; dies hindert ihn jedoch nicht, in den Daily Soaps zahlreiche Bezüge zur Realität zu entdecken und zu (seinem) Alltag in Verbindung zu setzen. Insbesondere Themen wie ‚erste Liebe’ und ‚Beziehungen’ beschäftigen den Jungen in der Vorpubertät intensiv; in diesem Kontext spielen für ihn Soaps ein wichtige Rolle. Auch im Hinblick auf das Thema Schulstress stellt er eine Verbindung zu seinem eigenen Erleben her.

Interviewerin: Schaust Du auch manchmal in sogenannte Soaps rein, *Gute Zeiten, schlechte Zeiten*, *Marienhof* oder so?
Jan-Henrik: Ich gucke gerne *Verbotene Liebe* und *Unter uns*, das gucke ich (unverständlich)
Interviewerin: Ah ja. Und was begeistert Dich daran?
Jan-Henrik: Ja, das ist Unterhaltung so ein bisschen, weil, das ist so direkt aus dem Leben gegriffen.
Interviewerin: Aus dem Leben gegriffen. Und was meinst Du jetzt, aus dem Leben gegriffen?
Jan-Henrik: Ja, das ist nicht von soweit hergeholt wurde, so wie wenn Ufos kommen, *Akte X* oder sowas.
Interviewerin: Das hat schon was mit dem Alter zu tun, meinst Du, auch mit deinem? Kannst Du Dich da auch so ein bisschen wiederfinden, wo Du denkst, ja, ich kann mir das vorstellen?
Jan-Henrik: Schulstress...
Interviewerin: Ja, Schulstress, interessant.
Jan-Henrik: Liebeskummer oder so.

Involvierende oder distanzierende Rezeption: Jan-Henrik nimmt den Daily Soaps gegenüber zuweilen, wenn seine Themen, wie zum Beispiel Liebeskummer, Schulstress angesprochen werden, eine involvierende Haltung ein.

Suche nach Orientierung/Suche nach Unterhaltung: Jan-Henrik befindet sich in der Identitätsgenese als Junge; so nutzt er, wenn die ihn bewegenden Themen angesprochen werden, Soaps wie Talks zur Orientierung; diese Haltung schmälert jedoch keinesfalls seinen Genuss bei der Rezeption der Soaps; sie dienen ihm sehr wohl auch zur Unterhaltung.

5. Motto

Bei Schulstress und Liebeskummer zeigen Soaps Realitätsbezüge: Ein 12Jähriger genießt das Genre auch zur Unterhaltung.

Einzelfalldarstellung 8: Heiko

1. Zur Person

Name: Heiko
Alter: 16 Jahre
Schulform: Realschule
Wohnort: A
Familie: Vater: Baustellenleiter, Mutter: Pflegerin, keine Geschwister

2. Einstellung zu Medien/Stellung der Medien und der Daily Soaps im Alltag/Familie

Einstellung zu Medien: Auf die Frage, was Heiko auf eine einsame Insel mitnähme, nennt er als erstes seine Freundin, dann ein Haus, in dem sich eine Musikanlage und ein Fernseher befinden sollten, später dann noch einen Computer, um daran spielen zu können. Heiko bestätigt im weiteren Gespräch, dass ihm der Fernseher wichtig sei („Der gehört irgendwie dazu.") Der Junge sieht regelmäßig Serien wie *Raumschiff Enterprise* und *McGuyver*; zudem schaltet er jeden Abend *Gute Zeiten, schlechte Zeiten* ein. Vor dem Schlafengehen sieht Heiko in der Regel noch Action-Serien. Heiko gibt an, actiongeladene Topics zu bevorzugen; auf keinen Fall möchte er mit emotionalisierten Themen konfrontiert werden, bei denen es um Beziehungsfragen geht. Fernsehen stellt für ihn einen Pausenfüller dar; Verabredungen haben in Heikos Augen den Vorrang. In den Ferien jedoch kann es vorkommen, dass der Junge den ganzen Tag fernsieht. Grundsätzlich meint Heiko, durch das Medium lernen zu können, beispielsweise beim *Presseclub* oder auch bei Spielfilmen wie *Schindlers Liste*, die ihm dramaturgisch bearbeitet geschichtliche Ereignisse vor Augen führen.

Favorisierte Soaps: Heikos Lieblingssoap ist *Gute Zeiten, schlechte Zeiten,* denn da spielen Geschichten, „die schon mal passieren können." Wenn er sich zwischen *Gute Zeiten, schlechte Zeiten* und einer Talkshow entscheiden müsste, würde er sich eher für die Daily Soap entscheiden.

Favorisierte Themen in den Soaps: Die Themen, die ihn in den Soaps interessieren und an die er sich auch detailliert erinnert, sind Schwangerschaft und Abtreibung sowie Probleme mit der Polizei.

3. Umgangsweisen mit Talkshows:

Heikos Umgang mit Daily Talks ist von Reflexion und Skepsis gekennzeichnet. Insgesamt stuft Heiko Daily Talks sogar als weniger glaubwürdig ein als Soaps. Heikos Umgang mit Talkshows erscheint alles in allem uneinheitlich: So wünscht er sich, wie oben dargestellt, zwar auch ernsthafte Themen, beschreibt Daily Talks jedoch als ungeeignetes Forum dafür und stellt sie vielmehr als Bühne für actionreiche Inszenierungen dar. Genauso meint er, Talkshows sollten Gelegenheit zum Involvement bieten – schließlich bestehe ihr Sinn darin, dass die Gäste ihre Meinung äußern und über ihre Probleme sprechen könnten –; fast im selben Satz jedoch gibt er an, er würde sich die Prügel-Talkshow nach amerikanischem Vorbild sicherlich jeden Tag anschauen. Alles in allem zeigt sich in Heikos Äußerungen eine Zwiespältigkeit, die auf seine Ernsthaftigkeit und Verantwortlichkeit einerseits und auf seine Flucht vor emotionalem Berührtsein andererseits zurückzuführen ist. Doppeldeutig fällt auch Heikos Bewertung von Daily Talks aus: Einerseits schätzt er sie als Mittel der Unterhaltung, andererseits zeigt er sich – wenn auch sehr versteckt – enttäuscht, dass sie keine bessere Orientierung bieten können.

4. Umgangsweisen mit Daily Soaps

Naive oder reflektierende Rezeption: Heiko stuft Gute Zeiten, schlechte Zeiten als wirklichkeitsnah ein, da die einzelnen Geschichten (zum Beispiel ungewollte Schwangerschaft/Abtreibung oder Konflikte mit der Polizei) seiner Meinung nach wirklich passieren könnten. Er findet, dass die Schauspieler die Charaktere sehr gut darstellen, hier bezieht er sich auf das Fach ,Darstellendes Spiel' in der Schule, das er besucht. Deshalb unterscheidet er sehr klar zwischen der Machart der Daily Soaps und den dargestellten Geschichten.

Involvierende oder distanzierende Rezeption: Eine involvierende Rezeptionsweise zeigt er bei den Themen, die ihm zur Zeit wichtig sind:

Heiko: Ja, o.k., (ja so was) Gute Zeiten, schlechte Zeiten, das guck' ich mir jeden Abend an, weil (,) also das, das ist schon eher so (unverständlich), so aus dem Leben gegriffen will ich nicht sagen, aber es ist schon eher mal so, sowas kann mal passieren. Da kannst Du, dass man wirklich mal in die Situation kommt, was da passiert halt.

Interviewerin: Was passiert (unverständlich)

Heiko (unterbricht): Ja meinetwegen, ähm, so dass du dich mit deiner Freundin richtig streitest, weil sie meinetwegen schwanger ist. (Und dann gibt´s da so ´ne Aktion) Und dann (unverständlich) zum Arzt und denkt, sie hat abgetrieben und dann hat sie es doch nicht gemacht und dann kommt man halt wieder zusammen und sowas. Oder man mal irgendwie Probleme mit der Polizei, wenn man ein Autounfall hatte oder, so was halt.

Interviewerin: Ja, und du meinst, das sind so Geschichten, die schon mal vorkommen können.

Heiko: Ja, die wirklich einem passieren können.

Suche nach Orientierung/Suche nach Unterhaltung: Widersprüchlich zeigt Heiko sich in manchen seiner Aussagen, da er einerseits auf der Suche nach Orientierung bei seinen Themen ist, andererseits Fernsehen für ihn ein Unterhaltungsangebot darstellt. Er schreibt jedoch den Daily Soaps mehr Realitätsgehalt als den Daily Talks zu und würde sich, wenn eine Talkshow und Gute Zeiten, schlechte Zeiten zur selben Zeit laufen würden, für die Daily Soap entscheiden.

5. Motto

Soaps enthalten mehr Realitätsgehalt als Talks; sie dienen einem 16Jährigen als Reflexionsfolie für eigene Erlebnisse.

Einzelfalldarstellung 9: Alois

1. Zur Person

Name: Alois
Alter: 13 Jahre
Schulform: Gymnasium
Wohnort: B
Familie: Mutter: Hausfrau, Vater: Abteilungsleiter, Geschwister

2. Einstellung zu Medien/Stellung der Medien und der Daily Soaps im Alltag/Familie

Einstellung zu Medien: Alois bedauert es sehr, dass er nur so wenige Programme empfangen kann; Fernsehen macht ihm Spaß, dennoch kritisiert er das Medium auch.

Alois: Ja, also, oftmals kommt wirklich nicht so nicht so tolle Sachen, so, wie so Comedy-Serien oder so, sind meistens sowieso nicht witzig und so. Auch nachts immer Wiederholungen, und so, es kommt wirklich nicht sehr viel. Aber so (,) also, manchmal kommt wirklich nicht sehr viel Gutes!

(...)

Alois: Ja, wie gesagt so, wenn abends mal ein guter Spielfilm kommt, den man in der Vorschau sieht oder in ´ner Zeitung was drüber liest oder so.

Interviewer: Also Unterhaltung?

Alois: Ja, Unterhaltung und samstags mal *Wetten dass* ... oder irgendwie so was.

Interviewer: Mmh. Und was glaubst du, warum ist Fernsehen da, warum gibt es das?

Alois: Ja, damit, weiß ich nicht, irgendwie die Leute auch mal was anderes sehen als immer nur, weiß ich nicht, ihr Haus oder ihre Straße oder Schule und dann nach hause und so. Dass sie auch mal was anderes sehen.

Dennoch verbringt Alois auch viel Zeit gemeinsam mit seinen Freunden; das Zusammensein mit ihnen bewertet er denn auch höher als seinen Medienkonsum. Mit ihnen genießt er dann auch das Gespräch über Daily Soaps.

Favorisierte Soaps: Auf seine Fernsehfavoriten angesprochen, nennt Alois vehement die Daily Soap *Verbotene Liebe*; sie ist für ihn ein „Muss":

Alois: Da guckt man das auch schon mal dann auch öfters. Eigentlich so fast jeden Tag.

Interviewer: Und wie lange guckst du es schon?

Alois: Seit (,) ouhh, eigentlich fast seit Anfang, so.

Interviewer: Echt?

Alois: Ich mein, das ist jetzt Folge (,) sechshundert oder so, aber so ab hundert oder so habe ich das schon geguckt.

Wahrgenommene Themen im Zusammenhang mit den Soaps: Alois äußert sich wie viele Jungen kaum zu einzelnen Themen, die ihn in *Verbotene Liebe* interessieren. In einer Nachfrage des Interviewers in bezug auf die Wirklichkeitseinschätzung in Daily Soaps, lässt Alois erkennen, dass ihn das Thema ‚Beziehungen' interessiert.

3. Umgangsweisen mit Talkshows

Zu den Talkshow-Formaten, die Alois hin und wieder sieht, zählen *Fliege*, *Sonja* und *Vera am Mittag*. *Fliege* schaut er zumeist mit seinen Eltern, „da kann man mehr so, ja, sich aussprechen, oder so wenn man irgendwas auf dem Herzen hat, oder so und bei den anderen so, pffhh, SAT1 oder RTL, da geht das mehr so um Streitgespräche und dass sich alle möglichen Leute in die Haare kriegen und hinterher kommt dann doch keine Lösung dabei raus." An *Sonja* gefällt ihm, dass sie „das so ein bisschen auf geordnetem Niveau unter zu bringen" versucht. Der 13Jährige zeigt eine eher reflektierende Rezeptionsweise, er bezieht sich auf kommerzielle Aspekte von Talkshows und den Beruf als Moderator:

Alois: Ich weiß ja nicht, wie viel die verdienen, aber, es ist immerhin besser als gar kein Job und wenn man das kann so mit den Gästen umgehen, dann kann man das ja auch so machen.

Alois lässt ein relativ hohes Involvement in bezug auf Talkshowgäste erkennen; bezieht sich dabei aber nicht auf die eigenen Probleme. Der 13Jährige würde mit seinen Problemen nicht in eine Talkshow gehen.

4. Umgangsweisen mit Daily Soaps

Naive oder reflektierende Rezeption: Alois lässt eine reflektierende Umgangsweise mit Soaps erkennen; auch wenn er erklärter Fan von Verbotene Liebe ist, erkennt er die Wirklichkeitskonstruktionen in den Handlungsweisen der Soap als „übertrieben"; er schwankt jedoch in seiner Einschätzung ob Daily Soaps einen Wirklichkeitsbezug aufweisen.

Interviewer: Mhm. Und ähm (,) gibt es auch so Geschichten, wo du sagen könntest, ja, äh, da könnte ich mich vielleicht auch wiederfinden. Oder das hat was mit mir zu tun.
Alois: Ja (,), nee, eigentlich nicht.
Interviewer: Mhm. Eigentlich nicht?
Alois: Eigentlich nicht.
Interviewer: Und uneigentlich?
Alois: (,) Nee, eigentlich, nee, eigentlich nicht.

Der Interviewer hakt nach; Alois differenziert während des Interviews seine Einschätzung der Wirklichkeitskonstruktionen; er gibt zu, dass in bezug auf Beziehungen *Verbotene Liebe* Geschehnisse zeigt, die zwar übertrieben dargestellt werden, allerdings sehr wohl im Alltag passieren können.

Interviewer: Mhm. Und ähm (,) gab's da viel Geschichten, die wirklich passieren.
Alois: Äh, ja, die meisten also eher nicht so, in dem Rahmen. Ist ja alles so ein bisschen übertrieben, aber.
Interviewer: Mhm.
Interviewer: Ja, in kleinerem Rahmen?
Alois: Ja, so, also, nicht so übertrieben wie da, doch schon so.
Interviewer: Und was könnte so passieren?
Alois: Ja, dass sie so (,) dass die auseinander gehen und wieder zusammen finden und alle solche Sachen und (,) meistens ist das ja alles so ein bisschen sehr übertrieben dann.

Involvierende oder distanzierende Rezeption: Wie bei der Talkshowrezeption nimmt Alois auch bei den Soaps Anteil am Geschehen; was die Protagonisten in *Verbotene Liebe* erleben, erfährt eine eher empathische Begleitung.

  Suche nach Orientierung/Suche nach Unterhaltung: Orientierungshilfen sucht Alois in Daily Soaps nicht, so dient ihm das Format *Verbotene Liebe* vor allem zur Unterhaltung.

5. Motto

„Übertrieben" und unterhaltsam, doch Realitätsnähe, wenn es um Beziehungen geht: Ein 13jähriger Gymnasiast ist Fan von *Verbotene Liebe*.

Einzelfalldarstellung 10: Jo

1. Zur Person

Name: Jo
Alter: 13 Jahre
Schulform: Hauptschule
Wohnort: A
Familie: Mutter: Schneiderin, Vater: Journalist, Geschwister

2. Einstellung zu Medien/Stellung der Medien und der Daily Soaps im Alltag/Familie

Einstellung zu Medien: Jo antwortet eher zurückhaltend, was seine bevorzugten Sendungen betrifft. So benennt er auch keine ausgesprochen Lieblinssendungen. Lediglich die Abendserie *Balko* sieht er ausgesprochen gern. Bei ihr legt er Wert darauf, sie nicht zu versäumen.
Favorisierte Soaps: Jo sieht regelmäßig *Gute Zeiten, schlechte Zeiten.*
Wahrgenommene Themen im Zusammenhang mit den Soaps: Jo kommt von sich aus auf das Thema Beziehungen zu sprechen, das er besonders häufig in Daily Soaps behandelt findet.

3. Umgangsweisen mit Talkshows

Jo bevorzugt das Format *Vera am Mittag*, da findet er die Themen „meistens interessant." Den Moderationsstil von ‚Arabella' hingegen schätzt er nicht so, obwohl die Themen „klasse" sind:

Interviewerin: Was sind jetzt klasse Themen für dich?
Jo: Em, Themen, die aktuell sind und die auch also mehr auch meine Zielgruppe ansprechen, also... als Beispiel mal. (Pause) Also zum Beispiel ...äh ...
Interviewerin: Ja?
Jo: Muß überlegen, ganz kurz.
Interviewerin: Ja! Nimm' dir Zeit.
Jo: Ja wenn, wenn so Geschichten sind wie irgendwie übers Tattoos oder so, das war bei Andreas Türk, also das Thema an sich interessiert mich eigentlich schon (unverständlich) also wenn, wenn so n'en offenen Fragen sind, wie ob, em, em also pro contra gegen Tatoos oder für Tattoos, das find' ich also interessanter als wenn man jetzt irgendwie sagt was über, em ... jetzt irgendwie Umweltverschmutzung und so das interessiert mich nich' so stark.

390

Jos Rezeptionsweise ist eher distanzierend, er wählt seine Themen sehr kompetent aus. Im Hinblick auf den Wahrheitsgehalt der Aussagen der Talkshowgäste reflektiert er die Inszenierungsmuster dieser Formate. Er würde mit seinen Problemen auch eher nicht in eine Talkshow gehen, „weil ich finde, das geht eigentlich die anderen Leute nichts an und ich hab' auch keine Lust, mich dafür zu rechtfertigen."

4. Umgangsweisen mit Daily Soaps

Naive oder reflektierende Rezeption: Jo zeigt eine reflektierende Rezeptionsweise mit Daily Soaps. So ist er sehr wohl dazu in der Lage, ihren Inszenierungscharakter zu durchschauen, ist jedoch auch davon überzeugt, dass manchen Geschichten sehr wohl so geschehen könnten.

Interviewerin: Und bei diesen Daily Soaps wie *Gute Zeiten, schlechte Zeiten*, hast du da schon mal das Gefühl gehabt, die Geschichten passieren wirklich so, auch im Leben, könnten so passieren?
Jo: Ja, könnten so passieren, also, weil, weil manches ist natürlich (...).

Involvierende oder distanzierende Rezeption: Jo beschäftigt sich intensiv mit den Geschichten in den Soaps; er nimmt zuweilen sogar empathisch Anteil. In diesem Kontext kritisiert er, dass Schauspieler zu schnell wechseln; auf diese Weise lässt sich nur schwer eine Beziehung zu ihnen aufbauen. Daran jedoch scheint Jo zu liegen:

Jo: (...) find' ich irgendwie komisch, weil... es sind, es ist halt sehr oft so, dass Leute em, in diese Sendung rein kommen und dann irgendwie nach zwei Monaten gleich wieder raus sind, das ist eigentlich schade, weil so was würde ich, im echten Leben könnte ich mir so was nicht vorstellen, dass sich jemand irgendwie sagt, ich komm von München nach, nach Berlin und, und lebt dann da zwei Monate und dann wandert er aus nach Sri Lanka oder so was und
Interviewerin: Hm.
Jo: also, das finde ich nicht so real, da, das kann ich mir nicht vorstellen, das jemand so was macht, weil das wär' erstens zu, zu teuer ist und ich glaub' das ist auch also, das bringt´s auch nicht so.

Suche nach Orientierung/Suche nach Unterhaltung: Jo ist davon überzeugt, dass er sich aus den Soaps mehr als aus den Talkshows für sich selbst herausholen kann. In den Talks fehle die Zeit zur Problemvertiefung. Jo scheint also durchaus auf der Suche nach Orientierung zu sein.

5. Motto

Wunsch nach Orientierung und Anteilnahme: Ein 13Jähriger kritisiert die ständig wechselnden Schauspieler in den Soaps.

2) Daily Soaps als Abbild von Realität, aber „noch nicht von unserem Leben". Naive problembezogene Wirklichkeitswahrnehmung jüngerer Mädchen.

Einzelfalldarstellung 11: Cornelia

1. Zur Person

Name: Cornelia
Alter: 12 Jahre
Schulform: Sekundarschule
Wohnort: D
Familie: Alleinerziehende Mutter: Kassiererin, Geschwister

2. Einstellung zu Medien/Stellung der Medien und der Daily Soaps im Alltag

Einstellung zu Medien: In Cornelias Leben genießt das Fernsehen einen hohen Stellenwert. Auf die Frage, was sie auf eine einsame Insel mitnehmen würde, antwortet sie, nachdem sie zunächst ihre Familie und Freunde ,eingepackt' hat: „Ähm, erst- (,) erstmal Fernseher, dass ich die Talkshows regelmäßig gucken kann, und dann 'nen Radio." Die Frage, welche Sendungen sie auf keinen Fall verpassen möchte, beantwortet sie mit einer ganzen Liste an Sendungen: Neben *Sonja* und *Arabella* nennt sie die Daily Soaps *Gute Zeiten, schlechte Zeiten* und *Unter uns* sowie die Zeichentrickserie um ein starkes Mädchen namens *Sailor Moon.* Das Fernsehen allgemein ist ihr – wie speziell *Sonja, Gute Zeiten, schlechte Zeiten* sowie *Sailor Moon* – vor allem wichtig, um daraus Hilfestellung und Orientierung für den Alltag zu gewinnen.

Favorisierte Soaps: Gute Zeiten, schlechte Zeiten und *Unter uns* gehören zu ihren Lieblingsformaten, aber auch *Verbotene Liebe* sieht sie regelmäßig.

Wahrgenommene Themen im Zusammenhang mit den Soaps: Ihre Themen kreisen um erste Liebe und Beziehungen sowie Freundschaften.

3. Umgangsweisen mit Talkshows

Cornelias Umgangsweise mit Talkshows ist stark naiv geprägt. Sie nimmt Daily Talks, insbesondere das Format *Sonja,* als Abbild von Realität wahr. Das Format *Sonja* stellt für sie eine Instanz dar, in der es darum geht, für Harmonie und Ausgleich, für Gerechtigkeit und Verständnis zwischen Menschen in problembelasteten Situationen zu sorgen. Cornelia zeigt ein hohes Involvement bei der Rezeption von Talkshows; sie identifiziert sich mit Gästen, die Probleme haben, insbesondere wenn es dort um familiäre Zwistigkeiten und Trennungen geht. Im Vordergrund steht bei Cornelia das Bedürfnis, sich über Daily Talks zu orientieren, zu lernen, wie sie es selbst mehrfach während des Interviews betont. Das Fernsehen als Unterhalter lehnt sie ab: „Wenn da so ein Film kommt, dann schalte ich ab". Sie möchte sich informieren und Lebenshilfe erhalten. Talkshows, vor allem die Formate *Sonja* und mit Abstrichen *Arabella*, bewertet Cornelia ausgesprochen positiv, bis hin zu einer naiv-idealisierenden Perspektive.

4. Umgangsweisen mit Daily Soaps

Naive oder reflektierende Rezeption: Cornelia zeigt auch bei den Daily Soaps eine eher naive Rezeptionweise. So ist *Gute Zeiten, schlechte Zeiten* für sie ein Format, „da kann man was draus lernen, wenn man sich vielleicht jetzt zum Beispiel verliebt, und das ist (,) das geht dann in die Brüche". Sowohl Daily Talks als auch Daily Talks haben für sie Realitätsgehalt:

Interviewerin: Mh, aber Beispiele, die mit dem Leben zu tun haben, könnte 'ne Beziehungsgeschichte sein.
Cornelia: Mmh, oder hier zum Beispiel mit dem Gerner oder wie der heißt? Jo?
Interviewerin: Gerner, ja, genau.
Cornelia: Der hat in den alten *Gute Zeiten* hier von der Tina, die jetzt nicht mehr da ist auch hier ihr Tagebuch gestohlen und so was.
Interviewerin: Mmh. So was gibt's auch im Leben, ne?
Cornelia: Mmh.
Interviewerin: Mmh. Findest du nicht gut?
Cornelia: Nee! Find ich nicht gut.

Involvierende oder distanzierende Rezeption: Cornelia lässt ein hohes Involvement erkennen; sie lebt quasi in den Geschichten der Daily Soaps. Es ist zwar zumeist etwas, was sie selbst „so noch nicht" erlebt hat. Mit den Themen Liebe und Beziehungen setzt sich die 12jährige jedoch bereits intensiv auseinander.

Suche nach Orientierung/Suche nach Unterhaltung: Cornelia zieht Daily Soaps zur Orientierung in ihrem Leben heran. Besonders gerne sieht sie Geschichten, die ihr am Anfang ihrer Pubertät Hilfen bieten können. Sie äußert sich sehr klar, dass diese Geschichten passieren können, sieht jedoch noch keine Verbindung zu ihren eigenen Erfahrungen.

Interviewerin: ... Hast du schon mal jetzt ein Problem, das du selber hast, ob jetzt mit deinen Großeltern oder mit Jungs oder mit Freundinnen oder so, hast du das schon mal so in so 'ner (,) äh Talkshow oder in so´ner *Gute Zeiten, schlechte Zeiten*-Sendung richtig wiedergefunden, wo du gedacht hast, ja, genau so ist es, so hast du das schon mal erlebt?
Cornelia: Mm, so genau nicht.
Interviewerin: So noch nicht, ne?
Cornelia: So noch nicht.

5. Motto

„Wie im richtigen Leben" – nur noch nicht im eigenen: Einem jüngeren weiblichen Soap-Fan dienen eher Talkshows zur Orientierung.

Einzelfalldarstellung 12: Julia

1. Zur Person

Name: Julia
Alter: 12 Jahre
Schulform: Sekundarschule
Wohnort: D
Familie: Alleinerziehende Mutter: Verkäuferin in einem Orthopädiegeschäft, Geschwister: jüngerer Bruder, zwei ältere Stiefschwestern, die nicht mit im Haushalt, sondern beim Vater leben.

2. Einstellung zu Medien/Stellung der Medien und der Daily Soaps im Alltag

Einstellung zu Medien: Julias Einstellung zu Medien ist ambivalent; so bezweifelt sie auf der einen Seite vehement, was im Fernsehen zu sehen ist, nennt es „gelogen", was sie in einer Notruf-Sendung gesehen hat, anderes entspricht hingegen ganz ihrer Vorstellung von Wahrheit, weil eine Cousine ähnliche Erfahrungen gemacht habe; Julias Ansichten zu ‚Medienrealität' erscheinen äußert diffus.
Favorisierte Soaps: Julia ist *Gute Zeiten, schlechte Zeiten*-Fan.
Wahrgenommene Themen im Zusammenhang mit den Soaps: Zu den von ihr erwähnten Themen gehören ‚Freundschaften', ‚Beziehungen' und ‚Schwangerschaft'.

3. Umgangsweisen mit Talkshows:

Julia zeigt eine deutlich naive Rezeptionsweise; dies wird insbesondere in bezug auf das von ihr favorisierte Format *Sonja* deutlich. So stilisiert sie Sonja und mit Abstrichen auch Arabella zur Problemlöserin, geradezu zu einer ‚Guten Fee' und Wunschmutter. Insbesondere bei ihrer Lieblingstalkshow *Sonja* zeigt Julia ein hohes Involvement; auch bei den anderen weniger favorisierten Talkshows beteiligt sie sich emotional stark und identifiziert sich vor allem mit Kindern ihres Alters. Julia sucht mit Hilfe von Talkshows weniger nach Orientierungshilfen für ihren Alltag; sie nutzt sie vielmehr als Flucht aus ihrer Realität, als ‚Gegenwelt' zu ihrem stark problembelasteten Alltag.

4. Umgangsweisen mit Daily Soaps

Naive oder reflektierende Rezeption: Julia zeigt auch in ihrer Rezeptionweise von Daily Soaps eine deutlich naive Herangehensweise. Sie beantwortet die Frage, ob Daily Soaps etwas mit dem Leben zu tun haben, eindeutig mit „Ja".

Involvierende oder distanzierende Rezeption: Ihr hohes Involvement lässt sich daran erkennen, dass sie sich sehr intensiv an die dargestellten Geschichten erinnert und auch manchmal mit einer Protagonistin von *Gute Zeiten, schlechte Zeiten* einen inneren Dialog führt.

Interviewerin: Das sind Dinge, mit denen du was anfangen kannst?
Julia: Da sag´ ich mir immer zu den, also zu Sonja, mach´s nich und dann macht sie´s doch, aber die ist ja bald schwanger.
Interviewerin: Die Sonja aus *Gute Zeiten, schlechte Zeiten*? Mhm.
Julia: Mhm.
Interviewerin: Sprichst du manchmal so, als wenn sie wirklich bei dir wäre dann?
Julia: Ja (unverständlich).
Interviewerin: Aha.

Suche nach Orientierung/Suche nach Unterhaltung: Julia ist auf der Suche nach Orientierung in ihrem von Problemen belasteten Alltag. Sie stellt jedoch zumeist keinen Bezug zwischen den Geschichten in den Daily Soaps zu ihren eigenen Erfahrungen her.

5. Motto

Hohes Involvement auch bei der Soap-Rezeption, doch die Talkshow-Moderatorin Sonja dient als ‚Gute Fee' für den problembelasteten Alltag einer 12Jährigen.

Einzelfalldarstellung 13: Rita

1. Zur Person

Name: Rita
Alter: 12 Jahre
Schulform: Sekundarschule
Wohnort: D
Familiärer Hintergrund: Vater: Facharbeiter, Mutter: Erzieherin, keine Geschwister

2. Einstellung zu Medien/Stellung der Medien und der Daily Soaps im Alltag

Einstellung zu Medien: Wie die meisten anderen Jugendlichen antwortete Rita auf die Einstiegsfrage bei den Einzelinterviews, was sie auf eine einsame Insel mitnehmen würde, dass sie neben einem Fernseher auch gerne Bücher mit „Geschichten von Robinson oder so was, wo dann Räuber kommen" gerne dabei hätte. Soaps gehören zu den Sendungen, die sie nicht versäumen möchte. Sie sieht außerdem die Daily Talks *Sonja* – ihr favorisiertes Talk-Format – und *Bärbel Schäfer.* Dem Fernsehen schreibt sie eine Bildungsfunktion zu, weil „da kommt ja Tagesgeschehen (,) das kann man halt in Büchern nicht rausholen." Fernsehen erscheint für sie zudem glaubhafter als Radio.

Favorisierte Soaps: Unter uns, Verbotene Liebe und *Marienhof* sieht Rita täglich, „die müssen sein." *Gute Zeiten, schlechte Zeiten* konsumiert sie hingegen nur manchmal.

Wahrgenommene Themen im Zusammenhang mit Soaps: Rita erwähnt keine einzelnen Themen. Wichtig ist ihr, dass überhaupt Probleme angesprochen werden.

3. Umgangsweisen mit Talkshows

Ihr favorisiertes Format ist *Sonja,* daneben sieht Rita auch *Arabella, Bärbel Schäfer* und *Andreas Türck.* Die Frage nach der Stellung der Moderatoren zieht sie Vergleiche zur Familie:

Rita: Also, Sonja, das wär mehr die große Schwester. Ähm ... Arabella 'ne Tante.
Interviewerin: 'ne Tante (lacht)! Das ist gut.
Rita: Und äh (,) Andreas Türck ... 'n kleinerer Bruder.
Interviewerin: 'n kleinerer Bruder?! Das ist interessant, sag mal, weshalb!
Rita: Ja, ich weiß nicht, ähm (.) wenn ich den sehe, ich weiß nicht, dann ist er irgendwie, als wenn er unter mir stehen würde.
Interviewerin: Ahja, du fühlst dich ihm überlegen.
Rita: Ja, ''n bißchen.

Diese Formate rezipiert Rita oft zusammen mit ihrem Vater, der arbeitslos ist. Sie zeigt eine involvierende Rezeptionsweise, auch wenn sie sagt: „Ich habe noch nicht die Probleme, die die dort haben. Sie ist in ihrer Talkshowrezeption auf der Suche nach Orientierung, die wird besonders deutlich, wo sie sich wünscht, bei *Sonja* über die Verpflichtungen von Jugendlichen ihres Alters sprechen zu können, "wie lange die aufbleiben dürfen, wie viel Taschengeld die eigentlich bekommen könnten, alles so was. Naiv zeigt sie sich in bezug auf die Entstehung einer Talkshow und nimmt alles für wahr was von den Talkshowgästen erzählt wird.

4. Umgangsweisen mit Daily Soaps

Naive oder reflektierende Rezeption: Rita zeigt im Umgang mit Soaps eine naive Rezeptionsweise, erwähnt jedoch an einer Stelle „dass die Schauspieler ja Geld dafür kriegen." Inszenierungsmuster werden von ihr allerdings kaum durchschaut: (...) und ich weiß nicht, zum Schluss kommt dann immer wieder so 'n Spannungseffekt, da muss man dann weiter gucken. So 'n Zwang (...)

Involvierende oder distanzierende Rezeption: Rita spricht von „den Geschichten, die beschrieben werden" als sehr realitätsnah und zeigt eine involvierende Rezeptionsweise.

Suche nach Orientierung/Suche nach Unterhaltung: Soaps gewinnen für Rita eindeutig eine Orientierungsfunktion; sie sieht auch Soaps als Angebot zur Problemlösung auf dem Weg zum Erwachsenwerden.

Interviewerin: Gibt es da denn auch richtige Lösungen? In Talkshows? In *Marienhof?*
Rita: Ja, also in *Marienhof* (,) na, da werden sie ja (,) da kriegen sie ja Geld dafür, dass sie da spielen.
Interviewerin: Ja, das sind Schauspieler. Aber, ich mein, (die) Geschichten, die da beschrieben werden. Gibt es da irgendwie ´ne Geschichtenlösung?
Rita: Ja, da gibt´s auch Lösung.
Interviewerin: Und die können dir weiterhelfen, manchmal?
Rita: Nicht immer.
Interviewerin: Nicht immer, aber manchmal doch?
Rita: Ja, manchmal doch.
Interviewerin: In welcher Weise?
Rita: Da haben sich vielleicht zwei Freunde gestritten oder so, dann gibt vielleicht doch der eine nach, wenn irgendwas ist und (,) da sieht man sich dann doch in der Rolle, dass man nachgeben muss (,) müsste, wenn man dann sieht, danach vertragen sie sich wieder, dann müsste man eigentlich sagen ‚Das musst du auch machen'.

5. Motto

Eine 12jährige Sekundarschülerin nutzt die ganze Palette: Soaps als Angebot zur Problemlösung auf dem Weg zum Erwachsenwerden.

3) „Wie im richtigen Leben". Daily Soaps als Angebot zur Problemlösung

Einzelfalldarstellung 14: Anna

1. Zur Person

Name: Anna
Alter: 16 Jahre
Schulform: Sekundarschule
Wohnort: D
Familie: Mutter: Bahnangestellte, Vater: Vertreter, keine Geschwister

2. Einstellung zu Medien/Stellung der Medien und der Daily Soaps im Alltag

Einstellung zu Medien: Anna möchte vor allem Talkshows nicht „verpassen"; diese zählen für sie zu einem favorisierten Genre. Allen voran goutiert Anna

Arabella und *Andreas Türck*; daneben sieht sie gerne Serien wie *Bill Cosby*. „Der Rest" ist ihrer Ansicht nach „eigentlich langweilig". Im Verlauf des Interviews zeigt sich jedoch, dass sie auch die Daily Soap *Gute Zeiten, schlechte Zeiten* regelmäßig sieht; *Unter uns* schaut sie nur gelegentlich an. Fernsehen bedeutet für Anna auch Bildung; so konsumiert sie auch Bildungssendungen, die „z.B. in Physik oder Mathe" im MDR gesendet werden. Die Frage, warum es ihrer Einschätzung nach Fernsehen gäbe, beantwortet sie „weil die vielleicht damit ihre eigenen Träume verwirklichen wollen", als Beispiel nennt sie *Jurassic Park*.

Favorisierte Soaps: Gute Zeiten, schlechte Zeiten stellt ihre präferierte Daily Soap dar.

Wahrgenommene Themen im Zusammenhang mit den Soaps: Die von ihr wahrgenommenen Themen handeln von Beruf, Liebeskummer und Schwangerschaft.

3. Umgangsweisen mit Talkshows

Zu Annas Lieblings-Talkshows zählen *Andreas Türck* und *Arabella*. In diesen Formaten werden Themen angesprochen, die sie interessieren und die für Anna sehr starken Realitätsgehalt aufweisen. Die Themen, die die 16Jährige beschäftigen sind, ‚Gewalt', ‚Probleme in der Schule und in der Familie' und ‚Drogen'. Mit diesen Themen setzt sie sich auch in ihrer eigenen Erfahrungswelt auseinander. Auf der Suche nach Orientierung nimmt die Sekundarschülerin Talkshows als Angebot an, dass teilweise Realität widerspiegelt, teilweise aber ihrer Ansicht nach viel zu oberflächlich ist:

Anna: Die wissen ja überhaupt nicht, was da in der Familie abgelaufen ist, wenn die (,) wenn (,) in den Talkshows wird das dann immer kurz geschildert, wie das passiert ist und so.

Sie würde auch selber gerne in eine Talkshows gehen, um über Probleme wie Gewalt in der Schule zu diskutieren und nicht „dieses Liebeszeug", das „irgendwie aus der Luft gegriffen ist."

4. Umgangsweisen mit Daily Soaps

Naive oder reflektierende Rezeption: Annas Rezeptionsweise ist als naiv einzustufen, vor allem Geschichten zum Thema Berufsleben und die Probleme, die dazu im Zusammenhang stehen, bewertet sie als realitätsnah.

Anna: Ähm (,) Arbeit also (,) wenn irgendjemand äh (,) jetzt zum Beispiel, in der Taxizentrale (unverständlich) wie das halt im wirklichen Leben so ist. Spielen sie da eigentlich so nach. Aber (,) wenn (,) das war jetzt auch so, 'n bisschen länger her, wo da irgendein Mädel gekidnappt wurde oder so was. Ja.
Interviewer: Also, doch schon so, wie es im wirklichen Leben ist?

Anna: Ja.

Interviewer: Kam dir denn schon mal (so was im Ansatz) bekannt vor? Wo du gesagt hast, das ist dem und dem mal passiert (,) aus meiner Umgebung?

Anna: Nee. Zum Glück noch nicht, nee.

Interviewer: Es passieren auch positive Dinge.

Anna: Öh nee, eigentlich (,) nicht dass ich wüsste.

Involvierende oder distanzierende Rezeption: Anna zeigt eine involvierende Rezeptionsweise, kritisiert jedoch die manchmal übertriebene Darstellung mancher Themen wie z. B. ‚Liebeskummer', aber grundsätzlich erscheint ihr die Wirklichkeit getroffen, aber „nicht so extrem, wie die das spielen":

Anna: Mal, dass man irgendwen auf den (,) auf den aufhetzt oder so was, okay, aber zum Beispiel, dass man sich umbringen will oder so was, nee, eigentlich nicht. Das ist 'n bisschen leicht hochgegriffen. Also, ich hab da noch nie so 'n Fall erlebt, dass sich da jemand umbringt oder so was.

Suche nach Orientierung/Suche nach Unterhaltung: Anna ist auf der Suche nach Orientierung, vor allem was den Themenbereich Berufsleben angeht. Dabei handelt es sich offenbar um ein Thema, das sie ganz aktuell betrifft, da sie eine Ausbildung als Arzthelferin beginnt und diese Entscheidung nach ihren eigenen Angaben eher langwierig war.

5. Motto

Soaps als Spiegel für Realität – vor allem bei den eigenen Themen. Eine 16Jährige sucht nach Vorbildern und Hilfen für den Alltag

Einzelfalldarstellung 15: Antonia

1. Zur Person

Name: Antonia
Alter: 17 Jahre
Schulform: Sekundarschule
Wohnort: D
Familie: Mutter: Putzfrau, Vater: Betonbauer, keine Geschwister

2. Einstellung zu Medien/Stellung der Medien und der Daily Soaps im Alltag

Einstellung zu Medien: Nachrichtensendungen gehören für Antonia zu den favorisiertren Sendungen. Antonia sieht jedoch auch gerne Talkshows, die Formate *Arabella* und *Sonja* bieten ihrer Ansicht nach interessante Themen. Daily Soaps rezipiert sie ebenfalls regelmäßig. Wenn sie aus der Schule kommt, verlangt sie nach Entspannung und Ablenkung; dann ist ihr „einfach danach", den Fernseher einzuschalten und Talks bzw. Soaps anzuschauen.

Wenn sie sich zwischen Daily Talks und Daily Soaps entscheiden müsste, könnte sie keine Präferenz angeben.

Favorisierte Soaps: Antonia ist ausgeprägter Daily Soap-Fan, zu ihren bevorzugten Formaten gehören *Gute Zeiten, schlechte Zeiten, Verbotene Liebe, Unter uns, Geliebte Schwestern.*

Wahrgenommene Themen im Zusammenhang mit den Soaps: Antonia nennt die Themen ‚Liebeskummer', ‚Partnerschaft', ‚soziale Probleme' und ‚Gewalt'.

3. Umgangsweisen mit Talkshows

Die Lieblingsmoderatorin von Antonia ist Sonja, weil „die lässt dann die Leute halt ausreden, und gibt auch mal Tips, die Zuschauer können was sagen, und die redet nicht dazwischen, die Probleme werden dann wirklich diskutiert." Ein weiteres Format, dass das Mädchen gerne sieht, ist *Arabella.* Die 17Jährige ist zwar kein Talkshow-Fan, sieht sich aber gerne Talks an, wenn es um Themen wie ‚Aussehen', ‚Probleme mit dem Exmann' oder ‚Probleme in der Familie' geht. Sie zeigt eine naive Rezeptionsweise, dies gilt vor allem der Moderatorin Sonja gegenüber. Dies erscheint ihr als kompetent im Umgang mit Problemen anderer Menschen. Antonias Rezeption ist als involvierend zu bezeichnen, sie setzt die Themen der Talkshows mit ihrer eigenen Erfahrungswelt in Verbindung und stellt Bezüge zum eigenen Leben her; dies gilt vor allem beim Thema Rauchen, das in ihrem Freundeskreis eine große Rolle spielt.

4. Umgangsweisen mit Daily Soaps

Naive oder reflektierende Rezeption: Antonia zeigt eine sehr naive Rezeptionsweise, sie bewertet Daily Soaps als ausgesprochen realitätsnah, „zum Beispiel Gute Zeiten weil das ist auch wirklich Weihnachten an Weihnachten und nicht erst an Ostern.".

Involvierende oder distanzierende Rezeption: Antonia nimmt in Daily Soaps in sehr ausgeprägter Weise die Probleme anderer Menschen wahr; sie rezipiert die Geschichten der Soaps als Abbild von Realität, denn „manche werden halt wirklich verprügelt im Leben".

Antonia: Ja. Klar, weil, manche werden halt wirklich verprügelt im Leben
Interviewer: Mhm.
Antonia: und haben vielleicht keine Wohnung, oder so.
Interviewer: Mhm.
Antonia: Und die leben dann halt unter Brücken oder dann bei Freunden, ‚Kannst dann bei mir schlafen' das ist eigentlich
Interviewer: Hm. Wo war das zum Beispiel so?
Antonia: Bei (unverständlich)

Interviewer: Ja.

Antonia: Da war (unverständlich) der würd´ von ´nem Kumpel zusammengeschlagen und wurde dann krank, und dann hat die Freundin gesagt, 'Kannst zu mir kommen, ich hab' noch ein Zimmer frei, ist eine WG-Wohnung,

Interviewer: Mhm.

Antonia: Ja, dann halt hin. (unverständlich)

Interviewer: Und das fandest du (unverständlich)das so was passiert?

Antonia: Ja.

Suche nach Orientierung/Suche nach Unterhaltung: Antonia gibt zwar an, dass Fernsehen für sie Unterhaltung sei, es wird jedoch sehr deutlich, dass Daily Soaps eindeutig eine Orientierungsfunktion für sie besitzen, da dort Jugendliche gezeigt werden, „die haben die selben Probleme wie wir oder so."

5. Motto

„In den Soaps ist Weihnachten nicht an Ostern". Der realitätsnahe Bezug zum eigenen Alltag bietet Orientierung für einen erklärten weiblichen Soaps-Fan.

Einzelfalldarstellung 16: Barbara

1. Zur Person

Name: Barbara
Alter: 17
Schulform: Sekundarschule
Wohnort: D
Familie: Mutter: Konditorin, Vater: Maurer, keine Geschwister

2. Einstellung zu Medien/Stellung der Medien und der Daily Soaps im Alltag

Einstellung zu Medien: Das Lieblingsgenre von Barbara sind Daily Soaps, die, wenn sie zuhause ist, auch kein einziges Mal verpasst. Dem Medium Fernsehen gegenüber hegt sie dennoch keine unkritische Einstellung gegenüber. So wird Fernsehen ihrer Ansicht nach produziert, „um Geld zu verdienen". Barbara erwähnt in diesem Kontext die hohen Produktionskosten, um einen Film zu drehen und die Kosten für die Schauspieler. Eine weitere wichtige Funktion von Fernsehen stellt für sie die Unterhaltung dar.

Favorisierte Soaps: Barbara präferiert *Gute Zeiten, schlechte Zeiten*, danach folgen *Unter uns* und *Verbotene Liebe*.

Wahrgenommene Themen im Zusammenhang mit den Soaps: Sie äußert sich zu den Themenbereichen ‚familiäre Fragen', ‚Freundschaften' und ‚Probleme in der Schule'.

3. Umgangsweisen mit Talkshows

Sonja und *Arabella* sind die Talk-Formate, die Barbara nutzt, bei Arabella schätzt sie, „dass sie auch auf die Gäste eingeht und ähm, auch richtig mit den Leuten spricht und sich mit auch einbezieht und sie zeigt auch richtig Gefühl". An Sonja gefällt ihr, dass sie die Gäste so „richtig ausquatschen" lässt. Bei der Frage nach Sonjas Motivation, den Beruf der Moderatorin zu ergreifen, wird ihre naive Rezeptionsweise besonders deutlich: Ihrer Ansicht nach wollte Sonja wahrscheinlich schon immer Moderatorin werden, weil es ihr Spaß macht, sich mit Problemen anderer zu beschäftigen, weil „sie sich vielleicht auch dafür interessiert, sonst würden sie die Themen vielleicht nicht vorschlagen." Barbara würde selbst mit ihren Problemen nicht in eine Talkshow gehen:

Barbara: Ich meine, wenn ich jetzt irgend 'nen Problem mit meinen Eltern habe, dann renne ich nicht (unverständlich) und sage, ich hab das und das Problem, setz mich vor Millionen von Zuschauern und bequatsche das Problem. Damit ist nicht (unverständlich) Problem nicht in der Familie geklärt werden kann, dann hilft's auch nicht vor einem Millionenpublikum.

Sie zeigt eine stark involvierende Rezeptionsweise, die 17Jährige nimmt Anteil an den dargestellten Schicksalen und zweifelt auch nicht daran, dass diese Menschen die Wahrheit sagen.

4. Umgangsweisen mit Daily Soaps

Naive oder reflektierende Rezeption: Nach Ansicht von Barbara sind die Geschichten in den Daily Soaps „eigentlich das tägliche Leben, was hier passiert". „Freunde sind da, Familien, die Stress miteinander haben, Schulprobleme" sind die Themen, die sie als realitätsnah einschätzt und die offensichtlich sehr viel mit ihrem eigenen Leben zu tun haben; sie stellen für sie eine Dokumentation des Tagesablaufes dar.

Involvierende oder distanzierende Rezeption: Vor allem bei Familienproblemen reflektiert B stark auf ihre eigenen Erfahrungen und setzt sich intensiv mit den dargestellten Geschichten auseinander:

Interviewer: Echt, kannst du dich da erinnern an eine Sendung oder an so'n Gefühl was du da hattest?
Barbara: Ja, (unverständlich) ich weiß ja nicht, wie du dich auskennst? Bei hatten auch Familienprobleme, so Streit.
Interviewer: Mmh.
Barbara: Kind mit Vater zum Beispiel du das habe ich ziemlich oft mit meinem Vater. Probleme so, Streit, wegen jeder Kleinigkeit. Gleich inne Haare. Und das ist da auch manchmal. Wenn zum Beispiel gestresst wird, dann geht's gleich los aufeinander und, wenn (unverständlich).

Interviewer: Wie geht's dann los?

Barbara: Na ja, so brüllen und Türen knallen und

Interviewer (dazwischen): Mmh.

Barbara: Ja, abhauen (unverständlich).

Interviewer: Bist du auch schon mal?

Barbara: Nicht richtig abhauen, bloß einfach erst mal von von zu Hause weg, mit Kumpels (unverständlich). Aber nicht mehr in der Bude hocken und dann einfach (unverständlich).

Interviewer: Mmh.

Barbara: Hauptsache, erst mal raus aus der Wohnung.

Suche nach Orientierung/Suche nach Unterhaltung: In der ausgesprochen intensiven Auseinandersetzung mit den Themen der Daily Soaps zeigt sich deutlich, dass dieses Genre für B Leben eine Orientierungsfunktion besitzt. Sie findet sich in diesen Geschichten mit ihren eigenen Problemen wieder.

5. Motto

„Freunde sind da, Familien, die Stress miteinander haben, Schulprobleme": Daily Soaps stellen den Alltag dar und dienen einem 17jährigen Mädchen zur Orientierung.

Einzelfalldarstellung 17: Susi

1. Zur Person

Name: Susi
Alter: 15 Jahre
Schulform: Sekundarschule
Wohnort: D
Familie: Mutter: Putzfrau, Vater: Fernfahrer, Geschwister

2. Einstellung zu Medien/Stellung der Medien und der Daily Soaps im Alltag

Einstellung zu Medien: Das Fernsehen nimmt in Susis Leben eine relativ hohe Bedeutung ein. Zwar merkt sie kritisch an, man könne durch Fernsehen „verblöden"; wie sich gleich darauf herausstellt, gibt Susi damit jedoch nicht ihre eigene Meinung wieder. Ähnlich scheint ihre Definition des Fernsehens als Informationsmedium eher eine allgemein akzeptierte Sichtweise widerzuspiegeln als Susis Interessen. So erklärt das Mädchen, täglich *Arabella* und die Soap *Gute Zeiten, schlechte Zeiten* zu sehen, während sie auf Informationssendungen keinen weiteren Bezug nimmt.

Favorisierte Soaps: Ihre Lieblingssoap ist *Gute Zeiten, schlechte Zeiten*

Susi: Und dann guck´ ich Gute Zeiten, schlechte Zeiten.

Interviewer: Ja.

Susi: Und dann geh' ich ins Bett.

Favorisierte Themen im Zusammenhang mit den Soaps: Die von Susi wahrgenommenen Themen beziehen sich auf ‚Beziehungen' und ‚Gewalt'.

Interviewer: Glaubst du solche Geschichten, so *Gute Zeiten, schlechte Zeiten* passie-
ren wirklich so im Leben?
Susi: Das nicht. Also nicht so wie das jetzt, (,) nicht so extrem wie das jetzt so in den
(unverständlich) steht.
Interviewer: Würdest du also extrem sagen?
Susi: Da kam jetzt letztens die Folge, da hat, (,) da wurde jemand ermordet, also das
würd´ ich nicht so glauben. (Das da jemand ermordet wird von denen.)
Interviewer: Hm hm.
Susi: (unverständlich)
Interviewer: Du sagtest jetzt gerade, die interessanten Themen ‚Macho', ‚Vergewalti-
gung'. Hast du schon mal mit Vergewaltigung irgendwie was zu tun gehabt?
Susi: Ähm hm.

3. Umgangsweisen mit Talkshows:

Susis Rezeptionsweise ist als naiv zu bezeichnen, sie zeigt sich von der
Glaubwürdigkeit des Subgenres überzeugt. So hält Susi Daily Talks durchaus
für ein Forum zur Konfliktbewältigung bzw. Problemlösung; sie meint zudem, den Moderatorinnen ginge es vornehmlich um diese Aspekte und weniger um ihr Honorar. Fakes hat das Mädchen trotz intensiver Talkshowrezeption noch nie wahrgenommen. Susi ist klar der Gruppe der sich involvierenden Rezipienten zuzurechnen. Sie nimmt teil am ‚Leid' der Talkgäste und
verhandelt die Themen nach der Sendung weiter – entweder im Selbstdialog
oder mit ihren Freundinnen. Eine distanzierend-ironische Rezeptionsweise ist
Susi fremd. Sie erzählt unaufgefordert, sie nutze Daily Talks als Unterhaltungsangebot. Allerdings scheint sie diesen Begriff sehr weit zu fassen, denn
ihr Bemühen um sozialen Wissenszuwachs geht aus dem Interview deutlich
hervor. So erklärt sie, über die Talkshowrezeption neue Perspektiven zu gewinnen und von den Problemen anderer Menschen erfahren zu wollen, und
erhebt – wie bereits dargestellt – den Anspruch, dass diese Probleme gelöst
werden.

4. Umgangsweisen mit Daily Soaps

Naive oder reflektierende Rezeption: Susi rezipiert Daily Soaps kritischer als
Daily Talks, die sie naiv als die Abbildung von Realität begreift. Soaps hingegen bringt sie unmittelbar mit ihren eigenen Themen in Verbindung, so
dass sie dieses Angebot nicht mehr völlig naiv wahrnehmen kann, sondern
durch eigene Erfahrungen bereits über einen Fundus verfügt, die Geschichten
in den Soaps, besonders, wenn sie sich um Gewalt drehen, zu differenzieren.

Involvierende oder distanzierende Rezeption: Susi zeigt wie bei der Rezeption der Talkshows auch bei den Soaps eine ausgeprägt involvierende Haltung; sie setzt sich unmittelbar zu dem Geschehen dort in Beziehung.

Suche nach Orientierung/Suche nach Unterhaltung: Da Susi über einen sehr weitgefassten Unterhaltungsbegriff verfügt, zählt sie das Genre Daily Soaps im wesentlich auch zu Unterhaltungsangeboten; das hindert sie jedoch keinesfalls daran, auch Soaps als Orientierungsfolie für ihren Alltag heranzuziehen. Dies gilt insbesondere dann, wenn Themen verhandelt werden, die sie auf ihre eigenen Erfahrungen beziehen kann. In dem Kontext äußert sie jedoch auch Kritik an der Wirklichkeitsdarstellung in den Soaps; diese erscheint ihr zuweilen als „zu extrem".

5. Motto

Die eigene Erfahrungswelt als Maßstab: Eigene Betroffenheit dient einer 15jährigen Sekundarschülerin als Wahrnehmungsfolie für Daily Soaps.

Einzelfalldarstellung 18: Brigitte

1. Zur Person

Name: Brigitte
Alter: 16 Jahre
Schulform: Sekundarschule
Wohnort: D
Familie: Mutter: Erzieherin, Vater: Facharbeiter, Geschwister

2. Einstellung zu Medien/Stellung der Medien und der Daily Soaps im Alltag

Einstellung zu Medien: Brigittes Einstellung zu Medien ist durchweg positiv; auf eine einsame Insel würde sie vor allem ein Radiogerät mitnehmen. Auch das Fernsehen genießt in ihrem Alltag einen hohen Stellenwert; so kann sie sich kaum einen Tag ohne dieses Medium vorstellen. Im Vordergrund stehen bei ihr Daily Talks und Daily Soaps, wobei sie die Talkshows wegen ihres vermeintlich hohen Realitätsgehalts den Soaps vorzieht. Diese kritisiert sie wie auch Serien à la *Schwarzwaldklinik*, weil dort immer eine „schöne, heile Welt" gezeigt werde. Sie verurteilt auch die hohen Produktionskosten, die Werbung bzw. die Produktion von Musikvideos verschlingen. „Das ist totaler Schwachsinn (...) Geldverschwendung; die Gelder könnten ganz woanders eingesetzt werden".

Favorisierte Soaps: Brigitte favorisiert bei den Soaps *Unter uns, Verbotene Liebe* und *Marienhof*, die sie immer alle direkt nacheinander konsumiert. Aus ihren Aussagen wird deutlich, dass sie regelmäßig Soaps sieht.

Wahrgenommene Themen im Zusammenhang mit den Soaps: Die Themen, auf die Brigitte von sich aus zu sprechen kommt, sind Berufsleben und familiäre Probleme (Heimkinder, Probleme mit den Eltern), die sie auch als realitätsnah dargestellt empfindet. Wichtig ist ihr selbst derzeit vor allem die Frage nach einem Ausbildungsplatz. Weitere Themen sind das ‚Leben in einer Wohngemeinschaft‘, ‚Freundschaft‘, ‚Probleme mit der Polizei‘. Sie ordnet die unterschiedlichen Themen sehr genau den einzelnen Formaten zu und erinnert sich an bestimmte Episoden.

3. Umgangsweisen mit Talkshows

Brigittes Rezeptionsweise erscheint durchgängig naiv; sie ist nicht nur davon überzeugt, dass Daily Talks Realität abbilden – ihre Themen beträfen „eigentlich jeden“ –, sie hält Talks auch für das geeignete Forum zur Problemlösung und Lebenshilfe. Sie identifiziert sich in besonderer Weise mit Menschen im Publikum der Daily Talks:

Brigitte: Ja, weil das Publikum stellt Fragen, die (,) ja, die ich auch fragen würde.

Im Vordergrund steht jedoch eindeutig der Wunsch, sich durch Talkshows zu informieren und Lebenshilfe und Orientierung für den Alltag zu gewinnen. Daily Talks genießen bei Brigitte eine uneingeschränkt positive Wertung; sie erscheinen ihr geradezu ‚allmächtig‘, für nahezu alle Alltagsprobleme als adäquate Problemlösungen und Lebenshilfe geeignet.

4. Umgangsweisen mit Daily Soaps

Naive oder reflektierende Rezeption: In bezug auf die Wahrnehmung des Realitätsgehaltes in Daily Soaps differenziert Brigitte; die Geschichten, die Berufsleben thematisieren, hält sie „auf alle Fälle“ für Realität, während sie andere Themen wie ‚Freundschaft‘ und das ‚Leben in einer WG‘ als Darstellung einer heilen Welt empfindet. Manche Themen werden ihrer Ansicht nach „so breitgelatscht“; „richtige Lösungen“ werden ihrer Meinung nach nicht geboten.

Involvierende oder distanzierende Rezeption: Brigitte zeigt eine stark involvierende Rezeption und setzt das Fernseherleben zu ihren eigenen Erfahrungen in Verbindung, sie lehnt jedoch die vorgestellten Lösungen oder das Vorgehen der Akteure zuweilen ab. An der Soap *Gute Zeiten, schlechte Zeiten* kritisiert sie auch, dass dort zu häufig gezeigt werde, „wie schön das Leben ist“.

Suche nach Orientierung/Suche nach Unterhaltung: Brigitte schätzt ganz offensichtlich die Geschichten in den Daily Soaps sehr; als negativ und kritikwürdig erscheint ihr besonders die Darstellung „heiler Welt“. Brigitte sucht in den Daily Soaps – genauso wie in den Daily Talks – nach Orientierung; sie kritisiert, dass in diesen Formaten immer einfache Lösungen präsentiert werden.

Brigitte: Ähm. Die Realität draußen, das wird nicht so im Fernsehen gezeigt, wie es draußen eigentlich ist. Immer schön, heile Welt wird im Fernsehen vorgestellt.
Interviewerin: Heile Welt?
Brigitte: Ja.
Interviewerin: Wo zum Beispiel?
Brigitte: Wo zum Beispiel? In den Serien, also *Gute Zeiten, schlechte Zeiten*, zum Beispiel, da wird alles so (stockt) äh, wird da gezeigt, wie schön es doch ist und in Wirklichkeit hat man viel mehr Stress. Also, wie die die Wohnung ausrichten und so oder wie die das alles machen mit der Miete und so, also da hätte ich mehr Probleme als die, (unverständlich).
Interviewerin: Warum? (unverständlich)
Brigitte: Um das Leben denen Leuten vielleicht einfach zu machen oder so?
Interviewerin: Die es schauen, oder was?
Brigitte: Ja (unverständlich). Aber auf jeden Fall ist es nicht so, (unverständlich) vorgespielt im Fernsehen. Finde ich, die Realität.

5. Motto

Soaps als Abbild von Realität und Orientierungshilfe im Alltag: Eine 16jährige Sekundarschülerin kritisiert lediglich, wenn „zuviel heile Welt" gezeigt wird.

Einzelfalldarstellung 19: Susanna

1. Zur Person

Name: Susanna
Alter: 16
Schulform: Hauptschule
Wohnort: B
Familie: Mutter: Altenpflegerin, Vater: Angestellter, Geschwister

2. Einstellung zu Medien/Stellung der Medien und der Daily Soaps im Alltag

Einstellung zu Medien:
Favorisierte Soaps: Susanna kommt bei der Frage nach den von ihr bevorzugten Sendungen von sich aus auf *Gute Zeiten, schlechte Zeiten* und *Lindenstraße* zu sprechen. Sie nennt auch noch andere Serien wie *Hallo Onkel Doc* und *Alphateam*. Sie bevorzugt eindeutig Soaps und Filme, erst danach kommt sie auf Talkshows zu sprechen.

Wahrgenommene Themen im Zusammenhang mit den Daily Soaps: Susanna bevorzugt bei den Soaps Themen wie ‚Trennung', ‚Liebe' und ‚Freundschaft'.

3. Umgangsweisen mit Talkshows

Ihre bevorzugten Formate sind *Sonja* und *Vera*; die von ihr wahrgenommenen Themen drehen sich hauptsächlich um Familie, Kinder und Sexualität. Susanna meint, aus Talkshows lernen zu können. Sie lässt auch ein hohes Involvement erkennen, wenn es um Erfahrungen geht, die sie aus dem eigenen Leben kennt, wie das Thema ‚Trennung der Eltern'. Susannas stark involvierende Rezeption ist auch deutlich daran festzumachen, dass sie immer wieder einen inneren Dialog mit den Talkshowgästen führt und sich voller Empathie in die Situation von Talks hineinversetzt. Die 16Jährige ist intensiv auf der Suche nach Orientierung, da sie aufgrund ihrer familiären Verhältnisse – ihre Eltern haben sich vor einigen Monaten getrennt – eine schwierige Zeit durchmacht.

4. Umgangsweisen mit Daily Soaps

Naive oder reflektierende Rezeption: Ihre Rezeptionsweise von Daily Soaps ist naiv, weder bei Talkshows noch bei Soaps findet sie etwas total übertrieben oder unrealistisch.

Involvierende oder distanzierende Rezeption: Susanna lässt ein hohes Involvement erkennen; besonders intensiv angesprochen fühlt sie sich, wenn sich die Geschichten um Trennung, Liebe oder Freundschaft drehen. Ab und zu führt sie auch einen inneren Dialog mit den Schauspielern.

Suche nach Orientierung/Suche nach Unterhaltung: Susanna setzt Daily Soaps in Beziehung zu ihrem eigenen Leben und zu ihren Erfahrungen, sie nennt in diesem Zusammenhang Trennung, Liebe, Partnerschaft als die wichtigsten Topics. Susanna lehnt gleichzeitig jedoch ab, daraus lernen zu können. Im Vergleich zwischen Talkshows und Soaps bieten Talkshows für sie mehr Orientierung als Soaps. Dieses Genre hält für sie eher Unterhaltung bereit. Die Frage, ob die Geschichten, die in Talks und Soaps präsentiert werden, wirklich geschehen können, beantwortet sie eindeutig mit ja.

Interviewerin: Ja, wenn du das entscheiden solltest, was äh (,) welche Sendungen oder Sendeformen mehr mit dem wirklichen Leben zu tun hat, Talkshows oder diese Serien?
Susanna: Beides, würd ich sagen.
Interviewerin: Hat beides, gleichermaßen?
Susanna: Würd ich sagen (,) es, Serien können auch echt sein und Talkshows auch.
Interviewerin: Ja, ja.
Susanna: Würd ich sagen, da kommen beides (unverständlich).

Interviewerin: Ja. Du sagst, die können jetzt echt sein, kann es auch vorkommen, dass Talkshows oder Serien nicht echt sind?

Susanna: Ja, ich meine jetzt, was heißt echt? Dann, zum Beispiel, sind so gut gespielt, da denkt man schon, das wär echt und so, ne.

Interviewerin: Ja.

Susanna: Dann denk ich mir auch, oh, jetzt ist die tot und so oder wenn da jetzt diese Chrissie von *Gute Zeiten, schlechte Zeiten*, die so durch 'nen Unfall ums Leben gekommen und da hab ich auch gedacht, es ist jetzt echt, ne und dann, dann weiß man auch innerlich, dass es nicht echt ist und so.

Interviewerin: Ja.

Susanna: Weil, das das erweckt dann auch total die Gefühle in sich und was man dann selber darüber denkt. Aber die Filme, die sind echt super gemacht und so.

5. Motto

Trennung, Liebe Partnerschaft: Sowohl Talks als auch Soaps dienen einer 16jährigen Hauptschülerin zur Orientierung im Alltag.

Einzelfalldarstellung 20: Jürgen

1. Zur Person

Alter: 14 Jahre
Schulform: Sekundarschule
Wohnort: D
Familie: Vater: arbeitslos, Mutter: Verkäuferin, Geschwister

2. Einstellung zu Medien/Stellung der Medien und der Daily Soaps im Alltag

Einstellung zu Medien: Das Medium Fernsehen genießt in Jürgens Alltag einen hohen Stellenwert; auffällig erscheint, dass er dennoch recht bald Einstellungen wiedergibt, die er in der Schule kurz vor dem Interview gehört hat. Fernsehen sei danach brutal, gewalthaltig, vor allem Sendungen wie *Power Rangers* oder die *Simpsons* seien nicht für jüngere Kinder geeignet. Er gibt jedoch auch zu bedenken, dass Fernsehen bilden könne. Zu Jürgens Lieblingsfilmen gehören Beiträge über Sportlerkarrieren, auf die er seine eigenen Träume projizieren kann:

Jürgen: Ja, und die Eltern unterstützen ihn (,) denjenigen nicht dabei, die sagen, ‚Ach, das wird doch eh nie was, kümmer dich doch lieber um deine Noten‘. (...) Und später ist er doch 'nen Berühmter, und dann sagen die Eltern, ‚Ja, wir haben immer auf dich gebaut, wir haben dich doch auch immer geholfen‘. (...). Und das find ich halt (,) das kommt manchmal auch, denk ich mir dann, dass es vielleicht auch mal so kommen könnte. Das wär schön so. Aber man weiß ja nicht.

Favorisierte Soaps: Jürgen sieht manchmal *Unter uns*, das Format *Gute Zeiten, schlechte Zeiten* hat er früher sehr oft – auch zusammen mit seiner Mutter – gesehen, aber da er jetzt später nach Hause kommt, rezipiert er diese Soap nicht mehr so häufig.

Wahrgenommene Themen im Zusammenhang mit den Daily Soaps: Das Thema ‚Freundschaft' hat für ihn große Bedeutung, des weiteren ist es vor allem alles, was mit ‚Sport' zu tun hat, was ihn interessiert.

3. Umgangsweisen mit Talkshows

Jürgens Lieblingstalkshow ist *Bärbel Schäfer*. Er favorisiert die Moderatorin vor allem wegen ihrer guten Figur, doch ebenso wegen ihrer Art, sich einzumischen und die eigene Meinung zu vertreten. Abgesehen davon schätzt Jürgen Bärbels eher neutral-defensives Auftreten. Neben *Bärbel Schäfer* sieht Jürgen auch *Arabella* und *Sonja* gern. Er betont, es gehe ihm dabei vor allem um die Moderatorinnen selbst und erst in zweiter Linie um ihre Themen. Allein die Talkshow *Fliege* lehnt er vehement ab, weil sie „eher so 'ne Talkshow für Großmütter" sei. Jürgen zeigt alles in allem eine deutlich ausgeprägte naive Rezeptionsweise, insbesondere hinsichtlich seiner Favoritensendung *Bärbel Schäfer*. So ist er davon überzeugt, dass die anderen Talkshows alle „aufgezeichnet" würden – „das war ein Riesenfehler", lediglich *Bärbel Schäfer* sei live. Die Moderatorin selbst erscheint ihm als geeignete Freundin, mit der er gern was „quatschen" würde. Jürgen konstruiert sie somit als Ersatz für die ‚Mädchenfreundschaften', die er in seinem Alltag vermisst. Jürgen schwankt zwischen einer involvierenden und distanzierenden Rezeption. Er versetzt sich häufig, wie am Beispiel des Schwulen gezeigt, in die Situation von Talkgästen, wenn er auch „Rumheulen", wie er es nennt, ablehnt. Ab und zu jedoch macht er sich selbst gern über Gäste lustig und zeigt darin – wenn auch auf einer oberflächlicheren Ebene – Distanzierungsfähigkeit. Jürgen sucht in Daily Talks gleichermaßen nach Orientierung und Information; als Orientierungsfigur dient ihm vor allem die Moderatorin Bärbel Schäfer selbst; Jürgen bewundert ihre kommunikativen Fähigkeiten, sich entweder neutral zu stellen, aber, wenn nötig, auch „auf eine Seite zu schlagen" und die eigene Meinung zu vertreten, eine Fähigkeit, an der es ihm selbst im Alltag mangelt.

4. Umgangsweisen mit Daily Soaps

Naive oder reflektierende Rezeption: Einerseits lehnt Jürgen Daily Soaps ab, weil die „dort immer einen Scheiß zusammenspinnen", es geht jedoch nicht klar hervor, ob er hier nicht die Einschätzung seines Vaters zu den Daily Soaps übernimmt. Manche Geschichten haben für jedoch einen starken Realitätsbezug.

Jürgen: *Gute Zeiten* dann auch. Ja, da machen sie, da meckert mein Vater auch immer rum, die (räuspert sich) machen ja nicht alles lebensgerecht und so.
Interviewer: Hmm.
Jürgen: Dass die da immer irgend ´nen Scheiß zusammenspinnen, das eigentlich, das kaum im Leben passiert und vor allen Dingen dann, dann kommen sie an, ja, ich hab kein Geld und so, aber die übelsten (,) Designerklamotten dann immer an da. Das ist dann eigentlich ziemlich unrealistisch dann jedes Mal.

Beim Thema ‚Freundschaft' zeigt er eine naive Rezeptionsweise, wenn es z.B. um „betrügen" geht: „...das könnt bei uns auch so passieren. Ich denk mal, das ist bei uns genauso." Bezüge zu seinen eigenen Erfahrungen stellt er dann her, „wenn's ums Sportliche geht."
Involvierende oder distanzierende Rezeption: Jürgens Rezeptionsweise ist dann hoch involvierend wenn es um das Thema ‚Freundschaften' geht, dass für ihn in engem Zusammenhang mit Sport steht.

Interviewer: Hmm. Und sonst bei den anderen Problemen in den Serien, bei diesen Daily-Soaps? Hast du da auch schon mal gedacht, so, was weiß ich, bei Liebeskummer oder so, wo du gesagt hast, mmh, das kenn ich, so geht's mir auch manchmal?
Jürgen: Wenn sie dann bemerken, dass sie keine richtigen Freunde haben oder so, wenn sie dann mal unbedingt einen brauchen, dann dann ist er doch nicht da und so.
Interviewer: Hmm.
Jürgen Und ich denk mal, so welche hab ich auch.
Interviewer: Hmm.
Jürgen: Und um so welche kümmer´ ich mich dann eigentlich auch kaum noch.
Interviewer: Hmm.
Jürgen: Dass ich dann noch einen kriege. Gucke dann, ob ich noch bessere...

Suche nach Orientierung/Suche nach Unterhaltung: Jürgen ist bei ‚seinen' Themen rund um Freundschaften sehr stark auf der Suche nach Orientierung. Die Geschichten der Soaps dienen ihm teilweise als Spiegel für seine eigenen Erfahrungen, z.B. den Umgang mit Konflikten: „...dass da manche Freunde dann halt, wenn sie im Sport äh, sonst bloß mit einem, mit einem zusammenhängen und und wenn's da um Sport geht, dann dann kennen sie keine Freunde mehr und so."

5. Motto

Freundschaften und Sport: Episoden aus den Soaps als Spiegel der Erfahrungswelt eines 14Jährigen.

4) „*Soaps sind geil.*" *Hergeholte Geschichten, die Jungen zum Amüsement dienen.*

Einzelfalldarstellung 21: Jörg

1. Zur Person

Name: Jörg
Alter: 13 Jahre
Schulform: Hauptschule
Wohnort: A
Familie: Mutter: Bürovorstand, Vater: Lehrer, Geschwister

2. Einstellung zu Medien/Stellung der Medien und der Daily Soaps im Alltag/Familie

Einstellung zu Medien: Jörg nennt gleich zu Beginn als die ihm wichtigste Sendung *Gute Zeiten, schlechte Zeiten*, weiterhin sieht er noch gerne *Die Simpsons, Magnum* und *Ran.* Fernsehen heißt für ihn vor allem Zeitvertreib, aber auch Information. Quizsendungen hat er ebenfalls ganz gerne.

Favorisierte Soaps: Jörg bezeichnet sich als Fan von *Gute Zeiten, schlechte Zeiten.*

Wahrgenommene Themen im Zusammenhang mit den Soaps: Jörg bezieht sich bei den Soaps nicht auf spezielle Themen; er spricht immer von der Sendung im ganzen.

3. Umgangsweisen mit Talkshows

Jörg gibt an, nicht viele Talkshows zu sehen. Wenn er doch diese Formate nutzt, dann handelt es sich um die Talkshows *Sonja* und *Bärbel Schäfer.* Bei Jörg steht der Aspekt des Amüsements im Vordergrund: Er findet es „manchmal ganz lustig" sich die Auseinandersetzungen in den Talks anzusehen. Die Moderatorin Bärbel Schäfer spricht ihn an, da sie „locker mit den Leuten umgeht". Sehr klar fällt sein Urteil über den Inszenierungscharakter mancher Talks aus:

Jörg: Die müssen die irgendwie bestechen dafür, dass er überhaupt dahingeht. Denn der wird von vornherein nur fertiggemacht, das würde, glaube ich, keiner freiwillig mit sich machen lassen.

Nur bei manchen Themen, z.B. ‚Gewalt unter Jugendlichen', glaubt er, dass das auch „ernst" ist. *Hans Meiser* scheint ihm derjenige zu sein, der seine Talkshow „ehrlich, ruhig und sachlich" moderiert; *Arabella* hingegen hält er für völlig unglaubwürdig. Bei ihr kann er sich gut vorstellen, „das die einfach Karriere machen will." Der 13Jährige zeigt eine insgesamt distanzierte Rezeptionsweise, nur wenn es um Jugendliche und Gewalt geht, zeigt er mehr Involvement.

4. Umgangsweisen mit Daily Soaps

Naive oder reflektierende Rezeption: Jörg konsumiert das Format Gute Zeiten, schlechte Zeiten zum Amüsement, er versäumt aber nach eigenen Angaben keine einzige Folge und schaut sich sogar in der Früh die Wiederholungen an.

Jörg: Also, das ist ja sehr gestellt alles, das ist ja klar, und das guckt man einfach, weil das so lustig, das ist irgendwie eine Belustigung. Und das sind so viele Folgen, Und dann sieht man diese Folge und dann sieht man: ‚Ach, da ist wieder das und das passiert.' Und das sehe ich einfach nur als Belustigung. Finde ich ganz lustig.
Interviewer: Was ist denn so lustig daran? Dieses Gestellte?
Jörg: Irgendwie, wenn man das oft sieht, dann kennt man die Charaktere schon, kennt deren Namen, und dann denkst du ‚Ach, jetzt die schon zusammen!' und es heißt ja auch *Gute Zeiten, schlechte Zeiten*, jetzt hat der und der irgendwie deswegen Probleme und(,) das ist irgendwie einfach nur nett zu gucken.

Involvierende oder distanzierende Rezeption: Jörg distanziert sich völlig von den dargestellten Geschichten. Die Frage, ob diese Geschichten in *Gute Zeiten, schlechte Zeiten* auch passieren können, beantwortet er eindeutig mit „Nein".
Suche nach Orientierung/Suche nach Unterhaltung: Bei seiner bevorzugten Daily Soap geht es Jörg ausschließlich um den Aspekt der Unterhaltung.

5. Motto

Nie ohne Soaps: Aber nur zum Amüsement. Ein Hauptschüler amüsiert sich und hält das Genre für alltagsfern.

Einzelfalldarstellung 22: Chris

1. Zur Person

Name: Chris
Alter: 12 Jahre
Schulform: Gymnasium
Wohnort: B
Familie: Mutter: Gymnastiklehrerin, Vater: Augenoptiker, keine Geschwister

2. Einstellung zu Medien/Stellung der Medien und der Daily Soaps im Alltag/Familie

Einstellung zu Medien: Zu den Sendungen, die Chris regelmäßig sieht, zählen *Arabella, Gute Zeiten, schlechte Zeiten* und Actionserien am Abend. Nach der Schule, wenn er nach Hause kommt, schaltet er gleich den Fernseher an, um sich zu entspannen. Danach erst erledigt er seine Hausaufgaben.

Favorisierte Soaps: *Gute Zeiten, schlechte Zeiten* ist für Chris die meistfavorisierte Soaps; sie stellt in seinem Alltag einen Fixpunkt dar.

Wahrgenommene Themen im Zusammenhang mit den Soaps: Chris interessiert sich vor allem für ‚Liebesgeschichten' und ‚Problemdarstellungen' im allgemeinen.

3. Umgangsweisen mit Talkshows

Arabella ist das bevorzugte Format von Chris, ihm gefällt die Auswahl der Themen und der Umgang mit dem Publikum, das mehr eingebunden wird als in anderen Talks. Die Moderatorin scheint ihm glaubwürdig; seiner Ansicht nach produziert sie Talkshows aus Interesse an den Themen. Der 13Jährige zeigt einen sehr kompetenten Umgang mit den Talkshow-Formaten, Themen wie ‚Gewalt' und ‚Beziehungen', insbesondere ‚Sexualität', beschäftigen ihn. Er macht sich einerseits über die Menschen im Publikum andererseits auch über die Talkshowgäste lustig, z.B. „sitzen dann im Publikum meistens so Leute rum, die halten sich für die Sexgötter und meinen sie wären die besten und so und, ja, das find ich lustig." Mit seinen Problemen würde er als Gast nicht in eine Talkshow gehen, wohl aber „im Publikum sitzen und mich mit in die Sendung einbinden, würde ich schon, also meine Meinung da sagen."

4. Umgangsweisen mit Daily Soaps

Naive oder reflektierende Rezeption: Chris zeigt eine sehr kompetente Umgangsweise mit Daily Soaps; so kritisiert er „manches als sehr unrealistisch", die Themen jedoch, die ihn persönlich berühren, wie z.B. Liebeskummer, sieht er mit anderen Augen. Chris befindet sich in der Vorpubertät; er sucht Vorlagen und Vorbilder zur Bearbeitung seiner Anliegen; das Thema Sexualität, das er auch im Kontext seiner Talkshowrezeption erwähnt, beschäftigt ihn besonders.

Involvierende oder distanzierende Rezeption: Chris' Rezeptionsverhalten ist als distanziert zu bezeichnen. Er ist Soap-Fan und bildet sich ein präzises Urteil über den Realitätsgehalt dieses Genres.

Chris: Also, das ist (,) also, das war in einer, der war jetzt ein halbes Jahr lang mit ´ner Frau zusammen und dann ist er auf einmal schwul und dann macht sein Freund mit ihm Schluss und dann ist er zuerst tieftraurig und nach zwei Monaten ist dann schon

wieder mit 'ner Frau zusammen, also, das ist irgendwie ziemlich unrealistisch, find ich.
Interviewer: Mhm. Auch wenn die Geschichten unrealistisch sind, äh, war da schon mal was, was mit dir selber so zu tun hatte? Wo da eine Geschichte erzählt wurde, wo du gesagt hast, oh ja, so'n ähnliches Problem hatte ich auch schon mal, das kenn ich? [Pause]
Chris: Eigentlich nicht.

Suche nach Orientierung/Suche nach Unterhaltung: Chris nutzt Soaps nicht zur Orientierung in seinem Alltag; dies jedoch vor allem deshalb, weil er ihren Inszenierungscharakter durchschaut und sie für zu unrealistisch hält. Dies mindert jedoch seinen Genuss an dem Genre in keiner Weise. Er nutzt es, weil er die Geschichten „einfach geil" findet, zur Unterhaltung.

5. Motto

Soaps als „geile Geschichten". Die gewünschte Orientierung bleibt auf der Strecke, da das Genre als „unrealistisch" erlebt wird.

Einzelfalldarstellung 23: Paul

1. Zur Person

Name: Paul
Alter: 16 Jahre
Schulform: Gymnasium
Wohnort: A
Familie: Mutter: Studienrätin, Vater: Statiker, Geschwister

2. Einstellung zu Medien/Stellung der Medien und der Daily Soaps im Alltag/Familie

Einstellung zu Medien: Paul Einstellung zum Medium Fernsehen ist durchaus kritisch; er gibt zwar zu, regelmäßig und auch häufig fernzusehen, schätzt das Medium jedoch als „nicht so angesehen" ein. Das hindert ihn jedoch nicht, eine breite Palette von Sendungen zu nutzen; darunter findet sich die Talkshow *Arabella* ebenso wie die Cartoon-Serie für eher jüngere Zuschauer, *Sailor Moon* und die *Simpsons*. Daneben nutzt er das Fernsehen als Mittel zur Information. In diesem Zusammenhang lässt Paul keinen Zweifel daran, dass er zwischen Unterhaltung und Information einen klaren Unterschied sieht; so weist er im Interview darauf hin, dass er, wenn es um Informationsvermittlung geht, Arte und 3sat auswählt.
Favorisierte Soaps: Paul ist erklärter Fan des Formats *Gute Zeiten, schlechte Zeiten*. Es stellt für ihn quasi Fixpunkte in seinem Alltag dar; danach strukturiert er den Verlauf seines Abends.

Interviewer: Wie sieht's aus mit Soap-Operas?
Paul: Ja, da guck ich immer Gute Zeiten, schlechte Zeiten.
Interviewer: Mh?
Paul: Die guck ich immer.
Interviewer: Immer?
Paul: Ja, immer. Wann immer es geht, also.
Interviewer: Verbotene Liebe, Marienhof?
Paul: Nie.
Interviewer: Nie?
Paul: Nie. Auch nicht auch nicht diese komischen Schwestern das, Krankenschwestern, verliebte Schwestern oder wie sie heißen, Verbotene Schwestern?
Interviewer: Geliebte Schwestern?
Paul: Geliebte Schwestern!
Interviewer: Mmh, guckst du nicht?
Paul: Nee, so was guck ich doch nicht.
Interviewer: Gute Zeiten, schlechte Zeiten?
Paul: Ja, einmal GZSZ, immer GZSZ, immer.
Interviewer: Mhm.
Paul: Komm ich nicht drum herum (lacht).

Wahrgenommene Themen im Zusammenhang mit den Soaps: Paul äußert sich wie viele andere Jungen nur allgemein zum Genre Daily Soaps; spezielle Themen nennt er gar nicht.

3. Umgangsweisen mit Talkshows:

Paul sieht Talkshows eher nebenbei, seine favorisierten Formate sind *Arabella* und *Bärbel Schäfer*. Für den 16Jährigen steht der Aspekt der Unterhaltung im Vordergrund: Deshalb zieht er den meisten *Arabella* vor, denn bei *Bärbel Schäfer* sind manche Themen „zu ernst". Er durchschaut den Charakter der Inszenierung und nimmt Bezug auf die Vorbereitung der Talks, bei denen sehr unterschiedliche Menschen zusammengebracht werden:

Paul: Dann die Moderatorin hat dann so auf ihren kleinen Kärtchen, das was ich sagen werde und dann kann sie mich auch gezielt darauf ansprechen.

Die einzige Motivation, warum Moderatoren Talkshows machen, ist für ihn das Geld.

4. Umgangsweisen mit Daily Soaps

Naive oder reflektierende Rezeption: Pauls Rezeption von Daily Soaps ist als ausgeprägt reflektierend zu bezeichnen. Er hält die Wirklichkeitskonstruktionen in diesen Formaten für völlig abseits jeglicher Realität.

Interviewer: Und so dann, findest du da auch mal 'nen Problem auch wieder irgendwie?

Paul: Nee.

Interviewer: Nein?

Paul: Nö! Also, was mich persönlich betrifft, nie. Weil ich das auch nie auf die Realität beziehe. Wenn ich das sehe, dann nehm ich das als eine Serie auf, die einfach da im Kasten läuft, wenn ich wieder ausschalte, ist die weg. Und auf die Realität, ich denke niemals irgendwie, ach, das hab ich doch neulich auch erlebt oder so was. Nie. Ist noch nie vorgekommen.

Involvierende oder distanzierende Rezeption: Paul rezipiert Daily Soaps völlig distanziert; er setzt sich zum Geschehen auf dem Bildschirm in keiner Weise in Beziehung, sondern nutzt die Angebote, vor allem *Gute Zeiten, schlechte Zeiten*, weil es ihm einen hohen Unterhaltungswert verspricht.

Suche nach Orientierung/Suche nach Unterhaltung: Paul sucht weder in Talkshows noch in den Daily Soaps nach Orientierung; beide Genre dienen ihm zur Unterhaltung.

5. Motto

Daily Soaps als bare Unterhaltung: Ein 16jähriger Gymnasiast nutzt *Gute Zeiten, schlechte Zeiten* als „Fixpunkt" in seinem Tagesablauf.

If you have any concerns about our products,
you can contact us on
ProductSafety@springernature.com

In case Publisher is established outside the EU,
the EU authorized representative is:
Springer Nature Customer Service Center GmbH
Europaplatz 3, 69115 Heidelberg, Germany

Printed by Libri Plureos GmbH
in Hamburg, Germany